현대 국어 문법

나찬연 지음

경진출판

현대 국어 문법

© 나찬연, 2023

1판 1쇄 인쇄_2023년 09월 20일
1판 1쇄 발행_2023년 09월 30일

지은이_나찬연
펴낸이_양정섭

펴낸곳_경진출판
       등록_제2010-000004호
       이메일_mykyungjin@daum.net
       사업장주소_서울특별시 금천구 시흥대로 57길 17(시흥동) 영광빌딩 203호
       전화_070-7550-7776 **팩스**_02-806-7282

값 29,000원
ISBN 979-11-92542-66-9 93710

※ 이 책은 본사와 저자의 허락 없이는 내용의 일부 또는 전체의 무단 전재나 복제, 광전자 매체 수록 등을 금합니다.
※ 잘못된 책은 구입처에서 바꾸어 드립니다.

머 리 말

『현대 국어 문법』은 국어국문학과나 국어교육과에 재학 중인 대학생이나 중등학교 국어과 교사를 대상으로, <고등학교 문법>에 제시된 형태론과 통사론의 체계와 내용을 해설하는 책이다.

이 책은 '2015년 개정 교육과정'의 『고등학교 언어와 매체』에서 형태론과 통사론을 기술한 차례를 따랐다. 제1장 언어 형식, 제2장 품사, 제3장 단어의 형성, 제4장 문장 성분, 제5장 문장의 짜임, 제6장 문법 요소 등으로 이 책의 체제를 짰다. 여기서 제1장은 서장에 해당하며, 제2장과 제3장의 내용은 형태론, 제4장, 제5장, 제6장의 내용은 통사론에 해당한다.

이러한 체제에 따라서 이 책에서는 제7차 교육과정에 따른 『고등학교 문법』(2010)과 '2015 개정 교육과정'에 따른 『언어와 매체』의 학교 문법의 교육 내용을 중심적으로 다루었다. 이에 덧붙여서 학교 문법의 배경이 되거나 널리 알려져서 일반화되어 있는 학문 문법의 이론도 【더 배우기】를 통해서 제시하였다.

이 책은 다음과 같은 기본 원칙에 따라서 기술하였다. 첫째, 이 책에서 다루는 범위는 형태론과 통사론에 한정한다. 둘째, 문법 용어와 내용 체제는 제7차 교육과정에 따른 『고등학교 문법』(2010)과 '2011 개정 교육과정'에 따른 『고등학교 독서와 문법』(2014), 그리고 '2015년 개정 교육과정에 따른 『언어와 매체』에서 기술한 문법 용어와 내용을 반영했다. 셋째, 학교 문법의 내용을 객관적으로 기술하기 위하여 지은이의 개인적인 견해는 가급적 반영하지 않았다. 다만, 『고등학교 문법』의 내용에 대한 이설(異說)이나 보충할 내용이 있을 때에는 각 장의 말미에 있는 【더 배우기】에서 다루었다. 넷째, 부록의 형식으로 '국어의 특징'의 단원을 추가함으로써, 국어 일반론의 내용을 소개했다.

학부 학생들을 대상으로 하는 문법론 강좌에서 이 책을 교재로 사용할 때에는 수업을 담당하는 교수의 판단에 따라서 【더 배우기】의 내용을 생략할 수 있다. 다만, 대학원에서 진행되는 문법론 관련 강좌를 수강하는 대학원생이나 현직 중등학교 국어과 교사, 그리고 국어과 중등 교사 임용 시험을 준비하는 이들은 【더 배우기】에 실린 내용을 중점적으로 탐구함으로써, 국어 문법 내용을 심층적으로 이해할 수 있을 것으로 생각한다.

이 책에서는 각 단원의 말미에 '단원 정리 문제'를 실어 두었다. 학습자들은 단원 정리 문제를 직접 풀어 봄으로써, 이 책에서 익힌 국어 문법의 학습 내용을 복습할 수 있을 것이다. '단원 정리 문제'에는 국어과 중등 교사 임용 시험에 출제된 문법론의 문제가 일부 포함되어 있다. 그리고 독자들의 편의를 위해서 이들 '단원 정리 문제'에 대한 풀이집을 '학교 문법 교실(http://scammar.com)'의 자료실에 올려 두었다.

지은이는 이 책을 통하여 <고등학교 문법>의 내용을 소개하고 이를 충실하게 해설하려고 노력하였다. 따라서 이 책은 국어국문학을 전공하는 학부생뿐만 아니라 중등학교의 국어과 교사, 그리고 '국어과 중등 교사 임용 시험'이나 '한국어 교육 능력 검정 시험'을 준비하는 이들이 학교 문법의 내용과 그 주변의 문법 이론을 익히는 데에 길잡이가 될 수 있을 것으로 기대한다.

부산대학교에서 박사학위 과정을 수료한 나벼리 군이 이 책을 내용을 가다듬는 데에 큰 도움을 주었다. 그리고 학교 문법을 공부하는 수많은 누리꾼들이 지은이가 운영하고 있는 '학교 문법 교실(http://scammar.com)'의 문답방에 질문을 올려서, 이 책의 내용이나 기술 방법에 나타난 잘못을 바로잡을 수 있게 하였다. 머리말을 통해서 도움을 주신 여러분들께 고마운 마음을 전한다.

끝으로 『현대 국어 문법』을 간행해 주신 '경진출판'의 양정섭 대표님께 감사의 뜻을 전한다.

2023년 9월 1일
지은이 씀

차례

언어 형식 ❶장

제1장 언어 형식

1.1. 언어 형식의 개념

'언어 형식'은 의사 소통에 쓰이는 언어적 단위를 총칭해서 이르는데, 이러한 언어 단위의 종류로는 '형태소, 단어, 어절, 구, 절, 문장' 등이 있다.

〈언어 형식의 개념〉 기호는 반드시 두 가지 요소, 즉 전달 형식과 전달 내용을 갖추어야 한다. 인간의 언어도 기호의 일종이므로 언어의 단위들은 모두 일정한 소리에 일정한 의미가 서로 맞붙어 있어야 한다. 이와 같이 소리와 의미가 맞붙어 있는 언어의 단위를 총칭하여 '언어 형식(言語 形式, linguistic form)'이라고 한다.

그런데 언어 형식은 그 전체가 하나의 덩어리로 되어 있는 것이 아니라 도막도막으로 쪼개지는 성질(分節性, articulation)이 있다.

(1) 범이 토끼를 물었다.

(2) '범이 토끼를 물었다', '토끼를 물었다', '범이', '토끼를', '물었다', '범', '-이', '토끼', '-를', '물-', '-었다', '-었-', '-다'

언어 형식의 단위 중에서 제일 큰 것을 '문장'이라고 할 때에, 문장은 '절, 구, 어절(단어), 형태소'와 같은 하위 단위의 언어 형식으로 쪼갤 수 있다. 예를 들어서 (1)의 문장 속에 들어 있는 언어 형식의 종류를 제시하면 (2)와 같다.

의미를 고려할 때에는 문장의 하위 단위를 위의 (2)처럼 쪼갤 수 있다. 하지만 의미를 고려하지 않는다면, (2)의 언어 형식을 (3)처럼 더 작은 단위로 쪼갤 수 있다.

(3) ㄱ. /버/, /미/, /토/, /끼/, /를/, /무/, /런/, /따/

ㄴ. /ㅂ/, /ㅓ/, /ㅁ/, /ㅣ/, /ㅌ/, /ㅗ/, /ㄲ/, /ㅣ/, /ㄹ/, /ㅡ/, /ㄹ/, /ㅁ/, /ㅜ/, /ㄹ/, /ㅓ/, /ㄷ/, /ㄸ/, /ㅏ/

(3)의 (ㄱ)은 음절을 단위로 하여 분절한 것이며 (ㄴ)은 음소를 단위로 하여 분절한 것이다. (3)의 음절과 음소의 단위는 의미를 고려하지 않은 단위라는 점에서 언어 형식이 되지 못한다.[1]

〈자립 형식, 의존 형식, 최소 자립 형식〉 앞에서 제시한 '범이 토끼를 물었다.'라는 문장을 '직접 성분(直接 性分, immediate constituent)'으로 분석하면 다음의 (4)와 같다.[2]

(4)
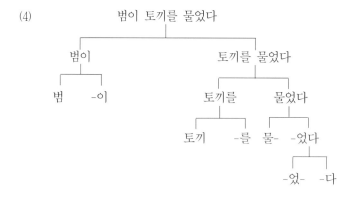

그런데 언어 형식은 그것이 홀로 서는 힘이 있느냐 없느냐에 따라서, '자립 형식'과 '의존 형식'으로 나눌 수 있다.

    (5) ㄱ. '범이 토끼를 물었다', '토끼를 물었다', '범이', '토끼를', '물었다', '범', '토끼'
        ㄴ. '-이', '-를', '물-', '-었다', '-었-', '-다'

언어 형식 중에서 그것만으로 따로 서는 힘이 있는 언어 형식을 '자립 형식(自立 形式, free form)'이라고 한다. 이에 반하여 언어 형식 중에서 그 자체로는 홀로 서는 힘이 없어서 반드시 다른 언어 형식에 결합해야만 쓰일 수 있는 언어 형식을 '의존 형식(依存 形式, bound form)'이라고 한다. (5)에서 (ㄱ)은 (4)의 문장에 들어 있는 자립 형식을 모아 놓은 것이며, (ㄴ)은 의존 형식을 모아 놓은 것이다.

그런데 어떠한 자립 형식으로서 그것을 직접 성분으로 쪼개기만 하면, 그 어느 한

---

1) 앙드레 마르티네(André Martinet)는 언어의 이러한 모습을 '이중 분절(double articulation)'이라고 하였다. 곧 제1차 분절은 (2)처럼 음성과 의미(시니피앙-시니피에)의 양면을 가진 단위의 분절이며, 제2차 분절은 (3)과 같이 음성의 측면만 가진 언어 단위의 분절이다.
2) '직접 성분'과 '직접 성분 분석'에 대하여는 이 책 36쪽의 【더 배우기】 참조.

쪽이나 또는 두 쪽 다가 의존 형식이 되는 언어 형식이 있다. 이러한 언어 형식을 '최소 자립 형식(最小 自立 形式, minimal free form)'이라고 한다.[3]

　　(6) '범이', '토끼를', '물었다'

(1)에 실현된 언어 형식 중에서 '범이', '토끼를', '물었다'는 자립 형식이다. 그런데 이들 자립 형식을 직접 성분으로 분석하면 '범이'는 '범'과 '-이'로 분석되며 '토끼를'은 '토끼'와 '-를'로 분석된다. 그리고 '물었다'는 '물-'과 '-었다'로 분석된다. 곧 '범이', '토끼를', '물었다'는 그 자체로는 자립 형식이면서 이를 직접 성분으로 분석하면 '-이', '-를', '-었다'와 같은 의존 형식이 나타나므로, 이들은 최소 자립 형식(어절)이다.

1.2. 언어 형식의 종류

언어적 단위인 언어 형식에는 '형태소, 단어, 어절, 구, 절, 문장' 등이 있는데, 이들 언어 형식에 대하여 자세히 알아본다.

1.2.1. 형태소

언어 형식의 최소의 단위인 형태소를 이해하는 것은 문법 현상을 이해하는 출발점이 된다. 여기서는 형태소의 개념과 유형, 그리고 형태소의 변이 형태에 대해서 알아본다.

1.2.1.1. 형태소의 개념

〈형태소〉 '형태소(形態素, morpheme)'는 언어 형식의 최소 단위, 곧 음성과 의미가 결합된 말의 낱덩이로서는 가장 작은 단위이다. 이러한 형태소는 다른 언어 형식과 마찬가지로 내용과 형식의 양면으로 짜여 있다.

---

3) 국어 문법에서는 '최소 자립 형식'을 일반적으로 '어절(語節)'이라고 부른다. 어절은 문장 성분을 이루는 가장 기본적인 단위가 되며, <한글 맞춤법>에서 띄어 쓰기의 단위가 된다.

$$(1)\ 형태소 = \frac{형태}{의미소}$$

여기서 형태소의 형식적인 측면, 곧 형태소를 나타내는 음성 연결체(strings of sound)를 '형태(形態, morph)'라고 한다. 그리고 형태소의 내용적인 측면, 곧 의미의 최소 단위를 '의미소(義味素, sememe)'라고 한다.

$$(2)\ 늦- = \frac{/늦/}{[정해진\ 시간보다\ 지나다]}$$

$$(3)\ 자- = \frac{/자/}{[눈이\ 감기면서\ 한동안\ 의식\ 활동이\ 쉬는\ 상태가\ 되다]}$$

$$(4)\ -ㅁ = \frac{/ㅁ/}{[명사를\ 파생하는\ 기능]}$$

'늦잠'이라는 말은 '늦-'과 '자-'와 '-ㅁ'의 형태소로 분석되는데, 이들 형태소들의 '형태'와 '의미소'를 보이면 위의 (2~4)와 같다.

여기서 예를 들어 아래의 문장 (5)를 형태소의 단위로 분석하면 (6)처럼 된다.

(5) 형님은 외아들에게 죽을 먹이셨다.

(6) 형, -님, -은, 외-, 아들, -에게, 죽, -을, 먹-, -이-, -시-, -었-, -다

(7) ㄱ. 형, 아들, 죽, 먹-
  ㄴ. -은, -에게, -을, -시-, -었-, -다
  ㄷ. -님, 외-, -이-

그런데 (6)의 형태소들을 그 성질에 따라서 재분류하면 (7)과 같다. 곧 (6)의 형태소 중에서 (ㄱ)의 '형, 아들, 죽, 먹-'은 실질적인 의미를 나타내며, (ㄴ)의 '-은, -에게, -을, -시-, -었-, -다'는 문법적인 의미(기능)를 나타낸다. 그리고 (ㄷ)의 '-님, 외-, -이-'는 각각 '형, 아들, 먹-'에 붙어서 쓰이는데, 이는 앞의 말(어근)에 일정한 의미를 더하면서 새로운 단어를 만들어 준다.

〈**무형의 형태소**〉 형태소는 일반적으로 '형태'와 '의미소'의 양면으로 이루어져 있는데, 형태소 중에는 아무런 형태(꼴, 음운)가 없이 실현되는 것도 있다. 이렇게 아무런 형태를 가지지 않는 것이 형태소의 역할을 할 때에, 이를 '무형의 형태소(無形의 形態素, zero morpheme)'라고 한다.(허웅- 2000:151)

예를 들어서 형용사 '검다'의 현재형은 기본형인 '검-'에 아무런 형태소가 붙지 않은 채로 나타난다.

    (8) ㄱ. 가방의 색깔이 검- + -었- + -다   과거
        ㄴ. 가방의 색깔이 검- + -겠- + -다   미래
        ㄷ. 가방의 색깔이 검- + -더- + -라   회상
        ㄹ. 가방의 색깔이 검- + -∅- + -다   현재

(8)에서 '검다'의 시제를 표현할 때에, 과거 시제는 '-었-'으로, 미래 시제(추정)는 '-겠-'으로, 회상 시제는 '-더-'로 표현한다. 곧 각각의 시제를 표현하는 특별한 형태소가 존재하는 것이다. 그런데 '검다'의 현재 시제의 표현은 '검다'로만 표현되므로 특별한 형태소가 없다. 이와 같은 경우에는 현재 시제를 제외한 다른 시제에 반드시 시제 형태소가 들어간다는 점을 고려하여, (ㄹ)의 '검다'에 현재를 나타내는 형태소가 숨어 있는 것으로 설명한다. 곧, (ㄹ)의 '검다'를 '검- + -∅- + -다'로 분석하고, 형태가 없는 현재 시제 형태소가 쓰였다고 간주하는 것이다.

이렇게 되면, 형용사 '검다'의 시제 형태소를 과거 시제는 '-었-'으로, 미래 시제는 '-겠-'으로, 회상은 '-더-'로, 현재는 무형의 형태소인 '-∅-'로 설정할 수 있다.

기본형	과거	현재	미래(추정)	회상
검(다)	-었-	-∅-	-겠-	-더-

[표 1. 시제 형태소의 종류]

문법 체계상 나타나야 할 형태소가 실제로는 나타나지 않을 때에는 특정한 형태소가 꼴이 없이 숨어 있는 것으로 해석할 수도 있다. 이처럼 형태를 갖추지 않고 실현되는 형태소를 '무형의 형태소'라고 한다.

1.2.1.2. 변이 형태

특정한 형태소의 형태(꼴)는 다양한 모습으로 실현될 수 있다. 여기서는 형태소가 쓰이는 환경에 따라서 형태를 달리하여 실현되는 모습에 대하여 알아본다.

(가) 변이 형태의 개념

어떠한 형태소는 그것이 쓰이는 환경에 따라서 꼴이 바뀌어서 여러 가지 형태로 실현되는 경우가 있다. 이때 하나의 형태소가 다른 모습으로 실현된 꼴 하나하나를 '형태(形態, 꼴, morph)'라고 하고, 하나의 형태소에 속하는 형태들의 집합을 '변이 형태(變異 形態, allomorph)' 혹은 '이형태(異形態)'라고 한다.

> (9) ㄱ. 곰-의 사슴-을 물-었-다
> ㄴ. 영희-가 인수-를 잡-았-다

(9)의 (ㄱ)과 (ㄴ)을 비교해 보자. (ㄱ)에 쓰인 형식 형태소는 '-이, -을, -었-, -다'인데 반해서, (ㄴ)에 쓰인 형식 형태소는 '-가, -를, -았-, -다'이다. 여기서 '-가'와 '-이'는 주격 조사의 형태소에 속하는 형태들이며, '-을'과 '-를'은 목적격 조사의 형태소에 속하는 형태들이다. 그리고 '-었-'과 '-았-'은 과거 시제 선어말 어미의 형태소에 속하는 형태들이다.

> (10) ㄱ. 주격 조사의 변이 형태   : {-이, -가}
> ㄴ. 목적격 조사의 변이 형태   : {-을, -를}
> ㄷ. 과거 시제 선어말 어미의 변이 형태 : {-었-, -았-}

(10)에 쓰인 주격 조사 형태소의 변이 형태는 {-이, -가}이며, 목적격 조사 형태소의 변이 형태는 {-을, -를}이다.[4] 그리고 과거 시제 선어말 어미 형태소의 변이 형태는

---

4) 변이 형태는 어원적인 관점에서 '같은 계통의 변이 형태'와 '다른 계통의 변이 형태'로 구분할 수 있다. 곧, '같은 계통의 변이 형태'는 {-을, -를}이나 {-었-, -았-}처럼 계통이 같은 형태가 소리 바뀜으로 교체된다. 반면에 '다른 계통의 변이 형태'는 {-이, -가}처럼 계통을 달리하는 형태가 동일한 뜻을 나타내면서 서로 교체된다.

{-었-, -았-}이다.

이처럼 비록 형태는 다르지만 그것이 실현되는 위치와 의미와 기능이 같을 경우에는, 이들을 각각 별개의 다른 형태소로 다루지 않는다. 이들은 동일한 형태소가 실현되는 환경에 따라서 다른 형태로 실현된 것(변이 형태)으로 보아야 문법적인 처리가 간결해진다. 만일 '-이'와 '-가'가 형태가 다르다고 해서 다른 형태소로 잡는다면 이들 두 가지 형태소에 나타나는 의미와 기능의 차이를 설명하기 어려울 뿐만 아니라 문법적인 설명이 복잡해진다.5)

(나) 변이 형태의 유형

한 형태소의 변이 형태들은 그것이 실현되는 조건에 따라서 '음운론적 변이 형태'와 '형태론적 변이 형태'로 나누어진다.

〈**음운론적 변이 형태**〉 '음운론적 변이 형태(音韻論的 變異 形態, phonologically conditioned allomorph)'는 음운론적인 조건에 따라서 형태가 다르게 나타나는 변이 형태이다.

(11) ㄱ. 곰　+ -이　　(12) ㄱ. 사슴 + -을　　(13) ㄱ. 물- + -었- + -다
　　 ㄴ. 영희 + -가　　　　 ㄴ. 인수 + -를　　　　 ㄴ. 잡- + -았- + -다

(11)과 (12)는 각각 주격 조사와 목적격 조사의 형태가 교체되는 것을 보인 것인데, 주격 조사와 목적격 조사는 앞 체언의 음운적인 조건에 따라서 서로 교체된다. 곧 '-이'와 '-을'은 자음으로 끝나는 체언 뒤에서 실현되지만 '-가'와 '-를'은 모음으로 끝나는 체언 뒤에서 실현된다. 그리고 (13)에서 과거 시제 선어말 어미인 '-았-'과 '-었-'은 그 앞에 실현되는 어간의 끝 음절에서 나타나는 음운론적인 조건에 따라서 교체된다. 곧 어간의 끝 음절이 음성 모음일 때에는 음성 모음을 포함하고 있는 '-었-'으로 실현되며, 반대로 어간의 끝 음절이 양성 모음일 때에는 양성 모음을 포함하고 있는 '-았-'으로 실현된다. {-이, -가}, {-을, -를}, {-었-, -았-}처럼 하나의 형태소가 음운론적인 조건 때문에 다르게 실현되는 변이 형태를 '음운론적 변이 형태'라고 한다.

---

5) 우리가 문법적으로 다루고 있는 형태소는 추상적인 존재(랑그, langue)라고 할 수 있는데, 이러한 추상적인 존재인 형태소는 언어 현실에서는 변이 형태의 모습으로 실현된다. 비유하자면 형태소는 변이 형태가 모여서 이루는 머릿속의 추상적인 존재이며, 변이 형태는 머릿속에서 추상적으로 존재하는 형태소가 언어적인 현상으로 실현된 모습(빠롤, parole)이다.

예를 들어서 '밭'은 {밭, 밫, 받, 반}과 같이 네 가지의 변이 형태로 실현된다.

(14) ㄱ. 밭 : 밭 + -을   →   /바틀/
     ㄴ. 밫 : 밭 + -이   →   /바치/
     ㄷ. 받 : 밭 + -도   →   /받또/
              밭#   →   /받/
     ㄹ. 반 : 밭 + -만   →   /반만/

곧 형태소 '밭' 뒤에 /i/ 이외의 모음이 실현되면 '밭'으로, 뒤에 /i/의 모음이 실현되면 '밫'으로 실현된다. 그리고 뒤에 콧소리를 제외한 자음이 실현되거나 단독으로 발화되면 '받'으로, 뒤에 콧소리가 실현되면 '반'으로 실현된다. 따라서 '밭'의 변이 형태는 음운론적인 조건에 따라서 {밭, 밫, 받, 반}으로 실현된 것이다.

이와 같은 '음운론적 변이 형태'는 그것이 실현되는 음적인 환경만 알 수 있으면 어떠한 형태로 실현되는지를 예측할 수 있다. 곧 주격 조사와 목적격 조사의 변이 형태를 예로 들면, 앞의 (17)과 (18)에서 자음으로 끝나는 체언 다음에는 반드시 '-이'와 '-을'로 실현되며, 모음으로 끝나는 체언 다음에는 '-가'와 '-를'로 실현된다.

〈형태론적 변이 형태〉 '형태론적 변이 형태(形態論的 變異 形態, morphologically conditioned allomorph)'는 음운론적인 환경과는 관계없이, 특정한 개별 형태의 뒤에만 실현되는 형태이다.

국어의 명령형 어미는 일반적으로 '-아라'와 '-어라'가 널리 쓰이는데, 이러한 '-아라'와 '-어라'는 음운론적인 변이 형태이다.

(15) ㄱ. -아라 : 잡- + -아라
     ㄴ. -어라 : 먹- + -어라

'-아라'는 어간의 끝 음절의 모음이 양성 모음일 때에 실현되며, '-어라'는 음성 모음일 때에 실현되기 때문이다. 그러므로 {-아라, -어라}는 명령형의 종결 어미로 실현되는 형태소의 음운론적인 변이 형태들이다.

그런데 어간이 '오(다)'일 때에는 명령형 어미가 '-너라'로 실현되며, 어간이 '하(다)' 혹은 '체언 + -하(다)'인 경우에는 '-여라'로 실현된다.

(16) ㄱ. 오- + -아라 → *오아라 → *와라

ㄴ. 하- + -아라 → *하라

(17) ㄱ. -너라 : 오- + -너라

ㄴ. -여라 : 하- + -여라, 공부하- + -여라

만일 앞의 (15)처럼 음운론적 변이 형태의 일반적인 규칙에 따라서 명령형 어미가 실현된다면 (16)처럼 '*오아라(*와라)'와 '*하라'의 형태가 되어야 한다. 하지만 실제로는 (17)처럼 '오너라'와 '하여라'의 형태로 실현된다. 이러한 점을 감안하면, '-너라'는 '오(다)'라는 특수한 어간 다음에만 실현되는 명령형 어미의 변이 형태이며, '-여라'는 '하다'와 <체언 + -하다>의 형식으로 된 동사의 어간 다음에만 실현되는 변이 형태라는 사실을 확인할 수 있다. 따라서 {-너라, -여라}는 명령형의 종결 어미로 실현되는 형태소의 '형태론적 변이 형태'들이다.

다음은 과거 시제 선어말 어미의 형태소가 실현되는 모습을 통해서 형태론적 변이 형태가 실현되는 양상을 알아본다.

(18) ㄱ. -았- : 잡- + -았- + -다

ㄴ. -었- : 물- + -었- + -다

ㄷ. -였- : 하- + -였- + -다

(18)에서 {-았-, -었-, -였-}은 과거 시제를 나타내는 형태소의 변이 형태이다. 여기서 '-았-'과 '-었-'은 어간의 끝 음절의 모음의 음운적 조건에 따라서 선택되는 음운론적 변이 형태이다. 이에 반해서 '-였-'은 '하다'와 '체언 + -하다'의 형식으로 된 동사의 어간 다음에만 실현되는 형태론적 변이 형태이다. 이러한 형태론적 변이 형태는 특정한 형태소 뒤에만 쓰이는 예외적인 변이 형태이다.

(다) 기본 형태

〈기본 형태의 개념〉 한 형태소에 속하는 변이 형태가 여럿일 때에 그 형태소의 모든 변이 형태를 다 적으면 해당 형태소의 문법적 현상을 기술하기가 매우 번거로울 수 있다.

예를 들어서 '값'과 '밭'이라는 형태소를 문법적으로 다룰 때에, 이들 형태소의 변이 형태인 {값, 갑, 감}과 {밭, 밫, 받, 반}을 모두 언급하면서 설명한다면 문법적인 기술이 복잡하고 번거롭다. 그러므로 문법 기술을 간편하게 하기 위하여, 여러 가지 변이 형태 중의 한 형태를 '기본 형태(基本 形態, basic allomorph)' 혹은 '대표 형태(代表 形態)'로 정하여 이것으로 형태소를 대신하게 한다.

〈기본 형태를 선택하는 방법〉 여러 가지의 변이 형태 중에서 어떤 것을 기본 형태로 뽑아야 할까? 기본 형태는 그것이 실현되는 음운적 환경에 제약이 적어야 하고, 기본 형태로 정한 형태에서 다른 형태로 실현되는 문법적인 과정을 보편적이고 합리적인 규칙으로 이끌어 낼 수 있어야만 한다.

먼저 '값'의 변이 형태인 {값, 갑, 감}에서 기본 형태를 가리는 방법을 살펴보자.

(19) ㄱ. 값 → 값 / ____ (모음)　　　　　　　 (보기) 값 + -을
　　 ㄴ. 값 → 갑 / ____ (비음을 제외한 자음, #)　 (보기) 값 + -도, 값#
　　 ㄷ. 값 → 감 / ____ (비음의 자음)　　　　　 (보기) 값 + -만

(20) ㄱ. 값 → (자음군 단순화) → 갑
　　 ㄴ. 값 → (자음군 단순화) → 갑 → (비음화) → 감

우선 {값, 갑, 감} 중에서 그것이 실현되는 환경에 제약이 제일 적은 '값'을 기본 형태로 잡아 보자. '값'이 모음 앞에서는 '값'으로 실현되고, 비음(콧소리)을 제외한 자음 앞에서 실현되거나 단독으로 발화될 때에는 '갑'으로 실현된다. 끝으로 비음의 자음 앞에서는 '감'으로 실현된다. 만일 여기서 '값'을 기본 형태로 삼으면 '값'에서 '갑'으로 바뀌는 과정은 '자음군 단순화'로써 설명할 수 있으며, '갑'에서 '감'으로 바뀌는 과정은 '비음화'로 설명할 수 있다.

그런데 만일 '감'을 기본 형태로 잡으면, '감'이 비음을 제외한 자음 앞이나 단독으로 쓰였을 때에 '갑'으로 교체되는 과정을 음운론적인 규칙으로 설명할 수 없다. 또한 '감'이나 '갑'이 모음 앞에서 'ㅅ' 받침 소리가 첨가되는 현상을 설명할 방법이 없다. 반대로 '갑'을 기본 형태로 잡으면, '갑'이 모음 앞에서 'ㅅ' 받침 소리가 첨가되는 현상을 설명할 수 없다. 따라서 이러한 설명적인 타당성을 고려하여서 변이 형태인 {값, 갑, 감} 중에서 '값'을 이 형태소의 기본 형태로 잡고, '값'이 실현되는 음운론적 환경에 따라서 세 가지의 변이 형태인 {값, 갑, 감}으로 실현된다고 설명하는 것이다.

'밭'의 변이 형태인 {밭, 밫, 받, 반} 중에서 기본 형태를 가리는 방법을 알아보자.

(21) ㄱ. 밭 → 밭 /＿＿＿＿ (/i, j/ 밖의 모음)　　(보기) 밭에, 밭을
　　　ㄴ. 밭 → 밫 /＿＿＿＿ (/i, j/)　　　　　　(보기) 밭이, 밭이다
　　　ㄷ. 밭 → 받 /＿＿＿＿ (비음 이외의 자음, #)　(보기) 밭도, 밭#
　　　ㄹ. 밭 → 반 /＿＿＿＿ (비음의 자음)　　　　(보기) 밭만

(22) ㄱ. 밭 → (구개음화)　→ 밫
　　　ㄴ. 밭 → (평파열음화) → 받
　　　ㄷ. 밭 → (평파열음화) → 받 → (비음화) → 반

{밭, 밫, 받, 반} 가운데서 음운적인 환경에 제약이 가장 적은 것은 '밭'이므로 우선 '밭'을 기본 형태로 잡는다. 그러고 나면, '밭'에서 '밫'으로 바뀌는 과정은 '구개음화'로 설명할 수 있으며, '밭'에서 '받'으로 바뀌는 것은 '평파열음화(음절 끝소리 규칙)'로 설명할 수 있다. 마지막으로 '밭'에서 '반'으로 바뀌는 것은 '평파열음화'를 먼저 적용한 뒤에 '비음화'의 음운 법칙을 적용하면 적절하게 설명할 수 있다. 결국 '밭'의 변이 형태 {밭, 밫, 받, 반} 가운데서 형태 '밭'은 음운적 환경에 제약이 가장 적고 그것에서 다른 형태로 바뀌는 과정을 합리적으로 설명할 수 있다. 반면에 '밭'을 제외한 나머지 형태를 기본 형태로 잡으면 그것에서 다른 형태로 바뀌는 과정을 합리적으로 설명할 수 없다. 그러므로 {밭, 밫, 받, 반} 중에서 '밭'을 기본 형태로 정한다.

　　마지막으로 부사격 조사의 변이 형태인 {-으로, -로} 중에서 기본 형태를 정하는 방법을 알아본다.

(23) ㄱ. -으로 → -으로 / (자음)　＿＿＿＿　　(보기) 집　　　 + -으로
　　　ㄴ. -으로 → -로　/ (모음, /ㄹ/)　＿＿＿＿　(보기) 진주/서울 + -로

(24) ㄱ. -로 → -로　　/ (모음, /ㄹ/)　＿＿＿＿　(보기) 소주/술 + -로
　　　ㄴ. -로 → -ʔ으로 / (자음)　　＿＿＿＿　(보기) 손　　　 + -으로

먼저, '-으로'는 /ㄹ/을 제외한 자음으로 끝나는 체언 다음에 실현되며, '-로'는 모음이나 /ㄹ/로 끝나는 체언 다음에 실현된다. 만일 (29)처럼 '-으로'를 기본 형태로 삼으면, 형태소 '-으로'는 모음 뒤에서는 /으/가 탈락한다고 설명하면 된다. 그런데 만일 (30)처

럼 '-로'를 기본 형태로 삼으면, 자음 뒤에서는 /의/가 첨가된다고 설명해야 하는데, 이럴 경우 여러 가지 모음 중에서 왜 하필이면 /의/가 첨가되는지에 대하여 설명하기가 어려워진다. 따라서 기본 형태에서 다른 변이 형태로 바뀌는 문법적인 절차를 합리적으로 설명하기 위해서는 '-으로'를 기본 형태로 정하는 것이 더 낫다.

〈기본 형태를 결정하기가 어려운 경우〉 '값'과 '밭'은 다른 형태들보다 실현되는 환경에 제약이 없고 또 그것에서 다른 형태로 변동되는 규칙을 설정할 수 있어서 기본 형태로 쉽게 정해진다. 하지만 변이 형태들이 실현되는 환경에 대한 제약도 비슷하고 또 한 형태에서 다른 형태로 변동하는 규칙의 합리성도 비슷한 경우가 있다. 이럴 때에는 변이 형태 중에서 어느 것을 기본 형태로 삼을지 결정하기가 어렵다.

먼저 과거 시제 선어말 어미의 변이 형태인 {-았-, -었-, -였-}의 기본 형태를 정하는 방법을 생각해 보자.

(25) ㄱ. -았- / (양성 모음인 음절) _____   (보기) 막- + -았- + -다
    ㄴ. -었- / (음성 모음인 음절) _____   (보기) 먹- + -었- + -다
    ㄷ. -였- / (하 -) _____   (보기) 하- + -였- + -다

'-였-'은 형태론적 변이 형태로서 그것이 실현되는 환경에 제약이 아주 크므로, 기본 형태의 대상에서 제외된다. 그러고 나면 '-았-'과 '-었-' 중에서 하나를 기본 형태로 삼아야 하는데, 이들 변이 형태는 둘 다 분포도 비슷하고 한 형태에서 다른 형태로 변동하는 규칙을 설정하는 방법도 비슷하다. 곧 '-았-'을 기본 형태로 삼으면, 어간의 끝 음절이 음성 모음일 때에는 모음 조화 규칙에 따라서 형태소 '-았-'이 '-었-'으로 변동하고 어간이 '하(다)'일 적에는 '-였-'으로 변동한다고 설명해야 한다. 반면에 '-었-'을 기본 형태로 삼으면, 형태소 '-었-'이 어간의 끝 음절이 양성 모음일 때에는 '-았-'으로 변동하고, 어간이 '하(다)'일 적에는 '-였-'으로 변동한다고 설명해야 한다.

주격 조사의 변이 형태인 {-이, -가}와 목적격 조사의 변이 형태인 {-을, -를} 등도 같은 방식으로 처리해야 한다. 곧 {-이, -가}와 {-을, -를}은 그 앞의 끝 소리가 자음인가 모음인가에 따라서 형태가 교체된다.

(26) ㄱ. (자음)_____ / -이, -을   (보기) 사슴 + -이/-을
    ㄴ. (모음)_____ / -가, -를   (보기) 여우 + -가/-를

예를 들어서 주격 조사의 변이 형태 {-이, -가}는 앞 체언의 음운적인 조건에 따라 선택되는데, 앞 체언이 자음이면 '-이'로 실현되고 앞 체언이 모음이면 '-가'로 실현된다. 이 경우 '-이'를 기본 형태로 삼으면 주격 조사의 형태소 '-이'는 자음 아래에서는 그대로 실현되고, 모음 아래에서는 '-가'로 변동하는 것으로 설명할 수 있다. 반대로 '-가'를 기본 형태로 잡으면, 형태소 '-가'는 모음 뒤에서는 변동 없이 그대로 '-가'로 실현되고 자음 뒤에서는 '-이'로 변동한다고 설명할 수 있다.

이처럼 기본 형태를 결정하기가 어려울 때에는 변이 형태들 중에서 하나를 임의적으로 선택하여 기본 형태로 정한다. 예를 들어서 국어사적으로 볼 때에 {-이, -가} 중에서 '-이'가 '-가'보다 먼저 생겼으므로 '-이'를 기본 형태로 정할 수 있다. 그리고 {-았-, -었-} 중에서는 양성 모음을 취하는 '-았-'을 기본 형태로 정할 수가 있다.

1.2.1.3. 형태소의 유형

〈자립 형태소와 의존 형태소〉 형태소는 자립성을 기준으로 '자립 형태소'와 '의존 형태소'로 나눌 수 있다.

(27) 형님은 외아들에게 죽을 먹이셨다.

(28) ㄱ. 형, 아들, 죽(粥)

　　 ㄴ. -님, -은, 외-, -에게, -을, 먹-, -이-, -시-, -었-, -다

첫째, '자립 형태소(自立 形態素, free morpheme)'는 홀로 설 수 있는 형태소인데, '명사, 대명사, 수사, 부사, 관형사, 감탄사'의 단어가 대체로 자립 형태소에 속한다. (27)의 문장에 쓰인 자립 형태소는 '형, 아들, 죽(粥)'이다. 둘째, '의존 형태소(依存 形態素, bound morpheme)'는 홀로 서는 힘이 없어서 다른 형태소에 붙어서만 쓰일 수 있는 형태소인데, 대체로 용언의 어간이나 어미, 조사, 파생 접사 등이 의존 형태소에 속한다. (9)의 문장에 쓰인 의존 형태소는 '-님, -은, 외-, -에게, -을, 먹-, -이-, -시-, -었-, -다'이다.

〈실질 형태소와 형식 형태소〉 형태소는 구체적이고 실질적인 뜻을 나타내느냐의 여부에 따라서, '실질 형태소'와 '형식 형태소'로 나눌 수 있다.

첫째, '실질 형태소(實質 形態素, full morpheme)'는 그것 자체로서 실질적이면서 어휘적인 의미를 뚜렷이 드러내는 형태소이다. 앞의 (27)의 문장에서 실질 형태소인 것을

가려내면 다음의 (28)과 같다.

    (28) 형, 아들, 죽, 먹(다)

예를 들어서 '형'은 '같은 부모에게서 태어난 사이거나 일가친척 중에서 항렬이 같은 남자들 사이에서 나이가 많은 사람'이라는 실질적인 의미를, '아들'은 '남자로 태어난 자식'이라는 실질적인 의미를 나타낸다. 그리고 '죽(粥)'은 '곡식을 오래 끓여 알갱이가 흠씬 무르게 만든 음식'이라는 실질적 의미를 나타내며, '먹(다)'는 '음식 따위를 입을 통하여 배 속에 들여보내다.'라는 동작의 실질적인 의미를 나타낸다.

  둘째, '형식 형태소(形式 形態素, empty morpheme)'는 실질적이면서 어휘적인 의미를 나타내지 않고, 실질 형태소에 붙어서 새로운 의미를 덧보태거나 실질 형태소 사이의 문법적 관계를 나타내는 형태소이다.

    (29) -님, -은, 외-, -에게, -을, -이-, -시-, -었-, -다

예를 들어 (29)의 형태소들은 (28)의 형태소와는 달리, 구체적이면서 분명한 뜻을 나타내지는 못한다. 예를 들어 '-님'은 원래의 단어에 '높임'이라는 추상적인 뜻을 더해 주는 형태소이다. 그리고 '-은'은 실질 형태소 '형'에 붙어서 '형'이 문장에서 '말거리(화제)'가 됨을 나타내는 추상적인 뜻을 더해 주며, '-이-'는 실질 형태소인 '먹-'에 붙어서 그 단어에 '사동(남으로 하여금 어떠한 일을 하도록 하는 뜻)'이라는 형식적인 의미를 더해 준다.

  〈파생 접사와 굴절 접사〉 실질적인 뜻이 없는 형식 형태소를 '접사(接辭, 가지, affix)'라고도 하는데, 이러한 접사는 그 기능에 따라서 '파생 접사'와 '굴절 접사'로 나뉜다.

  첫째, '파생 접사(派生 接辭, 파생의 가지, derivational affix)'는 실질 형태소의 의미를 일부 한정하거나 문법적 특성을 바꾸면서, 새로운 단어를 만드는 형태소이다.

    (30) -님, 외-, -이-

(30)의 '-님, 외-, -이-'는 실질 형태소에 특별한 의미를 더해 주면서 새로운 단어를

만드는 기능을 한다. 곧, '-님'은 실질 형태소에 높임의 뜻을, '외-'는 '혼자인' 또는 '하나인'의 뜻을, 그리고 '-이-'는 '사동'의 뜻을 더하면서 새로운 단어를 파생한다.

둘째, '굴절 접사(屈折 接辭, 굴절의 가지, inflectional affix)'는 새로운 단어를 만드는 기능은 없지만, 실질 형태소에 붙어서 문법적인 뜻(기능)을 나타내는 형태소이다. 이러한 굴절 접사에는 체언 뒤에 붙는 조사와 용언의 어간 뒤에 붙는 어미가 있다.

(31) ㄱ. -은, -에게, -을 : 조사
　　　ㄴ. -시-, -었-, -다 : 어미

곧 (31)에서 '-은'은 '주제(말거리)'를, '-에게'는 '상대'를, '-을'은 '대상'의 의미를 나타내는 형태소이다. 그리고 '-시-'는 주어로 표현되는 대상을 높이며, '-었-'은 문장으로 표현되는 일이 과거에 일어났음을 나타내고, '-다'는 이 문장이 평서형으로 끝남을 나타낸다. 파생 접사나 굴절 접사는 기능에서는 차이가 있지만, 둘 다 실질적인 의미를 나타내지 못하는 형식 형태소라는 점에서는 동일하다.

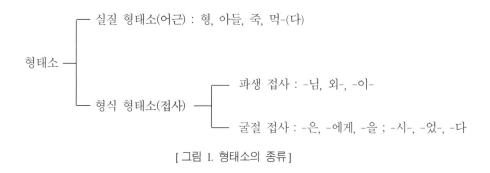

[그림 1. 형태소의 종류]

1.2.2. 단어와 어절

국어 문법에서 언어 단위 가운데 개념을 정의할 때에 가장 논란이 되는 것이 '단어(單語, 낱말, word)'이다. 곧, 국어 문법에서는 아직도 단어의 개념에 대한 일반적인 합의가 이루어지지 않았다. 여기서는 국어 문법에서 단어를 정의하는 세 가지 견해를 소개함으로써, 국어 문법에서 규정하는 단어의 개념을 대략적으로 알아본다.

1.2.2.1. '형태소 · 단어 · 어절'의 관계

〈형태소와 단어〉 단어는 하나의 형태소로 된 것도 있고, 둘 이상의 형태소가 모여서 된 것도 있다.

(32) 해, 달, 바람 ; 먹-(다), 높-(다)

(33) ㄱ. 돌-다리, 높-푸르(다)
      ㄴ. 풋-고추, 휘-젓-(다) ; 지게-꾼, 먹-이-(다)

(32)에서 '해, 달, 바람, 먹(다), 높(다)'는 하나의 실질 형태소(= 어근)로 된 단어이다. 이에 반해서 (33)에서 '돌다리, 높푸르(다) ; 풋고추, 휘젓(다) ; 지게꾼, 먹이(다)' 등은 둘 이상의 형태소가 모여서 하나의 단어가 된 것이다. (32)와 (33)의 예를 보면 단어는 형태소와 같거나 형태소보다는 더 큰 언어 형식이라는 것을 알 수 있다.

〈단어와 어절〉 국어의 '어절(語節)'은 '최소 자립 형식'과 일치한다. 여기서 어절의 구조를 살펴보기 위해서 문장을 어절의 단위로 분석해 보기로 한다.

(34) 시어머니께서 며느리에게 햇밤을 조금 먹이셨다.

(35) ㄱ. 시어머니께서, 며느리에게, 햇밤을, 조금
      ㄴ. 먹이셨다

(34)의 문장에서 어절의 단위는 '시어머니께서, 며느리에게, 햇밤을'과 '먹이셨다'이다. 여기서 어절 단위인 '시어머니께서', '먹이셨다', '조금'을 어휘적인 언어 형식과 문법적인 언어 형식으로 분석하면 다음과 같다.

(36) ㄱ. 시어머니께서 → [시- + **어머니**] + -께서
      ㄴ. 먹이셨다   → [**먹**- + -이-] + -시었다
      ㄷ. 조금   → [**조금**]

(ㄱ)에서 '시-'는 파생 접사이며 '어머니'는 어근이므로 '시-'와 '어머니'는 둘 다 어휘적인 요소인 데에 반해서, '-께서'는 문법적인 요소이다. 그리고 (ㄴ)에서 '먹-'은 어근

이며, '-이-'는 파생 접사로서 '먹-'과 '-이-'는 둘 다 어휘적인 요소인 데에 반해서, '-시- + -었- + -다'는 문법적 요소이다. 끝으로 (ㄷ)에서 '조금'은 하나의 어근으로 된 어절이므로 어휘적 요소이다.

앞의 예문 (36)에서 살펴본 바와 같이, 어절을 분석하면 어휘적이며 실질적인 형태소와 더불어서 의존적이면서 문법적인 기능을 나타내는 형태소가 나타난다.[6]

(37) 어절　　→　　　　　[어근 + (파생 접사)]　　+　(굴절 접사)

(38) ㄱ. 체언 + 조사 : 체언 [어근 + (파생 접사)]　　+　　　조사
　　　ㄴ. 용　　　언 : 어간 [어근 + (파생 접사)]　　+　　　어미
　　　　　　　　　　　　　　　⇩　　　　　　　　　　　　⇩
　　어　　　　절 :　　　어휘적인 요소　　　+　　　문법적인 요소(굴절 접사)

어절 속에는 의미의 중심이 되는 어근(실질 형태소)이 반드시 하나 이상이 있다. 그리고 어근에 붙어서 새로운 단어를 형성하는 파생 접사가 실현될 수도 있고 실현되지 않을 수도 있다. 여기서 어근과 파생 접사는 어휘적인 요소인데, 이러한 어휘적인 요소에 문법적인 요소인 굴절 접사가 붙는다. 국어에서 쓰이는 언어 형식 중에서 체언과 어간은 어휘적 언어 형식에 속하며, 조사와 어미는 문법적 언어 형식에 속한다.[7]

1.2.2.2. 단어를 정의하는 세 가지 견해

국어 문법에서 '단어'를 규정할 때에 문제가 되는 것은 어절과 단어의 관계이다. 단어의 정의는 어절 속에 실현된 어휘적인 요소(체언과 어간)와 문법적인 요소(조사와 어미)를 어떻게 처리하느냐에 따라서 달라진다. 곧, 어절에서 어휘적인 요소를 문법적인

---

6) '관형사, 부사, 감탄사'와 같이 한 단어가 한 어절을 구성하는 예는 논의에서 제외한다.
7) 현행의 <학교 문법>에서 취하고 있는 '절충주의 단어관'을 따르면, 단어는 대체로 어절의 단위보다 같거나 작은 문법 단위이다.

　(보기) 그 사람이 딸기를 많이 먹었다. (5개의 어절, 7개의 단어)

위의 문장에서 '그, 많이, 먹었다'에서는 하나의 단어가 하나의 어절을 형성하므로 단어와 어절의 문법적 단위가 동일하다. 반면에 '사람이(사람 + 이)'와 '딸기를(딸기 + 를)'에서는 각각 두 개의 단어가 하나의 어절을 형성하므로, 단어는 어절보다 작은 문법적 단위이다.

요소와 분리하여 각각에 단어의 자격을 주는 견해(분석적인 단어관)와, 어절에서 어휘적인 요소와 문법적인 요소를 합쳐서 하나의 단어로 처리하는 견해(종합적인 단어관)와, 이 두 단어관을 절충한 견해(절충적인 단어관)로 나누어진다.

여기서는 특정한 문장을 단어의 단위로 분석해 봄으로써, 단어를 정의하는 세 가지 견해를 소개한다.

어절을 분석하면 어휘적인 요소와 문법적인 요소로 나뉘게 된다.

(39) 심청은 푸른 물에 몸을 던졌다.
(40) ㄱ. 어휘적인 요소: 심청, 푸르-, 물, 몸, 던지-
　　　ㄴ. 문법적인 요소: -은, -ㄴ, -에, -을, -었다

(39)의 문장을 어휘적인 요소와 문법적인 요소로 나누어 보면 (40)과 같이 된다. 곧 (ㄱ)의 '심청, 푸르-, 물, 몸, 던지-' 등은 어휘적인 요소며 (ㄴ)의 '-은, -ㄴ, -에, -을, -었다'는 문법적인 요소이다.

〈**분석적인 단어관** 〉 주시경(1914), 김두봉(1922), 김윤경(1948) 등 초기의 국어 문법 학자들은 하나의 어절 속에 들어 있는 '어휘적인 요소'와 '문법적인 요소'를 분리하여 이들을 각각 한 단어로 처리했다. 이들 학자들의 견해에 따라서 (39)의 문장을 단어로 분석하면 (41)처럼 된다.

(41) 심청, -은, 푸르-, -ㄴ, 물, -에, 몸, -을, 던지-, -었다

단어를 이렇게 규정하면 단어를 이루는 단위가 아주 작은 언어적 단위가 되어서, 단어는 어절과 같거나 어절보다 작은 언어 단위가 된다. 이처럼 어휘적 언어 형식과 문법적 언어 형식을 구분하여, 이들 언어 형식을 각각 단어로 인정하는 견해를 '분석적인 단어관'이라고 한다.

'분석적인 단어관'에 의하면 어미나 조사와 같은 의존 형식을 단어로 취급하는데, 이러한 처리 방식에는 다음과 같은 문제가 있다. 곧 어떤 언어 형식을 단어로 규정할 때에는 자립성의 유무가 그것을 결정하는 중요한 기준이 된다. 그럼에도 불구하고 분석적 단어관에서는 자립성이 없는 조사나 어간과 어미에 각각의 단어 자격을 부여한 것이 문제이다. 곧 일반 언중들은 의존 형식인 '-은, 푸르-, -ㄴ, -에, -을, 던지-, -었

다' 등을 단어로 인식하기가 쉽지 않기 때문이다.

〈**종합적인 단어관**〉 정열모(1946)와 이숭녕(1956)에서는 어휘적인 언어 형식과 문법적인 언어 형식을 통합하여서 하나의 단어로 처리했다. 이들 학자의 견해에 따르면 (39)의 문장은 (42)처럼 단어로 분석된다.

(42) 심청은, 푸른, 물에, 몸을, 던졌다

이처럼 어휘적 언어 형식과 문법적 언어 형식을 통합하여 하나의 단어로 인정하는 관점을 '종합적인 단어관'이라고 한다. '종합적인 단어관'에 따르면 어절을 단어로 인정하는 셈인데, 이는 단어를 '최소 자립 형식'으로 규정하는 일반적인 원칙에 맞는다.

'종합적인 단어관'에서는 체언에 조사가 붙은 현상을, 체언이 문법적인 기능을 실현하기 위하여 그 형태가 변화하는 것(曲用, déclinaison)으로 설명해야 한다.

(43) 철수 + { -가, -를, -의, -에게, -로, -로써, ……, -야 }　　⇨ 곡용

(44) 찾- + { -는다, -았다, -는, -기, -아, -으면, ……, -도록 }　　⇨ 활용

(43)처럼 체언인 '철수'가 주어, 목적어, 관형어, 부사어, 독립어 등으로 쓰이는 문법적인 기능을 표시하기 위하여, '철수가, 철수를, 철수의, 철수에게, 철수로, 철수로써, 철수야'처럼 형태가 변한다고 설명해야 한다. 이는 마치 (44)와 같이 용언이 문법적 기능을 담당하기 위하여 어간에 어미가 붙어서 형태가 변화하는 것과 같다.

'종합적인 단어관'에 따르면 최소 자립 형식(어절)이 단어가 된다. 그리고 문장 속에서 기능하는 문장 성분의 기본 단위도 단어가 되며, 또한 〈한글 맞춤법〉에서 띄어쓰기의 기본 단위도 단어가 된다. 이렇게 되면 단어와 문장 성분, 그리고 띄어쓰기의 기본 단위가 모두 어절이라는 단위로 통일되므로 문법을 간명하게 기술할 수 있다.

〈**절충적인 단어관**〉 최현배(1980=1937), 허웅(2000), 『고등학교 문법』(2010)에서는 단어를 규정하면서 용언과 체언의 경우를 각각 다르게 처리하고 있다. 곧 용언은 어휘적인 요소와 문법적인 요소를 묶어서 한 단어로 처리하였다. 용언의 처리와는 달리 달리 체언은 어휘적 요소와 문법적 요소를 분리하여 각각 한 단어로 처리했다.

절충적 단어관에 따라서, (42)의 문장을 단어의 단위로 분석하면 다음과 같이 된다.

(45) 심청, -은, 푸른, 물, -에, 몸, -을, 던졌다.

결과적으로 보면 최현배(1980)나 허웅(2000) 등의 단어관은 '분석적인 단어관'과 '종합적인 단어관'을 절충한 체계인 셈이다. 이러한 단어관을 '절충적인 단어관'이라고 하는데, 이 관점에 따르면 단어는 어절과 같거나 어절보다 작은 언어 단위이다.

현행의 학교 문법에서는 절충적인 단어관을 따르고 있기 때문에 조사를 독립된 단어로 인정하고 있다. 곧 『『고등학교 문법』』(2010:82)에서는 단어를 "자립할 수 있는 말이나, 자립할 수 있는 형태소에 붙어서 쉽게 분리할 수 있는 말"이라고 규정하고 있다. 이때에 '자립할 수 있는 형태소에 붙어서 쉽게 분리할 수 있는 말'이란 바로 조사를 지칭하므로, 현행의 학교 문법에서는 문법 요소 가운데서 조사에만 독립된 단어의 자격을 주는 셈이다.[8]

결국 '절충적인 단어관'에서는 어간과 어미에는 독립된 단어의 자격을 부여하지 않는 반면에, 체언과 조사에는 각각 단어로서의 자격을 부여했다. 곧 동일한 의존 형식인데도 조사에는 독립된 단어 자격을 부여하고 어미에는 단어 자격을 부여하지 않았는데, 이처럼 의존 형식인 조사에 독립된 단어의 자격을 준 데에는 문제가 있다.

1.2.2.3. 단어의 성립 조건

국어 문법에서 단어의 개념에 대한 합일된 정의는 아직 내려지지 않았지만, 어떠한 언어 형식이 단어가 되기 위하여서는 다음의 조건을 갖추어야 한다고 알려져 있다.

첫째, 일반적으로 볼 때에 단어는 하나 이상의 형태소로 구성되어 있는 자립 형식이다.(Bloomfield 1962:178)[9]

---

8) '체언 + 조사'의 구성을 분리하면 자립 형식(체언)이 생기지만, '어간 + 어미'의 구성을 분리하면 둘 다 의존 형식이 된다. 따라서 상대적으로 볼 때에 '체언 + 조사'는 분리성이 강하지만 '어간 + 어미'의 구성은 분리성이 약하다. 『고등학교 문법』(2010:82)에서는 이러한 분리성의 차이를 근거로 하여, 체언과 조사에는 각각 독립된 단어의 자격을 주고 어간과 어미에는 독립된 단어의 자격을 주지 않는다.

9) 다만, 현행의 『고등학교 문법』(2010)에서는 절충적인 단어관을 따르므로 의존 형식인 조사를 독립된 단어로 인정하고 있다. 그러나 이는 『고등학교 문법』에서 절충적인 단어관에 따라서 조사를 독립된 단어로 인정하는 것이지 이러한 처리 방법이 합리적이라는 것은 결코 아니다.

(46) ㄱ. 쌀, 사랑 ; 이, 그, 저 ; 하나, 둘, 셋

ㄴ. 아주, 마치 ; 새(新), 한(一), 무슨

ㄷ. 먹(다), 자(다) ; 푸르(다), 검(다)

ㄹ. 어머나, 아이고, 쯧쯧

(47) ㄱ. 햅쌀, 첫사랑 ; 이것, 그것 저것 ; 첫째, 둘째, 셋째

ㄴ. 헌(久), 같이, 자주 ; 한두, 온갖

ㄷ. 휘날리(다) ; 높푸르(다)

(46)의 예는 모두 하나의 형태소로 되어 있는 자립 형식의 단어이며, (47)의 예는 둘 이상의 형태소로 된 자립 형식이다. 이들 자립 형식은 모두 하나의 단어의 자격을 갖추고 있다.

둘째, 단어는 내부에 다른 말을 끼워 넣을 수 없다. 곧, 단어는 하나의 문법적인 단위로 굳어 있기 때문에 단어의 내부가 쪼개어지는 성질(분리성)이 없다.

(48) ㄱ. 첫사랑, 돌다리, 눈물

ㄴ. 얻어먹다, 뛰어오다

(49) ㄱ. *첫 아름다운 사랑, *돌 큰 다리, *눈 짠 물

ㄴ. ?얻어 많이 먹다, *뛰어 멀리서 오다

(50) ㄱ. 아름다운 첫사랑, 큰 돌다리, 짠 눈물

ㄴ. 많이 얻어먹다, 멀리서 뛰어오다

(48)의 단어는 모두 둘 이상의 형태소로 구성되어 있지만 이들은 문법적으로는 하나의 단위로 기능한다. 따라서 (48)에 제시된 단어의 구성 성분 사이에는 다른 언어 형식을 개입시킬 수 없는 것이 원칙이다. 만일 이들 구성 성분 사이에 다른 언어 형식을 억지로 개입시키면 (49)와 같이 비문법적인 말이 되어 버리는데, (49)의 표현은 (50)처럼 고쳐야 올바른 표현이 된다.

셋째, 단어는 발화를 할 때에 내부에 휴지(pause, 쉼)를 둘 수 없다. 곧 단어는 하나의 문법적인 단위이기 때문에, 하나의 단어를 발화할 때에는 그 구성 성분 사이에 휴지 없이 발화해야 한다.

(51) ㄱ. 산돼지, 돌다리, 선무당 ; 뛰어오다, 달려가다 ; 온갖

ㄴ. ?산 # 돼지, ?돌 # 다리, ?선 # 무당 ; ?뛰어 # 오다, ?달려 # 가다 ; ?온 # 갖

(51)의 단어들은 두 개의 성분이 모여서 하나의 단어로 쓰이는 합성어이다. 이들 단어가 비록 두 개의 성분으로 구성되어 있기는 하지만, (ㄱ)처럼 휴지 없이 단어를 발화해야 자연스럽고 (ㄴ)처럼 단어의 구성 성분 사이에 휴지를 두고 발화하면 자연스럽지 못하다.

1.2.3. '구'와 '절'

지금까지 국어에 쓰이는 언어 형식의 종류로 형태소와 단어(어절) 등에 대하여 살펴보았다. 문법적인 단위로 쓰이는 언어 형식에는 형태소와 단어 이외에도, '구, 절, 문장' 등이 있다.

〈 구 〉 '구(句, 이은말, phrase)'는 두 개 이상의 어절이 모여서 하나의 문법적인 단위를 이루는 언어 형식으로서, '주어-서술어'의 짜임을 갖추지 못한 단위이다.

(52) ㄱ. <u>선생님의 자가용</u>이 방금 견인되었어요.   [명사구]

ㄴ. 어머니께서는 밥을 <u>정말로 빨리 드신다.</u>   [동사구]

ㄷ. 할머니께서 싸 주신 김치는 <u>대단히 싱거웠다.</u>   [형용사구]

ㄹ. 김 씨는 <u>아주 헌</u> 가방을 들고 다닌다.   [관형사구]

ㅁ. 작년에는 북한 지방에 비가 <u>아주 많이</u> 내렸다.   [부사구]

(ㄱ~ㅁ)에서 밑줄 그은 문법적인 단위는 두 단어 이상으로 짜여 있으면서 각각 '명사, 동사, 형용사, 관형사, 부사'의 역할을 수행한다. (ㄱ)에서 '선생님의 자가용'은 비록 두 단어로 짜여 있지만 하나의 명사와 같은 기능을 하므로 명사구이며, (ㄴ)에서 '정말로 빨리 드신다'는 전체적인 구성이 하나의 동사와 같은 기능을 하므로 동사구이다. 그리고 (ㄷ)에서 '대단히 싱거웠다'는 형용사구이며, (ㄹ)에서 '아주 헌'은 관형사구이며, (ㅁ)의 '아주 많이'는 부사구이다.

〈 절 〉 '절(節, 마디, clause)'은 두 개 이상의 어절이 모여서, 주어와 서술어를 갖추고 있으나, 종결 어미가 실현되지 않은 언어 형식이다.

(53) ㄱ. <u>이 책이 많이 팔리기</u>는 거의 불가능하다.　　　　　[명사절]
　　　ㄴ. <u>철수가 만난</u> 사람이 반기문 씨이다.　　　　　　　[관형절]
　　　ㄷ. 철수 씨는 <u>마른 땅에 먼지가 나도록</u> 달렸다.　　　[부사절]
　　　ㄹ. 김삼순 씨는 <u>고집이 세다.</u>　　　　　　　　　　　　[서술절]
　　　ㅁ. 명박 씨가 "<u>나는 선거에 출마한다.</u>"라고 말했어요.　[인용절]

(53)의 문장에서 절의 쓰임을 살펴보면 다음과 같다. (ㄱ)에서 '이 책이 많이 팔리기'는
서술어의 어간에 명사형 어미인 '-기'가 붙어서 전체 구성이 명사처럼 쓰였다. (ㄴ)에
서 '철수가 만난'은 서술어의 어간에 관형사형 어미인 '-ㄴ'이 붙어서 전체 구성이 관
형사처럼 쓰였다. (ㄷ)에서 '마른 땅에 먼지가 나도록'은 서술어로 쓰인 '나다'의 어간
에 부사형 어미인 '-도록'이 붙어서 부사처럼 쓰였다. 그리고 (ㄹ)에서 '고집이 세다'
는 주어로 쓰인 '김삼순 씨는'에 대하여 서술어로 쓰였으며, (ㅁ)에서 '나는 대통령 선
거에 출마한다'는 하나의 완전한 문장의 형식으로서 인용하는 말로 쓰였다. 이처럼
절은 주어와 서술어를 갖추고 있으면서도 문장 속에서 특정한 품사나 문장 성분처럼
쓰이는 언어 형식이다.

1.2.4. 문장

'문장(文章, 월, sentence)'은 주어와 서술어를 갖추고 있고, 서술어에 종결 어미가 실
현되어 있으며, 의미적인 면에서 통일되고 완결된 내용을 갖추고 있는 언어 형식이다.

(54) ㄱ. <u>철수가</u> 어제 새 자동차를 <u>샀다.</u>
　　　ㄴ. <u>선생님께서</u> 언제 미국에 <u>가십니까?</u>

(55) ㄱ. <u>주민들은</u> 여름에는 코로나 바이러스가 사라지기를 <u>기대했다.</u>
　　　ㄴ. <u>이상국 박사가</u> 치료한 환자는 어제 병원에서 <u>퇴원했습니까?</u>

(54)의 문장에는 '철수가'와 '선생님께서'가 주어로 쓰였으며, '샀다, 가십니까'가 서술
어로 쓰였다. 그리고 서술어로 쓰인 '사다'와 '가다'에 종결 어미인 '-다'와 '-(으)ㅂ니
까'를 실현하고 있고, 의미적인 면에서도 하나의 완결된 사건을 표현하고 있다. 따라
서 (54)의 문장은 문장의 형식을 온전하게 갖추었다. 반면에 (55)에서 '코로나 바이러

스가 사라지기'나 '이상국 박사가 치료한'은 주어와 서술어는 갖추었으나 서술어로 쓰인 용언에 종결 어미가 실현되지 않아서 문장의 형식을 갖추지는 못했다.

1.3. 언어 형식의 기능

'단어, 어절, 구, 절' 등의 언어 형식은 문장 속에서 일정한 기능을 하게 된다. 이처럼 특정한 문법적인 단위가 문장 속에서 담당하는 기능을 '문장 성분(文章成分, 월성분)'이라고 한다.

첫째, 단어나 어절이 문장 속에서 특정한 문장 성분으로 기능할 수 있다.

(56) ㄱ. 아이코, 깡패가 새 자전거를 완전히 부수었네.
ㄴ. 철수가 진범이 아니다.

(ㄱ)의 문장에서 '깡패들'과 '자전거'의 품사는 둘 다 체언(명사)인데, '깡패들'은 주격 조사인 '-가'와 결합하여 주어로 쓰였으며, '자전거'는 목적격 조사인 '-을'과 결합하여 목적어로 쓰였다. 그리고 '부수었네'는 동사가 서술어로 쓰였으며, '아이코'는 감탄사가 독립어로 쓰였다. 마지막으로 '새'는 관형사가 관형어로 쓰였으며, '완전히'는 부사가 부사어로 쓰였다. 그리고 (ㄴ)의 문장에서 '철수'와 '진범'은 둘 다 체언(명사)인데, '철수'는 주격 조사인 '-가'와 결합하여 주어로 쓰였으며, '진범'은 보격 조사인 '-이'와 결합하여 보어로 쓰였다. 그리고 형용사인 '아니다'는 서술어로 쓰였다.

(56ㄱ)	아이코	깡패가	새	자전거를	완전히	부수었네
품사	감탄사	명사 + 조사	관형사	명사 + 조사	부사	동사
문장 성분	독립어	주어	관형어	목적어	부사어	서술어

(56ㄴ)	철수가	진범이	아니다
품사	명사 + 조사	명사 + 조사	형용사
문장 성분	주어	보어	서술어

둘째, 둘 이상의 단어가 모여서 이루어진 '구'가 문장 속에서 특정한 성분으로 기능할 수 있다.

(56) ㄱ. <u>용의자의 차량</u>이 방금 발견되었어요.   [명 사 구 — 주　어]
　　ㄴ. 어머니께서는 글을 <u>정말로 빨리 읽으신다</u>.   [동 사 구 — 서술어]
　　ㄷ. 할머니께서 보여 주신 사진은 <u>매우 낡았다</u>.   [형용사구 — 서술어]
　　ㄹ. 김 씨는 <u>아주 새</u> 가방을 들고 나타났다.   [관형사구 — 관형어]
　　ㅁ. 작년에 부산에는 비가 <u>아주 많이</u> 내렸다.   [부 사 구 — 부사어]

(ㄱ)에서 '용의자의 차량'은 명사구가 주어로 쓰였다. (ㄴ)에서 '정말로 빨리 읽으신다'는 동사구가 주어로 쓰였으며, (ㄷ)에서 '매우 낡았다'는 형용사구가 서술어로 쓰였다. (ㄹ)에서 '아주 새'는 관형사구가 관형어로 쓰였으며, (ㅁ)에서 '아주 많이'는 부사구가 부사어로 쓰였다.

셋째, 주어와 서술어의 구조를 갖춘 '절'이 문장 속에서 특정한 성분으로 기능할 수 있다.

(57) ㄱ. <u>그들이 섬에서 벗어나기</u>는 거의 불가능하다.   [명사절 — 주　어]
　　ㄴ. <u>우리가 대학 시절에 읽은</u> 소설이 '즐거운 사라'이다. [관형절 — 관형어]
　　ㄷ. 적토마는 <u>입에서 거품이 나도록</u> 힘껏 달렸다.   [부사절 — 부사어]
　　ㄹ. 박복자 씨는 <u>성질이 고약하다</u>.   [서술절 — 서술어]
　　ㅁ. 창명 씨는 "<u>나는 술을 마시지 않았다.</u>"라고 말했어요. [인용절 — 부사어]

(ㄱ)에서 '그들이 섬에서 벗어나기'는 명사절이 주어로 쓰였다. (ㄴ)에서 '우리가 대학 시절에 읽은'은 관형절이 관형어로 쓰였다. (ㄷ)에서 '입에서 거품이 나도록'은 부사절이 부사어로 쓰였다. (ㄹ)에서 '성질이 고약하다'는 서술절이 서술어로 쓰였으며, (ㅁ)에서 '나는 술을 마시지 않았다.'는 인용절이 부사어로 쓰였다.

이처럼 자립할 수 있는 언어 형식인 '단어, 어절, 구, 절' 등이 문장을 짜 이룰 때에 발휘하는 기능에 대한 명칭을 '문장 성분'이라고 한다.

【더 배우기】

1. 직접 성분과 직접 성분 분석

문장을 이루는 요소들 사이의 관계는 모두 똑같은 것은 아니어서, 어떤 요소들은 서로 긴밀하게 조직되어 있는 반면에 어떤 요소들은 긴밀하지 못하게 짜여 있다.

(1)에서 '철수는'과 '새'는 서로 긴밀한 관계에 있지 않기 때문에 1차적으로 결합하지 못하며, '책을'과 '마구'도 동일한 이유로 서로 결합하지 못한다. 반면에 '새'와 '책을', 그리고 '마구'와 '찢었다'는 서로 긴밀한 관계로 맺어져 있어서 '새 책을', '마구 찢었다'처럼 일차적으로 결합할 수 있다. 그리고 '새 책을'과 '마구 찢었다'도 긴밀한 관계로 짜여서 '새 책을 마구 찢었다'를 형성하며, 마지막으로 '철수는'은 '새 책을 마구 찢었다'와 긴밀한 관계로 서로 결합하여 전체 문장을 이룰 수 있다.

이러한 사실을 역으로 설명하면 (1)의 문장은 먼저 '철수는'과 '새 책을 마구 찢었다'의 구성 요소로 나뉘고, '새 책을 마구 찢었다'는 '새 책을'과 '마구 찢었다'의 구성 요소로 나뉜다. 마찬가지로 '새 책을'은 '새'와 '책을'로 나뉘며 '마구 찢었다'는 '마구'와 '찢었다'로 계층적으로 나누어지는 것을 알 수 있다. 이처럼 문장의 짜임을 분석할 때에 특정한 성분을 이루고 있는 제일차적인 성분을 '직접 성분(直接 成分, immediate constituent)'이라고 한다.

일반적으로 '언어 형식'의 구조를 분석할 때에는 '직접 성분 분석'이라는 방법을 사용한다. '직접 성분 분석'에서는 특정한 언어 형식을 그 하위 구성 성분들(constituents)로 분석하고 제1차적으로 분석된 구성 성분이 또다시 하위 성분으로 분석될 수 있는지를 점검한다. 그리고 어떠한 언어 형식의 하위 구성 성분이 어떠한 모습으로 구성되어 있는지를 살펴본다.

요약하면 특정한 언어 형식을 하위 성분으로 분석하여 더 이상 분석할 수 없는 유의미적 단위인 형태소까지 분석하는 방식을 '직접 성분 분석(直接 成分 分析, immediate constituent analysis)'이라고 하는데, 이를 줄여서 'IC 분석'이라고도 한다.

2. 무형의 변이 형태

한 형태소가 그것이 놓이는 환경의 다름으로 말미암아 다르게 실현되었을 때에, 한 형태소의 꼴바꿈인 여러 형태들을 '변이 형태'라고 한다. 이러한 변이 형태는 일반적으로 특정한 꼴(= 소리, 형태)로 나타나는데, 때로는 꼴이 없는 변이 형태도 있을 수 있다.

예를 들어서 15세기 국어에서 '주격 조사(主格 助詞)'는 앞 체언의 끝소리에 따라서 { -이, -ㅣ, -∅ }의 세 가지 변이 형태로 실현된다.

(1)	ㄱ. 世尊이 象頭山애 가샤	[석보상절 6:1]
	ㄴ. 프른 벼 하니	[두시언해 7:36]
(2)	ㄱ. 녯 가히 내 도라오믈 깃거	[두시언해 6:39]
	ㄴ. 불휘 기픈 남긴 ㅂㄹ매 아니 뮐씨	[용비어천가 2장]

(1)에서 (ㄱ)의 世尊처럼 자음으로 끝나는 체언 다음에는 주격 조사가 '-이'의 형태로 실현된다. (ㄴ)의 '벼'처럼 /ㅣ/나 반모음인 /j/를 제외한 일반적인 모음으로 끝나는 체언 다음에는 주격 조사가 반모음인 '-ㅣ'의 형태로 실현된다.[10] 그런데 (2)에서 (ㄱ)의 '가히'와 (ㄴ)의 '불휘'처럼 앞 체언이 /ㅣ/나 반모음 /j/로 끝날 때에는 주격 조사의 형태가 드러나지 않는다. 이처럼 아무런 형태를 취하지 않은 형태가 주격 조사로 기능할 때에는, 그것을 무형의 변이 형태로 처리하고 그것의 형태를 '∅'로 표기한다.

곧, 다른 모든 경우에 일정한 소리로 표시되는 문법적 기능이 특정한 경우에만 소리로 나타나지 않을 때에는, 여기에 '무형의 변이 형태(allomorphic zero)'가 있다고 처리한다.

3. 기본 형태와 변동

변이 형태 중에서 특정한 형태를 기본 형태(기저형)로 정하고 나면 그것이 형태소를 대표하게 된다. 이렇게 되면 형태소의 원래의 모습은 기본 형태인데, 그것이 실현되는 음운적인 조건에 따라서 그 형태가 바뀐다고 설명할 수 있다.

{값} ──┬──→ {갑} _____ /(비음 이외의 자음, #)

     └──→ {감} _____ /(비음의 자음)

---

10) (1)에서 (ㄱ)의 '世尊이'는 '世尊(명사) + -이(주격 조사)'로 분석되며, (ㄴ)의 '벼'는 '벼(명사) + -ㅣ(주격 조사)'로 분석된다. 반면에 (2)에서 '가히'와 '불휘'의 뒤에는 주격 조사의 형태가 유형으로는 나타나지 않는다.

예를 들어서 '값'을 기본 형태로 잡으면 '값'이라는 형태소가 음운적인 환경에 따라서 '갑'과 '감'으로 그 꼴이 바뀐다고 설명할 수 있다. 곧 형태소 '값'이 그 뒤에 비음을 제외한 자음이 오거나 혹은 단독으로 쓰이면 '자음군 단순화'의 규칙에 따라서 '갑'으로 실현된다. 그리고 '값'의 뒤에 비음의 자음이 이어서 나타나면 '비음화'의 규칙에 따라서 '감'으로 실현되는 것이다. 이와 같이 형태소(기본 형태)가 그것이 쓰이는 음운적인 환경에 따라서 여러 가지 형태로 실현되는(꼴이 바뀌는) 것을 '음운 변동(變動, phonological alternation)'이라고 한다.

4. 형태소의 교체

한 형태소에 속하는 변이 형태들이 교체되는 양상을 '자동적 교체'와 '비자동적 교체'로 나누기도 한다.

첫째로 '자동적 교체(自動的 交替, automatic alternation)'는 특정한 언어의 음운 체계에 바탕을 둔 교체로서, 음운 체계상 예외 없이 반드시 일어나야 하는 교체이다. 국어에서 '비음화'나 '평파열음화' 등에 따른 교체는 자동적 교체에 해당한다.

>
> (1) ㄱ. 꽃에   : 꽃
>   ㄴ. 꽃, 꽃도   : 꼳
>   ㄷ. 꽃만   : 꼰
>

(1)에서 형태소 '꽃'은 세 가지의 변이 형태로 실현되는데, 그 뒤에 모음이 오면 '꽃'의 형태로, 그 뒤에 자음이 오거나 단독으로 쓰이면 '꼳'의 형태로, 그 뒤에 비음의 자음이 오면 '꼰'의 형태로 실현된다. 여기서 '꽃'과 '꼳'의 교체는 '평파열음화(= 음절 끝소리 규칙)'에 따르는 교체이며, '꼳'과 '꼰'의 교체는 비음화에 따르는 교체이다. 이러한 자동적 교체는 국어의 음운 체계에 바탕을 둔 교체이기 때문에 예외 없이 반드시 일어나야 한다.

자동적 교체는 국어의 음운 체계에 바탕을 둔 교체이기 때문에, 예외 없이 반드시 일어나야 한다. 국어의 음운 변동 현상 중에서 '비음화, 유음화, 평파열음화, 자음군 단순화, 평파열음 뒤의 된소리되기, 자음 축약에 따른 교체는 자동적 교체에 해당한다.

반면에 '비자동적 교체(非自動的 交替, nonautomatic alternaticon)'는 특정 언어의 음운 체계와는 관련이 없이 일어나는 교체 현상이다. 국어의 주격 조사의 변이 형태인 '-이'와 '-가'의 교체나 명령형 어미의 변이 형태인 '-아라', '-거라', '-여라', '-너라'의 교체 등은 비자동적 교체의 예이다.

(2) ㄱ. 수박 + -이   (3) ㄱ. 막- + -아라

    ㄴ. 국수 + -가   ㄴ. 잡- + -거라

    ㄷ. 수박 + -가   ㄷ. 하- + -여라

    ㄹ. 국수 + -이   ㄹ. 오- + -너라

(2)에서 주격 조사의 변이 형태인 '-이'와 '-가'는 (ㄱ)처럼 자음으로 끝난 체언 뒤에서는 '-이'로, (ㄴ)처럼 모음으로 끝난 체언 뒤에서는 '-가'로 교체된다. 그러나 이러한 교체는 음운 체계에 바탕을 둔 것이 아니므로, 음운론적으로는 (ㄷ)처럼 *수박가로, (ㄹ)처럼 *국수이로 교체해도 무방하다. 그리고 (3)에서 어간인 '막-, 잡-, 하-, 오-'에 명령형 어미의 변이 형태인 '-아라, -거라, -여라, -너라가 결합되는 것은 음운론적으로는 아무런 제약이 없다. 따라서 (3)의 '막아라, 잡거라, 하여라, 오너라 대신에 '막거라, 잡아라, *하거라, *오거라 등으로 어미의 형태를 교체해도 음운론적으로는 제약을 받지 않는다.[11]

5. 형태론과 통사론

언어학의 3대 영역으로 흔히 '음운론, 의미론, 문법론'을 든다. 언어학의 3대 영역 가운데서 '음운론(音韻論, phonology)'은 언어 형식의 말소리의 체계만을 연구하는 학문 영역이며, '의미론(意味論, semantics)'은 언어 형식의 의미 체계에 한정해서 연구하는 학문이다. '문법론 (文法論, grammar)'은 의미와 음운의 결합체인 언어 형식의 여러 가지 단위를 대상으로 하여 그 형태와 의미 및 기능을 연구하는 학문이다.

$$\frac{\text{음운 [음운론]}}{\text{의미 [의미론]}} = \text{언어 형식 [문법론]}$$

문법론의 하위 영역으로는 '형태론'과 '통사론'이 있다. 먼저 '형태론(形態論, morphology)'은 어절(최소 자립 형식) 내부의 문법 현상을 연구 대상으로 하는 학문이다. 곧 형태론에서는 형태소의 종류, 특별한 형태소의 뜻, 그리고 그것들이 모여서 단어 혹은 어절을 이루는 방법을 연구한다.

(1) ㄱ. <u>철수가 산딸기를 땄다.</u>

    ㄴ. 철수, -가, 산, 딸기, -를, 따-, -았-, -다

---

11) 다만, (3)에서 '하여라'와 '오너라'만 문법적인 것은 '-여라'와 '-너라'가 각각 '(~)하다'와 '오다'에 형태론적으로 조건된 변이 형태이기 때문이다.

(1)의 문장에서 형태론적인 관점에서 보면 다음과 같은 문법적 사항을 기술한다. 첫째 '철수'와 '산딸기'는 명사이며 '따-'는 동사이다. 그리고 '-가'와 '-를'은 체언 다음에 붙는 조사이며, '-았-'과 '-다'는 용언의 어간 다음에 붙는 어미이다. 그리고 '산딸기'는 '산'이라는 어근과 '딸기'라는 어근이 결합해서 형성된 합성어이다. '-가'는 선행 체언이 문장에서 주어임을 나타내는 기능을 하며, '-를'은 앞선 체언이 목적어임을 나타낸다. 끝으로 '-았-'은 발화시(현재) 이전에 '철수가 산딸기를 따다'라는 사건이 일어났음을 표현하며, 끝으로 '-다'는 화자가 청자를 낮추면서 평서형으로 문장이 종결함을 나타낸다. 이와 같이 형태론은 특정한 형태소를 중심으로 하여 어절 내부의 문법 현상을 연구하는 분야이다.

어절이 모여서 더 큰 언어 형식인 '구(phrase)'나 '절(clause)'이나 '문장(sentence)'를 짜 이루게 된다. 통사론은 이와 같이 어절(= 최소 자립 형식)이 문장 속에서 어떠한 기능을 하며, 또한 어절이 모여서 더 큰 언어 형식을 짜 이루는 문법적인 현상을 연구하는 분야이다. 곧 통사론은 어절과 어절 사이에 나타나는 문법 현상을 연구 대상으로 하는 분야이다.

(2) 마을의 노인들은 학교에서 밥을 먹었다

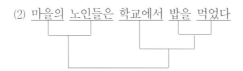

(2)에서 '노인들은'은 서술어 '먹었다'에 대하여 주어의 역할을 하고 있다. 그리고 '밥을'은 서술어 '먹었다'에 대하여 목적어의 역할을 하며, '학교에서'는 부사어의 역할을 한다. 두 어절이 모여서 더 큰 언어 형식을 만드는 경우도 있다. '마을의'는 '노인들(은)'과 통사적으로 긴밀하게 결합하여 명사구를 형성한다. 그리고 '밥을'은 '먹었다'와 결합하고, '학교에서'는 '밥을 먹었다'와 결합하여 더 큰 언어 형식인 동사구를 짜 이룬다. 끝으로 '마을의 노인들은'은 '학교에서 밥을 먹었다'와 결합하여 하나의 문장을 형성한다. 이와 같이 어절이 문장 속에서 다른 말과 맺는 문법 관계나, 어절이 모여서 더 큰 언어 형식을 짜 이루는 문법의 규칙을 연구하는 부문을 '통사론(統辭論, 文章論, syntax)'이라고 한다.

[단원 정리 문제 1]

1. 아래의 문장에 대하여 다음 물음에 답하시오.

> 나는 큰 범을 산속에서 만났다.

　① 위의 문장을 어절의 단위까지 직접 성분으로 분석하시오.
　② 위의 문장에 나타난 언어 형식을 모두 찾으시오.
　③ 위의 문장에 나타난 언어 형식을 자립 형식과 의존 형식으로 구분하시오.

2. 아래의 글을 형태소로 분석하고 형태소의 유형을 밝히시오.

> 시골 쥐는 동무가 아주 먼 곳에서 왔으므로 손님을 반갑게 맞이하였다. 그날 저녁 상 위에는 고기와 햅쌀로 지은 밥이 많이 나왔다.

　① 자립 형태소와 의존 형태소
　② 실질 형태소와 형식 형태소
　③ 파생 접사와 굴절 접사

3. 다음 문장에서 밑줄 그은 변이 형태 {-었-, -았-, -였-}의 관계를 설명하시오.

　① 철수는 빵을 먹<u>었</u>다.
　② 철수는 곰을 잡<u>았</u>다.
　③ 철수는 열심히 공부하<u>였</u>다.

4. '찾다'의 어간은 그 뒤에 실현되는 어미의 종류에 따라서 { 찾-, 찿-, 찬- }의 변이 형태로 실현된다. 이들 형태 가운데서 기본 형태를 결정하고 그 이유를 설명하시오.

> ① 찾 + 아서 → /차자서/　② 찾 + 고 → /찯꼬/　③ 찾 + 는 → /찬는/

---

* 단원 정리 문제의 '풀이집'은 '학교 문법 교실(http://scammar.com)'의 [자료실－학교 문법 자료
－25번]의 게시판에서 내려 받을 수 있습니다.

5. 국어 문법 연구사에서 제기된 세 가지 단어관에 따라서 다음 문장을 단어로 분석하시오.

> 소년은 전에 소녀가 앉아 물장난을 하던 징검다리의 한가운데에 앉았다.

    ① 분석적인 단어관
    ② 종합적인 단어관
    ③ 절충적인 단어관

6. 분석적인 단어관과 절충적인 단어관의 문제점을 설명하시오.

7. '눈물'이 하나의 단어로 처리되는 이유를 설명하시오.

8. 절충적인 단어관을 기준으로 다음의 글에 나타난 '절, 구, 어절, 단어'를 지적하시오.

> 소녀는 징검다리의 한가운데에 앉아서 세수를 했다. 소녀는 세수를 마친 뒤에 가을 하늘을 조용히 바라보았다.

    ① 절(節)
    ② 구(句)
    ③ 어절
    ④ 단어

9. 절충적인 단어관을 기준으로 다음의 글에 나타난 '절, 구, 어절, 단어'를 지적하고, 각 언어 형식이 어떠한 문장 성분으로 기능하였는지 밝히시오.

> 농구를 좋아하는 철수는 밤이 늦도록 시합을 했다.

    ① 절(節)
    ② 구(句)
    ③ 어절
    ④ 단어

품 사 2장

제2장 품사

2.1. 품사의 분류

한 언어에는 수많은 단어들이 있는데, 이들 단어들은 문법적인 특질이 모두 동일한 것은 아니다. 한 언어 속에 속한 수많은 단어를 갈래지어서 그 범주를 설정하는 것이 품사의 분류이다.

2.1.1. 품사 분류의 기준

국어에는 최대 약 50만 개의 단어가 존재하며, 실제로 우리가 사용하는 단어만 해도 5만여 개가 넘는다고 한다.(『고등학교 문법』 2010:90) '품사(品詞, 씨, parts of speech)'는 한 언어에 존재하는 수많은 단어들을 문법적 성질의 공통성에 따라 몇 갈래로 묶어 놓은 것이다.

'책'과 '먹다'를 비교해 보면, 이 두 단어는 문법이나 의미적인 특성이 다르다.

    (1) ㄱ. 책 + { -이, -을, -만, -도 }
        ㄴ. 책 + { *-시-, *-었-, *-겠-, *-다 }
    (2) ㄱ. 먹 + { *-이, *-을, *-만, *-도 }
        ㄴ. 먹 + { -으시-, -었-, -겠-, -다 }

첫째로 형태적인 특징으로서 '책'은 그 뒤에 {-이, -을, -만, -도} 등의 조사가 붙을 수 있으나, '먹다'의 어간 뒤에는 조사가 붙지 못한다. 반면에 '먹다'의 어간 뒤에는 {-으시-, -었-, -겠-, -다} 등의 어미가 붙을 수 있으나 '책' 뒤에는 이러한 어미가 붙을 수 없다. 둘째로 통사적인 특징으로서 '책'은 그 뒤에 다양한 격조사가 붙어서 여러 가지 문장 성분으로 쓰일 수 있는 반면에 '먹다'는 문장 속에 서술어로 쓰이는 것이 원칙이다. 셋째로 의미적인 특징으로서 '책'은 어떠한 대상의 이름을 나타내는 말이지만 '먹다'는 대상의 '움직임'을 표현하는 말이다. '책'과 '먹다'에서 나타나는 차이를 감안하면 '책'과 '먹다'는 성질이 많이 다르다는 것을 알 수 있다.

이와 같이 단어에 나타나는 문법적, 의미적인 특징을 고려하여 결정한 단어의 갈래를 '품사'라고 하는데, 일반적으로 단어의 '기능·형태·의미'를 기준으로 품사를 분류한다.

첫째, '기능(機能, function)'은 한 단어가 문장 속에서 다른 단어와 맺는 통사적인 관계를 말한다. 곧 특정한 단어가 문장 속에서 '주어, 서술어, 보어, 목적어, 부사어, 관형어, 독립어' 등의 문장 성분으로 쓰이는 것을 단어의 '기능'이라고 한다.

예를 들어서 명사는 격조사와 결합하여 문장 속에서 '주어, 서술어, 보어, 목적어, 부사어, 관형어, 독립어' 등 여러 가지 문장 성분으로 기능한다.

> (3) ㄱ. <u>철수</u>는 길에서도 <u>기도</u>를 한다.
>   ㄴ. <u>영자</u>는 <u>제일고등학교</u>의 <u>학생</u>이다

(3)의 (ㄱ)에서 '철수는'은 주어, '길에서도'는 부사어, '기도를'은 목적어로 쓰였다. 그리고 (ㄴ)에서 '영자는'은 주어, '제일고등학교의'는 관형어, '학생이다'는 서술어로 쓰였다.

이에 반해서 동사와 형용사는 기본적으로 서술어로 쓰이며, 관형사는 관형어로, 부사는 부사어로, 감탄사는 독립어로 쓰인다.

> (4) ㄱ. <u>어머나</u>, 달이 <u>매우</u> <u>밝네</u>.
>   ㄴ. <u>저</u> 사자는 <u>정말로</u> <u>빨리</u> <u>달리네</u>.

(4)에서 '어머나'는 감탄사가 독립어로 쓰였으며, '매우'와 '정말로', '빨리'는 부사가 부사어로 쓰였으며, '저'는 관형사가 관형어로 쓰였다. 그리고 형용사 '밝네'와 동사 '달리네'는 둘 다 서술어로 쓰였다. 이와 같이 문장 속에 특정한 단어가 문장 성분으로 쓰이는 특징이 기능이다.

둘째, '형태(形態, 꼴, form)'는 단어의 형태적 특징을 말한다. 곧 형태적 특징은 단어

가 굴절(굴곡)을 하는지 아니하는지의 특징과, 그리고 만일 특정한 단어가 굴절을 하는 경우에는 어떠한 방식으로 굴절하는가의 특징이다. 곧 동사, 형용사, 서술격 조사는 굴절을 하지만, 명사, 조사, 대명사, 수사, 부사, 관형사, 감탄사는 굴절하지 않는다. 그리고 굴절을 하는 단어인 동사, 형용사, 서술격 조사도 활용의 방식에 차이가 있다.

(5) ㄱ. 읽- 　{ -는다　　-는구나　　　　-어라 }
　　ㄴ. 희- 　{ -다　　　-구나　　　　　*-어라 }
　　ㄷ. (책)이-{ -다　　　-로구나　　　　*-어라 }

예를 들어서 동사인 '읽다'는 어간에 선어말 어미인 '-는-'을 실현함으로써 현재 시제를 나타내는 반면에, 형용사 '희다'와 서술격 조사 '-이다'는 어간에 어떠한 형태소를 실현하지 않음으로써 현재 시제를 표현한다. 그리고 현재 시제의 감탄형 종결 어미의 형태로 '읽다'의 어간에는 '-는구나'가 붙는 데 반해서 '희다'에는 '-구나'가 붙으며, '-이다'에는 '-로구나'가 붙는다. 끝으로 '읽다'에는 '-어라/-아라'의 명령형 어미가 붙지만, '희다'와 '-이다'에는 명령형 종결 어미 자체가 실현될 수 없다. 이러한 형태적인 차이 때문에 '읽다'는 동사로, '희다'는 형용사로, '-이다'는 서술격 조사로 구분한다.

　셋째, '의미(意味, meaning)'는 품사를 분류하는 가장 기초적인 기준으로서, 단어가 나타내는 형식적인 의미이다. 예를 들어서 명사의 형식적인 의미는 '사물의 이름을 표현하는 말'이며, '동사'의 형식적인 의미는 '사물의 동작을 표현하는 말'이다. 그리고 '관형사'는 '체언을 수식(한정)하는 말'이며, '감탄사'는 '느낌이나 감정을 직접적으로 표현하는 말'이다.

(6) ㄱ. 명　사 : 사물(대상)의 이름을 나타내는 말.　　　　(보기) 해, 달, 사람
　　ㄴ. 동　사 : 사물(대상)의 동작을 나타내는 말.　　　　(보기) 먹다, 달리다
　　ㄷ. 관형사 : 체언을 수식(한정)하는 말.　　　　　　　(보기) 새(新), 한(一)
　　ㄹ. 감탄사 : 느낌이나 감정을 직접적으로 표현하는 말. (보기) 아, 어머나

　이처럼 단어의 품사는 기능과 형태와 형식적인 의미를 종합적으로 고려하여 결정한다. 그런데 단어의 의미에 나타나는 모호성 때문에 주로 기능과 형태를 기준으로 품사를 분류하게 되며, 의미는 보조적인 기준으로 적용하는 경우가 많다.

2.1.2. 품사 분류의 대강

『고등학교 교육과정 해설―국어』(2009:159)에서는 국어의 품사를 '형태, 기능, 의미'
등을 고려하여, 체언(명사·대명사·수사), 수식언(관형사·부사), 독립언(감탄사), 관계언
(조사), 용언(동사·형용사)의 9품사로 설정하고 있다.

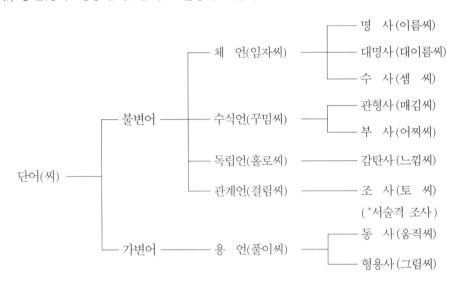

[그림 1. 국어의 품사 체계]

단어의 품사는 첫 번째 분류 기준인 형태의 기준을 적용하면, 형태가 바뀌는 '가변
어(可變語)'와 형태가 바뀌지 않는 '불변어(不變語)'로 나눈다. 이에 따라서 '체언, 수식
언, 독립언, 관계언'은 불변어로 분류되고, '용언'은 '가변어'로 분류된다.

두 번째 기준인 기능의 기준을 적용하면, 여러 가지 문장 성분으로 두루 쓰이는
'체언'과 수식어로만 쓰이는 '수식언', 독립어로만 쓰이는 '독립언(감탄사)', 서술어로만
쓰이는 '용언'으로 분류된다. 다만, 관계언(조사)은 그 자체로는 특정한 문장 성분을
이루지 못하고 체언 등의 다른 말에 붙어서 문장 성분을 이룬다.

세 번째 기준으로 의미의 기준을 적용하면, 체언은 다시 '명사, 대명사, 수사'로 분
류된다. 그리고 수식언은 기능과 의미의 기준에 따라서 '관형사, 부사'로 분류되며, 용
언은 형태와 의미의 기준에 따라서 '동사, 형용사'로 분류된다.

【 더 배우기 】

1. '기능 중심'과 '형태 중심'의 품사 분류 체계

〈기능 중심의 품사 분류〉 최현배(1980:206))에서는 기능을 중심으로 국어의 품사를 이름씨(명사), 대이름씨(대명사), 셈씨(수사), 움직씨(동사), 그림씨(형용사), 잡음씨(지정사), 매김씨(관형사), 어찌씨(부사), 느낌씨(감탄사), 토씨(조사)로 분류하여 10품사 체계를 설정했다.

최현배(1980)에서 기능 중심으로 품사를 분류한 일람표를 보이면 다음과 같다.

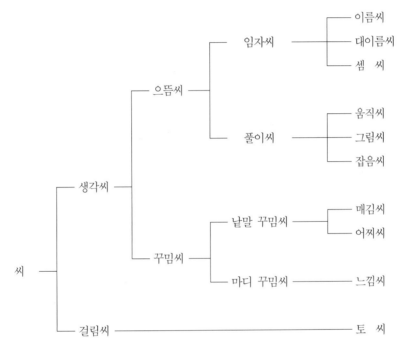

[그림 1. 최현배(1980)의 기능 중심의 품사 분류 체계]

최현배(1980)에서는 품사를, 먼저 실질적인 뜻이 있는 '생각씨'와 실질적인 뜻이 없이 문법적인 관계를 나타내는 '걸림씨'로 구분한다. '생각씨'는 그 기능에 따라 '으뜸씨'와 '꾸밈씨'로 구분한다. '으뜸씨'는 문장을 짜 이룰 때에 주요 재료가 되는 말인데, 이에는 '임자씨(이름씨, 대이름씨, 셈씨)'와 '풀이씨(움직씨, 그림씨, 잡음씨)'가 있다. 그리고 '꾸밈씨'는 '으뜸씨'를 꾸미는 역할을 하는 말인데, 이에는 '매김씨, 어찌씨, 느낌씨'가 있다. 마지막으로 '걸림씨'는 다른 임자씨나 풀이씨, 혹은 꾸밈씨에 붙어서 그것들의 문법적인 관계를 나타내는데, 이에는 '토씨'가 있다.

〈**형태 중심의 품사 분류**〉 허웅(2000:73)에서는 형태를 중심으로 품사를 분류했다. 곧 낱말(단어)은 크게 자립 형태인 것과, 자립성은 약하나 여러 가지 이유로 한 단어의 자격을 줄 수 있는 토씨(조사)로 나뉜다. 자립 형태인 낱말은, 꼴바꿈이 있는 것과 그것이 없는 것으로 나뉘는데, 꼴바꿈이 있는 것을 '풀이씨(용언)'라고 한다. 꼴바꿈이 없는 것은, 여러 가지 월성분(문장 성분)의 자격을 가질 수 있는 것과, 오직 한 가지 자격만을 가질 수 있는 것으로 나뉘는데, 여러 가지 자격을 가질 수 있는 것을 '임자씨(체언)'라 한다. 오직 한 가지 자격만을 가질 수 있는 말은 다시 두 가지로 나뉘는데, 꾸밈말(수식어)의 자격만을 가지는 것을 '꾸밈씨(수식언)'라 하고, 홀로말(독립어)의 자격만을 가지는 것은 '홀로씨(독립언)'라고 한다. 이리하여 낱말은, 자립성이 있고 없음과, 그 꼴과 자격으로, '토씨/풀이씨/임자씨/꾸밈씨/홀로씨'로 나뉘는데, 이들은 다시 작은 씨(품사)로 갈라진다.

풀이씨는, 그 꼴바꿈의 방법과 월(문장)의 판단 형식에 관여하는 모습과 그 뜻으로, 다시 움직씨(동사)와 그림씨(형용사)와 잡음씨(지정사)로 나뉜다. 임자씨는, 그 뜻으로 이름씨(명사)와 대이름씨(대명사)와 셈씨(수사)로 나뉜다. 꾸밈씨는 임자씨를 꾸미는 매김씨(관형사)와, 주로 풀이씨를 꾸미는 어찌씨(부사)로 나뉜다. 그리고 홀로씨는, 느낌을 나타내는 느낌씨(감탄사)와 말을 이어주는 데 쓰이는 이음씨(접속사)로 나뉜다.

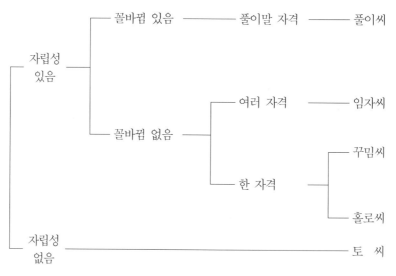

[그림 2. 허웅(2000)의 형태 중심의 품사 분류 체계]

2. 단어의 자립성

단어를 규정하는 중요한 조건 중의 하나가 자립성이지만, 각각의 단어에 나타나는 자립성이 모두 같은 것은 아니다. 곧 국어의 단어들 가운데는 자립성이 강한 것도 있고 자립성이 약하거나 없는 것도 있다.

〈의존어〉 단어 가운데에서 조사는 학교 문법에서 독립된 단어로서의 자격을 부여하고 있지만 자립성이 없는 의존 형식이다.

(1) -이/-가, -을/-를 ; -은/-는, -만, -도 ; -와/-과, -하고, -에

(1)의 조사들은 모두 실질적인 의미를 나타내지 못하고 문법적인 기능만 나타낸다. 그뿐만 아니라 조사는 홀로 서지 못 하고 반드시 체언에 붙어서만 쓰이므로 '의존어'이다.

〈자립어〉 조사를 제외한 나머지 품사인 체언, 용언, 수식언, 감탄사 등은 기본적으로는 자립성이 있지만, 이들 품사의 자립성에는 정도의 차이가 있다.

첫째, 감탄사는 자립성이 매우 강하여, 독립된 문장과 같은 구실을 할 수 있다.

(2) ㄱ. <u>아이고</u>, 철수가 판사가 되었네.
　　ㄴ. <u>어머나</u>, 그 총각 인물이 보통이 아니네.

(2)에서 '아이고'와 '어머나'는 화자의 감정을 직접적으로 한 단어로 표현한 말이다. 이들 감탄사는 뒤의 문장과 독립적으로 쓰이면서 하나의 작은 문장의 구실을 하므로, 감탄사를 '소형문(못 갖춘 월, minor sentence)'이라고도 한다. 곧 감탄사는 정상적인 문장이나 절의 구조를 갖추지 않았지만, 기능이나 의미적으로는 온전한 문장에 버금갈 정도로 자립성이 강하다.

(3) 너 내년에 미국으로 유학한다며?

(4) ㄱ. <u>예</u>, 내년에 미국으로 갑니다.
　　ㄴ. <u>아니요</u>, 내년에 미국으로 가지 않습니다.

그리고 (3)의 질문에 대하여 (4)와 같이 대답했을 때에, 감탄사 '예'와 '아니요'는 그 뒤에 오는 긍정의 문장인 '내년에 미국으로 갑니다.'와 부정의 문장인 '내년에 미국으로 가지 않습니다.'

를 한 단어로 표현한 것이다. 이러한 점에서 감탄사는 비록 문장의 형식을 갖추지는 못 했지만 하나의 문장의 기능을 수행하는 단어이다. 그리고 경우에 따라서는 뒤의 문장을 표현하지 않고 감탄사만으로 발화를 마칠 수도 있다. 이러한 점에서 단어 가운데서 감탄사는 자립성이 제일 강한 단어이다.

둘째, 감탄사 다음으로 자립성이 강한 단어는 체언과 용언이다.

(5) ㄱ. 집, 밥, 고구마, 햇살
    ㄴ. 이것, 그것, 저것 ; 그, 그녀 ; 이곳, 그곳, 저곳
    ㄷ. 하나, 둘, 셋, 넷 ; 첫째, 둘째, 셋째, 넷째

(6) ㄱ. 먹다, 가다, 자다, 죽다
    ㄴ. 푸르다, 달다, 짜다, 사납다

(5)의 명사, 대명사, 수사는 그 자체로 실질적인 의미를 나타내고, 다른 말에 기대지 않고 홀로 쓰일 수 있으므로 자립성이 강한 단어이다. (6)의 용언은 체언과 비슷한 정도로 실질적인 의미를 나타내고 자립적이다. 다만, 체언은 단독으로 발화되는 경우가 많지만 용언은 단독으로 발화되는 경우가 적으므로, 용언은 체언보다 자립성이 떨어진다.

셋째, 수식언(부사, 관형사)은 원래부터 그 뒤에 체언이나 용언 따위의 말을 꾸며 주는 것이 특징이기 때문에, 자립성의 정도가 비교적 약한 말이다. 그런데 부사와 관형사를 비교하면 부사는 관형사보다 상대적으로 자립성이 강한 편이다.

(7) ㄱ. "천천히 (달려라!)"
    ㄴ. "빨리빨리 (움직여!)"
    ㄷ. "좀더 많이 (줘!)"

(8) 너는 <u>이</u> 신발이 좋니, <u>저</u> 신발이 좋니?

(9) ㄱ. <u>이</u> 신발요.
    ㄴ. *<u>이</u> Ø

곧, 부사는 발화 상황만 주어지면 (7)처럼 그 뒤에 서술어를 실현하지 않고 부사만으로 단독 발화가 가능하다. 이에 반해서 (8)과 같은 물음에 대한 대답으로서, (9)의 (ㄱ)과 같이 관형사와 체언을 함께 쓰면 문법적인 표현이 되지만, (ㄴ)처럼 관형사만 표현하면 비문법적인 표현이 된다. 따라서 부사와 관형사는 둘 다 자립성이 약한 말이기는 하지만, 부사는 관형사에 비하

여 자립성이 강하다고 할 수 있다. 지금까지 논의한 내용을 정리하면 다음 표와 같다.

자립어	감탄사 〉체언 〉용언 〉부사 〉관형사
의존어	조사

[단어의 자립성]

[단원 정리 문제 2]

1. 품사 분류의 세 가지 기준인 '형태, 기능, 의미'에 대하여 예를 들어서 설명하시오

2. 다음 ①~③에 쓰인 단어의 품사적인 차이를 설명하시오

    ① 사과 : 나(我) : 셋　　　　② 먹다 : 푸르다　　　　③ 헌 : 빨리

3. 다음 문장 속의 단어의 품사를 말하고, 각 단어의 의미·형태·기능상의 특징을 설명하시오

> (보기) 책
>
>   가. 품사 － 명사
>   나. 의미 － 사물의 이름을 나타내는 말
>   다. 형태 － 형태의 변화가 없으며, 격조사가 붙을 수 있다.
>   라. 기능 － 여러 가지 문장 성분으로 두루 쓰인다.

   <문장> 아이고, 새 자동차가 벌써 고장이 나다니.

    ① 아이고　　　　② 새　　　　③ 자동차
    ④ -가　　　　⑤ 벌써　　　　⑥ 고장
    ⑦ -이　　　　⑧ 나다

4. 제7차 교육과정의 『고등학교 문법』에서 설정한 품사 분류의 체계를 설명하고, 이를 최현배(1980=1937)와 허웅(2000)의 품사 분류 체계와 비교하시오

5. 다음 문장 속에 들어 있는 단어들의 자립성의 순서를 정하고, 그렇게 정한 그 이유를 설명하시오

   <문장> 예, 저 사람을 자주 만납니다.

    ① 예　　　　② 저　　　　③ 사람
    ④ 을　　　　⑤ 자주　　　　⑥ 만나다

6. 다음 글에 나타난 단어들을 구분하고 각 단어의 품사를 결정하시오.

> 아주 먼 옛날, 호랑이가 담배 피우던 시절의 이야기이지요. 어느 곳에 아름다운 아가씨가 살았습니다. 그런데 하루는 근처 숲속에 살고 있는 사자가 지나가다가 아가씨의 아름다운 모습에 반해 마침내 상가를 들어야겠다고 생각했습니다.

7. <보기> (1)~(3)의 밑줄 친 단어의 품사를 밝히고, 각각의 품사를 구분하기 위해 적용해야 할 기준이 무엇인지 설명하시오. [3점] [2006학년도 중등 교사 임용 시험]

> ── <보 기> ──
>
> (1) ・그 사람은 <u>허튼</u> 말을 하고 다닐 사람이 아니다.
> ・그는 자기 일 밖의 <u>다른</u> 일에는 관심이 없다.
> ・그는 <u>갖은</u> 양념을 넣어 정성껏 음식을 만들었다.
> ・사람의 그림자조차 보이지 않는 <u>외딴</u> 집이 나타났다.
> (2) 쌍둥이도 성격이 <u>다른</u> 경우가 많다.
> (3) 이 문제는 조금 어려운 편에 속한다.

품사 이름	(1)		(2)		(3)	
(1)과 (2)의 품사 구분						
(1)과 (3)의 품사 구분						

2.2. 체언

'체언(體言, 임자씨)'은 문장 속에서 다양한 문장 성분으로 기능하면서, 어떠한 대상이나 일의 이름이나 수량(순서)을 나타내거나 명사를 대신하는 단어의 갈래이다. 이들 체언은 다시 '명사, 대명사, 수사'로 나뉜다.[1]

> (1) ㄱ. <u>철수</u>는 <u>국수</u>를 먹는다.
>   ㄴ. <u>나</u>는 <u>그녀</u>를 사랑한다.
>   ㄷ. 젊은 여자 <u>셋</u>이 공원에서 놀고 있다.

(1)에서 밑줄 친 말은 모두 체언인데, (ㄱ)의 '철수'와 '국수'는 명사, (ㄴ)의 '나'와 '그녀'는 대명사, (ㄷ)의 '셋'은 수사이다.

첫째, 체언은 문장에서 조사와 결합하여 여러 가지 문장 성분으로 쓰인다. 곧, 체언은 문장 속에서 격조사와 결합하여, 서술어, 주어, 목적어, 관형어, 부사어, 독립어 등여러 가지 문장 성분으로 두루 쓰이는 특징이 있다.

> (2) ㄱ. <u>벗나무</u>가 <u>바람</u>에 쓰러지자, <u>그녀</u>가 <u>벗나무</u>를 <u>자기</u>의 <u>손</u>으로 직접 일으켰다.
>   ㄴ. <u>그이</u>는 <u>범인</u>이 아니다.

(ㄱ)에서 '벗나무가'와 '그녀가'는 주어로 쓰였으며, '바람에'와 '손으로'는 부사어, '나무를'은 목적어, '자기의'는 관형어로 쓰였다. 그리고 (2)의 (ㄴ)에서 '그이는'은 주어로 쓰였으며, '범인이'는 보어로 쓰였다.

둘째, 체언은 형태의 변화(꼴바뀜)가 일어나지 않는다. 용언은 문장 속에서 문법적인 기능을 실현하기 위하여 어간에 다양한 어미가 붙어서 그 형태가 변화가 일어난다. 하지만 체언에는 그러한 형태 변화가 일어나지 않는다.

---

1) 체언은 그 의미에 따라서 '명사, 대명사, 수사'로 하위 분류된다. 첫째, '책, 사람, 하늘' 등의 명사는 일반적으로 실질적이면서 객관적인 의미를 나타낸다. 둘째, '나, 너, 그'나 '이것, 그것, 저것'과 같은 대명사는 그 자체의 실질적인 의미가 없고 지시와 대용의 기능만 있으므로 형식적인 의미를 나타낸다. 그리고 대명사는 화자·청자·지시 대상의 상대적인 위치에 따라서 그것이 지시하는 대상이 달리 표현되므로 주관적인 의미를 나타낸다. 셋째, '하나, 둘, 셋'이나 '첫째, 둘째, 셋째'와 같은 수사는 형식적이면서 객관적인 의미를 나타낸다.

2.2.1. 명사

명사는 어떠한 대상의 이름을 나타내는 말인데, 체언의 대부분을 차지할 정도로 수가 많고 가장 보편적으로 쓰인다.

2.2.1.1. 명사의 개념과 특징

'명사(名詞, 이름씨, noun)'는 어떠한 대상(사람·사물)이나 일의 이름을 나타내는 단어의 갈래이다. 명사에는 다음과 같은 특징이 있다.(허웅 2000:235)

첫째, 명사는 일반적으로 실질적인 의미를 나타낸다. 곧 '철수, 사자, 개미 ; 책, 연필, 자동차 ; 희망, 기쁨, 공부' 등의 의미는 실질적인 의미를 나타낸다.[2]

둘째, 명사는 관형어의 수식을 받아서 명사(체언)구를 형성할 수 있으며, 명사구에서 중심어(머리말, head)로 쓰인다.

> (3) ㄱ. [새 건물]이 [헌 건물]보다 비싸다.
>   ㄴ. 어제 우연히 [철수의 누나]를 만났다.
>   ㄷ. 그는 [아버지가 남긴 재산]을 탕진했다.

(ㄱ)에서 '건물'은 관형사인 '새'와 '헌'의 수식을 받고, (ㄴ)에서 '누나'는 '체언+관형격 조사'의 구성인 '철수의'의 수식을 받으며, (ㄷ)에서 '재산'은 관형절인 '아버지가 남긴'의 수식을 받고 있다. 이처럼 명사는 관형어로 쓰이는 말, 곧 '관형사', '체언+관형격 조사', '관형절' 등의 수식을 받아서 중심어로 기능할 수 있다.

2.2.1.2. 명사의 유형

명사는 분류 기준에 따라서 '보통 명사'와 '고유 명사', '자립 명사'와 '의존 명사', '유정 명사'와 '무정 명사', '실체성 명사'와 '동태성 명사'로 구분할 수 있다.

---

2) 단, 명사 중에서 '것, 바, 줄, 이' 등과 같은 의존 명사만은 예외적으로 실질적인 의미를 나타내지 못하고 형식적인 의미를 나타낸다.

(가) 보통 명사와 고유 명사

명사는 그것이 지시하는 범위에 따라서 '보통 명사'와 '고유 명사'로 나눌 수 있다.

〈보통 명사〉 '보통 명사(普通 名詞, 두루 이름씨)'는 같은 속성을 가진 대상에 대하여 두루 붙일 수 있는 명사이다.

　　(4) 사람, 책, 꽃, 도시, 강, 산, 바다, 별, ……

'사람, 책, 꽃, …' 등은 그것이 지시하는 대상이 여러 가지이므로 보통 명사이다.3)

〈고유 명사〉 '고유 명사(固有 名詞, 홀로 이름씨)'는 같은 성질의 대상 중에서 어느 하나를 다른 것과 특별히 구별할 필요가 있을 때에 사용되는 명사인데, 일반적으로 유일한 것으로 여기는 대상에 붙이는 이름이다.

　　(5) ㄱ. 김삼순, 이순신, 세종대왕, 주시경, 최현배, ……
　　　　ㄴ. 신라, 고구려, 백제, 일본, 미국, ……
　　　　ㄷ. 경주, 한강, 금강산, 동해, ……
　　　　ㄹ. 삼국유사, 논어, 맹자, ……
　　　　ㅁ. 살수대첩, 임진왜란, 한국전쟁, ……

(5)에서 (ㄱ)은 사람의 이름, (ㄴ)은 국가의 이름, (ㄷ)은 땅의 이름, (ㄹ)은 책의 이름, (ㅁ)은 사건의 이름을 나타내는 단어이다. 이들 명사들은 모두 고유 명사로서 유일한 실체로 인식되는 것들이다.4)

고유 명사에는 다음과 같은 문법적인 특징이 있다. 첫째, 고유 명사는 복수 표현을 할 수 없고 수량을 표현하는 말과 결합할 수가 없다.

---

3) '해, 달, 하늘, 땅'은 실제로는 하나밖에 없는 사물이어서, 그 말이 쓰이는 범위도 하나에 한정될 수밖에 없다. 하지만 이들 명사는 '두 해, 새 달, 저 하늘, 이 땅'처럼 관형사의 수식을 받을 수 있어서, '고유 명사'가 나타내는 일반적인 문법적인 특징을 나타내지 않기 때문에 보통 명사로 처리한다.(최현배 1980:213)

4) 예를 들어서 (5ㄱ)에서 '김삼순'은 역사상 존재했던 수많은 사람 가운데서 특정한 사람을 다른 사람들과 구분해서 사용하는 명사이다. 물론 현실 세계에서 '김삼순'이라는 이름을 가진 사람이 여러 사람이 존재할 수도 있다. 하지만 한국 사람은 '김삼순'이라는 성명을 가진 특정한 사람을 유일체로 인식하여 그의 이름을 고유 명사로 취급하는 것이다.

(6) ㄱ. <u>사람들</u>이 운동장에 모였다.

　　ㄴ. *<u>삼순이들</u>이 운동장에 모였다.

(7) ㄱ. *<u>한</u> 미국, *<u>한</u> 경주, *<u>한</u> 철수

　　ㄴ. *미국 <u>셋</u>, *경주 <u>셋</u>, *철수 <u>셋</u>

국어에서 일반적으로 사용되는 복수 표현은 체언에 복수 접미사 '-들'을 첨가함으로써 이루어진다. '사람'이라는 보통 명사는 (6ㄱ)처럼 복수 표현이 가능하지만, 유일한 개체로 인식되는 '삼순이'는 복수 표현이 불가능하다. 물론 객관적인 현실 세계에서는 '삼순이'라는 이름을 가진 사람들이 운동장에 모일 수가 있지만, 언어적인 표현으로는 '삼순이들'처럼 복수로 표현할 수 없다. 그리고 고유 명사는 그 자체로 유일한 대상을 나타내기 때문에 (7)에서처럼 수량과 관련된 표현과 함께 쓰일 수가 없다.

　둘째, 고유 명사는 관형사의 수식을 받을 수 없다.

(8) ㄱ. 나는 지난달부터 <u>헌</u> 옷을 버리고 <u>새</u> 옷을 입고 있다.

　　ㄴ. <u>이</u> 사람이 <u>저</u> 사람과 서로 싸운다.

　　ㄷ. 형사는 가게에서 도둑질을 하던 <u>두</u> 학생을 붙잡았다.

(9) ㄱ. 나는 지난달부터 *<u>헌</u> 삼국유사를 버리고 *<u>새</u> 삼국유사를 읽는다.

　　ㄴ. *<u>이</u> 인순이와 *<u>저</u> 인순이가 서로 싸운다.

　　ㄷ. 형사는 가게에서 도둑질을 하던 *<u>두</u> 철수를 붙잡았다.

관형사는 뒤에 오는 체언의 의미를 제한(한정)하는 기능이 있다. 예를 들어서 '옷'은 이 말이 지시하는 모든 대상을 나타내는 말이지만, '새 옷'은 세상에 존재하는 모든 책 중에서 '헌 옷'을 제외한 나머지 대상만 제한(한정)하면서 지시한다. 따라서 관형사가 쓰인다는 것은 체언이 복수로 된 개체임을 전제로 한다. 그런데 고유 명사는 유일한 개체로 인식되므로, (9)처럼 그 앞에 관형사를 실현하면 비문법적인 표현이 된다.

(나) 자립 명사와 의존 명사

　명사는 문장 속에서 홀로 설 수 있느냐 없느냐에 따라서, '자립 명사'와 '의존 명사'로 나눌 수 있다.

　〈자립 명사〉 '자립 명사(自立 名詞, 옹근 이름씨)'는 문장에서 관형어가 없어도 홀

로 쓰일 수 있는 명사이다.

(10) 사람, 어른, 물건, 일, 장소, 산수유, 꽃, 과일, ……

(10)의 명사는 모두 '자립 명사'인데, 이들 자립 명사는 문장 안에서 관형어의 도움 없이 홀로 쓰일 수 있는 명사이며, 대부분 실질적인 의미를 나타낸다. 국어에서 쓰이고 있는 대부분의 명사는 자립 명사이다.

〈의존 명사〉 '의존 명사(依存 名詞, 매인 이름씨, 안옹근 이름씨)'는 자립성이 없을 뿐만 아니라, 그것이 표현하는 의미도 형식적인 의미이다.

(11) 것, 나름, 나위, 녘, 노릇, 놈, 덧, 데, 등(等), 등등(等等), 등속(等屬), 등지(等地), 따름, 때문, 무렵, 바, 밖, 분, 뻔, 뿐, 세(歲), 손, 수, 이, 자(者), 적, 줄, 즈음, 지, 짝, 쪽, 참, 축, 치, 터, 품, 겸, 김, 대로, 둥, 듯, 딴, 만, 만큼, 바람, 빨, 성, 양(樣), 족족, 즉(卽), 적, 차(次), 채, 체, 척, 통, ……

(12) ㄱ. <u>헌</u> 책이 많다.   (13) ㄱ. <u>헌</u> <u>것</u>이 많다.
    ㄴ. 책이 많다.   ㄴ. *<u>것</u>이 많다.

(11)의 명사는 '의존 명사'인데, 의존 명사는 문장 내에서 홀로 설 수 없어서 반드시 관형어와 함께 쓰이는 명사이다. 예를 들어 (12)에서 자립 명사 '책'은 문장 속에서 관형어에 기대지 않고도 자립할 수 있다. 그리고 '책'은 '일정한 목적, 내용, 체재에 맞추어 사상, 감정, 지식 따위를 글이나 그림으로 표현하여 적거나 인쇄하여 묶어 놓은 것'이라는 실질적인 의미를 나타낸다. 반면에 (13)에서 의존 명사인 '것'은 관형어가 없이는 단독으로 쓰일 수 없다. 뿐만 아니라 '것'은 실질적인 의미를 나타내지 못하고 사물, 일, 현상 따위를 추상적·형식적으로 이르는 말이다. 곧 (13ㄴ)에서 쓰인 '것'은 '책, 옷, 가구, 자동차, 집'과 같은 구체적인 명사를 형식적으로 대신하는 말이다.[5]

의존 명사는 문장 속에서 사용되는 기능에 따라서 '보편성 의존 명사'와 '주어성 의

---

5) '의존 명사'는 자립 형식은 아니지만 완전한 의존 형식인 접사(파생 접사와 굴곡 접사)와는 그 성질이 다르다. 의존 명사는 불완전하기는 하지만 하나의 단어이기 때문에, 이것을 '준자립어(準自立語, semi-free form)'라고 한다. 곧 단어를 이루는 제일 중요한 조건인 자립성을 갖추지 못한 것만 제외하면, 자립 명사와 동일하게 기능하기 때문에 준자립어라고 하는 것이다. '보조 용언'도 자체적으로 자립성이 없어서 반드시 본용언에 붙어서 쓰이므로 준자립어이다.

존 명사, 서술어성 의존 명사, 부사어성 의존 명사, 단위성 의존 명사'로 나누어진다.

첫째 '보편성 의존 명사'는 자립성이 없다는 성질 이외에는, 자립 명사와 동일하게 기능하는 의존 명사이다. 곧, 보편성 의존 명사는 관형어와 의존 명사가 결합한 전체 구성이 여러 가지 문장 성분으로 쓰일 뿐만 아니라 관형어의 종류에도 제약이 없다.

(14) ㄱ. 것 : 가진 <u>것</u>이 없다.
　　 ㄴ. 데 : 정비사가 고장난 <u>데</u>를 찾아보았으나 찾을 수 없었다.
　　 ㄷ. 바 : 내가 들은 <u>바</u>는 너의 말과 다르다.
　　 ㄹ. 이 : 돈을 많이 가진 <u>이</u>는 가난한 <u>이</u>의 설움을 모른다.

(15) 가진 <u>것</u>이, 가진 <u>것</u>을, 가진 <u>것</u>이다, 가진 <u>것</u>의, 가진 <u>것</u>에, 가진 <u>것</u>으로……

(16) ㄱ. 옛 <u>것</u>, 다른 <u>것</u>
　　 ㄴ. 가진 <u>것</u>, 먹은 <u>것</u>
　　 ㄷ. 철수의 <u>것</u>, 우리의 <u>것</u>
　　 ㄹ. 철수 <u>것</u>, 우리 <u>것</u>

(14)의 '것, 데, 바, 이'는 자립 명사와 마찬가지로 여러 가지 격조사와 자유롭게 결합할 수도 있고, 관형어와의 제약도 거의 없다. 예를 들어 '것'은 (15)처럼 다양한 격조사와 결합할 수 있으며, (16)처럼 '관형사, 관형절, 체언 + 관형격 조사, 체언'과 같은 다양한 형식의 관형어로부터 수식을 받을 수 있다.[6]

둘째, '주어성 의존 명사'는 주어로 쓰이는 의존 명사이다.

(17) ㄱ. 우리 가족이 여기에서 산 <u>지</u>가 꽤 오래되었다.
　　 ㄴ. 새 집이 더할 <u>나위</u>가 없이 좋다.
　　 ㄷ. 철수가 졸업을 했을 <u>리</u>가 없다.
　　 ㄹ. 어찌할 <u>수</u>가 없이 그녀를 포기했다.
　　 ㅁ. 영문을 알 <u>턱</u>이 없다.

(17)에 쓰인 '지, 나위, 리, 수, 턱' 등의 의존 명사는 주어로만 쓰이는데, '지'를 제외한

---

6) 보편성 의존 명사인 '것'은 "그들은 모두 조국을 위해서 <u>죽었던 것이다</u>.(= 죽었다)"처럼 강조의 기능으로 쓰일 수도 있다.

다른 주어성 의존 명사는 서술어로 '없다'와 '있다'만 허용하는 제약이 있다.

셋째, '서술어성 의존 명사'는 서술어로 쓰이는 의존 명사이다.

(18) ㄱ. 저는 그저 당신을 만나러 왔을 <u>따름</u>입니다.

ㄴ. 아버님께서 화를 내시는 것은 철수가 때린(때렸기) <u>때문</u>이다.

ㄷ. 나는 그 일을 소문으로만 들었을 <u>뿐</u>이네.

ㄹ. 물건이란 오래 쓰면 닳게 <u>마련</u>이다.

ㅁ. 그 사람이 일찍 왔기에 <u>망정</u>이지, 그렇지 않았더라면 큰일이 날 뻔했다.

ㅂ. 이만하면 실컷 구경한 <u>셈</u>이다.

ㅅ. 내일 갈 <u>터</u>이니 그리 알아라.

서술성 의존 명사 '따름, 때문, 뿐, 마련, 망정, 셈, 터' 등은 서술격 조사인 '-이다'와 결합하여 전체 구성이 서술어로만 쓰인다.[7]

넷째, '부사어성 의존 명사'는 부사어로 쓰이는 의존 명사이다.

(19) ㄱ. 일을 하기로 한 <u>김</u>에 당장 일을 시작합시다.

ㄴ. 너는 내가 시키는 <u>대로</u> 하여라.

ㄷ. 방 안은 숨소리가 들릴 <u>만큼</u> 조용했다.

ㄹ. 나는 그녀가 나를 좋아할 <u>줄</u>로 알았다.

ㅁ. 철수는 노루를 산 <u>채</u>로 잡았다.

(20) ㄱ. 그가 화를 낼 <u>만</u>도 하다.

ㄴ. 산속에서 폭설을 만나 얼어 죽을 <u>뻔</u>도 했다.

ㄷ. 관중들은 얼이 빠진 <u>양</u> 마술사의 묘기를 구경했다.

ㄹ. 그 애는 보고도 못 본 <u>체</u> 딴전을 부린다.

ㅁ. 동생은 못 이기는 <u>척</u> 자리에 앉았다.

(19)와 (20)에서 '김, 대로, 만큼, 줄[8], 채 ; 만, 뻔, 양, 체, 척' 등은 그 앞의 관형절을 포

---

7) 의존 명사인 '때문'은 그 뒤에 부사격 조사인 '-에'와 결합하여 부사어로도 쓰일 수 있다.(보기: 철수는 집이 너무 가난했기 때문에 미국 유학을 포기했다.)

8) 의존 명사인 '줄, 체, 척'은 '그는 일을 할 줄을 안다/모른다.'에서는 목적어로도 쓰인다. 하지만 의존 명사 가운데 '줄, 체, 척'만을 목적어성 의존 명사로 처리하는 것은 문제가 있으므로, '줄, 체, 척'을 부사어성 의존 명사에 넣어서 처리한다.

함한 전체 구성이 서술어를 수식하여 부사어로 기능하게 하는 의존 명사이다. 예를 들어서 (19ㄱ)에서 '일을 하기로 한'은 관형절인데, 이 관형절과 그것의 수식을 받는 의존 명사 '김'이 합쳐져서 하나의 명사구인 '일을 하기로 한 김'을 이룬다. 그리고 이 명사구에 부사격 조사인 '-에'가 실현되어서 부사어로 기능한 것이다.

다섯째, '단위성 의존 명사'는 명사의 수량의 단위를 표현하는 의존 명사이다.

> (21) 지우개 한 <u>개</u>, 천 한 <u>겹</u>, 높이 한 <u>길</u>, 엽전 한 <u>냥</u>, 동전 두 <u>닢</u>, 자동차 두 <u>대</u>, 금 두 <u>돈</u>, 돼지 세 <u>마리</u>, 물 한 <u>모금</u>, 대포 아홉 <u>문</u>, 새끼 두 <u>바람</u>, 한 <u>번</u>, 한복 열 <u>벌</u>, 어른 여덟 <u>분</u>, 백지 세 <u>장</u>, 권총 스물 세 <u>정</u>, 삼만 <u>원</u>, 가마 한 <u>채</u>, 집 한 <u>채</u>, 군함 세 <u>척</u>, 세 <u>치</u>, 고무신 세 <u>켤레</u>, 편지 두 <u>통</u>, 돈 한 <u>푼</u>, 수수 서 <u>홉</u>

> (22) 술 세 <u>병</u>, 나무 열 <u>그루</u>, 담배 한 <u>대</u>, 바느질 세 <u>땀</u>, 닷 말 <u>들이</u>, 쌀 너 <u>되</u>, 운동장 두 <u>바퀴</u>, 어른 두 <u>사람</u>, 막걸리 한 <u>사발</u>, 밥 한 <u>상</u>, 쌀 두 <u>섬</u>, 석 <u>자</u>[9], 연필 두 <u>자루</u>, 소주 석 <u>잔</u>, 나무 한 <u>짐</u>, 두 <u>차례</u>, 바둑 한 <u>판</u>

(21)과 (22)에서 밑줄 친 말은 모두 수량의 단위를 나타내는 의존 명사이다. 이들 의존 명사 앞에는 반드시 수량을 나타내는 관형사가 앞서며, 또한 보편성 의존 명사처럼 조사와 결합하는 데에 제약이 없다는 특징이 있다. 단위성 의존 명사 가운데 (21)의 예들은 원래부터 수 단위 의존 명사여서, 이들이 자립 명사로 쓰이는 경우는 없다. 반면에 (22)의 단위성 의존 명사는 원래는 자립 명사였는데, 단위성 의존 명사로 전용되어서 쓰이는 것들이다. 예를 들어서 '병(瓶)'은 원래는 자립 명사인데, '술 세 <u>병</u>을 가져왔다.'의 문장에서는 '병'이 수 관형사인 '세' 뒤에서 단위성 의존 명사로 쓰인 것이다.

(다) 유정 명사와 무정 명사

명사는 그것이 지시하는 대상에 감정이 있느냐 없느냐에 따라서, '(有情 名詞)'와 '무정 명사'로 구분된다.

---

9) '三'과 '四'를 나타내는 수 관형사인 '세'와 '네'는 단위성 의존 명사 중에 '냥, 되, 섬, 자' 앞에서는 '석'과 '넉'의 형태로 바뀌어서 실현된다. 그리고 '돈, 말, 발, 푼'의 앞에서는 '서'와 '너'로 바뀌어서 실현된다.(보기: ① 금 <u>서/너</u> 돈, 쌀 <u>서/너</u> 말, 길이 <u>서/너</u> 발, 돈 <u>서/너</u> 푼 ② 감초 <u>석/넉</u> 냥, 좁쌀 <u>석/넉</u> 되, 쌀 <u>석/넉</u> 섬, 비단 <u>석/넉</u> 자) <표준어 규정> 제17항 참조.

(23) ㄱ. 사람, 어린이, 어른, 어머니, 아버지, 누나, 철수, 영희

ㄴ. 개, 말, 고양이, 호랑이, 사슴

(24) 꽃, 나무, 국화, 무궁화, 소나무 ; 바위, 돌, 석탄 ; 아침, 낮, 저녁 ; 노을, 구름, 비 ; 민족주의, 희망, 자유, 헌법,……

'유정 명사'는 (23)의 예처럼 감정이 있는 대상을 가리키는 명사이고, '무정 명사(無情名詞)'는 (24)의 예처럼 감정이 없는 대상을 가리키는 명사이다.

유정 명사와 무정 명사는 문법적으로 큰 차이는 나지 않지만, 다음과 같은 몇 가지 점에서 차이가 난다.

첫째, 유정 명사에는 상대를 나타내는 부사격 조사로서 '-에게'나 '-한테(-더러)'가 붙는 데에 반해서, 무정 명사에는 상대를 나타내는 부사격 조사로서 '-에'가 붙는다.

(25) ㄱ. 영수는 철수에게(-한테, -더러) 개를 넘겨주었다.

ㄴ. 아이가 꽃에 물을 주었다.

둘째, 유정 명사는 행동 동사와 함께 쓰여서 행위자(agent)로 기능하는 문장 성분으로 쓰일 수 있다. 반면에 무정 명사는 행위자로 기능하는 문장 성분이 될 수 없다.

(26) ㄱ. 주인이 손님을 마구 때린다.

ㄴ. 사냥개가 도둑을 몰아내었다.

(27) ㄱ. *바위가 손님을 마구 때린다.

ㄴ. *나무가 도둑을 몰아내었다.

(28) ㄱ. 나무는 꽃을 보고 활짝 웃었습니다.

ㄴ. 비행기가 푸른 하늘로 힘차게 날았다.

(26)에서 '주인'과 '사냥개'는 유정 명사이기 때문에 행동성 서술어인 '때리다', '물다'와 함께 실현되면서 행위자의 역할을 하고 있다. 그러나 (27)에서 '바위'와 '바람'은 무정 명사이기 때문에 일상적인 문장에서는 행동 동사와 어울리지 못하므로, 행위자로서 역할을 하지 못한다. 다만 (28ㄱ)처럼 무정 명사인 '나무'가 의인화되면 문장에서 행위자의 역할을 할 수가 있으며, (28ㄴ)처럼 '비행기'와 같은 작동하는 기계 따위도

행동 동사와 어울려서 행위자의 역할을 할 수 있다.

(라) 실체성 명사와 동태성 명사

명사는 '동작'이나 '상태'의 뜻이 있느냐 없느냐에 따라서, '실체성 명사'와 '동태성 명사'로 구분할 수 있다.

〈실체성 명사〉 '실체성 명사(實體性 名詞, 非動態性 名詞, substantial nominal)'는 동작성과 상태성의 뜻을 나타내지 않는 명사이다.

> (29) ㄱ. 철수, 동물, 산, 바다, 구름, 꽃
> ㄴ. 욕심쟁이, 심술꾸러기, 난봉꾼, 머저리, 바보, 구두쇠
> ㄷ. 앞, 뒤, 위, 아래, 동쪽, 서쪽, 남쪽, 북쪽, 오른쪽, 왼쪽
> ㄹ. 아침, 낮, 삼월, 다음달, 일요일, 설날, 생일

(29)의 예들이 실체성 명사인데, (ㄱ)은 객관적으로 관찰하거나 오감(五感)으로 인지할 수 있는 구체적인 대상을 나타내는 '구체성 명사'이며, (ㄴ)은 주관적인 판단이나 평가가 내포되어 있는 '평가성 명사'이다. 그리고 (ㄷ)은 방향이나 장소를 지시하는 '방향성 명사'이며, (ㄹ)은 시간적인 위치를 지시하는 '시간성 명사'이다.

이들 실체성 명사는 동작성이나 상태성이 없기 때문에, 이들 명사에는 파생 접사 '-하다'가 결합하여 동사나 형용사로 파생되지 않는다.

〈동태성 명사〉 '동태성 명사(動態性 名詞, 非實體性 名詞, nonsubstantial nominal)'는 동작성(동사)과 상태성(형용사)의 의미를 나타내는 명사이다.

> (30) ㄱ. 동작, 경주, 건설, 부탁, 씨름, 뜀뛰기, 인사
> ㄴ. 변화, 사망, 부패, 부상, 유출, 침몰, 합류
> ㄷ. 생각, 소망, 사랑, 존경, 이해, 인식, 희망
> ㄹ. 일몰, 일식, 일출, 월몰, 월식, 월출
>
> (31) ㄱ. 평온, 소란, 평탄, 건강, 정직, 온순, 건실, 성실
> ㄴ. 불만, 불완전, 부정, 부족, 불편, 불행, 불화 ; 무관심, 무능력, 무상, 무성의, 무죄

이들 동태성 명사는 형태로는 명사이지만 의미적으로는 동사나 형용사와 공통성을

보인다. (30)의 예들은 모두 명사이기는 하지만 (ㄱ)의 예들은 분명한 행동성을, (ㄴ)은 과정성을, (ㄷ)은 정신적인 작용을, (ㄹ)은 자연 현상의 움직임을 나타내므로, 이러한 같은 명사를 '동작성 명사'라고 한다. 그리고 (31)의 명사들은 상태성 명사들인데, (ㄱ)은 긍정의 뜻을 나타내는 상태성 명사들이며, (ㄴ)은 '불(不)'과 '무(無)'와 결합하여 부정의 뜻을 나타내는 상태성 명사이다.

이러한 동태성 명사는 대부분 한자말이며, 파생 접미사 '-하다'와 결합하여 동사나 형용사로 파생되는 경우가 많다.

(32) ㄱ. 동작하다, 경주하다, 건설하다, 부탁하다, 씨름하다, 뜀뛰기하다, 인사하다
ㄴ. 변화하다, 사망하다, 부패하다, 부상하다, 유출하다, 침몰하다, 합류하다
ㄷ. 생각하다, 소망하다, 사랑하다, 존경하다, 이해하다, 인식하다, 희망하다
ㄹ. 일몰하다, 일식하다, 일출하다, 월몰하다, 월식하다, 월출하다

(33) ㄱ. 평온하다, 소란하다, 평탄하다, 건강하다, 정직하다, 온순하다, 건실하다, 성실하다
ㄴ. 불만하다, 불완전하다, 부정하다, 부족하다, 불편하다, 불행하다, 불화하다 ; 무관심하다, 무능력하다, 무상하다, 무성의하다, 무죄하다, 무한하다

(32)의 예는 동작성 명사에 동사 파생 접미사 '-하다'가 붙어서 형성된 동사이며, (33)의 예는 상태성 명사에 형용사 파생 접미사 '-하다'가 붙어서 형성된 형용사이다.

분류 기준	명 칭	특 성
지시의 범위	보통 명사	어떤 속성을 가진 대상을 두루 가리키는 명사
	고유 명사	특정한 개체를 다른 것과 구별하기 위하여 쓰이는 명사
자립성 유무	자립 명사	문장 속에서 홀로 설 수 있는 명사
	의존 명사	문장 속에서 홀로 설 수 없어서 반드시 관형어와 함께 쓰이는 명사
감정성 유무	유정 명사	감정이 있는 대상을 나타내는 명사
	무정 명사	감정이 없는 대상을 나타내는 명사
동태성 유무	실체성 명사	특정한 실체를 나타내면서 동작이나 상태의 성질이 없는 명사
	동태성 명사	동작이나 상태의 성질을 나타내는 명사

[표 1. 명사의 하위 갈래]

2.2.2. 대명사

체언 중에서는 어떤 대상의 이름을 대신하거나 어떤 대상을 직접 가리켜서 표현하는 단어들이 있는데, 이러한 단어의 갈래를 '대명사'라고 한다.

2.2.2.1. 대명사의 개념과 특징

〈개념〉 '대명사(代名詞, 대이름씨, pronoun)'는 발화 현장에서 어떤 대상을 직접적으로 가리키거나, 앞선 문맥에 표현된 명사를 대신(대용)하는 단어의 갈래이다.

(34) ㄱ. 어제 그녀는 여기에서 그것을 먹었다.
     ㄴ. 어제 순희는 학교에서 김밥을 먹었다.

(35) ㄱ. 아버님은 나에게 장갑을 주었다. 나는 그것을 받아서 주머니에 넣었다.
     ㄴ. 우리들은 어제 동백섬에 있는 누리마루에 놀러 갔다. 우리는 거기에서 해운대의 푸른 바다와 동백섬의 아름다운 풍경을 감상했다.

(34)에서 (ㄱ)과 (ㄴ)의 문장을 비교하면 (ㄱ)에서 '그녀'는 '순희'를 가리키며, '여기'는 '학교'를 가리키며, '그것'은 '김밥'을 직접 가리킨다. 곧 (34ㄱ)의 문장에서 '그녀, 여기, 그것'은 발화 현장에서 명사인 '순희, 학교, 김밥'이라는 말을 대신하는 말이다. 반면에 (35)에서 (ㄱ)의 '그것'과 (ㄴ)의 '거기'는 앞선 문맥에 실현된 명사 '장갑'과 '누리마루'를 대신하고 있다. 이와 같이 발화 현장에서 어떤 대상을 직접적으로 가리키거나 문맥에서 특정한 명사를 대신하는 말을 '대명사'라고 한다.

대명사는 '직시(지시)'와 '대용'의 기능이 있다. 여기서 '직시(直示, deixis)'는 (34)에 쓰인 대명사처럼 화자가 자기가 위치한 시간과 공간적 입장을 기준으로 하여 발화 현장에서 대상을 직접 가리키는 기능이다. 여기서 직시하는 기능이 있는 말을 '직시어(直示語, 지시어, deictic words)'라고 한다. 반면에 (35)에서처럼 담화 속에서 앞선 문맥에서 이미 언급한 말을 되돌아 가리키는 기능을 '대용(代用, anaphora)'이라고 하고 '그것, 거기'처럼 대용의 기능이 있는 말을 '대용어(代用語, anaphor)'라고 한다.

```
                    ┌─── 직시 : 발화 현장에서 어떠한 대상을 직접 가리킴.
     대명사의 기능 ──┤
                    └─── 대용 : 담화 속에서 앞선 문맥에서 이미 언급한 말을 대신함.
```

[그림 1. 대명사의 기능]

〈**특징**〉 대명사에는 체언에 나타나는 일반적인 특징이 나타난다. 곧, 대명사는 조사의 도움을 받아서 여러 가지 문장 성분으로 쓰일 수 있으며, 형태의 변화가 일어나지 않으며, 관형어의 수식을 받을 수 있다. 대명사에는 체언에 공통적으로 나타나는 일반적인 성질뿐만 아니라, 다음과 같은 특성도 나타난다.

첫째, 대명사는 형식적이며 상황 의존적인 의미를 나타낸다. 곧, 대명사인 '나'는 지시나 대용의 기능만 할 뿐이지 '나' 자체로는 실질적인 의미를 나타내지 않는다. 그리고 화자와 청자의 상대적인 위치에 따라서 동일한 사물인 '김밥'을 '이것, 저것, 그것'으로 표현할 수 있고, 반대로 '장갑', '볼펜', '칼' 등의 다른 물건을 동일한 대명사인 '그것'으로 표현할 수도 있다. 이러한 점에서 대명사는 상황 의존적인 의미를 나타낸다.

둘째, 대명사는 명사에 비하여 선행하는 관형어와의 구성에 제약을 더 많이 받는다.

(36) ㄱ. { 아름다운, 달려가는 } + **자동차**

　　 ㄴ. { 이, 그, 저, 새, 헌, 어느, 어떤 } + **자동차**

　　 ㄷ. 최민수의 **자동차**

(37) ㄱ. { 아름다운, 달려가는 } + **그녀**

　　 ㄴ. { 이, 그, 저, 새, 헌, 어느, 어떤 } + ***그녀**

　　 ㄷ. 최민수의 ***그것**

명사는 (36)처럼 '관형절, 관형사, 체언 + 관형격 조사'로 된 관형어의 수식을 받을 수 있다. 하지만 대명사는 (37)의 (ㄱ)처럼 관형절의 수식은 받을 수 있으나, (ㄴ)이나 (ㄷ)처럼 관형사나 '체언 + 관형격 조사'로 된 관형어의 수식을 받지 못하는 제약이 있다.

2.2.2.2. 대명사의 유형

대명사는 사람을 가리키는 '인칭 대명사'와 사람 이외의 대상을 가리키는 '지시 대명사'로 나뉜다. 인칭 대명사는 가리킴의 기능에 따라서 '정칭·미지칭·부정칭·재귀칭 대명사로 나뉘며, 지시 대명사는 '사물 지시 대명사'와 '처소 지시 대명사'로 나뉜다.

인칭 대명사						지시 대명사	
정칭 대명사			미지칭 대명사	부정칭 대명사	재귀칭 대명사	사 물 대명사	처 소 대명사
1인칭	2인칭	3인칭					

[표 2. 대명사의 유형]

(가) 인칭 대명사

'인칭 대명사(人稱 代名詞)'는 사람을 직시(直示)하거나 대용(代用)하는 대명사인데, 대명사의 기능에 따라서 '정칭·미지칭·부정칭·재귀칭'의 대명사로 나뉜다.

〈정칭의 인칭 대명사〉 '정칭(定稱)의 인칭 대명사'는 '나, 너, 그'처럼 정해진 사람을 가리키거나 대용하는 대명사이다.

첫째, '1인칭 대명사'는 화자가 자기 자신을 가리키는 말이다.

(38) ㄱ. 나, 우리(들), 본인(本人), 짐(朕)
　　 ㄴ. 저, 저희(들), 소자(小子), 소생(小生), 과인(寡人)

(ㄱ)의 예들은 화자가 자신을 가리키되 높임과 낮춤의 뜻이 없이 쓰이는 대명사이다. '나'는 가장 일반적으로 쓰이는 일인칭 단수의 대명사이다. '우리'는 '나'의 복수 표현인데, '우리'에다가 복수 접미사 '-들'을 붙여서 '우리들'의 형태로 복수를 잉여적으로 표현할 수도 있다.[10] '본인(本人)'은 공식적인 자리에서 '나'를 이르는 말로서 문어체의 성격이 짙은 말이며, '짐(朕)'은 과거에 임금이 자신을 가리키는 말로 쓰인 일인칭 대명사이다. 반면에 (ㄴ)의 '저, 저희(들), 소자(小子), 소생(小生), 과인(寡人)'은 화자가 청자에

---

10) 대명사의 일반적인 복수 표현은 '저희, 너희'처럼 대명사에 복수 접미사 '-희'와 '-들'을 붙여서 표현한다. 이러한 규칙에 따르면 '나'의 복수 형태는 *'나희'가 되어야 하는데 실제로는 *'나희'라는 표현은 쓰이지 않는다. 대신에 형태가 완전히 다른 어휘인 '우리'가 쓰여서 *'나희'를 보충하게 된다. 이처럼 규칙적인 '어형 변화 틀'에 빈칸이 생겼을 때, 빈칸에 들어갈 어휘와 동일한 뜻을 가진 다른 어휘로써 빈칸을 메우는 현상을 '보충법(補充法, suppletion)'이라고 한다.('보충법'에 대하여는 이 책 83쪽의 【더 배우기】 참조.)

게 자신을 낮추어서 표현하는 말이다. '저'는 가장 일반적으로 쓰이는 표현이며, '저희'는 '저'에 복수 접미사 '-희'를 붙여서 표현한 것인데, '저희'에다 복수 접미사인 '-들'을 또다시 붙여서 만든 '저희들'도 쓰인다. '소자(小子), 소생(小生), 과인(寡人)'은 근대 이전의 시대에 화자가 자기를 낮추어서 이르던 일인칭 대명사인데, 이 중에서 '과인'은 임금이 자신을 낮추어서 이르던 말이다.

둘째 '2인칭 대명사'는 화자가 청자를 가리키는 말이다.[11]

(39) ㄱ. 너, 너희(들)
     ㄴ. 자네

(39)의 예는 화자가 청자를 낮추어서 대우할 때에 쓰는 대명사이다. (ㄱ)의 '너'는 '해라체(아주 낮춤)'의 2인칭 대명사이며, '너희'는 '너'에 복수 접미사가 붙어서 쓰인 말이다.[12] 그리고 (ㄴ)의 '자네'는 듣는 사람을 '하게체(예사 낮춤)'로 표현하는 말이다. 곧, '자네는' 주로 처부모가 사위를 부를 때나 스승이 이미 졸업한 제자에게 쓸 때처럼 상대방이 나이가 든 상대방을 가리킬 때에 쓰는 대명사이다.

(40) ㄱ. 그대, 당신, 임자, 여러분, 댁(宅), 귀형(貴兄), 귀하(貴下), 노형(老兄)
     ㄴ. 어르신, 선생님

(40)의 예는 화자가 청자를 높이면서 가리키는 대명사이다. (ㄱ)의 '그대, 당신, 임자, 여러분, 댁(宅), 귀형(貴兄), 귀하(貴下), 노형(老兄)' 등은 '하오체(예사 높임)'에 해당하는 대명사이며, (ㄴ)의 '어르신, 선생님'은 '하십시오체(아주 높임)'에 해당하는 대명사이다.

셋째, '3인칭 대명사'는 화자가 특정한 제삼자를 발화 현장이나 문맥에서 직접 가리키는 대명사이다.

(41) 이들, 그(들), 저들

---

11) 2인칭 대명사가 호칭으로 쓰일 때의 제약에 대하여는 이 책 85쪽의 【더 배우기】 참조.
12) '너희'는 복수 표현으로만 쓰이는 것이 아니라 단수 표현으로 쓰여야 할 상황에도 쓰인다. 곧 *'네 남편, *네 아내, *네 오빠, *네 형님, *네 학교, *네 나라'와 같은 단수 표현으로는 잘 쓰이지 않고, 오히려 '너희 남편, 너희 아내, 너희 오빠, 너희 형님, 너희 학교, 너희 나라'처럼 실제로는 복수의 뜻이 없는데도 '-희'를 붙여서 표현한다.

(41)에서 '이, 그, 저'는 주로 입말에서는 잘 쓰이지 않고 글말에서만 자주 쓰이는 대명사이다. '이'와 '저'는 단독으로는 거의 쓰이지 않고 주로 복수 접미사인 '-들'과 함께 쓰여 '이들, 저들'의 형태로 쓰이는 것이 보통이다. 다만 '그'는 단독으로 쓰이거나 '그들'의 형태로도 쓰일 수 있다.

> (42) ㄱ. 이자, 그자, 저자
> ㄴ. 이애(얘), 그애(걔), 저애(쟤)
> ㄷ. 이이, 그이, 저이
> ㄹ. 이분, 그분, 저분

(42)의 예는 모두 지시 관형사와 의존 명사가 합성된 3인칭 대명사이다. 곧 (ㄱ)의 '이자, 그자, 저자', (ㄴ)의 '이애, 그애, 저애', (ㄷ)의 '이이, 그이, 저이', (ㄹ)의 '이분, 그분, 저분'은 지시 관형사인 '이, 그, 저'와 의존 명사인 '자, 애, 이, 분' 등이 결합하여 이루어진 합성 대명사이다.

합성 대명사의 어근인 '이, 그, 저'는 화자가 청자에 대하여 느끼는 심리적인 거리를 기준으로 하여 사용된다.

> 이 + {자, 애, 이, 분} : 화자에 가까운 사람을 가리킴.
> 그 + {자, 애, 이, 분} : 청자에 가까운 사람을 가리킴.
> 저 + {자, 애, 이, 분} : 화자와 청자 둘 다에게 먼 거리에 있음.

[표 3. 정칭의 인칭 대명사의 지시 기능]

화자가 자신에게 가까운 대상을 가리켜서 말할 때에는 '이'를 쓰고 반면에 청자에게 가까운 대상을 가리킬 때에는 '그'를 쓴다. 그리고 '저'는 화자와 청자 둘 다에게 비슷한 거리에 있으면서 둘 다에게 멀다고 생각되는 대상을 가리켜서 표현할 때에 사용된다.[13]

---

13) 국어에서 3인칭 대명사는 본디부터 잘 발달되지 않았다. 3인칭의 사람을 가리킬 때에는 친족 관계를 나타내는 호칭이나 그 사람의 직함을 쓰고, 사물에는 사물의 이름을 그대로 반복하여 사용하는 것이 상례였기 때문이다. 지금 쓰이고 있는 대부분의 3인칭 대명사는 현대어에서 새로 만들어진 것이다.(서정수 1996:500)

〈미지칭의 인칭 대명사〉 '미지칭(未知稱)의 인칭 대명사'는 가리킴을 받는 사람의 이름이나 신분을 몰라서 물을 때에 쓰는 대명사로서, 의문의 대상을 가리키는 기능을 한다. 이러한 미지칭의 인칭 대명사로는 '누구'가 있으며, '누구'가 주격으로 쓰일 때에는 변이 형태인 '누'로 변동한다.

    (43) ㄱ. 이번 총회에서는 <u>누구</u>를 회장으로 뽑아야 할까?
        ㄴ. <u>누</u>가 시합에 이겼지?

(43)에서 (ㄱ)의 '누구'는 '이번 총회에서 회장으로 뽑아야 할 사람'을 묻는 대명사이며, (ㄴ)의 '누'는 '누구'의 변이 형태로서 '시합에 이긴 사람'을 묻는 대명사이다.

    〈부정칭의 인칭 대명사〉 '부정칭(不定稱)의 인칭 대명사'는 특정한 사람을 가려서 지목하는 것이 아니라, 어떤 사람을 특별히 정하지 않고 두루 가리키는 인칭 대명사이다. 부정칭의 인칭 대명사로서는 '아무'와 '누구'가 있다.

    (44) ㄱ. <u>아무</u>나 와서 밥을 먹어라.
        ㄴ. 이번 경기 결과는 <u>아무</u>도 모른다.
    (45) ㄱ. 철수는 <u>누구</u>를 만나더라도 반갑게 대한다.
        ㄴ. <u>누</u>가 와도 이 일은 해결하지 못한다.

(44)에서 '아무(某)'는 '특정한 사람을 가리지 않고 어떠한 사람이라도'의 뜻을 나타낸다. 그리고 미지칭의 인칭 대명사로 쓰였던 '누구'도 부정칭의 인칭 대명사로 쓰일 수가 있다. 곧 (45)의 '누구(= 누)'는 '아무'의 뜻을 나타내면서 부정칭으로 쓰였다.

    〈재귀칭의 인칭 대명사〉 '재귀칭(再歸稱)의 인칭 대명사'는 한 문장 속에서 주어로 표현된 3인칭의 명사나 명사구를 그 문장 속에서 다시 대용할 때에 쓰는 대명사이다. 재귀칭의 인칭 대명사로 쓰이는 단어로는 '자기, 자신 ; 저, 저희 ; 당신' 등이 있다.

    첫째, '자기'와 '자신'은 가장 널리 쓰이는 재귀칭 대명사이다.(평칭)

    (46) ㄱ. **고슴도치**도 <u>자기</u> 자식은 귀여워한다.
        ㄴ. **사람**은 모름지기 <u>자신</u>을 잘 알아야 한다.

(47) ㄱ. *고슴도치도 <u>고슴도치</u>의 자식은 귀여워한다.

   ㄴ. *사람은 모름지기 <u>사람</u>을 잘 알아야 한다.

(46)에 쓰인 '자기'와 '자신'은 각각 주어로 쓰인 '고슴도치'와 '사람'을 대용하는 재귀칭 대명사이다. 만일 (47)의 문장에서 '고슴도치'와 '사람'을 재귀칭 대명사로 바꾸지 않고 (47)처럼 그대로 사용하면 비문법적인 문장이 된다.

   둘째, '저'와 '저희(들)'는 그것이 대용하는 명사가 낮춤의 대상일 때에 쓰인다.(낮춤)

(48) ㄱ. 하급생들은 <u>저희</u>를 때리는 상급생을 처벌해 달라고 학교에 요청했다.

   ㄴ. 중이 <u>제</u> 머리 못 깎는다.

   ㄷ. 아이들은 <u>저희</u>에게 할당된 과제를 해내었다.

(ㄱ)에서 '저희'는 '하급생들'을 대용하며, (ㄴ)에서 '제'는 '저'가 관형격으로 쓰였을 때에 나타나는 변이 형태로서 '저의'와 동일하게 기능한다. 그리고 (ㄷ)에서 '저희(들)'은 '아이들'을 대용하는데, '저'에 복수 접미사인 '-희(들)'가 결합하여 형성된 복수 형태이다.[14]

   셋째, '당신'은 그것이 대용하는 명사가 높임의 대상일 때에 쓰인다.(높임)

(49) ㄱ. 아버님께서는 <u>당신</u>의 자식들을 늘 끔찍이 아끼셨다.

   ㄴ. 그 당시에 선생님께서는 <u>당신</u>께 주어진 일은 반드시 해내셨다.

(49)에서 '당신'은 각각 주어로 쓰이면서 동시에 높임의 뜻을 가진 명사인 '아버님'과 '선생님'을 대용한다. '당신'도 원래는 '저'와 '저희'와 마찬가지로 재귀칭 대명사로만 쓰였는데 지금은 재귀칭 대명사로도 쓰이고 2인칭 대명사로도 쓰인다.(서정수 1996:518)

   넷째, 대명사인 '자신'이 강조의 기능으로 쓰이는 특수한 경우가 있는데, 이때에는 대명사가 그 앞의 명사와 동일한 문장 성분으로 되풀이된다. 강조 기능의 '자신'은 주어로 쓰이는 명사뿐만 아니라 목적어나 관형어로 쓰이는 명사를 대용하여 표현할 수도 있다.

---

14) 재귀 대명사인 '저'와 '저희'는 중세 국어에서는 '스스로, 자신, 자기' 따위의 재귀칭 대명사로만 쓰였다. 그러나 현대어에서는 이들 어형이 (48)에서처럼 재귀칭 대명사로도 쓰이고, 다음의 보기처럼 화자가 자기를 낮추어서 표현하는 1인칭 대명사로도 쓰인다.(서정수 1996:517)
   (보기) 다른 사람은 몰라도 <u>저</u>는 생선회를 싫어합니다.

(50) ㄱ. **철수** 자신이 회장에서 물러나야 한다.

ㄴ. 너 자신을 알라.

ㄷ. 선생님은 수학 문제를 **학생** 자신의 힘으로 풀게 하였다.

ㄹ. 이 일은 **철수** 자신에게도 아무런 도움이 되지 않는다.

(51) ㄱ. **철수**가 회장에서 물러나야 한다.

ㄴ. 너를 알라.

ㄷ. 선생님은 수학 문제를 **학생**의 힘으로 풀게 하였다.

ㄹ. 이 일은 **철수**에게도 아무런 도움이 되지 않는다.

(50)에서 '자신'은 바로 앞에서 제시된 명사를 되풀이하여 표현하였다. 곧 (ㄱ)에서는 주어, (ㄴ)에서는 목적어, (ㄷ)에서는 관형어, (ㄹ)에서는 부사어로 쓰이는 명사를 '자신'으로 대용하였다. 이때의 '자신'은 동일한 문장 성분으로 쓰인 말을 되풀이하면서 강조의 기능을 수행하고 있는데 (51)에서처럼 '자신'을 생략할 수 있다.

지금까지 살펴본 인칭 대명사의 유형을 정리하여 표로 보이면 다음과 같다.

정칭	1인칭	나, 우리(들), 본인, 짐 ; 저, 저희(들), 소자, 소생, 과인
	2인칭	너, 너희(들) ; 자네 ; 그대, 당신, 임자, 여러분, 댁, 귀형, 귀하, 노형 ; 어르신, 선생님
	3인칭	이들, 그(들), 저들 ; 이자, 그자, 저자 ; 이애, 그애, 저애 ; 이이, 그이, 저이 ; 이분, 그분, 저분
미지칭		누구/누
부정칭		아무, 누구/누
재귀칭		자기, 자신 ; 저, 저희 ; 당신

[표 4. 인칭 대명사의 유형]

(나) 지시 대명사

지시 대명사(指示 代名詞)'는 사물이나 장소 등의 명사를 직시하거나 대용하는 말이다. 지시 대명사는 사물을 직시하거나 대용하는 '사물 지시 대명사'와, 장소를 직시하거나 대용하는 '처소 지시 대명사'가 있다.[15]

〈**사물 지시 대명사**〉 '사물 지시 대명사'는 특정한 사물을 직시하거나 대용하는 지시 대명사이다. 사물 지시 대명사에는 '이것, 그것, 저것(정칭) ; 무엇(미지칭) ; 아무것, 무엇(부정칭)' 등이 있다. 이들 가운데서 단일어인 '무엇'을 제외한 나머지 사물 지시 대명사는 지시 관형사인 '이, 그, 저'와 의존 명사가 결합된 합성 대명사이다.

> (52) ㄱ. <u>이것(그것, 저것)</u>을 보세요.
> ㄴ. 철수가 방금 가져간 것이 <u>무엇</u>이냐?
> ㄷ. <u>아무것(무엇)</u>이나 좀 먹어야 하겠다.

(52)에서 (ㄱ)의 '이것, 그것, 저것'은 대상을 확정하여 가리키는 정칭(定稱)의 지시 대명사이다. '이것, 그것, 저것'은 화자가 청자에 대하여 느끼는 심리적인 거리를 기준으로 하여 '이, 그, 저'를 사용하게 된다. 그리고 (ㄴ)의 '무엇'은 미지칭(未知稱)의 지시 대명사로서 물음의 대상이 되는 사물을 가리키는 대명사이며, (ㄷ)의 '아무것'과 '무엇'은 부정칭(不定稱)의 지시 대명사로서 특별히 정해지지 않은 대상을 두루 가리키는 대명사이다.

〈처소 지시 대명사〉 '처소 지시 대명사'는 장소를 직시하거나 대용하는 대명사이다. 처소 지시 대명사로는 '여기, 거기, 저기(정칭) ; 이곳, 그곳, 저곳(정칭) ; 어디(미지칭, 부정칭), 아무데(부정칭)'가 있다. 이들 중에서 '이곳, 그곳, 저곳'와 '아무데'는 '이, 그, 저, 아무'와 의존 명사인 '곳, 데'가 합성하여 형성된 대명사이다.

> (53) ㄱ. 우리 <u>여기(거기, 저기)</u>에서 놀자.
> ㄴ. 지난해 <u>이곳(그곳, 저곳)</u>에서 큰 사고가 발생했다.

> (54) ㄱ. 아이를 잃어버린 데가 <u>어디</u>예요?
> ㄴ. 아이를 <u>어디</u>서 찾았니?

---

15) 사물 지시 대명사인 '이것, 그것, 저것, 무엇, 아무것'이나 '처소 지시 대명사'인 '여기, 저기, 거기 ; 이곳, 그곳, 저곳 ; 어디, 아무데' 등이 있다. 이들 지시 대명사는 관형사인 '이, 그, 저'와 의존 명사인 '것, 곳'이 합성된 말이 대부분이다. 그런데 사람을 가리키든 사물이나 장소를 가리키든 간에 대명사에는 모두 지시나 대용의 기능이 있다. 따라서 사람 이외의 대상을 가리키는 기능을 하는 대명사를 '지시 대명사'라고 명명하는 것은 바람직하지 않다. 이러한 점을 감안하여 최현배(1980:227)와 허웅(2000:303~313)에서는 대명사를 '사람 대이름씨(人代名詞)'와 '몬 대이름씨(物代名詞)'로 분류한 바가 있다. '지시 대명사' 설정의 범위에 대하여는 이 책 86쪽의 【더 배우기】 참조.

(55) ㄱ. <u>아무데</u>나 앉으세요.

　　ㄴ. 노숙자들이 갈 곳은 <u>어디</u>에도 없었다.

처소 지시 대명사 중에서 (53)의 '여기, 거기, 저기'와 '이곳, 그곳, 저곳'은 처소를 확정하여 직시하거나 대용하는 대명사이다. 그리고 (54)의 '어디'는 특정한 처소를 몰라서 물을 때에 쓰는 미지칭의 처소 지시 대명사이며, (55)의 '아무데'와 '어디'는 특별히 정해지지 아니한 장소 따위를 가리키는 부정칭의 처소 지시 대명사이다.16)

지시 대명사	정칭	미지칭	부정칭
사물 지시 대명사	이것, 그것, 저것	무엇	아무것, 무엇
처소 지시 대명사	여기/이곳, 거기/그곳, 저기/저곳	어디	아무데, 어디

[표 5. 지시 대명사의 유형]

2.2.3. 수사

체언 중에는 어떠한 대상의 수량이나 순서를 나타내는 단어들이 있는데, 이와 같은 단어의 갈래를 '수사'라고 한다.

2.2.3.1. 수사의 개념과 특징

〈개념〉 '수사(數詞, 셈씨, numeral)'는 어떤 대상의 수량이나 순서를 나타내는 단어의 갈래이다.

(56) ㄱ. <u>하나</u>에 <u>둘</u>을 보태면 <u>셋</u>이 된다.

　　ㄴ. <u>삼만 이천오백칠십구</u>

---

16) 인칭 대명사인 '누구'와 사물 지시 대명사인 '무엇'과 마찬가지로, 처소 지시 대명사인 '어디'도 미지칭으로도 쓰일 수도 있고 부정칭으로도 쓰일 수도 있다. 곧 (54)의 '어디'는 화자가 그 위치를 몰라서 청자에게 물을 때에 쓰는 '미지칭의 처소 지시 대명사'이며, (55ㄴ)의 '어디'는 일정하게 정해지지 않은 장소를 나타내는 '부정칭의 처소 지시 대명사'이다. 부정칭과 미지칭으로 두루 쓰이는 대명사에 대하여는 이 책 86쪽의 【더 배우기】 참조.

(57) ㄱ. <u>첫째</u>는 길동이고 <u>둘째</u>는 순희입니다.

　　　ㄴ. <u>제일(第一)</u>의 조건은 충성이요, <u>제이(第二)</u>의 조건은 사랑이다.

(56)에서 (ㄱ)의 '하나, 둘, 셋'과 (ㄴ)의 '삼만 이천오백칠십구'는 수량을 나타내는 말이며, (57)에서 (ㄱ)의 '첫째, 둘째'와 (ㄴ)의 '제일'과 '제이'는 순서를 나타내는 말이다. 이들 단어는 격조사와 결합하여 여러 가지 문장 성분으로 쓰일 수 있고 활용을 하지 않는다. 이러한 특징을 감안하면 (56)과 (57)의 수사는 체언의 한 유형으로 정할 수 있다. 결국 수사는 사물의 실질적인 개념이나 성질 따위와는 관계없이, 어떠한 대상의 수량과 순서만 표현하는 단어의 갈래이다.

〈특징〉 수사에는 체언으로서의 공통적인 특징뿐만 아니라 수사에만 나타나는 고유한 특징도 나타난다.

첫째, 수사는 실질적인 개념을 나타내지 않고 수량이나 순서를 나타낼 뿐이다. 따라서 수사는 형식적이면서 객관적인 의미를 나타낸다.

(58) ㄱ. 사람, 철수, 학교, 사랑, 희망

　　　ㄴ. 나, 너, 그, 누구, 아무, 자기, 이것, 저곳

　　　ㄷ. 하나, 둘, 셋 ; 첫째, 둘째, 셋째

(ㄱ)의 명사는 실질적인 의미를 나타내는 데에 반해서, (ㄷ)의 수사는 특정한 명사의 '수량'이나 순서만을 가리킨다는 점에서 형식적인 의미를 나타낸다. 그리고 (ㄴ)과 같은 대명사의 의미는 발화 상황이나 문맥을 통해서만 지시 대상을 파악할 수 있다는 점에서 주관적인 의미이지만, (ㄷ)의 수사의 의미는 문맥이나 발화 상황과는 관계없이 특정한 명사의 수량을 나타낸다는 점에서 객관적인 의미이다.(최현배 1980:159)

둘째, 수사는 일반적으로 관형어의 수식을 받을 수 없다. 곧 관형사나 용언의 관형사형(= 관형절), 그리고 '체언 + 의'로 된 관형어의 수식을 받지 못한다.

(59) ㄱ. *새 <u>하나</u>, *헌 <u>둘</u>

　　　ㄴ. *달려가는 <u>하나</u>, *아름다운 <u>둘째</u>

　　　ㄷ. *철수의 <u>하나</u>, *우리나라의 <u>둘째</u>

(ㄱ)에서 '새, 헌'은 관형사, (ㄴ)에서 '달려가는, 아름다운'은 용언의 관형사형, (ㄷ)에서 '철수의, 우리나라의'는 체언에 관형격 조사가 붙어서 된 관형어이다. 이처럼 수사는 관형어의 수식을 받을 수 없다는 특징이 있다.

2.2.3.2. 수사의 유형

수사는 '양수사(量數詞)'와 '서수사(序數詞)', '정수(定數)'와 '부정수(不定數)', '순우리말로 된 수사'와 '한자말로 된 수사' 등으로 분류할 수 있다.[17]

〈양수사〉 '양수사(量數詞)'는 수량을 나타내는 수사인데, 이는 고유어로 된 수사와 한자어로 된 수사로 나뉜다.

(60) ㄱ. 하나, 둘, 셋, 넷, 다섯, 여섯, 일곱, 여덟, 아홉, 열, 스물, 서른, 마흔, 쉰, 예순, 일흔, 여든, 아흔

ㄴ. 한둘(1, 2), 두엇(둘쯤), 두셋(2, 3), 두서넛(2, 3, 4), 서넛(3, 4), 네다섯(4, 5), 너덧(4, 5), 네댓(4, 5), 너더댓(4, 5), 댓(5, 6), 대여섯(5, 6), 예닐곱(6, 7), 일여덟(7, 8), 열아홉(8, 9), 여남은(10여), 열두셋(12, 13), 여럿, 몇

(61) ㄱ. 영(零), 일(一), 이(二), 삼(三), ……, 백(百), 천(千), 만(萬), 억(億), 조(兆), ……

ㄴ. 일이, 이삼, 삼사, 사오, 오륙, 육칠, ……

(60)의 수사는 고유어로 된 수사이며 (61)의 수사는 한자어로 된 수사이다. 그리고 (60~61)에서 (ㄱ)의 수사는 수량이 확정된 '정수(定數)'를 나타내는 데에 반해서, (ㄴ)의 수사는 대략적인 수량을 어림한 '부정수(不定數, 어림수)'를 나타낸다. 수사 중에서 고유어의 수사는 '아흔아홉'까지이며 그 이상은 '백이십일'과 같은 한자어나, '백스

---

17) 남기심·고영근(1993:99)과 고영근·구본관(2008:78)에서는 '혼자, 둘이, 셋이, 넷이, 다섯이, 여섯이, ……, 여럿이, 몇이' 등을 사람의 수를 헤아릴 때에 사용하는 특수한 수사인 '인수사(人數詞)'로 설정하였다.
　(보기) ㄱ. 일행들은 모두 하산하고 철수 <u>혼자</u>서 산행을 계속했다.
　　　　ㄴ. 우리 <u>셋이</u>서 작업을 나누어서 해야 한다.
곧, (보기)에서 '혼자'나 '셋이'를 인수사로 보고 그 뒤에 붙은 '-서'를 인수사 뒤에 실현되는 특수한 주격 조사로 처리하였다. 그러나 현행의 『『고등학교 문법』』(2010)에서는 수사의 범주에서 인수사를 설정하지 않고 있다. 그리고 일부 학자들은 '둘이, 셋이, 넷이'에서 '-이'를 주격 조사로 보고, '-서'를 보조사로 처리하기도 한다.(안명철 1985, 서태길 1990)

물하나'처럼 고유어와 한자어를 섞어서 표현한다.18)

〈서수사〉 '서수사(序數詞)'는 순서를 나타내는 수사인데, '서수사'도 고유어로 된 것과 한자어로 된 것이 있다.

    (62) ㄱ. 첫째, 둘째, 셋째, 넷째, 다섯째, ……, 열째, 열한째, 열두째, 열셋째, ……, 스무째, 서른째, 마흔째, 쉰째, 예순째, 일흔째, 여든째, 아흔째, 백째

       ㄴ. 한두째, 두어째, 두세째, 두서너째, 서너째, 너덧째, 너더댓째, 댓째, 대여섯째, 예닐곱째, 일여덟째, 열아홉째, 여남은째, ……, 여러째, 몇째

    (63) ㄱ. 제일(第一), 제이(第二), 제삼(第三), 제사(第四), ……

       ㄴ. 제일의 품질, 제이의 명소, 제삼의 인물, ……

(62)의 고유어로 된 수사는 양수사에 접미사 '-째'가 붙어서 성립하는데, (ㄱ)은 정수를 나타내고 (ㄴ)은 부정수를 나타낸다. 그리고 (63)의 예는 한자어로 된 서수사인데 이들은 양수사의 형태에 파생 접두사인 '제(第)-'가 붙어서 된 파생어이다.

2.2.4. 체언의 복수 표현

〈단수 표현과 복수 표현〉 체언이 지시하는 대상의 수효가 하나인 것을 '단수(單數)'라고 하고, 체언이 지시하는 대상의 수효가 둘 이상인 것을 '복수(複數)'라고 한다.

    (64) ㄱ. 사람, 학생, 개, …

       ㄴ. 사람들, 학생들 개들, …

국어에서 복수 표현은 일반적으로 파생 접사 '-들'을 붙여서 나타낸다.19) 예를 들어서 (64)에서 (ㄱ)의 '사람, 학생, 개' 등은 대상의 수효가 하나이므로 '단수 표현'이고, (ㄴ)

---

18) 최현배(1980:250)에 의하면 예전에 백 이상의 수를 가리키는 순우리말 어휘로서 '온(百), 즈믄(千), 골(萬), 잘(億), 울(兆)' 등이 있었다고 한다. 그리고 최현배(1980:251)에는 '여럿, 다, 모두, 다수, 소수, 전수, 반수, 얼마, 몇' 따위 말들도 다 수사(셈씨)로 보고 있으나, 수사는 역시 '하나, 둘, ……' 이나 '일, 이, ……' 따위로 범위를 좁히는 것이 좋을 것으로 생각된다.(허웅 2000:316)

19) '너, 저'에는 복수 접미사인 '-희'가 결합하여 '너희, 저희'의 형태로 복수 표현이 실현된다.

의 '사람들, 학생들, 개들' 등은 대상의 수효가 둘 이상이므로 '복수 표현'이다.

그런데 국어에서 '수(number)'에 대한 표현은 규칙적으로 표현되지는 않는다.

(65) ㄱ. 많은 <u>사람들</u>이 회의장에 몰려왔다.
　　 ㄴ. 많은 <u>사람</u>이 회의장에 몰려왔다.

(66) ㄱ. *<u>사과나무들</u>에 사과들이 많이 열렸다.
　　 ㄴ. <u>사과나무</u>에 사과가 많이 열렸다.

곧 (65)에서 (ㄱ)처럼 복수로 표현한 것과 (ㄴ)처럼 단수로 표현한 것의 의미적인 차이가 별로 나지 않는다. 그리고 사물을 수량을 논리적으로 표현한다면, (66ㄱ)과 같이 복수로 표현해야 하지만 실제로는 (66ㄴ)처럼 단수로 표현하는 것이 더 자연스럽다.[20]

〈 '-들'의 문법적인 특징 〉 대상의 수량이 복수임을 나타내는 '-들'은 다음과 같은 문법적인 특징이 있다.

첫째, '-들'은 명사와 대명사에는 붙을 수 있지만 수사에는 붙지 않는다.

(67) ㄱ. *둘들, *셋들, *넷들……
　　 ㄴ. *둘째들, *셋째들, *넷째들……

(67)에서 '둘, 셋, 넷 ; 둘째, 셋째, 넷째' 등은 복수 표현의 수사인데, 이들 수사에는 '-들'이 붙을 수가 없다. 수사 자체를 통하여 단수와 복수를 분명히 확인할 수 있으므로 수사에는 '-들'이 붙지 않는 것이다.

둘째, '-들'은 대체로 유정 명사에는 자연스럽게 결합하지만, 무정 명사에 결합하면 자연스럽지 못한 표현이 된다.

(68) 사람들, 남자들, 아이들, 개들, 사자들

(69) ㄱ. ?사과들, ?연필들, ?칼들
　　 ㄴ. *물들, *설탕들, *공기들, *눈물들

---

[20] 영어, 독일어, 프랑스어, 이탈리아 어 등에는 '수(數)'의 문법 범주가 있지만, 국어에는 수의 문법 범주가 없다. 그러므로 국어에서는 문맥이나 발화 상황을 통해서 어떠한 대상의 수량이 복수임을 알 수 있으면, '-들'을 문맥에 실현하지 않고 단수의 형태로 표현하는 경우가 많다.

ㄷ. *희망들, *꿈들, *슬픔들

(70) ㄱ. <u>사과</u> 세 개를 가져왔다.

ㄴ. 탁자 위에 있는 <u>연필</u>을 가져 오너라.(연필이 세 자루인 경우)

(68)의 '사람, 개, 동물'과 같은 유정 명사에는 '-들'이 자연스럽게 결합할 수 있다. 하지만 (69)에서처럼 무정 명사에 '-들'이 붙은 표현은 비문법적인 표현이거나, 혹은 자연스럽지 못한 표현이다. 비록 무정 명사로 표현할 대상이 복수일지라도 (70)처럼 '-들'을 붙이지 않고 표현하는 것이 일반적이다.

셋째, 명령문에서는 예외적으로 '-들'이 불가산 명사에 붙거나, 체언이 아닌 단어에도 '-들'이 붙을 수가 있다.

(71) ㄱ. 저리로 가서 빨리 물<u>들</u> 길어 오너라.

ㄴ. 무슨 소리를 하는 거냐? 제발 꿈<u>들</u> 깨시게.

ㄷ. 시장할 텐데, 많이<u>들</u> 드십시오.

ㄹ. 약간이라도 먹어<u>들</u> 보아라.

곧 (71)의 (ㄱ)과 (ㄴ)에는 불가산 명사인 '물'과 '꿈'에 '-들'이 실현되었으며, (ㄷ)에서는 부사인 '많이'에, (ㄹ)에는 동사 '먹다'의 연결형인 '먹어'에 '-들'이 실현되었다.

이와 같은 현상은 명령문에서 생략된 2인칭 주어가 복수일 때에만 나타난다.

(72) ㄱ. (너희들) 저리로 가서 빨리 물을 길어 오너라.

ㄴ. (너희들) 무슨 소리를 하는 거냐? 제발 꿈을 깨시게.

ㄷ. (여러분) 시장할 텐데, <u>많이</u> 드십시오.

ㄹ. (애들아) 약간이라도 <u>먹어</u> 보아라.

곧 (72)의 명령문처럼 2인칭의 복수형 체언으로 된 주어가 생략되는 과정에서, 복수 접미사인 '-들'이 그 뒤에 실현되는 '물, 꿈, 많이, 먹어' 등의 성분에 옮아서 실현된 결과로 볼 수 있다.

【 더 배우기 】

1. '우리'의 화용론적 용법

'우리'는 화자가 복수의 인물임을 나타내는 1인칭의 대명사로서, 화자와 청자 모두를 가리키는 것이 일반적이다. 그러나 다음과 같은 특수한 경우에는 '우리'가 단수의 개체를 표현하는 상황에서 쓰일 수 있고, 말을 듣는 특정한 사람을 제외하는 발화 상황에서 쓰일 수도 있다.

첫째, 1인칭 복수 대명사인 '우리'는 단수의 개체를 가리키는 대상을 표현하는 상황에서도 특수하게 쓰일 수 있다.

    (1) ㄱ. [?]내 아버지, [?]내 남편, [?]내 아내, [?]내 집, [?]내 학교, [?]내 나라
        ㄴ. 우리 아버지, 우리 남편, 우리 아내, 우리 집, 우리 학교, 우리나라

국어에서 '내 아버지, 내 남편, 내 아내, 내 집, 내 학교, 내 나라'라는 표현을 잘 쓰지 않고, '우리 아버지, 우리 남편, 우리 아내, 우리 집, 우리 학교, 우리나라' 등의 표현을 주로 쓴다. 이 가운데 특히 '내 남편' 혹은 '내 아내'와 같이 반드시 단수로 표현해야 할 것 같은 대상을 '우리 남편, 우리 아내'로 표현한다는 것이 특징이다.

둘째, '우리'는 일반적으로는 화자와 청자 모두를 가리키는 발화 상황에서 쓰이는데, 어떤 경우에는 화자와 특정한 청자만 가리키고 다른 청자는 제외하는 발화 상황에서도 쓰일 수 있다.

    (2) ㄱ. (철수) : 얘들아, <u>우리</u> 도서관에 공부하러 갈래?
        ㄴ. (영희) : 아니, 너 혼자 가. <u>우리</u>는 안 갈래.

예를 들어서 '철수, 영희, 인호'가 모여 있는 발화 상황에서 '철수'가 (ㄱ)처럼 발화했다고 가정

하자. 이러한 상황에서 (ㄱ)에서 '우리'는 화자인 '철수'와 청자인 '영희, 인호' 모두를 가리키게 된다. 그런데 (ㄱ)과 같은 '철수'의 발화에 대하여 '영희'가 (ㄴ)처럼 발화했다고 하면, (ㄴ)에서 '우리'는 화자인 '영희'와 청자 중 한 사람인 '인호'를 가리키지만, 또 한 사람의 청자인 '철수'는 지시 대상에서 배제된다.

2. 보충법

일반적으로 첨가어나 굴절어에서 특정한 단어의 문법적인 기능은 특정한 형태의 변화나 첨가로 나타나게 된다. 곧 이들 언어의 단어는 일반적으로 어형을 변화시켜서 특정한 문법적인 범주를 나타낸다. 이와 같이 한 어간에 몇 가지의 굴곡의 가지가 연결된 굴곡형(활용형)의 한 동아리를 '어형 변화 틀(paradigm)'이라고 한다.

기본형	주어 : 3인칭, 단수 시제 : 현재	과거형	과거 분사형	현재 분사형
play	plays	played	played	playing
go	goes	**went**(*goed)	gone	going

[표 1. 'play, go'의 활용 형태]

'영어'에서는 주어의 인칭과 수, 그리고 시제에 따른 범주를 일반적으로 [표 1]처럼 'play'와 'go'의 형태를 변화시켜서 표현한다. 이들 형태 변화는 모두 기본 형태인 'play'와 'go'를 어간으로 하여 어미의 형태에 변화가 일어난 것이다. 그런데 'go'의 활용형 가운데 과거형은 'went'로서 기본 형태인 'go'와는 형태적으로 관련이 없는 어휘이다. 이는 'go'의 과거형이 존재하지 않기 때문에 이 빈칸을 메우기 위하여 기본 형태와는 다른 어형인 'went'를 가져 와서 빈칸을 보충하여 '어형 변화 틀'을 완성한 것이다. 이렇게 특정한 단어의 '어형 변화 틀'에 빈칸이 생겼을 때, 어원이 다른 단어의 형태를 빌려와서 빈칸을 메우는 문법적인 현상을 '보충법(補充法, suppletion)'이라고 한다.

기본형	비교급	최상급
cold	colder	coldest
good	**better**(*gooder)	**best**(*goodest)
bad	**worse**(*bader)	**worst**(*badest)

[표 2. 'cold, good, bad'의 비교급, 최상급의 활용 형태]

[표 2]에서 'good'의 비교급과 최상급의 형태가 *gooder, *goodest'가 아니라 'better, best'로 되고, 'bad'의 비교급과 최상급의 형태가 *bader, *badest'가 아니고 'worse, worst'로 되는 것도 모두 보충 법에 의한 빈칸 메우기 현상의 예이다.

국어에서도 특정한 용언의 활용형이나 대명사의 복수형, 그리고 서수사의 형태가 보충법에 의해서 실현될 수 있다.

첫째, 용언의 활용 형태에 빈칸이 생겼을 때에 보충법이 적용되어서 메워질 수 있다.

기본형	높임형
가다	가시다
먹다	잡수시다(*먹으시다)
자다	주무시다(*자시다)

[표 3. 보충법에 의한 용언의 활용 형태]

국어의 주체 높임법은 '가다'의 경우처럼 일반적으로 어간에 선어말 어미인 '-시-'를 붙여서 실현한다. 그런데 '먹다'와 '자다'에는 *먹으시다와 *자시다의 어형이 나타나지 않으므로 각각 '잡수시다'와 '주무시다'를 빌려와서 '어형 변화 틀'의 빈칸을 메우게 된다.

둘째, 대명사의 복수 형태에 빈칸이 생겼을 때에 보충법이 적용되어서 메워질 수가 있다.

단수형	복수형
저	저희
너	너희
나	우리(*나희)

[표 4. 보충법에 의한 대명사의 형태]

대명사의 복수 표현에서 '저'와 '너'에는 접미사 '-희'를 실현시켜서 '저희, 너희'와 같은 복수 표현을 만든다. 하지만 '나'에는 *나희'와 같은 어형이 나타나지 않으므로 '우리'라는 다른 단어로써 '어형 변화 틀'의 빈칸을 메운다.

셋째, 서수사의 형태에 빈칸이 생겼을 때에도 보충법이 적용되어서 메워질 수가 있다. 예를 들어서 서수사인 '첫째'의 형태는 같은 계열의 다른 수사와 다름이 있다. 곧 '첫째'를 제외한 다른 서수사는 모두 [양수사 + -째]의 형태를 취하므로, '첫째'의 형태도 이러한 규칙에 따른다면 '*하나째' 혹은 '*한째'가 되어야 한다.[1] 이처럼 '첫째'의 어형이 불규칙한 현상은 '보충법'으로 설명할 수 있다.

서수사 \ 양수사	하나	둘	셋	넷
서수사(양수사 + -째)	첫째(*하나째)	둘째	셋째	넷째

[표 5. 보충법에 의한 서수사의 형태]

곧 어형 변화의 규칙성을 따르면 '첫째'에 대응하는 수사는 '*하나째(한째)'가 되어야 하지만, 실제로는 '*하나째(한째)'의 형태가 쓰이지 않는다. 결과적으로 규칙적인 형태의 어휘들로 채워져야 하는 서수사의 '어형 변화틀'에 빈칸이 생기게 된다. 이때에는 '보충법'을 적용하여 빈칸에 들어갈 원래의 어휘와 어원이 다른 어휘를 빌려와서 빈칸을 채우게 되는데, '처음의'라는 뜻을 가진 관형사 '첫'에 순서를 나타내는 접미사인 '-째'를 붙여서 어형 변화 틀의 빈칸을 메운 것이다.

3. 2인칭 대명사가 호칭으로 쓰일 때의 제약

국어에서는 2인칭 대명사의 낮춤말로서 '너, 너희(들), 자네' 등이 있고 높임말로서 '그대, 당신, 임자, 여러분, 댁(宅), 귀형(貴兄), 귀하(貴下), 노형(老兄) ; 어른, 어르신, 선생님' 등이 있다. 하지만 보통의 일상생활에서 청자를 부를 때에는 2인칭 대명사를 사용하기보다는 고유 명사나 친족에 대한 명칭을 사용하거나 청자의 직함을 부르는 것이 일반적이다.

(1) ㄱ. <u>너</u>, 집에 가자.

ㄴ. <u>어르신</u>, 이리 오세요.

ㄷ. 그럼 <u>당신</u>께서는 이 계획에 반대하시는 것입니까?

(2) ㄱ. <u>철수야</u>, 집에 가자.

ㄴ. <u>아버지</u>, 이리로 오세요.

ㄷ. 그럼 <u>과장님</u>께서는 이 계획에 반대하시는 것입니까?

---

1) 중세 국어에서는 실제로 현대어의 '첫째'를 표현하는 서수사로서 'ᄒᆞ나차히'나 'ᄒᆞ낱재' 등이 쓰였다.

(3) ㄱ. 집에 가자.

　　ㄴ. 이리 오세요.

　　ㄷ. 그럼 이 계획에 반대하시는 것입니까?

곧 현실 생활에서 청자를 부를 때에는 (1)처럼 대명사를 사용해서 청자를 부르는 경우는 드물고 (2)처럼 표현하는 것이 보통이다. 곧 (ㄱ)처럼 '철수, 영수, 말자, 순자 등으로 고유 명사로써 직접적으로 부르거나, (ㄴ)처럼 '아버님(아빠), 어머님(엄마), 할아버지, 할머니, 누나, 오빠, 삼촌' 등과 같이 친족의 명칭으로 부른다. 그리고 사회적인 관계에서 청자를 부를 때에는 (ㄷ)처럼 '과장님, 사장님, 이사님, 교수님, 선생님' 등과 같이 직함으로 부르는 경우가 많다. 그리고 (3)처럼 청자가 주어로 나타날 때에는 청자에 대한 표현을 생략하고 표현하는 경우가 많다.

4. 지시 대명사의 설정 범위

최현배(1980:240)와 허웅(2000:313)에서는 '어느곳, 아무데, 아무곳, 어떤데'와 방향을 가리키는 '이리, 그리, 저리, 어느쪽, 아무쪽, 어떤쪽' 등을 처소 지시 대명사에 포함시키는 경우도 있다. 그리고 이관규(2002:135)에서는 시간 대명사로 '입때, 접때 ; 언제, 어느때, 아무때' 등을 들고 있다.

그런데 이들 단어는 대명사의 범주에서 제외될 가능성이 있다. 먼저 '이리, 그리, 저리'에는 '-로' 이외의 다른 격조사가 잘 붙지 않으므로 부사로 처리하고, '어느곳, 아무데, 아무곳, 어떤데 ; 어느쪽, 아무쪽, 어떤쪽' 등은 합성 대명사가 아니라 두 단어(관형사+의존 명사)로 처리할 수도 있다. 이러한 점 때문에 『고등학교 문법』에서는 지시 대명사의 종류를 아래의 표와 같이 한정하였다.

사물 지시 대명사	이것, 그것, 저것 ; 무엇(미지칭) ; 아무것, 무엇(부정칭)
처소 지시 대명사	여기, 거기, 저기 ; 이곳, 그곳, 저곳 ; 어디(미지칭) ; 어디(부정칭)

[표 6. 지시 대명사의 유형]

5. 부정칭과 미지칭으로 두루 쓰이는 대명사

특정한 대명사가 화자의 의도에 따라서 '미지칭'으로도 쓰이고 '부정칭'으로도 쓰이는 경우가 있다.

(1) ㄱ. 밖에 <u>누가</u> 왔니? ↘   (미지칭)

ㄴ. 밖에 <u>누가</u> 왔니? ↗   (부정칭)

곧 (ㄱ)처럼 밖에 온 사람의 신분이나 이름을 알고 싶어서 발화를 했다면 이때의 '누구'는 미
지칭으로 쓰인 것이다. 반면에 (ㄴ)처럼 어떤 사람이 '왔는지 혹은 오지 않았는지'를 알고 싶
어서 발화를 했다면 그때의 '누구'는 부정칭으로 쓰인 것이다. 그런데 (1)의 '누구'가 미지칭으
로 쓰였는지 부정칭으로 쓰였는지는 문장의 억양으로써 확인할 수가 있다. 즉 (ㄱ)처럼 '누구'
에 강세를 두지 않으면서 문장 끝의 억양을 낮추어서 발화하면 '누구'는 미지칭으로 쓰인 문
장이다. 반면에 (ㄴ)처럼 '누구'에 강세를 두면서 문장 끝의 억양을 올려서 발화하면 그때의
'누구'는 부정칭으로 쓰인 것이다.[2]

지시 대명사 가운데서 '무엇'이나 '어디'도 발화 상황에 따라서 미지칭과 부정칭에 두루 쓰
일 수도 있다.

(2) ㄱ. 오늘 아침에는 <u>무엇</u>을 먹었니? ↘   (미지칭 : 설명 의문문)

ㄴ. 오늘 아침에는 <u>무엇</u>을 먹었니? ↗   (부정칭 : 판정 의문문)

(3) ㄱ. 철수야, 너 지금 <u>어디</u> 가니? ↘   (미지칭 : 설명 의문문)

ㄴ. 철수야, 너 지금 <u>어디</u> 가니? ↗   (부정칭 : 판정 의문문)

(2)와 (3)의 문장에서 '무엇'과 '어디'는 각각 미지칭과 부정칭으로 달리 쓰인 예이다. 곧 (2ㄱ)의
'무엇'은 미지칭의 지시 대명사로서 '먹은 음식의 이름을 그 음식의 이름을 묻는 뜻으로 쓰였
다. 반면에 (2ㄴ)의 '무엇'은 부정칭의 지시 대명사로서 '먹을 수 있는 것은 아무것이나의 뜻
으로 쓰였다. 그리고 (3)의 의문문에서 화자가 철수가 가는 장소의 이름을 알고 싶어서 발화
를 했다면 '무엇'은 미지칭의 대명사이다. 하지만 '가는 장소의 이름에는 관심이 없고 어디인
가에 가는지 안 가는지'를 알고 싶어서 발화를 했다면, 그때의 '어디'는 부정칭의 대명사로
쓰인 것이다.

문장에서 쓰인 '무엇'이 미지칭으로 쓰였는지 부정칭으로 쓰였는지는 문장의 억양으로도
확인할 수가 있다. 곧 (3ㄱ)처럼 '무엇'에 강세를 두지 않으면서 문장 끝의 억양을 낮추어서
발화하면 '무엇'은 미지칭으로 쓰인 지시 대명사이다. 반면에 (3ㄴ)처럼 '무엇'에 강세를 두면
서 문장 끝의 억양을 올려서 발화하면 그때의 '무엇'은 부정칭으로 쓰인 지시 대명사이다.

---

2) (1ㄱ)처럼 '누구'가 미지칭으로 쓰인 의문문은 '설명 의문문'이며, (1ㄴ)처럼 '누구'가 부정칭으로
쓰인 의문문은 '판정 의문문'이다. '설명 의문문'과 '판정 의문문'에 대하여는 이 책 370쪽을 참조

6. 복수를 표현하는 형태소 '-들'의 문법적 처리

학교 문법에서는 앞 체언이 복수임을 나타내는 '-들'을 파생 접사로 처리해 왔다. 그런데 이 '-들'을 파생 접사로만 볼 수 없는 문법적인 특징이 있다.

첫째, '-들'은 체언에만 붙는 것이 아니라 여러 가지의 문법적 단위에 두루 붙을 수가 있다.

(1) ㄱ. 학생<u>들</u>이 운동장에 많이 모였다.

ㄴ. 주남 저수지는 수많은 철새<u>들</u>로 장관을 이루었다.

(2) ㄱ. 많이<u>들</u> 오셔서 자리를 빛내어 주세요.

ㄴ. 조금이라도 먹어<u>들</u> 보아라.

(1)에서는 '-들'이 체언 다음에 실현되었지만, (2)의 (ㄱ)에서는 부사 다음에 실현되었고 (ㄴ)에서는 용언의 어간 다음에 '-들'이 실현되었다. '-들'이 실현되는 이와 같은 분포를 감안하면 '-들'을 파생 접사로 보기에는 무리가 있다. 곧 '-들'을 파생 접사로 보면 '많이들'과 '먹어들'을 '많이'와 '먹다'에서 파생된 새로운 단어로 다루어야 하는데, 이처럼 여러 품사에 두루 붙을 수 있는 접미사는 극히 드물다. 그리고 만일 (2ㄴ)에서 '-들'을 파생 접사로 처리한다면, '먹어들'은 동사 '먹다'의 어간인 '먹-'에 어미 '-어'가 붙어서 활용한 다음에 다시 파생 접사 '-들'이 붙었다고 설명해야 한다. 하지만 국어의 형태소 결합의 순서를 보면 [어근 + 파생 접사 + 굴절 접사]처럼 파생 접사는 항상 굴절 접사에 앞서서 실현되는 것이 원칙이다. 따라서 굴절 접사인 '-어' 다음에 실현되는 '-들'은 파생 접사로 볼 수 없다.

둘째, '-들'에 나타나는 분포상의 특징을 살펴보면 (3)에서 보는 바와 같이 보조사에 나타나는 일반적인 특징과 일치한다.

(3) ㄱ. 학생<u>만</u> 운동장에 많이 모였다.

ㄴ. 큰돈은 못 벌어도 손님들이 많이<u>만</u> 오시면 좋겠어요.

ㄷ. 냄새는 맡지 말고 먹어<u>만</u> 보아라.

곧, (3)에서 보조사 '-만'은 (ㄱ)처럼 체언 뒤에서 실현되는 것이 일반적이지만, (ㄴ)의 '많이만'처럼 부사 다음이나 (ㄷ)의 '먹어만'처럼 용언의 연결형 다음에도 실현될 수 있다. 일부 학자들은 (1)과 (2)에서 나타나는 '-들'의 분포적인 특징이 (3)에서 나타나는 보조사의 분포적인 특징과 일치한다는 점을 들어서, '-들'을 보조사로 처리하기도 한다.(허웅 2000:1401)

[단원 정리 문제 3]

1. 체언은 명사, 대명사, 수사로 분류된다. 명사, 대명사, 수사의 공통점과 차이점을 설명하시오.

2. 다음 글 속에서 나타나는 체언을 고르고 이들을 명사, 대명사, 수사로 구분하시오.

> 지금 제가 살고 있는 집에는 감나무가 많습니다. 할아버지께서 10년 전부터 해마다 나무를 심어서 지금은 감나무의 그루 수가 50이 넘습니다. 할아버지께서는 일이 없을 때이면 "하나, 둘, 셋, 넷, ……" 이렇게 나무를 한 그루, 두 그루 헤아리면서 시간을 보내기도 합니다.
>
> 나무는 우리에게 많은 혜택을 줍니다. 나무는 공기를 맑게 합니다. 그것이 많은 곳은 공기가 맑습니다. 산에 나무가 많으면 홍수나 가뭄을 막을 수도 있습니다. 나무가 주는 혜택은 이것만이 아닙니다. 나무는 종이를 만드는 데에도 쓰입니다. 우리가 보는 이 책도 종이로 만들었습니다.

    ① 명사   ② 대명사   ③ 수사

3. 다음 글 속에서 나타나는 명사를 고르고 이들을 보통 명사와 고유 명사, 자립 명사와 의존 명사, 유정 명사와 무정 명사, 실체성 명사와 동태성 명사로 구분하시오.

> 소영이는 부산에 있는 아저씨 댁에 간다고 하였습니다. 아저씨와 함께 태종대 구경을 하고, 영화 관람도 할 것이라고 하였습니다. 그림을 잘 그리는 소영이는 사촌 동생들에게 그림을 그려 주기로 한 약속을 꼭 지키겠다고 합니다. 성우도 소영이한테서 그림을 선물로 받은 적이 있습니다.

    ① 보통 명사와 고유 명사
    ② 자립 명사와 의존 명사
    ③ 유정 명사와 무정 명사
    ④ 실체성 명사와 동태성 명사

4. 다음의 의존 명사를 사용하여 적절한 문장을 만들고, 각각의 의존 명사에 대하여 문장 속에서 쓰일 때의 기능상의 특징을 설명하시오.

　　　① 닢　　② 따름　　③ 리　　④ 마련　　⑤ 마리
　　　⑥ 바　　⑦ 지　　⑧ 채　　⑨ 척　　⑩ 자루

5. 복수의 의미를 나타내는 '-들'의 문법적인 특징을 설명하고, '-들'을 보조사로 처리할 수 있는 가능성을 예를 들어서 제시하시오.

6. 대명사와 관련하여 다음 사항을 예문을 들어서 설명하시오.

　　　① 직시(deixis)와 대용(anaphora)
　　　② 미지칭(未知稱)의 대명사와 부정칭(不定稱)의 대명사
　　　③ 재귀칭(再歸稱)의 대명사

7. '이, 그, 저'의 지시 기능을 예를 들어서 설명하시오.

8. 서수사는 보기처럼 원래 양수사에 접미사 '-째'를 붙여서 파생하는 것이 원칙이다. 그런데 '첫째'는 이와 같은 일반적인 방식으로 파생되지 않았다. '첫째'의 파생 방법을 보충법으로 설명하시오.

　　　① 둘째, 셋째, 넷째, 다섯째
　　　② *하나째 / 첫째

9. 다음 자료는 인칭 대명사 '그'와 재귀 대명사 '자기'의 선행 명사구 조건을 지도하기 위해 선정한 것이고, <보기>는 자료의 (1)과 (2)에 공통적으로 나타나는 선행 명사구 조건을 학생이 정리한 결과이다. 자료의 (1)과 (2)에서 '그'와 '자기'의 선행 명사구가 무엇인지 각각 쓰고, 이를 근거로 <보기>의 내용을 수정하시오. [4점] **[2014학년도 중등 교사 임용 시험]**

> (1) 가. 영수는 동수를 그의 사무실에서 봤다.
> 　　나. 영수는 동수를 자기 사무실에서 봤다.
> (2) 가. 영수는 동수를 좋아한다. 그리고 그는 순희도 좋아한다.
> 　　나. 영수는 동수를 좋아한다. *그리고 자기는 순희도 좋아한다.

<보기>

'그'와 그것의 선행 명사구는 동일한 문장 안에 있고, '자기'와 그것의 선행 명사구도 그렇다.

---

10. 다음은 "대명사 '누구, 무엇, 어디, 언제'의 의미적 특성을 이해한다."를 학습 목표로 하는 수업 장면이다. 밑줄 친 ㉠, ㉡에 해당하는 내용을 순서대로 서술하시오. [4점]

[**2017학년도 중등 교사 임용 시험**]

교사 : 우리말의 대명사 '누구, 무엇, 어디, 언제'에는 재미있는 의미적 특성이 있어요. 다음 문장들을 보고 선생님의 질문에 대답해 보세요.

---
(1) a. 저 사람은 누구니?
   b. 오늘 낮에 누구 좀 만나야 해.
(2) 동헌아, 너 요즘 누구 좋아하니?

교사 : 진희가 (1a)와 (1b)에 나타난 '누구'의 의미를 각각 설명해 볼까요?

진희 : (㉠   )

교사 : 잘 말했어요. 그런 사실을 고려하면 (2)가 중의성이 있는 문장임을 알 수 있어요. (2)가 어떤 의문문으로 해석될 수 있는지를 고려하면서, 동수가 그 중의성을 설명해 볼까요?

동수 : (㉡   )

교사 : 맞아요. 이러한 의미적 특성은 '누구'뿐 아니라 '무엇, 어디, 언제'에도 있어요.

2.3. 관계언

조사는 체언에 붙어서 여러 가지 문법적인 기능을 나타내는 단어의 갈래이다. 문장에 쓰이는 단어들 사이의 문법적인 관계를 나타내므로 '관계언(걸림씨)'이라고도 한다.

2.3.1. 조사의 개념과 특징

〈개념〉 '조사(助詞, 토씨, particle)'는 주로 체언에 붙어서, 그 체언이 문장 속의 다른 단어와 맺는 문법적 관계를 나타내거나 특별한 뜻을 덧보태어 주는 단어의 갈래이다.

> (1) ㄱ. 영수가 책을 읽는다.
> ㄴ. 선희와 진주는 사과하고 배하고 많이 먹었다.
> ㄷ. 철수는 아버지가 주는 약만 먹지 않았다.

(ㄱ)에서 '-가'는 '영수'에 붙어서 그 체언이 문장에서 주어로 쓰이는 것을 나타내며, '-을'은 '책'에 붙어서 그것이 문장 속에서 목적어로 쓰이는 것을 나타낸다. (ㄴ)에서 '-와'는 체언인 '선희'와 '진주'를 이었으며, '-하고'는 '사과'와 '배'를 이었다. (ㄷ)에서 '-는'은 '철수'에 붙어서 그것이 문장 속에서 '말거리(주제, 화제)'가 됨을 나타내며, '-만'은 '약'에 붙어서 '한정(限定)'의 뜻을 나타낸다. 이처럼 주로 체언에 붙어서 문법적인 관계나 특별한 뜻을 더해 주는 단어를 조사라고 한다.

〈특징〉 조사는 다른 품사와는 구별되는 매우 다른 특징이 있다.

첫째, 조사는 여타의 품사와는 달리 자립성이 없으며, 형식적이고 문법적인 의미를 나타낸다.[1]

> (2) ㄱ. -가, -을
> ㄴ. -와, -하고
> ㄷ. -는, -만

---

1) 이러한 특징을 감안하면 조사는 독립된 단어의 자격을 갖추지 못한 것으로 보인다. 하지만 현행의 『고등학교 문법』은 '절충적 단어관'에 따라서 조사에 단어의 자격을 부여한다. 조사의 단어 자격과 관련된 여러 가지 견해에 대하여는 이 책 108쪽의 【더 배우기】 참조.

(2)의 조사는 (1)의 문장에 실현된 것인데, 이들 조사는 모두 자립성이 없으며 형식적이며 문법적인 뜻을 나타낸다. 곧 (ㄱ)의 조사는 문장 성분으로서의 자격을 나타내고, (ㄴ)의 조사는 체언과 체언을 이어서 명사구를 만드는 접속 기능을 나타내고, (ㄷ)은 그것이 결합하는 체언에 '주제(화제), 대조, 단독, 포함' 등의 특별한 뜻을 덧붙인다. 이처럼 조사는 자립적인 언어 형식인 체언에 붙어서 형식적인 의미를 나타낸다.

둘째, 조사는 대체로 체언에 실현되는 것이 일반적이지만, 체언 이외의 언어 단위에 실현될 수도 있다.

조사는 다른 조사나 부사, 그리고 용언의 활용형 뒤에도 실현될 수가 있다.

(3) ㄱ. 제가 먼저 책을 읽겠습니다.
    ㄴ. 너에게만 선물을 준다.
    ㄷ. 아이고! 일을 참 많이도 했구나.
    ㄹ. 견훤은 왕건의 얼굴을 바라보고만 있었다.

(3)에서 (ㄱ)의 '-가, -을'은 체언에 붙었으며, (ㄴ)의 '-만'은 조사인 '-에게'에 붙었다. 그리고 (ㄷ)에서 '-도'는 부사인 '많이'에 붙었으며, (ㄹ)에서 '-만'은 동사의 연결형인 '바라보고'에 붙었다.

조사는 '구, 절, 문장'에 붙어서 이들 언어 단위의 전체에 문법적인 뜻이나 기능을 더할 수도 있다.

(4) ㄱ. 우리는 [철수의 책]을 많이 읽었다.
    ㄴ. [이순신 장군이 노량해전에서 전사하였음]이 확실하다.
    ㄷ. [우리가 감옥에서 어떻게 탈출하는가]가 문제이다.

(ㄱ)에서 조사 '-을'은 명사구인 '철수의 책'에 붙어서 목적어임을 나타내었다. (ㄴ)에서 조사 '-이'는 명사절인 '이순신 장군이 노량해전에서 전사하였음'에 붙어서, (ㄷ)에서 조사 '-가'는 문장인 '우리가 감옥에서 어떻게 탈출하는가'에 붙어서 앞말이 주어임을 나타내고 있다.

이처럼 조사는 대체로 체언이나 체언의 역할을 하는 말(명사구, 명사절, 문장)에 실현되는 것이 일반적이지만, 때로는 '조사, 부사, 용언' 등에도 실현될 수가 있다.

2.3.2. 조사의 유형

조사는 기능과 의미에 따라서 '격조사, 접속 조사, 보조사'로 분류된다.

2.3.2.1. 격조사

'격조사'는 그 앞 말(체언)이 문장에서 차지하는 기능(문장 성분)을 나타내는 조사이다. 격조사로는 '주격 조사, 목적격 조사, 관형격 조사, 부사격 조사, 보격 조사, 호격 조사, 서술격 조사'가 있다.

(가) 격조사의 개념

〈격〉 '격(格, 자리, case)'은 명사에서 일어나는 주요 문법 범주로서, 명사가 문장 속에서 다른 말과 맺는 통사적·의미적인 관계에 따라서 형태 변화를 일으키는 현상이다. 체언의 형태 자체가 바뀜으로써 격을 실현하는 라틴어나 독일어의 격의 실현 방식과는 달리, 국어에서는 체언에 격조사를 덧붙여서 격 관계를 나타낸다.[2]

(5) 철수가 식당에서 남의 숟가락으로 밥을 먹었다

(5)에서 '철수, 식당, 남, 숟가락, 밥'은 모두 체언인데, 이러한 체언에 격조사가 첨가되어서 격을 실현한다. 즉 '철수가'는 주격(행위자), '식당에서'는 부사격(위치), '남의'는 관형격(소유자), '숟가락으로'는 부사격(도구), '밥을'은 목적격(대상)을 나타낸다.

〈격조사〉 '격조사(格助詞, 자리 토씨)'는 체언이나, 명사구나 명사절 등의 앞말에 붙어서 다른 말에 대하여 맺는 문법적인 관계를 나타내는 조사이다. 곧 격조사는 그것과 결합하는 앞말이 문장 속에서 특정한 문장 성분으로 쓰이는 것을 나타내는 조사이다.

(6) 어머니가 집에서 철수의 옷을 다렸다.

---

2) '격(格)'의 개념과 실현 방식에 대하여는 이 책 110쪽의 【더 배우기】 참조.

(6)에서 '-가'는 체언인 '어머니'가 문장에서 주어로 쓰이는 것을 나타내며, '-에서'는 '집'이 부사어로 쓰이는 것을 나타낸다. 그리고 '-의'는 '철수'가 관형어로 쓰이는 것을, '-을'은 '옷'이 목적어로 쓰이는 것을 나타낸다. 이렇게 체언이 문장에서 쓰일 때에, 그 체언이 특정한 문장 성분으로서의 기능을 나타내는 조사를 '격조사'라고 한다.

(나) 격조사의 유형

'격조사'의 종류로는 '주격 조사, 목적격 조사, 관형격 조사, 부사격 조사, 보격 조사, 호격 조사, 서술격 조사'가 있다.

〈**주격 조사** 〉 '주격 조사(主格 助詞, 임자 자리 토씨)'는 앞말이 문장에서 주어로 쓰임을 나타내는 조사이다. 주격 조사로는 '-이/-가, -께서/-께옵서, -에서' 등이 있다.[3]

(7) ㄱ. 나무가 매우 크다.
  ㄴ. 사람이 짐승보다 더 추악하다.
  ㄷ. 아버지께서/-께옵서 진지를 드십니다.
  ㄹ. 교육부에서 2005학년도부터 수능시험을 폐지했다.

(ㄱ)과 (ㄴ)에서 '-이'와 '-가'는 가장 일반적인 주격 조사인데, 이들은 주격 조사의 음운론적인 변이 형태이다. 곧 (ㄱ)처럼 앞 체언이 모음으로 끝나면 '-가'가 선택되고 (ㄴ)처럼 앞 체언이 자음으로 끝나면 '-이'가 선택된다. (ㄷ)에서 '-께서/-께옵서'는 높임의 대상인 체언에 붙어서 '주체 높임'의 기능을 하는 주격 조사이다. (ㄹ)에서 '-에서'는 앞 체언이 [+단체성, +무정성]의 뜻을 나타내는 체언이면서, 동시에 문장의 서술어가 동작성이 분명한 동사일 때에 주격 조사로 쓰인다. 곧 '교육부'는 단체성과 무정성이 있는 명

---

3) 남기심·고영근(1993:99)과 고영근·구본관(2008:130), 그리고 국립국어원에서 발행한 '표준국어대사전(인터넷판)'에서는 주격 조사의 한 종류로 '-서'를 설정하였다. 이들은 '-서'를 인수사인 '혼자, 둘이, 셋이, 넷이, 다섯이, ……, 여럿이, 몇이' 등의 체언(인수사) 다음에 붙는 특수한 형태의 주격 조사로 설명하고 있다.

  (보기) ㄱ. 김 회장 혼자서 인터넷 사업을 한다
    ㄴ. 어린 아이 둘이서 산길을 걸어서 파출소까지 찾아왔더군요.

하지만 현행의 『『고등학교 문법』』(2010:151 이하)에서는 주격 조사로 '-이/-가, -께서, -에서' 등만 설정하고 있으며, 안명철(1985)와 서태길(1990) 등에서는 '둘이서, 셋이서, 넷이서, 다섯이서……' 등에서 -이'를 주격 조사로 보고 '-서'를 보조사로 처리한다.

사이며, 서술어로 쓰인 '폐지하다'는 동작성이 있는 동사이다. 이때 '교육부'는 '수능시험을 폐지하는 주체'의 역할을 하므로, '교육부에서'는 주어이며 '-에서'는 주격 조사이다.

〈목적격 조사〉 '목적격 조사(目的格 助詞, 부림 자리 토씨)'는 앞말이 문장 속에서 목적어로 쓰임을 나타내는 조사인데, 목적격 조사로는 '-을/-를'이 있다.[4]

(8) ㄱ. 철수가 밥을 먹는다.
    ㄴ. 영희가 나뭇가지를 꺾는다.

(8)에서 서술어로 쓰인 '먹다'와 '꺾다'가 타동사이므로 목적어를 취하는데, '-을/-를'은 체언 뒤에 붙어서 그것이 목적어임을 나타낸다. '-을'은 '밥'처럼 앞말이 자음으로 끝날 때에 선택되며, '-를'은 '나뭇가지'처럼 앞말이 모음으로 끝날 때에 선택되므로 이들은 음운론적인 변이 형태이다.

〈보격 조사〉 '보격 조사(補格 助詞, 기움 자리 토씨)'는 앞말이 보어로 쓰임을 나타내는 조사인데, 보격 조사에는 '-이/-가'가 있다. 여기서 보어는 서술어인 '아니다' 혹은 '되다'가 주어 이외에 반드시 필요로 하는 문장 성분이다.

(9) ㄱ. N₁이 N₂가 아니다.
    ㄴ. N₁이 N₂가 되다.

(10) ㄱ. 철수가 제정신이 아니다.
     ㄴ. 밀가루가 국수가 되었다.

(9)처럼 '아니다'와 '되다'가 문장에서 서술어로 쓰이면, 그 문장은 'N₁이 N₂가 되다(아니다)'의 구조가 된다. 이때 앞의 'N₁이'를 주어라고 하고 뒤의 'N₂가'를 보어라고 한다. 예를 들어서 (10)에서 '제정신이'와 '국수가'를 보어라고 하며 이들 보어에 실현되는 조사 '-이/-가'를 보격 조사라고 한다. 따라서 보격 조사 '-이/-가'는 앞말인 '제정신'과 '국수'에 보어로서의 자격을 부여하는 조사이다.

〈관형격 조사〉 '관형격 조사(冠形格 助詞, 매김 자리 토씨)'는 앞말이 관형어로 쓰임을 나타내는 조사인데, 관형격 조사에는 '-의'가 있다.[5]

---

4) 목적격 조사 '-을/-를'의 보조사적인 용법에 대하여는 이 책 112쪽의 【더 배우기】 참조.
5) '-의'를 접속 조사로 처리하는 견해에 대하여는 이 책 113쪽의 【더 배우기】 참조.

(11) ㄱ. 한국<u>의</u> 산수는 가장 아름답다.

　　　ㄴ. 가을은 독서<u>의</u> 계절이다.

(ㄱ)에서는 체언인 '한국'에 관형격 조사 '-의'가 붙었는데, 이때에 '한국의'는 그 뒤에 오는 체언인 '산수'를 꾸며서 관형어로 쓰인다. 그리고 (ㄴ)에서는 체언인 '독서'에 '-의'가 붙었는데 '독서의'는 '계절'을 수식하여 관형어로 기능한다. 이처럼 관형격 조사는 앞말을 관형어로 기능케 하면서, '관형어 + 체언'의 단위를 명사구로 만들어 준다.

　　〈**부사격 조사**〉 '부사격 조사(副詞格 助詞, 어찌 자리 토씨)'는 앞말이 부사어로 쓰임을 나타내는 조사인데, 종류가 대단히 많으며 의미가 다의적이다.[6]

　　첫째, '-에, -에서, -에게(-한테, -더러), -에게서, -으로' 등은 '위치, 상대, 원인, 방향' 등의 다양한 뜻을 나타낸다.

(12) ㄱ. 어머님께서는 지금 미국<u>에</u> 계신다.　　　　　　　　　[공간적 위치]

　　　ㄴ. 동생이 꽃<u>에</u> 물을 주었다.　　　　　　　　　　　　[도달점]

　　　ㄷ. 우리는 내일 네 시<u>에</u> 모이자.　　　　　　　　　　　[시간]

　　　ㄹ. 담장이 바람<u>에</u> 무너졌다.　　　　　　　　　　　　　[원인]

(13) ㄱ. 그들은 권총을 대장간<u>에서</u> 만들었다.　　　　　　　　[공간적 위치]

　　　ㄴ. 원정대의 배가 요코하마<u>에서</u> 출발했다.　　　　　　　[공간적 시작점]

　　　ㄷ. 우리는 아침 9시<u>에서</u> 오후 다섯 시까지 일을 했다.　　[시간적 시작점]

(14) ㄱ. 누가 학생<u>에게(-한테, -더러)</u> 그런 일을 시켰느냐?　　[도달 상대, 낮춤]

　　　ㄴ. 인영아, 할머니<u>께</u> 이 옷을 전해 드려라.　　　　　　[도달 상대, 높임]

　　　ㄷ. 이것은 외국 친구<u>에게서(-한테서)</u> 받은 반지다.　　　[비롯하는 상대]

(15) 선생님께서는 지금 어디<u>로</u> 가십니까?　　　　　　　　　[방향]

(12)에서 (ㄱ)의 '-에'는 대상이 존재하는 공간적인 위치를, (ㄴ)의 '-에'는 동작이 도달하는 공간적인 위치(무정 명사)를 나타낸다. 그리고 (ㄷ)의 '-에'는 동작이 일어나는 시간적인 위치를 나타내며, (ㄹ)의 '-에'는 동작의 원인을 나타낸다. (13)의 '-에서'도 시간이나 공간의 위치를 나타낸다. (ㄱ)의 '-에서'는 동작이 일어나는 공간적인 위치를,

---

6) 기능이 같으나 형태가 다른 부사격 조사에 대하여는 이 책 115쪽의 【더 배우기】 참조.

(ㄴ)과 (ㄷ)의 '-에서'는 동작이 일어나는 공간적·시간적인 시작점을 나타낸다. (14)에서 '-에게, -한테, -더러, -께'는 모두 어떤 행동이 미치는 상대(유정 명사)를 나타낸다. (ㄱ)의 '-에게'는 주로 글말에서 쓰이고, '-한테'와 '-더러'는 주로 입말에서 쓰이는 차이가 있다. (ㄴ)의 '-께'는 입말과 글말에 관계없이 행동이 미치는 상대를 높이는 데에 쓰인다. (ㄷ)의 '-에게서'와 '-한테서'는 동작의 시작점이 되는 상대를 나타내는데, '-에게서'는 글말에 사용되고 '-한테서'는 입말에 사용된다. (15)에서 '-으로'는 동작이 일어나는 방향을 나타낸다.

둘째, '-과/-와, -처럼, -만큼, -보다'는 문장에서 주어로 표현되는 말에 대하여, 어떤 대상이 '비교의 대상'임을 나타낸다.

(16) ㄱ. 백설공주의 피부는 눈과 같이 희다. 그녀는 어머니와 너무 달랐다.
　　 ㄴ. 나도 철수처럼 키가 컸으면 좋겠다.
　　 ㄷ. 철수는 벼리만큼 착하다.
　　 ㄹ. 호랑이는 집채보다 더 컸다.

(ㄱ)의 '-와/-과'는 유사성과 차이성을 나타내는 비교 표현에 두루 쓰인다. 반면에 (ㄴ)의 '-처럼'과 (ㄷ)의 '-만큼'은 유사성을 나타내는 비교에만 쓰이며, (ㄹ)의 '-보다'는 차이성을 나타내는 비교에만 쓰인다.

셋째, '-으로써, -으로서, -으로 ; -과/-와, -하고 ; -라고, -고' 등은 '도구, 수단, 방법, 자격, 변성 ; 공동 ; 인용' 등의 뜻을 나타낸다.

(17) ㄱ. 할머니는 식칼로써 사과를 깎았다.
　　 ㄴ. 저는 이 자리에서 회장으로서 말씀드리겠습니다.
　　 ㄷ. 뽕밭이 바다로 바뀌었군!
　　 ㄹ. 나와 함께 해병대에 입대하지 않겠니? / 나는 공장에서 철수하고 일을 한다.
　　 ㅁ. 어머님께서 "이리 오너라."라고 말씀하신다. 김 사장은 사원들에게 "이제 다시 시작합시다."하고 말했다. / 어머니께서는 시골에 간다고 말씀하셨다.

(ㄱ)에서 '-으로써'는 '도구, 수단, 방법' 등을 나타내고, (ㄴ)에서 '-으로서'는 '자격'을 나타내며, (ㄷ)에서 '-으로'는 '변성(성질의 바뀜)'을 나타낸다. (ㄹ)에서 '-와/-과'와 '-하고'는 '공동(함께)'을 나타내는데, '-와/-과'는 글말에 사용되고 '-하고'는 입말에 사용

된다. 끝으로 (ㅁ)에서 '-라고'와 '-하고'는 남의 말을 직접적으로 인용하는 데에, '-고'는 남의 말을 간접적으로 인용하는 데에 쓰인다.

〈**호격 조사**〉 '호격 조사(呼格 助詞, 부름 자리 토씨)'는 체언에 붙어서 독립어로 쓰임을 나타내는 조사이다. 호격 조사로는 '-아/-야, -이여, -이시여' 등이 있다.

> (18) ㄱ. 인숙<u>아</u>, 저기 가서 물을 좀 떠 오렴.
> ㄴ. 영희<u>야</u>, 이리 오너라.
> ㄷ. 대왕<u>이여</u>, 어서 일어나소서.
> ㄹ. 신<u>이시여</u>, 우리 조국을 지켜 주소서.

(ㄱ)과 (ㄴ)에서 '-아'와 '-야'는 음운론적인 변이 형태로서, '-아'는 '인숙'처럼 자음으로 끝나는 선행 체언에, '-야'는 '영희'처럼 모음으로 끝나는 선행 체언에 붙을 때에 선택된다. (ㄷ)과 (ㄹ)에서 '-이여'와 '-이시여'는 선행 체언이 '대왕'이나 '신'과 같이 높임의 대상일 때에 그를 높여서 부를 경우에 사용하는 호격 조사이다. '-이여'는 그것이 붙는 체언에 예사 높임의 뜻을, '-이시여'는 아주 높임의 뜻을 덧보탠다.

〈**서술격 조사**〉 '서술격 조사(敍述格 助詞, 잡음씨)'는 앞말에 서술어로 쓰임을 나타내는 조사이다. 서술격 조사로는 '-이다'가 있는데, '-이다'는 주어의 내용을 지정·서술하는 기능을 한다.[7)]

> (19) ㄱ. 이것은 책상<u>이다</u>.
> ㄴ. 김성수 씨는 의사<u>이다</u>.

(19)에서 '-이다'는 체언에 붙어서 주어인 '이것'과 '김성수 씨'의 내용이나 신분을 직접적으로 가리켜서 서술하는 역할을 한다.

서술격 조사 '-이다'는 다른 조사와는 달리 어간에 여러 가지 어미가 붙어서 활용함으로써 다양한 문법적인 기능을 나타낸다.

> (20) 저 아이는 학생<u>이다</u>.(-이었다, -이겠다, -일까, -이더라, -일지라도, …)

---

7) '-이다'의 문법적 처리에 관련된 다양한 이론에 대하여는 이 책 116쪽의 【더 배우기】 참조.

(20)에서 '-이다'가 붙은 말인 '학생이다'는 문장에서 서술어로 쓰이며, '-이다' 자체는 '-이었다, -이겠다, -일까, -이더라, -일지라도' 등과 같이 활용함으로써 다양한 문법적인 기능을 나타낸다.[8]

(다) 격조사의 생략

격조사는 문장에 실현된 다른 말과의 관계를 통해서 그것이 무엇인지 알 수 있을 때에는 문장에 표현되지 않을 수 있는데, 이러한 현상을 '격조사의 생략'이라고 한다.

(21) ㄱ. 철수Ø 언제 학교Ø 갔니?
　　ㄴ. 그 사람Ø 아침에 밥Ø 먹었어.
　　ㄷ. 이것Ø 할아버지Ø 가방이야.

(22) ㄱ. 철수<u>가</u> 언제 학교<u>에</u> 갔니?
　　ㄴ. 그 사람<u>이</u> 아침에 밥<u>을</u> 먹었어.
　　ㄷ. 이것<u>이</u> 할아버지<u>의</u> 가방이야.

(21)의 문장에서 'Ø'는 격조사가 실현되어야 할 곳에 실현되지 않은 것을 나타낸다. 이렇게 격조사가 문맥에 실현되지 않아도 되는 것은 주어, 목적어, 관형어, 부사어로 쓰이는 체언과, 서술어로 쓰이는 용언이 맺는 의미적인 관계를 통해서도 격 관계를 알 수 있기 때문이다. 예를 들어서 (21)의 (ㄱ)에서 서술어로 쓰인 '가다'는 기본적으로 'X가 Y에 가다'라는 문장 구조를 취한다. 그러므로 '철수' 다음에는 주격 조사 '-가'가 생략되었고, '학교' 다음에는 부사격 조사인 '-에'나 '-로'가 생략되었다는 것을 알 수 있다. (ㄴ)에서는 서술어가 타동사인 '먹다'인데, '먹다'는 기본적으로 'X가 Y를 먹다'라는 문장의 구조를 취한다. 따라서 주어로 쓰인 '사람' 다음에는 주격 조사 '-이'가, '밥' 뒤에는 목적격 조사인 '-을'이 생략되었음을 알 수 있다. (ㄷ)에서 서술격 조사 '-이다'는 기본적으로 'X가 Y이다'라는 문장 구조를 형성하므로, 주어인 '이것' 다음에는 주격 조사인 '-이'가 생략되었음을 알 수 있다. 그리고 (ㄷ)에서 체언인 '할아버지'와 '가방'은 사이에는 [소유자 - 소유물]의 관계가 성립하므로 '할아버

---

8) 최현배나 허웅 등의 학자들은 '-이다'가 서술 기능이 있고 활용을 한다는 점을 고려하여, '-이다'를 용언의 한 갈래인 '지정사(잡음씨)'로 처리하였다. 반면에 『고등학교 문법』(2010:96)에서는 '-이다'가 자립성이 없고 체언에 붙어서 서술어로 쓰인다는 점에서 서술격 조사로 처리했다.

지' 다음에는 관형격 조사인 '-의'가 생략되었다는 것을 알 수 있다. 이러한 격조사의 생략 현상은 글말보다는 입말에서 더 잘 일어나는데, 이는 생략이 발화 상황이나 문맥과 밀접하게 관련되어 있는 화용론적인 현상이기 때문이다.[9]

그런데 격조사가 실현된 문장과 격조사가 실현되지 않은 문장 사이에는 정보 전달의 양상이 미묘하게 차이날 수 있다.

> (23) ㄱ. 오빠Ø 어디 갔니?
> 　　 ㄴ. 나는 이 책Ø 다 읽었다.
>
> (24) ㄱ. 오빠가 어디 갔니?
> 　　 ㄴ. 나는 이 책을 다 읽었다.

(23)과 (24)의 문장은 기본적인 의미가 동일하다. 하지만 정보 전달의 미묘한 효과까지 감안하면 격조사가 실현된 (24)의 문장은 격조사가 생략된 (23)의 문장에 비하여 격조사가 실현된 말에 초점(焦點, focus)이 맞추어진 느낌이 강하다. 즉 (24)의 (ㄱ)에서는 주어인 '오빠'에, (ㄴ)에서는 목적어인 '이 책'에 발화의 초점이 주어진 느낌이 든다.[10]

2.3.2.2. 접속 조사

(가) 접속 조사의 개념

'접속 조사(接續 助詞, 이음 토씨)'는 둘 이상의 체언을 같은 자격으로 이어서 하나

---

9) 체언에 보조사가 결합되면 원래 있어야 할 격조사가 드러나지 않을 수가 있는데, 이러한 현상도 격조사의 생략으로 볼 수 있다.
(보기) ㄱ. 철수는 빵도 먹었다.(← 철수가 빵을 먹었다.)
　　　 ㄴ. 선생님은 영희까지 돈을 주었다.(←선생님께서 영희에게 돈을 주었다.)
(ㄱ)에서 '철수는'에는 주격 조사인 '-가'가, '빵도'에는 목적격 조사인 '-을'이 생략되었다. 그리고 (ㄴ)에서 '선생님은'에는 주격 조사인 '-께서'가, '영희까지'에는 부사격 조사인 '-에게'가 생략되었다.
10) 안병희(1966)와 민현식(1982)에서는 이러한 정보 전달의 차이까지 감안하여, (23)처럼 격조사가 실현되지 않은 현상을 격조사가 생략된 것으로 보지 않고, '부정격(不定格)'이나 '무표격(無標格)'으로 처리하였다. 곧 민현식(1982)에 따르면 (23)처럼 격조사가 실현되지 않은 무표격은 '주체 단순 지시 상황'에서 사용되는 반면에 (24)처럼 격조사가 실현된 유표격은 '주체 명시 및 강조 지시 상황'에서 사용되는 것으로 보았다.

의 명사구를 형성하는 조사이다.

(25) ㄱ. [철수와 영수]는 어깨동무를 하고 뛰어놀곤 하였다.
ㄴ. 나는 [떡이랑 밥]을 많이 먹었다.

(ㄱ)에서 '-와'는 '철수'와 '영수'의 두 체언을 주어의 자격으로 이었으며, (ㄴ)에서 '-이랑'은 '떡'과 '밥'을 목적어의 자격으로 이었다. 이처럼 체언과 체언을 동일한 문장 성분의 자격으로 이어서 명사구를 형성하는 조사를 '접속 조사'라고 한다.
접속 조사는 체언과 체언을 이어서 명사구를 형성하는 기능만 할 뿐이며, 격을 나타내는 기능은 격조사가 담당한다.

(26) ㄱ. [빵과 고기]가 없으면 다른 음식이라도 구해 다오.
ㄴ. 한국 사람은 [밥과 김치]를 즐겨 먹는다.
ㄷ. 저 건물은 [철수와 영희]의 것이다.
ㄹ. 이순신 장군은 [한국과 일본]에서 모두 영웅으로 대접받는다.

(ㄱ)에서 '빵과 고기'는 주어로 쓰였으며, (ㄴ)에서 '밥과 김치'는 목적어, (ㄷ)에서 '철수와 영희'는 관형어, (ㄹ)에서 '한국과 일본'은 부사어로 쓰였다. 이와 같이 접속 조사가 접속한 명사구가 여러 가지 문장 성분으로 쓰인다는 사실을 통해서 접속 조사에는 특정한 격을 부여하는 기능이 없다는 것을 알 수 있다.11)

(나) 접속 조사의 종류

접속 조사로는 '-와/-과, -이며, -하고, -에, -이랑, -이나' 등이 있다.

(27) ㄱ. 나는 [개와 고양이]를 좋아한다.
ㄴ. 우리는 [평등과 자유]를 실현하기 위해 싸웠다.

---

11) 접속 조사 자체에는 특정한 격을 부여하는 기능이 없기 때문에, 접속 조사로써 연결된 명사구에 포함된 선행 체언의 격은 명사구의 격을 그대로 부여받게 된다. 예를 들어서 (26)의 (ㄱ)에서 '빵'은 명사구인 '빵과 고기'와 동일하게 주격을 부여받으며, (ㄴ)에서 '밥'은 명사구인 '밥과 김치'과 동일하게 목적격을 부여받는다.

(28) ㄱ. 이제부터는 [술이며 담배며] 모조리 끊고 살겠노라.

　　ㄴ. [나하고 너하고] 결혼을 맹세하자.

　　ㄷ. [술에 떡에 찰밥에] 차린 음식이 대단하구나.

　　ㄹ. [돈이랑 여자랑] 다 부질없는 것임을 너는 몰랐더냐?

　　ㅁ. [나나 당신이나] 이제 죽을 날이 얼마 남지 않았네.

(27)과 (28)에서 밑줄 그은 '-과/-와', '-이며~-이며', '-하고~-하고', '-에~-에', '-이랑~-이랑', '-이나~-이나' 등은 모두 접속 조사로서 체언과 체언을 특정한 문장 성분으로 이어 주는 역할을 한다. 이들 접속 조사 중에서 (27)의 '-과/-와'는 앞 체언에만 붙을 수 있는 반면에, (28)의 접속 조사들은 앞 체언과 뒤 체언 모두에 붙을 수 있다. 그리고 글말에서는 주로 '-과/-와'가 많이 쓰이고 입말에서는 '-이며, -하고, -에, -이랑, -이나' 등의 접속 조사가 많이 쓰인다.12)

2.3.2.3. 보조사

(가) 보조사의 개념

〈개념〉 '보조사(補助詞, 도움 토씨)'는 앞말에 화용론적인 특별한 뜻을 더해 주는 조사이다. 곧, 보조사는 어떠한 문장 속에 등장하는 요소가, 그 문장의 서술어로 표현되는 동작이나 상태에 어떠한 방식으로 포함되는가를 표현한다.

(29) 태희가 동건을 찼다.　　　　　　　　[주어]

(30) ㄱ. 태희는 동건을 찼다.　　　　　　[주어 : 주제, 대조]

　　ㄴ. 태희만 동건을 찼다.　　　　　　[주어 : 한정]

　　ㄷ. 태희도 동건을 찼다.　　　　　　[주어 : 포함]

　　ㄹ. 태희부터 동건을 찼다.　　　　　[주어 : 비롯함]

　　ㅁ. 태희까지 동건을 찼다.　　　　　[주어 : 미침]

---

12) 접속 조사의 '-과/-와'와 부사격 조사의 '-과/-와'의 구분에 대하여는 이 책 119쪽의 【더 배우기】 참조.

(29)와 (30)에서 '태희'는 '찼다'에 대하여 행위의 주체가 되고 또 주어를 나타내는 격조사 '-가'를 붙일 수 있으므로 문장 속에서 주어로 기능한다. 그러므로 보조사인 '-는, -만, -도, -부터, -까지' 등은 통사적인 특징과는 관계없고, 서술어인 '차다'가 표현하는 동작의 범위에 '태희'가 작용하는 방식을 표현한다.

(30)의 문장에서 보조사인 '-는, -만, -도, -부터, -까지' 등이 나타내는 의미적 관계를 그림으로 보이면 다음과 같다.

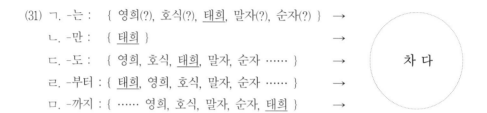

(31) ㄱ. -는 :　{ 영희(?), 호식(?), 태희, 말자(?), 순자(?) }　→
　　 ㄴ. -만 :　{ 태희 }　→
　　 ㄷ. -도 :　{ 영희, 호식, 태희, 말자, 순자 …… }　→　　차 다
　　 ㄹ. -부터 : { 태희, 영희, 호식, 말자, 순자 …… }　→
　　 ㅁ. -까지 : { …… 영희, 호식, 말자, 순자, 태희 }　→

(ㄱ)처럼 체언에 '-는'이 쓰이면 다른 사람에 대하여는 언급하지 않고 '태희'에 대해서만 언급하자면 '태희'가 동건을 찬 사람의 범위에 들어간다는 것을 나타낸다. (ㄴ)처럼 '-만'이 붙으면 다른 사람은 차지 않았고 단지 '태희' 혼자서 '동건'을 찬 사람의 범위에 포함됨을 나타낸다. (ㄷ)처럼 체언 다음에 '-도'가 실현되면 다른 사람과 더불어 '태희'가 '동건'을 찬 사람의 범위에 포함됨을 나타낸다. 그리고 (ㄹ)처럼 '-부터'가 붙으면 '동건'을 찬 사람이 여럿 있는데 그 가운데 '태희'가 첫 번째로 찼다는 뜻을 나타내며, (ㅁ)처럼 '-까지'가 붙으면 여러 사람이 '동건'을 찼는데 '태희가' 찬 사람의 범위에 마지막으로 포함됨을 나타낸다.

이와 같이 국어에는 '주제, 대조, 한정, 포함, 비롯함, 미침' 등과 같은 화용론적인 의미를 나타내는 보조사가 대단히 발달되어 있다.

〈특징〉 보조사는 문법적인 관계를 나타내는 격조사나, 체언과 체언을 이어서 명사구를 형성하는 접속 조사와는 문법적인 기능과 특징이 다르다.

첫째, 보조사는 격과는 관계가 없기 때문에 여러 문장 성분에 두루 실현될 수 있다.

(32) ㄱ. 철수는 내일 서울로 떠난다.
　　 ㄴ. 할머님께서 철수는 사랑하신다.
　　 ㄷ. 선생님이 철수는 선물을 주었다.

(ㄱ)의 '철수'는 서술어인 '떠나다'가 표현되는 행위에 대하여 주체의 역할을 하므로 주어로 쓰였고, (ㄴ)의 '철수'는 서술어 '사랑하다'의 대상이므로 목적어로 쓰였다. 그리고 (ㄷ)의 '철수'는 서술어 '주다'의 행위의 도착점이므로 부사어로 쓰였다. 이들 체언에 동일한 보조사 '-는'이 붙어 있는데도, 이들이 '주어, 목적어, 부사어' 등으로 각각 다른 문장 성분으로 쓰이고 있는 것을 보면, 보조사 '-는'은 특정한 격과는 관련이 없다는 사실을 알 수 있다.

둘째, 접속 조사와 격조사는 대체로 체언이나 그와 유사한 언어 단위에만 실현될 수 있지만, 보조사는 다양한 언어 형식에 실현될 수 있다.

(33) ㄱ. 박지성은 아인트호벤 팀에서 맨체스터 유나이티드 팀으로 이적했다.
ㄴ. 이 식당에서는 담배를 피울 수가 있습니다.
ㄷ. 이 군이 일을 열심히는 합니다만 도통 실력이 늘지 않아요.
ㄹ. 우리 팀이 어찌어찌 하여 결승전까지 올라는 갔습니다.

(34) ㄱ. 이제부터는 내가 자네에게 배워야겠네그려.
ㄴ. 내가 이번 학기에는 공부를 좀 안 했어요.

(33)에서 보조사 '-는'은 여러 가지의 문법적인 단위에 붙어 있다. 곧 (ㄱ)에서는 '-는'이 체언인 '박지성' 다음에 붙었고, (ㄴ)에서는 격조사인 '-에서' 다음에, (ㄷ)에서는 부사인 '열심히' 다음에, (ㄹ)에서는 동사 '오르다'의 연결형인 '올라'에 붙었다. 그리고 보조사 중에는 문장의 맨 끝에 실현되어서 문장 전체의 내용에 특별한 뜻을 더하는 특수한 것들도 있다. 곧 (34)에서 '-그려'와 '-요'는 문장의 끝에 붙어서 쓰였는데, (ㄱ)의 '-그려'는 앞의 문장의 내용에 '느낌'이나 '강조'의 뜻을 더하며, (ㄴ)의 '-요'는 '청자를 높이는 뜻'을 더하였다.

(나) 보조사의 유형

보조사는 그것이 붙는 앞말의 종류(= 분포)에 따라서 '통용 보조사'와 '종결 보조사'로 나눌 수 있다.

〈통용 보조사〉 '통용 보조사(通用 補助詞)'는 체언, 조사, 부사, 용언의 연결형 등 여러 가지의 문법적인 단위에 두루 실현되어서 그것에 특별한 뜻을 더하는 보조사이다.

(35) ㄱ. 할아버지께서는 신문을 보셨다.   [주제]
    나는 밥은 안 먹었다.   [대조]
  ㄴ. 산도 좋고 물도 좋다.   [첨가]
  ㄷ. 닭 우는 소리만이 마을 공기를 흔든다.   [한정]
  ㄹ. 사람마다 비를 기다리나 오늘도 볕이 난다.   [각자]

(ㄱ)의 '-은/-는'은 '주제(화제, 말거리)'를 나타내거나 다른 것과의 '대조'의 뜻을 나타내는 보조사이다. 여기서 '-은'은 '밥은'처럼 마지막 음절이 자음으로 끝나는 체언 다음에 실현되며, '-는'은 '학교는'과 같이 모음으로 끝나는 체언 다음에 실현된다. (ㄴ)의 '-도'는 이미 어떤 것이 포함되고 그 위에 더함의 뜻을 더하고, (ㄷ)의 '-만'은 다른 것으로부터 제한하여 어느 것을 '한정'하는 뜻을 더한다. 끝으로 (ㄹ)의 '-마다'는 '낱낱이 모두'의 뜻을 더한다.

(36) ㄱ. 여기서부터 경상남도입니다.   [시작]
  ㄴ. 올해는 고구마까지 대풍이다.   [마지막]
  ㄷ. 비가 오는데 바람조차 부는구나.   [의외의 마지막]
  ㄹ. 그와는 통신마저 끊기고 말았다.   [하나 남은 마지막]

(ㄱ)의 '-부터'는 어떤 일이나 상태 따위에 관련된 범위의 시작임을 나타낸다. 반면에 (ㄴ~ㄹ)의 '-까지, -조차, -마저'는 공통적으로 '이미 어떤 것이 포함되고 그 위에 더함의 뜻'을 나타낸다. 다만, 이러한 공통적인 뜻에 더하여서 (ㄴ)의 '-까지'는 그것이 극단적인 경우임을 나타내며, (ㄷ)의 '-조차'는 일반적으로 예상하기 어려운 극단의 경우까지 양보하여서 포함함을 나타내며, (ㄹ)의 '-마저'는 하나 남은 마지막임을 나타낸다.(『고등학교 교사용 지도서 문법』(2010:133) 참조.)

(37) ㄱ. 우리는 이틀 동안 한 끼밖에 못 먹었다.   [제외]
  ㄴ. 거기까지는 십 리나 된다.   [강조]
  ㄷ. 굿이나 보고 떡이나 먹어라.   [부정적 선택]
  ㄹ. 학생들이 김 선생서껀 다 왔습니다.   [함께]

(ㄱ)의 '-밖에'는 '그것 말고는'이나 '그것 이외에는'의 뜻을 나타내는 보조사로서, 반

드시 뒤에 부정을 나타내는 말이 따르는 특징이 있다. (ㄴ)의 '-이나'는 '수량이 크거나 많음', 혹은 '정도가 높음'을 강조하는 보조사로서 흔히 놀람의 뜻이 수반된다. 그리고 (ㄷ)의 '-이나'는 '마음에 차지 않는 선택', 또는 '최소한 허용되어야 할 선택'이라는 뜻을 나타낸다. 끝으로 (ㄹ)의 '-서껀'은 '-와 함께'의 뜻을 나타낸다.

(38) ㄱ. 철수<u>인들</u> 그 일을 좋아서 하겠습니까?　　　[양보]
　　ㄴ. 밥이 없으면 라면<u>이라도</u> 주세요.　　　　　　[양보]
　　ㄷ. 무엇<u>이든지</u> 구하면 얻으리라.　　　　　　　[선택 나열]

(38)에서 '-인들, -이라도, -이든지' 등은 모두 서술격 조사인 '-이다'의 연결형이 보조사로 굳은 것이다. (ㄱ)의 '-인들/-ㄴ들'은 어떤 조건을 양보하여 인정한다고 하여도 그 결과로서 기대되는 내용이 부정됨을 나타낸다. (ㄴ)의 '-이라도/-라도'는 그것이 썩 좋은 것은 아니나 그런대로 괜찮음을 나타낸다. (ㄷ)의 '-이든지/든지'와 '-이든/-든'은 어느 것이 선택되어도 차이가 없는 둘 이상의 일을 나열함을 나타낸다. 이러한 보조사에서 /이/는 자음으로 끝나는 체언 뒤에서 매개 모음으로 구실하는 것이 특징이다.

　〈종결 보조사〉 '종결 보조사(終結 補助詞)'는 문장의 맨 뒤에 실현되어서, 문장 전체에 특별한 뜻을 더하는 보조사이다.

(39) ㄱ. 이제 나는 고향에 돌아가야겠네<u>그려</u>.　　　[강조]
　　ㄴ. 이젠 모든 것을 포기하지<u>그래</u>.　　　　　　[강조]
　　ㄷ. 비가 옵니다<u>마는</u> 지금 당장 떠나야 합니다.　[대조]
　　ㄹ. 내가 이번 학기에는 공부를 좀 안 했어<u>요</u>.　[예사 높임]

'-그려'와 '-그래'는 화자가 청자에게 문장의 내용을 강조함을 나타내는 보조사이다. 여기서 (ㄱ)의 '-그려'는 청자를 예사로 낮추어서 대우할 때에 쓰고, (ㄴ)의 '-그래'는 아주 낮추어서 대우할 때에 쓴다. (ㄷ)에서 '-마는'은 앞의 사실을 인정을 하면서도 그에 대한 의문이나 그와 어긋나는 상황 따위를 덧붙여서 제시한다. (ㄹ)에서 '-요'는 비격식적인 발화 상황에서 화자가 청자를 높이는 뜻을 더해 주는 보조사이다.

【 더 배우기 】

1. 조사의 단어 자격

조사에 단어의 자격이 있느냐 없느냐 하는 문제는 국어의 문법 연구에 큰 논란거리가 되어 왔다. 먼저 정렬모(1946:107), 이숭녕(1956:52), 이익섭(1986:85), 서정수(1996:66) 등에서는 단어가 갖추어야 하는 원칙론적인 조건을 주장하면서 조사에 단어의 자격을 주지 않는다. 반면에 최현배(1980:204), 허웅(2000:215 이하), 남기심·고영근(1993:61), 『고등학교 문법』(2010:95) 등에서는 원칙론을 인정하면서도 조사에 독립된 품사의 자격을 주기를 주장하고 있다. 여기서는 조사에 독자적인 단어의 자격을 부여하는 견해와 단어의 자격을 부여하지 않는 견해의 근거를 살펴본다.

〈조사가 독립된 단어가 아니라는 견해〉 다음과 같은 이유로 조사에 단어의 자격을 주지 않는다.

첫째, 조사는 자립성이 없으므로 단어의 자격을 부여할 수 없다. 구조주의적인 입장에서는 단어를 자립할 수 있는 언어 형식 가운데 최소의 단위 즉, '최소 자립 형식'으로 규정한다. 곧 명사, 대명사, 수사, 동사, 형용사, 관형사, 부사, 감탄사 등 조사를 제외한 다른 모든 단어들은 정도의 차이는 있지만 자립성이 있다. 따라서 자립할 수 없는 요소인 조사나 용언의 어미와 같은 의존 형태소들은 단어로서의 자격을 갖추지 못했다.

둘째, 조사는 실질적인 의미가 없고 형식적인 의미만 있다. 앞에서 지적했듯이 어떠한 언어 형식이 단어의 자격을 갖추려면 반드시 실질적인 뜻을 나타내는 형태소(어근)가 하나 이상 있어야 한다. 하지만 조사는 앞에서 살펴본 바와 같이 문법적 관계를 나타내거나 형식적인 특별한 뜻을 나타낼 뿐이어서, 단어의 성립 조건이 되는 실질적인 뜻을 나타내지 못한다.

셋째, 조사의 기능을 살펴 보면 조사는 단어라기보다는, 용언의 활용 어미와 같은 문법적인 형태소에 가까운 특징이 있다.

    (1) 강아지-가 공-을 가지-고 놀-았-다

(1)에서 '강아지, 공, 가지(다), 놀(다)'는 실질적인 뜻을 나타내는 단어이며, 이들 단어의 문법적인 기능은 '-가, -을 ; -고, -았-, -다 등의 형태소의 형태소가 나타낸다. 따라서 조사와 어미는 어휘 범주로 다루기보다는 문법적인 범주로 다루는 것이 바람직하다.

이러한 이유로 해서 정렬모(1946:107), 이숭녕(1956:52) 등에서는 조사에 독립된 단어의 자격을 주지 않았다. 이러한 주장을 하는 이들은 (1)의 문장에서 '강아지가'와 '공을'은 각각 하나의 단어가 문법적인 기능을 발휘하기 위하여 형태가 변화(곡용)된 것으로 처리한다.

〈조사가 독립된 단어라고 하는 견해〉 조사에 단어의 자격을 주지 않는 원칙론적인 견해에도 불구하고, 다음과 같은 이유로 조사에 단어의 자격을 부여하려는 이들도 있다.

첫째, 조사는 자립성이 없기는 하지만 어미와 비교하면 그것이 붙은 말(체언)에 대한 분리성이 강하다.

(2) ㄱ. 먹었다   → 먹- + -었- + -다
    ㄴ. 예뻤고   → 예쁘- + -었- + -고

(3) ㄱ. 철수와   → 철수 + -와
    ㄴ. 책과   → 책 + -과
    ㄷ. 공원에서 → 공원 + -에서

(2)에서 용언인 '먹었다'와 '예뻤고'를 어간과 어미로 구분하면 (2)와 같이 분석된다. 이때 어미부분을 분리하고 나면 어간 '먹-'과 '예쁘-'가 남게 되는데 이는 의존 형식이다. 이에 비해서 '철수와, 책과, 공원에서'를 분석하면 (3)처럼 된다. 여기서 조사 부분을 분리하면 '철수, 책, 공원'이 남게 되는데 이는 자립 형식이다. (2)와 (3)에서 나타나는 이러한 특징을 고려하면 조사와 어미는 둘 다 자립성이 없는 것은 마찬가지이지만, 조사는 어미에 비하여 분리성이 강하다는 것을 알 수 있다. 따라서 이러한 차이를 감안하여 용언의 어미에는 단어 자격을 주지 않더라도 조사에는 단어 자격을 주어야 한다.

둘째, 조사는 체언뿐만 아니라 부사, 용언, 구, 절, 문장 등 다양한 언어 형식에 붙을 수 있다.

(4) ㄱ. 빨리-도 간다.
    ㄴ. 아버지는 옷을 빨아-만 보고 더 이상 다른 조치를 하지 않았다.
    ㄷ. 그 사람이 출세한 데에는 [운이고 무어고]-가 있겠소?
    ㄹ. [그 사람이 얄밉게]-까지 느껴졌다.
    ㅁ. [죽느냐 사느냐]-가 문제다.

(4)에서 조사는 차례대로 부사, 용언의 활용형, 구, 절, 문장에 결합하였다. 만일 조사가 체언에만 붙는다면 조사는 체언에 딸려 있는 하나의 요소로 볼 수 있다. 하지만 조사가 체언에만 붙는 것이 아니라, (4)에서처럼 다양한 언어 형식에 붙을 수 있다는 사실에서 체언과 조사가 별개의 문법적인 단위라는 것을 알 수 있다.

만일 조사에 독립된 품사의 자격을 주지 않는다면, (3)에서 <체언 + 조사>의 형식을 하나의 단어로 보아야 한다. 이러한 설명을 받아들인다면, (4)에서도 (ㄱ)의 '빨리도', (ㄴ)의 '빨아만', (ㄷ)의 '운이고 무어고가', (ㄹ)의 '그 사람이 얄밉게까지', (ㅁ)의 '죽느냐 사느냐가' 등도 모두 하나의 단어로 처리해야 하는 모순이 생긴다.

조사를 독립된 단어로 인정하지 않으면, (2)에서 용언의 어간에 어미가 붙어서 활용하는 것으로 설명하듯이 (3)에서도 체언에 조사가 붙은 현상을 체언이 곡용(꼴바꿈)하는 것으로 설명해야 한다. 이렇게 되면 (4)의 경우는 똑같은 이유로 부사, 용언, 구, 절, 문장 등도 곡용하는 것으로 처리해야 하는 문제가 발생한다.

비록 조사가 자립성도 없고 실질적인 의미도 없지만, 이러한 문제를 간명하게 해결하기 위하여 조사에 독립적인 단어의 자격을 부여한다.

2. 격의 개념

'격(格)'은 고대 그리스어, 라틴어, 산스크리트어 등에서 이미 표현되어 왔는데, 현대어에서도 여러 가지 방법으로 격이 표현된다. 여기서는 라틴 어와 독일어, 그리고 현대의 영어에서 나타나는 격의 실현 방식을 살펴본다.

〈 라틴어의 격 〉 고전 라틴어에서 '격'은 명사가 문장 속에서 통사·의미적인 관계를 나타내는 기능을 한다. 곧 라틴 어에서 '격'은 문장 안에서 체언 등이 다른 말과의 통사·의미적인 관계를 나타내기 위하여, 그 꼴이 바뀌는 굴곡의 범주의 하나이다.

격의 종류	단수형	복수형
주격(nominative)	domin**us**	domini
소유격(genitive)	domini	domin**orum**
여격(dative)	domino	domin**is**
목적격(accusative)	domin**um**	dominos
탈격(ablative)	domino	domin**is**
호격(vocative)	domin**e**	domini

[표 1. 'dominus'의 격형]

라틴 어에서는 주격이 기본형이 되는데, 예를 들어서 'dominus(주인)'는 주격의 단수형의 형태이다. 이것이 소유격, 여격, 목적격, 탈격, 호격 등으로 쓰이면, 각각 domini(주인의), domino(주인에게), dominum(주인을), domino(주인에게서), domine(주인아)의 형태를 취한다. 결국 라틴 어에서 격은 명사가 문장에서 쓰이는 역할에 따라서 형태가 바뀌는 것을 말한다.

〈**독일어의 격**〉 언어마다 격을 나타내는 방식은 각각 다를 수 있다. 러시아 어나 독일어에서는 격이 비교적 체계적으로 나타나는데, 다음은 독일어의 격 변화에 따른 명사와 관사의 굴절 형태의 모습이다.

(1) ㄱ. der Hund   (1격 : 개가)
    ㄴ. des Hundes   (2격 : 개의)
    ㄷ. dem Hundes   (3격 : 개에게)
    ㄹ. den Hund   (4격 : 개를)

독일어의 격의 변화는 명사의 형태 변화뿐만 아니라 명사 앞에서 실현되는 관사의 형태 변화로도 나타난다. 곧 격의 변화에 따라서 명사는 'Hund – Hundes – Hundes – Hund'로 형태가 변하고 동시에 관사는 'der – des – dem – den'으로 형태가 변한다.

〈**영어의 격**〉 영어에서는 격이 비교적 체계적으로 나타나지는 않는데, 다만 [표 2]에서처럼 대명사의 형태에서 일부 격이 나타날 뿐이다.

주격	목적격	소유격
I	me	my
he	him	his
she	her	her
they	them	their

[표 2. 영어 대명사의 격 변화]

곧 주격인 'I, he, she, they'의 형태가 목적격에서는 'me, him, her, them'의 형태로 바뀌며, 소유격에서는 'my, his, her, their'의 형태로 바뀐다.

(2) ㄱ. I love <u>him</u>.
    ㄴ. <u>He</u> loves <u>me</u>.

이처럼 독일어에서는 격이 비교적 분명하게 표현되는 반면에 영어에서는 극히 제한된 범위에서 격이 표현된다.

〈**한국어와 일본어의 격**〉 인도-유럽어에서는 이처럼 체언 자체의 형태 변화로 격이 실현되는 경우가 많으나, 일본어와 한국어와 같은 알타이어 제어들은 체언에 격조사를 첨가함으로써 격을 실현한다.

    (3) 토끼-가 초원-에서 풀-을 뜯어먹었다.

곧 국어에서는 (3)에서처럼 체언인 '토끼'에 '-가'가 붙어서 주격이, '초원'에 '-에서'가 붙어서 부사격이, '풀'에 '-을'이 붙어서 목적격이 실현된다.

3. 격조사의 보조사적인 용법

    체언에 '-을/-를'이 붙는다고 해서 모두 목적격 조사로 처리되는 것은 아니다. 이는 '-을/-를'이 목적어로 처리될 수 없는 말에도 붙는 경우가 있기 때문이다.

    (1) ㄱ. 나는 생선을 먹지를 못한다.
        ㄴ. 우리는 지금 교회를 간다.

    (2) ㄱ. 나는 생선을 먹지 못한다.
        ㄴ. 우리는 지금 교회에 간다.

    (3) ㄱ. 나는 생선을 먹지를{ 먹지는, 먹지도, 먹지만 } 못한다.
        ㄴ. 우리는 지금 교회를{ 교회는, 교회도, 교회만 } 간다.

(1)의 문장들에는 일반적으로 목적격 조사가 쓰이지 않을 환경에서 목적격 조사가 쓰였다. 즉 목적격 조사는 원칙적으로 서술어가 타동사일 때에 한해서 체언에 붙기 때문에 (1)에서 쓰인 '-을/-를'을 목적격 조사로 보기에는 문제가 있다. (1ㄱ)의 문장은 '-을/-를'이 실현되지 않은 (2ㄱ)의 문장으로 쓰이는 것이 자연스러운 문장이며, (1ㄴ)의 문장은 자동사인 '가다'에 호응하는 조사 '-에'를 실현하여 (2ㄴ)처럼 표현하는 것이 일반적이다. 그리고 (1)의 '-를'을 목적격 조사로 본다면 '먹지를'과 '교회를'을 목적어로 보아야 하지만, '먹지를'은 분명히 서술어이고 '교회를'은 부사어에 가깝다.

    (1)에서 쓰인 '-을/-를'이 목적격 조사가 아니라면 이들 조사의 성격은 무엇일까? 만일 (2)와 같은 표현을 일반적인 표현이라고 할 때, (1ㄱ)에서는 서술어인 '먹지'를 강조하기 위하여, (1ㄴ)에서는 부사어로 쓰인 '교회'를 강조하기 위하여 '-을/-를'을 실현한 것으로 본다. 이처럼 (1)에서 쓰인 '-을/-를'을 '강조'의 뜻을 나타내는 표현으로 본다면, 이때의 '-을/-를'은 체언에 강조의 뜻을 덧보태는 보조사로 다루어야 한다. 그리고 목적격의 기능이 없는 '-을/-를'이 (3)

에서처럼 다른 보조사 '-은/-는, -도, -만' 등으로 자연스럽게 교체될 수 있다는 사실도 (1)의 '-을/-를'이 보조사임을 뒷받침한다.

그리고 '-을/-를'처럼 널리 쓰이지는 않지만, 주격 조사인 '-가'도 강조 기능을 하는 보조사로 쓰일 수 있다.

(4) ㄱ. 돈을 놓고 형제가 싸우는 모양은 결코 아름답지<u>가</u> 않습니다.
　　ㄴ. 나는 그의 제안이 싫지<u>가</u> 않았다.

(4)에서 '아름답지가'나 '싫지가'는 용언의 연결형에 '-가'가 붙은 형태인데, 이들 '-가'도 주격의 기능은 없으며 서술어로 쓰인 '아름답다'와 '싫다'를 강조하기 위하여 쓰인 보조사이다.

현행의 학교 문법에서는 '-을/-를'이 붙은 말을 모두 목적어로 다루기 때문에, 결과적으로 '-을/-를'은 모두 목적격 조사가 된다.(『고등학교 문법』 2010:153) 다만 『고등학교 교사용 지도서 문법』(2010:130)에서는 <u>강조의 의미를 나타내는 '-이/가'와 '-을/를'을 각각 주격 조사와 목적격 조사의 '보조사적인 용법'으로 처리하고 있다.</u>

4. '-의'를 접속 조사로 처리할 가능성

〈'-의'의 통사·의미적인 특징〉 '격(格, case)'은 체언이 문장 속에서 <u>다른 말과의 문법적인 관계</u>를 나타내기 위해서 형태가 바뀌는 굴곡 범주의 하나이다.

(1) 철수<u>가</u> 뒷산<u>에서</u> 무예<u>를</u> 닦았다.

(1)에서 쓰인 '철수가'는 서술어 '닦았다'에 대하여 '주어(주체)-서술어(행위)'의 관계를 맺는다. 그리고 '뒷산에서'는 '부사어(장소)-서술어(행위)'의 관계, '무예를'은 '목적어(대상)-서술어(행위)'의 통사·의미적인 관계를 가진다. 따라서 (1)에서 '철수가'는 주격, '뒷산에서'는 부사격, '무예를'은 목적격이 된다.

격을 이와 같이 정의하면 '체언 + -의'에서 '-의'도 격조사로 인정되며, '-의'가 붙은 말이 뒤의 체언을 꾸며 주는 역할을 하므로 '-의'를 관형격 조사로 볼 수 있다. 그런데 허웅(1983:210~ 211, 2000:1353 이하)에서는 다음과 같은 이유로 '-의'를 격조사로 취급하지 않는다.

첫째, 허웅(1983:210~211)에서는 '격(case)'을 '서술어를 중심으로 하여 다른 문장 성분이 그에 이끌리는 관계'로 보고 있다. 이러한 견해에 따르면 '-의'에 붙은 앞 체언은 서술어와 직접적인 관계를 맺지 못하므로, 격조사로서 인정할 수 없다.

(2) **나의 연필을 다오**.

(2)에서 '나의'는 '연필'과 직접적으로 관계를 맺을 뿐이며 서술어인 '다오'와는 직접적인 관계를 맺지 못한다. 곧 서술어 '다오'는 '나의 연필을'과만 '목적어(대상)-서술어(행위)'의 관계를 맺을 뿐이다. 따라서 '나의'는 서술어 '다오'와 직접적인 관계가 없으므로 격이 성립하지 않는다.

　둘째, '-의'를 통해 이어지는 두 체언의 의미적인 관계가 매우 다양하다.

　(3) ㄱ. 역사의 흐름　　　　　　　　　[주체 - 풀이]
　　　 ㄴ. 성과의 축적　　　　　　　　　[대상 - 풀이]
　　　 ㄷ. 아내의 손　　　　　　　　　　[전체 - 부분]
　　　 ㄹ. 외삼촌의 집　　　　　　　　　[소유자 - 소유물]
　　　 ㅁ. 울산의 정유공장　　　　　　　[장소 - 시설물]
　　　 ㅂ. 심수봉의 사진　　　　　　　　[촬영자 - 사진, 피사체 - 사진, 소유자 - 소유물]

만일 '-의'가 격조사일 것 같으면 '-의'로써 맺어지는 두 체언 사이에 일정한 의미적인 관계가 성립해야 한다. 그런데 (3)에서 보는 바와 같이 '-의'로써 맺어지는 앞 체언과 뒤 체언의 의미적인 관계가 매우 다양하다. 특히 (ㅂ)에서 '심수봉의 사진'은 ① 심수봉이 찍은 사진, ② 심수봉을 찍은 사진, ③ 심수봉이 가진 사진 등으로 다양하게 해석할 수 있다. 이러한 점을 감안하면 '-의'는 특정한 격을 나타내는 기능을 가지지 못했으며 따라서 격조사로 처리하기에는 무리가 있다.

　〈접속 조사 '-의'〉 '-의'에 나타나는 이러한 특징을 감안하여, 허웅(2000:1354 이하)에서는 '-의'를 격조사의 범주에서 제외하여 체언과 체언을 이어주는 접속 조사(이음 토씨)로 처리한다.

　(4) ㄱ. [철수의 애인]이 도사견을 물어 죽였다.
　　　 ㄴ. 그는 [우리나라의 산업]을 일으키는 역군이었다.

(ㄱ)에서 '-의'는 선행 체언인 '철수'와 후행 체언인 '애인'을 '관형어-체언'의 통사적인 관계로 이어 줘서 '철수의 애인'이라는 명사구를 형성하는 접속 조사로 처리할 수 있다.

　'-의'에 나타나는 이러한 기능은 전형적인 접속 조사인 '-과/-와'나 '-하고'의 기능과 흡사하다.

(5) ㄱ. 행사장에서는 [웃음과 박수]가 터져 나왔다.

　　ㄴ. 사육사는 [진돗개하고 풍산개]를 데리고 나타났다.

(ㄱ)에서 접속 조사 '-과'는 '웃음'과 '박수'를 이어서 하나의 명사구를 형성하며, (ㄴ)에서 '-하고'
는 '진돗개'와 '풍산개'를 이어서 하나의 명사구를 형성한다. 다만 '-의'는 앞 체언이 뒤 체언을
수식하면서 이어 주는 데 반해서 '-하고'는 앞 체언과 뒤 체언이 맞서는 관계로 이어 준다. 이
러한 차이 때문에 허웅(2000:1354)에서는 (4)의 '-의'를 '매김 이음 토씨(관형 접속 조사)'로 처리
하였고, (5)의 '-과, -하고' 등을 '맞섬 이음 토씨(대등 접속 조사)'로 처리하였다.

5. 기능은 같지만 형태가 다른 부사격 조사

　부사격 조사 중에는 의미나 기능은 동일하지만 그 꼴(형태)이 다르게 실현되는 것이 있다.
　첫째, 상대를 나타내는 부사격 조사 중에서 그것이 붙은 체언이 '유정 명사'이냐 '무정 명
사'이냐에 따라서 형태가 달라지는 것이 있다.

(1) ㄱ. 철수가 영수에게 돌을 던졌다.

　　ㄴ. *철수가 영수에 돌을 던졌다.

(2) ㄱ. 철수가 강에 돌을 던졌다.

　　ㄴ. *철수가 강에게 돌을 던졌다.

(1)에서 '영수'는 유정성이 있는 명사인데 여기에 '도달점'을 나타내는 부사격 조사로 '-에게'가
쓰였다. 이에 반해서 (2)처럼 무정성이 있는 명사에는 '-에'라는 부사격 조사가 쓰인다.
　둘째, 부사격 조사 중에는 입말에서 쓰이느냐 글말에서 쓰이느냐에 따라서 형태가 달라
지는 것이 있다.

(3) ㄱ. 친구가 나한테 좋은 선물을 주었다.

　　ㄴ. 아버지는 철수한테서 돈을 빼앗겼다.

(4) ㄱ. 친구가 나에게 좋은 선물을 주었다.

　　ㄴ. 철수는 아버지에게서 돈을 갈취했다.

(3)과 (4)에서 (ㄱ)의 '-한테'와 '-에게'는 '어떤 행동의 도달점'을 나타내며, (ㄴ)의 '-한테서'와 '-

에게서'는 '어떤 행동의 출발점이나 비롯되는 대상임'을 나타내는 부사격 조사이다. 이때에 (3)
에서 쓰인 '-한테'와 '-한테서'는 대체로 입말에서 실현되는 부사격 조사인 데 반해서, (4)에서
쓰인 '-에게'와 '-에게서'는 글말에서 실현된다. 곧 이들 부사격 조사들은 동일한 의미(기능)
를 나타내지만, 쓰이는 환경이 입말이냐 글말이냐에 따라 꼴(형태)이 다르게 실현된 것이다.

6. '-이다'의 문법적 처리

'-이다'의 문법적인 성격은 '-이다'를 보는 관점에 따라서 '매개 모음, 지정사, 서술격 조사,
파생 접사 등으로 다룬다.

〈매개 모음〉 일부 학자들은 '-이다'의 '-이-'를 매개 모음으로 처리한다. 매개 모음은 다
음의 /으/처럼 형태소와 형태소 사이에 소리를 조절하기 위해서 들어가는 모음이다.

   (1) ㄱ. 학교로/집으로
       ㄴ. 가시다/먹으시다

   (2) ㄱ. 이것은 모자다.
       ㄴ. 이것은 책이다.

예를 들어서 '학교로'와 '집으로'에서 방향을 나타내는 부사격 조사의 기본 형태를 '-로'로 잡
으면, '집으로'는 자음으로 끝나는 체언 아래에서 매개 모음 /으/가 개입된 것으로 보아야 한
다. 이와 같은 원리로 '-이다'도 '-다'를 기본 형태로 잡고, '책이다'의 '-이-'는 자음으로 끝나
는 체언 아래에 개입되는 매개 모음으로 처리한다.

   (3) ㄱ. 이것은 국수이다.
       ㄴ. 우리 학교의 대표 선수인 김철수 군.

하지만 이 설은 '이것은 국수이다.', '대표 선수인 김철수 군' 등과 같이 모음으로 끝나는 체
언 뒤에서 '-이-'가 실제로 쓰인다는 점에서 설득력이 없다. 그리고 '-이'가 형태소가 아닌 단
순한 매개 모음이라면 '-이-'에는 문법적인 활용 현상이 일어날 수 없다. 곧 '-이다'의 '-이-'를
매개 모음으로 다루는 설은 '-이다'의 활용형인 '-이었다, -이겠더라, -이었다면' 등의 형태가
생기는 이유를 설명할 수가 없다.

〈서술격 조사〉 정인승(1949:82), 남기심·고영근(1993:100), 『고등학교 문법』(2010:96) 등에서
는 '-이다'를 '서술격 조사'로 처리한다. 이들 학자들이 '-이다'를 서술격 조사로 처리하는 근

거는 다음과 같다.

첫째, 조사는 자립성이 없어서 체언에 결합하는데, '-이다'도 자립성이 없어서 반드시 체언에 결합하여서 쓰이게 된다.

둘째, 격조사는 전형적인 문법적인 형태소인데, '-이다'도 실질적인 의미를 갖추지 못하고 문법적인 기능을 나타내는 형태소이다.

셋째, '-이다'에는 원칙적으로 서술 기능이 없으며, 문장에서 서술 기능은 '-이다'가 붙는 선행 체언이 담당한다. 이러한 점에서 '-이다'는 용언(지정사)이 아니라 격조사의 한 종류이다.

(4) ㄱ. 이 사람은 <u>철수이다</u>.
    ㄴ. 이 사람은 <u>철수다</u>.
    ㄷ. 이 사람은 <u>철수</u>.

(4)의 (ㄱ)의 '철수이다'에서 '-이-'가 생략되어서 (ㄴ)처럼 '철수다'로 쓰일 수 있고 나아가 (ㄷ)처럼 '-이다'가 완전히 생략되어서 쓰일 수도 있다. 이러한 점을 고려하면 '-이다' 자체에는 서술 기능이 없다는 것을 알 수 있다. 곧 (4)의 문장에서 서술어의 기능은 체언인 '철수'가 담당한다. 결국 '-이다'는 서술성을 가진 말(용언)의 한 종류로 처리할 수가 없으며, '-이다'는 '철수'가 서술어임을 나타내는 문법적인 표지에 불과하다.

넷째, '-이다'는 모음으로 끝나는 서술 명사 뒤에서는 그 '-이-'가 임의적으로 줄어진다.

(5) ㄱ. 저것은 모자<u>이다</u>.
    ㄴ. 저것은 모자<u>다</u>.

(6) ㄱ. [?]이 꽃은 해바라기<u>이다</u>.
    ㄴ. 이 꽃은 해바라기<u>다</u>.

(5)에서 체언인 '모자' 다음에는 '-이다'가 임의적으로 줄어들어서 '모자다'로 실현될 수가 있으며, (6)처럼 끝소리가 /ㅣ/인 체언 다음에서는 '-이-'가 준 형태가 더 자연스럽다. 이렇게 '-이다'의 '-이-'가 잘 줄어지는 것은 '-이다'가 격조사처럼 의존적이고 형식적인 형태소라는 것을 보여준다.

그러나 '-이다'가 활용을 한다는 점은 '-이다'를 격조사로 처리할 수 없는 큰 이유가 된다. 그리고 서술어는 용언이 담당하는 고유의 기능이 기능이기 때문에 '체언 + -이다'의 형식에 '서술격'이라는 격을 부여하는 것은 언어학의 일반적인 이론에 어긋난다는 문제가 있다.

〈지정사〉 '-이다'에 용언의 한 유형으로서 독립된 품사의 자격을 부여하여 지정사(잡음씨)로 보는 설이 있다. '-이다'를 지정사(잡음씨)로 다룬 대표적인 견해는 최현배(1980:188)와 허웅(1983:221)이 있는데, 지정사 설을 주장하는 학자들이 내세우는 근거는 다음과 같다.

첫째, '-이다'는 주어를 풀이하는 서술 기능이 있다.

(7) ㄱ. 저 집이 학교<u>이다</u>.　(8) ㄱ. 저 집이 학교.
　　ㄴ. 그것이 금<u>이다</u>.　　　　ㄴ. 그것이 금.

(7)에서 '학교'와 '금에 '-이다'가 붙어서 서술어로 쓰이는데, 이처럼 주어를 풀이하는 기능은 용언이 가지는 본래의 기능이다. 따라서 '-이다'는 용언의 한 유형으로 잡아야 한다. 물론 (8)에서처럼 서술어가 놓여야 할 위치에 '-이다'가 없이 쓰이는 문장이 있을 수는 있지만, 이 경우도 '-이다'가 표면에는 드러나지 않았지만 속구조에는 있는 것으로 생각할 수 있다. 따라서 앞의 (4)와 (5)의 문장에서 서술어는 체언이 있음으로써 성립하는 것이 아니라 '-이다'가 있음으로써 성립한다.

둘째, '-이다'는 동사와 형용사처럼 활용을 한다.

(9) 저 책은 나의 책이다. {-이었다, -일까, -이더라도, -이면,…}

(9)에서 '-이다'는 다양한 활용 어미가 붙어서 문법적인 기능을 나타낼 수 있는데, 이렇게 활용을 한다는 것은 용언(동사와 형용사)에만 나타나는 고유한 특징이다. 따라서 '-이다'는 용언의 한 유형으로서 새로운 품사인 '지정사로 설정한다.

셋째, '-이다'에서 '-이-'는 분명하게 존재하는 형태소이다. 앞의 (5)와 (6)의 (ㄴ)에서 모음으로 끝나는 체언 아래에서 '이가 실현되지 않고 쓰이는 것 같지만, 실제로는 절대로 생략되지 않는 경우도 있기 때문이다.

(10) ㄱ. 영자를 물에서 건진 사람은 철수였다.(철수 + <u>이</u> + 었 + 다)
　　ㄴ. 신소설의 효시인 '혈의 누'는 이인직이 지었다.(효시 + <u>이</u> + ㄴ)

(ㄱ)에서처럼 '-이다'에 과거 시제의 선어말 어미 '-었-'을 첨가하면 선행 체언이 모음으로 끝나더라도 '-이-'를 생략하지 않고 '철수였다'로 실현된다. 그리고 (ㄴ)에서 '-이다'의 관형사형은 선행 체언이 'ㅣ' 모음으로 끝나더라도 '-이-'를 반드시 실현하여서 '효시인'과 같이 표현해야 한다. 이와 같은 사실에서 '-이다'의 '-이-'가 단순한 매개 모음(조성모음)과 같은 음운론적인 단위가 아니라 용언의 어간으로서의 자격이 있는 말이다.

그러나 '-이다'를 대상으로 지정사라는 독립 품사를 설정한 것은 문제가 있다. 그리고 다른 용언과 비교할 때에 '-이다'에는 실질적인 의미가 없다는 것도 지정사 설에 나타나는 문제다.

〈파생 접사〉 '-이다'를 체언을 용언으로 전성시키는 파생 접미사로 처리하는 견해도 있다.

(11) *철수가 학생{-이, -을, -의, -에서, -으로써} 이다.

고창수(1992:267)와 시정곤(1992:143)에 따르면 만일 '-이다'가 독립된 용언일 것 같으면 '-이다'에 붙어 있는 체언은 반드시 특정한 격을 부여받아야 하고, 그 결과로서 격조사가 붙을 수 있어야 한다. 그런데 '-이다'에 선행하는 체언은 어떠한 격조사도 실현되지 못하므로 '-이다'를 독립된 용언인 지정사로 볼 수 없다. 따라서 '-이다'를 체언을 용언으로 파생시키는 파생 접미사로 다룬다.

(12) ㄱ. 철수가 학생<u>이다</u>.
　　 ㄴ. 저 아이는 퍽 어른<u>스럽다</u>.

(ㄱ)에서 '학생이다'는 체언인 '학생'에 용언화 파생 접미사 '-이다'가 붙어서 된 용언으로 처리한다. 이는 마치 (ㄴ)에서 '어른스럽다'가 체언인 '어른'에 용언화 접미사 '-스럽-'이 붙어서 형용사로 변한 것과 같다. 이때 '-이-'와 '-스럽-'은 원래의 어근의 품사를 바꾸기 때문에 이러한 접사는 통사적 접사이다. 이처럼 '학생이다'를 용언으로 처리하면 '학생'은 명사 어근으로 '-이-'는 용언화 접미사로 처리해야 하며, '학생이'는 어간이 되고 '-다'는 어미가 된다.

'파생 접사 설'도 '-이다'의 문법적인 성격을 완벽하게 설명할 수는 없다. 곧 파생 접사는 원래 그것이 붙을 수 있는 어근의 종류에 많은 제약이 있게 마련인데, '-이다'의 경우에는 거의 대부분의 체언에 붙을 수가 있다. 따라서 파생 접사 설이 타당하려면, '-이다'가 어근의 종류에 제약을 받지 않고 붙을 수 있다는 문법적인 특징을 설명할 수가 있어야 한다.

7. 접속 조사의 '-과/-와'와 부사격 조사의 '-과/-와'

접속 조사의 '-과/-와'와 동반을 나타내는 부사격 조사 '-과/-와'가 의미와 형태가 비슷하여 혼동하는 경우가 있다. 하지만 이들 조사가 실현될 때의 통사적인 구조를 살펴보면, 두 조사의 문법적인 성격이 다르다는 것을 알 수 있다. 곧 접속 조사인 '-과/-와'는 동반을 나타내는 부사격 조사인 '-과/-와'와는 기능이나 형태면에서 차이가 난다.

(1) <u>영수가</u>　<u>철수와</u>　　<u>집에</u>　　<u>갔다</u>　　　　[부사격 조사]

(2) [영수와 철수]가   집에   갔다   [접속 조사]

(1)에서 '-과/-와'는 '동반(함께)'을 의미하는 부사격 조사인데, 이때의 '-과/-와'는 체언인 '철수'에 붙어서 부사어로 기능하면서 동사구인 '집에 가다'를 수식한다. 이에 반하여 (2)에서 '-과/-와'는 '영수와 철수'를 이어서 하나의 명사구로 쓰이게 할 뿐이며 특정한 격과는 관련이 없다.

(3) ㄱ. 인수는 영희와 닮았다.   (4) ㄱ. 영희와 인수는 닮았다.

ㄴ. 배는 사과와 다르다.   ㄴ. 사과와 배는 다르다.

ㄷ. 아버지는 어머니와 싸웠다.   ㄷ. 어머니와 아버지는 싸웠다.

ㄹ. 숙모는 삼촌과 미국에서 만났다. ㄹ. 삼촌과 숙모는 미국에서 만났다.

(3)은 '닮다, 다르다, 싸우다, 만나다, 사랑하다, 결혼하다, 이혼하다, 의논하다'와 같은 대칭성(對稱性) 용언이 서술어로 쓰인 문장이다. (3)에서 '영희와, 사과와, 어머니와, 외숙모와'에 쓰인 '-와/-과는 '비교'나 '공동'의 뜻을 나타내는 부사격 조사이다. 따라서 이들 문자에 쓰인 '-와/-과'는 앞 체언을 부사어로 쓰이게 할 뿐이지, 앞뒤의 체언을 이어 주는 접속 기능은 없다. 그리고 부사어로 기능하는 '영희와, 사과와, 어머니와, 숙모와'를 강조해서 표현하기 위하여 (4)처럼 문장의 맨 앞으로 이동할 수가 있다. 따라서 (4)의 '영희와, 사과와, 어머니와, 숙모와'에 실현되어 있는 '-와/-과'도 '비교'나 '공동'의 뜻을 나타내는 부사격 조사이다.

8. '-이/-가'와 '-은/-는'의 정보 전달 기능

체언에 보조사 '-은/-는'이 붙어서 문장의 첫머리에 쓰이면 그 체언에 주제나 대조의 의미를 더하는 것이 일반적이다. 그런데 보조사 '-은'이 어떠한 담화 상황이나 문맥에서는 주격 조사인 '-이/-가'와 정보 전달상의 차이를 드러내면서 대립적으로 쓰일 수도 있다. 곧 '-는'이 주어의 자리에 쓰이면 '-가'가 쓰인 주어와 대립적으로 쓰일 수 있다.

(1) ㄱ. **누가** 보약을 먹었느냐?

ㄴ. **철수가** 보약을 먹었다.   [신정보]

ㄷ. ?철수는 보약을 먹었다.

(2) ㄱ. 철수가 **무엇**을 먹었느냐?

ㄴ. 철수는 **보약**을 먹었다.   [구정보]

ㄷ. [?]철수<u>가</u> 보약을 먹었다.

(1ㄱ)의 의문문에 대한 대답말은 (1ㄴ)과 같이 표현된다. 곧 '-가'는 담화의 첫머리에 쓰여서 그것이 붙는 체언이 새로운 정보(신정보)인 것을 나타내거나, 혹은 그 체언을 중요한 정보로 인식하여 뚜렷하게 드러내고자 할 때(초점) 주로 쓰인다. 반면에 (2ㄱ)의 의문문에 대한 대답말은 (2ㄴ)과 같이 표현된다. 곧 '-는'은 앞선 문맥에서 제시된 체언이 되풀이되어 나타나서 이미 아는 정보(구정보)임을 나타내거나, 문맥에서 덜 중요한 정보(비초점)임을 나타낼 때에 쓰인다.

'-이/-가'와 '-은/-는'의 이와 같은 쓰임은 다음과 같은 문맥에서도 그대로 나타난다.

(3) ㄱ. 옛날이야기를 해 주마. "아주 먼 옛날에 한 나무꾼<u>이</u> 살았어. 그 나무꾼<u>은</u> 나이가 들도록 결혼을 하지 않고 혼자 살았어.

ㄴ. 옛날이야기를 해 주마. "아주 먼 옛날에 한 [?]나무꾼<u>은</u> 살았어. 그 [?]나무꾼<u>이</u> 나이가 들도록 결혼을 하지 않고 혼자 살았어.

(3)의 (ㄱ)에서는 '나무꾼'이 문맥에 처음 등장할 때(신정보)에는 '-이'가 쓰였으며, 앞선 문맥에서 이미 제시된 '나무꾼'이 다시 되풀이되어서 문맥에 등장할 때(구정보)에는 '-는'이 쓰였다. 만일 (ㄴ)처럼 '나무꾼'이 문맥에 처음 등장할 때에 '-은'을 쓰고, '나무꾼'이 되풀이되어서 다시 쓰일 때에 '-이'를 쓰면 자연스럽지 못한 문장이 된다.

다만, '-이/-가'와 '-은/-는'에서 나타나는 이와 같은 차이는 정보 전달의 차원이나 화용론적 차원에서 나타나는 현상이므로, 문법론적인 차원에서의 '-이/-가'와 '-은/-는'의 쓰임과는 구분되어야 한다. 곧 문법론적인 차원에서는 '-이/-가'는 주어로서의 자격을 나타내는 주격 조사이며, '-은/-는'은 체언에 주제나 대조의 의미를 더하는 보조사이다.[1]

9. 서술격 조사 '-이다'에서 파생된 보조사

보조사 중에는 서술격 조사의 어간에 활용 어미가 붙어서 형성된 보조사가 있다.

(1) ㄱ. 철수<u>인들</u> 돈을 마다하겠느냐?　　　　　　　[양보]

ㄴ. 무슨 좋은 일<u>이라도</u> 있니?　　　　　　　　　[양보]

ㄷ. 노 대통령<u>이면</u> 이 문제를 해결할 수 있을 텐데.　[조건]

---

1) '-이/-가'와 '-은/-는'의 정보 전달 기능에 대하여는 '4.4. 문장 성분과 담화 정보'에서 다루었다.

ㄹ. 대학 총장이라면 학문과 덕을 갖추고 있어야 한다.　　[조건]

ㅁ. 이번 여름에는 태풍이나 안 왔으면 좋겠다.　　　　[未治한 선택]

ㅂ. 대한민국에서는 누구든지 의무 교육을 받을 수 있다. [不定한 선택]

ㅅ. 누구든가 일만 잘하면 된다.　　　　　　　　　　[不定한 선택]

ㅇ. 어떤 포로이거나 적절한 대우를 받을 것이다.　　　[不定한 선택]

(2) ㄱ. 철수가 돈인들 마다하겠느냐?

ㄴ. 밥이 없으면 라면이라도 주세요.

ㄷ. 환자가 밥은 못 먹어도 죽이면 먹을 수 있을 텐데.

ㄹ. 그는 뱀이라면 덮어놓고 싫어했다.

ㅁ. 우리는 굿이나 보고 떡이나 먹자.

ㅂ. 무슨 일이든지 잘할 자신이 있다.

ㅅ. 우리는 무엇이든가 하나만 잘하면 된다.

ㅇ. 그녀는 어떤 일이거나 과장하여 이야기한다.

(1)과 (2)에 쓰인 '-인들/-ㄴ들, -이라도/-라도, -이면/-면, -이라면/-라면, -이나/-나, -이든지/-든지, -이든가/-든가, -이거나/-거나 등은 모두 서술격 조사의 어간에 활용 어미가 붙어서 형성된 보조사이다. 예들 들어서 보조사인 '-인들'은 서술격 조사인 '-이-'에 '양보'의 뜻을 나타내는 연결 어미인 '-ㄴ들'이 붙어서 보조사로 파생되었다.[2]

　이들 보조사는 다른 보조사와 마찬가지로 체언의 격과는 상관없이 여러 가지 문장 성분에 두루 쓰이는 것이 특징이다. 곧, (1)에서는 이들 보조사가 체언에 붙어서 주어로 쓰였으며, (2)에서는 체언에 붙어서 목적어로 쓰였음을 알 수 있다.

10. 체언과 조사가 결합할 때의 제약

　자립 명사에는 여러 가지 조사가 자유롭게 붙을 수 있는 것이 원칙이다. 그런데 몇몇의 자립 명사에는 특정한 조사만 결합하는 제약이 있다.

　먼저 의존 명사 가운데 보편성 의존 명사를 제외하고 나머지 의존 명사들은 특정한 격조사와만 결합하는 제약이 있다.

(1) ㄱ. 철수가 졸업을 했을 리가 없다.

---

2) '-인들, -이라도, -이면, -이라면, -이나, -이든지, -이든가'에서 /이/는 서술격 조사의 어간에서 나온 형태인데, 하나의 보조사로 파생된 후에는 매개 모음의 역할을 한다.

ㄴ. 나도 스키를 탈 줄을 안다.

ㄷ. 저는 그저 당신을 만나러 왔을 <u>따름입니다.</u>

ㄹ. 일을 하기로 마음을 먹은 <u>김에</u> 당장 일을 시작합시다.

(1)에서 (ㄱ)의 '리'는 주격 조사 '-가'에만 결합하며 (ㄴ)의 '줄'은 목적격 조사 '-을'에만 결합한다. 그리고 (ㄷ)의 '따름'에는 서술격 조사 '-이다'만 붙으며 (ㄹ)의 '김'에는 부사격 조사 '-에'만 결합한다.

　그리고 자립 명사 중에서도 특정한 조사에만 결합되는 것이 있다.

   (2) ㄱ. 불굴(不屈)<u>의</u> 정신, 불굴<u>의</u> 투지, 불굴<u>의</u> 독립 운동

       ㄴ. *대단한 불굴, *불굴<u>이</u>, *불굴<u>을</u>, *불굴<u>에서</u>, *불굴<u>도</u>, *불굴<u>과</u>, *불굴<u>이다</u>

   (3) ㄱ. 이러한 사태는 미연(未然)<u>에</u> 막아야 한다.

       ㄴ. *미연, *미연이, *미연을, *미연에서, *미연도, *미연과, *미연이다

(2)과 (3)에서 '불굴'과 '미연'은 각각 관형격 조사 '-의'와 부사격 조사 '-에'에만 결합되고 나머지 조사에는 결합되지 않는다. 이와 같이 조사와 결합하는 데에 제약을 받는 명사는 한자어로 된 명사가 대부분이다.

   (4) ㄱ. 가관(可觀)<u>이다</u>, 무진장(無盡藏)<u>이다</u>, 불가분(不可分)<u>이다</u>

       ㄴ. 가망(可望)<u>이</u> 있다/없다

       ㄷ. 재래(在來)<u>의</u> 관습

(4)에서 (ㄱ)의 '가관, 무진장, 불가분' 등은 서술격 조사인 '-이다'만 결합하며, (ㄴ)의 '가망'에는 주격 조사인 '-이'만, (ㄷ)의 '재래'는 관형격 조사인 '-의'만 결합하는 제약이 있다.

　그리고 '-에'가 선행하는 명사에 결합하여 일종의 관용구를 형성하는 경우도 있다.

   (5) 노파심에, 단박에, 덕분에, 동시에, 때문에, 만에, 바람에, 밖에, 반면에, 세상에, 순식간에, 얼떨결에, 외에, 제멋에, 졸지에, 중에, 차에, 천만에, 탓에, 터에, 통에, 판국에, 판에, 하에, 홧김에

(5)의 '-에'는 선행하는 명사와 거의 분리될 수 없을 정도로 결합되어 그 쓰임이 굳어져서, 선행 명사와 '-에'가 하나의 의미적 단위로 기능한다.

[단원 정리 문제 4]

1. 조사를 독립된 단어로 보는 주장과 독립된 단어로 보지 않는 주장의 근거를 요약하여 설명하시오.

    ① 조사를 독립된 단어로 보지 않는 주장의 근거

    ② 조사를 독립된 단어로 보는 주장의 근거

2. 다음 글을 읽고 아래의 물음에 답하시오.

> 오늘은 일요일이다. 어머니께서 아침에 일찍 고모 댁에 가셨다. 그래서 오후 내내 나와 동생만 집에 있었다. 저녁이 되자 아버지께서 다른 날보다 훨씬 일찍 집에 돌아오셨다. 동생은 "아버지, 자전거를 타러 가요."라고 말하면서, 아버지의 목에 매달리며 졸랐다. 아버지께서는 "철수야, 자전거는 일요일에 타러 가고 이제부터 아버지와 함께 저녁밥을 지어 볼까?"라고 말했다. 우리는 먼저 밥을 짓기로 하였다. 콧노래를 부르며 쌀을 씻으시는 아버지의 모습이 꼭 요리사와 같았다. 우리는 김치찌개랑 된장찌개도 끓이기로 하였다.

2-1. 다음 글에서 조사를 가려 낸 다음에 격조사, 접속 조사, 보조사로 구분하시오.

    ① 격조사   ② 접속 조사   ③ 보조사

2-2. 위의 2-1번 문제에서 찾은 격조사들을 다음과 같이 분류하시오.

    ① 주격 조사   ② 목적격 조사   ③ 관형격 조사

    ④ 보격 조사   ⑤ 부사격 조사   ⑥ 호격 조사

    ⑦ 서술격 조사

2-3. 다음은 '-이다'의 문법적 성격에 대한 여러 가지 학설이다. 이들 각 학설의 근거와 문제점을 설명하시오.

    ① 서술격 조사 설

    ② 지정사(용언) 설

    ③ 용언 파생 접사 설

2-4. 다음의 ①과 ②에서 밑줄 그은 조사의 차이를 설명하시오.

① 오후 내내 나와 동생만 집에 있었다.
② 철수야 이제부터 아버지와 밥을 지어 볼까?

3. 국어 사전을 참조하여 다음 조사의 의미를 기술하고, 예문을 하나씩 만드시오.

① -도, -조차, -마저, -서껀
② -마다
③ -은/-는/-ㄴ, -이란, -을랑/-일랑
④ -만, -뿐, -밖에
⑤ -이든지, -이든가
⑥ -부터, -까지
⑦ -이나
⑧ -이나마, -이라도
⑨ -이야, -이야말로, -이라야/-이어야

4. 다음 조사의 의미와 문법적인 기능을 기술하고, 예문을 하나씩 만드시오.

① -그려, -그래
② -마는/-만
③ -요

5. 다음에 쓰인 '-이/-가'와 '-을/-를'의 문법적인 차이를 설명하시오.

(1) ㄱ. 철수가 산에서 토끼를 잡았다.
ㄴ. 아무래도 그 물건은 마음에 들지가 않아요.

(2) ㄱ. 사냥꾼은 호랑이를 잡았다.
ㄴ. 전투기가 활주로를 힘차게 날아올랐다.

6. 다음 자료를 보고 물음에 답하시오. [2004학년도 중등 교사 임용 시험]

> (가) ① 영수가 순희를 사랑했다. ≒ 순희를 영수가 사랑했다.
>   (영어 : Tom loved Mary. ≠Mary loved Tom.)
>   ② 영수가 순희에게 편지를 썼다.
>   ≒ 순희에게 영수가 편지를 썼다.
>   ≒ 편지를 영수가 순희에게 썼다.
>   (영어 : Tom wrote a letter to Mary.
>   ≠ Mary wrote a letter to Tom.
>   ≠ A letter Tom wrote to Mary.)
>
> (나) 그가 성공할 수 있었던 첫째 요인은 노력<u>이었고</u>, 둘째 요인은 체력<u>이었다</u>.
>
> (다) ① 영수<u>는</u> 순희에게 선물을 주었다.
>   ② 물<u>이</u> 얼음<u>이</u> 된다.

6-1. (가)에서 보듯이 국어 문장은 영어 문장에 비해 어순이 비교적 자유롭다. 이러한 현상이 가능한 이유를 국어의 첨가어(교착어)적 특성으로 설명하시오. [3점]

6-2. (나)의 밑줄 친 부분을 조사로 볼 경우, 조사의 갈래를 쓰고 그 갈래에 속한다고 볼 수 있는 근거를 설명하시오. [2점]

· 조사의 갈래 :

· 근거 :

6-3. (다)에 대하여 <보기>와 같이 주장하는 학생들이 있다. 이들에게 지도해야 할 내용을 쓰시오. [2점]

> · 학생 A : (다)-①에서 '영수는'이 주어이므로, 밑줄 친 '는'은 주격 조사이다.
> · 학생 B : (다)-②에서 주어 '물이'의 '이'와 형태가 같으므로, 밑줄 친 '이'는 주격 조사이다.

· 학생 A에 대한 지도 내용(예문 (다)-①을 활용할 것) :

· 학생 B에 대한 지도 내용 :

7. 다음 <보기>는 보조사 '-은/는'의 특성을 학습하기 위해 모은 자료이다. 자료 번호에 해당하는 구체적인 지도 내용을 쓰시오 [2점] **[2005학년도 중등 교사 임용 시험]**

<보 기>
---

① 학교는 공부하는 곳이야!

② 철수가 국어는 잘 하지만 영어는 못해.

③ 뭐니 뭐니 해도 꽃은 장미가 최고야.

④ 옛날이야기를 해 주마. *아주 먼 옛날에 나무꾼은 살았어.

자료 번호	지도 내용
①, ②	
③	
④	

2.4. 용언

2.4.1. 용언의 개념과 특징

'용언(用言, 풀이씨)'은 문장에서 서술어로 쓰이면서, 주어로 표현되는 대상(주체)의 움직임이나 상태를 서술(풀이, 설명)하는 단어의 갈래이다. 용언에는 다음과 같은 일반적인 특징이 있다.

첫째, 의미론적인 특징으로서, 용언은 문장에서 서술어로 쓰여서 주어로 표현되는 대상(주체)의 움직임·속성·상태·존재의 유무(有無)를 풀이한다.

    (1) ㄱ. 개가 <u>짖는다</u>.
        ㄴ. 영자는 <u>슬기롭다</u>.
        ㄷ. 하늘이 <u>흐리다</u>.
        ㄹ. 우리 집에는 고양이가 <u>있다/없다</u>.

(1)에서 '짖는다, 슬기롭다, 흐리다, 있다/없다'와 같은 용언들은 문장 속에서 서술어로 쓰인다. 곧 (ㄱ)에서 '짖는다'는 주어로 표현되는 대상인 '개'의 움직임을 풀이한다. (ㄴ)에서 '슬기롭다'는 '영자'의 속성을 풀이하며, (ㄷ)에서 '흐리다'는 '하늘'의 상태를 풀이한다. 그리고 (ㄹ)에서 '있다'와 '없다'는 '고양이'의 존재 여부를 풀이한다.

둘째, 통사론적인 특징으로서, 용언은 문장에서 서술어로만 쓰인다.

    (2) ㄱ. 팔월 보름에는 **달이** 매우 <u>밝다</u>.
        ㄴ. **봄이** <u>오면</u> 꽃이 핀다.
        ㄷ. **아버지께서** 작년에 일본에서 <u>구입한</u> 자동차가 벌써 고장이 났다.

(2)에서 (ㄱ)의 '밝다', (ㄴ)의 '오면', (ㄷ)의 '구입한' 등은 모두 용언인데 각각의 문장에서 서술어로 쓰였다. 곧 (ㄱ)의 '밝다'는 홑문장의 주어인 '달이'에 대하여, (ㄴ)의 '오면'은 이어진 문장의 앞절의 주어인 '봄이'에 대하여, (ㄷ)의 '구입한'은 관형절의 주어인 '아버지께서'에 대하여 서술어로 쓰였다.

셋째, 형태적인 특징으로서, 용언의 어간에 어미가 붙어서 활용함으로써 여러 가지의 문법적인 기능을 나타낸다.

   (3) ㄱ. 먹-다, 먹-니, 먹-어라, 먹-자, 먹-는구나
       ㄴ. 먹-으니, 먹-으며, 먹-어도, 먹-는데, 먹-지만
       ㄷ. 먹-기, 먹-음 ; 먹-는, 먹-은, 먹-을 ; 먹-게, 먹-도록
       ㄹ. 그때에 생각해 보니 철수가 밥을 다 먹-었-겠-더-라.

(ㄱ~ㄷ)에서 '먹다, 먹으니, 먹기' 등은 실질적인 뜻을 나타내는 어간 '먹-'과 문법적
인 기능을 나타내는 어미 '-다, -으니, -기' 등으로 짜여 있다. 그리고 (ㄹ)에서도 어간
'먹-' 다음에 어미 '-었-, -겠-, -더-, -라'가 붙어서 문법적인 기능을 나타내고 있다.
이처럼 어간에 다양한 어미가 붙어서 여러 가지 문법적인 기능을 나타내는 것을 '활
용(活用, 끝바꿈)'이라고 한다.

2.4.2. 용언의 유형

   일반적으로 용언은 의미와 형태적인 특질에 따라서 '동사'와 '형용사'로 나눌 수 있
으며, 실질적인 의미의 유무에 따라서 '본용언'과 '보조 용언'으로 나눌 수 있다. 그리
고 활용 어미의 제약성에 따라서도 '완전 용언'과 '불완전 용언'으로 구분할 수 있다.

2.4.2.1. 동사와 형용사

   용언은 활용의 모습과 의미적인 특징을 고려해서 '동사(動詞, 움직씨, verb)'와 '형용
사(形容詞, 그림씨, adjective)'로 구분할 수 있다.

(가) 동사와 형용사의 구분

   용언의 가장 일반적인 하위 범주로서 동사와 형용사가 있는데, 이들은 문장에서 주
어로 표현되는 대상을 풀이하는 서술어로 쓰일 수 있고 끌바꿈이 있다는 공통점이
있다. 그런데 동사와 형용사는 이러한 공통점뿐만 아니라 다음과 같은 차이가 있는데,
이를 통하여 특정한 단어가 동사인지 형용사인지를 구분하는 기준으로 삼는다.
   〈의미에 따른 구분 기준〉 동사는 주어로 쓰인 대상의 움직임을 나타내고 형용사

는 성질이나 상태를 나타낸다.

> (4) ㄱ. 그는 자리에서 <u>일어난다</u>.
>
> ㄴ. 비가 많이 <u>내린다</u>.
>
> (5) ㄱ. 과일은 대부분 맛이 <u>달다</u>.
>
> ㄴ. 하늘이 무척 <u>푸르다</u>.

곧 (4)의 '일어난다'와 '내린다'는 각각 '그'와 '비'의 움직임을 풀이하는 말이므로 '동사'이다. 이에 반해서 (5)에서 (ㄱ)의 '달다'는 '과일'의 성질 혹은 속성을 풀이하고 있으며 (ㄴ)의 '푸르다'는 '하늘'의 상태를 풀이하므로 '형용사'이다.[1]

〈형태에 따른 구분 기준〉 동사와 형용사는 활용하는 방식에 따라서도 구분된다.

첫째, 동사에는 명령형 어미인 '-어라'와 청유형 어미인 '-자' 등이 실현될 수 있지만, 형용사에는 이러한 어미가 실현될 수 없다.

> (6) ㄱ. 철수야 일어나<u>라</u>.
>
> ㄴ. 우리 심심한데 만화책이나 보<u>자</u>.
>
> (7) ㄱ. *영자야 오늘부터 착해<u>라</u>.
>
> ㄴ. *말자야 우리 오늘부터 성실하<u>자</u>.

'명령'은 화자가 청자에게 어떠한 행동을 할 것을 요청하는 행위이고, '청유'는 화자가 청자에게 어떠한 행동을 함께할 것을 요청하는 행위이다. 따라서 명령문과 청유문은 말을 듣는 사람이 서술어로 표현되는 행동을 수행할 수 있어야 한다. (6)에서 청자는 '일어나다'와 '보다'와 같이 동사로 표현되는 행동을 수행할 수 있다. 반면에 (7)에서 '착하다'와 '성실하다'는 한 개인의 품성 자체를 나타내는 말인데, 인간의 품성은 화자가 명령이나 청유의 형식으로 요구한다고 해서 쉽게 변화할 수 있는 것이 아니다. 따

---

1) 동사와 형용사를 전적으로 단어의 의미에 의존해서 구분하는 방식은 동사와 형용사를 구분하는 절대적인 기준으로 삼기가 어렵다. 예를 들어서 '걱정하다, 슬퍼하다' 등의 단어는 그 의미만 보아서는 동작을 나타내는 말인지 성질이나 상태를 나타내는 말인지 판단하기가 어렵다. 그러므로 동사와 형용사를 구분하는 데에는 의미적인 기준 이외에 단어의 형태적인 기준인 '활용의 모습'을 고려해야 한다.

라서 동사에는 명령형 어미와 청유형 어미가 실현될 수 있지만 형용사에는 이러한 어미가 실현될 수 없다.[2]

둘째, 동사에는 '의도'를 나타내는 연결 어미인 '-으려'나 '목적'을 나타내는 연결 어미인 '-으러'가 실현될 수 있지만, 형용사에는 이러한 연결 어미가 실현될 수 없다.

(8) ㄱ. 철수는 영희를 때리려 한다.
　　ㄴ. 김창수 씨는 라디오를 사러 자갈치 시장에 나갔다.

(9) ㄱ. *영자는 아름다우려 화장을 한다.
　　ㄴ. *영자는 예쁘러 화장을 한다.

'의도'나 '목적'은 아직 이루어지지 않은 일을 이루려는 정신적인 작용이다. 따라서 어떤 용언의 어간이 '의도'나 '목적'의 연결 어미와 결합하려면 그것의 의미가 주체의 의지에 따라서 이룰 수 있는 일이 되어야 한다. (8)의 '때리다'나 '사다'와 같은 대부분의 동사는 주체의 의지대로 행할 수 있으므로 연결 어미 '-려'와 '-러'를 실현할 수 있다. 하지만 (9)의 '아름답다'와 '예쁘다'와 같은 형용사는 주체의 의지에 따라서 이루어질 수 있는 일이 아니므로 연결 어미 '-으려'와 '-으러' 등을 실현할 수가 없다.

셋째, 동사는 '진행'을 나타내는 문법 요소와 결합할 수 있지만, 형용사는 진행을 나타내는 문법 요소와 결합할 수 없다.

(10) ㄱ. 감독은 자리에서 천천히 일어난다.
　　 ㄴ. 감독은 자리에서 천천히 일어나고 있었다.

---

2) 모든 동사에 명령형과 청유형의 종결 어미나 '목적'을 나타내는 연결 어미가 실현될 수 있는 것은 아니다. 자연물의 움직임을 표현하는 동사(작용 동사)가 서술어로 쓰일 때에는 명령형이나 청유형 어미, 그리고 '목적'을 나타내는 연결 어미가 붙을 수 없다.

(보기) ㄱ. ?해야, 빨리 저물어라.
　　　 ㄴ. ?바람아, 세게 불자.
　　　 ㄷ. ?꽃이 피러 온다.

예를 들어서 (ㄱ)과 (ㄴ)에서 자연물의 움직임을 나타내는 작용 동사인 '저물다, 불다'를 명령형이나 청유형으로 표현하는 문장은 그것이 비유적인 표현(의인법)으로 쓰이지 않는 한 비문법적이거나 자연스럽지 않은 문장이 된다. 그리고 (ㄷ)처럼 '피다'에는 '목적'의 뜻을 나타내는 연결 어미를 실현한 문장도 어색하게 된다.

ㄷ. 자리에서 일어나는 영수의 표정이 비장했다.

동사는 원래 사물의 움직임을 과정적으로 표현하므로 움직임의 모습을 진행형으로 표현할 수 있다. 동사 '일어나다'는 어간에 진행을 나타내는 문법 요소로서 (ㄱ)에서는 '-는-/-ㄴ-'이, (ㄴ)에서는 '-고 있다'가 실현되어서 동작이 진행됨을 표현할 수 있다. 그리고 (ㄷ)에서도 관형사형 어미인 '-는'이 실현되어서 '일어나다'의 움직임이 계속됨을 표현할 수 있다.

　반면에 형용사는 원래부터 움직임이 나타나지 않고 '성질'이나 '상태'만을 나타내므로, 형용사에는 진행을 나타내는 어미를 실현할 수 없다.

　(11) ㄱ. 꽃이 매우 { 붉다 / *붉는다 / *붉고 있다 }
　　　 ㄴ. { 붉은 / *붉는 } 꽃이 피었다.

형용사 '붉다'는 (ㄱ)처럼 어간에 진행의 뜻을 나타내는 문법 요소인 '-는-'이나 '-고 있다'를 실현하거나, (ㄴ)처럼 관형사형 어미 '-는'을 실현하면 비문법적인 문장이 된다.

　지금까지 논의한바 동사와 형용사를 구분하는 기준을 표로 보이면 다음과 같다.

구분 기준 ＼ 품사		동사	형용사
의미	동작, 작용	○	×
	성질, 상태	×	○
활용 형태	-어라, -자	○	×
	-으려, -으러	○	×
	-는-/-ㄴ-, -는, -고 있다	○	×

[표 1. 동사와 형용사의 구분]

결국 어떠한 단어가 동사인지 형용사인지를 구분하기 위해서는 위의 네 가지 기준을 두루 적용하여 종합적으로 판단해야 한다.3)

---

3) '있다, 계시다, 없다'의 품사 처리에 대하여는 이 책 164쪽의 【더 배우기】 참조.

(나) 동사

〈개념〉 '동사(動詞, 움직씨, verb)'는 문장에서 주어로 표현되는 대상(= 주체)의 움직임을 나타내는 단어의 갈래이다.

(12) ㄱ. 이번 모임에서 영수가 돈을 많이 <u>썼다</u>.
　　 ㄴ. 산골짜기에서 시냇물이 <u>흐른다</u>.

(ㄱ)의 '쓰다'는 주어로 쓰인 '영수'의 움직임을 표현하고 있으며 (ㄴ)의 '흐르다'는 시냇물의 움직임을 표현한다. 흔히들 동사가 나타내는 '움직임'을 주어의 성격에 따라서 구분하기도 하는데, (ㄱ)의 '쓰다'와 같은 유정 명사의 움직임을 '동작(動作)'이라고 하고, (ㄴ)의 '흐르다'와 같은 무정 명사의 움직임을 '작용(作用)'이라고 한다.[4]

〈유형〉 동사는 의미적 특징이나 문법적인 특징에 따라서 다음과 같이 하위 분류할 수 있다.

ⓐ **의미적인 특질에 따른 유형** : 동사는 의미적인 특질에 따라서 '행동 동사·과정 동사·심리 동사'로 분류할 수 있다.

(13) ㄱ. 먹다, 읽다, 차다, 때리다, 달리다, 기다, 주다, 막다
　　 ㄴ. 마르다, 시들다, 썩다, 상하다, 다치다, 앓다, 줄다, 붇다, 익다, 자라다, 죽다, 다치다, 지치다, 곪다, 끓다, 붓다
　　 ㄷ. 알다, 모르다, 이해하다, 오해하다, 기억하다, 잊다, 느끼다, 놀라다, 깨닫다, 믿다, 사랑하다

먼저 (ㄱ)의 단어는 주체의 능동적인 동작을 나타내는 '행동 동사'로서 행위자가 수행하는 의도적이며 적극적인 움직임을 나타낸다. 그리고 (ㄴ)의 단어는 주체가 의도성이 없이 특정한 상태에서 다른 상태로 바뀜을 나타내는 '과정 동사'들이다. 과정 동사가 나타내는 움직임은 주체가 능동적으로 수행하는 움직임이 아니라는 특징이 있다. 끝으로 (ㄷ)의 단어들은 주체의 심리적인 지각을 나타내는 '심리 동사'인데, 이들 심리

---

4) '작용'을 나타내는 동사의 어간에는 명령형이나 청유형의 종결 어미나, '의도'나 '목적'의 연결 어미가 결합할 수가 없는 것이 특징이다.

동사가 나타내는 움직임은 외부에서 관찰할 수 없다는 특징이 있다.[5]

ⓑ **문법적인 특질에 따른 유형** : 동사는 문장에서 쓰일 때에 나타나는 통사론적인 특징에 따라서 '자동사 · 타동사 · 능격 동사'로 구분할 수 있다.

> (14) ㄱ. 가다, 구르다, 나다, 녹다, 다니다, 달리다, 닳다, 되다, 생기다, 슬다, 썩다, 오다, 오르다, 자라다, 줄다, 짖다, 퍼지다, 피다, 흐르다
>
> ㄴ. 가꾸다, 깨다, 깨뜨리다, 끼다, 느끼다, 던지다, 듣다, 때리다, 마시다, 만들다, 만지다, 맡다, 먹다, 믿다, 박다, 받다, 배우다, 보내다, 보다, 부르다, 부수다, 부치다, 빗다, 사다, 신다, 심다, 싸다, 쑤시다, 쓰다, 씹다, 얻다, 외다/외우다, 읽다, 잃다, 입다, 잇다, 주다, 짓다, 찌르다, 차다, 치다, 파다, 팔다
>
> ㄷ. 그치다, 깜박거리다, 다치다, 다하다, 마치다, 멈추다, 시작하다, 움직이다

(14)에서 (ㄱ)의 예는 자동사이며, (ㄴ)의 예는 타동사, (ㄷ)의 예는 능격 동사이다.

첫째, '자동사(自動詞, 제움직씨, intransitive verb)'는 목적어를 취하지 않는 동사로서, 그 움직임이 주어에만 관련된다.

> (15) ㄱ. 물이 강으로 <u>흐른다</u>.
> ㄴ. 개가 사람에게 <u>짖는다</u>.
>
> (16) ㄱ. *물이 강을 <u>흐른다</u>.
> ㄴ. *개가 사람을 <u>짖는다</u>.

(15)에서 '흐르다'와 '짖다'는 자동사로서 목적어를 취하지 않기 때문에 그 움직임이 주어에게만 영향을 끼친다. 이들 동사들이 서술어로 쓰일 때에 (16)처럼 목적어를 억지로 실현한다면 비문법적인 문장이 된다.

둘째, '타동사(他動詞, 남움직씨, transitive verb)'는 반드시 목적어를 취하는 동사로서, 그 움직임이 주어뿐만 아니라 목적어에도 관련된다.

> (17) ㄱ. 그 여자가 책을 <u>읽는다</u>.
> ㄴ. 철수가 연필을 <u>버렸다</u>.

---

5) '심리 동사'는 정신 · 심리적인 움직임을 나타내기 때문에 그 움직임을 겉으로 확인할 수는 없지만, 동사의 형태적 특징이 그대로 나타나므로 동사의 범주에 속한다.(서정수 1996:615)

(18) ㄱ. *그 여자가 읽는다.

ㄴ. *철수가 버렸다.

(17)에서 '읽다'와 '버리다'는 타동사인데, 주어인 '그 여자'와 '철수'가 움직임의 주체가 되며, 목적어인 '책'과 '연필'은 움직임의 객체가 된다. 따라서 '읽다'와 '버리다'는 주어와 목적어로 쓰이는 대상 모두에 그 움직임이 미치게 된다.

셋째, '능격 동사(能格動詞, 中立動詞, 兩用動詞, ergative verb)'는 동일한 체언을 주어나 목적어로 취할 수 있어서, 자동사와 타동사의 양쪽으로 쓰일 수 있는 동사이다.

(19) ㄱ. 지혈대를 사용하니 흐르던 피가 멈추었다.

ㄴ. [의사가 지혈대를 사용하여] 흐르던 피를 멈추었다.

(20) ㄱ. 철학 강의가 이제 막 마쳤다.

ㄴ. 김 교수는 철학 강의를 이제 막 마쳤다.

(21) ㄱ. 어머니의 설득에 아들의 마음이 움직였다.

ㄴ. 어머니의 설득이 아들의 마음을 움직였다.

(19~21)에서 '멈추다, 마치다, 움직이다'는 모두 동일한 의미를 나타내고 있다. 하지만 이들 동사들은 (ㄱ)에서는 목적어를 취하지 않으므로 자동사로 쓰인 반면에, (ㄴ)에서는 목적어를 취하므로 타동사로 쓰였다. 결국 (19~21)의 예문에서 '멈추다, 마치다, 움직이다' 등은 동일한 명사구인 '흐르던 피', '철학 강의', '아들의 마음'을 주어로 취하기도 하고 목적어로 취하기도 하였다. 이처럼 동일한 체언을 주어로 취하여 자동사 노릇을 하기도 하고, 이들 명사구를 목적어로 취하여 타동사 노릇을 하기도 하는 특수한 동사를 '능격 동사'라고 한다.

(다) 형용사

〈개념과 특징〉 '형용사(形容詞, 그림씨, adjective)'는 문장에서 주어로 표현되는 대상(= 주체)의 '성질'이나 '상태'를 나타내는 단어의 갈래이다.

(22) ㄱ. 사냥꾼이 잡은 사자는 매우 <u>사나웠다</u>.

　　　ㄴ. 저 사람이 돈이 <u>많겠다</u>.

(ㄱ)의 '사납다'는 주어로 쓰인 '사자'의 성질이나 속성을 나타내며, (ㄴ)의 '많다'는 주어로 쓰인 '돈'의 상태를 표현한다.

　그런데 동사와는 달리 형용사를 서술어로 취하는 문장에는 주어가 두 개 이상 나타날 수도 있다. 곧, (ㄴ)의 문장에는 '저 사람이'와 '돈이'가 주어로 쓰였는데, 하나의 문장 속에 주어가 두 개 이상 실현된 '이중 주어'의 문장인 것이 특징이다.

　〈유형〉 '형용사'는 실질적인 뜻의 유무에 따라서, '성상 형용사'와 '지시 형용사'로 구분할 수 있다.

　첫째, '성상 형용사(性狀形容詞)'는 전형적인 형용사로서 어떠한 대상의 성질이나 상태에 대한 실질적인 의미를 나타낸다. 성상 형용사는 그 의미에 따라서 '심리 형용사·감각 형용사·평가 형용사·비교 형용사·존재 형용사'로 세분할 수 있다.

(23) ㄱ. 괴롭다, 그립다, 기쁘다, 슬프다, 싫다, 아프다, 언짢다, 우울하다, 좋다, 흥겹다

　　　ㄴ. 가깝다, 검다, 낮다, 넓적하다, 높다, 둥글다, 멀다, 푸르다 ; 고요하다, 소란스럽다, 시끄럽다, 조용하다 ; 고리다, 노리다, 매캐하다, 비리다, 향긋하다 ; 거칠다, 미끄럽다, 매끈하다, 따뜻하다, 차다, 포근하다 ; 달다, 맵다, 새콤하다, 쓰다, 짜다

　　　ㄷ. 똑똑하다, 모질다, 바보스럽다, 멍청하다, 성실하다, 슬기롭다, 아름답다, 얌전하다, 착하다

　　　ㄹ. 같다, 비슷하다, 닮다, 다르다, 낫다, 못하다

(24) ㄱ. 감방 안에는 많은 재소자가 <u>있었다</u>.

　　　ㄴ. 아버님께서는 지금 학교에 <u>계시다</u>.

　　　ㄷ. 이제 나에게는 남은 돈이 <u>없다</u>.

(23)에서 (ㄱ)의 단어는 '심리 형용사'로서 화자의 주관적인 감정이나 심리 상태를 나타낸다. (ㄴ)은 '감각 형용사'로서 눈, 귀, 코, 피부, 혀 등의 기관을 통해서 느낀 감각(시각, 청각, 후각, 촉각, 미각)을 나타낸다. (ㄷ)은 '평가 형용사'인데 어떠한 대상의 성질이나 속성에 대한 주관적인 평가를 나타낸다. 마지막으로 (ㄹ)은 '비교 형용사'로서 '같다, 비슷하다, 닮다, 다르다'처럼 어떤 두 개의 사물이 서로 같거나 다름을 나타내

거나, '낫다'와 '못하다'처럼 두 사물 간의 우열 관계를 표현한다. 그런데 성상 형용사에는 (24)의 '있다, 계시다, 없다'처럼 주어로 표현되는 대상의 존재 유무를 표현하는 것도 있는데, 이들 형용사를 '존재 형용사'라고 한다.

둘째, 형용사 중에는 실질적인 의미를 나타내지 않고, 어떤 대상의 성질이나 상태를 직시(直示)하거나 대용(代用)하는 것이 있다. 이러한 형용사를 '지시 형용사(指示形容詞)'라고 한다.

 (25) ㄱ. 이러하다(이렇다), 그러하다(그렇다), 저러하다(저렇다)
   ㄴ. 어떠하다(어떻다)
   ㄷ. 아무러하다(아무렇다)

(ㄱ)의 '이러하다(이렇다), 그러하다(그렇다), 저러하다(저렇다)'는 대명사인 '이, 그, 저'에서 파생된 형용사이므로, 이들 지시 형용사에는 '정칭(定稱)'의 기능이 있다. 반면에 (ㄴ)의 '어떠하다'에는 '미지칭(未知稱)'의 기능이 있고, (ㄷ)의 '아무러하다'에는 '부정칭(不定稱)'의 기능이 있다.

'이러하다, 그러하다, 저러하다'는 대명사와 마찬가지로 직시 기능으로 쓰일 뿐만 아니라, 대용 기능으로도 쓰일 수 있다.

 (26) ㄱ. 인성이 <u>저런</u> 사람과는 절대로 상종해서는 안 된다.
   ㄴ. 인영이는 매우 **예쁘다**. 말자도 <u>그러하다</u>.

(ㄱ)의 '저런(저렇다)'은 발화 현장에 있는 특정한 사람의 상태를 직접 가리키므로 직시 기능의 형용사이다. 이에 반해서 (ㄴ)의 '그러하다'는 앞선 문맥에 실현된 성상 형용사인 '예쁘다'를 가리키므로 대용 기능의 형용사이다.

2.4.2.2. 보조 용언

(가) 보조 용언의 개념과 특징

〈개념〉 일반적으로 용언은 자립성이 있으므로 문장 속에서 홀로 쓰일 수가 있다. 그런데 용언 중에는 문장 속에서 홀로 설 수 없어서 반드시 그 앞의 다른 용언에 붙어서 문법적인 의미를 더해 주는 것이 있는데, 이러한 용언을 '보조 용언(補助用言, 매인 풀이씨, 도움 풀이씨)'이라고 한다. 그리고 보조 용언의 앞에서 실현되는 자립적인 용언을 '본용언(本用言, 으뜸 풀이씨)'이라고 한다.

(27) ㄱ. 의사는 환자의 손을 **잡아** 보았다.
     ㄴ. 원숭이는 바나나를 다 **먹어** 버렸다.

(27)에 실현된 '잡다'와 '먹다'는 자립할 수도 있으며 실질적인 의미를 나타내고 있다. 곧 (ㄱ)에서 '잡다'는 '손으로 움키고 놓지 않다.'라는 실질적인 의미를 나타내고 있으며, (ㄴ)에서 '먹다'는 '음식 따위를 입을 통하여 배 속에 들여보내다.'라는 실질적인 의미를 나타낸다. 이에 반해서 '잡다'와 '먹다' 뒤에 실현된 '보다'와 '버리다'는 실질적인 의미는 나타내지 않고 문법적인 의미만 나타낸다. 곧 (ㄱ)의 '보다'는 '잡다'가 나타내는 일을 경험했음을 뜻하는 문법적인 의미를 나타내고, (ㄴ)의 '버리다'는 '먹다'가 나타내는 일이 이미 끝났음을 뜻하는 문법적 의미를 나타낸다. 이처럼 보조 용언은 본용언에 매여서 쓰이면서 본용언에 특정한 문법적인 의미를 더하는 용언이다.

〈특징〉 본용언 뒤에 매여서 쓰이는 보조 용언에는 다음과 같은 일반적인 특징이 있다.

첫째, 보조 용언은 실질적인 의미를 나타내지 않고 문법적인 의미만 나타낸다.

(28) ㄱ. 아이는 새 신발을 신어 <u>보았다.</u>   ['신는 일'을 경험했다]
     ㄴ. 인부들은 헌집을 부수어 <u>버렸다.</u>   [부수는 동작을 이미 끝냈다]

(28)에서 본용언인 '신다'와 '부수다'는 실질적인 의미를 유지하고 있다. 반면에 보조 용언인 '보다'와 '버리다'는 원래의 실질적인 의미는 잃어버리고 각각 본용언인 '신다'와 '부수다'에 '경험하다'와 '이미 끝났음'의 문법적인 의미를 덧붙인다.

둘째, 보조 용언은 자립성이 없기 때문에, 그 앞에 쓰인 본용언에 매여서만 쓰인다.

(29) ㄱ. 아이는 새 신발을 <u>신었다.</u>
     ㄴ. 인부들은 헌집을 <u>부수었다.</u>

(30) ㄱ. [?]아이는 새 신발을 <u>보았다</u>.

　　ㄴ. [?]인부들은 헌집을 <u>버렸다</u>.

앞의 (28)에서 보조 용언인 '보다'와 '버리다'를 생략하여 (29)처럼 표현할 경우에는 본용언인 '신다'와 '부수다'의 의미가 그대로 유지된다. 반면에 (28)에서 본용언인 '신다'와 '부수다'를 생략하고 (30)처럼 보조 용언만을 표현할 경우에는, '보다'와 '버리다'는 문법적인 의미를 잃고 실질적인 의미를 나타내게 된다. 따라서 보조 용언은 단독으로 쓰이지 못하며 반드시 그 앞의 본용언에 매여서만 쓰인다는 것을 알 수 있다.

셋째, 본용언과 보조 용언은 두 단어이지만 문장에서 하나의 문법적 단위(서술어)로 기능한다.

(31) ㄱ. 그들은 점심을 <u>먹고 갔다</u>.

　　ㄴ. 그들은 점심을 <u>먹고</u> **학교로** <u>갔다</u>.

(32) ㄱ. 그들도 점차로 <u>늙어 갔다</u>.

　　ㄴ. [?]그들도 점차로 <u>늙어</u> **학교로** <u>갔다</u>.

(31)의 (ㄱ)에서 '먹고 갔다'는 본용언과 본용언으로 구성된 말이다. 본용언과 본용언은 독립적으로 기능하기 때문에, (ㄴ)처럼 두 단어 사이에 다른 성분인 '학교로'가 끼어들어도 문법적인 문장이 된다. 반면에 (32)에서 본용언인 '늙어'와 보조 용언인 '갔다'가 결합된 구성은 하나의 문법적인 단위로 기능하므로, (ㄴ)처럼 다른 성분이 끼어들면 비문법적인 문장이 되거나 원래의 문장과는 다른 의미로 쓰인다.[6] 따라서 본용언과 보조 용언이 문장에 쓰일 때에는 그 사이에 다른 성분이 끼어들 수 없다.

넷째, 보조 용언이 본용언에 결합될 때에는, 본용언의 어간에 특정한 '보조적 연결 어미'만 실현되는 제약이 있다.

---

6) (31ㄱ)의 '먹고 갔다'는 [본용언 + 본용언]의 구성으로 두 개의 서술어로 처리된다. 따라서 (31ㄱ)의 문장은 속구조에서 '그들은 점심을 먹었다'와 '그들은 갔다'가 결합하서 형성된 '이어진 문장'이다. 반면에 본용언과 보조 용언은 합쳐져서 하나의 문법적 단위로 기능하므로, (32ㄱ)의 '늙어 갔다'는 [본용언 + 보조 용언]의 짜임으로 된 하나의 서술어로 처리한다. 이에 따라 (32ㄱ)의 문장은 주어와 서술어가 각각 한 번씩 실현된 '홑문장'으로 처리된다.

(33) ㄱ. 어머니가 바구니를 들-고 <u>가셨다</u>.

　　 ㄴ. 철수는 차차 배가 꺼져(꺼지-어) <u>갔다</u>.

(34) ㄱ. 나는 동생에게 앨범을 보-고 <u>주었다</u>.

　　 ㄴ. 이번 판에서는 내가 죽-어 <u>주겠다</u>.

(33)의 (ㄱ)에서 '들고 가다'는 [본용언 + 본용언]의 구성인데 이때에는 연결 어미로서 '-고'를 취한다. 이에 반해서 (ㄴ)에서 '꺼져 가다'는 [본용언 + 보조 용언]의 구성으로, 본용언 뒤에 실현되는 연결 어미로서 '-어'만을 취한다. (34)의 (ㄱ)의 [본용언 + 본용언]의 구성에서는 연결 어미로 '-고'를 취하는 반면에, (ㄴ)의 [본용언 + 보조 용언]의 구성에서는 연결 어미로 '-어'를 취한다. 이러한 점을 감안하여 (33)이나 (34)에 실현된 '-어'처럼 본용언과 보조 용언을 연결하는 연결 어미를 '보조적 연결 어미'로 처리하여, 대등적 연결 어미나 종속적 연결 어미와 구분한다.

(나) 보조 용언의 종류

'보조 용언'은 문법적인 특징에 따라서 '보조 동사(補助動詞)'와 '보조 형용사(補助 形容詞)'로 구분한다. 보조 동사와 보조 형용사를 구분하는 기준은 동사와 형용사를 구분하는 일반적인 기준과 동일하다.(이 책 129쪽 이하의 내용을 참조.)

여기서는 보조 동사와 보조 형용사로 두루 쓰이는 '-지 아니하다(않다)'를 대상으로 하여 현재 시제의 선어말 어미의 실현 여부를 점검함으로써, 보조 동사와 보조 형용사를 구분하는 방법을 알아본다.

(35) ㄱ. 철수는 사과를 먹지 <u>않는다</u>.

　　 ㄴ. *철수는 사과를 먹지 <u>않다</u>.

(36) ㄱ. 오늘 사 온 사과는 싱싱하지 <u>않다</u>.

　　 ㄴ. *오늘 사 온 사과는 싱싱하지 <u>않는다</u>.

현재 시제를 표현할 때에는 동사에는 현재 시제의 선어말 어미 '-는-/-ㄴ-'이 붙는 데 반해서 형용사에는 아무런 시제 형태소가 붙지 않는 것이 일반적이다. (35)에서 (ㄱ)처럼 '먹지 않는다'로 표현하면 문법적이지만 (ㄴ)처럼 *먹지 않다'로 표현하면 비문법적이다. 그리고 (36)에서 (ㄱ)처럼 '싱싱하지 않다'로 표현하면 문법적인 데에 반해서 (ㄴ)

처럼 '*싱싱하지 않는다'로 표현하면 비문법적이다. 이러한 점을 고려하면 '먹지 않는다'의 '않다'는 보조 동사이고, '싱싱하지 않다'의 '않다'는 보조 형용사임을 알 수 있다.

최현배(1980:397~406)에서는 보조 용언의 종류를 다음과 같이 제시하였다.

범주	의미	형태	보기
보조 동사	부정	-지 아니하다(않다)	온 누리 사람들이 남의 형편을 돌보지 아니한다.
		-지 못하다	새는 날개 없이는 날지 못한다.
		-지 말다	새야 새야 파랑새야, 녹두밭에 앉지 마라.
	사동	-게 하다	선생님이 학생에게 하루에 두 시간씩 공부하게 한다.
		-게 만들다	그이가 그 일을 잘 되게 만들었어요.
	피동	-아/어 지다	이런 덫에도 범이 잡아지느냐?
		-게 되다	그 날부터 그 영악한 범도 자유를 잃게 되었다.
	진행	-아/어 오다	그 사람이 여태껏 그 고생을 겪어 왔다.
		-아/어 가다	멀쩡하던 사람이 이제 다 죽어 간다.
		-고 있다	아이가 나팔을 불고 있다.
	종결	-아/어 내다	네가 그 고초(苦楚)를 견뎌 내겠니?
		-아/어 버리다	여행객들이 기차를 놓쳐 버렸다.
	봉사	-아/어 주다	철수는 영수에게 공을 던져 주었다.
		-아/어 드리다	저녁마다 부모님의 방에 불을 때어 드린다.
	시행	-아/어 보다	애들아, 이 떡 좀 먹어 보아라.
	강세	-아/어 쌓다	아이들이 만화방에 많이들 와 쌓는다.
		-아/어 대다	소녀들이 참 쩜 없이 웃어 대네.
	당위	-아야/어야 하다	너도 이 약을 먹어야 한다.
	시인	-기는 하다	내가 여행을 좋아하기는 한다.
	완결 지속	-아/어 놓다	가스가 나가도록 방문을 열어 놓았다.
		-아/어 두다	자네도 이 말을 잘 들어 두게.
		-아/어 가지다	나는 기계학을 배워 가지고 고국으로 돌아가겠다.

[표 2. 보조 동사의 종류와 의미]

범주	의미	형태	보기
보조 형용사	희망	-고 싶다	너는 장래에 무엇이 되고 싶으냐?
	부정	-지 아니하다(않다)	동해에 떠오르는 달, 거룩하지 아니한가?
		-지 못하다	그 사람이 별로 넉넉하지 못하다.
	시인	-기는 하다	그 집이 크기는 하다.
	추측	{-나, -ㄴ가, -ㄹ까} 보다	꽃이 떨어지나 보다.
			이것이 저것보다 무거운가 보다.
			내가 그런 시시한 영화를 볼까 보냐?
		{-나, -ㄴ가, -ㄹ까} 싶다	밖에 비가 오나 싶다.
			그 정도이면 사람의 수가 너무 많은가 싶다.
			되지 않을 것 같은 일이 이번에는 어쩌면 될까 싶다.
	상태	-아/어 있다	할아버지 한 분이 하루 종일 이곳에 앉아 있습니다.

[표 3. 보조 형용사의 종류와 의미]

2.4.2.3. 불완전 용언

용언 중에는 어간에 붙을 수 있는 어미가 매우 한정되어 있어서 극소수의 활용형만 성립하는 것이 있는데, 이러한 용언을 '불완전 용언(不完全用言)'이라고 한다.

어간＼어미	-아/어	-되	-고	-았다/었다	-을까	-아라/어라	-자
먹-	먹어	먹되	먹고	먹었다	먹을까	먹어라	먹자
자-	자	자되	자고	잤다	잘까	자라	자자
가로-	*가로아	가로되	*가로고	*가로았다	*가롤까	*가로라	*가로자
더불-	더불어	*더불되	*더불고	*더불었다	*더불까	*더불어라	*더불자
데리-	데려	*데리되	데리고	*데렸다	*데릴까	*데려라	*데리자

[표 4. 불완전 용언의 활용 모습]

[표 4]에서 '먹다'와 '자다'와 같은 일반 용언은 대부분의 활용형이 다 나타나지만, '가로다, 더불다, 데리다' 등은 활용형에 빈칸이 많이 생긴다.

'불완전 용언'으로는 '가로다, 더불다, 데리다' 외에도 다음과 같은 예가 있다.

(37) ㄱ. 오늘은 자치회에 <u>대한</u> 안건을 토론한다.　　　　　　　(대하여)
　　　ㄴ. 우리에게는 거북선을 <u>비롯한</u> 자랑거리가 많다.　　　　(비롯하여)
　　　ㄷ. 본보는 창간 오십 돌에 <u>즈음하여</u> 지면을 배로 늘렸다.　(즈음한)
　　　ㄹ. 김 교수는 최근에 실업 대책에 <u>관한</u> 논문을 여러 편 썼다.　(관하여)

(37)에 쓰인 '대하다, 비롯하다, 관하다, 위하다, 의하다, 말미암다, 즈음하다, …' 등도 불완전 용언의 예이다. '불완전 용언'에 나타나는 이러한 특징은 동사에만 나타나므로, '불완전 용언'을 '불완전 동사'라고도 한다.

2.4.3. 활용

국어는 실질 형태소에 문법 형태소가 붙어서 문장을 짜 이루는 것이 특징인데, 용언은 실질 형태소인 어간에 다양한 어미가 실현되어서 문법적인 기능을 나타낸다.

2.4.3.1. 활용의 개념

용언이 문장 속에 쓰일 때에는 어간에 어미가 붙어서 활용함으로써 다양한 문법적인 기능을 나타낸다.

(38) ㄱ. 저 어른이 혼자서 도둑들을 막<u>는다</u>.
　　　ㄴ. 저 어른이 도둑을 막<u>으니</u> 도둑들이 물러갔다.
　　　ㄷ. 저 어른이 도둑들을 막<u>기</u>가 어려웠다.
　　　ㄹ. 저 어른이 막<u>는</u> 도둑들은 물러갈 것이다.
　　　ㅁ. 저 어른이 도둑들을 막<u>으셨다</u>.

(39) ㄱ. { 막- } + { -는다, -으니, -기, -는, -(으)셨다 }
　　　ㄴ. { 희- } + { -다, -니, -기, -ㄴ, -(으)셨다 }

(38)에서 용언인 '막다'는 문장 속에서 '막는다, 막으니, 막기, 막는, 막으셨다' 등으로 끝바꿈 한다. 이때 '막-'처럼 용언에서 실질적인 의미를 나타내면서 변하지 않는 부분을 '어간(語幹, 줄기, stem)'이라고 한다. 반면에 '-는다, -으니, -기, -는, -으셨다'는 문법적인 기능을 나타내면서 변화하는 부분인데, 이렇게 어간에 붙어서 여러 가지 문법적 기능을 나타내는 부분을 '어미(語尾, 씨끝, ending)'라고 한다. 그리고 (39)에서 '막-'과 '희-'에 '-(는)다, -(으)니, -기, -는/-ㄴ, -(으)셨다'이 붙는 것처럼, 어간에 어미가 실현되어서 여러 가지의 문법적인 기능을 나타내는 현상을 '활용(活用, 끝바꿈, inflection)'이라고 한다.

활용하는 단어를 '활용어'라고 하는데 이러한 활용어에는 동사와 형용사, 그리고 서술격 조사인 '-이다'가 있다. 그리고 활용어의 어간에 어미 '-다'를 붙인 활용형을 '기본형(基本形, 으뜸꼴)'이라고 한다. '기본형'은 용언의 활용형 중에서 기본(대표) 형태로 삼으며 국어 사전에서 표제어의 형태로 삼기도 한다.

2.4.3.2. 어미의 유형

용언과 서술격 조사의 어간에는 어미가 붙어서 문법적인 기능을 나타내는데, 어미는 그것이 실현되는 위치에 따라서 '어말 어미'와 '선어말 어미'로 나눌 수가 있다.

(가) 어말 어미와 선어말 어미

'어말 어미(語末 語尾, 맺음씨끝, final ending)'는 어미 중에서 단어의 끝에 실현되는 어미이다. 반면에 '선어말 어미(先語末 語尾, 안맺음 씨끝, pre-final ending)'는 단어의 끝에는 나타나지 못하고, 어간과 어말 어미 사이에 실현되는 어미이다.

(40) 활용어 = 어간 + [(선어말 어미) + 어말 어미]어미

(41) ㄱ. 호랑이는 죽어서 가죽을 <u>남기고</u> 사람은 죽어서 이름을 남긴다.
     ㄴ. 아버님께서 도둑을 <u>때리시었겠더라</u>.
     ㄷ. 이것은 선생님께서 <u>만드셨던</u> 책상이다.
     ㄹ. 우리는 형님께서 이미 감옥에서 <u>탈출하셨음</u>을 확신한다.

용언이 활용을 할 때에 어미가 실현되는 모습은 (40)과 같다. 곧 용언의 어간에는 어말 어미는 반드시 실현되지만, 특정한 선어말 어미는 실현되지 않을 수도 있으며 때로는 둘 이상의 선어말 어미가 실현될 수도 있다. (41)의 문장에서 밑줄 그은 용언에 실현된 어미의 구조를 분석해 보면 다음과 같다.

(ㄱ)	남기-	-고
	어간	어말 어미

(ㄴ)	때리-	-시-	-었-	-겠-	-더-	-라
	어간	선어말 어미	선어말 어미	선어말 어미	선어말 어미	어말 어미

(ㄷ)	만들-	-시-	-었-	-던
	어간	선어말 어미	선어말 어미	어말 어미

(ㄹ)	탈출하-	-시-	-었-	-음
	어간	선어말 어미	선어말 어미	어말 어미

(41)의 용언 활용형에서 '남기-, 때리-, 만들-, 탈출하-'는 어간이며, 이들 어간에 붙은 (ㄱ)의 '-고', (ㄴ)의 '-시었겠더라', (ㄷ)의 '-시었던', (ㄹ)의 '-시었음'은 어미이다. 그리고 이들 어미 가운데서 '-고, -던, -라, -음'은 용언의 맨끝에서 실현되는 어말 어미이며, '-시-, -었-, -겠-, -더-'는 어간과 어말 어미 사이에 실현되는 선어말 어미이다.

(나) 어말 어미의 유형

어말 어미는 용언의 끝 자리에 실현되는 어미인데, 어말 어미는 그 기능에 따라서 '종결 어미, 연결 어미, 전성 어미'로 나누어진다.

〈종결 어미〉 '종결 어미(終結 語尾, 마침법 씨끝)'는 문장을 끝맺도록 기능하는 어말 어미이다. 종결 어미는 문장을 끝맺는 방식에 따라서 '평서형 어미, 의문형 어미, 명령형 어미, 청유형 어미, 감탄형 어미'로 구분할 수 있다.

(42) 밥을 { ㄱ. 먹는다. ㄴ. 먹느냐? ㄷ. 먹어라. ㄹ. 먹자. ㅁ. 먹는구나. }

(ㄱ)의 '평서형 어미(平敍形 語尾, 베풂꼴 씨끝)'는 화자가 자신의 생각을 청자에게 단순

하게 진술하면서 문장을 끝맺는데, 평서형 어미로는 '-다, -ㅂ니다/습니다, -어/-아' 등이 있다. (ㄴ)의 '의문형 어미(疑問形 語尾, 물음꼴 씨끝)'는 화자가 청자에게 질문하여 대답을 요구하면서 문장을 끝맺는데, 의문형 어미로는 '-(느)냐, -니, -습니까' 등이 있다. (ㄷ)의 '명령형 어미(命令形 語尾, 시킴꼴 씨끝)'는 화자가 청자에게 어떠한 행동을 하도록 요구하면서 문장을 끝맺는데, 명령형 어미로는 '-아라/-어라, -거라, -너라, -여라, -렴/-려무나'가 있다. (ㄹ)의 '청유형 어미(請誘形 語尾, 꾀임꼴 씨끝)'는 화자가 청자에게 어떠한 행동을 함께 하도록 요구하면서 문장을 끝맺는데, 청유형 어미로는 '-자, -으세, -읍시다'가 있다. 끝으로 (ㅁ)의 '감탄형 어미(感歎形 語尾, 느낌꼴 씨끝)'는 화자가 처음으로 안 일에 대하여 자신의 감정을 직접적으로 표출하면서 문장을 끝맺는데, 감탄형 어미로는 '-구나, -구려, -아라/-어라' 등이 있다.

〈연결 어미〉 '연결 어미(連結 語尾, 이음법 씨끝)'는 절과 절을 잇거나, 본용언과 보조 용언을 잇는 어미이다. 연결 어미는 의미와 기능에 따라서 '대등적 연결 어미, 종속적 연결 어미, 보조적 연결 어미'로 나누어진다.

첫째, '대등적 연결 어미(對等的 連結 語尾)'는 이어진 문장 속에서 앞절과 뒷절을 독립적인 의미 관계로 잇는 연결 어미다.

(43) ㄱ. 철수는 빵을 먹었고 영수는 국수를 먹었다.
　　 ㄴ. 아버지는 파마머리를 싫어했지만 어머니는 파마머리를 좋아했다.
　　 ㄷ. 어른 앞에서 술을 마시거나 담배를 피울 수는 없다.

'대등적 연결 어미'로는 '-고, -으며 ; -지만, -으나 ; -거나, -든지' 등이 있다. 이들 중에서 '-고'와 '-으며'는 '나열'의 의미를, '-지만'과 '-으나'는 '대조'의 의미를, '-거나'와 '-든지'는 '선택'의 의미를 나타내면서 앞절과 뒷절을 이어 준다.

둘째, '종속적 연결 어미(從屬的 連結 語尾)'는 이어진 문장 속에서 앞절이 뒷절에 의미적으로 이끌리는 관계로 잇는 연결 어미이다.

(44) ㄱ. 흰 눈이 오면 강아지가 마당을 뛰어 다녔다.
　　 ㄴ. 겨울이 되니까 날씨가 추워진다.

종속적 연결 어미로는 '-으면, -을진대, -지언정, -을수록, -더라도, -어도, -아야, -려면, -아서, -으므로, -니까' 등이 있는데 그 종류가 매우 다양하다. 예를 들어서 (44)에서 '-면'과 '-니까'는 각각 앞절을 뒷절에 '조건'과 '원인'의 의미 관계로 잇고 있는데, 앞절의 내용이 뒷절의 내용에 이끌리는 것이 특징이다.

셋째, '보조적 연결 어미(補助的 連結 語尾)'는 본용언과 보조 용언을 이어서 하나의 문법적인 단위(= 서술어)로 쓰이게 한다.

(45) ㄱ. 철수 씨는 영희가 준 과자를 혼자서 다 먹어 버렸다.
ㄴ. 새누리당은 2016년 총선에서 패배하게 되었다.
ㄷ. 우리는 그녀를 비난하지 않았다.
ㄹ. 사냥꾼은 열심히 멧돼지를 찾고 있다.

(45)에서 쓰인 '-아/-어', -게, -지, -고'는 보조적 연결 어미이다. (ㄱ)에서 '-어'는 본용언인 '먹다'와 보조 용언인 '버렸다'를 이었으며, (ㄴ)에서 '-게'는 본용언인 '패배하다'와 보조 용언인 '되었다'를 이었다. 그리고 (ㄷ)에서 '-지'는 본용언인 '비난하다'와 보조 용언인 '않았다'를 이었으며, (ㄹ)에서 '-고'는 본용언인 '찾다'와 보조 용언인 '있다'를 이었다.

〈전성 어미〉 '전성 어미(轉成 語尾, 감목법 씨끝)'는 용언이 서술 기능을 그대로 유지하면서, 동시에 명사, 관형사, 부사 등의 다른 품사처럼 기능하도록 용언의 문법적인 기능을 바꾸는 어미이다. 곧 특정한 성분 절 속에서 서술어로 쓰이는 용언에 전성 어미가 실현되면, 그 절이 명사, 관형사, 부사 등과 동일하게 기능하게 된다. 이러한 전성 어미로는 '명사형 전성 어미, 관형사형 전성 어미, 부사형 전성 어미'가 있다.

첫째, '명사형 전성 어미(名詞形 轉成 語尾, 이름꼴 씨끝)'는 특정한 절(명사절) 속에서 서술어로 쓰이는 용언에 실현되어서, 그 절을 명사처럼 쓰이게 하는 어미이다.[7]

(46) ㄱ. 우리는 [그 건물이 조선시대에 지어졌음]을 확인했다.
ㄴ. 어머니는 [아들의 병이 낫기]를 빌었다.

(46)에서는 '짓다'와 '낫다'에 명사형 어미 '-음'과 '-기'가 실현되었다. '-음'과 '-기'는 각각 그 앞에 실현된 절인 '그 건물이 조선시대에 지어졌(다)'와 '아들의 병이 낫(다)'

---

7) 명사형 어미 '-음'과 명사 파생 접미사 '-음'의 구분은 이 책 167쪽의 【더 배우기】 참조.

에 명사과 같은 기능을 부여하여 명사절이 되게 하였다. 명사형 어미 가운데 '-음'은 주로 '완료된 일'을 표현할 때에 쓰이고, '-기'는 '완료되지 않은 일'을 표현할 때에 쓰인다. 곧 (ㄱ)에서 '건물이 지어진 것'은 화자가 그것을 인식하기 전에 이미 완료된 일이므로 명사형 어미로서 '-음'이 실현되었다. 반면에 (ㄴ)에서 '아들의 병이 낫는 것'은 어머니가 비는 행위를 하기까지는 아직 완료되지 않은 일이므로 명사형 어미로서 '-기'가 쓰인 것이다.

둘째, '관형사형 전성 어미(冠形詞形 轉成 語尾, 매김꼴 씨끝)'는 특정한 절(관형절) 속에서 서술어로 쓰이는 용언에 실현되어서, 그 절을 관형사처럼 쓰이게 하는 어미이다.[8]

(47) ㄱ. 그것은 [내가 사용하{ -는, -(으)ㄴ, -(으)ㄹ, -던 }] 연필이다.
ㄴ. 나는 [눈이 맑{ -(으)ㄴ, -던 }] 소녀를 잊을 수 없다.

(47)에 쓰인 '-는, -은, -을, -던'은 모두 관형사형 어미인데, 그 앞에 실현된 '내가 사용하(다)'와 '눈이 맑(다)'에 관형사와 같은 기능을 부여하여 관형절이 되게 하였다. 그런데 관형사형 어미는 시간에 대한 표현을 겸하고 있다. 먼저 (ㄱ)의 '사용하다'처럼 관형절의 서술어가 동사인 경우에는 '-는'이 현재 시제를 나타내며, '-은'은 과거 시제를 나타낸다. 그리고 '-을'은 미래 시제를 나타내고, '-던'은 과거의 일을 회상함을 나타낸다. 다음으로 (ㄴ)의 '맑다'처럼 관형절의 서술어가 형용사의 경우에는 '-은'은 현재 시제를 나타내고, '-던'은 과거의 일을 회상함을 나타낸다.

셋째, '부사형 전성 어미(副詞形 轉成語尾, 어찌꼴 씨끝)'는 특정한 절(부사절) 속에서 서술어로 쓰이는 용언에 실현되어서, 그 절을 부사처럼 쓰이게 하는 어미이다.[9]

(48) ㄱ. 장미꽃이 아름답게 피었다.
ㄴ. 영희는 헬스장에서 운동을 땀이 나도록 열심히 했다.
ㄷ. 하늘에서 돈이 비가 오듯이 떨어졌다.

'-게, -도록, -듯이' 등은 부사형 어미인데, 각각 성분절인 '(장미꽃이) 아름답-', '땀이 나-', '비가 오-'에 붙어서 부사와 같은 기능을 부여하여서 부사절이 되게 하였다.

---

8) 관형사형 어미 '-는, -던'의 형태 분석에 대하여는 이 책 166쪽의 【더 배우기】 참조.
9) 제7차 교육과정에서 '종속적 연결 어미'와 '부사형 전성 어미'를 처리하는 방법에 관한 문제는 이 책 168쪽의 【더 배우기】 참조.

지금까지 살펴본 어말 어미의 체계를 정리하여 그림으로 보이면 다음과 같다.

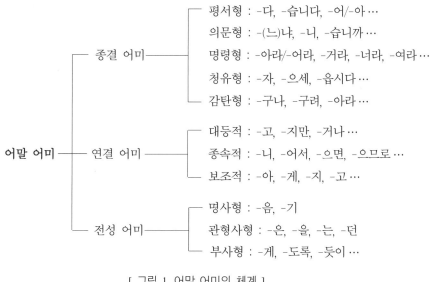

[그림 1. 어말 어미의 체계]

(다) 선어말 어미의 유형

'선어말 어미(先語末 語尾, 안맺음 씨끝, pre-final ending)'는 어간과 어말 어미 사이에서 실현되므로, 용언의 끝(= 어말)에서는 실현되지 않는 어미이다.

〈주체 높임의 선어말 어미〉 문장에서 주어로 표현되는 대상을 '주체(主體)'라고 하는데, '주체 높임의 선어말 어미'인 '-으시-'는 주체를 높이는 기능을 한다.

(49) ㄱ. **큰아버님**께서 내일 저녁에 시골에서 올라오<u>신</u>다.
　　ㄴ. **선생님**께서 도둑을 잡<u>으셨</u>다.

(50) ㄱ. **아들**이 내일 저녁에 시골에서 <u>올라온</u>다.
　　ㄴ. **철수**가 도둑을 <u>잡았다</u>.

(49)의 (ㄱ)에서 서술어로 쓰인 '올라오다'에 선어말 어미인 '-시-'가 실현되었는데, 이때에 '-시-'는 주체인 '큰아버님'을 높였다. 또한 (ㄴ)에서 '잡았다'에 실현된 '-으시-' 또한 주체인 '선생님'을 높였다. 이에 반해서 (50)에서는 서술어로 쓰인 용언에 '-시-'

가 실현되지 않았으므로 주체인 '아들'과 '철수'를 높이는 뜻은 나타나지 않는다.

〈**시간 표현의 선어말 어미**〉 시간을 표현하는 선어말 어미로는 '-았-, -더-, -는-, -겠-, -으리-' 등이 있다.

ⓐ **과거 시제 표현의 선어말 어미** : '과거 시제 표현의 선어말 어미'인 '-았-'과 '-더-'는 발화시 이전에 일어난 사건을 표현할 때에 실현된다.

첫째, '과거 시제 표현의 선어말 어미'인 '-았-/-었-/-였-'은 문장을 발화하는 때(발화시, 發話時)를 기준으로 하여, 그 이전에 일어난 사건을 표현할 때에 실현된다.

(51) ㄱ. 철수가 방금 방문을 닫았다.
ㄴ. 우리는 어제 수박을 많이 먹었다.
ㄷ. 김구는 젊은 시절에 독립 운동을 열심히 하였다.

(51)의 '-았-/-었-/-였-'은 '과거 시제 선어말 어미'인데, 이는 문장으로 표현되는 사건이 발화시보다 앞서서 일어났음을 나타낸다. 과거 시제 선어말 어미는 (ㄱ)의 '닫다'처럼 어간 끝 음절의 모음이 양성 모음일 때에는 '-았-'의 형태로 실현되고, (ㄴ)의 '먹다'처럼 어간의 끝 음절의 모음이 음성 모음이면 '-었-'의 형태로 실현된다. 그리고 (ㄷ)의 '하다'처럼 '하다' 형 용언 다음에는 '-였-'의 형태로 실현된다.

그리고 과거 시제의 선어말 어미가 겹쳐서 '-았었-/-었었-'으로 실현될 수도 있는데, 이는 '-았-'이 단독으로 실현될 때와는 조금 다른 뜻을 나타낸다.

(52) ㄱ. 나벼리 씨는 대학생일 때에 농구 선수였었다.
ㄴ. 지난해 이곳에는 홍수가 났었다.

'-았었-/-었었-'은 사건이 발화시보다 훨씬 전에 발생하여 현재와는 완전히 달라진 사건을 표현한다. 곧 문장으로 표현되는 일이 과거에 일어나기는 했지만, 지금은 그러한 상황이 달라졌다는 의미를 덧붙인다.

둘째, '회상(回想) 표현의 선어말 어미'인 '-더-'는 발화시를 기준으로 하지 않고, 발화시 이전의 어떤 때(과거의 때)로 생각을 돌이켜서, 그때를 기준으로 사건이 일어난 시간을 표현한다.

(53) ㄱ. (어제 점심때에 보니까) 철수가 학교에서 운동을 <u>하더</u>라.   [회상 현재]

ㄴ. (어제 점심때에 보니까) 철수가 학교에서 운동을 했<u>더</u>라.   [회상 과거]

ㄷ. (어제 점심때에 보니까) 철수가 학교에서 운동을 하겠<u>더</u>라.   [회상 미래]

(53)의 문장은 과거의 시간인 '어제 점심 때'로 생각을 돌이켜서(回想) 그때를 기준으로 사건이 일어난 시간을 표현한다. 곧 (ㄱ)의 '하더라'는 회상 당시의 일을, (ㄴ)의 '했더라'는 회상 당시 이전에 일어난 일을, (ㄷ)의 '하겠더라'는 회상 당시 이후에 일어날 것으로 예상되는 일을 표현한다.

ⓑ **현재 시제 표현의 선어말 어미** : '현재 시제 표현의 선어말 어미'인 '-는-/-ㄴ-'은 발화시에 일어나고 있는 사건을 표현할 때에 실현된다.

(54) ㄱ. 나는 지금 김밥을 먹<u>는</u>다.

ㄴ. 철수는 지금 미국에서 <u>공부한</u>다.

(54)에서 '-는-/-ㄴ-'은 '먹다'와 '공부하다'로 표현되는 일이 발화하는 당시에 일어남을 나타낸다. '-는-'과 '-ㄴ-'은 동사에만 실현되는 것이 특징인데, '먹-'처럼 자음 뒤에서는 '-는-'의 형태로 실현되고, '공부하-'처럼 모음 뒤에서는 '-ㄴ-'의 형태로 실현된다.

ⓒ **미래 시제 표현의 선어말 어미** : '미래 시제 표현의 선어말 어미'인 '-겠-'과 '-으리-'는 발화시 이후에 일어날 것으로 예상되는 사건을 표현할 때에 실현된다.

(55) ㄱ. 나는 내일 부산에 가<u>겠</u>다.

ㄴ. 나는 내일까지는 숙제를 끝내<u>리</u>라.

(55)의 '-겠-'과 '-리-'는 발화시 이후에 일어날 것으로 예상되는 사건에 대하여, '추측, 의도, 가능성' 등과 같은 화자의 심적인 태도 등을 나타낸다.(서법 표현)

〈 **공손 표현의 선어말 어미** 〉 '공손(恭遜) 표현의 선어말 어미'는 '-오-/-옵-'과 '-사오-/-사옵-'의 형태로 실현되는데, 화자가 청자에게 공손함의 뜻을 표현한다. 이들 형태는 그 앞이나 뒤에 나타나는 말의 음운론적 환경에 따라서 다른 형태로 실현된다.

(56) ㄱ. 19일에 결승전이 열리<u>오</u>니 많이들 참석해 주십시오.

ㄴ. 부처님께서는 아난이를 칭찬하시<u>옵</u>고, 다시 설산으로 떠나셨습니다.

(57) ㄱ. 당신이 나를 믿<u>사오</u>면, 저도 당신을 끝까지 받들겠<u>사오</u>니다.10)

   ㄴ. 당신의 말을 듣<u>사오</u>고 그대로 따르<u>오</u>니다.

(56)에서 '-오-/-옵-'은 모음이나 /ㄹ/로 끝나는 형태소의 뒤에 실현된다. (ㄱ)의 '열리오니'에서 '-오-'는 매개 모음으로 시작한 어미 '-으니' 앞에, (ㄴ)의 '가시옵소서'에서 '-옵-'은 자음으로 시작되는 어미 앞에 실현되었다. 그리고 (57)에서 '-사오-'와 '-사옵-'은 /ㄹ/을 제외한 일반적인 자음으로 끝나는 형태소의 뒤에 실현된다. (ㄱ)의 '믿사오면'에서 '-사오-'는 (매개)모음으로 시작하는 어미 '-으면'의 앞에 실현되었고, (ㄴ)의 '듣사옵고'에서 '-사옵-'은 일반적인 자음으로 끝나는 형태소의 뒤에 실현되었다.

앞 환경	형태	뒤 환경	보 기
모음, /ㄹ/	-오-	(매개)모음	가<u>오</u>니, 가<u>오</u>리다, 만드<u>오</u>면, 만드<u>오</u>니다11)
	-옵-	/ㄹ/을 제외한 자음	가<u>옵</u>고, 가<u>옵</u>더니, 만드<u>옵</u>고, 만드<u>옵</u>지만
자음, /ㄹ/제외	-사오-	(매개)모음	믿<u>사오</u>니, 믿<u>사오</u>리다, 믿<u>사오</u>면, 믿<u>사오</u>니다
	-사옵-	/ㄹ/을 제외한 자음	믿<u>사옵</u>고, 믿<u>사옵</u>더니, 믿<u>사옵</u>지만, 믿<u>사옵</u>지만

[표 5. 공손 표현의 선어말 어미의 변이 형태]

참고로 상대 높임의 종결 어미인 '-읍니다/-습니다'와 '-읍니까/-습니까'와 공손 표현의 선어말 어미인 '-오-/-사옵-'이 겹쳐서 실현될 수도 있다.

(58) ㄱ. 우리 회사는 내년에 서울로 이전합<u>니다</u>.

   ㄴ. 아버님께서는 위장약을 매일 먹습<u>니까</u>?

(59) ㄱ. 우리 회사는 내년에 서울로 이전하<u>옵</u>니다.

   ㄴ. 아버님께서는 위장약을 매일 먹<u>사옵</u>니까?

---

10) '받들겠사옵니다'에서는 '-사오-'의 뒤에 '-읍니다'가 실현된 형태로 처리하는데, '-읍니다'에서 /으/는 매개 모음이다. 현행의 <표준어 규정>에서는 '-ㅂ니다/-습니다'만 인정하고 있으나, 예전에는 '-습니다/-읍니다/-ㅂ니다'를 모두 인정했다.

11) /ㄹ/로 끝나는 어간 뒤에 '-오-/-옵-'이 붙으면, 어간의 /ㄹ/이 탈락하여 '만드오면'이나 '만드옵고'로 된다. 그리고 명령형 어미인 '-으소서'는 매개 모음을 취하지만, 예외적으로 공손 표현의 선어말 어미가 '-옵-, -사옵-'의 형태로 실현되어서 '가옵소서, 믿사옵소서'로 된다.

(58)에서 '이전합니다'와 '먹습니까'는 용언의 어간에 상대 높임의 종결 어미인 '-읍니다
/-습니까'가 실현되었다. 반면에 (59)에서 '이전하옵니다'와 '먹사옵니까'는 용언의 어간
과 종결 어미 사이에 공손 표현의 선어말 어미인 '-오-/-사오-'가 실현된 형태이다.12)

〈선어말 어미의 실현 순서 〉 선어말 어미를 대략적으로 구분하면 다음과 같은데, 이
러한 선어말 어미는 실현되는 순서가 정해져 있다.

   (60) ㄱ. 주체 높임의 선어말 어미 : -시-
       ㄴ. 시간 표현의 선어말 어미 : -었-〉-겠-〉-더-   cf. -는/-ㄴ13)
       ㄷ. 공손 표현의 선어말 어미 : -사옵-/-사오-/-옵-/-오-

   (61) ㄱ. 아버님께서도 책을 <u>읽으시었겠더라</u> (읽-+-으시-+-었-+-겠-+-더-+-라)
       ㄴ. 할아버님께서 범을 <u>잡으셨사옵니다</u> (잡-+-으시-+-었-+-사오-+-ㅂ니다)
       ㄷ. 큰아버님께서 조카에게 돈을 <u>주신다</u> (주-+-시-+-ㄴ-+-다)

선어말 어미는 대략 '주체 높임의 선어말 어미-시간 표현의 선어말 어미-공손 표현
의 선어말 어미'의 순서로 실현된다. 선어말 어미의 실현 순서는 반드시 지켜서 표현
해야 하며, 순서를 지키지 않고 선어말 어미를 실현하면 비문법적인 문장이 된다.

2.4.3.3. 활용의 규칙성과 불규칙성

(가) 규칙 활용과 불규칙 활용

〈규칙 활용 〉 대부분의 용언은 활용할 때에 어간이나 어미의 기본 형태가 그대로
유지되거나, 혹은 다른 형태로 바뀌어도 그 현상을 일정한 음운 변동 규칙으로 설명
할 수 있다. 이러한 활용 형태를 '규칙 활용(規則 活用)'이라고 하고, 규칙적으로 활용
하는 용언을 '규칙 용언(規則 用言)'이라고 한다.
   다음은 활용할 때에 어간과 어미의 형태가 바뀌지 않는 '규칙 활용'의 예이다.

---

12) '공손 선어말 어미'는 현대어의 일반적인 구어체에서는 잘 쓰이지 않으며, 대부분 예스러운
    문체로 쓰인 편지 글이나 종교 행사에 쓰이는 기도문 등에서 쓰인다는 특징이 있다.
13) '-었-', '-겠-', '-더-'는 함께 실현될 수 있으나, 현재 시제의 선어말 어미인 '-는/-ㄴ-'은 다른
    시제 선어말 어미인 '-었-', '-겠-', '-더-'와 문맥에 함께 실현되지 않는다.

(62) ㄱ. 자- + { -다, -니, -더라, -고, -니까, … }

　　 ㄴ. 뛰- + { -다, -니, -더라, -고, -니까, … }

(ㄱ)에서 '자다'는 어간 '자-'에 어미인 '-다, -니, -더라, -고, -니까' 등을 활용할 때에 어간과 어미의 꼴이 변하지 않는다. (ㄴ)에서 '뛰다'도 '자다'와 마찬가지로 활용할 때에 어간과 어미의 꼴이 변하지 않는다. 이처럼 활용할 때에 어간과 어미의 형태가 변하지 않는 활용을 규칙 활용이라고 한다.

　　한편 활용할 때에 어간이나 어미의 형태가 바뀌더라도 일정한 환경 아래에서는 예외 없이 자동적으로 바뀌는 것이 있다. 이러한 경우에는 비록 어간이나 어미의 꼴이 바뀌더라도 규칙 활용으로 처리한다.

(63) ㄱ. 먹- + -는다 → /멍는다/

　　 ㄴ. 닫- + -느냐 → /단느냐/

(64) ㄱ. 높- + -고 → /놉꼬/

　　 ㄴ. 닦- + -다 → /닥따/

예를 들어서 무성 자음으로 끝나는 어간에 비음(콧소리)의 자음으로 시작한 어미가 붙어서 활용할 때에는, 어간의 무성 자음이 그와 같은 자리에서 소리나는 비음으로 바뀐다. 곧 (63)에서 '먹다'와 '닫다'의 어간인 '먹-'과 '닫-'에 어미인 '-는다' 혹은 '-느냐'가 붙어서 활용할 때에, 어간의 끝소리 /ㄱ/과 /ㄷ/이 각각 같은 자리에서 나는 비음인 /ㅇ/과 /ㄴ/으로 바뀐다.(비음화) (63)에서 일어나는 변동은 동일한 음운론적인 환경에 있는 어간과 어미에서 예외 없이 모두 일어나는 현상이다. 그리고 (64)에서 어간의 끝소리 /ㅍ/과 /ㄲ/은 예사 소리의 자음으로 시작하는 어미 앞에서 각각 /ㅂ/과 /ㄱ/으로 바뀐다.(평파열음화) (64)에서 일어나는 변동도 동일한 음운론적인 환경에서는 예외 없이 일어나는 현상이다. 이러한 음운 변동은 동일한 음운론적 환경에서는 예외 없이 일어나는 '보편적인 변동'인 동시에, 화자의 개별적인 언어 습관과는 관계없이 반드시 일어나는 '필연적인 변동'이다. (63)과 (64)처럼 보편적이며 필연적인 변동을 하는 활용에서는 어간이나 어미의 변동이 자동적으로 일어난다. 따라서 우리는 이에 대한 변동 규칙만 알고 있으면 변동의 양상을 예측할 수 있으므로, 어간이나 어미의 꼴이 변함에도 불구하고 규칙 활용으로 간주한다.14)

〈**불규칙 활용**〉 일부의 용언 가운데에는 활용할 때에 어간과 어미의 기본 형태가 유지되지 않을 뿐만 아니라, 그 현상을 일반적인 음운 변동 규칙으로 설명하지 못하는 것이 있다.

> (65) ㄱ. 백설 공주는 피부가 너무 <u>고와서</u> 남들이 늘 부러워했다.
>   ㄴ. 농부는 무를 <u>뽑아서</u> 한 입 베어 물었다.
> (66) ㄱ. 아직 10리를 더 <u>걸어야</u> 정동진 바닷가가 나온다.
>   ㄴ. 비가 오면 재빨리 빨래를 <u>걷어야</u> 빨래가 비에 젖지 않지.

(65)에서 (ㄱ)의 '고와서'는 '곱다'의 어간 '곱-'에 어미 '-아서'가 붙어 활용하는 과정에서 어간의 끝소리 /ㅂ/이 /ㅗ/로 변했는데, 이런 변동은 일반적인 변동 규칙으로 설명할 수 없다. 왜냐하면 (ㄴ)에서 '뽑아서'는 '고와서'와 동일한 음운론적 환경에 있지만 어간의 /ㅂ/이 /ㅗ/로 변하지 않기 때문이다. 그리고 (66)에서 (ㄱ)의 '걸어야'는 '걷다(步)'의 어간 '걷-'이 활용하면서 끝소리 /ㄷ/이 /ㄹ/로 변했는데 이러한 현상도 일반적인 변동 규칙으로 설명할 수 없다. (ㄴ)의 '걷다(收)'는 동일한 음운론적 환경에 놓여 있는 (ㄱ)의 '걸어야'와는 달리 어간의 끝소리 /ㄷ/이 /ㄹ/로 변하지 않기 때문이다.

이처럼 어간과 어미가 결합하여 활용할 때에 일어나는 변동 중에서, 일반적인 음운 변동 규칙으로 설명할 수 없는 방식으로 변동하는 활용을 '불규칙 활용(不規則 活用, 벗어난 꼴바꿈)'이라고 한다. 그리고 이렇게 불규칙하게 활용하는 용언을 '불규칙 용언(不規則 用言, 벗어난 풀이씨)'이라고 한다.

(나) 불규칙 활용의 종류

불규칙 활용의 종류로는 '어간의 형태가 불규칙하게 활용하는 것'과 '어미의 형태가 불규칙하게 활용하는 것', '어간과 어미가 함께 불규칙하게 활용하는 것'이 있다.

(나)-1. 어간이 불규칙하게 바뀜

어간이 불규칙하게 바뀌는 활용에는 'ㅅ' 불규칙 활용, 'ㄷ' 불규칙 활용, 'ㅂ' 불규

---

14) 규칙 활용으로 처리되는 변동으로는 '평파열음화', '자음군 단순화', '비음화', '유음화', '으 탈락', 'ㄹ 탈락', '모음 조화', '매개 모음의 쓰임' 등이 있다.

칙 활용, '르' 불규칙 활용, '우' 불규칙 활용 등이 있다.

〈'ㅅ' 불규칙 활용〉 어간의 끝 받침이 /ㅅ/인 용언은, 어간에 모음으로 시작되는 어미가 붙어서 활용할 때에, 어간의 끝 받침 /ㅅ/이 탈락하는 것과 탈락하지 않는 것이 있다.

(67) ㄱ. 벗다: 벗+어→벗어   벗+으니→벗으니   벗+었+다→벗었다
     ㄴ. 솟다: 솟+아→솟아   솟+으니→솟으니   솟+았+다→솟았다

(68) ㄱ. 잇다: 잇+어→이어   잇+으니→이으니   잇+었+다→이었다
     ㄴ. 낫다: 낫+아→나아   낫+으니→나으니   낫+았+다→나았다

(67)에서 '벗다'와 '솟다'는 어간에 모음으로 시작하는 어미가 붙어서 활용해도 어간의 끝소리인 /ㅅ/이 줄지 않는다. 이에 반해서 (68)에서 '잇다'와 '낫다'는 모음으로 시작하는 어미가 붙으면 어간의 /ㅅ/이 줄어지는데, 이러한 활용을 'ㅅ' 불규칙 활용이라고 한다. 'ㅅ' 불규칙 용언에는 '긋다, 끗다, 낫다, 붓다, 잇다, 잣다, 젓다, 짓다' 등이 있다. 반면에 '벗다'와 '솟다'처럼 규칙적으로 활용을 하는 용언으로는 '빗다, 빼앗다, 씻다, 웃다' 등이 있다.

〈'ㄷ' 불규칙 활용〉 어간의 끝 받침이 /ㄷ/인 용언 중에는, 모음으로 시작하는 어미가 붙어서 활용할 때에, 어간의 끝 받침 /ㄷ/이 /ㄹ/로 교체되는 것과 교체지 않는 것이 있다.

(69) ㄱ. 묻다(埋): 묻+어→묻어   묻+으니→묻으니   묻+었+다→묻었다
     ㄴ. 곧다(直): 곧+아→곧아   곧+으니→곧으니   곧+았+다→곧았다

(70) ㄱ. 묻다(問): 묻+어→물어   묻+으니→물으니   묻+었+다→물었다
     ㄴ. 싣다(載): 싣+어→실어   싣+으니→실으니   싣+었+다→실었다

(69)에서 '묻다(埋)'와 '곧다(直)'는 모음으로 시작되는 어미와 결합하여도 어간의 끝 받침 /ㄷ/이 바뀌지 않는다. 이에 반해서 (70)의 '묻다(問)'와 '싣다(載)'는 모음으로 시작하는 어미에 결합하면 어간의 /ㄷ/이 /ㄹ/로 바뀌는데, 이러한 활용을 'ㄷ' 불규칙 활용이라고 한다. 'ㄷ' 불규칙 용언에는 '걷다(步), 긷다(汲), 깨닫다, 눋다, 닫다(走), 듣다, 묻다(問), 싣다, 일컫다' 등이 있다. 반면에 '묻다(埋), 곧다(直)'처럼 규칙적으로 활용하는 용

언으로는 '곧다, 닫다(閉), 돋다, 믿다, 쏟다, 얻다' 등이 있다.

〈'ㅂ' 불규칙 활용〉 어간의 끝 받침이 /ㅂ/인 용언 중에는, 모음으로 시작하는 어미가 붙어서 활용할 때에, 어간의 끝 받침 /ㅂ/이 /우/ 또는 반모음 /w/로 교체되는 것과 교체되지 않는 것이 있다.

(71) ㄱ. 업 + 어 → 업어   업 + 으니 → 업으니   업 + 었다 → 업었다
     ㄴ. 접 + 어 → 접어   접 + 으니 → 접으니   접 + 었다 → 접었다

(72) ㄱ. 깁(縫) + 어 → 기워   깁 + 으니 → 기우니   깁 + 었다 → 기웠다
     ㄴ. 눕(臥) + 어 → 누워   눕 + 으니 → 누우니   눕 + 었다 → 누웠다

(71)에서 '업다'와 '접다'는 어간에 모음으로 시작하는 어미가 붙어도 변동이 일어나지 않는다. 반면에 (72)의 '깁다(縫)'와 '눕다(臥)'는 '업다'와 '접다'와 동일한 음운론적 환경에 있지만 어간의 /ㅂ/이 /우/나 반모음 /w/로 바뀌는데, 이와 같은 활용을 'ㅂ' 불규칙 활용이라고 한다. 'ㅂ' 불규칙 용언으로는 '깁다, 굽다, 가깝다, 눕다, 돕다, 가볍다, 간지럽다, 그립다, 노엽다, 더럽다, 덥다, 맵다, 메스껍다, 무겁다, 사납다, 서럽다' 등이 있다. 반면에 '업다, 접다'처럼 규칙적으로 활용하는 용언으로는 '꼽다(屈指), 뽑다, 씹다, 입다, 잡다, 집다, 굽다(曲), 좁다' 등이 있다.

〈'르' 불규칙 활용〉 어간의 끝소리가 /르/인 용언 중에는, 어간에 /ㅏ/, /ㅓ/로 시작하는 어미가 붙어서 활용할 때에, 어간의 끝 소리 /으/가 탈락하면 동시에 /ㄹ/이 첨가되는 경우가 있다.

(73) ㄱ. 고르 + 어서 → 고르 + 아서   → *고라서
     ㄴ. 나르 + 어서 → 나르 + 아서   → *나라서
     ㄷ. 두르 + 어서 → 두르 + 어서   → *두러서

(74) ㄱ. 고르 + 어서 → 고르 + ㄹ + 아서 → 골라서
     ㄴ. 나르 + 어서 → 나르 + ㄹ + 아서 → 날라서
     ㄷ. 두르 + 어서 → 두르 + ㄹ + 어서 → 둘러서

만일 '고르다(選), 나르다(運搬), 가르다(回)'가 규칙적으로 활용하는 용언이라면, '으' 탈락 규칙에 따라서 (73)처럼 *고라서, *나라서, *두러서'로 변동해야 한다. 하지만 이들

용언은 (74)처럼 '골라서, 날라서, 둘러서'와 같이 활용한다. 곧 이들 용언들은 활용할 때에 어간의 끝 모음인 /으/가 줄면서 /ㄹ/이 앞 음절의 받침으로 올라 붙음과 동시에 /ㄹ/이 첨가되었다. 이러한 '르' 불규칙 활용이라고 하는데, '르' 불규칙 용언으로는 '가르다, 거르다, 고르다, 구르다, 나르다, 누르다, 벼르다, 빠르다, 오르다, 흐르다' 등이 있다.[15]

〈 '우' 불규칙 활용 〉 어간의 끝소리가 /우/로 끝나는 용언은, 어간에 /어/로 시작하는 어미가 붙어서 활용할 때에, 어간의 끝소리 /우/가 탈락하는 것과 탈락하지 않는 것이 있다.

(75) ㄱ. 부수 + 어   → 부수어,   부숴
     ㄴ. 부수 + 어서   → 부수어서, 부숴서
     ㄷ. 부수 + 었다   → 부수었다, 부쉈다
     ㄹ. 부수 + 어라   → 부수어라, 부숴라

(76) ㄱ. 푸 + 어   → ㅍ + 어   → 퍼
     ㄴ. 푸 + 어서   → ㅍ + 어서   → 퍼서
     ㄷ. 푸 + 었다   → ㅍ + 었 + 다   → 펐다
     ㄹ. 푸 + 어라   → ㅍ + 어라   → 퍼라

(75)의 '부수다'와 (76)의 '푸다'가 활용하는 모습을 비교해 보면, 둘 다 어간이 /우/로 끝나면서 /어/로 시작하는 어미가 붙어서 활용하고 있다. 이때 '부수다'는 어간의 끝소리 /우/는 탈락하지 않고 '부수어'나 '부숴'의 형태로 규칙적으로 활용한다. 이에 반하여 '푸다'는 활용의 결과 어간의 /우/가 불규칙하게 탈락하는데, 이러한 방식으로 활용하는 용언은 '푸다'뿐이다. '푸다'에서 일어나는 활용을 '우' 불규칙 활용이라고 하고, '푸다'를 '우' 불규칙 용언이라고 한다.

---

15) '르' 불규칙 용언인 어근의 끝 음절 /르/ 뒤에 피동이나 사동의 접미사 '-이-'가 결합되어 파생 용언이 될 때에도 '르' 불규칙 활용과 같은 활용 형태를 보인다.

  (보기) ㄱ. 누르 + 이(피동 접사) + 다 → 눌르 + 이 + 다 → 눌리다
        ㄴ. 오르 + 이(사동 접사) + 다 → 올르 + 이 + 다 → 올리다
        ㄷ. 흐르 + 이(사동 접사) + 다 → 흘르 + 이 + 다 → 흘리다

(나)-2. 어미가 불규칙하게 바뀌는 활용

어미가 불규칙하게 바뀌는 활용으로는 '여' 불규칙 활용, '러' 불규칙 활용, '너라' 불규칙 활용, '오' 불규칙 활용 등이 있다.

〈'여' 불규칙 활용〉 '하다, 일하다, 성실하다'와 같은 '하다' 형 용언은, 어간에 /아/로 시작하는 어미가 붙어서 활용할 때에는, 어미의 첫 소리 /아/가 /여/로 바뀐다.

(77) ㄱ. 하 + 아 → *하   (77') 하 + 았 + 다 → *핬다
     ㄴ. 하 + 아서 → *하서
     ㄷ. 하 + 아도 → *하도
     ㄹ. 하 + 아라 → *하라

(78) ㄱ. 하 + 아 → 하여(해)   (78') 하 + 았 + 다 → 하였다(했다)
     ㄴ. 하 + 아서 → 하여서(해서)
     ㄷ. 하 + 아도 → 하여도(해도)
     ㄹ. 하 + 아라 → 하여라(해라)

만일 '하다'가 규칙 활용을 한다면 (77)처럼 '*하, *하서, *하도, *하라 ; *핬다'의 꼴로 활용해야 한다. 그러나 어간 '하-' 다음에서는 이들 활용형이 (78)처럼 '하여, 하여서, 하여도, 하여라 ; 하였다'처럼 불규칙하게 바뀌는데, 이러한 활용을 '여' 불규칙 활용이라고 한다. 그리고 이러한 방식으로 불규칙하게 활용하는 '하다'와 '하다' 형의 용언을 '여' 불규칙 용언이라고 한다.

〈'러' 불규칙 활용〉 '이르다, 노르다, 누르다, 푸르다'는 어간의 끝 음절인 /르/ 뒤에서 /어/로 시작하는 어미가 붙어서 활용할 때에는, 어미인 '-어'가 '-러'로 바뀐다.

(79) ㄱ. 이르 + 어 → *이러   (79') ㄱ. 이르 + 었 + 다 → *이렀다
     ㄴ. 노르 + 어 → *노러   ㄴ. 노르 + 었 + 다 → *노렀다
     ㄷ. 누르 + 어 → *누러   ㄷ. 누르 + 었 + 다 → *누렀다
     ㄹ. 푸르 + 어 → *푸러   ㄹ. 푸르 + 었 + 다 → *푸렀다

(80) ㄱ. 이르 + 어 → 이르러   (80') ㄱ. 이르 + 었 + 다 → 이르렀다
     ㄴ. 노르 + 어 → 노르러   ㄴ. 노르 + 었 + 다 → 노르렀다
     ㄷ. 누르 + 어 → 누르러   ㄷ. 누르 + 었 + 다 → 누르렀다

ㄹ. 푸르 + 어 → 푸르러   ㄹ. 푸르 + 었 + 다 → 푸르렀다

만약 이들이 규칙적으로 활용을 한다면 '으' 탈락 규칙에 의하여 (79)처럼 '*이러, *노러, *누러, *푸러 ; *이렀다, *노렀다, *푸렀다'로 변동해야 한다. 하지만 실제로는 이들 활용형은 (80)처럼 '이르러, 노르러, 누르러, 푸르러 ; 이르렀다, 노르렀다, 누르렀다, 푸르렀다'로 불규칙하게 실현되는데, 이러한 방식으로 이루어지는 활용을 '러' 불규칙 활용이라고 한다. '러' 불규칙 용언에는 '이르다(至), 노르다(黃), 누르다(黃), 푸르다(靑)'가 있다.

〈'너라' 불규칙 활용〉 '오다'의 어간 뒤에 명령형 어미가 '-아라'나 '-거라'가 붙으면, 어미인 '-아라'나 '-거라'는 '-너라'로 바뀐다.

(81) ㄱ. 남다: 남아라 / 남거라
    ㄴ. 죽다: 죽어라 / 죽거라
    ㄷ. 하다: 하여라

(82) ㄱ. 오다: 오 + 아라 → 와라   (간접 명령문)
    ㄴ. 오다: 오 + 너라 → 오너라   (직접 명령문)

명령형 어미는 일반적으로 (81)의 '남아라/남거라, 죽어라/죽거라'처럼 '-아라/-어라/-거라'로 실현되며, '여' 불규칙 용언의 경우에는 '하여라'처럼 '-여라'로 실현된다. 그런데 (82)에서 '오다'의 어간에 명령형 어미가 실현되면, '와라'나 '오거라'로 실현될 수도 있지만, '오너라'로 불규칙하게 실현될 수도 있다. 따라서 '오다'의 명령형이 '오너라'로 되는 활용 방식을 '너라' 불규칙 활용이라고 한다.

〈'오' 불규칙 활용〉 '화자가 청자에게 어떤 것을 주도록 요구하다'의 뜻으로 쓰이는 '달다(與)'는 아주 낮춤의 명령형으로 활용할 때에는 '다오'로 활용한다.

(83) ㄱ. 인호야, 철수에게 책을 주어라.
    ㄴ. 인호야, 나에게 책을 다오.

(84) ㄱ. 달다: *달 + 아라 → *달아라
    ㄴ. 달다: *달 + 거라 → *달거라

(85) 달다: *달+오 → (/ㄹ/ 탈락) → *다+오 → 다오

아주 낮춤 등분인 '해라체'의 명령형 어미의 일반적인 형태는 '-아라/-어라, -거라'이다. 따라서 만일 '달다'가 규칙적으로 활용한다면 (84)처럼 '*달아라' 혹은 '*달거라'와 같이 활용해야 하는데, 실제로는 (85)처럼 '다오'로 활용한다. 이는 '달다'가 명령형에서 불규칙하게 활용하여 어미가 '-오'로 바뀌어서 '*달오'가 되고, '*달오'가 다시 'ㄹ' 탈락 규칙에 따라서 '다오'가 된 것이다.16)

(나)-3. 어간과 어미가 불규칙하게 바뀌는 활용

〈'ㅎ' 불규칙 활용〉 형용사인 '좋다'와 동사인 '놓다, 낳다, 넣다' 등은 어간에 모음으로 시작하는 어미가 붙어서 활용하여도, 어간의 끝 받침 소리인 /ㅎ/이 탈락되지 않는다.(규칙 용언)

(86) ㄱ. 좋+아서 → 좋아서   (86') 좋+았다 → 좋았다
    ㄴ. 좋+아도 → 좋아도
    ㄷ. 좋+으니 → 좋으니
    ㄹ. 좋+으면 → 좋으면
    ㅁ. 좋+네 → 좋네→(/존네/)

(87) ㄱ. 놓+아서 → 놓아서   (87') 놓+았다 → 놓았다
    ㄴ. 놓+아도 → 놓아도
    ㄷ. 놓+으니 → 놓으니
    ㄹ. 놓+으면 → 놓으면
    ㅁ. 놓+네 → 놓네→(/논네/)17)

(86)의 '좋아서'와 (97)의 '놓아서'에서는 어간의 /ㅎ/ 받침과 어미 '-아서'의 형태가 바뀌지 않고 그대로 유지된다. '좋다, 놓다'의 이러한 활용 형태는 어간과 어미의 꼴이

---

16) '달다'의 어간의 끝소리인 /ㄹ/이 탈락하는 것은 규칙 활용에 해당하므로, '다오'의 활용은 어미만 불규칙하게 변한 활용형이다.
17) '좋네'가 /존네/→/존네/로 변동하고, '놓네'가 /논네/→/논네/로 변동하는 것은 '평파열음화'에 이어서 '비음화'가 적용된 결과이다. 따라서 '좋네'의 활용은 규칙 활용으로 처리한다.

변화가 없다는 점에서 규칙 활용이다.

그런데 형용사 중에는 '그렇다, 까맣다, 동그랗다, 퍼렇다, 하얗다'처럼 어간의 끝 음절이 /ㅎ/ 받침으로 끝나는 것이 있다. 이러한 형용사의 어간에 모음(매개 모음 /으/ 포함)으로 시작하는 어미나 '-네'가 붙어서 활용할 때에, 어간의 끝 받침 소리인 /ㅎ/이 탈락하면서 동시에 어미의 /ㅏ/, /ㅓ/가 /ㅐ/로 교체되는 수가 있다.

(88) ㄱ. 노랗 + 아서 → (/ㅎ/ 탈락) → 노라 + 아서 → 노래서
     ㄴ. 노랗 + 았다 → (/ㅎ/ 탈락) → 노라 + 았다 → 노랬다

(89) ㄱ. 노랗 + 으니 → (/ㅎ/ 탈락) → 노라 + 으니 → 노라니
     ㄴ. 노랗 + 으면 → (/ㅎ/ 탈락) → 노라 + 으면 → 노라면
     ㄷ. 노랗 + 으오 → (/ㅎ/ 탈락) → 노라 + 으오 → 노라오
     ㄹ. 노랗 + 은   → (/ㅎ/ 탈락) → 노라 + 은   → 노란

(90) 노랗 + 네   → (/ㅎ/ 탈락) → 노라 + 네   → 노라네

(88)에서는 '노랗다'의 어간에 모음으로 시작하는 어미인 '-아서, -았다'가 실현되었는데, 이때에는 '노래서, 노랬다'로 활용한다. 이 경우에는 어간의 끝 받침인 /ㅎ/이 탈락하고, 어미의 형태도 '-아서, -았다'에서 '-애서, -앴다'로 불규칙하게 바뀐다. 그리고 (89)에는 '노랗다'의 어간인 '노랗-'에 매개 모음 /으/를 포함하는 어미가 붙었는데, 이 경우에는 어간의 /ㅎ/만 줄어져서 불규칙하게 활용하고 어미의 형태는 그대로 유지된다.18) 끝으로 (90)에서는 '노랗다'의 어간에 '-네'가 붙었는데, 이 경우에도 어간의 끝 받침인 /ㅎ/이 탈락하여 불규칙하게 활용한다.19)

'노랗다'처럼 활용을 할 때에 어간이나 어미의 형태가 바뀌는 활용을 'ㅎ' 불규칙 활용이라고 하는데, 이러한 'ㅎ' 불규칙 용언으로는 '그렇다, 까맣다, 노랗다, 동그랗다, 퍼렇다, 하얗다'와 '이렇다, 그렇다, 저렇다' 등이 있다.

---

18) '노랗 + 으니'에서 어간의 끝소리인 /ㅎ/이 탈락하고 나면, 어간인 '노라-'에 붙은 어미인 '-으니'에서 매개 모음인 /으/는 자동적으로 탈락한다.(규칙 활용) 따라서 (89)와 (90)에 제시된 예의 활용은 어간만 불규칙하게 바뀐 활용이다.

19) 국립국어원에서는 2015년에 '노라네[노라네]'와 '노랗네[노란네]'를 복수 표준어로 인정했다. 이처럼 '노랗네'를 표준어로 인정하게 되면 '노라네'는 규칙 활용이 되며, '노랗네'는 /노란네 → 노란네/와 같이 평파열음화와 비음화가 적용된 형태가 된다. 곧, 복수 표준어 중에서 '노라네'는 'ㅎ' 불규칙 용언으로 처리되고, '노랗네'는 규칙 용언으로 처리된다.

불규칙 활용의 유형은, 어간이 불규칙하게 바뀌는 것, 어미가 불규칙하게 바뀌는 것, 어간과 어미가 동시에 불규칙하게 바뀌는 것이 있다. 불규칙 활용의 유형은 다음과 같다.(『고등학교 교사용 지도서 문법』 2010:140 참조.)

활용 부분	갈래	불규칙 활용의 양상	불규칙 활용의 예	규칙 활용의 예
어간이 바뀜.	'ㅅ' 불규칙	어간의 끝소리 /ㅅ/이 모음의 어미 앞에서 탈락한다.	잇 + 어서 → 이어서 짓 + 었 + 다 → 지었다	벗 + 어서 → 벗어서 씻 + 었 + 다 → 씻었다
	'ㄷ' 불규칙	어간의 끝소리 /ㄷ/이 모음의 어미 앞에서 /ㄹ/로 바뀐다.	묻(問) + 어서 → 물어서 걷(步) + 었 + 다 → 걸었다	묻(埋) + 어서 → 묻어서 얻 + 었 + 다 → 얻었다
	'ㅂ' 불규칙	어간의 끝소리 /ㅂ/이 모음 어미 앞에서 반모음인 /ㅗ/나 /ㅜ/로 바뀐다.	눕 + 어서 → 누워서 돕 + 았 + 다 → 도왔다	잡 + 아서 → 잡아서 뽑 + 았 + 다 → 뽑았다
	'르' 불규칙	어간의 끝소리 /르/가 /ㅏ/, /ㅓ/로 시작하는 어미 앞에서 /ㄹㄹ/의 형태로 바뀐다.	흐르 + 어서 → 흘러서 빠르 + 었 + 다 → 빨랐다	따르 + 어서 → 따라서 치르 + 었 + 다 → 치렀다
	'우' 불규칙	'푸다'의 어간의 끝소리인 /ㅜ/가 /ㅏ/, /ㅓ/로 시작하는 어미 앞에서 탈락한다.	푸 + 어서 → 퍼서 푸 + 었 + 다 → 펐다	주 + 어서 → 주어서 누 + 었 + 다 → 누었다
어미가 바뀜.	'여' 불규칙	'하다'의 어간 뒤에 붙는 어미 '-아'가 '-여'로 바뀐다.	하 + 아서 → 하여서 일하 + 았 + 다 → 일하였다	파 + 아서 → 파서 가 + 았 + 다 → 갔다
	'러' 불규칙	끝소리인 /르/인 어간에 /ㅓ/로 시작하는 어미가 붙을 때, 어미의 '어'가 '러'로 바뀐다.	이르(至) + 어서 → 이르러서 누르(黃) + 어서 → 누르러서 푸르 + 었 + 다 → 푸르렀다	따르 + 어서 → 따라서 치르 + 어서 → 치러서
	'너라' 불규칙	'오다'의 어간 뒤에 붙는 명령형 어미인 '-아라, -거라'가 '-너라'로 바뀐다.	오 + 아라 → 오너라 오 + 거라 → 오너라	가 + 아라 → 가라 있 + 거라 → 있거라
	'오' 불규칙	'달다' 뒤에 붙는 '하라'체의 명령형 어미인 '-아라, -거라'가 '-오'로 바뀐다.	달 + 아라 → 다오 달 + 거라 → 다오	주 + 어라 → 주어라 주 + 거라 → 주거라
어간과 어미가 바뀜.	'ㅎ' 불규칙	/ㅎ/으로 끝나는 어간에 /ㅏ/, /ㅓ/로 시작하는 어미가 붙으면, 어간의 /ㅎ/이 탈락하고 어미의 형태도 /ㅐ/로 바뀐다. 단, 매개 모음이나 '-네'가 붙으면 어간의 /ㅎ/만 탈락한다	노랗 + 아서 → 노래서 노랗 + 았 + 다 → 노랬다 노랗 + 으니 → 노라니 노랗 + 네 → 노라네	좋 + 아서 → 좋아서 좋 + 았 + 다 → 좋았다 놓 + 으니 → 좋으니 좋 + 네 → 좋네

[표 6. 불규칙 활용의 유형]

【 더 배우기 】

1. '있다', '계시다', '없다'의 품사

〈의미와 형태적인 특징〉 '있다(계시다), 없다'는 '사물이나 사람의 존재 여부'를 서술하기 때문에 이들 단어의 의미를 동작의 범주에 넣기도 어렵고 상태의 범주에 넣기도 어렵다. 그리고 활용의 형태를 고려해도 동사적인 성격과 형용사적인 성격이 모두 나타나기 때문에 '있다, 계시다, 없다'의 품사를 결정하기가 어렵다.

첫째, '있다, 없다'는 평서형과 감탄형에서는 형용사처럼 활용한다.

(1) ㄱ. 사슴이 농장에 <u>있-다</u>.　　　　　[평서형]　　　cf. 있-는다 (×)
　　ㄴ. 사슴이 농장에 <u>없-다</u>.　　　　　　　　　　　cf. 없-는다 (×)

(2) ㄱ. 사슴이 농장에 <u>있-구나</u>.　　　　[감탄형]　　　cf. 있-는구나 (×)
　　ㄴ. 사슴이 농장에 <u>없-구나</u>.　　　　　　　　　　cf. 없-는구나 (×)

(1)에서는 '있다'와 '없다'가 평서형으로 활용하였고 (2)에서는 감탄형으로 활용하였는데, 여기서 '있다'와 '없다'에는 '-는-'이 실현되지 않았다. 따라서 '있다'와 '없다'가 평서형과 감탄형에서는 형용사처럼 활용한다는 것을 알 수 있다.

둘째, '있다, 없다'는 의문형과 관형사형에서는 동사처럼 활용한다.

(3) ㄱ. 너희 집에는 개가 <u>있-느냐</u>?　　[의문형]　　　cf. 있-냐 (×)
　　ㄴ. 너희 집에는 개가 <u>없-느냐</u>?　　　　　　　　cf. 없-냐 (×)

(4) ㄱ. 집에 개가 <u>있-는</u> 사람은 오시오.　[관형사형]　cf. 있-은 (×)
　　ㄴ. 집에 개가 <u>없-는</u> 사람은 오시오.　　　　　cf. 없-은 (×)

(3)에서는 '있다'와 '없다'가 의문형으로 활용하였고 (4)에서는 관형사형으로 활용하였다. 여기서 '있다'와 '없다'의 활용 형태는 '-느냐'와 '-는'으로 나타나므로, '있다'와 '없다'는 의문형과 관형사형에서는 동사처럼 활용한다.

'계시다'는 평서형에서는 '어른이 방에 계시다.'처럼 활용하며, 관형사형에서는 '어른이 계신 방'처럼 활용하므로 형용사와 유사하게 활용한다. 반면에 의문형에서는 '아버님께서 방에 계시느냐?/계시냐?'처럼 활용하고 감탄형에서는 '아버님께서 방에 계시는구나./계시구나.'와 같이 동사와 형용사의 두 가지 활용형을 다 취한다.

결국 '있다(계시다)'와 '없다'는 어떠한 대상의 '존재' 유무를 뜻한다는 의미적인 특수성이 있고, 형태적인 측면에서 볼 때에도 동사와 형용사의 특징이 모두 나타난다.

〈 '있다'와 '없다'의 품사 처리 〉 이완응(1929:105~111), 박승빈(1935:218~221), 이희승(1949:105, 1956:381~388)에서는 '있다, 없다'를 묶어서 용언의 한 범주로서 '존재사(存在詞)'를 설정한다. 곧 이들 '있다(계시다)'와 '없다'가 동사처럼 활용할 수도 있고 형용사처럼 활용할 수도 있다는 것과 이들 단어들이 '동작'이나 '상태'가 아니고 '존재'를 나타낸다는 의미상의 특수성을 근거로 '존재사'를 설정한 것이다. 이처럼 '있다'와 '없다'를 존재사로 처리하는 견해는 '있다'와 '없다'의 형태와 의미적인 특징을 고려한 것이다. 하지만 이러한 처리 방식은 '있다'와 '없다'를 문법적으로 처리하기 위하여 전체 품사에 새로운 품사(존재사)를 추가해야 하는 문제가 있다.

이에 반해서 최현배(1980:185~187)에서는 용언의 여러 활용형 가운데 '베풂꼴(평서형)'을 가장 기본적인 활용형으로 보고, '있다(계시다)'와 '없다'가 평서형에서 형용사와 동일하게 활용한다는 점을 들어서 이들 단어들을 형용사로 처리하였다. 현행의 학교 문법에서도 최현배의 처리 방법과 같이 '있다(계시다)'와 '없다'를 모두 형용사로 처리하고 있다. 하지만 평서형의 형태만으로 전체 용언의 활용형을 대표할 수 있는지는 여전히 문제로 남는다.

그런데 '있다'와 '없다'에 명령형과 청유형이 성립하는지 아닌지를 검토해 보면, '있다, 계시다, 없다'의 활용상의 차이를 알 수 있다. 곧 '있다'와 '계시다'는 동사적인 성격이 강하고 '없다'는 형용사적인 성격이 강하다.

(5) ㄱ. 여기에 <u>있어라</u>. / 선생님, 여기에 <u>계십시오</u>.
　　ㄴ. 우리 같이 <u>있자</u>. / 우리는 여기에 <u>계십시다</u>.

(6) ㄱ. *여기에 좀 <u>없어라</u>.
　　ㄴ. *같이 좀 <u>없자</u>.

(5)에서 '있다'와 '계시다'는 동사처럼 '명령형'과 '청유형'이 성립하는 데에 비해서, (6)에서 '없다'는 명령형과 청유형이 성립하지 않는다. 이러한 점을 감안하면 '있다'와 '계시다'는 동사의 성격이 강하고 '없다'는 형용사의 성격이 강하다고 할 수 있다.

2. '어근 - 접사'와 '어간 - 어미'의 차이

〈어근과 접사 〉 일반적으로 '어근'과 '(파생)접사'는 단어 형성법에서 단어의 짜임새를 설명할 때에 쓰이는 용어다. 곧 어근은 한 단어의 중심 의미를 나타내는 실질 형태소이며, (파생)접사는 어근에 붙어서 새로운 단어를 만들어 주는 기능을 하는 형식 형태소이다.

(1) ㄱ. 헛소리 = 헛-(파생 접사) + 소리(어근)

ㄴ. 먹이다 = 먹-(어근) + -이-(파생 접사)- + -다

(ㄱ)에서 '헛소리'는 어근인 '소리'에 파생 접사인 '헛-'이 붙어서 새로운 단어가 파생되었으며, (ㄴ)에서 '먹이(다)'는 어근인 '먹(다)'에 파생 접사인 '-이-'가 붙어서 파생되었다. 곧 어근은 새로운 단어가 파생될 때의 밑말이 되는 요소이며, 파생 접사는 어근에 붙어서 새로운 단어를 파생시키는 요소이다.

〈어간과 어미〉 '어간(줄기, stem)'과 '어미(씨끝, ending)'는 용언에서 나타나는 굴곡(활용)의 양상을 설명할 때에 쓰는 용어이다.

(2) 용언 = 어간[(접두사) 어근 (접미사)] + 어미

용언이나 서술격 조사와 같은 활용어의 내부 구조는 크게 어간 부분과 어미 부분으로 구분할 수 있다.

(3) ㄱ. 짓밟혔다　　　→ [짓-접두 + 밟-어근 + -히-접미]어간 + -었다어미

ㄴ. 치받았다　　　→ [치-접두 + 받-어근]어간 + -았다어미

ㄷ. 깨뜨리시겠다　→ [깨-어근 + -뜨리-접미]어간 + -시겠다어미

ㄹ. 싸웠다　　　　→ [싸우-어근]어간 + -었다어미

여기서 '어간(줄기, stem)'은 용언을 구성하는 형태소 중에서 어휘적 의미를 나타내는 형태소 전체를 일컫는다. 그리고 '어미(씨끝, ending)'는 어간 뒤에서 실현되며 문법적 의미를 나타내는 형태소로 구성되어 있는데, 다른 품사에서는 실현되지 않고 용언의 어간 뒤에서만 실현된다. 곧 어간은 용언이 활용할 때에 쓰이는 어휘적인 뜻을 나타내는 불변 요소이며, 어미는 용언의 문법적인 기능을 나타내는 가변 요소이다.

3. '관형사형 어미'의 형태

제7차 교육과정의 『고등학교 문법』(2010:163)'에서는 관형사형 어미의 형태로 '-는, -(으)ㄴ,

-(으)ㄹ, -던' 등을 인정하고 있다.

> (1) ㄱ. -는 → -느- + -ㄴ
> 　　 ㄴ. -던 → -더- + -ㄴ

그런데 '-는'은 선어말 어미인 '-느-'와 어말 어미인 '-ㄴ'으로 분석할 수 있으며, '-던'도 선어 말 어미인 '-더-'와 어말 어미인 '-ㄴ'으로 분석할 수 있다. 이러한 점을 감안하면 순수한 관 형사형 어미로 볼 수 있는 것은 '-(으)ㄴ'과 '-(으)ㄹ' 두 가지뿐이다.(남기심·고영근 1993:195, 『고등학교 문법』 2010:179)

4. 명사형 전성 어미 '-음', '-기'와 명사 파생 접미사 '-음', '-기'의 구분

용언의 명사형 어미인 '-음', '-기'와 명사 파생 접미사인 '-음', '-기'는 형태가 동일하여서 이 둘을 잘 구분하지 못하는 경우가 있다.

첫째, 명사 파생 접미사인 '-음'과 명사형 어미인 '-음'이 실현되는 모습은 다음과 같다.

> (1) ㄱ. 우리가 도착한 날 밤에 원주민들은 격렬한 춤을 우리에게 선보였다.
> 　　 ㄴ. 아가씨들은 벨리댄스를 흥겹게 춤으로써 잔치의 분위기를 띄웠다.
>
> (2) ㄱ. 백설 공주는 깊은 잠에서 깨어나자마자 왕자에게 사랑을 고백했다.
> 　　 ㄴ. 선수들은 일찍 잠으로써 내일의 시합에 대비했다.

용언의 어근에 명사 파생 접미사 '-음'이 붙으면 원래의 용언은 명사로 파생된다. 이렇게 용 언에서 파생된 명사는 용언이 가진 원래의 문법적인 성질을 잃어버리고 명사로 바뀌게 된다. 예를 들어서 (1~2)의 (ㄱ)에서 '춤'과 '잠'은 각각 동사인 '추다'와 '자다'의 어근에 명사 파생 접미사 '-음'이 붙어서 완전히 명사로 파생된 말이다. 이렇게 명사로 파생된 말은 '격렬한'이 나, '깊은'과 같은 관형어의 수식을 받을 수 있다. 이에 반해서 용언의 어간에 명사형 어미 '-음'이 붙으면 용언이 본래 가진 성질이 변하지 않아서 서술어로 쓰일 수 있는 기능을 그대 로 유지하고 있다. (1~2)의 (ㄴ)에서 '춤'과 '잠'은 '아가씨들은 흥겹게 벨리댄스를 추다.'와 '선 수들은 일찍 자다.'와 같이 문장에서 서술어로 쓰이고 있을 뿐만 아니라 '흥겹게'와 '일찍'과 같은 부사어의 수식을 받을 수 있다.

둘째, 명사 파생 접미사인 '-기'와 명사형 어미인 '-기'가 실현되는 모습은 다음과 같다.

(3) ㄱ. 철수와 영희는 어제 열린 달리기 시합에서 1등과 2등을 했다.

　　ㄴ. 아이들은 금정산 꼭대기까지 일제히 달리기 시작했다.

(4) ㄱ. 동네 아이들과 하는 술래잡기에서는 언제나 내가 술래가 되었다.

　　ㄴ. 철수는 달아나는 술래를 혼자서 잡기가 쉽지 않았다.

(3~4)에서 (ㄱ)의 '달리기'와 '술래잡기'는 동사인 '달리다'와 '술래잡다'의 어근에 명사 파생 접미사인 '-기'가 붙어서 된 파생 명사이다. 반면에 (ㄴ)의 '달리기'와 '잡기'는 명사절 속에서 서술어로 쓰이므로, 동사인 '달리다'와 '잡다'의 어간에 명사형 어미인 '-기'가 붙어서 활용한 형태이다.

요약하면 명사형 어미 '-음'과 '-기'는 그것이 붙은 말(어간)이 용언으로서의 기능을 그대로 유지하도록 하면서 명사절을 형성한다. 반면에 명사 파생 접미사 '-음'과 '-기'는 용언의 어근에 붙어서 그것을 새로운 단어(명사)로 만들어 준다.

5. 종속적 연결 어미와 부사형 전성 어미

제7차 교육과정의 교사용 지도서 문법(2010:134)에서는 부사형 어미인 '-게'나 '-도록' 뿐만 아니라, 종속적 연결 어미도 부사형 어미로 처리할 수 있다고 하였다. 곧 종속적으로 이어진 문장의 앞절도 부사절로 처리할 수가 있다는 일부 학자들의 견해를 받아들여서, 종속적 연결 어미도 부사형 어미로 볼 수 있다고 처리한 것이다.

(1) ㄱ. 비가 오면 날씨가 추워진다　　　　　　[종속적으로 이어진 문장]

　　ㄴ. 날씨가 추우니까 얼음이 얼었다　　　　[종속적으로 이어진 문장]

(2) ㄱ. 비가 오면 + 날씨가 추워진다　　　　　[종속적으로 이어진 문장]

　　ㄴ. 날씨가 추우니까 + 얼음이 얼었다　　　[종속적으로 이어진 문장]

(3) ㄱ. 비가 오면　　날씨가 추워진다　　　　　[부사절을 안은문장]

　　ㄴ. 날씨가 추우니까　얼음이 얼었다　　　　[부사절을 안은문장]

종래에는 (1)의 문장에서 밑줄 그은 절을 (2)처럼 종속적으로 이어진 문장의 앞절로 처리했다. 그러나 (2)에서 앞절의 의미가 (4)처럼 뒷절의 의미를 수식하는 것으로도 볼 수도 있기 때문에 이를 부사절로 처리할 가능성을 인정한 것이다.

다음과 같은 예도 종속적으로 이어진 문장의 앞절을 부사절로 처리하는 근거가 될 수 있다.(『고등학교 문법』 2010:168)

    (4) ㄱ. 날씨가 <u>비가 오면</u> 추워진다.
         ㄴ. 얼음이 <u>날씨가 추우니까</u> 얼었다.

곧 (1)의 앞절은 (4)처럼 뒷절의 주어 뒤로 이동할 수 있는데, 여기서 (1)와 (4)를 비교할 때에 두 문장의 기본적인 의미가 바뀌지 않는다. (4)에서 주어의 뒤로 이동한 절은 부사절로 쓰이게 되는데, 이러한 사실 때문에 (1)의 앞절도 부사절로 볼 수 있다. 결과적으로 (1)의 '-면'과 '-니까'도 부사형 어미로 처리할 수 있는 것이다.

요약하면 제7차 교육과정의 『고등학교 문법』(2010)에서는 근본적으로 부사절과 종속절을 구별하는 것이 별 의미가 없다고 보고 있으며, 이를 통하여 '종속적 연결 어미'와 '부사형 어미'의 설정에 대한 다양한 처리 방법을 제시하고 있다.

5. 분리적 선어말 어미와 교착적 선어말 어미

남기심·고영근(1993:152 이하)에서는 선어말 어미를 그것이 실현되는 분포상의 차이에 따라서 '분리적 선어말 어미'와 '교착적 선어말 어미'로 구분하였다.

첫째, '분리적 선어말 어미(分離的 先語末語尾)'는 분포가 넓어서 다른 어미와 결합하는 데에 제약이 덜한 선어말 어미이다.

    (1) ㄱ. 주체 높임 : -시-
         ㄴ. 시간 표현 : -는-/-ㄴ-, -었-, -겠-
         ㄷ. 공손 표현 : -옵-/-오-/-사옵-/-사오-

    (2) ㄱ. 아버님께서 약을 드<u>셨</u>다.
         ㄴ. 철수가 야구공을 던<u>진</u>다/던<u>졌</u>다/던지<u>겠</u>다.
         ㄷ. 어서 옥좌에 오르<u>옵</u>소서.

분리적 선어말 어미에 해당하는 것은 주체 높임 선어말 어미인 '-시-'와 '시간 표현의 선어말 어미'인 '-는-, -었-, -겠-', 그리고 '공손 표현의 선어말 어미'인 '-옵-/-오-/-사옵-/-사오-' 등이 있다. 이들 어미는 그 앞과 뒤에 다른 어미와 결합하는 데가 제약이 적어서 쉽게 분리되는 어미이다.

둘째, '교착적 선어말 어미(膠着的 先語末語尾)'는 분포가 좁아서 다른 어미와 결합하는 데에 제약이 많은 선어말 어미이다.

(3) ㄱ. 상대 높임 표현 : -ㅂ-/-습-
ㄴ. 서법 표현 : -느-, -더-, -리-
ㄷ. 강조 표현 : -니-, -것-

(4) ㄱ. 영희도 잼버리 대회에 참가<u>합</u>니다.
ㄴ. 저도 홍어를 잘 먹<u>습</u>니다.

(5) ㄱ. 너는 언제 졸업을 하<u>느</u>냐?
ㄷ. 큰 소리가 나<u>더</u>라.
ㄹ. 나도 학부모 봉사회에 가입하<u>리</u>라.

(6) ㄱ. 모든 사람은 다 죽<u>느니</u>라.
ㄴ. 옳지, 네가 바로 어제 그놈이<u>것</u>다.
ㄷ. 오늘 저녁에도 달이 뜨<u>렷</u>다.

교착적 선어말 어미에 해당하는 것은 상대 높임의 '-ㅂ-/-습-', 서법 표현의 '-느-, -더-, -리-', 강조법의 '-니-, -것-, -렷-' 등이 있다고 한다. 이들 선어말 어미는 다른 어미와 결합하는 데에 제약이 많아서 다른 어미와 쉽게 분리되지 않는 특징이 있다. 이러한 교착적 선어말 어미는 다른 어미와 잘 구분되지 않아서, 종결 어미와 결합된 형태인 '-ㅂ니다/-습니다', '-느냐, '-니라, '-것다, '-렷다가 하나의 종결 어미처럼 쓰이고 있다.

[단원 정리 문제 5]

1. 다음의 예를 사용하여 용언의 특징을 설명하시오

    (보기) 먹다, 작다

2. 다음의 예를 사용하여 동사와 형용사를 구분하는 기준을 설명하시오

    (보기) 읽다, (맛이) 짜다

3. 아래의 글을 읽고 용언의 유형에 대하여 다음 물음에 답하시오

> 사막 한복판에 나무 한 그루가 있었습니다. 그 나무 밑에서는 샘물이 솟았습니다. 불볕이 타는 사막에서 사람들은 언제나 그 나무 아래에 와서 샘물로 목을 축이곤 했습니다. 그런데 그 샘물은 임자가 있었습니다. 돈을 받고 샘물을 팔아먹는 것입니다. 어느 날 아침 일찍 샘터를 돌아보던 주인은 그 커다란 나무가 물을 흠뻑 머금고 있는 것을 발견했습니다. 주인은 나무를 없애 버린다면 나무가 머금고 있는 물도 모두 샘에 고일 것이라는 생각을 했습니다. 그래서 주인은 나무를 베어 버리고 말았습니다. 그러나 주인 생각과는 달리 그 샘물은 며칠 후 말라 버리고 말았습니다. 햇볕을 가려 주고 모래바람을 막아 주던 나무가 없어지니 샘에서 물이 솟을 까닭이 없었습니다. 큰 욕심이 결국 모두를 잃게 하고 만 것입니다.

3-1. 위의 글 속에서 용언을 찾고 그것이 동사인지 형용사인지 구분하시오

    ① 동사
    ② 형용사

3-2. 위의 글 속에 나타난 동사를 통사적인 특징에 따라 자동사와 타동사를 구분하시오 (단, 보조 용언은 논의에서 제외한다.)

    ① 자동사
    ② 타동사

3-3. 위의 글에서 보조 용언을 가려 내고, 각 보조 용언의 의미 혹은 기능을 설명하시오

3-4. 다음 글 속에 나타난 형용사를 의미적 특징에 따라 심리 형용사, 감각 형용사, 평가 형용사, 비교 형용사로 구분하시오

> 같다, 기쁘다, 낮다, 높다, 닮다, 똑똑하다, 맵다, 새콤하다, 성실하다, 소란스럽다, 슬기롭다, 슬프다, 싫다, 아프다, 차다

① 심리 형용사:
② 감각 형용사:
③ 평가 형용사:
④ 비교 형용사:

4. 다음 보기의 문장을 이용하여 본용언과 보조 용언의 문법적·의미적인 차이를 설명하시오

> (보기) ㄱ. 대통령은 창문을 열고 바깥 풍경을 <u>보았다</u>.
>   ㄴ. 철수는 떡국을 떠먹어 <u>보았다</u>.

5. 다음 글 속에 쓰인 용언이나 서술격 조사에 대하여 다음의 물음에 답하시오

> 어제 학교에서 집으로 <u>돌아오는</u> <u>길이었다</u>. 승환이가 '뚱보 돼지' <u>하면서</u> 나를 <u>놀렸다</u>. 집에서 형이 <u>뚱뚱하다고</u> 놀릴 때에도 약이 올랐다. 화가 <u>나서</u> 나도 <u>모르게</u> 주먹으로 승환이를 한 대 <u>때렸다</u>.
> "어?" "한번 더 <u>놀려 봐!</u>" "뚱보 돼지."
> 나는 한 대 더 <u>때렸다</u>. 승환이가 <u>쓰러졌다</u>. 승환이 주머니에서 조약돌이 <u>튀어나와</u> 사방으로 <u>흩어졌다</u>. 승환이가 <u>큰</u> 소리로 <u>울기</u> <u>시작하였다</u>. 나는 덜컥 겁이 <u>났다</u>.
> '누가 오면 어떡하지?'
> 주위를 <u>둘러보았다</u>. 골목에는 아무도 없었다. 나는 <u>도망치듯</u> <u>달려서</u> 집으로 <u>왔다</u>. 책상 앞에 <u>앉아서</u>도 걱정이 <u>되었다</u>.
> '괜히 <u>때렸어</u>, 말로 <u>할걸</u>. 어디 <u>다치지는</u> <u>않았을까?</u>'

5-1. 밑줄 친 용언을 보기처럼 어간과 어미로 구분하시오.

　　(보기) 먹었겠다 → 먹- + -었겠다

5-2. 밑줄 친 용언의 어미를 어말 어미와 선어말 어미로 구분하시오.

　　① 어말 어미 :
　　② 선어말 어미 :

5-3. 밑줄 친 용언의 어미를 아래의 보기처럼 분석하고 그 문법적인 명칭을 말하시오.

> (보기) -었겠다
>
> 　　(가) -었- : 과거 시제 선어말 어미
> 　　(나) -겠- : 미래 시제 선어말 어미
> 　　(다) -다　: 평서형 종결 어미

6. 용언 '깨뜨리시었다'를 이용하여 '어간'과 '어미' 그리고 '어근'과 '파생 접사'의 개념을 설명하시오.

7. 다음 단어를 이용하여 불규칙 활용의 개념을 설명하시오.

　　① 아름답다 : 뽑다
　　② 짓다 : 씻다
　　③ 푸르다 : 뜨다

8. 『고등학교 문법』(2010)'에서 '따르다'를 규칙적으로 활용하는 용언으로 처리하는 이유를 설명하시오.

9. 다음의 문장에서 밑줄 그은 문법 형태소의 이름을 말하고, 두 형태소의 기능적 차이를 설명하시오.

　　① 산의 꼭대기까지 달리<u>기</u>는 정말 힘이 들었다.
　　② 철수는 달리<u>기</u>를 잘한다.

10. <보기>에 제시된 예문을 바탕으로 다음 물음에 답하시오. **[2000학년도 중등 교사 임용 시험]**

> (1) 국왕은 열렬한 째즈 애호가로도 알려져 있어. 연주가들을 불러 색소폰을 연주하기도 하지. 작업복 차림으로 전국 각지를 돌아다니며 가난한 이들을 찾아다니기도 할까?
>
> (2) ㄱ. 산은 높<u>고</u> 물은 맑았다.
>   ㄴ. 밥을 먹<u>고</u> 집에 간다.
>   ㄷ. 시계가 잘 가<u>고</u> 있다.
>
> (3) ㄱ. 구름에 달 가<u>듯</u> 정처없이 간다. (앞절이 뒷절을 수식)
>   ㄴ. 아이가 돌아다니<u>며</u> 음식을 먹는다. (앞절이 뒷절을 수식)
>
> (4) <u>산은 높고</u> 물은 맑았다. → 산은 높다. <u>그리고</u> 물은 맑았다. ('그리고'는 접속 부사임)

10-1. '『고등학교 문법』'의 어말 어미 활용 체계를 쓰고, (1)에서 어말 어미를 찾아 이 체계에 따라 분류하여 쓰시오 [3점]

10-2. (2)~(4)에 사용된 어미를 자료로 이 체계(학교 문법의 어말 어미 활용 체계)의 문제점을 탐구하여 설명하시오 [3점]

11. 다음 <보기>를 읽고 물음에 답하시오. **[2002학년도 중등 교사 임용 시험]**

> (1) 밉지는 않지만 허름한 옷이 마음에 들려 않았다. 인기척이 들려 나가서 보니까 영이가 보였다. 나는 얼른 돌아 들어왔다. 서성이고 있는 나에게 누가 너를 이렇게 우울하게 했느냐고 엄마가 물으셨다. 나는 자리를 피하고 싶어 얼른 눈을 감고 머리가 아픈 척했다.

전통 문법에서 보조 용언으로 다루고 있는 예를 글 (1)에서 6개만 찾아 쓰고, 보조 동사와 보조 형용사로 분류하시오. 그 중에서 보조 용언의 성격이 비교적 약한 예를 찾는다면 어느 것인지 2개만 들고, 그 이유를 설명하시오. [4점]

① .... ② ....
③ .... ④ ....

⑤ _____   ⑥ _____

• 예와 이유 :

_____

_____

_____

12. 다음의 밑줄 친 보조적 연결 어미 '-게'는 학교 문법에서 부사형 전성 어미로도 인정
되고 있다. '-게'를 부사형 전성 어미로 볼 수 있는 근거를 구체적으로 기술하시오. [2
점] **[2002학년도 중등 교사 임용 시험]**

> ① 장미꽃이 아름답<u>게</u> 피었다.
> ② 서쪽 하늘에 저녁놀이 화려하<u>게</u> 물들었다.

13. 다음은 대칭 동사의 특성을 이해하기 위한 학습 자료이다. 이 자료에서 알 수 있는
대칭 동사의 특성을 대칭 동사가 아닌 경우와 비교하여 <보기>의 지시에 따라 서술
하시오. [3점] **[2014학년도 중등 교사 임용 시험]**

> (1) 가. 영수가 동수와 공원에서 만났다.
>   나. 영수가 동수와 공원에서 놀았다.
> (2) 가. 영수와 동수가 공원에서 만났다.
>   나. 영수와 동수가 공원에서 놀았다.

> ──────── <보기> ────────
> 1. 자료의 (1)을 참고하여 필수적 부사어가 어떤 것인지 판단하고 그것의 특성
>   을 언급할 것.
> 2. 자료의 (2)를 참고하여 문장의 중의성 여부를 언급할 것.
> 3. 문맥에 의한 문장 성분 생략은 고려하지 말 것.

2.5. 수식언

문장 속에서 부속 성분으로 쓰여서 중심어(체언, 용언 등)의 의미를 한정하는 단어의 갈래를 '수식언'이라고 한다. 수식언으로는 '관형사'와 '부사'가 있다.

2.5.1. 관형사

관형사는 체언 앞에 실현되어서 체언을 수식하면서 그 의미를 한정하는 단어의 갈래이다. 이러한 관형사에는 '성상 관형사', '수 관형사', '지시 관형사'가 있다.

2.5.1.1. 관형사의 개념과 특징

〈개념〉 관형사(冠形詞, 매김씨, determiner)는 체언(= 명사)을 수식함으로써, 체언의 의미를 제한(한정)하는 단어의 갈래이다.

> (1) ㄱ. 아이들은 문방구에서 <u>새</u> **공책**을 샀다.
>   ㄴ. 선생님께서는 <u>두</u> **제자**에게 편지를 썼다.
> (2) ㄱ. 아이들은 문방구에서 공책을 샀다.
>   ㄴ. 선생님께서는 <u>제자</u>에게 편지를 썼다.

(1)에서 관형사인 '새'와 '두'는 각각 그 뒤의 체언인 '공책'과 '제자'를 수식하고 있다. 그런데 (1)에서 '새 공책'과 '두 제자'가 지시하는 대상의 범위는 (2)에서 '공책'과 '제자'가 지시하는 대상의 범위에 비해서 훨씬 제한(한정)적이다. 이처럼 관형사는 통사적인 면에서는 체언 앞에서 그것을 수식하며, 의미적인 측면에서는 체언이 지시하는 대상의 범위를 한정(제한)한다.

〈특징〉 첫째, 관형사는 문장에서 관형어로만 기능한다. (1)에서 (ㄱ)의 '새'와 (ㄴ)의 '두'는 문장 속에서 관형어로 쓰여서 그 뒤에 실현된 체언을 수식한다. 둘째로 관형사는 형태 변화가 일어나지 않는 불변어이며, 셋째로 관형사는 '새 공책'과 '두 제자'처럼 그 뒤에 실현되는 체언과 함께 명사구를 형성한다.

2.5.1.2. 관형사의 유형

관형사는 의미나 기능에 따라서 '성상 관형사·수 관형사·지시 관형사'의 세 가지 유형으로 구분된다.

〈성상 관형사〉 '성상 관형사(性狀 冠形詞)'는 성질이나 상태의 의미를 나타내면서, 그 뒤에 실현되는 체언을 실질적인 의미로 수식하는 관형사이다.

> (3) ㄱ. <u>지지난</u>(날, 시절, 때, 달, 해), <u>옛</u>(사람, 생각, 집, 동산) ; <u>오른</u>(손목, 다리, 무릎), <u>왼</u>(손목, 다리, 무릎)
>
> ㄴ. <u>맨</u>(꼭대기, 먼저, 구석, 가장자리), <u>몹쓸</u>(것, 사람, 병, 일), <u>새</u>(사람, 희망, 탁자, 대통령), <u>애먼</u>(사람, 징역, 짓), <u>외딴</u>(섬, 집, 절, 곳), <u>한</u>(20만 원, 30분쯤), <u>한다하</u><u>는</u>(사람, 가문, 학자), <u>허튼</u>(일, 말, 놈, 약속), <u>헌</u>(학교, 대문, 호미, 자동차)

(3)의 예들은 모두 순우리말로 된 '성상 관형사'이다. (ㄱ)에서 '지지난, 옛, 오른, 왼' 등의 관형사는 시간이나 공간적인 위치의 의미를 나타내면서 체언을 수식하며, (ㄴ)의 '몹쓸, 새, 애먼, 외딴, 한, 한다하는, 허튼, 헌' 등은 성질이나 상태의 의미를 나타내면서 체언을 수식한다.

〈수 관형사〉 '수 관형사(數 冠形詞)'는 수량 혹은 순서의 의미를 나타내면서, 그 뒤에 실현되는 체언을 수식하는 관형사이다.

> (4) ㄱ. 한, 두, 세(석, 서), 네(녁, 너), 다섯(닷), 여섯(엿), 일곱, 여덟, 아홉, 열, 열한, 열 두, 열세(석, 서), 열네(녁, 너), … 스무, 서른, 마흔, 쉰, 예순, 일흔, 여든, 아흔, 백, 천, 만, 억
>
> ㄴ. 한두, 두세, 서너, 두서너, 댓(다섯쯤), 너더댓(4, 5), 네댓(4, 5), 대여섯(5, 6), 예닐 곱(6, 7), 일여덟(7, 8), 열아홉(8, 9), ……, 몇, 몇몇, 여러, 모든, 온, 온갖, 뭇, 갖은
>
> (5) ㄱ. 첫, 첫째, 둘째, 셋째, 넷째, 다섯째, ……
>
> ㄴ. 한두째, 두어째, 두세째, 서너째, ……

(4)는 수량을 나타내는 양수(量數)의 관형사인데, (ㄱ)은 수량이 확정된 정수(定數)의 관형사이며 (ㄴ)은 수량이 확정되지 않은 부정수(不定數)의 관형사이다. (5)는 순서를 나

타내는 서수(序數)의 관형사인데, (ㄱ)은 정수를 나타내며 (ㄴ)은 부정수를 나타낸다.

〈지시 관형사〉 '지시 관형사(指示 冠形詞)'는 발화 현장이나 문맥 속에 존재하는 대상을 가리키거나 대용하면서 체언을 수식하는 관형사이다.

(6) ㄱ. 이/요, 그/고, 저/조 ; 이런/요런, 그런/고런, 저런/조런

ㄴ. 이까짓(돈, 물건), 요까짓, 그까짓 ; 고까짓, 조까짓, 네까짓(놈, 녀석)

ㄷ. 딴, 여느, 다른(他)

(7) ㄱ. 어느(집, 가게), 무슨(일, 과일), 웬(사람, 여자, 노인), 어떤(일, 문제, 사람)

ㄴ. 아무(집, 책)

(6)에 제시된 관형사들은 모두 정칭(定稱)의 지시 관형사들이다. (ㄱ)의 '이, 그, 저'에서 '이'는 화자에 가까운 대상을 가리킬 때, '그'는 청자에게 가까운 대상을 가리킬 때, '저'는 화자와 청자 모두에게 먼 대상을 가리킬 때에 사용한다.(이 책 71쪽의 내용을 참조.) 그리고 '요, 고, 조'는 각각 '이, 그, 저'로 표현되는 체언을 낮잡아서 부르거나 귀엽게 부르는 말이며, '이런, 그런, 저런'은 각각 형용사 '이렇다, 저렇다, 그렇다'의 관형사형이 관형사로 굳어진 말이다. (ㄴ)의 '이까짓, 요까짓, 그까짓 ; 고까짓, 조까짓, 네까짓' 등은 모두 '이(요), 그(고), 저(조), 네'에 접미사 '-까짓'이 붙어서 파생된 관형사인데, 이들도 뒤의 체언을 낮잡아서 부르는 말이다. (ㄷ)에서 '딴, 여느, 다른'은 '이것이 아닌 것, 곧 그밖의 것(他)'이라는 뜻을 나타내면서 체언의 의미를 한정한다. 그리고 (7)에서 (ㄱ)의 '어느, 무슨, 웬, 어떤'은 미지칭(未知稱)의 기능으로, (ㄴ)의 '아무'는 부정칭(不定稱)의 기능으로 쓰여서 뒤의 체언의 의미를 한정한다.

2.5.2. 부사

'부사'는 단어, 절, 문장 등 다양한 문법적인 단위를 수식하여서 그 의미를 한정하거나, 단어와 단어나 문장과 문장을 접속하는 단어의 갈래이다.

2.5.2.1. 부사의 개념과 특징

〈개념〉 '부사(副詞, 어찌씨, adverb)'는 용언이나 문장을 비롯하여 다양한 문법적인

단위를 수식하면서 그 의미를 한정하거나, 단어나 문장을 이어 주는 단어의 갈래이다.

(8) ㄱ. 아이들은 눈이 <u>펑펑</u> 내리는 겨울 들판에서 <u>힘껏</u> 내달렸다.

　　ㄴ. <u>설마</u> 대통령이 사표를 내겠느냐?

(9) ㄱ. 대한민국의 영토는 **한반도** <u>및</u> **부속 도서**로 한다.

　　ㄴ. 순신은 과거 시험에 불합격했다. <u>그러나</u> 순신은 다시 한번 과거에 도전했다.

(8)에서 (ㄱ)의 '펑펑, 힘껏'은 서술어로 쓰이는 용언을 수식하며, (ㄴ)의 '설마'는 그 뒤에 실현되는 문장 전체의 내용을 수식한다. 그리고 (9)에서 (ㄱ)의 '및'은 단어와 단어를 이어 주고, (ㄴ)의 '그러나'는 문장과 문장을 이어 준다.

〈특징〉 부사는 다음과 같은 점에서 다른 품사와 구분이 되는 특징이 있다.

첫째, 부사는 문장에서 부사어로만 기능한다. 예를 들어서 (8)과 (9)에 쓰인 '펑펑, 힘껏, 설마, 및, 그러나' 등은 모두 부사어로 쓰였다.

둘째, 부사는 형태의 변화가 일어나지 않는 불변어로서, 격조사나 접속 조사와 결합하지 않으나 보조사와는 결합한다.

(10) ㄱ. *기차는 자동차보다 **빨리**<u>를</u> 달린다.

　　ㄴ. *기차는 자동차보다 **더**<u>보다</u> 빠르다.

(11) ㄱ. 그 사람이 우리 가게에 **자주**<u>는</u> 안 와도 **가끔**<u>은</u> 온다.

　　ㄴ. 배가 아프다더니 밥을 **많이**<u>도</u> 먹네.

　　ㄷ. 밖에서 **잠깐**<u>만</u> 기다려 줘.

(10)처럼 '-가'나 '-을'과 같은 격조사나 '-과'나 '-이랑'과 같은 접속 조사는 부사에 붙지 않는다. 다만, '-는, -도, -만'과 같은 보조사는 (11)처럼 예외적으로 부사에 붙을 수가 있다.[1]

셋째, 부사는 '용언, 체언, 관형사, 부사, 절, 문장' 등의 다양한 문법적 단위를 수식할 수 있다.

---

1) 보조사는 체언뿐만 아니라 부사와 용언의 연결형 등 다양한 언어 형식에 붙을 수 있다. 보조사의 이러한 점을 감안하면 부사에 보조사가 붙는 것은 부사의 특징이 아니라 보조사의 특징으로 보아야 한다.(이 책 103쪽의 내용을 참조.)

(12) ㄱ. 아기가 <u>조용히</u> 잔다.

ㄴ. 철수야 <u>더</u> 빨리 달려라.

ㄷ. 건물의 <u>바로</u> 앞에 우리가 찾고 있던 노인이 서 있었다.

ㄹ. 그녀가 한 말은 <u>정말</u> 허튼 소리에 지나지 않는다.

ㅁ. <u>만일</u> 대통령이 사직하면 이 나라의 운명은 어찌 될까?

ㅂ. <u>과연</u> 브라질 축구 팀이 경기를 잘하는구나.

(12)에서 밑줄 그은 단어는 모두 부사이다. 먼저 (ㄱ)에서 '조용히'는 용언인 '잔다'를 수식하고 (ㄴ)에서 '더'는 부사인 '빨리'를 수식한다. (ㄷ)에서 '바로'는 명사인 '앞'을 수식하며 (ㄹ)에서 '정말'는 관형사인 '허튼'를 수식한다. 끝으로 (ㅁ)과 (ㅂ)에서 '만일'과 '과연'은 각각 그 뒤에 실현되는 절과 문장을 수식한다. 관형사가 체언만을 수식하는 데 반해서, 부사는 여러 가지 문법적 단위를 수식할 수 있는 것이 특징이다.

2.5.2.2. 부사의 유형

부사는 그것이 수식하는 언어 단위의 종류와, 부사 자체의 의미와 기능에 따라서 그 유형을 다음과 같이 나눌 수 있다.

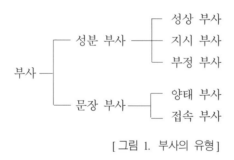

[그림 1. 부사의 유형]

부사는 먼저 그것이 수식하는 언어적 단위에 따라서 '성분 부사'와 '문장 부사'로 구분한다. 그리고 성분 부사는 의미와 기능에 따라서 '성상 부사, 지시 부사, 부정 부사'로 구분되며, 문장 부사는 문장에서 담당하는 기능에 따라서 '양태 부사'와 '접속 부사'로 나누어진다.

(가) 성분 부사

'성분 부사(成分 副詞)'는 문장 속에서 특정한 문장 성분을 수식하는 부사이다. 성분 부사는 '성상 부사'와 '지시 부사', 그리고 '부정 부사'로 구분된다.

〈**성상 부사**〉 '성상 부사(性狀 副詞)'는 그 뒤에 실현되는 용언을 주로 성질이나 상태의 뜻을 나타내면서 실질적인 의미로 수식하는 부사이다.

(13) ㄱ. 아이가 밥을 <u>많이</u> 먹는다.
ㄴ. 꽃이 <u>참</u> 예쁘다.

(14) ㄱ. <u>귀뚤귀뚤</u> 우는 귀뚜라미 소리에 가을의 고적함을 느낀다.
ㄴ. 토끼가 <u>깡충깡충</u> 뛰어다닌다.

(13)과 (14)에 쓰인 부사들은 모두 특정한 용언을 실질적인 뜻으로 수식하는 부사들이다. (13)의 '많이'와 '참'은 용언인 '먹는다'와 '예쁘다'을 수식하고 있으며, (14)의 '귀뚤귀뚤'과 '깡충깡충'은 각각 '우는'과 '뛰어 다닌다'를 수식하고 있다. (14)의 '귀뚤귀뚤'이나 '깡충깡충'과 같은 부사들을 특별히 '의성 부사'와 '의태 부사'라고 하는데, 이들 부사는 상징 부사로서 사물의 소리와 모양을 흉내낸다는 점이 특징이다.

성질이나 상태의 의미로 용언을 수식하는 성상 부사로는 다음과 같은 것이 있다.

(15) ㄱ. 일찍, 이미, 하마, 벌써, 방금, 늘, 항상, 잠시, 오래, 곧, 영영, 먼저, 가끔, 자주, 비로소, 아직, 드디어, 번번이
ㄴ. 멀리, 가까이, 곳곳이, 집집이, 샅샅이
ㄷ. 매우, 훨씬, 퍽, 끔찍이, 대단히, 심히, 극히, 너무, 하도, 가장, 자못, 꽤, 조금, 좀, 약간, 거의
ㄹ. 함께, 같이
ㅁ. 빨리, 깊이, 높이, 길이, 천천히, 삼가, 가만히, 잘
ㅂ. 붕붕, 멍멍, 덜커덩, 매끈매끈, 뭉게뭉게, 솔솔, 줄줄, 쿵덩쿵덩, 촐랑촐랑, 출렁출렁

성상 부사는 (15)처럼 의미적으로 분류할 수 있는데, (ㄱ)은 시간, (ㄴ)은 장소, (ㄷ)은 비교(정도), (ㄹ)은 공동, (ㅁ)은 수단의 뜻을 나타내며, (ㅂ)은 상징 부사로서 어떠한 대상의 소리나 모양을 흉내낸다.

그런데 성상 부사 중에는 용언뿐만 아니라 관형사나 부사를 수식하는 것도 있다.

(16) ㄱ. **꼭** 저 사람이 범인이라고는 말을 안 했다.
　　 ㄴ. 책장 안에는 **단** 한 권의 책도 없었다.
　　 ㄷ. 운동장에는 청중들이 <u>겨우</u> 세 명이 모였다.
　　 ㄹ. 이 책이 <u>가장</u> 새 것이오.
　　 ㅁ. 인호 씨는 <u>아주</u> 새 컴퓨터를 들고 왔다.

(17) ㄱ. 비행기가 <u>매우</u> **빨리** 날아간다.
　　 ㄴ. 오늘은 <u>조금</u> 일찍 일어났다.

(16)에서 '꼭, 단, 겨우, 가장, 아주'는 관형사를 수식하고 있으며, (17)에서 '매우'와 '조금'은 부사를 수식하고 있다.

그리고 성상 부사 중에서 '겨우, 바로, 특히, 곧, 오직, 다만, 단지' 등은 특이하게도 용언이나 부사를 수식하기도 하고 체언을 수식하기도 한다.

(18) ㄱ. 병사들은 절벽을 <u>겨우</u> **기어올랐다**.
　　 ㄴ. 우리들은 집으로 <u>바로</u> **돌아갔다**.
　　 ㄷ. 다른 음식도 좋아하지만 나는 곰탕을 <u>특히</u> **잘** 먹는다.
　　 ㄹ. 사장님께서 나가시자마자 우리도 <u>곧</u> **일어나서** 식장을 빠져나갔다.
　　 ㅁ. 석이네는 아무말도 못하고 <u>오직(다만, 단지)</u> **떨고만** 있었다.

(19) ㄱ. 병사들이 <u>겨우</u> **하루**를 못 견디고 달아나 버렸다.
　　 ㄴ. 우리 집 <u>바로</u> **이웃**에 그가 삽니다.
　　 ㄷ. 우리나라에서는 <u>특히</u> **학생들**이 부지런하다.
　　 ㄹ. 사랑이 있는 나라, 곧 **천국**에서 우리 다시 만나자.
　　 ㅁ. 지금 김 선비가 가진 것는 <u>오직(다만, 단지)</u> **동전** 한 닢뿐이다.

(18)에서 밑줄 친 부사들은 모두 용언이나 부사를 수식하는데, 이러한 수식 기능은 부사의 일반적인 기능이다. 그런데 이들 부사들은 (19)에서처럼 그 뒤의 체언을 수식하기도 하는데, 이와 같이 체언을 수식하는 것은 관형사의 고유한 기능이다. 『고등학교 교사용 지도서 문법』(2010:142)에서는 (18)과 (19)에 나타나는 부사가 기능적으로 차이가 있음에도 불구하고, '겨우, 바로, 특히, 곧, 오직, 다만, 단지' 등을 모두 부사로 처

리한다. 곧, (18)과 (19)의 부사는 용언과 체언을 수식하는 기능을 겸하고 있다고 설명한다.

〈지시 부사〉 '지시 부사(指示 副詞)'는 발화 현장에서 특정한 장소나 시간을 직접 가리키거나, 앞선 문맥에서 이미 표현된 말을 대용하는 부사이다.

(20) ㄱ. 너희들은 <u>이리</u> **오너라.**

　　 ㄴ. 연수생들은 미국으로 <u>내일</u> **떠난다.**

(20)에서 '이리'와 '내일'은 지시 부사이다. 이들 부사는 부사격 조사 없이 단독으로 쓰여서, 특정한 장소나 시간을 가리키면서 용언인 '오너라'와 '떠나다'를 수식하고 있다.

'지시 부사'는 그것이 지시하는 대상이나 기능에 따라서 '정칭의 지시 부사', '미지칭의 지시 부사', '부정칭의 지시 부사'로 나눌 수 있다.

첫째, 정칭의 지시 부사 중에는 장소를 가리키는 '장소 지시 부사'와 시간을 가리키는 '시간 지시 부사'가 있다.

(21) ㄱ. 여기(요기), 거기(고기), 저기(조기) ; 이리(요리), 그리(고리), 저리(조리)

　　 ㄴ. 어제, 오늘, 내일, 모레, ……

(ㄱ)의 '여기, 거기, 저기'와 '이리, 그리, 저리'는 각각 장소와 방향을 가리키는 부사이다.[2] '여기(이리)'는 화자에게 가까운 위치를, '거기(그리)'는 청자에게 가까운 위치를, '저기(저리)'는 화자와 청자 양자에게 먼 위치를 가리킨다.[3] 그리고 '요기(요리), 거기(고리), 조기(조리)'는 각각 '여기(이리), 거기(그리), 저기(저리)'를 얕잡아서 가리키는 말이다. (ㄴ)의 '오늘, 어제, 내일, 모레' 등은 특정한 발화 장면이 일어나는 '때(時)'를 기준으로 해서 앞이나 뒤의 시간을 가리키는 지시 부사이다. (21)의 지시 부사는 격조사

---

2) 고영근・구본관(2008:132)에서는 '<u>여기</u>에 있던 것을 어디로 치웠니?'에 쓰인 '여기'처럼 격조사 없이 쓰이는 '여기, 거기, 저기'를 대명사가 부사적인 기능으로 쓰인 것으로 처리했다.

3) '어제, 오늘, 내일' 등이 (격)조사와 함께 쓰이면 명사로 처리하며, 격조사 없이 단독으로 쓰여서 용언을 직접적으로 수식하면 지시 부사로 처리한다. 이러한 처리 방법을 '품사의 통용(通用)'이라고 한다.(『고등학교 문법』 2010:106, 『고등학교 문법』 교사용 지도서 2010:142) 품사의 통용에 대해서는 이 책 199쪽의 내용을 참조할 것.

　(보기) ㄱ. <u>오늘</u>이 첫 출근 날입니다. 　　　　　　　　　　[명사]

　　　　 ㄴ. 주문한 상품이 <u>오늘</u> 도착했다. 　　　　　　　　　[지시 부사]

없이 단독으로 실현되는 것이 특징이다.

둘째, 지시 부사 중에는 '미지칭의 지시 부사'와 '부정칭의 지시 부사'도 있다.

(22) ㄱ. 어찌, 어디, 언제
ㄴ. 아무리

(ㄱ)의 '어찌, 어디, 언제'는 화자가 어떠한 일에 대한 '방법, 장소, 시간'을 모르기 때문에 그에 대한 정보를 청자에게 요구하는 '미지칭'의 지시 부사이며, (ㄴ)의 '아무리'는 '어떠한 방법을 가리지 않음'의 뜻을 나타내는 '부정칭'의 지시 부사이다.

〈부정 부사〉 '부정 부사(否定 副詞)'는 긍정문을 부정문으로 바꾸는 부사인데, 부정 부사의 종류로는 단순 부정의 '안'과 능력 부정의 '못'이 있다.

첫째, '아니/안'은 문장으로 표현된 내용을 단순하게 부정하거나 혹은 주체의 '의지'를 부정한다.

(23) ㄱ. 오늘은 기분이 정말 안 좋다.　　　[단순 부정]
ㄴ. 나는 아이스크림은 아니 먹는다.　　[단순 부정, 의지 부정]

(ㄱ)에서는 '안'을 통하여 주체의 '의지'와는 관련 없이 문장의 내용을 단순하게 부정하였고, (ㄴ)에서는 '아니'를 통하여 아이스크림을 먹으려는 화자의 '의지'를 부정하였다. '아니'와 '안'은 서술어로서 동사와 형용사를 모두를 취할 수 있지만, 대체로 동사 앞에는 자연스럽게 쓰고 형용사 앞에는 잘 쓰이지 않는 특징이 있다.

둘째, '못'은 '할 수 없음(불가능성)'의 의미를 덧붙이면서 문장의 내용을 부정한다. (서정수 1996:961)

(24) ㄱ. 어제는 태풍이 불어서 비행기가 못 떠났다. [능력 부정]
ㄴ. 영숙이는 배가 아파서 점심을 못 먹었다.　 [능력 부정]

위의 문장에는 부정 부사 '못'이 실현됨으로써 서술어로 표현되는 행위에 대하여 '할 수 없음(불가능성)'의 의미를 덧붙인다. 이처럼 '못'에는 불가능성의 의미 특질이 있기 때문에 '못'은 동사만 수식하고 형용사는 수식하지 않는다.(능력 부정)

(나) 문장 부사

'문장 부사'는 문장이나 절을 수식하거나, 문장과 문장이나 단어와 단어를 이어주는 부사이다. 문장 부사는 그 기능에 따라서 '양태 부사'와 '접속 부사'로 나뉜다.

〈양태 부사〉 '양태 부사(樣態 副詞, 말재 어찌씨)'는 문장이나 절의 전체 내용에 대하여, '추측, 필연, 기원, 부정, 의혹, 당위, 가정, 양보'와 같은 화자의 태도나 주관적인 판단을 표현하는 부사이다.

(25) ㄱ. <u>아마</u> 지금쯤은 선수들이 서울에 도착했겠다.   [추측]
    ㄴ. 이번에는 김자옥 씨가 <u>반드시</u> 회장이 되어야 한다.   [필연]
    ㄷ. <u>아무쪼록</u> 건강하게 지내소서.   [기원]
    ㄹ. 이순신은 <u>결코</u> 정치판에 뛰어들지 않는다.   [부정]
    ㅁ. <u>설마</u> 한강에 괴물이 나타나겠는가?   [의혹]
    ㅂ. 아이들은 <u>마땅히</u> 공부를 열심히 해야 한다.   [당위]

(25)에서 '아마, 반드시, 아무쪼록, 결코, 설마, 마땅히' 등은 문장 전체의 내용에 대한 화자의 태도나 판단을 나타낸다. 곧, (ㄱ)에서 '아마'는 그 뒤의 문장의 내용인 '지금쯤은 선수들이 서울에 도착하다'에 대한 화자의 '추측'을 표현하고, (ㄴ)에서 '반드시'는 그 뒤의 문장인 '이번에는 김자옥 씨가 회장이 되다'가 '필연적'인 사실임을 표현한다.

(26) ㄱ. <u>만일</u> 김태호 선수가 우승한다면 돈을 많이 벌 수 있을 텐데.   [가정]
    ㄴ. <u>비록</u> 우리가 게임에 지더라도 희망을 버려서는 안 된다.   [양보]

(26)에서 '만일'과 '비록'은 이어진 문장에서 각각 선행절의 내용 전체에 대한 화자의 태도나 판단을 나타낸다. 곧, (ㄱ)의 '만일'은 선행절인 '김태호 선수가 우승한다면'에 대하여 '가정'의 뜻을 나타내고, (ㄴ)의 '비록'은 선행절인 '우리가 게임에 지더라도'에 대한 '양보'의 뜻을 나타낸다.

이처럼 문장이나 절의 전체를 수식하는 양태 부사에는 다음의 특징이 나타난다.

첫째, 양태 부사는 문장 속의 특정한 문법 요소와 의미적으로 서로 호응한다. 곧, (ㄱ)에서 '아마'는 추측의 선어말 어미인 '-겠-'과 의미적으로 호응하며, (ㄴ)의 '반드시'는 필연성을 나타내는 '-어야 한다'와 호응한다. 그리고 (ㄷ)에서 '만일'은 '가정'의 뜻을 나타내는 연결 어미인 '-면'과 호응하며, (ㄹ)의 '비록'은 '양보'를 나타내는 '-더라도'와 호응한다.

둘째, 양태 부사는 성분 부사에 비해서 실현되는 위치가 비교적 자유롭다.

(27) ㄱ. <u>아마도</u> 아버님께서는 중동에서 돈을 많이 버셨을 거야.
  ㄴ. 아버님께서는 <u>아마도</u> 중동에서 돈을 많이 버셨을 거야.
  ㄷ. 아버님께서는 중동에서 돈을 <u>아마도</u> 많이 버셨을 거야.
  ㄹ. 아버님께서는 중동에서 돈을 많이 버셨을 거야. <u>아마도</u>.

양태 부사는 문장 전체를 수식하는 문장 부사의 일종이기 때문에 (ㄱ)처럼 문장의 맨 앞에서 실현되는 것이 원칙이다. 하지만 화자의 의도에 따라서는 (ㄴ~ㄹ)과 같이 부사가 문장 속에서 이동할 수 있다.

최현배(1980:600~601)에서는 이와 같은 양태 부사(말재 어찌씨)의 유형을 다음과 같이 분류하였다.

(가) **'단정'을 요구하는 것** :
  ㄱ. [강조] 과연, 과시, 딴은, 진실로, 실로, 마땅히, 모름지기, 물론, 의례히, 확실히, 정말, 응당, 정
  ㄴ. [필연] 단연코, 꼭, 반드시, 기어이
  ㄷ. [비교] 마치, 똑
  ㄹ. [부정] 결코, 조금도
(나) **'의혹'이나 '가설'을 요구하는 것** :
  ㄱ. [의심] 왜, 어찌, 설마, 하물며
  ㄴ. [추측] 아마, 글쎄
  ㄷ. [조건] 만약, 만일, 설령, 설혹, 설사
(다) **'바람(希望)'을 요구하는 것** : 제발, 아무쪼록, 부디

[표 1. 양태 부사의 유형과 의미]

〈접속 부사〉 '접속 부사(接續 副詞, 이음 어찌씨)'는 단어와 단어를 이어 주거나 혹은 앞의 문장과 뒤의 문장을 이어 주는 말이다.

첫째, '단어 접속 부사'는 단어와 단어를 이어서 하나의 명사구를 형성한다.

(28) ㄱ. 대한민국의 영토는 한반도 및 부속 도서로 한다.
ㄴ. 하루 내지 이틀만 더 기다려 보아라.
ㄷ. 철수 또는 영수가 그 일을 맡아서 하기로 했습니다.
ㄹ. 호텔 혹은 민박을 빌려서 자야겠소.

(28)에서 '및, 내지(乃至), 또는, 혹은'은 접속 조사와 마찬가지로 체언과 체언을 이어서 하나의 체언 구를 형성한다. 단어를 이어주는 이러한 접속 부사의 기능은 다른 성분을 수식하는 일반적인 부사의 기능과는 다르다.

둘째, '문장 접속 부사'는 특정한 문장의 첫머리에서 실현되어서 그 문장을 앞 문장에 이어 준다.

(29) ㄱ. 숙희 양은 매우 착하다. 그리고 그녀는 공부도 열심히 한다.
ㄴ. 김 형사는 여관의 구석구석을 뒤져 보고 싶었다. 하지만 성급하게 굴다가는 오히려 일을 망쳐 버릴 것 같았다.

(29)에서 '그리고'와 '하지만'은 앞의 문장과 뒤의 문장을 일정한 의미적인 관계로 이어 주고 있다. (ㄱ)의 '그리고'는 '첨가'의 의미적인 관계를 나타내면서, (ㄴ)의 '하지만'은 '대립'의 의미 관계를 나타내면서 앞의 문장과 뒤의 문장을 이어 준다.

그런데 문장을 이어 주는 접속 부사 중에는 '접속 기능'과 함께 앞선 문장의 내용을 가리키는 '대용 기능'을 겸하는 것이 있다.

(30) ㄱ. 그래서, 그러나, 그러면, 그러므로, 그렇지마는, 그리고, …
ㄴ. 곧, 더구나, 도리어, 따라서, 또, 또한, 오히려, 즉(卽), 하물며, 하지만, …

(30)에서 (ㄱ)의 '그래서, 그러나, 그리고' 등은 접속 기능과 함께 앞의 문장을 가리키는 대용 기능을 겸하고 있다. '그래서, 그러나, 그리고' 등의 접속 부사는 그 내부에 지시 대명사인 '그'가 어근으로 실현되어 있기 때문에, 접속 기능과 함께 대용 기능이 있다. 이와는 달리 (ㄴ)의 '곧, 더구나, 하지만' 등과 같이 그 내부에 '그'를 포함하지 않는 접속 부사는 대용 기능은 없고 접속 기능만 있다.

【 더 배우기 】

1. 수 관형사와 수사

〈수를 나타내는 단어의 형태〉 수(數)를 나타내는 단어는 '단독으로 쓰이는 말과 '체언 앞에서 그것을 수식하는 말이 있다. 여기서 설명의 편의를 위하여 단독으로 쓰이는 형태를 '하나 꼴이라고 하고 체언 앞에서 실현되는 형태를 '한 꼴이라고 하자.

> (1) ㄱ. {한, 두, 세, 네, 다섯, 여섯, 일곱, 여덟, 아홉, 열, 열한, 열두, 열세, …} + 사람
>
> ㄴ. {하나, 둘, 셋, 넷, 다섯, 여섯, 일곱, 여덟, 아홉, 열, 열하나, 열둘, 열셋, …} + 격조사

(1)에서 (ㄱ)의 형태는 '한 꼴이며, (ㄴ)의 형태는 '하나 꼴이 되는데, '한 꼴과 '하나 꼴을 문법적으로 처리하는 방법은 다음의 두 가지가 있다.

〈'한 꼴'과 '하나 꼴'을 각각 다른 품사로 처리〉 최현배(1980:249), 남기심・고영근(1993:173~174), 『고등학교 문법』(2010:94, 104)에서는 '한 꼴은 관형사로 처리하고 '하나 꼴은 수사로 처리하고 있다. 이렇게 '한 꼴과 '하나 꼴에 별도의 품사를 부여하는 근거는 다음과 같다.

첫째, '한 꼴과 '하나 꼴은 통사적 기능에 차이가 있는데, '한 꼴은 명사구에서 수식어로 쓰이는 데에 반해서 '하나 꼴은 중심어로 쓰인다.

> (2) ㄱ. 한 사람, 두 개, 세 자루, 네 여자
>
> ㄴ. 사과 하나가, 여자 둘을, 배 셋에서

둘째, '한 꼴과 '하나 꼴의 형태가 다른 경우가 있는데, 이러한 형태적인 차이에 근거하여서 두 가지 꼴을 각각 다른 품사로 처리한다.

> (3) 한/하나, 두/둘, 세/셋, 네/넷, 열한/열하나, 열두/열둘, …

결국 '한 꼴과 '하나 꼴에 나타나는 기능과 형태적 차이를 고려해서, '한 꼴은 관형사로 처리하고 '하나 꼴은 수사로 처리한 것이다.

〈'한 꼴'과 '하나 꼴'을 하나의 품사로 처리〉 허웅(1983:192)이나 서정수(1996:536~538)에서는 '한 꼴과 '하나 꼴을 모두 수사로 처리하였다. 이렇게 두 가지 형태를 모두 수사로 처리하는

데는 다음과 같은 근거가 있다.

첫째, 품사를 구분하는 기본적인 기준으로 '의미'를 들 수 있는데, 의미적으로 볼 때에는 '한 꼴과 '하나 꼴은 수를 나타내는 말이라는 공통점이 있다. 이처럼 공통적으로 수를 나타내는 '한 꼴과 '하나 꼴의 단어들을 두 가지 품사로 나누는 것은 불합리하다.

둘째, 앞에서 '한 꼴과 '하나 꼴에 각각 다른 품사를 주는 근거로 '한 꼴이 수식어로 쓰이고 '하나 꼴은 중심어로 쓰인다는 기능상의 차이를 들었다. 그런데 체언은 조사와 결합하지 않고도 관형어로 기능할 수 있기 때문에, 체언 앞에서 조사 없이 실현되는 '한 꼴도 체언의 범주인 수사로 처리할 수 있다.

(4) ㄱ. <u>우리</u> 학교, <u>철수</u> 책, <u>한국대학교</u> 학생, ······

ㄴ. <u>한</u> 사람, <u>두</u> 개, <u>세</u> 자루, <u>네</u> 여자, ······

곧 '한 꼴을 '하나 꼴이 체언 앞에 쓰일 때에 나타내는 '형태론적 변이 형태'로 취급하면 '한 꼴과 '하나 꼴의 관계를 합리적으로 설명할 수 있다. 따라서 기능과 분포적인 특징을 감안하여 '한 꼴을 관형사로 처리하는 것은 타당성이 없다.

셋째, '한 꼴과 '하나 꼴의 형태가 다르게 실현되는 것은 많지 않고, 오히려 '한 꼴과 '하나 꼴의 형태가 같은 것이 더 많다.

(5) ㄱ. 한 개, 두 개, 세 개, 네 개, <u>다섯</u> 개, <u>여섯</u> 개, <u>일곱</u> 개, <u>여덟</u> 개, <u>아홉</u> 개, <u>열</u> 개

ㄴ. 하나, 둘, 셋, 넷, <u>다섯</u>, <u>여섯</u>, <u>일곱</u>, <u>여덟</u>, <u>아홉</u>, <u>열</u>

'한 꼴과 '하나 꼴의 품사를 구분하는 사람들은 '한 꼴과 '하나 꼴이 다른 경우, 곧 '한/하나, 두/둘, 세/셋, 네/넷'의 형태적인 차이에 주목하였다. 그런데 '다섯, 여섯, 일곱, 여덟, 아홉, 열'의 경우에는 오히려 '한 꼴과 '하나 꼴의 형태가 동일하므로 '한 꼴과 '하나 꼴의 품사를 구분할 필요가 없다.

곧, 품사 구분에서 기능적인 측면을 중요시하면 '한 꼴과 '하나 꼴은 다른 품사가 되지만, 의미를 중요시하면 이 두 단어의 품사를 모두 수사로 처리할 수 있다.

[단원 정리 문제 6]

1. 관형사의 특징을 다음 보기를 이용하여 설명하시오.

　　(보기) <u>헌</u> 집, <u>새</u> 가방

2. 다음의 밑줄 그은 관형사를 성상 관형사, 수 관형사, 지시 관형사로 구분하시오.

> 　　<u>다섯째</u> 대기자, <u>딴</u> 음식, <u>맨</u> 위, <u>본(本)</u> 사건, 사과 <u>대여섯</u> 개, <u>신(新)</u> 정부, <u>아무</u> 책, <u>어떤</u> 남자, <u>옛</u> 애인, <u>요</u> 가방, <u>웬</u> 여자, <u>이까짓</u> 돈, <u>제일(第一)</u> 재판정, <u>총(總)</u> 5천 만 원, <u>한</u> 사람, <u>허튼</u> 말

　　① 성상 관형사
　　② 수 관형사
　　③ 지시 관형사

3. 다음의 보기에 쓰인 '다른'의 품사를 확인하고, 그렇게 처리하는 근거를 설명하시오.

　　① 이것 말고 <u>다른</u> 물건을 좀 보여 주세요.
　　② 질소는 산소와 성질이 <u>다른</u> 기체이다.

4. 다음의 '가'와 '나'에 쓰인 수를 나타내는 말을 『고등학교 문법』(2010)에서는 각각 관형 사와 수사로 처리한다. 반면에 일부 학자들은 이 두 단어를 모두 수사로 처리하는데, 이렇게 처리할 수 있는 근거를 설명하시오.

　　① <u>한</u> 척의 적함도 달아나게 하지 마라.　　　　　　　　(관형사)
　　② 나는 해운대 바닷가에서 예쁜 돌맹이 <u>하나</u>를 주었다.　　　(수사)

5. 부사의 특징을 예를 들어서 설명하시오.

6. 보기와 같이 아래의 문장에서 밑줄 그은 부사가 수식하는 말을 찾고 (보기)에서처럼 그것의 문법적인 단위의 성격을 판정하시오.

(보기) 장희빈은 사약을 <u>천천히</u> 들이켰다.

　　　　답 : 들이켰다 – 용언

① 그 여자는 소주를 <u>겨우</u> 두 잔을 마시고 쓰러졌다.

② <u>다행히</u> 김철수 씨는 잃어버린 아들을 찾았다.

③ <u>비록</u> 돈이 아무리 많아도 행복하지 않은 사람도 있다.

④ 짐을 가득 실은 트럭이 <u>아주</u> 천천히 움직이기 시작했다.

⑤ 총에 맞은 사슴이 <u>금방</u> 쓰러졌다.

⑥ 한국 음식 가운데 특히 김치는 외국인들도 <u>매우</u> 좋아한다.

7. 다음의 부사를 '성상 부사, 지시 부사, 부정 부사, 양태 부사, 접속 부사'로 구분하시오.

① 그 건물 <u>바로</u> 옆에 저희 가게가 있습니다.

② 나는 테니스는 잘 하지만 배드민턴은 <u>못</u> 한다.

③ <u>다행히</u> 레이건 대통령은 저격을 피할 수 있었다.

④ 미순 씨는 우리가 <u>미처</u> 발견하지 못한 오타를 모두 찾아내었다.

⑤ <u>설마</u> 철수가 범인이겠는가?

⑥ 신청서에 연필 <u>혹은</u> 볼펜으로 내용을 적어 주시면 됩니다.

⑦ <u>아무리</u> 열심히 공부를 해도 이번 시험에서는 합격하지 못하겠다.

⑧ 아버님께서는 <u>내일</u> 고향으로 떠나십니다.

⑨ <u>어찌</u> 그런 일이 있을 수 있단 말입니까?

⑩ <u>이리</u> 가면 장안사(長安寺)가 나옵니다.

⑪ 인도 사람들은 쇠고기를 <u>안</u> 먹는다.

⑫ 인수 씨는 <u>결코</u> 그러한 일을 하지 않는다.

⑬ 처녀들은 모두 식탁에 둘러앉았다. <u>그러나</u> 아무도 말을 꺼내지 않았다.

⑭ 철수네 가족은 우리 가족과 <u>함께</u> 떡국을 먹었다.

⑮ 형사들은 용의자의 집을 <u>샅샅이</u> 뒤졌다.

8. 다음의 문장에서 밑줄 친 단어의 품사를 말하고 그렇게 판단한 근거를 설명하시오.

① 아버님께서는 <u>어제</u>의 일은 아주 잊어버리셨다.

② 어머님께서는 <u>어제</u> 미국에 도착하셨다.

9. 다음의 밑줄 친 단어를 '『고등학교 문법』(2010)'에서는 접속 부사로 처리하고 있는데, 이렇게 처리하는 데 대한 문제점을 설명하시오.

　① 군사들은 용감하게 왜군을 향하여 돌격했다. <u>하지만</u> 왜군들의 조총에 맞아서 쓰러져 갔다.

　② 대한민국의 영토는 한반도 <u>및</u> 부속 도서로 정한다.

10. 다음 자료를 보고 물음에 답하시오. **[2004학년도 중등 교사 임용 시험]**

> (가) 아우　　: 얼마든지 이 쪽으로 넘어 오세요!
> 　　 형　　　: 내가 왜 그 쪽으로 가야 하지?
> 　　 아우　　: 그럼, 저 쪽에서 만납시다.
> 　　 해설자 : 사람들이 아우가 말한 장소에 모여들었습니다.
> 　　　　　　 모두들 관심 있게 그 장소를 둘러보았습니다.

　(가)는 다음 2가지의 학습 목표를 성취하기 위해 수집한 자료이다. 학습 목표를 완성하고 각각의 구체적인 지도 내용을 쓰시오. [3점]

학습 목표	지도 내용
(1) '이, 그, 저'의 용법 차이를 안다.	
(2)	

2.6. 독립언

'독립언(獨立言, 홀로씨)'은 자립성이 매우 강하여, 문장 속에서 다른 말과 관련이 없이 홀로 쓰이는 단어이다. 독립언에 속하는 단어로는 '감탄사'가 있다.

2.6.1. 감탄사의 개념과 특징

〈개념〉 '감탄사(感歎詞, 느낌씨, interjection)'는 화자가 자신의 감정이나 의지를 직접적으로 표출하거나, 별다른 뜻을 나타내지 못하고 말버릇으로 쓰는 단어의 갈래이다.

(1) ㄱ. <u>아이고</u>! 내 인생이 이렇게 허무하게 끝날 줄이야.
   ㄴ. 철수는 집에 갔지. <u>그지</u>?
   ㄷ. 그 사람이 끝까지 말리는데, 집을 뛰쳐나와 버렸지, <u>뭐</u>.

(2) ㄱ. <u>예</u>, 다섯 시까지 가기로 했어요.
   ㄴ. <u>워리</u>, 이리 와.
   ㄷ. <u>쉿</u>, 조용히 해.

(3) ㄱ. 나는 <u>말이야</u> 그 여자를 <u>말이야</u> 절대로 용서 못 해.
   ㄴ. <u>에</u>, 저로 말할 것 같으면……
   ㄷ. <u>저어</u>, 그게 글쎄.

(1)의 '아이고, 그지, 뭐' 등은 '슬픔, 다짐, 불만' 등의 감정을 직접적으로 표현하는 말이다. 이에 반하여 (2)의 '예, 워리, 쉿' 등은 화자가 '대답, 부름, 시킴' 등 자기의 의지를 청자에게 직접적으로 전달하는 말이다. 마지막으로 (3)의 '말이야, 에, 저어' 등은 실질적 의미나 문법적 기능이 없이 쓰이는 버릇말이다. 이처럼 화자의 감정이나 의지 등을 직접적으로 전달하는 단어를 감탄사라고 한다.

〈감탄사의 특징〉 감탄사는 자립성이 강한 독립언으로서 다음과 같은 특징이 있다.

첫째, 감탄사는 문장에서 독립어로만 기능하며, 형태의 변화가 일어나지 않는다.

둘째, 감탄사는 품사 중에서 자립성이 제일 강하다. 곧, 문장 속에서 다른 요소와 어떠한 통사적인 관계를 맺지 못하며(= 독립어), 어떠한 경우에는 한 문장이 감탄사만으로 성립하기도 한다.

> (4) ㄱ. <u>아이고</u>, 억울해 죽겠구먼.
>   ㄴ. <u>네</u>, 그렇습니다.
>
> (5) ㄱ. <u>아이고</u>.
>   ㄴ. <u>네</u>.

(4)의 '아이고'와 '네'는 뒤의 문장 속의 다른 성분과 통사적인 관계를 맺지 못하므로 독립어로 기능한다. 감탄사는 이처럼 자립성이 강하기 때문에 (5)에서처럼 단독적으로 발화되어서 쓰이기도 한다. 감탄사에 나타나는 뚜렷한 자립성을 고려하여서 감탄사를 '소형문(못 갖춘 월, minor sentence)'으로 다루기도 한다.

셋째, 감탄사는 발화 상황에 대한 의존성이 강하다. 감탄사는 글말 언어보다는 입말 언어에서 더 활발하게 쓰이고, 어조나 표정, 손짓과 같은 언어 외적인 요소와 함께 실현된다. 그리고 감탄사는 그 자체로 특정한 의미를 나타내는 것이 아니므로, 감탄사가 나타내는 구체적인 의미는 발화 상황에 따라서 다양하게 해석될 수 있다.

> (6) ㄱ. <u>아</u>, 광복이라니.
>   ㄴ. <u>아</u>, 세월이 유수와 같군.
>   ㄷ. <u>아</u>, 기막힌 경관이로다.
>   ㄹ. <u>아</u>, 내가 틀렸군.
>   ㅁ. <u>아</u>, 등록금이 올랐군.
>   ㅂ. <u>아</u>, 덥구나.
>
> (7) ㄱ. <u>예</u>, 그렇습니다.
>   ㄴ. <u>아니요</u>, 그렇지 않습니다.
>   ㄷ. <u>글쎄요</u>, 잘 모르겠습니다.

(6)에서 감탄사 '아'는 화자의 감정을 표출하기는 하지만 '아'가 어떠한 감정을 표출하였는지는 '아' 자체만으로는 이해할 수 없다. 곧 '아'는 '기쁨, 허무함, 경탄, 자책, 거부, 짜증' 등으로 다양하게 해석할 수 있는데, 여기서 '아'가 구체적으로 어떠한 감정을 표출하는지는 화자의 의도나 발화 상황에 따라서 달라진다. 그리고 (7)에서 '예, 아니요, 글쎄요'는 앞서 발화된 상대말의 말에 대하여, '긍정, 부정, 판단의 유보' 등의 태도를 나타낼 뿐이다. 따라서 감탄사로 표현된 판단에 대한 구체적인 내용은 앞선 문맥의 내용을 확인해 보아야만 알 수 있다.

2.6.2. 감탄사의 유형

감탄사는 기능에 따라서 '감정 감탄사'와 '의지 감탄사' 그리고 '말버릇 감탄사'로 나눌 수 있다.[1]

〈감정 감탄사 〉 '감정 감탄사(感情 感歎詞)'는 화자가 자신의 감정을 표출하는 데에 그치는 감탄사이다.

(8) ㄱ. <u>아이고</u>, 할아버지께서 돌아가셨구나!
　　ㄴ. <u>아</u>, 시험에 또 떨어졌구나!
　　ㄷ. <u>오</u>, 아름다운 자연이여!
　　ㄹ. <u>어머(나)</u>, 벌써 꽃이 피었네!
　　ㅁ. <u>애개</u>, 그릇을 깨뜨렸네!
　　ㅂ. <u>아차</u>, 우산을 놓고 왔구나!
　　ㅅ. <u>이런</u>, 방이 얼음장이군.

(8)의 '아이고, 아, 오, 어머(나), 애개, 아차, 이런' 등의 감탄사는 주로 화자가 청자를 고려하지 않는 발화 상황에서 자기의 감정을 표출하는 데에 그치는 말이다.

이러한 '감정 감탄사'에는 다른 유형의 감탄사에 비하여 다음과 같은 특징이 있다.

첫째, 감정 감탄사는 실질적인 의미를 나타내지 않는다.

(9) ㄱ. <u>아이고</u>, 이게 웬 돈이냐!
　　ㄴ. <u>아</u>, 드디어 합격했구나!

'아이고'와 '아'는 실질적인 뜻을 나타내지 못하기 때문에 (8)과 (9)처럼 정반대의 감정을 표현하는 문장에서 실현되어도 자연스러운 문장이 된다. 곧 (8)과 (9)에서 '아이고'나 '아'가 자체적으로 슬픔이나 반가움 등의 의미를 나타내는 것이 아니라, 그 뒤에 실현되는 문장의 내용에 따라서 슬픔이나 반가움의 뜻을 유추해 낼 수 있을 뿐이다.

둘째, 감정 감탄사는 대체로 '-구나, -구먼, -군, -구료' 등의 감탄형 종결 어미가 실현된 문장(감탄문)과 함께 쓰인다. 감정 감탄사는 대체로 느낌의 의미를 나타내는 '-

---

1) '감정 감탄사'와 '의지 감탄사'의 구분에 대하여는 최현배(1980:608) 참조.

구나, -구먼, -군, -구료' 등의 감탄형 종결 어미가 실현된 문장(= 감탄문)과 함께 쓰인다. 곧, (8)과 (9)에서 감탄사 '아이고, 아' 등은 화자의 내적 감정의 표출 기능과 밀접한 관계가 있다. 따라서 감정 감탄사는 감탄문의 첫머리에 실현되어서 그 감탄문을 도입하는 구실을 하는 말이라고 할 수 있다.

셋째, 감정 감탄사의 기본적인 의미는 '처음 앎'의 의미이다.(장경희 1985:95~108, 신진연 1988) 곧, 감정 감탄사는 실질적인 의미를 나타내는 것이 아니라 문장의 명제적인 내용을 '처음 알았다'는 의미를 나타낸다. (8)과 (9)처럼 감정 감탄사가 대체로 감탄문과 함께 실현된다는 사실에서도 감정 감탄사의 기본적인 의미가 '처음 앎'이라는 것을 알 수 있다. 따라서 감정 감탄사는 감탄문의 첫머리에 실현되어서 그 감탄문을 도입하는 구실을 하는 말이라고 할 수 있다.

〈의지 감탄사〉 '의지 감탄사(意志 感歎詞)'는 화자가 발화 현장에서 청자에게 자기의 요구나 판단을 적극적으로 표현하여 전달하는 감탄사이다.

(10) ㄱ. <u>아서라</u>, 이 사람아.
　　 ㄴ. <u>에비</u>, 그 물건에 손대지 마라.
　　 ㄷ. <u>아무렴</u>, 그렇구 말구.
　　 ㄹ. <u>천만에</u>, 절대로 그런 일은 일어나지 않을 걸세.

(10)에 쓰인 '아서라, 에비, 아무렴, 천만에' 등의 의지 감탄사는 '위협' 혹은 '금지', 그리고 '동의', '부정', '거부' 등의 구체적인 의미를 나타낸다.

이러한 의지 감탄사는 감정을 표출하는 기능보다는 의사를 전달하는 기능이 더 강하므로, 이들 감탄사는 표출 기능과 관련이 있는 감탄문과 함께 나타날 수 없다.

(11) ㄱ. *<u>아서라</u>, 영의정 나리가 오시는구나!
　　 ㄴ. *<u>에비</u>, 뜨겁구나!
　　 ㄷ. *<u>아무렴</u>, 그렇구나!
　　 ㄹ. *<u>천만에</u>, 그런 일은 절대로 일어나지 않는구나!

(11)처럼 감탄문의 첫머리에 이와 같은 감탄사를 실현하면 비문법적인 문장이 된다. 이러한 현상은 의지 감탄사의 의사 전달 기능과 감탄문의 감정 표출 기능이 서로 충돌하기 때문에 일어난 것으로 추측된다.

의지 감탄사의 하위 유형으로는 '시킴 기능'의 감탄사와, '대답 기능'의 감탄사, 그리고 '부름 기능'의 감탄사 등이 있다.

첫째, '시킴 기능'의 감탄사는 청자에게 어떠한 행위를 시킬 때에 쓰이는 단어이다.

(12) ㄱ. 아서라, 에비
     ㄴ. 쉿
     ㄷ. 도리도리, 죄암죄암, 곤지곤지
     ㄹ. 우워(워), 이러(끼랴) ; 이개, 요개

(ㄱ)의 '아서라'는 그렇게 하지 말라고 금지할 때에 하는 말이며, (ㄴ)의 '쉿'은 소리를 내지 말라는 뜻으로 급하게 내는 말이다. 그리고 (ㄷ)의 '도리도리, 죄암죄암, 곤지곤지'는 어린 아이에게 특정한 몸 동작을 시키는 말이며, (ㄹ)의 '우워, 이러 ; 이개, 요개'는 말이나 소와 같은 가축을 부리거나 내쫓을 때에 쓰는 말이다.

둘째, '대답 기능'의 감탄사는 상대방의 말에 대하여 반응을 보이거나, 물음에 대답을 할 때에 쓰이는 단어이다.

(13) ㄱ. 그래, 아무렴, 암, 예, 오냐, 옳소, 응
     ㄴ. 아니요, 아니, 천만에
     ㄷ. 글쎄

(ㄱ)의 '그래, 아무렴, 암, 예, 오냐, 옳소, 응' 등은 상대말의 말에 반응을 보이거나 긍정(肯定)의 판단을 표현하는 말이다. 그리고 (ㄴ)의 '아니요, 아니, 천만에'는 부정(否定)의 의사를 나타내는 말이며, (ㄷ)의 '글쎄'는 남의 물음이나 요구에 대하여 분명하지 않은 태도를 나타낼 때에 쓰는 말이다.

셋째, '부름 기능'의 감탄사는 화자가 상대방을 부를 때에 쓰이는 단어이다.

(14) ㄱ. 여보, 여보세요, 이애(애), 이봐
     ㄴ. 워리, 구구, 오래오래, 아나나비야

(ㄱ)의 '여보, 여보세요, 이애, 이봐'는 사람을 부르는 말이며, (ㄴ)의 '워리, 구구, 오래오래, 아나나비야'는 짐승을 부르는 말이다.

〈**말버릇 감탄사**〉 문장 속에서 음성으로 발화되기는 하지만, 구체적인 뜻이 없이 쓰이는 감탄사를 '말버릇 감탄사'라고 한다.[2] 이러한 말버릇 감탄사의 종류로는 '머, 뭐(무어), 그래, 말이지, 말이어, 말이요, 말입니다. 어, 에, 저, 거시기, 음, 에헴, 애햄, ……' 등이 있다.

> (15) ㄱ. <u>에, 에,</u> 저로 말할 것 같으면 신전리의 이장(里長)이올시다.
> ㄴ. 아버지, <u>있잖아요,</u> 우리 학교에서 불우 이웃 돕기를 한대요.
> ㄷ. 철수가 <u>말이야,</u> 그 돈을 <u>말이야,</u> 이미 다 써 버렸어.
> ㄹ. <u>저어,</u> 지난번에 말씀드린 일 말인데요.
> ㅁ. <u>에 또,</u> 이번 인사 문제 말이야.

> (16) ㄱ. 저로 말할 것 같으면 신전리의 읍장이올시다.
> ㄴ. 아버지, 우리 학교에서 불우 이웃 돕기를 한대요.
> ㄷ. 철수가 그 돈을 이미 다 써 버렸어.
> ㄹ. 지난번에 말씀드린 일 말인데요.
> ㅁ. 이번 인사 문제 말이야.

(15)에서 밑줄 친 말은 발화해야 할 말이 언뜻 떠오르지 않아서 발화 준비를 위한 시간을 벌어야 할 때에 사용하는 첨가어이거나, 화자가 의도하지는 않았지만 전달 내용에 관계없이 습관적으로 발화하는 군말이다. 이들 말버릇 감탄사는 (16)처럼 문맥에 표현하지 않더라도 원래의 문장과 의미적인 차이도 나지 않을 뿐만 아니라, 오히려 원래의 문장보다 더 자연스러운 문장이 되는 것이 특징이다. 곧 말버릇 감탄사는 음성으로 발화되기는 했지만 청자의 입장에서 보면 의사소통에 도움이 되지 않는다. 따라서 '말버릇 감탄사'는 '잉여 표현(剩餘 表現)' 혹은 '군더더기 표현'으로 처리한다.(나찬연 2004:44)

---

2) 말버릇 감탄사에 대하여는 정인승(1956:159), 남기심·고영근(1993:183), 나찬연(2004:44) 참조.

【 더 배우기 】

품사의 통용

어떤 단어는 두 가지 이상의 문법적 성질이 있어서, 그것이 문장 속에서 쓰이는 양상에 따라서 품사가 다를 수가 있다.

(1) ㄱ. 그릇에 담긴 소금을 <u>모두</u> 쏟았다.
ㄴ. 그 일은 <u>모두</u>에게 책임이 있다.

(2) ㄱ. <u>그</u> 사람은 이제 다시는 고향에 돌아오지 못할 것이다.
ㄴ. 나는 <u>그</u>의 편지를 읽고 많이도 울었다.

(3) ㄱ. 사과가 참 <u>크네</u>.
ㄴ. 이 아이는 참 잘 <u>큰다</u>.

(1)에서 '모두'는 부사와 명사의 두 가지 성질이 있다. 마찬가지로 (2)에서 '그'는 관형사와 대명사의 성질이 있고, (3)에서 '크다'는 형용사와 동사의 성질이 있다.

이처럼 두 가지 문법적인 성질이 함께 나타나는 단어를 처리하는 데는 두 가지 방법이 있다. 첫 번째 방법은 '품사의 전성'으로 설명하는 방법이고 두 번째 방법은 '품사의 통용'으로 설명하는 방법이다.

〈품사의 전성〉 최현배(1980:719)에서는 (1~3)의 예들을 '품사의 전성(씨의 몸바꿈)'으로 설명한다. 여기서 '품사의 전성'이란 이미 다 이루어진 품사(씨)가 그 몸을 바꾸어서 다른 갈래의 품사(씨)로 되는 것을 말한다.

최현배(1980:719)에서는 (1)의 '모두'는 원래의 품사가 (ㄱ)에서 쓰인 것처럼 부사인데, (ㄴ)처럼 그 뒤에 조사가 실현되면 그 부사가 형태의 변화 없이 명사로 전성한 것으로 보았다. 이와 마찬가지로 (2)에서 '그'는 원래 (ㄱ)처럼 관형사로 쓰이는 말인데 (ㄴ)에서는 대명사로 전성된 것으로, 그리고 (3)에서 '크다'는 본디 (ㄱ)처럼 형용사로 쓰이는 말인데 (ㄴ)에서는 동사로 전성된 것으로 처리하였다. 이러한 처리 방식은 파생어가 형성되는 일반적인 과정을 설명하는 방식과 동일하다.

(4) ㄱ. 먹(동사)- + -이(명사 파생 접미사) → 먹이(명사)

ㄴ. 곱(형용사)- + -이(부사 파생 접미사) → 고이(부사)

(5) ㄱ. 모두(부사) + -∅(명사 파생 접미사)   → 모두(명사)

ㄴ. 그(관형사) + -∅(대명사 파생 접미사) → 그(대명사)

ㄷ. 크(형용사) + -∅(동사 파생 접미사)   → 크다(동사)

(4)에서 '먹이'는 동사인 '먹다'의 어근에 명사를 파생하는 접미사 '-이'가 붙어서 명사로 파생되었고, '고이'는 형용사인 '곱다'의 어근에 부사를 파생하는 접미사 '-이'가 붙어서 부사로 파생되었다. 이와 마찬가지로 앞의 (1~3)의 단어들도 (5)처럼 'A'라는 원래의 품사에서 형태의 변화가 없이 'B'라는 품사로 전성한 것으로 처리한다.

이렇게 두 가지 이상의 문법적 성질이 있는 단어를 '품사의 전성'으로 처리하는 방법에는 다음과 같은 문제가 있다.

첫째, 두 가지 품사 가운데서 어느 것이 본디의 품사이고 어느 것이 전성된 품사인지 결정하기가 어렵다. 예를 들어서 최현배(1980:719)에서는 (2)의 '그'를 관형사에서 대명사로 전성된 것으로 설명하고 있는데, 이러한 설명보다는 오히려 대명사가 관형사로 전성되었다고 보는 것이 더 합리적이다. 본디의 품사를 대명사로 보면 대명사인 '그'가 체언인 '사람' 앞에서 관형사로 쓰였다고 설명할 수도 있기 때문이다. 반면에 체언을 수식하는 기능을 가진 관형사가 대명사로 쓰였다고 설명하는 것은 설득력이 떨어진다. 아무튼 (1~3)의 예를 품사의 전성으로 설명하면 본디의 품사와 전성된 품사를 결정하는 문법적인 기준을 설정하기가 매우 어렵다.

둘째, 품사의 전성으로 설명하려면 본디 품사에서 전성된 품사로 바뀌는 문법적인 절차를 설명할 수 있어야 하는데, 이러한 문법적인 절차를 합리적으로 유도하기가 어렵다. 곧 (5)와 같이 무형의 형태소(파생 접사)를 설정해서 설명할 때에는, 무형의 형태소인 ∅에 '명사, 대명사, 동사 등 다양한 품사의 단어를 파생하는 기능이 있다고 설명해야 한다. 그런데 이와 같은 설명은 '설명을 위한 설명'에 지나지 않는다.

〈품사의 통용〉 남기심·고영근(1993:186)과 『고등학교 교사용 지도서 문법』(2010:142)에서는 이러한 현상을 '품사의 통용'으로 설명한다. 이때 '품사의 통용'이란 동일한 단어에 원래부터 두 가지의 문법적인 성질이 있어서, 한 단어가 문장 속에서 두 가지 이상의 품사로 두루 쓰이는 현상을 말한다.

모두 ── 부사
     └─ 명사

그 ── 관형사
    └─ 대명사

크다 ── 형용사
     └─ 동 사

곧 (1)에서 (ㄱ)의 '모두'와 (ㄴ)의 '모두'는 각각 부사와 명사로 통용된다. 곧 (ㄱ)의 '모두'는 부사로서 동사 앞에서 그를 직접 수식하고, (ㄴ)의 '모두'는 명사로서 부사격 조사에 결합하였다. (2)에서 '그'는 관형사와 대명사로 통용된다. 곧 (ㄱ)에서 '그'는 관형사로서 체언 앞에서 단독으로 실현되어서 그 체언을 수식하였고, (ㄴ)의 '그'는 대명사로서 그 뒤에 관형격 조사인 '-의'가 결합하였다. 끝으로 (3)의 '크다'는 형용사와 동사로 통용되는데, (ㄱ)은 상태를 나타내는 형용사이며 (ㄴ)은 움직임을 나타내는 동사이다.

이처럼 '품사의 통용'으로 처리하면 다음과 같은 문제가 생긴다. 곧, 원래 단어의 품사를 결정하는 기준이 의미, 형태, 기능의 세 가지 조건이므로, 한 단어의 형태와 의미가 같으면 기능도 같아야 하는 것이 원칙이다. 그런데 (1~3)의 예를 품사의 통용으로 설명하면 하나의 단어 형태가 처음부터 두 가지의 다른 기능을 겸하는 것으로 처리하게 된다. 이러한 설명은 형태와 기능이 일(一) 대 다(多)로 대응되어서 언어 현상을 설명하기가 복잡하게 된다.

아무튼 『고등학교 문법』(2010:106)에서는 (1~3)의 단어들을 모두 '품사의 통용'으로 처리하고 있다. 이렇게 '품사의 통용'으로 처리할 수 있는 단어들은 (1~3) 이외에도 다음과 같은 것들이 있다.

형태	품사	예 문
만큼, 대로, 뿐	명 사	아는 <u>만큼</u> 보인다.
	조 사	철수<u>만큼</u> 공부하면 누구나 교사가 될 수 있다.
명사 + 的	명 사	김홍도의 그림은 <u>한국적</u>이다.
	관형사	이 그림은 <u>한국적</u> 정취가 물씬 풍긴다.
	부 사	<u>가급적</u> 빨리 물건을 보내 주세요.
평생, 서로, 모두, 다	명 사	그 천재는 시골에서 <u>평생</u>을 보내었다.
	부 사	형님은 <u>평생</u> 모은 돈을 노름으로 날렸다.
여기, 거기, 저기 3)	대명사	여러분, <u>여기</u>를 보세요.
	부 사	<u>여기</u> 있던 물건을 어디로 치웠니?

---

3) 『고등학교 문법』(2010:106), 남기심·고영근(1993:188), 고영근·구본관(2008:50)에서는 '여기, 거기, 저기'를 대명사와 부사로 통용되는 단어로 처리하였다. 반면에 국립국어원의 인터넷판 <표준국어대사전>에서는 '여기, 거기, 저기'에서 품사의 통용을 인정하지 않고 대명사로만 처리하고 있다. 곧, <표준 국어 대사전>에서는 '<u>여기</u> 있던 물건을 어디로 치웠니?'에서 '여기'는

어제, 오늘, 내일	명 사	<u>내일</u>이 바로 아버님의 생신날입니다.
	부 사	그들은 모두 <u>내일</u> 미국으로 출발한다.
한/하나, 두/둘, 세/셋, 네/넷, 다 섯…	관형사	이 일은 <u>한</u> 사람이 하기에는 너무 양이 많다.
	수 사	주몽은 돌맹이 <u>하나</u>를 들고 적과 대적했다.
붉다, 밝다, 설 다, 늦다, 굳다	형용사	사무실 안이 너무 <u>밝다</u>.
	동 사	이제 조금만 있으면 날이 <u>밝는다</u>.
보다, 같이	조 사	다이아몬드<u>보다</u> 단단한 물질은 없을까?
	부 사	프로 기사가 되려면 바둑판을 <u>보다</u> 넓게 볼 줄 알아야 한다.
이, 그, 저	대명사	<u>그</u>는 이제 우리편이 아니다.
	관형사	<u>그</u> 가방은 어제 백화점에서 사온 것이다.
아니	부 사	아직까지 수업료를 <u>아니</u> 낸 학생이 있는가?
	감탄사	<u>아니</u>, 벌써 날이 밝았나?
만세	명 사	고지를 점령한 후에 병사들은 일제히 <u>만세</u>를 불렀다.
	감탄사	대한민국 <u>만세</u>!

[표 1. 품사 통용의 단어]

'여기에'에서 격조사 '-에'가 생략된 것으로 처리한 것이다. 여기서는 『고등학교 문법』(2010)에 따라서 '여기, 거기, 저기'를 대명사와 부사가 통용된 것으로 처리한다.

[단원 정리 문제 7]

1. "아이고"를 이용하여 감탄사의 문법적인 특징을 설명하시오.

2. 다음 글을 읽고 물음에 답하시오.

> 아아, 이렇게 좋은 날이 오다니! 여러분, 이 좋은 날에는 "얼씨구, 절씨구" 춤도 추고 목놓아 노래도 불러 봅시다. 너무 지나치다고요? 아니요, 오늘처럼 기쁜 날에는 이렇게 흥겹게 신나게 놀아야 합니다. 그런데, 아, 참, 이 자리에 김영희 씨가 안 왔네요. 있잖아요, 누가 김영희 씨에게 전화 좀 해 주시겠습니까? 예, 좋습니다. 홍인길 씨께서 김영희 씨게 전화를 해 주시죠. 쉿! 여러분 좀 조용히 해 주십시오. 자, 그럼 지금부터 이승철 선생님의 우승 축하 파티를 개최하겠습니다.

2-1. 위의 글에 쓰인 단어 중에서 감탄사를 고르시오.

2-2. 위의 글에 쓰인 감탄사를 '감정 감탄사, 의지 감탄사, 말버릇 감탄사'로 구분하시오.

① 감정 감탄사
② 의지 감탄사
③ 말버릇 감탄사

2-3. 감정 감탄사의 특징을 설명하시오.

3. 다음 문장에서 밑줄 그은 단어들의 품사를 밝히시오.

(1) ㄱ. 나는 나<u>대로</u> 너는 너<u>대로</u> 남처럼 살아가자.
    ㄴ. 김수철 씨는 돈을 버는 <u>대로</u> 다 써 버렸다.

(2) ㄱ. 후세인도 사형 직전에는 <u>인간적</u>인 면모를 보였다.
    ㄴ. <u>애국적</u> 청년들이여, 피로써 일어서라.
    ㄷ. <u>비교적</u> 이른 시간에 회의가 시작되었다.

(3) ㄱ. 황보인 씨는 젊은 날의 실수 때문에 <u>평생</u> 가난하게 살았다.
    ㄴ. 황보인 씨는 술과 여자로 <u>평생</u>을 보내었다.

(4) ㄱ. 약속 시간이 <u>언제</u>였더라?

ㄴ. 설악산은 <u>언제</u> 보아도 아름답다.

(5) ㄱ. 어제는 하루 내내 사과 <u>두</u> 상자만 팔았어요.

ㄴ. 강당에는 모인 사람이 여자 둘하고 남자 <u>셋</u>뿐이에요.

(6) ㄱ. 물에 분말을 풀고 10분 정도 끓인 다음 액체가 <u>굳을</u> 때까지 기다리세요.

ㄴ. 그는 사람됨이 <u>굳고</u> 인색해서 친구가 별로 없다.

(7) ㄱ. 우리 이 짐을 <u>같이</u> 듭시다.

ㄴ. 황금<u>같이</u> 찬란하게 빛나던 인생이 하루 만에 암울해졌어요.

(8) ㄱ. 그 섬에는 물이 없었다. <u>이</u>는 우리에게 큰 시련을 안겨 주었다.

ㄴ. <u>이</u> 상자 속에 무엇이 들어 있는지는 아직 밝혀지지 않았습니다.

(9) ㄱ. 더 이상 비가 <u>안</u> 오면 경기를 다시 할 수 있다.

ㄴ. <u>아니</u>! 죽었다던 사람이 다시 살아오다니.

단어의 형성 ③장

제3장 단어의 형성

3.1. 단어의 짜임새

〈**어근과 접사**〉 단어는 하나의 형태소로 이루어질 수도 있지만, 여러 형태소가 결합하여 이루어질 수도 있다. 이렇게 특정한 단어를 짜 이루는 형태소를 그 성질에 따라서 '어근'과 '접사'로 구분할 수 있다.

(1) ㄱ. 고구마, 논, 다리 ; 이, 그 ; 하나, 둘
    ㄴ. 새(新), 아무(某) ; 다(全, 完), 아주
    ㄷ. 어머나, 아차

(2) ㄱ. 헛손질   : 헛- + **손** + -질
    ㄴ. 깨뜨리시었다 : **깨**- + -뜨리- + -시- + -었- + -다

(1)의 단어는 모두 하나의 형태소로 되어 있는데 이들 단어를 짜 이루는 형태소는 모두 실질 형태소이다. 그리고 (2)에서 '헛손질'과 '깨뜨리시었다'에서 '손'과 '깨-'는 실질적인 의미를 나타낸다. 이와 같이 단어 속에서 의미의 중심이 되면서 실질적인 의미를 나타내는 형태소를 '어근(語根, 뿌리, root)'이라고 한다.

이에 반해서 (2)에서 '헛-, -질, -뜨리-, -시-, -었-, -다'는 실질적인 의미를 나타내지 못하는 형식 형태소이다. 이와 같이 실질적인 뜻을 나타내지 못하는 형식 형태소를 '접사(接辭, 가지, affix)'라고 한다. 접사 중에서 '헛-, -질, -뜨리-'처럼 어근에 새로운 의미를 더하거나 혹은 단어의 품사를 바꿈으로써, 새로운 단어를 만들어 주는 것을 '파생 접사(派生 接辭, derivational affix)'라고 한다. 그리고 '-시-, -었-, -다'처럼 문법적인 기능을 나타내는 것을 '굴절 접사(屈折 接辭, inflectional affix)'라고 하는데[1], 국어

---

1) '파생 접사'와 '굴절 접사'의 차이에 대하여는 이 책 248쪽의 【더 배우기】 참조.

에서는 어미와 조사가 굴절 접사에 해당한다. 그리고 파생 접사를 그것이 실현되는 위치에 따라서 접두사와 접미사로 구분하기도 한다. (2)에서 (ㄱ)의 '헛-'처럼 어근의 앞에 실현되는 파생 접사를 '접두사(接頭辭, 앞가지, prefix)'라고 하고, (ㄱ)의 '-질'과 (ㄴ)의 '-뜨리-'처럼 어근의 뒤에 실현되는 파생 접사를 '접미사(接尾辭, 뒷가지, suffix)'라고 한다.

〈**단일어와 복합어**〉 단어는 짜임새에 따라서 '단일어'와 '복합어'로 나뉘고, '복합어'는 다시 '합성어'와 '파생어'로 나뉜다.

(3) ㄱ. 마을, 해(日), 아주, 퍽, 아이쿠
　　ㄴ. 높(다), 검(다)

(4) ㄱ. 집안, 짚신
　　ㄴ. 높푸르다, 뛰놀다

(5) ㄱ. 지붕, 먹이 ; 밀치다, 먹히다
　　ㄴ. 덧신, 풋사랑 ; 드높다, 치밀다

(3)의 (ㄱ)에서 '마을, 해, 아주, 퍽, 아이쿠'와 (ㄴ)의 '높다, 검다'는 하나의 어근만으로 이루어진 단어인데 이와 같은 단어를 '단일어(單一語, simple word)'라고 한다. 이에 반해서 (4)에서 '집안(집 + 안), 짚신(짚 + 신) ; 높푸르다(높- + 푸르다), 뛰놀다(뛰- + 놀다)'는 어근과 어근이 결합하여서 형성된 단어인데, 이처럼 둘 이상의 어근이 결합하여서 형성된 단어를 '합성어(合成語, compound word)'라고 한다. (5)에서 (ㄱ)의 '지붕(집 + -웅), 먹이(먹- + -이), 밀치다(밀- + -치- + -다), '먹히다(먹- + -히- + -다)'는 어근에 접미사가 결합하여서 형성된 단어이고, (ㄴ)의 '덧신(덧- + 신), 풋사랑(풋- + 사랑), 드높다(드- + 높- + -다), 치밀다(치- + 밀- + -다)'는 어근에 접두사가 붙어서 형성된 단어이다. 이렇게 어근에 파생 접사가 붙어서 형성된 단어를 '파생어(派生語, derived word)'라고 한다. 그리고 (4)와 (5)의 단어처럼 둘 이상의 어근이 결합하여 구성되거나, 어근에 파생 접사가 붙어서 형성된 단어를 '복합어(複合語, complex word)'라고 한다.

〈**합성법과 파생법**〉 합성어나 파생어는 형태소와 형태소가 결합하여 형성된 말이다. 여기서 어근과 어근이 결합하여 합성어를 만드는 단어 형성의 방법을 '합성법(合成法, compounding)'이라고 하고, 어근에 파생 접사가 결합하여 파생어를 만들어 내는 단어 형성의 방법을 '파생법(派生法, derivation)'이라고 한다. 그리고 합성법과 파생법을 아울러서 '단어 형성법(單語 形成法, 조어법, word-formation)'이라고 한다.

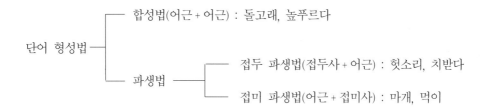

3.2. 합성어

어근과 어근이 합쳐져서 새로운 단어를 형성하는 문법적인 절차를 '합성법'이라고 하는데, 여기서는 합성법으로 형성된 단어(합성어)의 유형에 대하여 알아본다.

3.2.1. 합성어의 분류 방식

합성어는 '합성어의 품사', '어근의 의미적 관계', '어근의 배열 방식'에 따라서 여러 가지 유형으로 나누어진다.

3.2.1.1. 품사에 따른 분류

합성어를 분류하는 일반적인 방식은 합성어의 품사를 기준으로 분류하는 것이다.

(1) ㄱ. 밤-낮(밤과 낮), 칼-날, 첫-눈, 날-짐승, 늦-벼, 꺾-쇠
    ㄴ. 빛-나다, 잡아-매다, 들어-가다, 오르-내리다, 듣-보다
    ㄷ. 맛-나다, 맛-있다, 입-바르다, 한결-같다, 높-푸르다, 굳-세다
    ㄹ. 밤-낮(늘), 곧-잘, 그-대로, 주룩-주룩, 흔들-흔들

위의 예들은 모두 어근과 어근이 합쳐져서 된 합성어인데, 이들 합성어의 품사를 살펴보면 (ㄱ)은 명사이며, (ㄴ)은 동사, (ㄷ)은 형용사, (ㄹ)은 부사이다.

3.2.1.2. 어근의 의미 관계에 따른 분류

합성어는 어근 사이의 의미적인 관계에 따라서, '대등적 합성어', '종속적 합성어', '융합적 합성어'로 분류하기도 한다.

〈**대등적 합성어**〉 '대등적 합성어(對等的 合成語)'는 두 어근이 독립된 뜻을 나타내면서, 서로 같은 자격으로 어울려서 이루어진 합성어이다.

  (2) ㄱ. 마-소, 앞-뒤, 안-팎(←안ㅎ + 밖), 논-밭, 물-불
    ㄴ. 오-가다, 오르-내리다, 검-붉다

'마소'는 '말과 소'의 뜻을 나타내므로, '마소'를 짜 이루는 어근인 '말'과 '소'는 의미적으로 대등한 관계를 이룬다. '오가다'도 '오고 가다'의 뜻을 나타내므로 '오가다'를 이루는 어근인 '오다'와 '가다'는 대등한 관계로 짜여 있다. 대등적 합성어를 짜 이룬 어근들이 체언인 경우에는 속뜻으로 조사 '-와/-과'를 통해서 이어질 수 있는 관계이며, 어근들이 용언인 경우에는 연결 어미 '-고'를 통해서 이어질 수 있는 관계이다.

〈**종속적 합성어**〉 '종속적 합성어(從屬的 合成語)'는 두 어근이 각각 독립된 뜻을 나타내기는 하지만, 앞 어근의 의미가 뒤 어근의 의미를 한정하는 합성어이다.

  (3) ㄱ. 칼-날, 시골-집, 겨울-비, 술-집, 늦-벼, 누비-이불, 새-집, 이-것, 늙은-이, 잔-소리
    ㄴ. 긁어-모으다, 들어-가다, 얻어-먹다 ; 얕-보다, 붙-잡다, 늦-되다

(ㄱ)의 '칼날'은 '칼의 날'이라는 뜻으로, (ㄴ)의 '긁어모으다'는 '긁어서 모으다'의 뜻이며, '얕보다'는 '얕게 보다'의 뜻으로 쓰이면서, 앞의 어근이 뒤의 어근의 의미를 수식하는 관계로 짜였다. 종속적 합성어를 짜 이룬 어근들이 체언인 경우에는 관형격 조사 '-의'로 이어질 수 있는 관계이며, 어근이 용언인 경우에는 연결 어미 '-어서'나 '-게'로 이어질 수 있는 관계이다.

〈**융합적 합성어**〉 '융합적 합성어(融合的 合成語)'는 앞의 어근과 뒤의 어근의 의미가 서로 녹아 붙어서, 새로운 의미를 나타내는 합성어이다.

(4) ㄱ. 밤-낮(늘), 춘-추(春秋), 강-산(江山), 삼-촌(三寸)

　　ㄴ. 캐-내다, 날-뛰다, 돌-보다, 감-돌다

(4)의 합성어들은 개별 어근의 기본적인 뜻이 유지되어서 '대등적 합성어'나 '종속적 합성어'로 쓰일 수도 있지만, 다음의 (5~6)과 같이 개별 어근의 뜻과는 다른 제3의 새로운 뜻으로 바뀔 수도 있다.

(5) ㄱ. 밤낮 : 밤 + 낮　　　→ 항상(늘)

　　ㄴ. 춘추 : 춘(春) + 추(秋) → 나이

　　ㄷ. 강산 : 강(江) + 산(山) → 자연

　　ㄹ. 삼촌 : 삼(三) + 촌(寸) → 아버지의 형제

(6) ㄱ. 캐내다 : 캐다 + 내다 → 자세히 따져서 속 내용을 알아내다

　　ㄴ. 날뛰다 : 날다 + 뛰다 → 함부로 덤비거나 거칠게 행동하다

　　ㄷ. 돌보다 : 돌다 + 보다 → 보살피다

　　ㄹ. 감돌다 : 감다 + 돌다 → 어떤 기체나 기운이 가득 차서 떠돌다

(5)처럼 '밤낮'이 '항상'의 뜻으로, '춘추'가 '나이'의 뜻으로, '강산'이 '자연'의 뜻으로, '삼촌'이 '아버지의 형제'의 뜻으로 쓰이면 융합적 합성어이다. 그리고 (6)처럼 '캐내다'가 '자세히 따져서 속 내용을 알아내다'의 뜻으로, '날뛰다'가 '함부로 덤비거나 거칠게 행동하다'의 뜻으로, '돌보다'가 '보살피다'의 뜻으로, '감돌다'가 '어떤 기체나 기운이 가득 차서 떠돌다'의 뜻으로 쓰일 때에는 융합적 합성어이다.[1]

3.2.1.3. 어근의 배열 방식에 따른 분류

합성어는 그것을 구성하는 어근의 배열 방식이 국어의 통사적인 특징에 맞게 되었느냐 아니냐에 따라서, '통사적 합성어'와 '비통사적 합성어'로 구분할 수 있다.

---

1) (5)와 (6)의 융합적 합성어들은 대등적 혹은 종속적 합성어로도 쓰일 수도 있다. 예를 들어서 (5ㄱ)에서 '밤낮'이 '밤과 낮'으로 쓰이고, '춘추'가 '봄과 가을'이라는 뜻으로, '강산'이 '강과 산'의 뜻으로 쓰이면 대등적 합성어이다. 그리고 '삼촌'이 '세 치', '사촌'이 '네 치'의 뜻으로, '캐내다'가 '(사물을) 캐어서 꺼내다'의 뜻으로 쓰이면 종속적 합성어가 된다.

(가) 통사적 합성어

'통사적 합성어(統辭的 合成語, syntactic compound)'는 그것을 구성하는 어근들이 결합되는 방식이 국어의 통사적인 짜임새와 같은 합성어이다. 달리 말해서 통사적 합성어는 문장 속에서 문장 성분들이 결합하는 방식(통사적 짜임새)과 동일한 방식으로 어근들이 결합된 합성어이다.

(7) ㄱ. 땅-콩, 이것-저것, 하나-둘/한-둘
    ㄴ. 첫-눈 ; 길-짐승, 먹을-거리, 늙은-이
    ㄷ. 빛-나다, 힘-쓰다
    ㄹ. 젊어-지다, 돌아-오다
    ㅁ. 지진(地震), 일몰(日沒), 예방(豫防), 몰살(沒殺), 명산(名山), 양서(良書)

(8) ㄱ. 우리 학교, 철수 어머니
    ㄴ. 첫 선수, (집에) 갈 사람, (밥을) 먹은 여자
    ㄷ. 키 크다, 밥 먹다
    ㄹ. (술을) 먹어 보다, (바람을) 막아 버리다
    ㅁ. 땅이 떨리다, 해가 지다, 미리 막다, 모조리 죽이다, 이름난 산, 좋은 책

(7)은 어근과 어근이 결합하여 하나의 단어로 굳은 '통사적인 합성어'의 예이고, (8)은 두 단어(구)가 문장에서 배열된 예이다. 그런데 (7)의 '통사적 합성어' 속에서 어근이 결합하는 방식은 구가 구성되는 방식과 동일하다. 즉 (ㄱ)의 '땅콩, 이것저것, 한둘'에서 어근을 구성하는 방식은 <체언 + 체언>의 구성이다. (ㄴ)에서 '첫눈'은 <관형사 + 체언>으로 구성되어 있고, '길짐승'과 '늙은이'는 <용언의 관형사형 + 체언>으로 구성되어 있다. 그리고 (ㄷ)의 '빛나다'와 '힘쓰다'는 <체언 + 용언>으로 구성되어 있는 합성어이며, (ㄹ)에서 '젊어지다, 돌아오다' 등은 <서술어 + 서술어>의 짜임으로 된 합성어인데, 선행 용언에 연결 어미가 실현되어 있다. 끝으로 (ㅁ)과 같이 한자어 가운데 '지진(地震), 일몰(日沒), 예방(豫防), 몰살(沒殺), 명산(名山), 양서(良書)' 등은 '땅이 떨다, 해가 지다, 미리 막다, 모조리 죽이다, 이름난 산, 좋은 책'과 같이 국어의 어순에 맞게 합성어가 구성되었으므로 통사적 합성어에 해당한다. 결국 (7)의 합성어는 어근이 결합하는 방식이 (8)에서 문장 속에서 단어와 단어가 배열되는 방식과 동일하므로, 이들을 '통사적 합성어'라고 한다.

(나) 비통사적 합성어

'비통사적 합성어(非統辭的 合成語, asyntactic compound)'는 그것을 구성하는 어근들이 결합되는 방식이 국어의 통사적인 짜임새와 다른 합성어이다 곧, 비통사적 합성어는 그 합성어를 구성하는 어근들의 결합 방식이 문장 속에서 문장 성분들이 결합하는 방식과는 다른 합성어이다.

(9) ㄱ. 꺾-쇠, 늦-벼, 먹-거리, 싫-증

ㄴ. 뻐꾹-새, 부슬-비, 선들-바람

ㄷ. 오르-내리다, 보-살피다 ; 높-푸르다, 굳-세다

ㄹ. 살충(殺蟲), 독서(讀書) ; 하산(下山), 승선(乘船)

(10) ㄱ. 늦은 벼, 꺾은 쇠, 싫은 증

ㄴ. 뻐꾹(하고 우는) 새, 부슬(부슬 내리는) 비, (선들선들 부는) 바람

ㄷ. 오르고 내리다, 보면서 살피다 ; 높고 푸르다, 굳고 세다

ㄹ. 벌레를 죽이다, 책을 읽다 ; 산에서 내려오다, 배에 타다

(9)의 합성어는 비통사적 합성어의 예들이고, (10)은 이들 어근이 문장 속에서 하나의 단어로 쓰일 때에 실현되는 통사적 구성 방식이다.

(10)과 같은 '비통사적 합성어'는 문법 규칙에 어긋나는 방식으로 형성되는데, 비통사적 합성어가 형성되는 방식은 다음과 같다.

첫째, 용언과 체언이 결합하여 합성어를 이룰 때에, 앞 어근의 용언에 실현되어야 할 관형사형 어미가 실현되지 않고서 비통사적 합성어가 형성될 수 있다.

(11) ㄱ. 늦은 장마 → 늦-장마

ㄴ. 묵은 밭 → 묵-밭

ㄷ. 깎는 낫 → 깎-낫

(11)에서 '늦장마, 묵밭, 깎낫'이 국어의 일반적인 통사 구조와 일치하려면 *늦은장마, *묵은밭, *깎는낫'의 형태로 합성어가 이루어져야 한다. 그러나 '늦장마, 묵밭, 깎낫'은 앞의 용언에서 관형사형 어미 '-은/-는'이 탈락하면서 합성어가 이루어졌다.

둘째, 원래 부사는 체언 앞에 오지 않는 것이 일반적인데, 부사 어근이 체언 어근과

결합하여 비통사적 합성어가 형성될 수 있다.

(12) ㄱ. 부슬부슬 (내리는) 비 → 부슬-비
ㄴ. 선들선들 (부는) 바람 → 선들-바람
ㄷ. 뻐꾹뻐꾹 (우는) 새   → 뻐꾹-새

(12)의 예는 '부슬, 선들, 뻐꾹'과 같은 부사 어근이 체언 어근인 '비, 바람, 새' 앞에 실현되면서 합성어를 형성하였다. 이들 합성어가 형성되는 방법은 부사가 체언 앞에 오지 않는다는 국어의 일반적인 통사 규칙에 어긋난다.

셋째, 용언과 용언이 연결되면서 합성어가 될 때에, 앞 용언의 어간에 실현되어야 할 연결 어미를 실현하지 않고 비통사적 합성어가 형성될 수 있다.

(13) ㄱ. 열고 닫다   → 여-닫다
ㄴ. 울고 짖다   → 우-짖다
ㄷ. 검고 푸르다   → 검-푸르다

(14) ㄱ. 뛰어 놀다   → 뛰-놀다
ㄴ. 잡아 쥐다   → 잡-쥐다

일반적으로 용언과 용언이 이어지려면, 앞 용언의 어간에 연결 어미가 실현되면서 뒤 용언이 결합한다. 그런데 (13)의 '여닫다, 우짖다, 검푸르다'는 합성어가 되는 과정에서 앞 용언의 어간에 실현되어야 할 연결 어미 '-고'를 실현하지 않았고, (14)의 '뛰놀다, 잡쥐다'는 연결 어미인 '-어/-아'를 실현하지 않았다. 따라서 (13)과 (14)의 합성어는 비통사적 합성어이다.

넷째, 국어는 <주어 + 목적어 + 서술어>의 구조와 <수식어 + 피수식어>의 구조를 기본 어순으로 하고 있다. 그런데 한자어로 된 합성어는 한문의 문장 구성법 때문에 어근들이 국어의 일반 어순과 다른 방식으로 짜인 경우가 있다.

(15) ㄱ. 살충(殺蟲), 독서(讀書)
ㄴ. 하산(下山), 승선(乘船)

(16) ㄱ. *충살(蟲殺, 벌레를 죽이다), *서독(書讀, 책을 읽다)

　　ㄴ. *산하(山下, 산에서 내려오다), *선승(船乘, 배에 타다)

(15)에서 '살충, 독서'는 <서술어 + 목적어>의 구조로 짜여 있으며, '하산, 승선'은 <서술어 + 부사어>의 구조로 짜여 있다. 이러한 구조는 한문 문장의 기본 어순에 따른 것인데, (15)의 단어를 국어의 통사 구조에 맞게 바꾸어서 표현하면 (16)의 '*충살(蟲殺), *서독(書讀), *산하(山下), *선승(船乘)'처럼 된다. 따라서 (15)에서 제시한 한자어는 어근들이 우리말의 어순과 다른 순서를 취하고 있으므로 비통사적 합성어이다.

3.2.2. 품사에 따른 합성어의 유형

일반적으로 합성어의 유형은 합성어 자체의 품사에 따라서 정해진다. 이러한 기준으로 나눈 합성어의 유형으로는 '체언 합성어', '용언 합성어', '수식언 합성어', '독립언 합성어' 등이 있다.

3.2.2.1. 체언 합성어

〈명사 합성어〉 명사 합성어는 어근과 어근이 결합하여 형성된 명사이다.
첫째, 통사적 합성법으로 형성된 명사 합성어는 다음과 같은 것이 있다.

(17) ㄱ. 고추-잠자리, 밤-낮, 물-불, 칼-날, 좁-쌀, 윗-입술 ; 곳-곳, 집-집, 구석-구석, 마디-마디, 사이-사이

　　ㄴ. 첫-눈, 새-집, 옛-날, 헌-책

　　ㄷ. 들-것, 먹을-거리, 쥘-손, 날-숨, 늙은-이, 궂은-비 ; 구름-판, 구움-판, 버팀-목, 비빔-밥

(ㄱ)의 단어들은 <명사 + 명사>로 된 명사이다. 여기서 '곳곳, 집집, 구석구석, 마디마디, 사이사이'는 동일한 형태의 명사가 되풀이되어서 형성된 '반복 합성어'이다. (ㄴ)의 단어들은 <관형사 + 명사>로 합성된 단어들이며, (ㄷ)의 단어들은 <용언의 활용형 + 명사>의 짜임으로 된 합성어들이다.2)

둘째, 비통사적 합성법으로 형성된 명사 합성어로는 다음과 같은 것이 있다.

(18) ㄱ. 꺾-쇠, 늦-벼, 묵-밭, 먹-거리, 싫-증
     ㄴ. 뻐꾹-새, 부슬-비, 뭉게-구름, 선들-바람

(ㄱ)은 <용언＋명사>의 구성으로 된 명사 합성어인데, 이들 단어는 용언의 어간이 체언에 바로 결합하였다. 그리고 (ㄴ)은 <부사＋명사>의 구성으로 된 명사 합성어로서 부사가 체언을 수식하고 있다. 따라서 (18)의 합성어는 어근이 결합하는 방식이 국어의 통사 구조에 맞지 않으므로 비통사적 합성어이다.

〈대명사와 수사 합성어〉 대명사 합성어와 수사 합성어는 어근과 어근이 결합하여 형성된 대명사와 수사이다. 대명사 합성어와 수사 합성어는 명사 합성어에 비하여 그 수가 극히 적다.

(19) ㄱ. 여러-분, 이-분, 그-분, 저-분
     ㄴ. 이-것, 그-것, 저-것
(20) ㄱ. 하나-둘/한-둘, 두-셋, 서-넛, 너-덧, 예-닐곱, 일-여덟, 열-아홉
     ㄴ. 하나-하나

(19)는 관형사인 '여러, 이, 그, 저'와 의존 명사인 '분, 것'이 합쳐져서 된 대명사 합성어이며, (20)은 수사와 수사가 결합하여 된 수사 합성어이다. 이들 대명사 합성어와 수사 합성어는 통사적 합성어이다.

3.2.2.2. 용언 합성어

〈동사 합성어〉 동사 합성어는 어근과 어근이 결합하여 형성된 동사인데, 통사적 짜임새로 형성된 것과 비통사적 짜임새로 형성된 것이 있다.

---

2) '먹을거리(먹-을＋거리), 들것(들-ㄹ＋것), 쥘손(쥐-ㄹ＋손), 날숨(나-ㄹ＋숨), 늙은이(늙-은＋이), 궂은비(궂-은＋비)'는 용언의 관형사형이 앞 어근으로 쓰였으며, '구름판(구르-ㅁ＋판), 구움판(굽-음＋판), 버팀목(버티-ㅁ＋목), 비빔밥(비비-ㅁ＋밥)'은 용언의 명사형이 앞 어근으로 쓰였다. 여기서 용언의 관형사형과 명사형은 용언으로서의 기본적인 성질을 유지하고 있으므로, 이들 합성어들은 용언 어근과 명사 어근이 합쳐져서 된 명사 합성어로 처리한다.

ⓐ **통사적 합성어**: 통사적 합성법으로 형성된 동사 합성어로는 다음과 같은 것이
있다.

첫째, <명사 + 동사>의 구조로 된 통사적 합성어가 있다.

(21) ㄱ. 값-나가다, 때-묻다, 바람-나다
ㄴ. 결정-짓다, 끝-맺다, 등-지다, 숨-쉬다, 애-쓰다, 욕-보다, 흉-보다
ㄷ. 깃-들다, 겉-묻다, 끝-닿다, 다음-가다, 뒤-서다, 앞-서다 ; 거울-삼다, 겉-늙다,
벗-삼다, 일-삼다

(21)의 합성어를 구성하는 '명사'와 '동사'는 각각 <주어 – 서술어>, <목적어 – 서술어>,
<부사어 – 서술어>의 통사적 관계로 결합되어 있다. 먼저 (ㄱ)에서 '값나가다'는 '값이
나가다'로 해석되므로 <주어 – 서술어>의 관계로, (ㄴ)에서 '결정짓다'는 '결정을 짓다'
로 해석되므로 <목적어 – 서술어>의 관계로, (ㄷ)의 '깃들다'와 '거울삼다'는 각각 '깃
에 들다'와 '거울로 삼다'로 해석되므로 <부사어 – 서술어>의 관계로 결합되었다.

둘째, <용언의 연결형 + 용언>의 구조로 된 통사적 합성어가 있다.

(22) ㄱ. 싸고-돌다, 걷고-틀다, 타고-나다
ㄴ. 굽어-보다, 날아-가다, 들어-가다, 쓸어-버리다
ㄷ. 넘어다-보다, 내려다-보다, 바라다-보다

먼저 (ㄱ)의 '싸고돌다'는 앞 용언의 어간인 '싸-'에 연결 어미 '-고'가 결합되고 그 뒤
에 '돌다'가 결합되어서 이루어진 합성어이다. (ㄴ)의 '굽어보다'는 선행 용언의 어간인
'굽-'에 연결 어미 '-어'가 결합되고 여기에 '보다'가 붙어서 형성된 합성 동사이다. 그
런데 (ㄷ)의 '넘어다보다'는 '넘다'의 어간에 연결 어미 '-어다'가 붙고 여기에 '보다'가
결합하여서 된 합성어이다.

셋째, <부사 + 용언>의 구조로 된 통사적 합성어가 있다.

(23) 가로-막다, 갓-나다, 가만-두다, 가만-있다, 그만-두다, 잘-되다, 곧이-듣다

'가로막다'와 '갓-나다'는 각각 부사인 '가로'와 '갓'에 동사인 '막다'와 '나다'가 결합
해서 형성된 동사 합성어이다.

ⓑ **비통사적 합성어** : <용언의 어간 + 용언>의 비통사적 짜임새로 형성된 동사 합성어가 있다.

> (24) 굶-주리다, 나-가다, 나-들다, 날-뛰다, 낮-보다, 늦-되다, 돋-보다, 듣-보다, 들-놓다, 들-오다, 보-살피다, 붙-잡다, 빌-붙다, 얕-보다, 엎-지르다, 오-가다, 오르-내리다, 우-짖다, 지-새다

(24)의 합성 동사들은 앞의 어근(용언)의 어간에 연결 어미가 실현되지 않고 뒤의 어근(용언)에 직접 연결된 합성어이므로 비통사적 합성어이다.

〈**형용사 합성어**〉 형용사 합성어는 어근과 어근이 결합하여 합성된 형용사이다.

첫째, 통사적 합성법으로 형성된 형용사 합성어가 있다.

> (25) ㄱ. 맛-나다, 터무니-없다, 입-싸다, 배-부르다, 값-싸다, 값-없다, 재미-있다, 재미-없다, 맛-있다
>   ㄴ. 남-부끄럽다, 손-쉽다, 흥-겹다, 남-다르다, 꿈-같다, 철통-같다
>
> (26) 깎아-지르다, 게을러-빠지다
>
> (27) ㄱ. 다시-없다, 한결-같다
>   ㄴ. 잘-나다, 못-나다, 막-되다
>
> (28) 다디-달다, 떫디-떫다, 머나-멀다, 기나-길다, 하고-많다

(25)의 예는 모두 <명사 + 용언>의 짜임으로 된 합성어이다. 이 가운데 (ㄱ)의 '맛나다, 터무니없다' 등은 '맛이 나다, 터무니가 없다'와 같이 어근들이 <주어 - 서술어>의 관계로 짜였다. 반면에 (ㄴ)의 '남부끄럽다, 손쉽다, 남다르다' 등은 '남에게 부끄럽다, 손에 쉽다, 남과 다르다'와 같은 의미·통사적인 관계이므로 합성어의 어근들이 <부사어 - 서술어>의 관계로 짜였다. (26)의 예는 용언과 용언이 결합해서 형성된 합성어이다. (27)의 예는 부사와 용언이 결합하여 형성된 합성어이다. 이 가운데 (ㄱ)의 '다시없다'와 '한결같다' 등은 <부사 + 형용사>의 짜임으로 된 합성어인 반면에, (ㄴ)의 '잘나다', '못나다', '막되다' 등은 <부사 + 동사>의 짜임으로 된 합성어이다. 끝으로 (28)의 예는 동일한 형용사 어근이 반복적으로 실현된 합성어인데, 개별 어근이 나타내는 의미가 강조된다.

둘째, 비통사적 합성법으로 형성된 형용사 합성어가 있다.

> (29) 높-푸르다, 검-푸르다, 검-붉다, 희-멀겋다, 곧-바르다, 넓-둥글다, 맵-차다, 굳-세다, 재-빠르다

(29)의 합성어는 앞의 어근(형용사)의 어간이 연결 어미가 실현되지 않고 뒤의 어근(형용사)에 직접적으로 결합된 형용사 합성어이다.

3.2.2.3. 수식언 합성어

〈**관형사 합성어**〉 관형사 합성어는 어근과 어근이 결합하여 형성된 관형사인데, 관형사 합성어는 그 수가 그리 많지 않다.

> (30) ㄱ. 한-두, 서-너, 네-댓, 대-여섯, 예-닐곱 ; 여-남은
>   ㄴ. 단-돈, 온-갖
>   ㄷ. 몹-쓸
>
> (31) 몇-몇

(30)의 (ㄱ)에서 '한두, 서너, 대여섯, 예닐곱'은 수 관형사와 수 관형사가 결합하였으며, '여남은'은 수사인 '열'과 동사 '남다'의 관형사형인 '남은'이 결합하였다.[3] (ㄴ)에서 '단돈'과 '온갖'은 각각 관형사인 '단'과 '온'에 명사인 '돈, 갖(가지)'가 결합하였으며, (ㄷ)의 '몹쓸'은 부사 '못'에 동사 '쓰다'의 관형사형인 '쓸'이 결합하였다. 끝으로 (31)의 '몇몇'은 관형사인 '몇'이 되풀이된 '반복 합성어'이다.
　〈**부사 합성어**〉 부사 합성어는 어근과 어근이 결합하여 형성된 부사이다.
　첫째, 일반적인 부사 합성어로서, 다른 형태의 어근이 결합하여서 형성된 부사 합성어가 있다.

> (32) ㄱ. 밤-낮(늘), 차례-차례, 다음-다음
>   ㄴ. 만(萬)-날, 만(萬)-판, 백(百)-날, 한-결, 한-바탕, 한-참, 한-층, 온-종일, 어느-덧,

---

3) '네댓, 대여섯, 예닐곱, 여남은' 등은 관형사뿐만 아니라 수사로도 쓰인다.

어느-새, 요-즈음, 접-때

ㄷ. 이른-바, 이를-테면

ㄹ. 곧-잘, 잘-못, 좀-더

(ㄱ)의 예는 <명사 + 명사>의 짜임으로 형성된 부사 합성어이다. 예를 들어서 '밤낮'은 명사인 '밤'과 '낮'이 합쳐져서 된 말인데, 이 말이 '늘'이라는 뜻을 나타내는 부사가 되었다. (ㄴ)은 <관형사 + 명사>의 짜임으로 형성된 부사 합성어이다. '만날, 만판, 백날'은 '만(萬)'과 '백(百)'과 같은 수 관형사가 명사와 결합되었다. '접때'는 지시 관형사인 '저'와 명사인 '때'가 결합하였는데, '접'은 '저'의 형태론적 변이 형태이다. (ㄷ)은 <용언의 관형사형 + 의존 명사>의 짜임으로 형성된 부사 합성어이다. '이른바'는 동사 '이르다(謂)'의 관형사형인 '이른'에 의존 명사인 '바'가 결합하여 형성되었다. 그리고 '이를테면'은 '이르다'의 관형사형인 '이를'에 의존 명사인 '터'가 결합한 뒤에, 서술격 조사인 '-이다'의 연결형인 '-이면'이 결합하여서 형성되었다. (ㄹ)의 '곧잘, 잘못, 좀 더'는 부사와 부사가 결합하여서 형성된 합성 부사이다. (32)의 합성 부사들은 모두 통사적인 합성어이다.

둘째, 동일한 형태의 어근이 결합하여서 형성된 부사 합성어가 있다.

(33) ㄱ. 가리-가리, 끼리-끼리, 송이-송이, 차례-차례 ; 가닥-가닥, 군데-군데, 굽이-굽이, 도막-도막, 조각-조각

ㄴ. 하나-하나

ㄷ. 가끔-가끔, 고루-고루, 대충-대충, 부디-부디, 어서-어서, 오래-오래, ······

ㄹ. 두고-두고, 가나-오나, 들락-날락, 오다-가다, 오락-가락, 왔다-갔다, 자나-깨나, ···

(ㄱ)의 예들은 명사와 명사, (ㄴ)은 수사와 수사, (ㄷ)은 부사와 부사가 되풀이되어서 형성된 부사 합성어이다.[4] (ㄹ)의 예들은 동사의 어간에 연결 어미인 '-고, -나, -을락, -다'가 결합하여서 합성어가 되었다. 이들 가운데에서 '두고두고'는 동일한 형태의 동사가 되풀이된 데에 반해서, '가나오나, 들락날락, 오다가다, 오락가락, 왔다갔다, 자나깨나' 등은 서로 대립되는 뜻을 나타내는 두 동사가 연결 어미에 의해서 합성되었다.

---

4) (33ㄱ)의 예들 가운데서 '가리가리, 끼리끼리, 송이송이, 차례차례' 등은 부사로만 쓰이며, '가닥가닥, 군데군데, 굽이굽이, 도막도막, 조각조각' 등은 부사와 명사로 두루 쓰인다.

(33)의 부사 합성어도 두 어근이 국어의 통사적 구조와 일치하는 방법으로 합성되었기 때문에 통사적 합성어이다.

'반복 부사 합성어' 중에는 소리를 흉내내는 말인 '의성 부사(擬聲 副詞)'와 모양을 흉내내는 말인 '의태 부사(擬態 副詞)'가 있다.

(34) ㄱ. 곰실-곰실, 구물-구물, 미끈-미끈, 빙긋-빙긋, 빤질-빤질, 소곤-소곤, 실룩-실룩, 움직-움직, 주룩-주룩, 출렁-출렁, 팔랑-팔랑, 펄럭-펄럭, 흔들-흔들, 희뜩-희뜩

ㄴ. 갈팡-질팡, 곤드레-만드레, 다짜-고짜, 뒤죽-박죽, 실룩-샐룩, 알롱-달롱, 알뜰-살뜰, 오순-도순, 우물-쭈물, 왈가닥-달가닥

(ㄱ)의 의성·의태 부사들은 '주룩주룩'처럼 앞의 어근과 뒤의 어근이 완전히 동일한 반복 합성어이다. 반면에 (ㄴ)의 의성·의태 부사들은 '갈팡질팡'처럼 앞의 어근과 뒤의 어근의 형태가 부분적으로 동일한 반복 합성어이다.[5] 이들 의성 부사와 의태 부사는 '주룩주룩'과 같은 일부 단어들을 제외하고는 어근이 단독으로 쓰이지 않는 특징이 있다.

3.2.2.4. 독립언 합성어

감탄사 합성어는 어근과 어근이 결합하여 형성된 감탄사이다.

(35) ㄱ. 이-개, 요-개 ; 웬-걸
    ㄴ. 여-보, 여-봐라, 여-보게
    ㄷ. 아이고-머니, 애고-머니

(ㄱ)에서 '이개'와 '요개'는 각각 지시 관형사 '이'와 '요'에 명사 '개'가 합성되었으며, '웬걸'은 관형사 '웬'에 의존 명사 '것'과 조사 '-을'이 합성되었다. (ㄴ)에서 '여보'는 지시 대명사인 '여('여기'의 준말)'에 '보다'의 하게체 명령형인 '보오'가 결합하여서 된 감탄사이다. 그리고 '여봐라, 여보게'는 지시 대명사인 '여'에 '보다'의 해라체 명령형

---

5) (33)의 반복 합성어는 어근들이 모두 독립적으로 쓰일 수 있으므로 '전형적인 반복 합성어'라고 한다. 이에 반해서 (34)의 합성어들은 어근이 독립적으로 쓰이지 못하기 때문에 '의사 반복 합성어'라고 한다.(남기심·고영근 1993:218)

인 '봐라'와 하게체 명령형인 '보게'가 결합되었다. (ㄷ)에서 '아이고머니'와 '애고머니'는 감탄사인 '아이고'와 '애고'에 '어머니'의 준말인 '머니'가 결합되었다.

감탄사 합성어 중에는 동일한 형태의 어근이 결합하여 형성된 반복 합성어도 있다.

(36) ㄱ. 도리-도리, 쬠-쬠 ; 구-구, 오래-오래
     ㄴ. 얼씨구-절씨구, 얼씨구나-절씨구나, 에야-디야

(ㄱ)은 어근의 형태 전체가 반복되었으며, (ㄴ)은 어근의 형태 일부가 반복되었다.

3.3. 파생어

파생어는 어근에 파생 접사를 붙여서 형성된 단어이다. 파생어는 파생 접사가 어근의 앞에 붙느냐 뒤에 붙느냐에 따라서 '접두 파생어'와 '접미 파생어'으로 나뉜다. 그리고 접사의 문법적인 기능에 따라서 '어휘적 파생어'와 '통사적 파생어'로 나뉘기도 한다.

3.3.1. 파생 접사의 기능

파생 접사는 그것이 나타내는 문법적인 기능에 따라서 '한정적 접사'와 '지배적 접사'로 구분한다.

〈한정적 접사〉 '한정적 접사(限定的 接辭, restrictive affix)' 혹은 '어휘적 접사(語彙的 接辭, lexical affix)'는 파생어를 형성하는 과정에서 원래의 말(어근)의 문법적인 성질은 바꾸지 않고, 특정한 의미만을 덧붙이는 파생 접사이다. 곧, 한정적 접사는 어근의 품사를 변화시키거나 문장의 구조를 바꾸는 일이 없다.

(1) ㄱ. <u>헛</u>손질, <u>애</u>호박, <u>치</u>받다
    ㄴ. 잎<u>사귀</u>, 눈<u>치</u>, 밀<u>치</u>다, 깨<u>뜨리</u>다

(ㄱ)에서 '헛-, 애-, 치-'의 파생 접사는 어근인 '손, 호박, 받다'에 어떠한 의미를 덧

붙이는 기능만을 한다. 그리고 (ㄴ)에서 '-사귀, -치, -치-, -뜨리-'도 마찬가지로 어근인 '잎, 눈, 밀(다), 깨(다)'에 특정한 의미만을 덧붙인다. 이러한 접사는 어근에 어휘적인 의미만 덧붙인다는 점에서 '한정적 접사' 혹은 '어휘적인 접사'라고 하고, '한정적 접사'가 어근에 특정한 의미를 덧붙이는 기능을 '한정적 기능'이라고 한다.

〈지배적 접사〉 '지배적 접사(支配的 接辭, governing affix)' 혹은 '통사적 접사(統辭的 接辭, syntactic affix)'는 어근에 특정한 뜻만 덧붙이는 것이 아니라, 문장의 통사적 구조를 바꾸거나 어근의 품사와는 다른 품사의 파생어를 형성하는 파생 접사이다.

첫째, 지배적 접사가 붙어서 형성된 단어가 쓰이면 문장의 구조가 바뀔 수가 있다.

(2) ㄱ. 호랑이가 토끼를 <u>먹는다</u>.
    ㄴ. 토끼가 호랑이에게 <u>먹힌다</u>.

(3) ㄱ. 아이가 밥을 <u>먹는다</u>.
    ㄴ. 어머니가 아이에게 밥을 <u>먹인다</u>.

(2)와 (3)에서 '먹히다'와 '먹이다'는 각각 어근 '먹(다)'에 파생 접미사 '-히-'와 '-이-'가 결합되어서 된 파생어이다. 그런데 '먹다'가 서술어로 쓰인 문장은 기본적으로 (2~3)의 (ㄱ)처럼 '주어 + 목적어 + 서술어'의 구조를 취한다. 이에 반해서 '먹히다'가 서술어로 쓰인 문장은 (2ㄴ)에서처럼 <주어 + 부사어 + 서술어>의 구조를 취하며, '먹이다'가 서술어로 쓰인 문장은 (3ㄴ)처럼 <주어 + 부사어 + 목적어 + 서술어>의 구조를 취한다. 이처럼 파생 접사인 '-히-'와 '-이-'는 어근에 붙어서 그것이 쓰인 문장의 통사적인 구조를 바꾸는 기능을 한다.6)

둘째, 어근에 지배적 접사가 붙으면, 어근과는 다른 품사의 파생어가 형성될 수 있다.

(4) ㄱ. 먹-_동_ + -이 → 먹이_명_
    ㄴ. 잦-_형_ + -우 → 자주_부_

(ㄱ)에서 '먹이'는 동사인 어근 '먹-'에 파생 접사 '-이'가 붙어서 된 명사이며, (ㄴ)에서 '자주'는 형용사인 어근 '잦-'에 파생 접사 '-우'가 붙어서 된 부사이다. 곧 파생 접

---

6) 특히 피동 접미사는 타동사인 능동사(= 먹다)를 자동사인 피동사(= 먹히다)로 바꾸므로, 어근의 문법적인 성질을 바꾸었다.

사 '-이'와 '-우'는 어근의 품사를 바꾸는 기능을 한다. 결국 (2~4)의 파생 접사 '-히-, -이- ; -이, -우'는 모두 지배적 접사가 되는데, 지배적 접사가 어근의 품사를 바꾸거나 문장의 구조를 바꾸는 기능을 '지배적 기능'이라고 한다.

앞의 (1)에서처럼 어근에 한정적 접사가 붙어서 새로운 파생어를 만드는 방법을 '어휘적 파생법(語彙的 派生法, lexical derivation)'이라고 하고, (2~4)에서처럼 어근에 지배적 접사가 붙어서 파생어를 형성하는 방법을 '통사적 파생법(統辭的 派生法, syntactic derivation)'이라고 한다.

3.3.2. 접두 파생어

어근의 앞에 붙어서 새로운 단어를 만드는 문법적인 절차를 '접두 파생법(接頭 派生法)'이라고 한다. 그리고 접두 파생법에 따라서 만들어진 파생어를 '접두 파생어(接頭 派生語)'라고 한다.

3.3.2.1. 접두 파생어의 특징

접두 파생어에는 접미 파생어에 비하여 다음과 같은 세 가지의 특징이 나타난다.

첫째, 접두사는 접미사에 비해서 파생력이 약하다. 곧 접두 파생법으로 형성된 파생어의 종류는 접미 파생법으로 이루어진 파생어의 종류보다 훨씬 적은데, 이는 각각의 접두사와 결합하는 어근이 매우 한정되어 있기 때문이다.

둘째, 접두사에는 일반적으로 어근의 품사를 바꾸거나 통사 구조를 바꾸는 '지배적 기능'은 없고, 어근의 의미를 제한하는 '한정적 기능'만 있다.

⑸ ㄱ. 접두사 + 명사　　→ 파생 명사　　: 강더위, 개살구, 군소리
　　ㄴ. 접두사 + 동사　　→ 파생 동사　　: 빗맞다, 되새기다, 헛갈리다
　　ㄷ. 접두사 + 형용사 → 파생 형용사 : 구슬프다, 새까맣다, 애젊다

(ㄱ)에서 '강더위, 개살구, 군소리'는 어근인 명사 '더위, 살구, 소리'에 파생 접두사인 '강-, 개-, 군-'이 붙어서 된 말이지만 품사의 변화는 일어나지 않는다. (ㄴ)의 '빗맞다, 되새기다, 헛갈리다'는 동사 어근에 접두사인 '빗-, 되-, 헛-'이 붙었고, (ㄷ)의 '구슬프

다, 새까맣다, 애젊다'는 형용사 어근에 접두사인 '구-, 새-, 애-'가 붙어서 파생어가 되었지만 품사는 바뀌지 않는다. 이렇게 접두사가 붙어도 파생어의 품사가 바뀌지 않는 것은 접두사가 어근에 앞서서 실현되기 때문이다.[7)]

이처럼 접두사에는 한정적 기능만 있을 뿐이지 지배적인 기능은 없는 것이 보통인데, 예외적으로 접두 파생어의 품사가 어근의 품사와 다른 것도 있다.

(6) ㄱ. 메- + 마르다 (동사)　→ 메마르다 (형용사)
　　ㄴ. 숫- + 되다　 (동사)　→ 숫되다　 (형용사)
　　ㄷ. 걸- + 맞다　 (동사)　→ 걸맞다　 (형용사)

(6)에서 (ㄱ)의 '메마르다'는 동사 어근인 '마르다'에 접두사 '메-'가 붙어서 된 형용사이다. 그리고 (ㄴ)의 '숫되다'는 동사 어근인 '되다'에 접두사인 '숫-'이 붙어서 된 형용사이며, (ㄷ)의 '걸맞다'는 동사 어근인 '맞다'에 접두사인 '걸-'이 붙어서 된 형용사이다. 이들 단어는 모두 동사 어근에 접두사가 붙었는데도 파생어의 품사가 형용사로 바뀌었는데, 이러한 예로는 '메마르다, 강마르다 ; 숫되다, 암되다, 엇되다, 올되다, 좀되다, 헛되다 ; 걸맞다, 알맞다' 등이 있다.(왕문용 · 민현식 1996:76)

셋째, 접두사는 체언과 용언의 어근에만 붙는데, '덧-, 짓-, 치-, 헛-'처럼 동일한 형태의 접두사가 체언이나 용언의 어근에 두루 붙어서 파생어를 형성하는 경우도 있다.

(7) 덧-구두, 덧-날, 덧-널, 덧-문, 덧-버선, 덧-빗, 덧-새벽, 덧-신, 덧-저고리, 덧-장판, 덧-줄, 덧-토시, 덧-니, 덧-거리

(8) 덧-나다, 덧-붙다, 덧-깔다, 덧-신다, 덧-바르다, 덧-걸다, 덧-묻다, 덧-걸치다

위의 예는 모두 접두사 '덧-'이 붙어서 된 파생어들이다. 이 중에서 (7)의 예는 '덧-'이 명사로 된 어근에 붙어서 된 파생 명사이고, (8)의 예는 '덧-'이 용언에 붙어서 된 파생 동사이다.

───────────────

7) 이는 마치 [수식어 + 중심어]의 구조를 가진 구의 전체적인 문법적 특성이 중심어와 같아지는 것과 동일한 이치이다. 예를 들어서 '새 책'은 중심어인 '책'의 품사와 동일하듯이 '접두사 + 어근'의 구조의 품사도 뒤에 나오는 어근의 품사와 같아진다.

3.3.2.2. 접두 파생어의 유형

접두 파생어는 그 품사가 체언과 용언에 한정되는데, 접두 파생어의 대표적인 예를 품사별로 정리하면 다음과 같다.

첫째, 체언 앞에 접두사가 붙어서 파생 체언을 형성하는 경우가 있다. 이러한 접두사는 체언의 의미를 한정한다는 점에서 관형사와 비슷하게 기능한다.[8]

(9) 갓-스물, 강-다짐, 개-나리, 군-것, 날-것, 덧-니, 돌-미나리, 들-깨, 막-일, 맏-아들, 맞-담배, 맨-손, 맨-꼭대기, 메-밀, 뭇-사내, 민-대가리, 선-머슴, 수탉(수-닭)[9], 숫-처녀, 암퇘지(암-돼지), 애-송이, 애-당초, 엇-셈, 올-벼, 올-무, 잣-주름, 찰-거머리, 참-기름, 짓-고생, 치-사랑, 풋-고추, 핫-바지, 햇-콩, 헛-걸음, 홀-아비

(10) ㄱ. 덧신 : 덧- 신

ㄴ. 헌 가방 : 헌 가방

(10)의 접두 파생어는 체언인 어근에 접두사가 붙어서 된 파생어이므로 파생어의 최종 품사도 체언이 된다. 그리고 (10ㄱ)에서 체언인 어근 앞에 붙는 접두사 '덧-'은 '신'의 의미를 한정한다는 점에서 (10ㄴ)의 관형사 '헌'과 비슷한 역할을 한다. 그러므로 '덧신'의 '덧-'처럼 체언 앞에서 실현되는 접두사를 '관형사성 접두사'라고 한다.

둘째, 용언 앞에 접두사가 붙어서 이루어진 파생 용언이 있다. 이러한 접두사는 용언의 의미를 한정한다는 점에서 부사와 비슷하게 기능한다.

(11) 강-마르다, 거-세다, 걸-맞다, 곱-씹다, 구-슬프다, 깔-보다, 깡-마르다, 냅-뛰다, 대-차다, 덧-나다, 도-맡다, 되-감다, 뒤-엎다, 드-높다, 들-끓다, 들이-닥치다, 몰-밀다, 벋-대다, 뻗-대다, 비-꼬다, 새-까맣다, 샛-노랗다, 시-꺼멓다, 싯-누렇다, 설-익다, 악-물다, 얼싸-안다, 엿-듣다, 올-곧다, 짓-누르다, 처-박다, 치-받다, 해-말갛다,

---

8) 접두사와 관형사의 차이점에 대하여는 이 책 249쪽의 【더 배우기】 참조.
9) '암(雌)'과 '수(雄)'는 15세기 국어에서는 '암ㅎ'과 '수ㅎ'의 형태로 단독으로 쓰였기 때문에 어근(명사)이었다. 그러나 현대어에서는 '암'과 '수'가 '암탉, 암캉아지 ; 수탉, 수캉아지' 등과 같이 대부분 뒤의 어근에 붙어서만 쓰여서 거의 파생 접사화하였다.(단, 현대어에서도 '암과 수를 구별하다.'와 같이 쓰일 때에는 예외적으로 접사가 아니라 명사(어근)로 처리한다.)

헛-되다, 휘-둥그렇다, 휘-두르다, 휩-싸다

(12) ㄱ. 강마르다 : 강-　　마르다

ㄴ. 많이 먹다 : 많이　　먹다

(11)의 접두 파생어는 용언인 어근에 접두사가 붙어서 된 파생어이므로 최종 품사도 용언이 된다. 그리고 (12ㄱ)에서 용언의 어근 앞에 붙는 접두사 '강-'은 어근인 '마르다'의 의미를 한정한다는 점에서 (12ㄴ)의 부사 '많이'와 비슷한 역할을 한다. 그러므로 '강마르다'의 '강-'처럼 용언 앞에서 실현되는 접두사를 '부사성 접두사'라고 한다.

3.3.3. 접미 파생어

어근의 뒤에 파생 접사가 붙어서 새로운 단어를 만드는 문법적인 절차를 '접미 파생법'이라고 하고, 접미 파생법에 따라서 만들어진 파생어를 '접미 파생어'라고 한다.

3.3.3.1. 접미 파생어의 특징

어근에 파생 접미사가 붙어서 새로운 단어를 형성하는 접미 파생법에는 다음과 같은 특징이 있다.

첫째, 접미사는 접두사에 비해서 생산력이 강하다. 곧, 접미사는 접두사에 비하여 종류도 많고, 접미사로써 파생되는 품사도 다양하다.

(13) ㄱ. 잎-사귀, 물-음
ㄴ. 밀-치-다, 일-하-다
ㄷ. 높-다랗-다, 슬기-롭-다
ㄹ. 다른(다르-ㄴ), 갖-은
ㅁ. 정말-로, 많-이, 비로소(비롯-오)
ㅂ. -밖에(밖-에), -부터(붙-어), -조차(좇-아)

위의 예는 모두 어근에 접미사가 붙어서 된 파생어들인데, 이들의 최종 품사를 보면 (ㄱ)은 명사, (ㄴ)은 동사, (ㄷ)은 형용사, (ㄹ)은 관형사, (ㅁ)은 부사, (ㅂ)은 조사이다. 따라서 접두사는 체언과 용언만 파생하는 데 반해서 접미사는 다양한 품사의 단어를 파생한다는 사실을 알 수 있다.

둘째, 접두사가 한정적인 기능만 나타내는 데에 반하여, 접미사는 한정적 기능뿐만 아니라 지배적 기능도 나타낸다. 곧 어근에 접미사가 붙음으로써 어근의 품사를 바꾸거나 문장의 통사 구조를 바꿀 수도 있다.

> (14) ㄱ. 패-거리, 눈-깔, 잠-꾸러기
> ㄴ. 밀-치-다, 깨-뜨리-다, 밝갛다(밝-앟-다)
> (15) ㄱ. 먹-이, 기쁨(기쁘-ㅁ), 밝-히-다
> ㄴ. 죽-이-다, 물-리-다

(14)의 (ㄱ)의 단어들은 체언인 어근에 접미사가 붙었고 (ㄴ)의 단어들은 용언의 어근에 접미사가 붙어서 된 단어들이다. 이들 단어는 어근의 품사도 바뀌지 않았고, 또한 문장 속에서 어근만이 쓰인 경우에 비하여 문장의 구조도 바뀌지 않았다. 따라서 (14)의 접미사는 한정적 접사이다. 반면에 (15)에서 (ㄱ)의 '먹이, 기쁨, 밝히다'는 어근에 접미사가 붙음으로써 어근의 품사와 달라졌다. (ㄴ)에서 '죽이다, 잡히다, 물리다'는 사동사나 피동사로 바뀌었는데, 어근이 문장에 쓰였을 때에 비하여 문장의 구조가 바뀔 수 있다. 따라서 (15)에 쓰인 접미사는 '지배적 접사'로 기능한다.

3.3.3.2. 접미 파생어의 유형

파생어의 품사를 기준으로 접미 파생법의 유형을 설정해 보면 다음과 같다.

〈명사 파생어〉 '명사 파생어'는 어근에 접미사가 붙어서 형성된 명사이다.

첫째, 체언(명사나 대명사)인 어근에 한정적 접미사가 붙어서 다시 체언이 파생될 수 있다.

> (16) ㄱ. 패-거리, 기름-기, 성-깔, 심술-꾸러기, 구경-꾼, 남정-네, 선생-님, 윗-도리, 꾀-돌이, 시골-뜨기, 머리-맡, 갓-바치, 나이-배기, 꾀-보, 이마-빼기, 모양-새, 모-

서리, 길-섶, 뱃-심, 솜-씨, 바가지(박-아지), 벼슬-아치, 꼬락서니(꼴-악서니), 값-어치, 지붕(집-웅), 끄트러기(끝-으러기), 끝-장, 노인-장, 문-지기, 낚시-질, 만 원-짜리, 인사-차, 그믐-치, 하루-치, 눈-치, 영감-태기, 그루-터기, 자-투리, 먼지-투성이, 미련-퉁이, 가슴-패기, 달-포

ㄴ. 너-희, 너-희-들

(ㄱ)의 파생어는 명사 어근에 접미사가 붙어서 다시 명사가 된 파생어이고, (ㄴ)의 '너희'는 대명사 '너'에 접미사인 '-희'가 붙어서 다시 대명사가 된 파생어이다. 이들 파생어들은 모두 어휘적 파생법으로 만들어진 단어이다.

둘째, 용언이나 부사인 어근에 지배적 접미사가 붙어서 명사가 파생될 수 있다.

(17) ㄱ. 덮-개, 집-게, 쓰-기, 열-매, 낚-시, 먹-성, 무덤(묻-엄), 마감(막-암), 나머지(남-어지), 노래(놀-애), 쓰레기(쓸-에기), 웃-음, 늙-정이

ㄴ. 빠르-기, 검-댕, 검-둥이, 구두쇠(굳-우쇠), 검-정, 파랑(파랗-ㅇ), 높-이, 기쁨(기쁘-ㅁ), 길-이

ㄷ. 마구-잡이, 가로-닫이, 막-바지 ; 기러기(기럭-이), 개구리(개굴-이), 뻐꾸기(뻐꾹-이)

(17)에서 (ㄱ)의 '덮개' 등은 동사 어근에, (ㄴ)의 '빠르기' 등은 형용사 어근에, (ㄷ)의 '마구잡이' 등은 부사 어근에 접미사가 붙어서 명사로 파생된 단어이다. 따라서 (17)의 단어들은 통사적 파생법으로 형성된 파생 명사이다.

셋째, 어근에 접미사가 붙어서 명사로 파생되기는 했으나, 어근의 문법적 성질이 분명하지 않은 것이 있다.

(18) 동그라미(동글-아미), 멍텅-구리

(18)에서 파생어의 어근인 '동글, 멍텅'은 단독으로 쓰이는 일이 없고 반드시 파생어의 어근으로만 쓰이기 때문에, 이들 어근의 품사를 파악하기 어렵다. 이러한 특징 때문에 이들 어근을 '불완전 어근(不完全 語根, 特殊 語根)'이라고 부른다.10)

---

10) 예를 들어서 '깊숙하다'의 '깊숙-', '늙수그레하다'의 '늙수그레-', '움직이다'의 '움직-', '딱하다'의 '딱-' 등이 '불완전 어근(특수 어근)'이다. 이러한 불완전 어근에는 조사와 어미가 전혀 붙을 수 없으며, 오직 극히 국한된 파생 접사만 붙을 수 있는 특징이 있다.(허웅 1983:132) 종전

〈동사 파생어〉 '동사 파생어'는 어근에 접미사가 붙어서 형성된 동사이다. 첫째, 동사 어근에 한정적 접미사가 붙어서 다시 동사가 파생될 수 있다.

(19) 깨-뜨리(트리)-다, 밀-치-다, 읊-조리-다, 엎-지르-다

(19)에서 접미사 '-뜨리(트리)-, -치-, -조리-, -지르-' 등은 동사 어근에 붙어서 강한 느낌을 주는 강조의 뜻만 덧붙이고 품사나 문장의 구조를 바꾸는 기능은 없다.

둘째, 동사가 아닌 어근에 지배적 접사가 붙어서 동사가 되거나, 어근에 사동이나 피동의 지배적 접사가 붙어서 사동사나 피동사가 될 수 있다.

(20) ㄱ. 밑-지-다, 숨-지-다, 눈물-지-다 ; 일-하-다, 말-하-다, 노래-하-다, 공부-하-다
    ㄴ. 없-애-다, 바루다(바르-우-다), 높-이-다, 낮-추-다 ; 미워하다(밉-어하 -다), 좋아하다(좋-아하-다), 싫어하다(싫-어하-다) ; 미워지다(밉-어지-다), 예뻐지다(예쁘- + -어지-다), 싫어지다(싫-어지-다)
    ㄷ. 먹-이-다, 깨-우-다, 울-리-다
    ㄹ. 아니-하-다, 못-하-다, 잘-하-다, 다-하-다, 더-하-다 ; 중얼중얼-하-다, 출렁출렁-하-다, 어물어물-하-다, 펄럭펄럭-하-다, 촐랑촐랑-하-다
(21) ㄱ. 높-이-다, 낮-추-다, 없-애-다, 바루다(바르-이-다); 먹-이-다, 깨-우-다, 울-리-다, 재우다(자-이우-다), 태우다(타- + -이우-다)
    ㄴ. 빼앗-기-다, 열-리-다, 쓰-이-다, 먹-히-다

(20)에서 (ㄱ)은 명사, (ㄴ)은 형용사, (ㄷ)은 동사, (ㄹ)은 부사의 어근에 접미사가 붙어서 동사로 파생된 단어이다. 이들 가운데 (ㄴ)의 '미워하다'와 '미워지다' 등은 심리 형용사인 어근 '밉-'에 동사 파생 접미사인 '-어하-'나 '-어지-'가 결합되어서 각각 타동사와 자동사로 파생된 것이다. (21)의 단어들은 어근에 사동과 피동의 접미사가 붙어서 된 파생어이다. 이들 파생어가 서술어로 쓰인 문장의 구조는 어근인 '높다, 낮다, 먹다, 깨다; 빼앗다, 열다, 쓰다, 먹다'가 서술어로 쓰인 문장의 구조와는 다르다.11)

에는 이러한 어근을 일반적으로 '특수 어근'이나 '불규칙 어근' 등으로 불러 왔는데, 이들 용어는 이러한 어근의 특징을 적절하게 반영하지 못하고 있다. 따라서 '가로다, 더불다, 데리다'처럼 활용에 제약이 매우 큰 용언을 '불완전 용언'이라고 부르고 있는 것을 감안하여, '깊숙-, 늙수그레-, 움직-, 딱-'과 같은 어근을 '불완전 어근'으로 부르기로 한다.

셋째, 불완전 어근에 파생 접미사가 붙어서 동사가 파생될 수 있다.

(22) 하늘-대-다/하늘-거리-다, 망설-이-다/망설-거리-다/망설-대-다

위의 단어들은 불완전 어근인 '하늘-, 망설-'에 접미사 '-거리-, -대-, -이-'가 붙어서 파생 동사가 되었다.

〈**형용사 파생어**〉 '형용사 파생어'는 어근에 접미사가 붙어서 형성된 형용사이다. 첫째, 형용사 어근에 한정적 접사가 붙어서 다시 형용사가 파생될 수 있다.

(23) ㄱ. 달-갑-다, 차-갑-다
　　 ㄴ. 굵-다랗-다, 높-다랗-다
　　 ㄷ. 바쁘다(밭-브-다)
　　 ㄹ. 거멓다(검-엏-다), 가맣다(감-앟-다), 발갛다(밝-앟-다), 빨갛다(*빩-앟-다)

(ㄱ)은 형용사 어근에 '-갑-'이, (ㄴ)은 형용사 어근에 '-다랗-'이, (ㄷ)은 형용사 어근에 '-브-'가, (ㄹ)은 형용사 어근에 '-엏-/-앟-'이 붙어서 새로운 단어로 파생되었다.

둘째, 명사·동사·관형사·부사 등의 어근에 지배적 접사가 붙어서 형용사가 파생될 수 있다.

(24) ㄱ. 사람-답-다, 살-지-다, 방정-맞-다, 인정-스럽-다, 자유-롭-다, 가난-하-다
　　 ㄴ. 우습다(웃-읍-다), 놀랍다(놀라-ㅂ-다), 그립다(그리-ㅂ-다) ; 고프다(곯-브-다),
　　　　 미쁘다(믿-브-다), 아프다(앓-브-다)
　　 ㄷ. 새-롭-다
　　 ㄹ. 아니-하-다, 못-하-다, 가득-하-다

먼저 (ㄱ)에서는 명사 어근인 '사람, 살, 방정, 인정, 자유, 가난'에 각각 접미사 '-답-, -지-, -맞-, -스럽-, -롭-, -하-'가 붙어서 형용사로 파생되었다. (ㄴ)의 '우습다, 놀랍

---

11) 예를 들어서 사동사인 '먹이다'와 피동사인 '먹히다'가 문장에 쓰일 때에는 어근인 '먹다'가 문장에 쓰일 때에 비하여 문장의 구조가 달라진다. 곧 '먹다'가 취하는 문장 구조는 〈주어 + 목적어 + 서술어〉인 데 반해서, '먹이다'가 취하는 문장 구조는 〈주어 + 부사어 + 목적어 + 서술어〉이며, '먹히다'가 취하는 문장 구조는 〈주어 + 부사어 + 서술어〉이다.

다, 그립다'는 동사 어근에 접미사 '-읍-/-ㅂ-'이 붙어서 형용사로 파생되었으며, '고프다, 미쁘다, 아프다'는 동사 어근인 '곯(다), 믿(다), 앓(다)'에 접미사 '-브-'가 붙어서 형용사로 파생되었다.[12] (ㄷ)의 '새롭다'는 관형사 '새'에 접미사 '-롭-'이 붙어서 형성된 것으로서 파생 형용사로는 극히 드문 예이다. 끝으로 (ㄹ)에서는 부사 어근인 '아니, 못, 가득'에 접미사 '-하-'가 붙어서 형용사가 파생되었다.

셋째, 불완전 어근에 파생 접미사가 붙어서 형용사가 파생될 수 있다.

(25) ㄱ. 쌀쌀-맞-다, 좀-스럽-다, 상-없-다
　　　ㄴ. 착-하-다, 딱-하-다, 씩씩-하-다, 똑똑-하-다, 뚜렷-하-다

끝으로 위의 예들은 불완전 어근인 '쌀쌀-, 좀-, 상-, 착-, 딱-, 씩씩-, 똑똑-, 뚜렷-'에 접미사 '-맞-, -스럽-, -없-, -하-'가 붙어서 형용사로 파생된 단어이다.

〈관형사 파생어〉 '관형사 파생어'는 어떠한 어근에 접미사가 붙어서 형성된 관형사이다. 이와 같은 관형사 파생어는 그 수효가 매우 드물다.

첫째, 대명사 어근에 지배적 접사가 붙어서 관형사가 파생될 수 있다.

(26) 이-까짓, 그-까짓, 저-까짓

(26)의 단어는 대명사 어근인 '이, 그, 저'에 접미사 '-까짓'이 붙어서 관형사로 파생되었다. 따라서 이들 파생 관형사는 지배적 파생법으로 형성된 단어들이다.

둘째, 용언 어근에 관형사를 파생하는 지배적 접사가 붙어서 관형사가 파생될 수 있다.

(27) ㄱ. 헌(헐-ㄴ), 갖-은
　　　ㄴ. 오른(옳-은), 다른(다르-ㄴ), 바른(바르-ㄴ)

(ㄱ)의 예들은 동사 어근인 '헐-, 갖-'에 관형사형 전성 어미에서 나온 파생 접미사 '-(으)ㄴ'이 붙어서 관형사로 파생되었다. 그리고 (ㄴ)의 예들은 형용사 어근인 '옳-, 다르-, 바르-'에 파생 접미사 '-(으)ㄴ'이 붙어서 관형사로 파생되었다. 이들은 모두 통

---

12) '기쁘다'는 중세어 '깃다(= 기뻐하다)'에 형용사 파생 접미사 '-브-'가 붙어서 된 형용사이다.

사적 파생법에 의한 파생어이다.

〈부사 파생어〉 '부사 파생어'는 어근에 접미사가 붙어서 형성된 부사이다.

첫째, 부사 어근에 한정적 접미사가 붙어서 다시 부사가 파생될 수 있다.

(28) 더욱-이, 일찍-이, 방긋-이, 벙긋-이, 곧-장

위의 단어들은 부사 어근인 '더욱, 일찍, 방긋, 벙긋, 곧'에 접미사 '-이'와 '-장'이 붙어서 다시 부사가 되었다.

둘째, 부사가 아닌 어근에 지배적 접미사가 붙어서 부사가 파생될 수 있다.

(29) ㄱ. 마음껏(마음-껏), 힘껏(힘-껏), 봄-내, 겨우-내 ; 종일-토록, 평생-토록, 이-토록,
       그-토록, 저-토록 ; 이-다지, 그-다지 ; 결단-코, 맹세-코, 무심-코
     ㄴ. 몰래(모르-애), 익-히, 너무(넘-우), 마주(맞-우), 도로(돌-오)
     ㄷ. 실컷(싫-것), 곧-추, 같-이, 많-이, 밝-히, 작-히, 자주(잦-우), 바로(바르-오)

(ㄱ)의 단어는 체언 어근에 접미사인 '-껏, -내, -토록, -다지, -코' 등이 붙었고, (ㄴ)의 단어는 동사 어근에 접미사인 '-애, -히, -우, -오'가 붙었으며, (ㄷ)의 단어는 형용사 어근에 접미사인 '-것, -추, -이, -히, -우, -오'가 붙어서 부사로 파생된 단어이다. 이들은 부사가 아닌 어근에 지배적 접미사가 붙어서 부사로 파생된 단어이다.

셋째, 불완전 어근에 부사를 파생하는 접미사가 붙어서 다시 부사가 파생될 수 있다.

(30) 비로소(비롯-오), 전-혀, 행-여

위의 단어들은 불완전 어근인 '비롯-, 전(全), 행(幸)' 등에 접미사 '-오, -혀, -여' 등이 붙어서 파생어가 된 부사이다.

〈조사 파생어〉 '조사 파생어'는 어근에 접미사가 붙어서 형성된 조사인데, 조사 파생어는 그 수효가 극히 드물다.

(31) 밖-에

(32) -부터(붙-어), -조차(좇-아)

(31)처럼 명사 어근인 '밖'에 조사 파생 접미사인 '-에'가 붙어서 된 것과, (32)처럼 동사 어근인 '붙-, 좇-'에 조사 파생 접미사인 '-어/-아'가 붙어서 된 것이 있다. 이들은 명사나 동사의 어근에 접미사가 붙어서 조사로 파생되었기 때문에, 통사적 파생법으로 형성된 단어이다.

3.4. 합성어와 파생어의 겹침

합성어에 다시 파생 접사가 붙어서 파생어를 형성하거나, 파생어에 또다시 어근이 붙어서 합성어가 되는 경우도 있다.

〈합성어가 다시 파생어가 된 경우〉 어근과 어근이 결합하여 먼저 합성어를 이룬 다음에, 그 합성어에 파생 접사가 붙어서 파생어를 형성하는 수도 있다.

(ㄱ)에서 '매한가지'는 '한'과 '가지'가 합쳐져서 '한가지'라는 합성 명사를 이루게 된다. 이렇게 형성된 '한가지'에 다시 접두사 '매-'가 붙어서 '매한가지'가 형성되었는데, 이때 '한가지'는 하나의 어근의 역할을 하게 된다. '매한가지'는 단어의 전체적인 짜임새를 고려하면 어근에 접두사가 붙어서 된 파생어이다. (ㄴ)에서 '해돋이'는 먼저 '해'와 '돋-'이 결합하여 '해돋-'이라는 합성 어근을 형성한다. 그리고 '해돋-'에 접미사인 '-이'가 붙어서 '해돋이'와 같은 파생 명사가 형성되었는데, 이때 '해돋-'은 전체 파생어의 구조 속에서 어근의 역할을 하게 된다. 결국 '매한가지'와 '해돋이'는 그것이 형성된 절차를 감안하면 합성어가 파생된 현상으로 볼 수 있다. '매한가지'와 '해돋이'의 구조는 간략하게 보이면 [매-[한-가지]]와 [[해-돋]-이]로 나타낼 수 있다.

첫째, 다음의 단어는 위의 그림 (1)의 (ㄱ)과 동일한 방법으로 형성된 접두 파생어들로서, 이들은 모두 [접사-[어근-어근]]의 짜임새로 된 단어이다.

(2) ㄱ. 꽁-보리밥, 날-도둑놈, 양-숟가락, 양-잿물, 어리-굴젓, 차-좁쌀, 한-밑천, 한-밤
　　　중, 해-암탉, 허허-벌판
　　ㄴ. 되-돌아가다, 빗-나가다, 내-팽개치다

(ㄱ)의 '꽁보리밥'은 [꽁-[보리-밥]]의 짜임으로 된 파생 명사이며, (ㄴ)의 '되돌아가
다'는 [되-[돌아 -가(다)]]의 짜임새로 된 파생 동사이다.

　둘째, 단어는 위의 그림 (1ㄴ)과 같은 방법으로 형성된 접미 파생어들로서 [[어근-
어근]-접사]의 짜임새로 된 단어들이다.

(3) ㄱ. 거짓말-쟁이, 곰배팔-이, 흙손-질, 술래잡-기, 피돌-기, 하루살-이, 가슴앓-이,
　　　모내-기, 맞난-이, 귀밝-이, 발버둥-질, 무자맥-질, 육손-이, 뗄나무-꾼, 꺾꽂-이,
　　　날치-기, 드난-꾼, 나들-이, 맞보-기, 잔손-질, 잔소리-꾼, 높낮-이, 거저먹-기,
　　　마구잡-이, 막벌-이
　　ㄴ. 깃들-이(다), 낯익-히(다), 약올-리(다), 발맞-추(다), 구워박-히(다), 돋보-이(다),
　　　둘러싸-이(다), 매달-리(다), 가로막-히(다), 배배꼬-이(다)

(ㄱ)에서 '거짓말쟁이'는 [[거짓-말]-쟁이]의 짜임으로 된 파생 명사이며, (ㄴ)의 '낯
익히다'는 [[낯-익]-히(다)]의 짜임으로 된 파생 동사이다.
　〈파생어가 다시 합성어가 된 경우〉 어근에 파생 접사가 붙어서 파생어가 형성된
다음에, 그 파생어에 어근이 다시 결합하여 합성어를 형성할 수도 있다.

(ㄱ)에서 어근 '웃-'에 파생 접사 '-음'이 붙어서 접미 파생어인 '웃음'이 형성되었고
'웃음'에 다시 어근인 '꽃'이 결합되어서 최종적으로 합성어인 '웃음꽃'이 형성되었다.
(ㄴ)에서는 어근인 '걸-(←걷-)'에 파생 접미사 '-음'이 결합되어서 접미 파생어인 '걸
음'이 형성되고 나서, 이 '걸음'에 다시 어근인 '첫'이 결합되어서 최종적으로 합성어
인 '첫걸음'이 만들어졌다. 이들 단어의 짜임새는 [[웃-음]-꽃]과 [첫-[걸-음]]으로

나타낼 수 있다.

첫째, 다음의 단어는 (4ㄱ)과 같은 방법으로 형성된 합성어들로서 [[어근-접사]-어근]이나 [[접사-어근]-어근]의 짜임으로 된 합성어이다.

(5) ㄱ. 곰-국, 구김-살, 구름-판, 군불-솥, 글씨-체, 낚시-터, 눈깔-사탕, 눈칫-밥, 돌감-나무, 디딤-돌, 막장-일, 바깥-옷, 바느질-고리, 얼음-장, 차돌-모래, 한글-날 ; 한숨-쉬다, 달음질-치다, 끊임-없다, 틀림-없다, 달음박질-치다

ㄴ. 꿈-꾸다, 끝장-나다, 눈치-보다, 몰려-다니다, 본때-있다, 앞장-서다, 올려-놓다

(ㄱ)에서 '곰국'은 [[고-ㅁ]-국]과 같이 짜인 합성 명사이며 (ㄴ)에서 '꿈꾸다'는 [[꾸-ㅁ]-꾸다]의 짜임새로 된 합성 동사이다.

둘째, 다음의 단어는 그림 (4ㄴ)과 같은 방식으로 형성된 합성어들인데, 이들 합성어의 짜임새는 [어근-[어근-접사]]처럼 나타낼 수 있다.

(6) ㄱ. 가로-글씨, 겉-넓이, 겉-눈썹, 겨우-살이, 나눗-셈, 너털-웃음, 늦-더위, 늦-잠, 마른-갈이, 말-눈치, 맞-바느질, 물-놀이, 밀-개떡, 반-찰떡, 밭-고랑, 뱃-노래, 봄-추위, 산-울타리, 선-걸음, 소꿉-놀이, 손-바느질, 쇠-차돌, 심심-풀이, 아귀-다툼, 아침-잠, 옷-차림, 잦은-걸음, 젖-몸살, 첫-걸음, 첫-더위, 코-웃음, 흙-빨래, 힘-겨룸

ㄴ. 기-막히다, 입-맞추다, 갈라-붙이다, 덜어-내다, 흩-날리다

(ㄱ)에서 '가로글씨'는 [가로-[글-씨]]의 짜임으로 된 합성 명사이며, (ㄴ)에서 '기막히다'는 [기-[막-히-다]]의 짜임으로 된 합성 동사이다.

이처럼 합성법과 파생법이 여러 번 되풀이되면서 더욱 복잡한 단어가 형성되는 경우가 많다. 여기서는 '씨암탉걸음'과 '물샐틈없이'를 예로 삼아서 복잡하게 짜인 복합어의 짜임새를 살펴보기로 한다.

(7) ㄱ. 씨암탉걸음 : 씨 + 암ㅎ + 닭(의) + 걷- + -음
ㄴ. 물샐틈없이 : 물(이) + 새- + -ㄹ + 틈(이) + 없- + -이

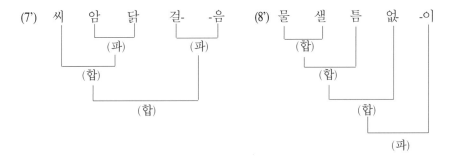

(7)에서 '씨암탉걸음'은 합성법과 파생법이 함께 적용되어서 아주 복잡한 구성을 하고 있는 복합어이다. 먼저 파생 접사 '암-'이 어근인 '닭'에 결합하여 파생 명사인 '암탉'이 파생되고13), 이 '암탉'의 앞에 어근인 '씨'가 다시 결합하여 '씨암탉'이 합성되었다. 그리고 한편으로는 어근인 '걷-'에 접미사 '-음'이 결합하여 '걸음'이 파생되었다. 최종적으로 합성어인 '씨암탉'과 파생어인 '걸음'이 결합하여서 '씨암탉걸음'이 합성되었다. 이 '씨암탉걸음'은 단어의 최종적인 형성 방법을 감안하면 합성어에 해당한다.

그리고 (8)에서 '물샐틈없이'는 먼저 '물'과 '새다'의 관형사형인 '샐'이 합쳐져서 '물샐'이 형성되고, 이 '물샐'에 명사인 '틈'이 붙어서 다시 '물샐틈'이 형성되었다. 그리고 '물샐틈'에 형용사인 '없-'이 결합하여 형용사의 어간인 '물샐틈없(다)'를 형성한 다음에, 마지막으로 접미사인 '-이'가 붙어서 부사인 '물샐틈없이'가 형성되었다. '물샐틈없이'가 형성된 전체적인 단어 형성의 방식을 감안하면, '물샐틈없이'는 파생 부사이다.

3.5. 한자어의 복합어

한자어의 복합어는 중국어에서 들어온 차용어이기 때문에 순우리말의 복합어가 형성되는 것과는 다른 점이 있다. 고유어에서는 1음절 형태소부터 4음절 형태소까지 다양한 형태소가 존재하지만, 한자어는 대부분 글자 하나가 하나의 형태소로 쓰인다.14)

순우리말과 한자어에서 나타나는 이러한 차이에도 불구하고 한자어도 순우리말 단어와 마찬가지로 기본적으로 단일어, 파생어, 합성어로 나눌 수 있다.

---

13) 현대 국어에서 '암(雌)-'과 '수(雄)-'는 어근에 붙어서 특별한 뜻을 더하는 파생 접사로 처리된다. 단, '암수(雌雄)'의 합성에서 '암'과 '수'는 예외적으로 각각 어근으로 처리된다.

14) 예를 들어서 '교실(敎室)'에서 '교(敎)'는 '가르치다'라는 실질적인 뜻을, '실(室)'은 '집'이라는 실질적인 의미를 나타내므로 '교실'은 2개의 형태소로 이루어진 합성어이다.

〈단일어〉 단일어인 한자어 단어는 대부분 1음절로 된 한자어 형태소가 하나의 단어로 굳은 것이다.

(1) ㄱ. 강(江), 금(金), 남(南), 독(毒), 동(東), 동(銅), 막(幕), 문(門), 미(美), 방(房), 법(法), 벽(壁), 복(福), 북(北), 산(山), 상(床), 색(色), 서(西), 은(銀), 잔(盞), 전(前), 종(鐘), 책(冊) ; 일(一), 이(二), 삼(三), 사(四), ……

ㄴ. 단(但), 즉(卽), ……

ㄷ. 각(各), 고(故), 귀(貴), 근(近), 당(當), 동(同), 만(滿), 매(每), 모(某), 별(別), 본(本), 순(純), 약(約), 전(前), 전(全), 총(總), ……

(1)의 1음절 한자어는 모두 단독으로 쓰일 수 있어서 하나의 형태소가 단어를 형성한다. (ㄱ)의 '강(江), 금(金), 남(南)'과 '일(一), 이(二), 삼(三)' 등은 체언이며, (ㄴ)의 '단(但)'과 '즉(卽)'은 특정한 문장의 맨 앞에 실현되어서 그 문장과 그 앞의 문장을 이어주는 접속 부사이다. 그리고 (ㄷ)의 '각(各), 고(故)' 등은 체언 수식하는 관형사이다. 이들 단어는 비록 1음절의 단일 형태소로 되어 있지만 단독으로 쓰일 수 있다.

그런데 한자어 중에는 극히 예외적으로 2음절 이상으로 구성되었으면서도 단일어인 것이 있다.

(2) ㄱ. 보리(菩提), 보살(菩薩), 가사(袈裟), 석가(釋迦), 불타(佛陀), 사리(舍利), 열반(涅槃), 찰나(刹那), 탑파(塔婆), …

ㄴ. 낭만(浪漫), 아세아(亞細亞), 구라파(歐羅巴), 이태리(伊太利), 화란(和蘭), 불란서(佛蘭西), …

(3) ㄱ. 순신(舜臣), 유신(庾信), 승만(承晚), …

ㄴ. 부산(釜山), 대전(大田), 포항(浦項), 목포(木浦), …

(2)에서 (ㄱ)의 예는 고대 인도어인 산스크리트 어(梵語)에서 차용된 한자어이며, (ㄴ)의 예는 서양의 말에서 차용된 한자어이다. 이들 한자어는 모두 한자의 뜻과는 관계없이 한자의 음을 이용하여 현지어를 가차(假借)의 방식으로 차용한 것이다. 그리고 (3)에서 (ㄱ)의 '순신, 유신, 승만' 등과 같은 인명의 고유 명사와 (ㄴ)의 '부산, 대전, 포항, 목포'와 같은 지명의 고유 명사를 구성하고 있는 1음절의 한자어는 형태소로서의 자격

을 갖추지 못했다. 따라서 (2)와 (3)의 단어는 비록 2음절 이상으로 된 한자어이지만 단일어로 처리한다.

〈합성어〉 한자어에도 실질 형태소인 어근과 어근이 결합하여 된 합성어가 있는데, 한자어 합성어들은 다음과 같은 유형을 설정할 수 있다.

ⓐ **어근의 의미적 관계에 따른 유형**: 한자어 합성어를 짜 이루는 어근들의 의미적인 관계에 따라서 다음과 같은 유형을 설정할 수 있다.

첫째, 합성어를 구성하는 각 어근들의 의미가 그대로 유지되면서 전체 단어의 의미를 구성하는 합성어가 있다.

> (4) ㄱ. 강산(江山→강과 산), 춘추(春秋→봄과 가을), 강호(江湖→강과 호수), 남북
> (南北), 동서(東西), 여야(與野), 음양(陰陽), 흑백(黑白)
> ㄴ. 국어(國語), 태극기(太極旗), 자동차(自動車), 한국은행(韓國銀行)

(4)에서 (ㄱ)의 한자어 합성어는 대등적인 합성어인데, 예를 들어서 '강산(江山)'은 '강(江)'과 '산(山)'이 결합하여 '강과 산'이라는 의미를 나타낸다. 반면에 (ㄴ)의 한자어 합성어는 종속적 합성어로서 앞의 어근이 뒤의 어근의 의미를 한정하면서 두 의미가 합쳐진다. 곧, '국어(國語)'에서 '국(國)'이 '어(語)'에 종속적으로 이끌리는 의미 관계로 결합하면서 '우리나라의 말'이라는 복합어의 전체 의미를 구성한다.

둘째, 어근과 어근이 결합하기는 하지만 어근의 원래 뜻이 유지되지 않고 제3의 의미로 바뀌는 합성어가 있다.

> (5) 강산(江山→자연), 춘추(春秋→나이), 연세(年歲→나이), 강호(江湖→시골이나 자연)

(5)에 쓰인 한자어 합성어는 이른바 융합 합성어이다. '강산(江山)'은 '강(江)'과 '산(山)'의 합성으로 짜인 말이지만 어근의 의미와는 달리 '자연'이라는 뜻으로 쓰이며, '춘추(春秋)'도 '봄'과 '가을'이 아니라 '나이'라는 뜻으로 쓰인다.

셋째, 동일한 의미로 쓰이는 두 개의 한자어 어근이 실현되어서 형성된 합성어가 있다.

> (6) 가옥(家屋), 가택(家宅), 공동(共同), 도로(道路), 동리(洞里), 문자(文字), 산호(珊瑚),

생산(生産), 생활(生活), 언어(言語), 의미(意味), 이별(離別), 이유(理由), 이익(利益), 정치(政治), 포도(葡萄), 호박(琥珀)

(6)의 한자어는 동일한 의미로 쓰이는 한자어 어근 두 개가 실현되어서 형성된 합성어이다. 곧 '가옥(家屋)'에서 '가(家)'와 '옥(屋)'에는 각각 '집'이라는 실질적인 의미로 쓰인다. 이들 한자어는 비록 같은 의미로 쓰이는 어근이 반복되었지마는, 실질적인 의미를 나타내는 어근이 합쳐져서 하나의 단어가 되었다는 점에서 합성어로 처리할 수 있다.15)

ⓑ **어근의 통사적 관계에 따른 유형** : 한자어 합성어는 그것을 짜 이루는 어근들 사이의 통사적인 관계에 따라서 다음과 같은 유형을 설정할 수 있다.

첫째, 한자어 합성어를 구성하는 어근들이 국어에서 문장을 구성하는 일반적인 방식과 동일한 방식으로 된 통사적인 합성어가 있다.

(7) ㄱ. 가빈(家貧), 국립(國立), 민주(民主), 일출(日出), 지진(地震), 천동(天動), 타살(他殺)
ㄴ. 강수(降水), 노인(老人), 대문(大門), 명산(名山), 미소(微笑), 명월(明月) : 서당(書堂), 지옥(地獄), 천당(天堂), 산사(山寺)
ㄷ. 다산(多産), 독립(獨立), 병사(病死), 수몰(水沒), 신설(新設), 장고(長考), 전진(前進), 후퇴(後退)
ㄹ. 학습(學習), 건설(建設), 융합(融合), 제조(製造)

(ㄱ)에서는 합성어를 짜 이루는 어근들이 '주어-서술어'의 통사적인 관계로, (ㄴ)에서는 '관형어-체언'의 관계로, (ㄷ)에서는 '부사어-서술어'의 관계로, (ㄹ)에서는 '서술어-서술어'의 관계로 짜여 있다.

둘째, 한자어 합성어를 구성하는 어근들이 국어에서 문장을 구성하는 일반적인 방식과 다른 방식으로 결합된 비통사적인 합성어가 있다.

---

15) (6)처럼 동일한 뜻을 가진 한자어가 두 번 표현된 한자어를 단일어로 처리하는 경우도 있다. 곧 이들 한자어는 비록 두 한자어가 결합된 형태이지만, 실제로는 '가(家)'와 '옥(屋)'이 모두 '집'이라는 뜻을 가지기 때문에 굳이 이 둘을 다른 어근으로 구분할 필요가 없다. 그리고 이처럼 같거나 동일한 뜻을 형태를 달리하여 표현하는 것은 우리말에서 가장 흔히 쓰이는 두 음절의 한자어로 만들기 위해서 두 한자어를 결합한 것뿐이다. 서정수(1996:78)에서는 이러한 특징에 근거하여 (10)의 한자어를 단일어로 처리하였다.

(8) ㄱ. 독서(讀書), 살충(殺蟲), 방화(防火), 탈모(脫帽)

ㄴ. 귀향(歸鄕), 등산(登山), 승차(乘車), 출국(出國)

(ㄱ)에서는 합성어를 짜 이루는 어근들이 '서술어-목적어'의 통사적 관계로, (ㄴ)에서는 '서술어-부사어'의 관계로 짜여 있다.

〈파생어〉 한자어도 어근에 접두사나 접미사가 붙어서 파생어를 형성할 수 있다.

ⓐ **접두 파생어** : 한자어 가운데는 어근의 앞에 파생 접두사가 붙어서 형성된 접두파생어가 있다.[16]

(9) 고-물가(高物價), 구-정치인(舊政治人), 단-기간(短期間), 대-사건(大事件), 부-지사(副知事), 사-생활(私生活), 소-집단(小集團), 순-이익(純利益), 신-소설(新小說), 잡-수익(雜收益), 장-거리(長距離), 정-교수(正教授), 주-원인(主原因), 준-교사(準教師), 진-범인(眞犯人)

(9)의 한자어들은 모두 어근에 접두사가 붙어서 된 단어들이다. 예를 들어서 '고물가(高物價)'는 실질적인 뜻을 나타내는 어근인 '물가(物價)'에 '고(高)-'가 붙어서 된 말이다. 이 '고-'가 체언 앞에서 체언의 뜻을 한정한다는 점에서는 관형사로 볼 가능성도 없지는 않으나, '고-'를 관형사로 처리하기에는 다음과 같은 문제가 있다.

첫째, '고-'는 자립성이 없어서 단독으로 쓰이지 않는다.

(10) ㄱ. *고#물가, *고#지대, *고#화질, *고#유가, *고#탄력

ㄴ. *고 물가, *고 지대, *고 화질, *고 유가, *고 탄력

만일 '고(高)'가 자립성이 있으면 입말에서는 (ㄱ)에서처럼 '고(高)'와 그 다음에 오는 체언에 사이에 휴지를 둘 수 있어야 하고, 글말에서는 (ㄴ)처럼 뒤의 체언에 띄어서 적어야 한다. 하지만 실제로는 두 경우가 모두 자연스럽지 못하므로 '고(高)'는 관형사

---

16) 기주연(1994:294)에서는 한자어의 파생 접사가 갖추어야 하는 조건으로서 '일음절성, 비단축 형성, 비핵심부성'의 조건을 제시했다. 첫째, 한자어 파생 접사는 1음절의 형태소이어야 한다. (일음절성) 둘째, 한자어의 파생 접사가 1음절의 기준을 만족시키더라도, 그것이 단축에 의해서 형성된 1음절의 형태소일 때에는 한자어 파생 접사에서 제외한다.(비단축 형성) 셋째, 단어 속의 의미적인 가치로 볼 때에 핵심적인 의미에서 벗어나서 비핵심적인 의미를 나타내는 형태소로 쓰이는 형태소여야 한다.(비핵심부성)

보다는 파생 접사로서의 성격이 더 크다.

둘째, '고(高)'는 분포 면에서도 국한된 단어에만 붙기 때문에 독립된 단어(관형사)로 볼 수 없다.

> (11) ㄱ. 고물가, 고성능, 고지대, 고화질, 고유가, 고탄력
> ㄴ. *고희망, *고산악, *고성질, *고계급, *고직위, *고사랑

'고(高)'는 체언 가운데 (ㄱ)의 예들과 같은 특정한 체언에만 결합될 수 있을 뿐이며 (ㄴ)처럼 대부분의 체언과는 결합하지 않는다. 이러한 점을 감안하여 '고(高)'는 접두사, '고물가'는 접두 파생어로 처리한다.

ⓑ **접미 파생어**: 한자어 가운데는 어근 뒤에 파생 접미사가 붙어서 형성된 접미 파생어가 있다.

> (12) 간호-사(看護師), 경량-급(輕量級), 교육-자(敎育者), 근대-화(近代化), 동양-인(東洋人), 모리-배(謀利輩), 사무-원(事務員), 생선-류(生鮮類), 숙련-공(熟練工), 예술-가(藝術家), 운전-자(運轉者), 인간-적(人間的), 증후-군(症候群), 정-가(鄭哥), 김-씨(金氏)

(12)에서 '간호사(看護師)'는 어근인 '간호(看護)'에 '그러한 직업을 가진 사람'을 뜻하는 '-사(師)'가 붙어서 된 단어이다. 이때에 '-사(師)'는 자립성이 없을 뿐만 아니라 일부 직업을 나타내는 명사에만 붙는다는 분포적인 제약이 있으므로 파생 접미사이다. (12)에 쓰인 나머지 한자어도 모두 같은 이유로 접미 파생어로 처리한다.17)

3.6. 복합어의 음운 변동

어근에 접사가 붙어서 파생어가 되거나 어근과 어근이 결합하여 합성어가 되는 과정에서, 어근이나 접사의 형태가 바뀔 수 있다. 이러한 현상을 '복합어의 음운 변동'이라고 한다.

---

17) 접미사 '-적(的)'이 붙어서 된 파생어의 품사에 대하여는 이 책 255쪽의 【더 배우기】 참조.

3.6.1. 합성어의 음운 변동

어근과 어근이 합쳐져서 합성어가 되는 과정에서 어근의 형태가 바뀔 수 있다.

첫째, 어근과 어근이 결합하여 하나의 합성 명사를 이룰 때에, 그 사이에 특정한 소리가 첨가되거나 어근의 형태가 바뀔 수가 있다.(사잇소리 현상)

(1) ㄱ. 촛불(초 + 불 →/초뿔/), 뱃사공(배 + 사공 →/배싸공/), 밤길(밤 + 길 →/밤낄/)

　　ㄴ. 봄비(봄 + 비 →/봄삐/), 촌사람(촌 + 사람→/촌싸람/), 물독(물 + 독→/물똑/)

(2) ㄱ. 잇몸(이 + 몸 →/인몸/), 콧날(코 + 날 → /콘날/)

　　ㄴ. 집일(집 + 일 →/짐닐/), 솜이불(솜 + 이불 → /솜니불/), 물약(물 + 약 →/물냑/→
　　　 /물략/)18) ; 뒷일(뒤 + 일 →/뒨닐/), 댓잎(대 + 잎 →/댄닙/)

(1)의 합성어서는 뒤 어근의 첫소리가 된소리로 교체되었다. 곧 '촛불, 뱃사공, 밤길 ; 봄비, 촌사람, 물독'처럼 앞 어근의 끝소리가 울림소리(유성음)이고 뒤 어근의 첫소리가 안울림(무성)의 예사소리이면, 뒤의 예사소리가 된소리로 교체될 수가 있다. (2)의 합성어에서는 어근과 어근 사이에 /ㄴ/이 첨가되었다. (ㄱ)의 '잇몸, 콧날'처럼 앞 어근이 모음으로 끝나고 뒤 어근이 /ㅁ/이나 /ㄴ/으로 시작되면, /ㄴ/ 소리가 첨가될 수가 있다. 그리고 (ㄴ)의 '집일, 솜이불, 물약 ; 뒷일, 댓잎'처럼 뒤의 어근이 모음 /i/나 반모음 /j/로 시작될 때도, /ㄴ/이 하나 혹은 둘이 겹쳐서 첨가될 수가 있다.19)

둘째, 끝소리가 /ㄹ/인 앞 어근에 뒤 어근이 합쳐져서 합성어가 될 때에, 앞 어근의 끝소리인 /ㄹ/이 /ㄷ/으로 교체되거나 탈락할 수가 있다.

(3) ㄱ. 반짇고리(바느질 + 고리), 사흗날(사흘 + 날), 삼짇날(삼질 + 날), 섣달(설 + 달), 숟가락(술 + 가락), 이튿날(이틀 + 날), 푿소(풀 + 소), 잗주름(잘- + 주름) ; 섣부르다(설- + 부르다), 잗다듬다(잘- + 다듬다)

　　ㄴ. 마소(말 + 소), 마되(말 + 되), 무자위(물 + 자위), 부나비(불 + 나비), 부삽(불 + 삽), 부손(불 + 손), 소나무(솔 + 나무), 싸전(쌀 + 전), 우짖다(울- + 짖다), 화살(활 +살)

---

18) '물약'은 사잇소리 현상에 따라서 /ㄴ/이 첨가되어서 /물냑/으로 변동한 뒤에, 또다시 유음화에 따라서 /ㄴ/이 /ㄹ/로 바뀌어서 /물략/으로 변동하였다.

19) 『고등학교 문법』(2010:73)에서는 어근과 어근이 결합하여 합성 명사를 형성하는 과정에서 일어나는 이러한 음운 변동 현상을 '사잇소리 현상'이라고 한다.

(ㄱ)에서 '받짇고리'는 체언 어근인 '바느질'과 '고리'가 합쳐져서 합성 명사가 되는 과정에서 앞 어근의 끝소리인 /ㄹ/이 /ㄷ/으로 교체되었다. '섣부르다'는 용언 어근인 '설다'와 '부르다'가 합쳐져서 합성 동사가 되는 과정에서 /ㄹ/이 /ㄷ/으로 교체되었다. 그리고 (ㄴ)에서 '마소'는 체언 어근인 '말'과 '소'가 합쳐져서 합성 명사가 되는 과정에서, 그리고 '우짖다'는 용언 어근인 '울다'와 '짖다'가 합쳐져서 합성 동사가 되는 과정에서 앞 어근의 끝소리 /ㄹ/이 탈락하였다. 이처럼 합성어에서 앞 어근의 /ㄹ/이 탈락하는 현상은, 뒤 어근의 첫소리가 잇몸소리(치조음)인 /ㄴ, ㄷ, ㅅ/이나 센입천장소리(경구개음)인 /ㅈ/일 때에 일어난다.

셋째, 어근과 어근이 합쳐져서 하나의 합성어가 되는 과정에서, /ㅂ/이나 /ㅎ/ 등이 첨가되는 수가 있다.

(4) ㄱ. 좁쌀(조 + 쌀), 댑싸리(대 + 싸리), 입때(이 + 때), 볍씨(벼 + 씨) ; 내립떠보다(내리- + 뜨- + -어 + 보다)

ㄴ. 머리카락(머리 + 가락), 살코기(살 + 고기), 안팎(안 + 밖), 마파람(마 + 바람)

(ㄱ)의 '좁쌀'은 '조'와 '쌀'이 합쳐지면서 두 어근 사이에 /ㅂ/이 첨가되었으며, (ㄴ)의 '머리카락'은 '머리'와 '가락'이 합쳐지면서 /ㅎ/이 첨가되었다.

이처럼 합성어가 되는 과정에서 앞 어근의 /ㄹ/이 /ㄷ/으로 바뀌거나 탈락할 수도 있고, 어근과 어근 사이에 /ㅎ/이나 /ㅂ/이 첨가될 수 있는데, 이러한 변동 현상은 파생어가 형성되는 과정에서 일어나는 변동 현상과 동일하다.

3.6.2. 파생어의 음운 변동

파생법의 음운 변동 현상은 '접두 파생어'의 음운 변동과 '접미 파생어'의 음운 변동으로 나누어서 살펴볼 수 있다.

〈접두 파생어의 음운 변동〉 접두사가 어근에 붙어서 파생어가 형성될 때에 접두사나 어근의 형태가 바뀔 수 있다.

(5) 할아버지(한- + 아버지), 걸터듬다(걸- + 더듬다)

(6) 오조(올- + 조), 오되다(올- + 되다)

(7) ㄱ. 멥쌀(메- + 쌀), 찹쌀(차- + 쌀), 햅쌀(해- + 쌀) ; 냅뛰다(내- + 뛰다), 휩싸다(휘- +
   싸다), 휩쓸다(휘- + 쓸다)

   ㄴ. 암캐(암- + 개), 수캐(수- + 개), 암캉아지(암- + 강아지), 수캉아지(수- + 강아지),
   암탉(암- + 닭), 수탉(수- + 닭)

(5)의 예는 '음운의 교체(대치)'에 해당한다. '할아버지'에서는 접두사인 '한-'이 어근인
'아버지'에 붙으면서 '한-'의 끝소리 /ㄴ/이 /ㄹ/로 교체되었으며, '걸터듬다'에서는 접두
사인 '걸-'이 어근인 '더듬다'에 붙으면서 어근의 형태가 '터듬다'로 교체되었다. (6)의
예는 '음운의 탈락'에 해당한다. '오조'와 '오되다'에서는 '올-'이 '조'와 '되다'에 붙으면
서 '올-'의 끝소리인 /ㄹ/이 탈락하였는데, 이러한 '/ㄹ/ 탈락'은 접두사의 끝소리인 /ㄹ/
이 잇몸소리인 /ㄴ, ㄷ, ㅅ/이나 센입천장소리인 /ㅈ/으로 시작하는 어근 앞에서 탈락하
는 현상이다. (7)의 예는 '음운의 첨가'에 해당한다. 곧, (7ㄱ)의 '멥쌀, 찹쌀, 햅쌀'에서는
'메-, 차-, 해-'가 '쌀'에 붙으면서 /ㅂ/이 첨가되었으며, '냅뛰다, 휩싸다, 휩쓸다'에서는
'내-, 휘-'가 '뛰다, 싸다, 쓸다'에 붙으면서 /ㅂ/이 첨가되어었다.[20] 끝으로 (7ㄴ)의 '암캐,
수캐' 등에서는 접두사 '암-', '수-'가 '개'와 '닭'에 붙으면서 /ㅎ/이 첨가되었다.[21]

그런데 어근에 접두사가 붙어서 파생어가 되는 과정에서, 어근과 접두사의 형태가
모두 바뀌는 수도 있다.

(8) 할머니(한- + 어머니), 할미(한- + 어미), 할멈(한- + 어멈)

(8)에서 '할머니, 할미, 할멈' 등은 파생어가 형성되는 과정에서 접두사 '한-'이 '할-'로
교체되었고, 어근 '어머니'도 형태가 탈락하여서 '머니, 미, 멈'으로 바뀌었다.

---

20) (7ㄱ)의 합성어에서 /ㅂ/이 첨가되는 것은 역사적인 이유가 있다. '찹쌀'을 예로 들어서 설명하
   면 지금의 '쌀'의 옛말은 '뿔'이었는데, 이 단어의 첫소리의 자음인 'ㅄ'은 겹소리로서 /ps/로 발
   음되었다. 단어 첫머리의 겹자음 소리로 말미암아 합성어가 되면서 '춘뿔'로 발음되던 것이 현
   대어에 와서는 '찹쌀'이 된 것이다. 그런데 이와 같은 설명은 이 단어의 통시적(역사적) 변화
   과정에 기대서 한 것이다. 공시적으로 볼 때에는 본문의 설명과 같이 어근과 어근이 결합하
   여 하나의 합성어가 될 때에는 별다른 이유 없이 /ㅂ/이 덧난다고 설명할 수 있을 뿐이다.
21) (7ㄴ)의 합성어에서 /ㅎ/이 첨가되는 것도 역사적인 이유가 있다. 옛말에는 /ㅎ/으로 끝나는
   말이 있었는데, '머리ㅎ(頭), 술ㅎ(膚), 안ㅎ(內), 마ㅎ(南)'과 '수ㅎ(雄), 암ㅎ(雌)' 등이 그것이
   다. '수캐, 암캐' 등의 단어는 /ㅎ/으로 끝나는 접두사가 다른 체언 어근에 붙어서 파생어가
   되면서, 뒤의 어근의 자음이 앞의 어근의 끝소리 /ㅎ/과 축약되어서 거센소리로 바뀐 형태
   가 현대어로 굳은 것이다.

〈접미 파생어의 음운 변동〉 어근 뒤에 접미사가 붙어서 파생어가 될 때에, 어근의 형태가 바뀌는 수가 있다.

(9) ㄱ. 잔다랗다(잘- + -다랗-)
　　ㄴ. 강아지(개 + -아지), 망아지(말 + -아지), 송아지(소 + -아지)

(10) ㄱ. 겨우내(겨울 + -내), 따님(딸 + -님), 뿌다구니(뿔 + -다구니), 푸성귀(풀 + -성귀),
　　　바느질(바늘 + -질) ; 가느다랗다(가늘- + -다랗-), 기다랗다(길- + -다랗-)
　　ㄴ. 모가치(몫 + -아치), 기스락(기슭 + -악)

(9)의 예는 '음운의 교체'에 해당한다. (ㄱ)의 '잔다랗다'는 형용사 어근인 '잘(細)-'에 접미사 '-다랗-'이 붙으면서 어근의 끝소리인 /ㄹ/이 /ㄷ/으로 교체되었다. (ㄴ)의 '강아지, 망아지, 송아지'는 어근인 '개, 말, 소'에 접미사 '-아지'가 붙으면서 어근의 형태가 '강-, 망-, 송-'으로 교체되었다. (10)의 예는 '음운의 탈락'에 해당한다. (ㄱ)의 '겨우내'와 '따님'에서는 명사 어근인 '겨울'과 '딸'에 접미사 '-내'와 '-님'이 붙으면서, 그리고 '가느다랗다, 기다랗다'에서는 형용사 어근인 '가늘-'과 '길-'에 접미사 '-다랗-'이 붙으면서 어근의 끝소리 /ㄹ/이 탈락하였다. (ㄴ)의 '모가치'와 '기스락'은 어근인 '몫'과 '기슭'에 접미사 '-아치'와 '-악'이 붙으면서 어근의 끝소리인 /ㅅ/과 /ㄱ/이 탈락하였다.

　그리고 어근이 불규칙 용언일 때에는 파생 접사가 붙어서 다른 품사로 파생되는 과정에서, 불규칙 용언의 활용상의 특성 때문에 어근의 형태가 바뀔 수도 있다.

(11) ㄱ. 걸음(걷- + -음), 물음(묻- + -음), 누룽지(눋- + -웅지)
　　ㄴ. 구이(굽- + -이), 쉬이(쉽- + -이), 어려이(어렵- + -이)
　　ㄷ. 빨리(빠르- + -이), 달리(다르- + -이) ; 눌리다(누르- + -이-), 올리다(오르- + -이-),
　　　흘리다(흐르- + -이-)
　　ㄹ. 파랑(파랗- + -ㅇ), 노랑(노랗- + -ㅇ), 하양(하얗- + -ㅇ)

(ㄱ)의 '걸음, 물음, 누룽지'는 'ㄷ' 불규칙 용언인 '걷다(步), 묻다(問), 눋다'의 어근(어간)에 접미사 '-음, -웅지'가 붙으면서, 어근의 끝소리 /ㄷ/이 /ㄹ/로 교체되었다. (ㄴ)의 '구이, 쉬이, 어려이'는 'ㅂ' 불규칙 용언인 '굽다(炙), 쉽다, 어렵다'의 어근에 부사 파생 접미사인 '-이'가 붙으면서 어근의 끝소리 /ㅂ/이 탈락하였다. (ㄷ)의 '빨리, 달리'는

'르' 불규칙 용언인 '빠르다(速), 다르다(異)'에 접미사 '-이'가 붙으면서, 어근의 끝 모음 /ㅡ/가 탈락하고 동시에 /ㄹ/이 첨가되었다. 그리고 '눌리다, 올리다, 흘리다'는 '르' 불규칙 용언인 '누르다(押), 오르다(登), 흐르다(流)'에 사동과 피동의 접미사 '-이-'가 붙어서 사동사와 피동사로 파생되었다. 이 과정에서 어근의 끝 모음 /ㅡ/가 탈락하고 동시에 어근에 /ㄹ/이 첨가되었다. 끝으로 (ㄹ)의 '노랑, 파랑, 하양' 등은 'ㅎ' 불규칙 용언인 '노랗다, 파랗다, 하얗다'의 어근에 접미사인 '-ㅇ'이 결합하는 과정에서, 어근의 끝소리인 /ㅎ/이 탈락하였다.

이처럼 합성어나 파생어가 형성되는 과정에서 일어나는 음운의 변동은 개별 단어에서 일어나는 한정적 변동이다.

(12) ㄱ. 철새(철 + 새), 물지게(물 + 지게), 발등(발 + 등)
ㄴ. 푿소(풀 + 소), 잔주름(잘- + 주름), 섣달(설 + 달)
ㄷ. 마소(말 + 소), 무자위(물 + 자위), 다달이(달 + 달 + 이)

(12)의 합성어는 동일한 음운적인 환경에서 어근과 어근이 결합하여 형성되었다. 그런데 이들 합성어 중에서 (ㄱ)의 '철새, 물지게, 발등'는 변동이 일어나지 않았으며, (ㄴ)의 '푿소, 잔주름, 섣달'는 /ㄹ/이 /ㄷ/으로 교체되었으며, (ㄷ)의 '마소, 무자위, 다달이'는 /ㄹ/이 탈락하였다.

(12)에 제시한 예들은 동일한 음운론적 환경에서 변동의 양상이 각각 다르다. 이러한 사실을 통하여 합성어와 파생어에서 일어나는 음운의 변동 현상이 개별적으로 일어나는 한정적 변동임을 확인할 수 있다.

【 더 배우기 】

1. 파생 접사와 굴절 접사의 차이

파생 접사와 굴절 접사(굴곡 접사)는 모두 형식 형태소로서 이들 사이에는 실질적인 의미가 없다는 공통점이 있다. 그리고 파생 접사와 굴절 접사는 이와 같은 공통점뿐만 아니라 다음과 같은 차이점도 있다.

첫째, 파생 접사는 어휘적인 뜻이 있어서 어근이 나타내는 개념적인 뜻을 바꾸어 준다. 그러나 굴절 접사는 어간에 문법적인 뜻만 더해 주므로 어근이 나타내는 개념적인 뜻은 바뀌지 않는다.

   (1) 지붕, 없애다, 고치다, 덮개

   (2) ㄱ. 비가 오- + {-았-/ -ㄴ- / -겠-} + -다
        ㄴ. 철수 + {-가, -를 -에게, -의}

(1)에서 어근 '집, 없-, 곧-, 덮-'에 파생 접사 '-웅, -애-, -히-, -개'가 붙어서 된 '지붕, 없애다, 고치다, 덮개'는 원래의 어근인 '집, 없다, 곧다, 덮다'의 의미와는 다르다. 이에 반해서 (2)의 (ㄱ)에서처럼 어근 '오(다)'에 굴절 접사 '-았-, -ㄴ-, -겠-'이 실현된 '왔다, 온다, 오겠다'는 원래의 어근인 '오다'와 비교할 때에 개념적인 의미가 바뀌지 않았다. 그리고 (ㄴ)에서도 어근 '철수'에 굴절 접사 '-가, -를, -에게, -의'가 실현되었지만 '철수'의 개념적인 의미는 변하지 않는다. 따라서 굴절 접사는 그것이 결합하는 실질 형태소의 어휘적인 의미에는 변화를 주지 않고, 순수한 문법적인 기능을 나타낸다.

둘째, 파생 접사는 어근에 붙어서 어근의 품사와는 다른 단어를 만들 수도 있지만, 굴절 접사는 어근에 붙더라도 단어의 품사가 바뀌지 않는다. (1)에서 '없애다, 고치다, 덮개'는 어근이 '없(다), 곧다, 덮(다)'인데, 이들 어근에 파생 접사 '-애-, -히-, -개'가 붙어서 된 단어이다. 여기서 '없다'와 '곧다'는 형용사이며 '덮다'는 동사인데, 이들 어근에 파생 접미사가 붙어서 된 '없애다'와 '고치다'는 동사이며 '덮개'는 명사이다. 따라서 파생 접사가 어근에 붙어서 새로운 단어가 될 적에는 어근의 품사가 바뀔 수 있다. 이에 반해서 (2)의 어미와 조사와 같은 굴절 접사는 실질 형태소인 어근에 붙더라도 어근 자체의 품사는 바뀌지 않는다.

셋째, 파생 접사는 굴절 접사에 비하여 분포적인 제약을 많이 받는다. 곧 파생 접사는 그것이 붙을 수 있는 어근의 종류가 제한되어 있는 반면에, 굴절 접사는 그것이 붙을 수 있는 어

근의 종류에 제약이 적어서 많은 어근에 결합할 수 있다. (1)에서 '지붕'과 '없애다는 어근인 '집'과 '없(다)에 파생 접사 '-웅'과 '-애-'가 붙어서 된 말인데, '-웅-'과 '-애-'는 그것이 붙을 수 있는 어근이 극히 한정되어 있다. 그리고 '고치다와 '덮개'에 나타난 파생 접사인 '-히-'와 '-개-는 제법 많은 어근에 결합할 수 있지만 굴절 접사만큼 다양한 어근에 결합하지는 못한다.

(3) ㄱ. {가-, 먹-, 잡-, 예쁘-, 싫-, 좋-, 푸르-, …} + {-(으)시-/-겠-/-더- + -라}
    ㄴ. {철수, 학교, 집, 먹이, 산, 희망, ……} + {-이/-가, -을/-를, -에서, -의, -도}

이에 반해서 (3)와 같이 조사와 어미와 같은 굴절 접사는 그것이 결합할 수 있는 어근의 종류에 거의 제한을 받지 않는다. 곧 어미는 대부분의 용언의 어근에 결합할 수 있으며, 조사는 대부분의 체언에 결합할 수 있다.

넷째, 파생 접사는 굴절 접사에 비해서 어근에 가까운 위치에 실현된다.

(4) ㄱ. (깨- + -뜨리-) + -시- + -겠- + -다
    ㄴ. (게으르- + -ㅁ + -뱅이) + -만 + -을

파생 접사는 어근과 함께 어휘적인 의미를 이루는 요소이기 때문에 반드시 어근 바로 뒤에 붙는다. 이에 반하여 굴절 접사는 문법적인 기능을 나타내는 요소이기 때문에 어휘적인 요소가 실현된 다음에 붙게 된다. (4)의 (ㄱ)에서 '깨-'가 어근이며 '-뜨리-'는 강세의 뜻을 나타내는 파생 접사이다. 어휘적인 요소인 어근과 파생 접사가 실현된 다음에 굴절 접사인 '-시-, -겠-, -다가 실현된다. (ㄴ)에서도 어근인 '게으르-' 다음에 파생 접사인 '-ㅁ'과 '-뱅이'가 실현되고 난 다음에 굴절 접사인 '-만과 '-을'이 실현된다. 따라서 파생 접사와 굴절 접사가 동시에 실현될 적에는 반드시 파생 접사가 실현된 다음에 굴절 접사가 실현된다.

2. 접두사와 관형사의 차이

체언 앞에 붙어서 새로운 말을 파생하는 '관형사성 접두사는 관형사와 기능이 비슷하여 이들을 구분하기가 힘든 경우가 많다. 하지만 [접두사 + 어근]의 구성은 하나의 단어로 처리되고 [관형사+체언]은 두 단어인 구의 구성이다. 따라서 [관형사성 접두사 + 어근]의 구성과 [관형사 + 체언]의 구성은 다음과 같은 차이가 있다.

첫째, [관형사 + 체언]의 구성은 두 단어이기 때문에 성분 사이에 다른 말을 넣을 수 있지만, [접두사 + 어근]의 구성은 이미 한 단어로 굳었기 때문에 성분 사이에 다른 말을 넣을 수 없다.

(1) ㄱ. 이 컴퓨터, 헌 가방, 그 사람

ㄴ. 이 작은 컴퓨터, 헌 서류 가방, 그 큰 사람

(2) ㄱ. 들기름, 선머슴, 숫처녀, 멧돼지

ㄴ. *들이기름, *선큰머슴, *숫한처녀, *멧저돼지

ㄷ. 의 들기름, 큰 선머슴, 한 숫처녀, 저 멧돼지

(1)은 [관형사 + 체언]의 구성이고 (2)는 [접두사 + 어근]의 구성이다. (1)에서 [관형사 + 체언] 구성은 관형사와 체언 사이에 다른 문법 요소가 개입할 수 있다. 이에 반하여 (2ㄴ)에서 보는 바와 같이 [접두사 + 어근]의 구성에서 접두사와 어근 사이에 다른 문법 요소가 개입하면 비문법적인 표현이 된다. 만일 다른 요소를 넣으려면 (2ㄷ)처럼 [접두사 + 어근]의 앞에 위치시켜야 문법적인 표현이 된다.

둘째, [관형사 + 체언]에서는 관형사 뒤에 올 수 있는 체언의 종류에 제약이 크지 않지만, [접두사 + 어근]의 구성에서는 특정한 접두사 뒤에 올 수 있는 어근의 종류가 크게 한정되어 있다.

(3) ㄱ. 모든 떡, 모든 벼, 모든 수수, 모든 조

ㄴ. 모든 사람, 모든 짐승, 모든 음식, 모든 일, 모든 종이, ……

(4) ㄱ. 메-떡, 메-벼, 메-수수, 메-조, 멥-쌀

ㄴ. *메-사람, *메-짐승, *메-음식, *메-일, *메-종이

(3)과 같이 관형사 '모든'은 (ㄱ)의 '떡, 벼, 수수, 조'뿐만 아니라 '사람, 짐승, 음식, 일, 종이'처럼 아주 많은 체언과 결합할 수 있다. 이에 반해서 (4)에서 접두사 '메-'에 결합할 수 있는 체언(어근)으로는 '떡, 벼, 수수, 조, 쌀 등 일부의 음식에 관련된 명사에 국한된다.

셋째, 관형사는 체언과만 결합하지만 접두사는 체언이 아닌 다른 품사의 어근과도 결합할 수 있다.(서정수 1996:73)

(5) ㄱ. 온 사람, 모든 사람, 헌 신, 이 친구

ㄴ. *온 살다, *모든 먹다, *헌 신다, *이 친하다

(6) ㄱ. 갓-스물, 맞-선, 막-장

ㄴ. 갓-나다, 맞-서다, 막-되다

관형사는 속성상 체언만을 수식한다. 따라서 (5)의 (ㄱ)과 같이 관형사가 체언 앞에서 실현될 적에는 문법적인 표현이 되지만 (5)처럼 용언 앞에 실현되면 비문법적인 표현이 된다. 이에 반해서 (6)의 '갓-'은 (ㄱ)에서는 체언 어근에 결합하였지만 (ㄴ)에서는 용언에 붙어서 쓰였다.

관형사성 접두사와 관형사에서 나타나는 이러한 문법적인 차이는 부사성 접두사와 부사에도 그대로 나타난다.

3. 통사적 합성어와 구의 구분

'합성어'는 형태론적인 짜임새로서 어근과 어근이 결합되어 하나로 굳은 단어다. 이에 반해서 '구(句)'는 통사론적 짜임새로서 문장 속에서 개별 단어와 단어가 결합하여서 더 큰 짜임새를 이루는 언어 단위이다.

(1) ㄱ. 손발, 콩고물 ; 큰어머니, 작은집 ; 온종일, 어느덧 ; 돌아가다, 맛나다
　　ㄴ. *손#발, *콩#고물 ; *큰#어머니, *작은#집 ; *온#종일, *어느#덧 ; *돌아#가다,
　　　*맛#나다

(ㄱ)의 단어들은 모두 통사적 합성어로서 하나의 단어이다. 그런데 이들 합성어 속에 있는 어근들이 짜여 있는 모습은 문장에서 개별 단어들이 배열되는 통사적 짜임새와 동일하다. 따라서 이들 언어 형식이 합성어인지 혹은 (ㄴ)처럼 통사적인 짜임새로 된 구의 구성인지 판별하기가 어렵다. 여기서는 통사론적 짜임새인 '구'와 형태론적 짜임새인 '통사적 합성어'를 구분하는 기준에 대하여 알아보고자 한다.

〈구성 요소의 분리〉 합성어는 단어 내부의 형태론적 짜임새이기 때문에 그 구성 요소(어근과 어근)가 분리될 수 없지만, 구는 단어끼리 맺어진 통사적인 짜임이기 때문에 구성 요소(단어와 단어)가 분리될 수 있다. 합성어와 구는 이러한 분리 가능성의 유무 때문에 음성적인 측면이나 통사적인 측면에서 다음과 같은 차이를 보인다.

첫째, 합성어를 이루는 어근 사이에는 음성적 휴지(쉼, pause)를 두어서 발화할 수 없지만, 구를 이루는 단어 사이에는 음성적 휴지를 둘 수 있다.

(2) ㄱ. (지붕이) 작은#집, 산#돼지
　　ㄴ. 밥을 국에 말아#먹었다.

(3) ㄱ. 작은집(에 갔다), 산돼지
　　ㄴ. (재산을)말아먹다, (어제 아버님께서) 돌아가셨다.

(2)의 밑줄 그은 말은 '구'로서 이들은 단어 사이에 휴지를 두어서 발화할 수 있다. 이에 반해서 (3)의 밑줄 그은 말은 합성어인데 이들을 발화할 때에는 어근 사이에 휴지 없이 이어서 발화한다. (2ㄱ)에서 '작은 # 집'은 '크기가 작은 집'이라는 뜻으로 쓰이는 반면에, (3ㄱ)에서 '작은집'은 '따로 살림하는 아들이나 아우, 작은아버지의 집'이라는 뜻으로 쓰인다. 그리고 '산 # 돼지'는 '살아 있는 돼지'의 뜻으로 쓰이며, '산돼지'는 '산에서 사는 돼지', 즉 '멧돼지'의 뜻으로 쓰인다. (2ㄴ)과 (3ㄴ)에서 '말아 # 먹다는 '밥이나 국수를 물이나 국물에 풀어서 먹다.'의 뜻으로 쓰이는 반면에 '말아먹다'는 '재물 따위를 송두리째 날려 버리다.'의 뜻으로 쓰인다.

둘째, 합성어는 어근과 어근 사이에 다른 언어 요소가 들어갈 수 없는 반면에, 구를 이루는 단어와 단어 사이에는 다른 언어 요소가 들어갈 수 있다.

(4) ㄱ. <u>큰 집</u>에는 관리 비용이 많이 들어간다.
   ㄴ. <u>산 돼지</u>가 잡혔다.
   ㄷ. 철수는 국수를 물에 <u>말아 먹었다</u>.

(5) ㄱ. <u>큰 기와집</u>에는 관리 비용이 많이 들어간다.
   ㄴ. <u>산 작은 돼지</u>가 잡혔다.
   ㄷ. 철수는 국수를 물에 <u>말아 맛있게 먹었다</u>.

(5)는 (4)의 '큰 집, 산 돼지, 말아 먹다의 구를 이루는 단어 사이에 다른 언어 요소를 넣은 예이다. 이렇게 다른 언어 요소를 첨가하더라도 그 구가 비문법적으로 되지 않으며, 또 구의 원래 의미가 바뀌지도 않는다.

이에 반해서 합성어는 어근과 어근 사이에 다른 언어 요소가 끼어들 수가 없다.

(6) ㄱ. <u>큰집</u>에서 백부님께서 오셨다.
   ㄴ. <u>산돼지</u>가 잡혔다.
   ㄷ. 철수는 아버지가 물려준 재산을 <u>말아먹었다</u>.

(7) ㄱ. [?]<u>큰 **부산** 집</u>에서 백부님께서 오셨다.
   ㄴ. [?]<u>산 **작은** 돼지</u>가 잡혔다.
   ㄷ. [*]철수는 아버지가 물려준 재산을 <u>말아</u> **다** <u>먹었다</u>.

(8) ㄱ. **부산** <u>큰집</u>에서 백부님께서 오셨다.
   ㄴ. 큰 <u>산돼지</u>가 잡혔다.
   ㄷ. 철수는 아버지가 물려준 재산을 **다** <u>말아먹었다</u>.

(7)의 밑줄 그은 말은 (6)의 합성어의 어근 사이에 다른 언어 요소를 넣어서 표현한 것이다. 이렇게 합성어의 어근 사이에 다른 요소를 넣으면 구의 의미로 바뀌게 됨으로써 문장 전체의 의미가 어색하거나 비문법적인 문장이 된다. 만일 다른 언어 요소를 첨가하려면 (8)처럼 합성어의 앞쪽에 표현해야만 한다. 이처럼 구는 둘 이상의 단어로 결합되었기 때문에 구성 요소들이 분리될 수 있으나, 합성어는 하나의 단어로 굳었기 때문에 구성 요소를 분리할 수 없다.

〈구성 성분의 문법적 성질의 변화〉 구를 짜 이루는 단어들은 서로 독립적인 문법적 성질을 가지므로 이들이 통사적으로 합쳐지더라도 원래의 통사적인 특질을 그대로 유지한다. 이와는 달리 합성어를 이루는 어근들은 합성어가 되는 과정에서 원래의 문법적인 성질이 변해서 다른 품사로 바뀌는 수가 있다.

　　(9) ㄱ. 그 공장에는 자동차를 들 것이 하나도 없었다.

　　　　ㄴ. 그 공장에는 자동차를 번쩍 들 것이 하나도 없었다.

(ㄱ)에서 '들'은 동사 '들다'의 관형사형이고 '것'은 의존 명사이다. 따라서 '들 것'은 명사구인데, 이때 '들(다)'과 '것'은 원래의 문법적 성질을 그대로 유지한다. 따라서 (ㄴ)처럼 '번쩍'을 첨가하면 부사인 '번쩍'이 동사인 '들다'를 자연스럽게 수식할 수 있다.

　　(10) ㄱ. 그 공장에는 들것이 없었다.

　　　　ㄴ. *그 공장에는 번쩍 들것이 하나도 없었다.

　　　　ㄷ. 그 공장에는 가벼운 들것이 하나도 없었다.

그런데 (10)에서 '들것'은 '환자나 물건을 실어 나르는 기구'라는 뜻으로 동사 '들다'의 관형사형인 '들'과 명사 '것'이 합쳐져서 된 합성명사이다. 이 경우에 '들것'은 (ㄴ)에서처럼 부사인 '번쩍'의 수식을 받을 수는 없지만 (ㄷ)에서처럼 관형어(형용사의 관형사형)의 수식은 받을 수 있다. 결국 (10)의 '들것'에서 '들'은 본래의 품사인 동사로서의 성질을 잃어버리고 완전히 합성 명사의 일부로 성격이 바뀌었음을 알 수 있다.

　　(11) ㄱ. 우리들은 그 동네에서 **큰 집**을 찾았다.

　　　　ㄴ. 우리들은 그 동네에서 아주 큰 집을 찾았다.

(ㄱ)에서 '큰'은 형용사 '크다'의 관형사형인데 이 말은 명사 '집'과 통사적으로 결합하여 '큰 집'이라는 구를 형성한다. 이때 '큰'은 형용사로서의 문법적인 특성을 그대로 유지하고 있으므로 (ㄴ)처럼 '아주'라는 부사의 수식을 직접적으로 받을 수 있다.

(12) ㄱ. 우리들은 그 동네에서 **큰집**을 찾았다.
　　ㄴ. *우리들은 그 동네에서 <u>아주</u> **큰집**을 찾았다.
　　ㄷ. 우리들은 그 동네에서 <u>할아버지가 사시는</u> **큰집**을 찾았다.

그런데 (12)의 '큰집'은 '분가하여 나간 집에서 종가를 이르는 말로서 하나의 단어로 굳은 합성명사이다. 이때 '큰집'에서 '큰'은 형용사로서의 특성을 잃어버리고 명사를 짜 이루는 한 요소로 기능하고 있다. 따라서 (ㄴ)처럼 부사의 수식을 받을 수 없는 대신에 (ㄷ)처럼 '큰집' 전체가 '할아버지가 사시는'이라는 관형절의 수식을 받을 뿐이다.

　　이처럼 구의 구성 성분은 원래의 문법적 특성을 유지하지만 합성어의 구성 성분은 합성어 전체의 문법적 특성을 따른다. 따라서 구와 합성어는 그것을 꾸미는 외부 수식어와 어울리는 관계에서 서로 다른 특징을 보인다.

　　〈의미의 변화〉 구는 독립된 단어의 결합체이기 때문에 구를 구성하는 단어들의 본래 의미가 그대로 유지되지만, 합성어는 어근이 가진 본래의 의미가 다른 의미로 바뀔 수도 있다. 합성어를 이루고 있는 어근들이 대등적이거나 종속적인 의미 관계로 짜여 있는 합성어는 의미의 변화가 일어나지 않는다. 그러나 융합적인 의미 관계로 짜여 있는 합성어는 어근의 의미가 유지되지 않고 다른 의미로 바뀌게 된다.

(13) ㄱ. 집안, 밤손님　　　(14) ㄱ. 집 안, 밤 손님
　　ㄴ. 빈말, 흙손　　　　　ㄴ. ?빈 말, 흙 손
　　ㄷ. 색다르다, 말아먹다　　ㄷ. 색 다르다, 말아 먹다

(13)의 예는 융합 합성어로서 어근과 어근이 결합하면서 제3의 다른 뜻으로 바뀐 합성어이다. (ㄱ)의 '집안'은 '가문'의 뜻으로 쓰이는 말이며 '밤손님'은 '도둑'의 뜻을 가진다. (ㄴ)에서 '빈말'은 '실속 없이 헛된 말'을 뜻하며, '흙손'은 '흙일을 할 때에 사용하는 연장'을 뜻한다. (ㄷ)에서 '색다르다'는 '특색이 있다'의 뜻을 나타내고 '말아먹다'는 '재산을 탕진하다'의 뜻을 나타낸다. 이에 비하여 (14)의 구 구성은 구성 요소가 가지는 기본적인 뜻이 그대로 유지된다.

　　〈음운의 변동〉 구를 이루는 성분은 그것들이 결합하는 과정에서 음운의 변동이 일어나지 않지만, 합성어를 구성하는 어근들은 합성어가 이루어지는 과정에서 음운의 변동이 일어날 수도 있다.

(15) ㄱ. 배 + 길 → [배낄],   차 + 집 → [차찝]

ㄴ. 벼 + 씨 → [볍씨],   안 + 밖 → [안팎]

ㄷ. 말 + 소 → [마소],   활 + 살 → [화살]

(ㄱ)에서 '뱃길'은 '배'와 '길'이 합쳐져서 된 합성어이고, '찻집'은 '차'와 '집'이 합쳐져서 된 합성어이다. 이들 단어는 어근이 합쳐져서 합성어가 되는 과정에서 뒤 어근이 예사소리에서 된소리로 변했다. (ㄴ)에서 '볍씨'는 '벼'와 '씨'가 합성되는 과정에서 /ㅂ/이 첨가되었고, '안팎'은 '안'과 '밖'이 합성되면서 /ㅎ/이 첨가되었다. (ㄷ)에서 '마소'와 '화살'은 각각 '말'과 '소' 그리고 '활'과 '살'이 합성되는 과정에서 앞 어근의 끝소리인 /ㄹ/이 탈락하였다. 이처럼 합성어에서는 어근과 어근이 결합하는 과정에서 음운의 변동이 개별 단어별로 일어날 수가 있다.

4. '-적(的)'이 붙어서 된 파생어의 특징

어근에 '-적(的)'이 붙은 한자어는 그 쓰임에 따라서 여러 가지 품사로 나타날 수가 있다.

(1) ㄱ. 철수는 미국 유학을 통해서 <u>국제-적</u> 명성을 얻었다.

ㄴ. <u>비교-적</u> 빠른 시간 안에 논문의 진위를 밝힐 것이다.

ㄷ. 황우석 박사의 줄기세포에 대한 연구는 한국 과학을 <u>혁신-적</u>으로 발전시켰다.

(1)에서 '국제적, 비교적, 혁신적'은 모두 명사에 '-적(的)'이 붙어서 된 단어이다. 이때의 '-적'은 일부 명사 뒤에 붙어서 '그 성격을 띠는, 그에 관계된'의 뜻을 더하는 접미사인데, 이렇게 명사에 '-적(的)'이 붙어서 된 말은 여러 가지 품사로 파생된다. 곧 (ㄱ)에서 '국제적'은 체언인 '명성'을 직접적으로 수식하므로 관형사이며, (ㄴ)에서 '비교적'은 형용사인 '빠르다'를 수식하기 때문에 부사이다. 그리고 (ㄷ)에서 '혁신적'은 격조사인 '-으로'에 결합되어 있으므로 명사이다. 보통의 경우에는 특정한 파생 접미사가 붙으면 특정한 품사로 확정이 되는데, '-적(的)'은 그것이 붙는 언어 형식의 종류에 따라서 '관형사, 부사, 명사'과 같이 서로 다른 품사로 실현되는 것이 특징이다.

5. '-어하다'와 '-어지다'가 붙어서 된 파생어

'싫어하다'와 '싫어지다'는 형용사 어근인 '싫-'에 '-어하다'와 '-어지다'가 붙어서 된 동사이다. 이때 '-어하다'나 '-어지다'의 문법적 성격이 문제가 되는데, 이에 대한 처리 방법은 다음의 세 가지가 있다.22)

첫째, '하다'와 '지다'를 어근으로 보아서 '싫어하다'와 '싫어지다'를 합성어로 처리하는 방법이 있다.

(1) ㄱ. [싫(어근)- + -어(연결 어미) + 하(어근)-]- + -다
    ㄴ. [싫(어근)- + -어(연결 어미) + 지(어근)-]- + -다

(2) ㄱ. 공부하다, 일하다, 성실하다, 억울하다
    ㄴ. 값지다, 기름지다, 세모지다, 멋지다

이렇게 '하다'와 '지다'를 어근으로 보아서 '싫어하다'와 '싫어지다'를 합성어로 처리하는 설명 방식은 '-어'를 연결 어미로 볼 수 있어서 합성어의 형태론적인 짜임새를 적절하게 설명할 수 있다. 그러나 '하다'와 '지다'가 어근으로서의 자격, 곧 실질적인 의미를 나타낼 수 있는지가 의문으로 남는다. 특히 (2)의 (ㄱ)과 (ㄴ)에서 '공부하다'와 '값지다' 등에서 '하다'와 '지다'는 파생 접미사로 처리하고 있으므로, (1)의 '하다'와 '지다'를 어근으로 처리하기가 어렵다.

둘째, '하다'와 '지다'를 각각 동사와 형용사를 파생하는 접사로 보고 '싫어하다'와 '싫어지다'를 파생어로 처리하는 방법이 있다.

(3) ㄱ. [싫(어근)- + -어하(파생 접사)-]- + -다
    ㄴ. [싫(어근)- + -어지(파생 접사)-]- + -다

이 방법은 '하다'와 '지다'가 실질적인 의미를 나타내지 못한다는 점과 (2)의 '공부하다'와 '값지다'가 파생어로 처리되고 있다는 점을 고려하면 타당한 설명 방법으로 볼 수 있다. 그러나 이 방법에 따르면 '하다'와 '지다' 앞에 실현된 '-어'를 처리하기가 어렵다. '-어'는 그 형태와 분포를 감안하면 연결 어미인 것으로 보이는데, '싫어'처럼 활용을 마친 다음에 또다시 파생 접미사 '-지다'가 다시 붙는다는 것은 파생 접사와 굴절 접사의 일반적인 결합 방식에 어긋난다. 일반적으로 파생 접사는 굴절 접사에 앞서서 실현되기 때문이다. 이러한 모순을 피하기 위하여 '-어하-'와 '-어지-'를 파생 접사로 보는 방법이 있다.(고영근·구본관 2008:228 참조)

셋째, '하다'와 '지다'를 보조 용언으로 처리하여 '싫어하다'와 '싫어지다'를 '본용언 + 보조 용언'의 구성으로 보는 방법이 있다.

---

22) 이와 같은 짜임으로 된 단어로는 '두려워하다, 무서워하다, 좋아하다, 즐거워하다'와 '가늘어지다, 두려워지다, 싫어지다, 휘어지다' 등이 있다.

(4) ㄱ. 싫_(본용언의 어간)- + -어_(보조적 연결 어미) # 하_(보조 용언)- + -다

　　 ㄴ. 싫_(본용언의 어간)- + -어_(보조적 연결 어미) # 지_(보조 용언)- + -다

　이러한 처리 방법을 따르면 '하다'와 '지다'가 실질적인 의미를 나타내지 못하는 점을 설명할 수 있을 뿐만 아니라 '-어'를 보조적 연결 어미로 처리할 수 있다는 장점이 있다. 그러나 이 방법을 따르면 '싫어 하다'와 '싫어 지다'를 본용언과 보조 용언의 두 단어로 처리해야 하는데, 사전에서는 이들 단어를 이미 한 단어로 굳어진 복합어로 처리하고 있기 때문에 문제가 있다.

　지금까지 '싫어하다'와 '싫어지다'의 짜임새의 형태를 분석하는 방법을 소개했는데, 어느 설이 맞다고 단정하기 매우 힘이 든다. 이 책에서는 두 번째 방법을 취하여 '싫어하다'와 '싫어지다'를 어근인 '싫-'에 파생 접미사인 '-어하-'와 '-어지-'가 결합하여 된 파생어로 처리하는데, 이에 대하여는 좀 더 연구해야 할 과제로 남겨 둔다.

[단원 정리 문제 8]

1. 다음 글을 읽고 물음에 답하시오.

> 한낮에는 햇볕이 따뜻하게 내리쬐었다. 영수와 철호는 김밥을 싼 도시락을 들고 함께 집을 나섰다. "영수야, 김밥을 먹고 나서 놀이터에서 자전거(自轉車)를 타자." 그 말을 들은 철호는 실망(失望)했다. 철호는 자전거를 탈 줄을 몰랐다.

    가. 위의 글에서 어근과 파생 접사, 굴절 접사(조사, 어미)를 가려내시오.

        ① 어근   ② 파생 접사   ③ 굴절 접사

    나. 위의 글에서 합성어와 파생어를 고르시오. (단, 한자어로 된 단어는 제외함.)

        ① 합성어   ② 파생어

2. 다음 예를 이용하여 파생 접사의 한정적 기능과 지배적 기능을 설명하시오.

> A : 풋사랑, 깨뜨리다, 달갑다, 저까짓, 더욱이
> B : 마개, 없애다, 먹이다, 잡히다, 어른스럽다, 헌, 실컷, –조차

    가. A의 단어에 실현된 파생 접사가 한정적 접사인 이유
    나. B의 단어에 실현된 파생 접사가 지배적 접사인 이유

3. 접두 파생법과 접미 파생법의 차이를 예를 들어서 설명하시오.

4. '헛되다'와 '강마르다'는 접두 파생어에 나타나는 일반성과는 다른 특성을 가졌다. 이들 접두 파생어에 나타나는 특성을 설명하시오.

5. 관형사성 접두사와 관형사의 문법적인 차이를 예를 들어서 설명하시오.

6. 보기를 참조하여 다음의 단어를 어근과 파생 접사로 분석하고, 어근의 품사와 파생 접

사의 의미 혹은 기능을 설명하시오

> (보기) ㄱ. 빨리(부사) → 빠르-(형용사) + -이(부사 파생)
>
> ㄴ. 올벼(명사) → 올-(빨리 자란) + 벼(명사)

강술, 개구리, 거멓다, 군소리, 기러기, 나머지, 너무, 놀이, 다른, 달리기, 도로, 돌배, 맨손, 미워하다, 바루다, 바쁘다, 발갛다, -부터, 비로소, 선머슴, 시누이, 실컷, 양배추, 오르막, 요술쟁이, 우습다, 지우개, 짓누르다, 풋잠, 홀어미

7. 보기를 참조하여 다음 단어를 형태소로 분석하고 '대등적 합성어, 종속적 합성어, 융합적 합성어'로 분류하시오

> (보기) ㄱ. 헌책(종속적)　 → 헐-(동사) + -ㄴ(관형사형 어미) + 책(명사)
>
> ㄴ. 높푸르다(대등적) → 높-(형용사) + 푸르다(형용사)

① 감돌다 : 아름다운 기운이 부처님의 머리 위에 <u>감돌았다</u>.
② 검붉다 : 철수 씨는 늘 <u>검붉은</u> 색깔의 가방을 가지고 다닌다.
③ 날뛰다 : 저렇게 제멋대로 <u>날뛰는</u> 아이는 어떻게 하지요?
④ 논밭 : 큰비가 와서 동네의 <u>논밭</u>에 온통 물이 들었다.
⑤ 젊은이 : 병역은 시대의 <u>젊은이</u>들이 거쳐야 할 의무이다.
⑥ 춘추(春秋) : 죄송하지만 올해 <u>춘추</u>가 어찌 되세요?
⑦ 돌보다 : 아이를 <u>돌볼</u> 사람이 없어서 걱정이에요.
⑧ 오르내리다 : 그 건물에는 계단을 <u>오르내리는</u> 사람들이 많았다.
⑨ 우짖다 : 밤새 새들이 <u>우짖는</u> 소리에 한잠도 못 잤다.
⑩ 잔소리 : 어른들의 <u>잔소리</u>를 좋아하는 아이는 없다.

8. 다음 보기의 비통사적 합성어가 형성된 방법을 설명하시오

(보기) 싫증, 돋보다, 선들바람, 독서(讀書), 잡쥐다, 하차(下車)

9. 보기의 단어를 이용하여 통사적 합성어와 구를 구분하는 기준을 설명하시오

(보기) 큰집, 들것, 소나무

10. 다음 단어들의 짜임새를 보기처럼 분석하시오.

> (보기) 가. 한밤중 → [한- + [밤 + 중]]
>   나. 웃음꽃 → [[웃- + -음] + 꽃]

① 빗나가다   ② 해암닭   ③ 흙손질
④ 깃들이다   ⑤ 글씨체   ⑥ 몰려다니다
⑦ 미닫이   ⑧ 흩날리다

11. 다음의 한자어의 단어 형성법을 보기처럼 설명하시오.

> (보기) 가. 대사건(大事件) : 대 + 사건 (접두 파생법)
>   나. 남북(南北)   : 남 + 북   (합성법)

① 강호(江湖)   ② 문자(文字)   ③ 태극기(太極旗)
④ 순이익(純利益)   ⑤ 가옥(家屋)   ⑥ 교육자(敎育者)
⑦ 음양(陰陽)   ⑧ 근대화(近代化)

12. 다음 밑줄 친 단어의 품사를 말하고 그렇게 판단하는 근거를 제시하시오.

① 우리 회사에서는 이번에 혁신적(革新的)인 방법으로 구조 조정을 했다.
② 이제 우리는 합법적 정부를 수립할 수 있게 되었습니다.
③ 이번 일을 가급적 원만하게 처리하려고 합니다.

13. 다음 글을 읽고 물음에 답하시오. [2003학년도 중등 교사 임용 시험]

> 오늘 김 교사는 학생들을 인솔하여 민속놀이 박물관에 국어과 체험학습을 갔다. 김 교사가 어렸을 때 즐겨 가지고 놀았던 민속놀이 도구들이 예상보다 훨씬 많이 전시되어 있었다. …(중략)… 한쪽에서 웅성거리는 소리가 들려 다가가 보니 나이가 지긋한 어르신 한 분이 그곳에 있는 놀이 도구에 대해 자상하게 설명해 주고 계셨다. 산가지 놀이였다.

다음 단어들 가운데 어종별(語種別) 구성 요소와 조어 방법이 위 글의 밑줄 친 '산가

지'와 일치하는 것 두 개를 골라 ○표를 하시오. [1점]

> 시부모, 첫날밤, 보슬비, 똑딱선, 반지름, 늦더위, 접칼, 촌사람, 풋사랑

14. 다음은 단어의 짜임새를 탐구하기 위한 자료이다. 밑줄 친 단어들을 학교 문법의 관점에 따라 분류하고, 그 근거를 구체적으로 제시하시오. [2점] [2007학년도 중등 교사 임용 시험]

> ① 오늘은 날씨가 춥다.
> ② 늦잠을 자서 지각했다.
> ③ 동생은 지금 뭔가를 생각하고 있다.
> ④ 비가 내리던 어느 가을 저녁이었다.
> ⑤ 갑자기 버섯볶음이 먹고 싶다.
> ⑥ 산에는 나들이 인파로 가득했다.
> ⑦ 한겨울인데도 눈이 오지 않는다.
> ⑧ 아침 해가 눈부시게 떠오른다.

분 류	자료 번호	분류의 근거
단일어		
파생어		
합성어		

15. 다음 자료를 참고하여 <보기>와 같이 접미 파생어의 특징을 정리하고자 한다. ㉠과 ㉡에 들어갈 말을 각각 쓰시오. [2점] [**2014학년도 중등 교사 임용 시험**]

> (1) 멋쟁이, 바가지, 불그스름하다, ⓐ 잡히다
> (2) 먹이, 얼음, ⓑ 높이다, 정답다

<보기>
○ 자료 (1)과 (2)를 통해 접미 파생어는 파생어의 (㉠)와/과 어근의 (㉠)이/가 동일한가의 여부에 따라 나눌 수 있음을 알 수 있다.
○ ⓐ와 ⓑ를 통해 접미 파생어 중에는 그것이 서술어가 되는 문장의 (㉡)이/가, 그 어근이 서술어가 되는 문장의 (㉡)와/과 다른 경우도 있음을 알 수 있다.

16. (가)를 보고 교사와 학생이 (나)와 같이 대화를 나누었다. 괄호 안의 ㉠, ㉡에 해당하는 말을 순서대로 쓰시오. [2점] **[2017학년도 중등 교사 임용 시험]**

(가)

    (1) 나무꾼, 주먹질, 믿음, 넓이

    (2) 밤나무, 말소리, 손발

    (3) 되도록, 갖은, 다른

(나)

    교사 : 단어가 만들어지는 방식에는 어떤 것이 있나요?

    학생 : 파생법과 합성법이 있어요.

    교사 : 네, 맞아요 (1)은 파생법에 의해서 만들어진 파생어, (2)는 합성법에 의해서 만들어진 합성어예요. 새로운 단어는 대부분 파생법과 합성법으로 만들어진다고 할 수 있어요.

    학생 : 선생님, 그런데 (3)은 파생어도 아닌 것 같고 합성어도 아닌 것 같은데요?

    교사 : 맞아요. 드물긴 하지만 파생법, 합성법이 아닌 방식으로 새로운 단어가 만들어지기도 해요. (3)처럼 용언의 (㉠)이었던 것이 새로운 단어가 된 경우가 있어요. (3)의 예들은 용언의 (㉠)이었을 때와 새로운 단어가 된 후의 (㉡)이/가 바뀌었다는 공통점이 있어요. 물론 이 과정에서 의미 변화가 있기도 해요.

문장 성분 ④장

제4장 문장 성분

4.1. 문장 성분의 개념

하나의 문장을 구성하는 기본적인 요소를 문장 성분이라고 한다. 이러한 문장 성분으로 쓰일 수 있는 문법적인 단위로는 '어절(단어), 구, 절' 등이 있다.

4.1.1. 문장의 개념과 성립 조건

'문장(文章, 월, sentence)'은 주어와 서술어를 갖추고 있고, 서술어에 종결 어미가 실현되어 있으며, 의미적인 면에서 통일되고 완결된 내용을 갖추고 있는 언어 형식이다.

> (1) ㄱ. <u>철수가</u> 어제 새 자동차를 <u>샀다</u>.
>   ㄴ. <u>선생님께서</u> 언제 미국에 <u>가십니까</u>?

(ㄱ)과 (ㄴ)의 문장에는 '철수가'와 '선생님께서'가 주어로 쓰였으며, '샀다, 가십니까'가 서술어로 쓰였다. 그리고 서술어로 쓰인 '사다'와 '가다'에 종결 어미인 '-다'와 '-(으)ㅂ니까'를 실현하고 있고, 의미적인 면에서도 하나의 완결된 사건을 표현하고 있다. 따라서 (1)의 (ㄱ)과 (ㄴ)은 문장의 형식을 온전하게 갖추고 있다고 할 수 있다.

그런데 『고등학교 문법』(2010:148)에서는 다음과 같이 주어와 서술어가 쓰이지 않았거나, 종결 어미가 실현되지 않은 언어 형식도 문장으로 간주하고 있다. (화용론)

> (2) ㄱ. 도둑이야!
>   ㄴ. 정말?

(2)의 '도둑이야!'나 '정말?'은 주어와 서술어의 구조를 갖추지 못하였거나 혹은 종결

어미가 실현되지 않았다. 그러나 의미상으로 완결된 내용을 갖추기만 하면 (2)에 실현된 언어 형식을 문장으로 인정하는데, 이는 상황이나 문맥을 통하여 생략된 요소(주어, 서술어 등)의 의미를 복원할 수 있기 때문이다.[1]

4.1.2. 문장 성분의 정의

체언, 용언, 수식언, 독립언 등의 '단어'와 이들 단어가 모여서 된 '구'나 '절' 등은 문장 속에서 일정한 기능을 하게 된다. 이처럼 특정한 문법적인 단위가 문장 속에서 담당하는 기능을 '문장 성분(文章成分, 월성분)'이라고 한다.

(3) 어머나, 철수가 새 옷을 몽땅 집어갔네.

(3)에서 '철수'와 '옷'의 품사는 둘 다 체언인데, '철수'는 주격 조사 '-가'와 결합하여 주어로 쓰였으며, '옷'은 목적격 조사 '-을'과 결합하여 목적어로 쓰였다. 그리고 '집어갔네'는 동사가 서술어로 쓰였으며, '어머나'는 감탄사가 독립어로 쓰였다. 마지막으로 '새'는 관형사가 관형어로 쓰였으며, '몽땅'은 부사가 부사어로 쓰였다. 이처럼 문장 성분은 특정한 언어 형식이 문장 속에서 쓰이는 기능상의 명칭을 일컫는다.

	어머나	철수-가	새	옷-을	몽땅	집어갔네
품사	감탄사	명사 + 조사	관형사	명사 + 조사	부사	동사
문장 성분	독립어	주어	관형어	목적어	부사어	서술어

[표 1. 문장 성분의 예]

4.1.3. 문장 성분의 재료

하나의 문장은 여러 가지 성분들이 모여서 이루어지는데, 문장 성분으로 쓰일 수

---

1) 이처럼 주어와 서술어의 구조를 갖추지 못했거나, 종결 어미가 실현되지 않고서도 문장의 기능을 하는 언어 형식을 '소형문(小形文, 못 갖춘 월, minor sentence)'이라고 한다.

있는 문법적인 단위(언어 형식)로는 '어절(단어), 구, 절' 등이 있다.

〈어절〉 '어절(語節, 단어, 말마디)'은 문장 성분으로 쓰일 수 있는 문법적인 단위 중에서 가장 기본적인 단위이다.

(4) ㄱ. <u>철수는</u> <u>훈련소에서</u> <u>훈련을</u> <u>많이</u> <u>받았다</u>.
    ㄴ. <u>아버님께서는</u> <u>집에</u> <u>언제</u> <u>가시겠습니까</u>?

(4)의 문장에서 밑줄 그은 말은 모두 어절로서 각각 '주어, 목적어, 부사어, 서술어' 등 여러 가지의 문장 성분으로 쓰이고 있다.[2]

〈구〉 '구(句, 이은말, phrase)'는 두 개 이상의 어절이 모여서 하나의 문법적인 단 위를 이루는 언어 형식으로서, '주어-서술어'의 짜임을 갖추지 못한 단위이다. 이러한 '구'가 문장 속에서 특정한 문장 성분으로 쓰일 수 있다.

(5) ㄱ. <u>선생님의 자가용</u>이 방금 견인되었어요.   [명 사 구 - 주 어]
    ㄴ. 어머니께서는 밥을 <u>정말로 빨리 드신다</u>.   [동 사 구 - 서술어]
    ㄷ. 할머니께서 싸 주신 김치는 <u>대단히 싱거웠다</u>.   [형용사구 - 서술어]
    ㄹ. 김 씨는 <u>아주 헌</u> 가방을 들고 다닌다.   [관형사구 - 관형어]
    ㅁ. 작년에는 북한 지방에 비가 <u>아주 많이</u> 내렸다. [부 사 구 - 부사어]

(6) ㄱ. <u>자가용</u>이 방금 견인되었어요.   [명 사 - 주 어]
    ㄴ. 어머니께서는 밥을 <u>드신다</u>.   [동 사 - 서술어]
    ㄷ. 할머니께서 싸 주신 김치는 <u>싱거웠다</u>.   [형용사 - 서술어]
    ㄹ. 김 씨는 <u>헌</u> 가방을 들고 다닌다.   [관형사 - 관형어]
    ㅁ. 작년에는 북한 지방에 비가 <u>많이</u> 내렸다.   [부 사 - 부사어]

(5)의 (ㄱ~ㅁ)에서 밑줄 그은 문법적인 단위는 두 단어 이상으로 짜여 있으면서 각각 '명사, 동사, 형용사, 관형사, 부사'의 역할을 수행한다. (ㄱ)에서 '선생님의 자가용'은 비록 두 단어로 짜여 있지만 하나의 명사와 같은 기능을 하므로 명사구이며, (ㄴ)에서 '정말로 빨리 드신다'는 전체적인 구성이 하나의 동사와 같은 기능을 하므로 동사구

---

2) 어절은 자립적인 언어 형식 중에서 최소의 언어 형식(최소 자립 형식, minimal free form)이다. 곧 그 자체로는 자립 형식이지만 그것을 다시 직접 성분으로 분석하면 의존 형식이 나타나 는 단위가 어절이다. 그리고 글말에서 어절은 띄어 쓰는 단위와 대체로 일치한다.

이다. 그리고 (ㄷ)에서 '대단히 싱거웠다'는 형용사구이며, (ㄹ)에서 '아주 헌'은 관형사구이며, (ㅁ)의 '아주 많이'는 부사구이다. 곧 (5)에서 '선생님의 자가용, 정말로 빨리 드신다, 대단히 싱거웠다, 아주 헌, 아주 많이' 등은 각각 (6)의 '자가용, 드신다, 싱거웠다, 헌, 많이' 등과 동일하게 기능한다. 이와 같이 두 개 이상의 어절로 짜여 있는 구가 문장 속에서 특정한 문장 성분으로 기능할 수도 있다.

〈절〉 '절(節, 마디, clause)'은 주어와 서술어를 갖추고 있으나 종결 어미가 실현되지 않은 언어 형식이다. 이러한 '절'도 문장에서 특정한 문장 성분으로 기능할 수 있다.

(7) ㄱ. <u>이 책이 많이 팔리기</u>는 거의 불가능하다.   [명사절 - 주　어]
    ㄴ. <u>철수가 만난</u> 사람이 반기문 씨이다.   [관형절 - 관형어]
    ㄷ. 철수 씨는 <u>마른 땅에 먼지가 나도록</u> 달렸다. [부사절 - 부사어]
    ㄹ. 김삼순 씨는 <u>고집이 세다</u>.   [서술절 - 서술어]
    ㅁ. 명박 씨가 "<u>나는 선거에 출마한다</u>."라고 말했어요. [인용절 - 부사어]

(8) ㄱ. <u>탈출</u>은 거의 불가능하다.   [명　사 - 주　어]
    ㄴ. <u>그</u> 사람이 반기문 씨다.   [관형사 - 관형어]
    ㄷ. 철수 씨는 <u>빨리</u> 달렸다.   [부　사 - 부사어]
    ㄹ. 김삼순 씨는 <u>고집스럽다</u>.   [형용사 - 서술어]
    ㅁ. 명박 씨가 "<u>~</u>"라고 선언했어요.   [문　장 - 부사어]

(7)의 문장에서 절의 쓰임을 살펴보면 다음과 같다. (ㄱ)에서 '이 책이 많이 팔리기'는 서술어의 어간에 명사형 어미인 '-기'가 붙어서 전체 구성이 명사처럼 쓰였다. (ㄴ)에서 '철수가 만난'은 서술어의 어간에 관형사형 어미인 '-ㄴ'이 붙어서 전체 구성이 관형사처럼 쓰였다. (ㄷ)에서 '마른 땅에 먼지가 나도록'은 서술어로 쓰인 '나다'의 어간에 부사형 어미인 '-도록'이 붙어서 부사처럼 쓰였다. 그리고 (ㄹ)에서 '고집이 세다'는 주어로 쓰인 '김삼순 씨는'에 대하여 서술어로 쓰였으며, (ㅁ)에서 '나는 대통령 선거에 출마한다'는 하나의 완전한 문장의 형식으로서 인용하는 말로 쓰였다. 이처럼 절은 주어와 서술어를 갖추고 있으면서도 (8)처럼 문장 속에서 특정한 품사나 문장 성분처럼 쓰이는 언어 형식이다.

4.1.4. 문장 성분의 대략적인 갈래

문장 성분은 문장에서 쓰이는 기능에 따라서 '주성분, 부속 성분, 독립 성분'으로 나뉜다.

첫째, '주성분(主成分)'은 문장을 이루는 데에 골격이 되는 필수적인 성분인데, 이러한 주성분이 빠지면 문장이 불완전하게 된다. 주성분으로 쓰이는 문장 성분으로는 '서술어, 주어, 목적어, 보어'가 있다.

(9) ㄱ. 철수가 우유를 마신다.   [주어−목적어−서술어]
    ㄴ. 아이가 어른이 되었다.   [주어−보어−서술어]
    ㄷ. 하늘이 맑다.   [주어−서술어]
    ㄹ. 이것은 연필이다.   [주어−서술어]

'서술어(敍述語, 풀이말)'는 '무엇이 어찌하다, 무엇이 어떠하다, 무엇이 무엇이다'와 같은 문장의 유형에서 '어찌하다, 어떠하다, 무엇이다'의 자리에 설 수 있는 문장 성분이다. 곧 (9)에서 '마시다, 되다, 맑다, 연필이다'가 서술어로 쓰였다. '주어(主語, 임자말)'는 '무엇이'의 자리에 설 수 있는 문장 성분인데, (9)에서 '철수가, 아이가, 하늘이, 이것은'이 주어이다. '목적어(目的語, 부림말)'는 '무엇이 무엇을 어찌하다'에서 '무엇을'의 자리에 설 수 있는 문장 성분으로서, (ㄱ)에서는 '우유를'이 목적어로 쓰였다. '보어(補語, 기움말)'는 문장의 서술어가 '되다' 혹은 '아니다'일 때에 주어 이외에 반드시 문장에 실현되어야 하는 문장 성분으로서, (ㄴ)에서는 '어른이'가 보어로 쓰였다. 이처럼 주성분은 문장 속에서 반드시 나타나야 하는 문장 성분으로서, 발화 현장이나 문맥을 통해서 알 수 있는 경우가 아니라면 임의적으로 생략할 수 없는 문장 성분이다.

둘째, '부속 성분(附屬成分)'은 주성분을 수식하는 문장 성분으로서 '관형어'와 '부사어'가 있다. 이러한 부속 성분은 문장을 짜 이루는 데에 필수적인 성분이 아니므로, 수의적으로 실현된다.

(10) 철수는 <u>새</u> 책을 <u>모조리</u> 불태웠다.

먼저 '관형어(冠形語, 매김말)'는 체언을 수식하는 문장 성분이다. (10)의 문장에서 '새'는 관형어로서 그 뒤에서 실현되는 체언인 '책'을 수식한다. 그리고 '부사어(副詞語, 어찌말)'는 용언을 비롯한 여러 가지 문법적 단위를 수식하는 문장 성분이다. (10)의 문장에서 '모조리'는 부사어로서 용언인 '불태웠다'를 수식한다.

셋째, '독립 성분(獨立成分)'은 그 뒤에 실현되는 다른 성분과 문법적인 관계를 맺지 아니하고 독립적으로 쓰이는 문장 성분이다. 독립 성분으로는 '독립어(獨立語, 홀로말)'가 있다.

(11) ㄱ. <u>어머나</u>, 벌써 날이 밝았구나.
　　　ㄴ. <u>철수야</u>, 이 짐을 좀 들어 주렴.

(12) ㄱ. 어머나.
　　　ㄴ. 철수야.

(11)의 (ㄱ)에서 '어머나'는 감탄사이며, (ㄴ)에서 '철수야'는 명사에 호격 조사가 결합된 말이다. 이들은 그 뒤에 나타나는 어떠한 문장 성분과도 문법적인 관계를 맺지 아니하므로 독립 성분(독립어)으로 쓰였다. 독립 성분은 경우에 따라서는 (12)처럼 단독으로 쓰일 수 있다.

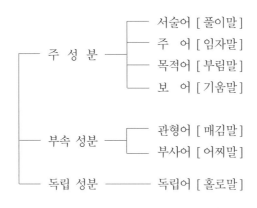

[그림 1. 문장 성분의 종류]

4.2. 문장 성분의 종류

문장 성분의 종류에는 주성분으로 '서술어, 주어, 목적어, 보어' 등이 있고, 부속 성분으로 '관형어'와 '부사어'가 있으며, 독립 성분으로는 '독립어'가 있다.

4.2.1. 서술어

(가) 서술어의 개념

'서술어(敍述語, 풀이말, predicate)'는 주어로 표현되는 대상의 동작이나 상태, 성질 등을 풀이하는 문장 성분이다. 문장 속에서 서술어로 쓰일 수 있는 언어 형식들은 다음과 같다.

첫째, 동사와 형용사는 직접적으로 서술어로 쓰일 수 있다.

> (13) ㄱ. 괴물이 한강에 <u>나타났다</u>.
> ㄴ. 하늘이 정말로 <u>푸릅니다</u>.
> ㄷ. 스님은 홀연히 산 속으로 <u>사라져 버렸다</u>.
> ㄹ. 나도 설산에 <u>오르고 싶다</u>.

(ㄱ)에서 '나타났다'는 동사로서 문장 속에서 주어로 쓰인 '괴물'의 동작을 풀이하며, (ㄴ)에서 '푸릅니다'는 형용사로서 '하늘'의 상태를 풀이한다. 그리고 (ㄷ)에 쓰인 보조 용언 '버리다'는 일반적인 용언과는 달리 실질적인 의미도 없고 자립성도 없으므로, 그 앞에 실현된 본용언과 함께 하나의 서술어로 쓰인다. 곧 (ㄷ)에서 '사라져 버렸다'는 [본용언 + 보조 용언]의 구성으로서 하나의 서술어로 기능한다.

둘째, 체언이나 명사구, 그리고 명사절에 서술격 조사 '-이다'가 붙어서 서술어로 쓰일 수 있다.

> (14) ㄱ. 이 사람이 <u>권상우입니다</u>.
> ㄴ. 어제 아버님께서 데리고 온 사람은 <u>아버님의 친구였다</u>.
> ㄷ. 동생을 비난하는 것은 <u>누워서 침뱉기이다</u>.

(ㄱ)에서 '권상우입니다'는 체언에 서술격 조사인 '-이다'가 결합하여서 서술어로 쓰였다. 마찬가지로 (ㄴ)에서는 명사구인 '아버님의 친구'에 '-이다'가 연결되어서, (ㄷ)에서는 명사절인 '(X가) 누워서 침뱉기'에 '-이다'가 연결되어서 서술어로 쓰였다.

셋째, 서술절이 서술어로 쓰이는 경우도 있다.

(15) ㄱ. 형은 <u>키가 크다</u>.
     ㄴ. 이 사과는 <u>맛이 시다</u>.

(ㄱ)에서 전체 문장의 주어로 쓰인 '형은'에 대하여 '키가 크다'는 서술어로 쓰였으며, (ㄴ)에서 전체 문장의 주어로 쓰인 '이 사과는'에 대하여 '맛이 시다'는 서술어로 쓰였다. 그런데 이들 문장에서 서술어로 기능하는 '키가 크다'와 '맛이 시다'는 그 자체로 주어와 서술어의 짜임새를 갖추고 있어서 절의 구조를 취하고 있다. 따라서 (15)에서 '키가 크다'와 '맛이 시다'는 서술절이 전체 문장의 서술어로 쓰인 것이다.

(나) 서술어의 자릿수

문장에서 서술어가 반드시 필요로 하는 문장 성분의 수(명사항의 갯수)는 정해져 있다. 이처럼 문장에서 서술어가 반드시 필요로 하는 문장 성분의 수를 '서술어의 자릿수'라고 한다. 서술어의 유형을 자릿수에 따라서 분류하면, '한 자리 서술어, 두 자리 서술어, 세 자리 서술어'로 나눌 수 있다.(김일웅 1987:27)[3]

〈한 자리 서술어〉 '한 자리 서술어'는 필수적으로 요구하는 문장 성분이 하나뿐인 서술어로서, 주어만 있으면 완전한 문장을 이루는 서술어이다.

(16) ㄱ. 꽃이 잘 <u>자란다</u>.
     ㄴ. 아이들이 논에서 즐겁게 <u>놀았다</u>.

(17) ㄱ. 온 산이 정말로 <u>푸르다</u>.
     ㄴ. 소금이 <u>짜다</u>.

(18) ㄱ. 이것은 <u>모자다</u>.
     ㄴ. 저 사람은 <u>철수다</u>.

---

3) 능격 동사에서 나타나는 서술어의 자릿수에 대한 문제는 이 책 293쪽의 【더 배우기】 참조.

한 자리 서술어로 쓰이는 동사로는 (16)처럼 '자라다, 놀다, 울다, 쏟아지다, 피다, 타다, 끓다, 짖다'와 같은 자동사가 있다. 그리고 형용사로서는 (17)과 같이 '푸르다, 짜다, 둥글다, 넓다, 희다' 등이 있다. 끝으로 (18)에서는 '체언 + 이다'가 서술어로 쓰였는데, '체언 + 이다'도 주어만을 필수적으로 요구하므로 한 자리 서술어이다.

〈 두 자리 서술어 〉 '두 자리 서술어'는 필수적으로 요구하는 문장 성분이 두 개인 서술어이다.

첫째, 동사인 경우에 자동사와 타동사가 모두 두 자리 서술어로 쓰일 수 있다.

(19) ㄱ. 뽕밭이 바다가 <u>되었다</u>.
　　 ㄴ. 물이 얼음으로 <u>바뀌었다</u>.
　　 ㄷ. 도둑이 형사에게 <u>잡혔다</u>.
　　 ㄹ. 삼촌은 영어 학원에 1년 동안 <u>다녔다</u>.
　　 ㅁ. 젊은이들은 아침 일찍 마을 회관에 <u>모였다.</u>
　　 ㅂ. 작은 아이가 큰 아이한테 <u>맞았다</u>.

(20) ㄱ. 큰 아이가 작은 아이를 <u>때렸다</u>.
　　 ㄴ. 우리는 라면을 10분 동안 <u>끓였다</u>.
　　 ㄷ. 우리는 북한산의 정상에서 서울 시내를 <u>바라보았다</u>.

(19)의 '되다, 바뀌다, 잡히다, 다니다, 모이다, 맞다' 등은 자동사인데, 이들이 서술어로 쓰이면 주어 이외에도 보어나 부사어를 반드시 취한다. 그리고 (20)의 '때리다, 끓이다, 바라보다' 등은 타동사로서, 이들이 문장에서 서술어로 쓰이면 주어 이외에도 목적어를 반드시 취한다.

둘째, 형용사도 주어 이외에 부사어나 보어를 취하거나, 서술절 속의 주어를 필수적으로 취해서 두 자리 서술어로 쓰일 수 있다.

(21) ㄱ. 아내의 얼굴이 백지장과 <u>같다</u>.
　　 ㄴ. 이 가방은 저 가방과 <u>다르다</u>.
　　 ㄷ. 현복 씨는 나쁜 사람이 <u>아니다</u>.
　　 ㄹ. 나는 호랑이가 정말로 <u>무섭다</u>.

(ㄱ)과 (ㄴ)처럼 '같다, 다르다'가 서술어로 쓰이면 부사어인 '백지장과'와 '저 가방과'를

필수적으로 실현해야 하고, (ㄷ)처럼 '아니다'가 서술어로 쓰이면 보어인 '나쁜 사람이'를 반드시 실현해야 한다. 그리고 (ㄹ)처럼 '무섭다'는 전체 주어인 '나는'뿐만 아니라 서술절 속의 주어인 '호랑이가'를 필수적으로 취해야 한다.[4]

〈세 자리 서술어〉 '세 자리 서술어'Conjunct sentence는 필수적으로 요구하는 문장 성분이 세 개인 서술어로서, 주어 이외에도 목적어와 부사어를 필수적으로 요구한다.

> (22) ㄱ. 할아버지께서는 철수에게 돈을 <u>주셨다</u>.
> ㄴ. 철수는 사과를 주머니에 <u>담았다</u>.
> ㄷ. 영희는 고민을 동생과 <u>의논했다</u>.
> ㄹ. 편집 위원회에서는 심사 결과를 투고자에게 <u>알렸다</u>.
> ㅁ. 홍길동은 춘향이를 양녀로 <u>삼았다</u>.

(22)의 '주다, 담다, 의논하다, 알리다, 삼다'와 같은 타동사의 서술어는 주어와 목적어 뿐만 아니라, '철수에게, 주머니에, 동생과, 투고자에게, 양녀로'와 같은 부사어를 필수적으로 요구하기 때문에 '세 자리 서술어'이다.

〈서술어의 자릿수와 문장의 구조〉 서술어의 자릿수는 서술어로 쓰이는 용언 자체의 통사적 특질과 의미적 특질에 따라서 결정된다. 그런데 특정한 서술어가 문장에 쓰이면 그것이 필수적으로 요구하는 문장 성분이 자동적으로 결정된다.

> (23) ㄱ. X가 예쁘다.
> ㄴ. X가 Y를 때리다.
> ㄷ. X가 Y를 Z로 삼다.

예를 들어 어떠한 문장에서 한 자리 서술어인 '예쁘다'가 서술어로 쓰이면 문장의 기본 구조가 (ㄱ)처럼 되며, 두 자리 서술어인 '때리다'가 서술어로 쓰이면 문장의 기본 구조가 (ㄴ)처럼 된다. 그리고 세 자리 서술어인 '삼다'가 서술어로 쓰이면 문장의 기본적인 구조가 (ㄷ)처럼 실현된다. 이처럼 문장의 기본적인 골격은 서술어의 자릿수에 의해서 자동적으로 결정되므로, 문장 성분 중에서 서술어가 가장 중요하게 역할한다.

---

4) '무섭다, 그립다, 좋다, 밉다' 등의 심리 형용사는 두 자리 서술어로 쓰인다. 예를 들어서 '동생이 정말로 <u>그립다</u>.'에서는 '그립다'는 표면적으로는 한 자리 서술어인 것 같지만, '(나는/ 철수는/ 그는) 동생이 정말로 <u>그립다</u>.'처럼 생략된 주어를 감안하면 두 자리 서술어로 처리된다.

(다) 서술어의 선택 제약

서술어로 쓰이는 용언이 다른 문장 성분을 선택할 때에는 특별한 종류의 말을 제한하여 선택하게 된다. 이러한 현상을 '선택 제약(選擇 制約, selectional restriction)'이라고 하고, 이처럼 선택 제약을 나타내는 규칙을 '선택 제약 규칙(選擇 制約 規則, selectional restriction rule)'이라고 한다.

먼저 자동사인 '흐르다'를 서술어로 취하는 문장의 선택 제약은 다음과 같다.

(24) ㄱ. 물이 흐른다.　　　　　　　　흐르다 [주어(유동체)]
　　　ㄴ. *바위가 흐른다.

(24)에서 '흐르다'는 문장에서 서술어로 쓰이면 주어를 필수적으로 요구하는데, 이때 주어 자리에 설 수 있는 체언은 '유동체'여야 한다. '흐르다'에서 나타나는 선택 제약을 규칙화하면 '흐르다[주어(유동체)]'와 같이 된다.

타동사인 '마시다'를 서술어로 취하는 문장의 선택 제약을 나타내면 다음과 같다.

(25) ㄱ. 사람이 물을 마신다.　　　　마시다 [주어(유정물) + 목적어(유동체)]
　　　ㄴ. *바위가 물을 마신다.
　　　ㄷ. *철수가 빵을 마신다.

(25)에서 '마시다'는 두 자리 서술어이기 때문에 주어와 목적어를 취한다. 그런데 '마시다'가 서술어로 쓰이는 문장에서는 아무 체언이나 주어와 목적어로 쓰일 수 있는 것이 아니다. 곧 주어의 자리에 올 수 있는 체언은 '유정물'이어야 하고, 목적어의 자리에 올 수 있는 체언은 '물'과 같은 '유동체'여야 한다는 제약이 있다. '마시다'에서 나타나는 선택 제약을 규칙화하면 '마시다[주어(유정물) + 목적어(유동체)]'와 같이 된다.

'쓰다, 신다'처럼 착용의 뜻을 나타내는 타동사를 서술어로 취하는 문장의 선택 제약을 나타내면 다음과 같다.

(26) ㄱ. 아이들이 머리에 모자를 썼다.　　쓰다 [주어(유정물) + 부사어(머리) + 목적어(모자)]
　　　ㄴ. 아이들이 발에 양말을 신었다.　　신다 [주어(유정물) + 부사어(발) + 목적어(양말)]

(26)에서 '쓰다'와 '신다'는 의관(衣冠)을 사람의 신체에 부착하는 의미를 나타낸다. 이들 단어는 둘 다 주어와 목적어를 취하는 두 자리 서술어로서 주어의 자리에는 '유정물'을 뜻하는 체언을 요구한다. 그런데 '쓰다'는 부사어의 자리에는 '머리'를 요구하고 목적어의 자리에는 '모자, 갓, 스카프' 등을 요구하는 데 반해서, '신다'는 부사어 자리에는 '발'을 요구하고 목적어의 자리에는 '양말, 버선, 구두' 등을 요구한다.

이와 같이 서술어로 쓰이는 용언에는 자릿수에 대한 정보와 선택 제약에 관한 정보가 들어 있다. 그러므로 문장에서 서술어만 결정되면 그 문장의 기본적인 골격을 짐작할 수 있다.

4.2.2. 주어

(가) 주어의 개념

'주어(主語, 임자말, subject)'는 문장에서 서술어로 표현되는 동작이나 상태 혹은 성질의 주체를 나타낸다. 주어는 체언이나 체언 구실을 하는 구나 절에 주격 조사가 붙어서 실현되는데, 주격 조사의 형태로는 '-이/-가'와 '-께서', '-에서' 등이 있다.

(27) ㄱ. APEC 정상 회담 이후에 <u>광안대교가</u> 유명해졌다.
　　 ㄴ. <u>그녀가</u> 다이어트를 하느라고 어제부터 굶기 시작했다.
　　 ㄷ. 어제 오후에 <u>대통령께서</u> 개헌을 발의하셨다.
　　 ㄹ. <u>교육부에서</u> 2008학년도부터 수능 시험을 폐지했다.

(28) ㄱ. <u>금자 씨의 친구가</u> 어제 우리 가게에 찾아왔어요.
　　 ㄴ. 어제 모임에 <u>외국 여성들이</u> 많이 참석했어요.
　　 ㄷ. <u>고등학생 둘이서</u>[5] 개인용 컴퓨터를 개발했다는 말인가?

---

5) 고영근·구본관(2008:277)에서는 사람의 수를 헤아리는 '인수사'인 '혼자, 둘이, 셋이, 넷이, 다섯이, … 여럿, 몇이'에 붙는 주격 조사로 '-서'를 설정하고, 이들 인수사에 '-서'가 붙어서 주어를 나타낼 수 있다고 보았다. 반면에 『고등학교 문법』(2010:151)과 『고등학교 교사용 지도서 문법』(2010:191)에서는 주어를 성립하게 하는 주격 조사로 '-이/-가, -께서, -에서'만 인정하고 있다. 이처럼 '-서'를 주격 조사로 설정하지 않는 『고등학교 문법』의 견해를 따르면, (28ㄷ)의 '둘이서'에서 '둘'은 수사로, '-이'는 주격 조사로, '-서'는 보조사로 처리할 가능성이 있다.(안명철 1985, 서태길 1990)

(29) ㄱ. <u>백두산에 오르기가</u> 정말 힘들었다.

　　 ㄴ. <u>한라산에 눈이 내렸음이</u> 확실하다.

(30) <u>철수가 돈을 얼마나 잃었느냐가</u> 문제다.

(27)의 (ㄱ)과 (ㄴ)에서는 체언인 '광안대교'와 '그녀'에 주격 조사 '-이/-가'가 붙어서, (ㄷ)에서는 높임의 대상인 '대통령'에 주격 조사 '-께서'가 붙어서, (ㄹ)에서는 단체의 뜻을 나타내는 무정 명사에 주격 조사 '-에서'가 붙어서 주어로 쓰였다. (28)에서는 체언 명사구인 '금자 씨의 친구', '외국 여성들', '고등학생 둘'에 주격 조사가 붙어서 주어로 쓰였다. 그리고 (29)처럼 'X가 백두산에 오르기'와 '한라산에 눈이 내렸음'은 명사절인데, 이들 명사절에 주격 조사가 붙어서 주어로 쓰일 수도 있으며, 아주 특수한 예로서 (30)처럼 '철수가 돈을 얼마나 잃었느냐'와 같은 의문문에 주격 조사가 붙어서 주어로 쓰일 수도 있다.

　그런데 주격 조사가 생략되거나 주격 조사 대신에 보조사가 붙어서, 주격 조사가 문맥에 실현되지 않은 상태로 주어가 표현될 수도 있다.

(31) ㄱ. <u>어머님</u> 집에 도착하셨니?

　　 ㄴ. <u>3년 만에 1억 원을 모으기</u> 정말 어려웠다.

(32) ㄱ. <u>물은</u> 생명을 이루는 원천이다.

　　 ㄴ. <u>순희도</u> 아침마다 운동을 한다.

(31)의 (ㄱ)에서는 주어로 쓰인 말에 주격 조사인 '-께서'가 생략되었고, (ㄴ)에서는 주어에 주격 조사인 '-가'가 생략되었다. 그리고 (32)와 같이 체언에 보조사인 '-은'과 '-도'가 붙으면서 주격 조사가 표현되지 않은 경우도 있는데, 이때에는 주격 조사 '-이/-가'가 숨어 있는 것으로 보아야 한다.

(나) 주어의 특징

　주어는 체언이나 체언과 같은 역할을 하는 구나 절에 주격 조사가 붙어서 실현되는데, 주어는 다음과 같은 통사적인 특징이 있다.

　첫째, 문장에서 주어로 표현되는 대상(주체)이 화자보다 상위자일 때에는 그 주체를 높여서 표현할 수 있는데, 이러한 표현을 '주체 높임 표현'이라고 한다.

(33) ㄱ. <u>선생님께서</u> 내일 우리 집에 <u>오신다</u>.
　　 ㄴ. <u>철수가</u> 내일 우리 집에 <u>온다</u>.

(ㄱ)에서 주체가 화자보다 상위자이기 때문에 주체를 높여서 표현하였다. 곧 주어에 조사 '-께서'나 파생 접사인 '-님'을 붙이고 동시에 용언의 어간에 선어말 어미인 '-시-'를 붙여서 주체 높임의 표현을 실현하였다. 반면에 (ㄴ)에서는 주체인 '철수'가 화자보다 상위자가 아니기 때문에 주체 높임 표현을 실현하지 않았다.

둘째, 국어에서는 하나의 문장 속에서 두 개 이상의 주어가 실현될 수도 있다.

(34) ㄱ. <u>기린이</u> <u>목이</u> 길다.　　　　　　　　　　[상태]
　　 ㄴ. <u>국화가</u> <u>꽃이</u> 핀다.　　　　　　　　　　[과정]

(35) ㄱ. [기린이　[목이　길다]_{서술절}]
　　 ㄴ. [국화가　[꽃이　핀다]_{서술절}]

(34)처럼 '길다'나 '피다'와 같은 상태(state)나 과정(process)을 나타내는 비행동성 용언이 서술어로 쓰이면, 주어의 형식을 갖춘 문장 성분이 두 개가 실현될 수 있다. 만일 (35)의 문장을 홑문장으로 보게 되면 이 문장은 주어가 두 개 실현된 문장(이중 주어문)으로 처리할 수 있다. 다만, 『고등학교 문법』에서는 (34)의 문장을 (35)의 구조로 된 것으로 보아서 서술절을 안은 문장으로 처리한다.6)

4.2.3. 목적어

(가) 목적어의 개념

'목적어(目的語, 부림말, object)'는 타동사로 표현되는 동작의 대상이 되는 문장 성분

---

6) 『고등학교 문법』(2010:164)에서는 (34)의 이중 주어 문장을 (35)처럼 서술절을 안은 문장으로 처리하고 이들 문장 속에 실현된 '목이 길다'와 '꽃이 핀다'를 서술절로 다룬다. 이에 따르면 '기린이'와 '국화가'는 전체 문장(안은 문장)의 주어이고, '목이'와 '꽃이'는 서술절 속의 주어이다.

이다. 목적어는 체언 혹은 체언 구실을 하는 구나 절에 목적격 조사가 붙어서 실현된다. 목적격 조사의 변이 형태로는 {-을, -를, -ㄹ}이 있는데, 여기서 '-을'과 '-를'은 음운론적 변이 형태이며 '-ㄹ'은 '-를'의 준말이다.

(36) ㄱ. 조홍 씨는 한참 거리를 헤맨 뒤에 <u>광안대교를</u> 찾았다.
　　 ㄴ. 이영애 씨는 3년 동안 <u>날</u> 따라다녔다.
　　 ㄷ. 백 선생은 <u>금자 씨의 팔을</u> 잡아당겼다.
　　 ㄹ. 눈이 너무 많이 내려서 등반대는 <u>백두산에 오르기를</u> 포기했다.

(ㄱ)에서는 체언인 '광안대교'에 '-를'이 붙어서 목적어로 쓰였고, (ㄴ)에서는 '나'에 '-ㄹ'이 붙어서 목적어로 쓰였다. 그리고 (ㄷ)에서는 명사구인 '금자 씨의 팔'에 '-을'이 붙어서 목적어로 쓰였으며, (ㄹ)에서는 명사절인 '(등반대가) 백두산에 오르기'에 '-를'이 붙어서 목적어로 쓰였다.

　그런데 체언 뒤에서 실현되는 목적격 조사가 생략되어서, 체언 단독으로 목적어로 쓰이는 경우가 있다.

(37) ㄱ. 철수야 <u>어머님</u> 모시고 왔니?
　　 ㄴ. 나 아직 <u>밥</u> 안 먹었다.

(37)에서 '어머님'과 '밥'은 목적격 조사가 생략된 채로 목적어로 쓰였다. 이들 체언은 서술어인 의미상 '모시다'와 '먹다'가 표현하는 행위의 객체가 되므로 문장의 목적어임을 확인할 수 있다.
　목적어에 '-은, -도, -만, -부터, -까지' 등의 보조사가 실현되면 목적격 조사가 생략될 수도 있다.

(38) 철수 씨가 영자를 끔찍이 사랑했다.

(39) ㄱ. 철수 씨가 영자<u>는/부터</u> 끔찍이 사랑했다.
　　 ㄴ. 철수 씨가 영자<u>도/까지</u> 끔찍이 사랑했다.

(40) ㄱ. 철수 씨가 영자<u>만</u> 끔찍이 사랑했다.
　　 ㄴ. 철수 씨가 영자<u>만을</u> 끔찍이 사랑했다.

(39)의 (ㄱ)과 (ㄴ)에서는 '영자'에 보조사인 '-는'과 '-도'가 붙으면서 목적격 조사가 생략되었다. 그리고 (40)과 같이 목적어에 보조사 '-만'이 실현될 때에는, (ㄱ)처럼 보조사만 실현될 수도 있고 (ㄴ)처럼 보조사와 목적격 조사가 함께 실현될 수도 있다.

(나) 목적격의 기능이 없는 목적어

『고등학교 문법』(2010:152)과『고등학교 교사용 지도서 문법』(2010:191)에서는 '-을/-를'이 붙은 체언을 모두 목적어로 처리한다. 이렇게 되면 다음과 같이 '-을/-를'이 실현되었지만 목적격의 기능이 없는 문장 성분도 목적어로 처리해야 한다.

(41) ㄱ. 강도는 지나가는 <u>행인을</u> 머리를 때렸다.   [소유자]
     ㄴ. 나는 <u>점심을</u> 자장면을 먹었다.   [종류]
     ㄷ. 할아버지는 고구마를 <u>두 가마를</u> 팔았다.   [수량]

(42) ㄱ. 철수 씨가 이 책을 <u>나를</u> 주었다.   [도착지]
     ㄴ. 사장님은 작년에 <u>일본을</u> 다녀왔다.   [목적지]
     ㄷ. 영자 씨가 탄 비행기는 <u>이탈리아를</u> 향했다.   [방향]
     ㄹ. 우리는 어제 <u>필리핀을</u> 떠났다.   [출발지]
     ㅁ. 신도들은 범어사의 <u>큰스님을</u> 만났다.   [상대]
     ㅂ. 철수는 <u>아버지를</u> 닮았다.   [비교]

그런데 이들 목적어가 문장의 서술어와 맺는 의미적인 관계를 살펴보면, 이들은 목적어가 아니고 다른 문장 성분일 가능성이 높다. 곧 (41)에서 '행인'은 소유자의 의미로 쓰이면서 관형어처럼 기능하며, '점심을'은 종류의 의미로 쓰이면서 부사어처럼 기능한다. 그리고 '두 가마를'은 선행 체언인 '고구마'와 동격의 관계를 유지하면서 수량의 의미로 쓰인다. (42)에서 목적어로 표현된 '나를, 일본을, 이탈리아를, 필리핀을, 큰스님을, 아버지를'은 서술어와 관련해서 '도착지, 목적지, 방향, 출발지, 상대, 비교' 등의 의미를 나타내면서 부사어처럼 기능한다.

그리고 (41~42)에서 표현된 '-을/-를'을 다음의 (43~44)처럼 다른 격조사로 바꾸거나 '-을/-를'을 표현하지 않아도 문법적인 문장이 된다. 이러한 사실을 보면 이들 문장 성분이 진정한 목적어가 아니라는 것을 알 수 있다.

(43) ㄱ. 강도는 지나가는 <u>행인의</u> 머리를 때렸다.

　　ㄴ. 나는 <u>점심으로</u> 자장면을 먹었다.

　　ㄷ. 할아버지는 고구마를 <u>두 가마</u> 팔았다.

(44) ㄱ. 철수 씨가 이 책을 <u>나에게</u> 주었다.

　　ㄴ. 사장님은 작년에 <u>일본에</u> 다녀왔다.

　　ㄷ. 영자 씨가 탄 비행기는 <u>이탈리아로</u> 향했다.

　　ㄹ. 우리는 어제 <u>필리핀에서</u> 떠났다.

　　ㅁ. 신도들은 범어사의 <u>큰스님과</u> 만났다.

　　ㅂ. 철수는 <u>아버지와</u> 닮았다.

특히 '주다, 다녀오다, 향하다, 떠나다, 만나다, 닮다' 등의 서술어는 부사어를 필수적으로 요구하므로, 앞서 예로 든 (41)과 (42)의 밑줄 그은 문장 성분은 목적어가 아님을 확인할 수 있다. 이러한 점을 감안하면 (41)과 (42)에서 밑줄 그은 말에 붙은 '-을/-를'을 목적격 조사로 보지 않고 강조의 뜻을 나타내는 보조사로 볼 가능성이 있다.(『고등학교 교사용 지도서 문법』 2010:192) 그러나 이러한 가능성에도 불구하고 『고등학교 문법』(2010:152)에서는 이들을 모두 목적어로 처리하고, 여기에 쓰인 '-을/-를'의 기능을 '목적격 조사의 보조사적 용법'으로 보았다.

　그런데 '가다'와 같은 자동사가 서술어로 쓰일 때에도, 체언에 '-을/-를'이 붙어서 목적어의 형태를 취하는 특수한 경우가 있다.

(45) ㄱ. 시집<u>을</u> 아직도 안 갔니?

　　ㄴ. 장가<u>를</u> 몇 번째 가는 거니?

(46) ㄱ. [?]시집<u>에</u> 아직도 안 갔니?

　　ㄴ. [*]장가<u>에</u> 몇 번째 가는 거니?

(45ㄱ)의 '시집을 가다'에서는 '가다'가 자동사인데도 목적격 조사인 '-을'을 취했다. '가다'가 필수적으로 요구하는 격 관계대로 격조사를 실현하면 (46ㄱ)처럼 '시집에 가다'로 표현되어야 하는데, 이렇게 되면 원래의 문장인 '시집을 가다(= 여자가 남자와 결혼하다)'와는 문장의 의미가 달라진다. 이와 마찬가지로 (45ㄴ)의 '장가를 가다'에서도 자동사인 '가다'가 목적어를 취하였는데, 이 경우는 (46ㄴ)처럼 '장가에 가다'로 바

꾸면 비문법적인 문장이 되고 만다. 따라서 '시집을 가다'와 '장가를 가다'는 '결혼하다'의 뜻으로 쓰이는 관용어로 처리해야 한다.

4.2.4. 보어

(가) 보어의 개념

'보어(補語, 기움말, complement)'는 '되다'나 '아니다'가 서술어로 쓰일 때에, 주어와 함께 반드시 문장에 실현되어야 하는 문장 성분이다. 보어는 체언이나, 체언과 같은 역할을 하는 구나 절에 보격 조사인 '-이/-가'가 붙어서 성립된다.

> (47) ㄱ. 저 아이가 벌써 <u>어른이</u> 되었구나.
> ㄴ. 이 차는 <u>김철수 씨의 자동차가</u> 아닙니다.
> ㄷ. 이번 일은 <u>누워서 떡 먹기가</u> 되었습니다.

(47)의 (ㄱ)에서는 체언인 '어른'이 보어로 쓰였고, (ㄴ)에서는 명사구인 '김철수 씨의 자동차'가 보어로 쓰였으며, (ㄷ)에서는 명사절인 '누워서 떡 먹기'가 보어로 쓰였다.

(나) 보어의 설정

일반적으로 하나의 서술어에는 하나의 주어가 실현된다. 그런데 '되다'나 '아니다'가 서술어로 쓰일 때에는 홑문장에서 '-이/-가'가 붙는 두 개의 문장 성분이 필수적으로 실현된다.

> (48) ㄱ. 뽕밭이 <u>바다가</u> 되었구나.
> ㄴ. 저 사람은 <u>인간이</u> 아니다.

국어 문법에서 (48)의 '바다가'와 '인간이'를 처리하는 방법으로는, 이들을 이중 주어로 처리하는 방법, 서술절 속의 주어로 처리하는 방법, 그리고 보어로 처리하는 방법 등이 있다. 『고등학교 문법』(2010:152)에서는 '보어'라는 별도의 문장 성분을 설정하고 (48)에 실현된 '바다가'와 '인간이'처럼, '되다'와 '아니다'가 주어와 더불어서 필수적으로 요구

하는 문장 성분을 보어로 처리한다.[7]

4.2.5. 관형어

(가) 관형어의 개념

'관형어(冠形語, 매김말, adnominal phrase)'는 체언을 수식하는 문장 성분이다. 관형어는 '관형사', '관형절', '체언(구) + 관형격 조사', '체언(구)' 등 다양한 형식으로 실현된다.

(49) ㄱ. <u>새</u> 가방은 <u>헌</u> 가방과 무엇이 달라요?
　　 ㄴ. <u>저</u> 건물이 상해임시정부 건물이다.

(50) ㄱ. 향숙 씨는 <u>향기가 좋은</u> 커피를 마시면서 추억에 잠겼다.
　　 ㄴ. 철수 씨는 <u>자기가 가진</u> 재산을 몽땅 자선 단체에 기부하였다.

(51) ㄱ. 우리는 1970년대에 <u>한강의</u> 기적을 이루었다.
　　 ㄴ. <u>나의</u> 꿈은 훌륭한 국어 선생님이 되는 일이다.

(52) ㄱ. 저것이 <u>금강산</u> 그림이냐?
　　 ㄴ. <u>누워서 떡 먹기</u> 대회

(49)에는 '새, 헌, 저' 등의 관형사가 직접 관형어로 쓰였다. (50)에는 관형절인 '향기가 좋은', '자기가 가진'이 관형어로 쓰였는데, 관형절 속의 서술어로 쓰인 '좋다'와 '가지다'는 관형사형으로 실현된다. (51)에는 체언에 관형격 조사 '-의'가 결합하여 관형어로 쓰였으며, (52)에는 체언이나 체언 구실을 하는 말(= 명사절이나 명사구)이 다른 체언 앞에서 관형어로 쓰였다.

관형어가 특정한 체언을 수식하면 그 체언의 의미가 제한(한정)되는 것이 일반적이다. 예를 들어서 '가방'이 지시하는 대상은 '세상에 존재하는 모든 가방'이다. 이에 반해서 (49ㄱ)에서 '새 가방'은 세상에 존재하는 모든 가방 중에서 '새로 만든 가방'이나 '새로 구입한 가방'만을 제한하여 지시한다.

---

7) 보어의 설정에 관련된 여러 가지 견해에 대하여는 이 책 293과 296쪽의 【더 배우기】 참조.

(나) 관형어의 특징

〈관형어의 의존성 〉 관형어와 부사어는 둘 다 부속 성분으로서 의존성이 강하다. 그러나 부사어는 의존성이 강하기는 하지만, 발화 장면이나 문맥을 통해서 담화 상황이 형성되면 단독으로 발화될 수 있다.

(53) 아이가 얼마나 다쳤어요?

(54) ㄱ. <u>많이</u> 다쳤어요.
     ㄴ. <u>많이요.</u>

(53)의 질문에 대하여 (54ㄱ)처럼 부사어와 서술어를 함께 발화해도 되고 (54ㄴ)처럼 부사어만 단독으로 발화해도 된다.

그러나 관형어는 어떠한 경우에도 그 뒤에 체언 없이 단독으로 실현되지는 않는다.

(55) <u>새</u> 도끼를 줄까, <u>헌</u> 도끼를 줄까?

(56) ㄱ. <u>새</u> 도끼요.
     ㄴ. *<u>새</u> Ø

(55)의 질문에 대하여 (56ㄱ)처럼 관형어와 체언을 함께 발화하면 문법적인 표현이 되지만, (56ㄴ)처럼 관형어만 단독으로 발화하면 비문법적인 표현이 되었다. 이러한 사실을 감안하면 관형어가 다른 문장 성분에 비하여 자립성이 약하다는 사실을 알 수 있다.

〈관형어의 제한 기능과 비제한 기능 〉 관형어는 중심어의 의미를 제한하는 것이 일반적이지만, 일부의 관형어는 '비제한 기능'으로 쓰이기도 한다.(김봉모 1992:39 이하)

첫째, 관형어의 '제한 기능(制限 機能)'은 관형어의 일반적인 기능으로, 관형어가 중심어(체언)를 같은 부류의 여럿 중에서 '특히 어떠한 것'이라는 뜻으로 한정하면서 수식하는 기능이다.

(57) ㄱ. <u>이</u> 사람에게 돈을 주어라.
     ㄴ. <u>해수욕장에 갔던</u> 학생들이 봉사 활동을 벌였다.

ㄷ. <u>독서의</u> 계절을 맞이하였다.

(ㄱ)에서 '이 사람'은 '수많은 사람' 중에서 화자에 가까운 특정한 사람을 가리키며, (ㄴ)에서 '해수욕장에 갔던 학생들'은 '학생들'이 지시하는 모든 대상 중에서 '해수욕장에 갔던 특정한 학생들'에 한정된다. (ㄷ)의 '독서의 계절'도 여러 '계절' 가운데 '독서하기에 좋은 계절'이나 '독서를 많이 하는 계절'로서 그 의미가 한정된다.

둘째, 관형어의 '비제한 기능(非制限 機能)'은 관형어가 중심어(체언)에 대하여 의미적으로 단순히 그와 관련된 정보(relevant information)를 추가하는 기능이다.

(58) ㄱ. <u>강원도에 있는</u> **설악산**으로 여행을 했다.
    ㄴ. <u>목이 긴</u> **기린**은 높은 데에 있는 나뭇잎을 잘 따먹는다.
    ㄷ. <u>김부식의</u> **삼국사기**는 역사책이다.

(ㄱ)에서 '설악산'은 고유 명사로서 유일한 것으로 인식되는 대상에 붙이는 말이다. 따라서 '설악산'은 '강원도에 있는'의 수식을 받더라도 그 의미가 한정(제한)되지는 않는다. 그 대신에 '강원도에 있는'은 '설악산'과 관련된 위치적인 정보를 덧붙일 따름이다. 마찬가지로 (ㄴ)에서 '목이 긴'은 '기린'의 속성이나 특성을 부가적으로 나타내며, (ㄷ)에서 '김부식의'는 삼국사기에 그 책의 저자가 김부식이라는 정보를 덧보탠다.

셋째, 화자의 의도에 따라서 관형어의 기능이 '제한 기능'과 '비제한 기능'으로 달리 해석되는 경우도 있다.

(59) ㄱ. <u>자동차가 많은</u> **대도시**에는 소음이 많다.
    ㄴ. 대도시 중에서 일부 대도시가 자동차가 많다.
    ㄷ. 대도시는 모두 자동차가 많다.

(ㄱ)에서 '자동차가 많은'은 '대도시'를 수식한다. 이때 (ㄱ)의 문장이 (ㄴ)과 같은 의미로 해석되면 이때의 관형어는 제한적으로 기능한 것이다. 반면에 '자동차가 많은'이 (ㄷ)처럼 '대도시'가 가진 일반적인 속성을 부가적으로 나타내는 말로 쓰였다면, 비제한적으로 기능한 것이다.

4.2.6. 부사어

부사어는 관형어처럼 다른 문장 성분을 수식하는 부속 성분이다. 다만 관형어는 체언을 수식하는 데에 반해서, 부사어는 용언을 비롯한 여러 가지 언어적인 단위를 수식하거나 문장이나 단어를 이어 주는 등 그 기능이 매우 다양한 것이 특징이다.

(가) 부사어의 개념

'부사어(副詞語, 어찌말, adverbial phrase)'는 '서술어(용언), 관형어, 부사어, 문장' 등을 수식하거나, 문장이나 단어를 잇는 문장 성분이다.

(60) ㄱ. 우리는 아침부터 저녁까지 공장에서 **작업했다**.
　　 ㄴ. <u>다행히</u> 새터민들은 모두 한국 영사관에 들어갈 수 있었다.
　　 ㄷ. 등반대는 정상에 도착했다. <u>그러나</u> 거기에는 아무것도 없었다.
　　 ㄹ. 대한민국의 영토는 **한반도** <u>및</u> **부속 도서**로 한다.

부사어는 그 뒤에 실현되는 특정한 문장 성분이나 문장 전체를 수식할 수 있다. 곧 (ㄱ)의 '공장에서'는 서술어인 '작업했다'를 수식하며 (ㄴ)의 '다행히'는 그 뒤에 실현된 문장 전체를 수식한다. 이와는 달리 부사어가 단어나 문장을 이어 주기도 하는데, (ㄷ)의 '그러나'는 앞의 문장과 뒤의 문장을 이었으며, (ㄹ)의 '및'은 앞 체언인 '한반도'와 뒤 체언인 '부속 도서'를 이었다. 이처럼 부사어는 문법적인 성격과 기능이 매우 다양한 것이 특징이다.

(나) 부사어로 쓰이는 문법적 단위

부사어로 쓰일 수 있는 문법적 단위로는 '부사', '체언(구) + 부사격 조사', '관형절 + 부사어성 의존 명사', '부사절' 등이 있다.

첫째, 부사가 단독으로 부사어로 쓰일 수 있다.

(61) ㄱ. 시간이 늦었으니 <u>어서</u> 떠납시다.
　　 ㄴ. 오늘은 날씨가 <u>매우</u> 차다.

(61)에서 '어서'와 '매우'는 부사인데, 다른 언어 형식에 기대지 않고 단독으로 서술어
인 '떠납시다'와 '차다'를 수식하면서 부사어로 쓰였다.

둘째, 체언(구)에 부사격 조사가 실현되어서 부사어로 쓰일 수 있다.

(62) ㄱ. 철수가 지금 <u>집에</u> 있다.   [존재의 위치]
    ㄴ. 영호가 <u>의자에</u> 앉았다.   [귀착점]
    ㄷ. 선생님은 <u>미라에게</u> 성적표를 주었다.   [상대자]
    ㄹ. 홍삼은 <u>몸에</u> 좋다.   [목적 대상]
    ㅁ. 민수는 지금 <u>안방에서</u> 잔다.   [행위의 장소]
    ㅂ. 이 차는 <u>서울에서</u> 부산까지 간다.   [시발점]
    ㅅ. 대통령은 다음 주에 <u>중국으로</u> 떠난다.   [방향]
    ㅇ. 그 일은 <u>나중에</u> 생각하자.   [시간]
    ㅈ. 어머니는 종이를 <u>칼로써</u> 잘랐다.   [수단, 도구]
    ㅊ. 할아버지는 <u>병으로</u> 입원했다.   [원인]
    ㅋ. 김 교수는 김영애 씨와 <u>친구로</u> 사귄다. [자격]
    ㅌ. 나는 <u>순희와</u> 싸웠다.   [상대]
    ㅍ. 우리는 <u>어머니와</u> 시장에 간다.   [동반]
    ㅎ. 영희는 <u>철수보다</u> 힘이 세다.   [비교]

(62)에서는 '체언 + 부사격 조사'의 형식으로 짜인 부사어가 서술어를 수식한다. 이처
럼 '체언 + 부사격 조사'의 형식으로 실현된 부사어는 부사격 조사나 서술어로 쓰이
는 용언의 종류에 따라서, '존재의 장소, 귀착점, 상대자, 목적 대상, 행위의 장소, 시
발점, 방향, 시간, 수단 및 도구, 원인, 자격, 상대, 동반, 비교' 등의 다양한 의미를 나
타낸다.

셋째, 관형절의 뒤에 '부사어성 의존 명사'가 실현되어서, 관형절과 의존 명사를 포함한
전체 구성이 부사어로 쓰일 수 있다.

(63) 방 안은 <u>숨소리가 들릴 **만큼**</u> 조용했다.

(64) ㄱ. 사냥꾼은 노루를 숨이 붙어 있는 <u>채(로)</u> 잡았다.

　　ㄴ. 너는 <u>내가 시키는 대로</u> 하여라.

　　ㄷ. 그는 <u>사건의 내막을 전혀 모르는 척</u> 딴전을 부렸다.

부사어성 의존 명사는 그 앞의 관형절을 포함한 전체 구성이 서술어를 수식하여 부사어로 기능하게 하는 의존 명사이다. 곧 (63)에서 관형절인 '숨소리가 들릴'에 뒤에 부사어성 의존 명사인 '만큼'이 실현되어서 짜인 '숨소리가 들릴 만큼'이 서술어로 쓰인 '조용했다'를 수식하고 있다. 마찬가지로 (64)에서도 관형절과 부사어성 의존 명사로 짜인 전체 구성이 부사어로 쓰였다.[8]

　넷째, 부사절이 부사어로 쓰일 수 있다. 곧, 용언의 어간에 부사형 어미인 '-게'나 '-도록'이 붙거나 부사 파생 접미사인 '-이'가 붙어서 부사어로 쓰일 수가 있다.

(65) ㄱ. 영자는 키스를 거부하는 철수를 <u>죽도록</u> 때렸다.

　　ㄴ. 국화가 <u>아름답게</u> 피었다.

　　ㄷ. <u>안타깝게도</u> 한국 축구 팀이 브라질 축구 팀에 3 대 1로 졌다.

(66) ㄱ. 가을비가 <u>소리 없이</u> 내렸다.

　　ㄴ. 철수는 고스톱을 <u>돈도 없이</u> 쳤다.

(65)의 문장에서는 부사절을 형성하는 용언의 부사형이 부사어로 쓰였다. 곧 (ㄱ)의 '(철수가) 죽도록'과 (ㄴ)의 '(국화가) 아름답게', (ㄷ)의 '(내가) 안타깝게'는 각각 용언인 '죽다'와 '아름답다', '안타깝다'의 어간에 부사형 전성 어미인 '-도록'과 '-게'가 붙어서 된 부사어이다. 그리고 (66)에서 (ㄱ)의 '소리 없이'와 (ㄴ)의 '돈도 없이'에서 '없이'는 '없다'의 어간에 부사 파생 접미사인 '-이'가 붙어서 절 전체를 부사어로 쓰이게 하였다.[9]

---

8) 허웅(1999:750, 2000:276)과 남기심·고영근(1983:273)에서는 (63)에서 '숨소리가 들릴 만큼'을 부사어로 처리하고 있다. 그런데 『고등학교 문법』(2010:154)에서는 이들 구성이 부사어로 기능하는지에 대하여 명시적으로 밝히지는 않았다. 하지만 '관형어 + 의존 명사'의 구성 전체가 서술어를 수식하는 것이 분명하므로 이들 구성을 부사어로 보아야 한다. 이처럼 관형절과 의존 명사를 포함한 전체 구성이 서술어를 수식하여 부사어로 기능하게 하는 의존 명사를 '부사어성 의존 명사'라고 한다. 곧, '김, 대로, 만큼, 줄, 채 ; 만, 뻔, 양, 체, 척' 등이 부사어성 의존 명사이다.(부사어성 의존 명사에 대하여는 이 책 62쪽의 내용을 참조.)

9) (65)에서 '(철수가) 죽도록'과 (ㄴ)의 '(국화가) 아름답게', (ㄷ)의 '(내가) 안타깝게'는 주어가 생

(다) 수의적 부사어와 필수적 부사어

부사어는 부속 성분이므로 수의적(임의적)으로 문장에 실현되는 것이 일반적이다. 하지만 서술어의 종류에 따라서는 특정한 부사어가 필수적으로 실현되어야 하는 경우도 있다.

〈수의적 부사어〉 부사어는 원칙적으로 문장에서 수의적으로 실현된다. '체언 + 부사격 조사'의 형식으로 된 부사어도 수의적으로 쓰일 수가 있는데, 이때에는 그것이 문장에서 실현되지 않아도 문장의 문법성에는 영향을 주지 않는다.

(67) ㄱ. 영철 씨는 <u>순희 씨와</u> 영화를 보았다.
　　 ㄴ. 나는 <u>세 시쯤에</u> 집으로 가겠다.
　　 ㄷ. 유비는 장비를 <u>한강에서</u> 붙잡았다.
　　 ㄹ. 할아버지는 어제 <u>관절염으로</u> 입원했다.

(68) ㄱ. 영철 씨는 영화를 보았다.
　　 ㄴ. 나는 집으로 가겠다.
　　 ㄷ. 유비는 장비를 붙잡았다.
　　 ㄹ. 할아버지는 어제 입원했다.

(67)에서 밑줄 그은 부사어는 모두 수의적인 성분으로서 (68)처럼 이들을 문맥에서 생략하여도 문법에 맞는 문장이 된다.

〈필수적 부사어〉 '체언(구) + 부사격 조사'의 형식으로 된 부사어 중에는, 서술어로 쓰이는 용언의 자릿수의 특성에 따라서 필수적으로 실현되어야 하는 것들이 있다.

(69) ㄱ. 이것은 <u>저것과</u> 다르다.
　　 ㄴ. 병사들은 전리품을 <u>가방에</u> 넣었다.
　　 ㄷ. 삼촌은 <u>한국대학교에</u> 다닌다.
　　 ㄹ. 그는 어제 <u>애인에게서</u> 초콜릿을 받았다.
　　 ㅁ. 홍길동 씨는 <u>아버지와</u> 닮았다.
　　 ㅂ. 인호는 <u>동생과</u> 싸웠다.

략된 부사절이다.

(70) ㄱ. *이것은 다르다.

ㄴ. *병사들은 전리품을 넣었다.

ㄷ. *삼촌은 다닌다.

ㄹ. *그는 어제 초콜릿을 받았다.

ㅁ. *홍길동 씨는 닮았다.

ㅂ. *인호는 싸웠다.

(69)의 부사어는 수의적인 부사어가 아니어서 (70)처럼 문맥에 실현하지 않으면 비문법적인 문장이 된다. (70)의 문장이 비문법적으로 되는 것은 서술어로 쓰인 '다르다, 넣다, 다니다, 받다, 닮다, 싸우다'가 자릿수의 특성상 부사어를 필수적으로 요구하기 때문이다. 이러한 점을 감안하면 (69)에서 밑줄 그은 부사어들은 앞의 (67)에서 쓰인 일반적인 부사어처럼 수의적 성분이라 하기 어렵다. 『고등학교 문법』(2010:154)에서는 (69)에 쓰인 부사어에 나타나는 이러한 특성에 따라서, 이들 부사어를 '필수적 부사어'로 처리한다.10)

4.2.7. 독립어

(가) 독립어의 개념

'독립어(獨立語, 홀로말)'는 문장 중의 다른 성분과 통사적인 관계를 맺지 않고, 독립적으로 쓰이는 문장 성분이다. 일반적으로 감탄사는 모두 독립어로 쓰이며, 체언에 호격 조사가 결합한 형태도 독립어로 쓰인다.

(71) ㄱ. <u>야</u>, 눈이 펑펑 내린다.

ㄴ. <u>순영아</u>, 빨리 일어나.

(72) ㄱ. 눈이 펑펑 내린다.

ㄴ. 빨리 일어나.

(73) ㄱ. <u>야!</u>

ㄴ. <u>순영아!</u>

---

10) 필수적 부사어와 보어의 관련성에 대하여는 이 책 296쪽의 【더 배우기】 참조.

(71)의 (ㄱ)에서 '야'는 감탄사가 독립어로 쓰였으며, (ㄴ)에서 '순영아'는 체언에 호격 조사가 실현되어서 독립어로 쓰였다. 이들 독립어는 문장 속의 다른 성분과 통사적인 관계를 맺지 않고 홀로 쓰이는 것이 특징이다. 이러한 특징 때문에 (72)처럼 독립어를 생략하여도 전체 문장이 문법적일 뿐만 아니라 문장의 의미도 바뀌지 않는다. 그리고 일정한 발화 상황만 주어진다면 (73)처럼 뒤의 문장이 없이 독립어를 단독으로 발화할 수도 있다.

(나) 독립어의 유형

감탄사가 문장에서 단독으로 독립어로 쓰이거나, 체언에 호격 조사가 결합하여 독립어로 쓰일 수 있다.

첫째, 감탄사가 단독으로 독립어로 쓰이면서 다양한 의미를 나타낸다.

(74) ㄱ. <u>아이고</u>, 다리가 떠내려가 버렸네.   [느낌]
　　ㄴ. <u>쉿</u>, 조용히 해.   [시킴]
　　ㄷ. <u>그래</u>, 알겠다.   [대답]
　　ㄹ. 철수는 죽었다, <u>그지</u>?   [확인]
　　ㅁ. 그때부터 학교를 그만둬 버렸지, <u>뭐</u>.   [체념, 불만]

(ㄱ)에서 '아이고'는 느낌을 표현하는 말인데, 이는 말하는 사람의 개인적인 감정을 직접적으로 표현하는 말이다. (ㄴ)의 '쉿'은 화자가 청자에게 특정한 행동을 금지 시키는 말로 쓰였다. 그리고 (ㄷ)의 '그래'는 대답말로서 상대방의 언어적 표현에 대하여 긍정의 반응을 표현한다. (ㄹ)의 '그지'는 확인하는 말인데, 화자가 자기가 한 말에 대하여 상대방에게 동의를 구함으로써, 자신이 발화한 문장의 내용에 대하여 확실한 믿음을 표현한다. 끝으로 (ㅁ)의 '뭐'는 어떤 사실을 체념하면서 받아들여서 더 이상 여러 말을 할 것 없다는 뜻을 나타내는 말이다.

둘째, 체언에 호격 조사가 실현되어서 독립어로 쓰이면서 '부름'의 기능을 나타낼 수 있다.

(75) ㄱ. <u>철수야</u>, 나와 함께 떠나자.   [부름]
　　ㄴ. <u>신이여</u>, 우리를 굽어 살피소서.   [부름]

ㄷ. <u>대왕이시여</u>, 어서 오랑캐 땅을 치소서.   [부름]

위의 문장에서 '철수야, 신이여, 대왕이시여'는 체언에 호격 조사가 실현되어서 독립
어로 쓰였는데, 이들은 모두 듣는 사람을 부르는 말로 쓰였다. 이들 부름말에 붙은
호격 조사 가운데 '-야'는 말을 듣는 상대를 낮추어서 표현한 것이고, '-(이)여'와 '-
(이)시여'는 상대를 높여서 표현한 것이다.11)

---

11) '보임말(제시어)'로 기능하는 독립어의 설정에 관한 문제는 이 책 300쪽의 【더 배우기】 참조.

【 더 배우기 】

1. 능격 동사와 서술어의 자릿수

서술어로 쓰이는 용언은 기본적으로 '한 자리, 두 자리, 세 자리' 등의 자릿수를 취하며, 이러한 자릿수는 개별 용언 자체의 통사 • 의미적인 특징으로 정해져 있다. 그런데 동사 중에서 '능격 동사(能格 動詞, ergative verb)'는 자동사로도 쓰이고 타동사로도 쓰이므로, 동일한 능격 동사가 그 쓰임에 따라서 서술어의 자릿수가 달라질 수도 있다.

(1) ㄱ. 바위가 조금씩 <u>움직인다</u>.
    ㄴ. 철수가 바위를 조금씩 <u>움직인다</u>.

(2) ㄱ. 기념식이 오후 3시에 <u>마쳤다</u>.
    ㄴ. 주최측에서 기념식을 빨리 <u>마쳤다</u>.

(3) ㄱ. 벌써 방학이 <u>다해</u> 간다.
    ㄴ. 이순신 장군은 신명을 <u>다해서</u> 전란에 대처하였다.

(4) ㄱ. 바람개비가 빠르게 <u>돈다</u>.
    ㄴ. 아이들이 가게 주위를 하루 내내 <u>돌았다</u>.

(5) ㄱ. 오후가 되니 비가 완전히 <u>그쳤다</u>.
    ㄴ. 내가 방 안에 들어서자 두 사람은 하던 말을 <u>그쳤다</u>.

(1~5)에서 능격 동사는 자동사일 때에는 한 자리 서술어로 쓰이고, 타동사일 때에는 두 자리 서술어로 쓰인다. 예를 들어서 (1~5)에서 '움직이다, 마치다, 다하다, 돌다, 그치다 등의 능격 동사는 (ㄱ)에서는 자동사로 쓰여서 한 자리 서술어인 반면에, (ㄴ)에서는 타동사로 쓰여서 두 자리 서술어이다.

2. '되다'와 '아니다'에 선행하는 필수 성분의 처리 문제

'되다와 '아니다가 서술어로 쓰일 때에는 '-이/-가가 붙는 문장 성분이 2개가 필수적으로 실현된다. 이러한 현상을 문법적으로 설명하기 위하여 다음과 같은 다양한 견해가 등장하였다.

〈이중 주어 설〉 이 설은 '-이/-가'가 실현된 두 가지 문장 성분을 모두 주어로 처리하는 방법이다.

    (1) ㄱ. 뽕밭이 <u>바다가</u> 되었구나.
        ㄴ. 저 사람은 <u>인간이</u> 아니다.

곧 (1)에서 '뽕밭이'와 '저 사람은'뿐만 아니라 그 뒤에 실현되는 '바다가'와 '인간이'도 주어로 처리하는 방법이다. 이러한 처리 방법은 간명하기는 하지만 홑문장에서 하나의 서술어에 하나의 주어가 있어야 한다는 일반적인 원칙에 맞지 않다. 곧 홑문장은 하나의 서술어에 하나의 주어가 대응하는 것이 원칙인데, 이중 주어 설은 (1)과 같은 문장에서 하나의 서술어에 두 개의 주어가 존재해야 하는 이유를 합리적으로 설명할 수 없다.

〈서술절 속의 주어 설〉 '되다'와 '아니다'가 필수적으로 요구하는 문장 성분 중에서 두 번째로 실현되는 성분을 서술절 속의 주어로 처리하는 방법이다.

다음은 『고등학교 문법』(2010:164)에서 '서술절을 안은 문장'으로 처리하는 겹문장의 예이다.

    (2) ㄱ. 코끼리는 [<u>코가</u>주어 길다]서술절
        ㄴ. 나는 [<u>기분이</u>주어 좋다]서술절

『고등학교 문법』에서는 (2)에서 '코끼리는'과 '나는'을 안은 문장의 주어로 보고, '코가 길다'와 '기분이 좋다'를 이들 주어에 호응하는 서술절로 처리한다.

그런데 '서술절 속의 주어 설'은 '되다'와 '아니다'가 서술어로 실현되어 있는 (1)의 짜임새를 (2)의 짜임새와 동일하게 해석한다. 곧 (1)의 문장을 (2)의 문장과 동일하게 서술절을 안은 겹문장으로 처리하는 것이다.(허웅 1999:756 이하)

    (3) ㄱ. 뽕밭이 [<u>바다가</u>주어 되었구나]서술절
        ㄴ. 저 사람은 [<u>인간이</u>주어 아니다]서술절

(3)의 문장을 '서술절을 안은 문장'으로 간주하면 '뽕밭이'와 '저 사람은'은 겹문장의 전체 주어로 처리되고, '바다가'와 '인간이'는 서술절 속의 주어로 처리된다. 이처럼 '바다가'와 '인간이'를 서술절 속의 주어로 간주하면 (1)의 문장은 홑문장이 아니라 겹문장으로 보아야 한다. 따라서 '서술절 속의 주어 설'은 (3)의 문장을 처리할 때에 이중 주어를 별도로 설정하지 않아도 되는 장점이 있다.

하지만 '되다'와 '아니다'에 선행하는 성분을 서술절 속의 주어로 처리하는 데에는 근본적인 문제가 있다.

(4) ㄱ. 코가 길다.　　　　　　　　(5) ㄱ. *바다가 되었구나.
　　ㄴ. 기분이 좋다.　　　　　　　　ㄴ. *인간이 아니다.

앞의 (2)의 문장에서 '코가 길다'와 '기분이 좋다'를 '서술절'로 처리할 수 있는 것은 이들이 (4)에서처럼 하나의 문장으로서 완결성을 갖추고 있기 때문이다. 이에 반해서 앞의 (3)에서 '바다가 되었구나'와 '인간이 아니다'는 (5)에서처럼 문장으로서 완결성이 없으므로, 이들을 서술절로 보기가 어렵다. 이처럼 '바다가 되었구나'와 '인간이 아니다'를 서술절로 볼 수 없다면, (3)에서 '바다가'와 '인간이'를 서술절 속의 주어로 처리하는 방법은 타당성이 떨어진다.

〈보어 설〉 '되다'와 '아니다'가 필수적으로 요구하는 문장 성분 가운데에서 두 번째 것을 '보어'로 처리하는 견해도 있다.(우리말본 1980:769, 남기심·고영근 1993:261, 『고등학교 문법』 2010:152)

(6) ㄱ. 실리콘이주어　　　반도체가보어　　된다서술어
　　ㄴ. 고래는주어　　　　물고기가보어　　아니다서술어

'보어 설'에서는 (6)에서 '되다'와 '아니다'가 필수적으로 요구하는 문장 성분 중에서 앞에 실현된 문장 성분인 '실리콘이'와 '고래는'을 주어로 보고, 뒤에 실현된 문장 성분인 '반도체가'와 '물고기가'를 보어로 처리한다. 이러한 보어 설은 하나의 홑문장(절) 속에서 주어가 한 번만 나타나는 문장 구성의 원칙에도 부합하고, 서술절을 무리하게 설정하지 않아도 된다는 장점이 있다.

그러나 보어 설에는 이러한 장점뿐만 아니라 다음과 같은 문제점도 있다. 첫째로 보어라는 별도의 문장 성분을 설정함으로써 문장 성분의 체계가 복잡해진다. 둘째로 보어 설은 보격 조사와 주격 조사의 형태가 똑같다는 문제를 해결할 수 없다. 곧 보어 설을 인정하면 주격 조사와 보격 조사의 형태가 모두 '-이/-가'로 실현되는데, 동일한 형태의 격조사들이 서로 다른 격 기능을 가져야 하는 이유를 설명하기 어렵다. 셋째로 보어 설정의 범위에 대한 문제가 생기게 된다.

(7) ㄱ. 한국 정부는 일본 정부에 항의서를 전달했다.
　　ㄴ. 김을동 씨는 그 아이를 양자로 삼았다.

ㄷ. 이것은 <u>저것과</u> 비슷하다.

현행의 『고등학교 문법』(2010:152)에서는 '되다'와 '아니다'에 선행하는 문장 성분만을 보어로 설정한다. 그런데 일부 학자들은 (7)에서 밑줄 그은 문장 성분도 필수 성분으로 쓰이므로 보어로 처리해야 한다고 주장한다.(김민수 1985:92) 이러한 견해에 따르면, 현행의 『고등학교 문법』(2010)에서 '되다'와 '아니다'에 선행하면서 보격 조사 '-이/가'가 붙는 성분만을 보어로 인정한 것에 비해서 보어의 범위가 크게 확대되게 된다. 결국 보어를 인정하더라도 보어의 범위가 어디까지인가에 대한 논란이 남게 되는 것이다.

3. 필수적 부사어와 보어

김민수(1985:92 이하)에서는 아래의 (1)과 같이 문장 속에서 필수적으로 실현되는 부사어를 '보어'로 처리하는데, 이렇게 되면 문장에서 필수적으로 표현되는 성분 가운데서 주어, 목적어, 서술어를 제외한 모든 필수적인 성분을 보어로 처리하는 셈이다.

(1) ㄱ. 이것은 <u>저것과</u> 다르다.
　　 ㄴ. 병사들은 전리품을 <u>가방에</u> 넣었다.
　　 ㄷ. 삼촌은 <u>한국대학교에</u> 다닌다.
　　 ㄹ. 그는 어제 <u>애인에게서</u> 초콜릿을 받았다.
　　 ㅁ. 홍길동 씨는 <u>아버지와</u> 닮았다.
　　 ㅂ. 인호는 <u>동생과</u> 싸웠다.

그런데 (1)의 밑줄 친 성분들을 보어로 처리할 때에는 다음과 같은 문제점이 생긴다.

첫째, 주어나 목적어와 같은 필수 성분들은 그것에 실현된 격조사의 형태나 의미·기능이 제한적이다. 곧 주격 조사로는 '-이/-가'의 형태가 대표적으로 쓰이며 이들의 변이 형태로서 '-께서, -에서'가 있을 따름이다. 주격 조사의 기능은 문장에서 동작 또는 상태나 성질의 주체를 나타내는 것으로 한정된다. 목적격 조사의 형태도 '-을/-를'만 존재하고 의미도 어떠한 동작의 대상이 됨을 나타낸다. 그런데 만일 (5)의 필수 성분을 보어로 처리하게 되면 보어의 형태와 의미나 기능이 지나치게 확대된다. 곧 서술어가 '되다'와 '아니다'일 때에 실현되는 체언에 '-이/-가'가 붙은 문장 성분뿐만 아니라, 『고등학교 문법』(2010)에서 부사어로 처리하는 대부분의 문장 성분을 보어로 처리해야 한다. 이렇게 되면 보어와 부사어의 경계가 모호해지고, 문장에서 쓰인 서술어의 개별적 특성에 의존해서만 보어와 부사어를 구분해야 하는 문제가 생긴다.

둘째, 동일한 형태와 기능을 가진 격조사를 서술어의 종류에 따라서 보격 조사와 부사격 조사로 각각 달리 처리해야 하는 문제가 생긴다.(『고등학교 교사용 지도서 문법』2010:192, 남기심·고영근 1993:263)

(2) ㄱ. 인호는 <u>동생과</u> 싸웠다.
　　ㄴ. 우리는 <u>산에서</u> 내려왔다.
　　ㄷ. 김 생원은 동이를 <u>아들로</u> 여겼다.

(3) ㄱ. 인호는 <u>동생과</u> 극장에 갔다.
　　ㄴ. 우리는 <u>산에서</u> 꿀밤을 주웠다.
　　ㄷ. 정부는 선거 일자를 <u>6월 10일로</u> 잡았다.

예를 들어서 (2)에서 '동생과, 산에서, 아들로'와 같이 필수적으로 실현되는 문장 성분들을 보어로 처리하게 되면, 체언 뒤에 실현된 '-과/와, -에서, -(으)로' 등을 보격 조사로 처리해야 한다. 반면에 (3)에서 '동생과, 산에서, 6월 10일로' 등은 수의적인 성분으로 쓰이므로 이때의 '-과/-와, -에서, -(으)로' 등은 부사격 조사로 처리해야 한다. 이렇게 되면 동일한 형태와 동일한 기능을 가진 격조사 '-과/-와, -에서, -(으)로'를 서술어의 개별적인 특성에 따라서 보격 조사로 처리하거나 부사격 조사로 각각 달리 처리해야 하는 문제가 생긴다.
　이러한 문제를 감안해서 『고등학교 문법』(2010:154)에서는 (1)과 (2)에서 밑줄 그은 문장 성분을 모두 부사어로 처리한다. 다만 (1)의 부사어들이 문장 속에서 필수적으로 실현된다는 점에 주목하여서, 이들을 '필수적 부사어'로 처리하였다.

4. 부사어가 체언을 수식하는 기능

『고등학교 문법』(2010:156)과 『고등학교 교사용 지도서 문법』(2010:193)에서는 부사어가 체언을 수식할 수도 있음을 밝히고 있다.

(1) ㄱ. 교장 선생님께서는 학교로 <u>바로</u> 오신다.
　　ㄴ. <u>다만(단지, 오로지)</u> 저는 빌려준 돈만 받으면 됩니다.

(2) ㄱ. 그건 <u>바로</u> 너의 책임이다.
　　ㄴ. 총 소리가 들리자 <u>다만(단지, 오로지)</u> 철수만이 도망을 갔습니다.

(1)에서 '바로'와 '다만, 단지, 오로지' 등은 부사(부사어)인데 각각 서술어인 '오시다'와 문장 전체를 수식하므로 부사어의 일반적인 용법으로 쓰였다. 이에 반해서 (2)에서는 '바로'와 '다만, 단지, 오로지'가 체언인 '너'와 '철수'를 수식하므로 관형어로 쓰였다. 이 경우에 (2)의 '바로'와 '다만, 단지, 오로지'를 관형어로 볼 것인가 부사어로 볼 것인가가 문제인데, 『고등학교 교사용 지도서 문법』(2010:193)에서는 (2)의 '바로'와 '다만, 단지, 오로지'를 '체언을 수식하는 부사(어)'로 처리한다. 이렇게 되면 결과적으로 '바로, 다만, 단지, 오로지' 등은 체언을 수식하든 용언을 수식하든 그 기능과 관계없이 부사(어)로 처리하는 셈이다.

그런데 『고등학교 문법』(2010:106)과 교사용 지도서 문법(2010:142)에서는 이미 '품사의 통용'을 설정하고 있으므로, (2)에서 체언을 수식하는 '바로'와 '다만' 등을 관형사(관형어)로 처리할 수 있는 가능성도 있다.

(3) 바로, 다만, 단지, 오로지 ┬── 용언 수식 → 부사(부사어)
                                └── 체언 수식 → 관형사(관형어)

곧 (1)의 '바로, 다만, 단지, 오로지'은 서술어나 문장 전체를 수식한다는 점에서 부사(부사어)로 처리하고, (2)의 '바로, 다만, 단지, 오로지'는 체언을 수식한다는 점에서 관형사(관형어)로 처리할 수도 있는 것이다.

5. '그리고'와 '또는'의 품사와 문장 성분

접속 기능을 가지는 말의 품사와 문장 성분을 어떻게 볼 것인가에 대한 견해는 다양하다.
〈접속 부사와 독립어〉 최현배(1980:601, 785), 남기심·고영근(1993:280), 제6차 교육과정의 『고등학교 교사용 지도서 문법』(1991:80)에서는 '그리고, 또는' 등의 품사를 접속 부사로 처리하고 문장 성분을 독립어로 다루었다.

그런데 이러한 처리 방식은 '관형사가 모두 '관형어'로 쓰이고 '부사가 모두 '부사어'로 쓰인다는 원칙에 어긋난다. 그리고 이들 단어가 둘 이상의 성분을 이어 주는 역할을 하는데도 불구하고, 이들을 수식 기능이 본질적인 기능인 부사로 처리한 것은 문제가 있다.

〈접속 부사와 부사어〉 제7차 교육과정의 『고등학교 문법』(2010:154)에서는 이들 단어의 품사와 문장 성분을 일치시킨다. 곧 이들 단어의 품사를 접속 부사로 다루고 문장 성분 또한 부사어로 다루었다는 점에서는 체계적인 처리 방식이라고 할 수 있다.

그런데 부사나 부사어의 일반적인 기능은 뒤에 나타나는 언어적인 요소를 수식하는 것이다. 반면에 '그리고, 또는'과 같은 단어는 문장과 문장 혹은 단어와 단어 사이에서 두 언어 형식을 이어 주는 기능을 한다는 점에서 부사나 부사어의 일반적인 기능과는 다르다. 곧 부사 혹은 부사어의 본질적인 기능이 수식 기능인 것을 감안하면, '그리고, 또는' 등의 단어가 나타내는 접속 기능을 부사나 부사어의 기능으로 처리할 수 있는지는 의문이다.

〈접속사와 독립어〉 허웅(1999:486, 2000:423)에서는 '그리고, 또는' 등과 같이 특정한 언어 형식을 이어 주는 말을 모두 접속사(이음씨)로 잡고 이들 문장 성분을 독립어로 처리한다. 이러한 처리 방법은 '그리고, 또는' 등의 단어에 나타나는 접속 기능과 일반적인 부사나 부사어에 나타나는 수식 기능을 본질적으로 다른 것으로 파악했다는 점에서 의의가 있다.

그러나 허웅(1999, 2000)의 처리 방식은 접속사를 설정함으로써, 품사가 하나 더 늘어나게 되어서 국어 문법의 품사 체계가 복잡해졌다. 그리고 '철수 또는 영수'에서 '또는'과 같이 단어를 접속하는 말을 독립어로 처리하는 것이 타당한지도 의문이다.

〈접속사와 접속어〉 이주행(2000:168, 211)과 이관규(2002:252, 171)에서는 '그리고, 그러나'와 '또는, 및' 등에서 나타나는 접속 기능을 중시해서, 이들의 품사를 접속사로 처리하고 이들의 문장 성분도 접속어로 처리한다. 이와 같은 처리 방식은 이들 단어가 가지는 기능적인 측면을 중시하여서 품사와 문장 성분의 명칭을 일치시켰다는 점이 특징이다.

이러한 처리 방식은 품사와 문장 성분의 명칭이 동일하여 체계적이지만 이 또한 문제점이 있다. 첫째로 접속사와 접속어를 새롭게 설정함으로써 품사 체계와 문장 성분의 체계가 복잡해진다는 단점이 있다. 특정한 언어 현상이 문법적으로 처리하기 힘들다고 해서 새로운 품사와 문장 성분을 설정해서 체계를 맞추고자 하는 태도는 전체적인 문법 범주를 복잡하게 한다는 점에서 바람직하지 않다. 둘째로 품사와 기능을 반드시 일치시켜야 하는가 하는 문제점이 있다. 명사의 경우 그 뒤에 붙은 격조사의 종류에 따라서 서술어, 주어, 목적어, 보어, 관형어, 부사어, 독립어 등 모든 문장 성분으로 다 쓰일 수 있다. 그리고 '부사'는 관형사의 전형적인 기능인 체언 수식의 기능까지 담당하고 있다. 이러한 점을 감안하면 품사의 수와 문장 성분의 수를 늘여 가면서까지 품사와 문장 성분을 굳이 일치시키는 것이 합리적인 방법인가는 의문이다. '그리고, 또는' 등의 품사와 문장 성분의 처리 방식을 요약하면 다음과 같다.

학자	품사	문장 성분
최현배, 남기심·고영근	부사	독립어
『고등학교 문법』(2010)	**부사**	**부사어**
허웅	접속사	독립어
이주행, 이관규	접속사	접속어

[표 1. '그러나, 및'따위의 문법적 처리]

6. 보임말로 기능하는 독립어

최현배(1980:784)에서는 독립어의 한 유형으로 보임말을 설정하였다. 이때의 보임말(제시어)은 화자가 문장 속에 있는 어떠한 문장 성분을 특별히 드러낼 필요가 있는 상황에서, 그 문장 성분의 앞에 한 번 더 내세워서 표현한 명사이다.

(1) ㄱ. 인생은 무엇인가?
　　 ㄴ. 김철수를 쫓아내자!
　　 ㄷ. 부산에서 나의 삶의 절반을 보내었지.
　　 ㄹ. 이 세상에서 **명경**처럼 두려운 것이 있을까?

(2) ㄱ. <u>인생</u>, 인생은 무엇인가?
　　 ㄴ. <u>김철수</u>, 김철수를 쫓아내자!
　　 ㄷ. <u>부산</u>, 부산에서 나의 삶의 절반을 보내었지.
　　 ㄹ. <u>명경</u>, 이 세상에서 **명경**처럼 두려운 것이 있을까?

(3) ㄱ. <u>인생</u>, 그것은 무엇인가?
　　 ㄴ. <u>김철수</u>, 그자를 쫓아내자!
　　 ㄷ. <u>부산</u>, 그곳에서 나의 삶의 절반을 보내었지.
　　 ㄹ. <u>명경</u>, 이 세상에서 **그것**처럼 두려운 것이 있을까?

(1)의 문장들은 보임말이 실현되지 않은 일반적인 문장들이고, (2)는 보임말이 실현된 문장이다. (2)에서 밑줄 그은 명사는 각각 뒤의 문장 속에 나타나는 '주어, 목적어, 부사어'를 독립어의 형태로 문장의 맨 앞에 미리 제시함으로써, 뒤에서 이야기하려는 내용이 무엇에 관련된 것인가를 청자에게 미리 뚜렷하게 보여 주는 기능을 한다. 그리고 (3)에서는 뒤의 문장 속에 있는 '인생, 김철수, 부산, 명경'을 대명사로 바꾸어서 '그것, 그자, 그곳'으로 표현한 것이다.

『고등학교 문법』(2010:155)에서는 독립어로 쓰이는 말을 감탄사 및 체언에 호격 조사가 결합된 형태로 한정하였기 때문에 (2)와 (3)에서 실현된 보임말을 어떻게 처리하는지에 대한 언급이 없다. 반면에 최현배(1980:784)에서는 이러한 보임말을 독립어로 처리했는데, 이렇게 되면 감탄사나 '체언 + 호격 조사'의 형식뿐만 아니라 명사도 단독으로 독립어로 쓰일 수 있다.[12]

---

12) 보임말의 생성 과정과 기능에 대하여는 나찬연 2004:136) 참조.

[단원 정리 문제 9]

1. 다음 문장을 '어절, 구, 절'의 단위로 분석하시오.

> ① 철수의 형님은 공부를 열심히 한다.
> ② 어머님은 색깔이 푸른 모자를 썼다.

① 어절(語節)   ② 구(句)   ③ 절(節)

2. 다음 글을 읽고 각 단어들의 문장 성분을 확인하여 문장 성분별로 정리하시오.

> 세종대왕이 새벽에 궁궐을 돌아보고 있었습니다. 그런데 어떤 관리가 새벽까지 공부하다가 깜빡 잠을 자고 있었습니다.
> "허허, 참으로 피곤하였겠구나."
> 세종대왕은 자기의 옷을 벗어서 그 관리를 덮어 주었습니다. 그 관리는 나중에 대학자가 되었습니다. 그는 세종대왕을 도와서 훈민정음을 만들었습니다.

① 서술어   ② 주어   ③ 목적어   ④ 보어
⑤ 관형어   ⑥ 부사어   ⑦ 독립어

3. 다음 용언의 '서술어의 자릿수'를 지적하고, 이들 용언이 서술어로 쓰였을 때에 생기는 문장의 기본 구조를 설명하시오.

용언	자릿수	문장의 기본 구조
먹다	두 자리 서술어	A가 B를 **먹다**
그립다		
다니다		
닮다		
옮기다		
자라다		
잡히다		
담다		

4. 다음 문장이 비문법적인 이유를 서술어의 '선택 제약 규칙(選擇 制約 規則)'으로 설명하시오

    ① *철수가 장갑을 쓴다.　　② *철수가 모자를 신었다.　③ *철수가 구두를 낀다.

5. 다음의 밑줄 그은 말의 문장 성분의 종류를 밝히고, 이들 문장 성분에 쓰인 조사의 기능을 설명하시오

    ① <u>정부에서</u> 형법을 개정하였다.
    ② <u>어제는</u> 종일 일했는데도 일당은 아직 못 받았어요
    ③ 경혜 씨는 <u>동굴을</u> 빠져나와서 산 아래로 내다렸습니다.
    ④ 이광호 씨는 한사코 <u>회장은</u> 되지 않으려고 했다.
    ⑤ 이 일을 <u>고등학생 둘이서</u> 해 내었다는 말인가?
    ⑥ 김 선생님은 방금 <u>독일을</u> 출발하셨다고 합니다.

6. 다음 자료를 보고 물음에 답하시오. [2점] [2004학년도 중등 교사 임용 시험]

> ① 영수<u>는</u> 순희에게 선물을 주었다.
> ② 물이 얼음<u>이</u> 된다.

위의 자료에 대하여 아래의 <보기>와 같이 주장하는 학생들이 있다. 이들에게 지도해야 할 내용을 쓰시오

> ─────── <보기> ───────
> ·학생 A : ①에서 '영수는'이 주어이므로, 밑줄 친 '는'은 주격 조사이다.
> ·학생 B : ②에서 주어 '물이'의 '이'와 형태가 같으므로, 밑줄 친 '이'는 주격 조사이다.

    가. 학생 A에 대한 지도 내용 (예문 ①을 활용할 것) :

    나. 학생 B에 대한 지도 내용 :

7. 현행 학교 문법에서는 '되다, 아니다'가 서술어로 쓰일 때에 체언에 '-이/-가'가 붙은 말을 보어로 설정한다.

(1) ㄱ. 박이손 씨가 <u>대통령이</u> 되었어요.

ㄴ. 박이손 씨는 <u>좌파가</u> 아니다.

(2) ㄱ. 김일동 씨는 인수를 <u>양자로</u> 삼았다.

ㄴ. 엄정화는 <u>염정아와</u> 닮았니?

곧 (1)과 (2)에서 밑줄 그은 말은 모두 문장의 필수적인 요소인데도, (1)의 밑줄 그은 말은 보어로 처리하고 (2)의 밑줄 그은 말은 부사어로 처리한다. 학교 문법에서 (2)의 밑줄 그은 말을 보어로 처리하지 않는 이유를 설명하시오.

8. 다음의 보기를 이용해서 관형어의 '제한 기능'과 '비제한 기능'에 대하여 설명하시오.

① <u>점심을 다 먹은</u> 학생<u>들</u>은 모두 회의장으로 모이시오.

② <u>훈민정음을 창제하신</u> 세종대왕께서는 눈병으로 고생하셨다.

③ <u>사료를 많이 먹는</u> 돼지는 키우기가 곤란하다.

9. 다음 각 문장에 쓰인 부사어의 통사적인 기능을 설명하고, 이들 부사어를 이용하여 부사어의 유형 체계를 설명하시오.

① <u>비록</u> 하늘이 무너져도 내일은 사과나무를 심겠다.

② 새마을호보다 KTX가 <u>더</u> 빨리 달린다.

③ 손정애 씨는 부산에서 태어났다. <u>그러나</u> 초등학교 때부터 서울에서 살았다.

④ 아버님은 쓰시던 가방을 버리고 <u>아주</u> 새 가방을 새로 장만하셨다.

⑤ 애들아, <u>어서</u> 일어나거라.

⑥ 요즈음은 <u>바로</u> 이웃에서 사는 사람들도 서로 잘 모른다.

10. 다음의 (ㄱ)과 (ㄴ)에서 밑줄 그은 말에서 나타나는 통사적 기능의 차이를 설명하고,『고등학교 문법』(2010)에서 (ㄱ)과 (ㄴ)의 밑줄 그은 말들을 어떠한 문장 성분으로 처리하는지를 밝히시오.

(1) ㄱ. 남북 적십자 회담을 5차례나 열어서 이산가족 문제를 <u>겨우</u> 해결했다.

ㄴ. 이제 <u>겨우</u> 세 시인데 벌써 가게 문을 닫다니.

(2) ㄱ. 우리나라 축구 대표 팀은 조직력이 <u>특히</u> 뛰어나다.

ㄴ. 1학년 선생님들 가운데 <u>특히</u> 김 선생은 노래를 잘한다.

(3) ㄱ. 시간이 늦었으니 우리도 곧 일어나겠네.

　　ㄴ. 이 일은 국민이 주인인 국가, 곧 민주국가에서는 있을 수 없는 일이다.

11. 『고등학교 문법』(2010)에서는 (ㄱ)과 (ㄴ)에서 밑줄 그은 단어들의 품사와 문장 성분의 종류를 어떻게 처리하고 있는가? 그리고 학교 문법에서 그렇게 처리하는 근거를 설명하시오.

(1) ㄱ. 우리가 찾는 사람들이 저기에 있네.

　　ㄴ. 우리가 찾는 사람들이 저기 있네.

(2) ㄱ. 김미애 선생님은 지금 어디에 계시오?

　　ㄴ. 김미애 선생님은 지금 어디 계시오?

12. 다음의 문장에서 '그러나'와 '및'의 품사와 문장 성분에 관한 학계의 다양한 견해를 요약하시오.

① 우리는 아무도 범인을 알지 못했다. 그러나 박 형사는 가게 주인이 범인이라는 것을 직감적으로 알았다.

② 부산시에서는 노인 및 어린이에 대한 복지 계획을 수립할 예정입니다.

13. 정 교사는 (가)와 같은 학생의 질문을 받았다. (나)를 이용하여 학교 문법 체계 내에서 적절한 답변을 제시하시오. [3점] **[2005학년도 중등 교사 임용 시험]**

(가) 학생: 보어는 문장의 주성분이고 필수적 부사어는 부속 성분이라고 배웠습니다. 그런데 필수적 부사어는 아래의 예에서처럼 밑줄 친 성분을 생략하면 비문이 되므로 문장의 주성분이 되니 보어로 봐야 하지 않습니까?

　ㄱ. 철수는 영희를 친구로 여겼다.　　→ *철수는 영희를 여겼다.

　ㄴ. 피망은 고추와 다르다.　　→ *피망은 다르다.

　(* 비문 표시)

(나) ① 이 고생도 오늘로 끝이야.

　　② 영호가 철호와 여행을 떠났다.

---

14. 서술어의 자릿수에 대한 교수-학습을 통해 문장의 성분과 구조에 대한 학습자의 이해를 돕고자 한다. <보기>의 서술어 자릿수의 기술 방법을 참조하여 아래의 빈칸을 완성하시오. [3점] [2006학년도 중등 교사 임용 시험]

<보기>

살다 [살 : -] [살아, 사니[사 : -], 사오[사 : -] 동

① 생명을 지니고 있다.
문형정보 → ① 이 살다
용   례 → 그는 백 살까지 살았다.

② 어느 곳에 거주하거나 거처하다.
문형정보 → ① 이 ② 에 살다.
용   례 → 고래는 물에 사는 동물이다.

③ 어떤 직분이나 신분의 생활을 한다.
문형정보 → ① 이 ② 을 살다.
용   례 → 그는 교통사고로 2년 형을 살았다.

돌다 [돌 : -] [돌아, 도니[도 : -], 도오[도 : -] 동

① 물체가 일정한 축을 중심으로 원을 그리면서 움직인다.
문형정보 → (   )
용   례 → (   )

② 어떤 기운이나 빛이 겉으로 나타나다.
문형정보 → (   )
용   례 → (   )

③ 방향을 바꾸다
문형정보 → (   )
용   례 → (   )

④ 무엇의 주위를 원을 그리면서 움직인다.
문형정보 → (   )
용   례 → (   )

---

15. 다음의 보기에서 밑줄 그은 말은 모두 독립어로 쓰이고 있다. 이들 독립어의 품사와 의미적인 기능을 보기처럼 설명하시오.

    <보기> 아서라 : 감탄사 — 시킴

   ① <u>미라야</u>, 지금 어디 가니?
   ② <u>오오</u>, 타는 목마름으로 민주주의를 향해 나아가자.
   ③ <u>글쎄</u>, 저는 잘 모르겠어요.
   ④ <u>여보세요</u>? 김서영 씨 댁입니까?
   ⑤ 이번에도 나도 예배에 참석해야겠지, <u>그지</u>?
   ⑥ <u>쉿</u>, 조용히 해.

4.3. 어순과 생략

국어에서는 특정한 서술어에 대하여 필수적으로 실현되는 문장 성분들은 일정한 순서로 실현되며, 수식어와 피수식어도 실현되는 순서가 정해져 있다. 그리고 문장에서 실현되어야 할 특정한 문장 성분이 문맥에 실현되지 않을 수도 있는데 이를 '생략'이라고 한다.

4.3.1. 어순

4.3.1.1. 기본 어순

국어의 문장 성분은 기본적으로 <주어 + 목적어 + 서술어>, <주어 + 보어 + 서술어>, <수식어 + 피수식어>의 어순으로 실현된다.

(가) 주성분의 위치

주어는 문장의 처음에 위치하고 서술어는 문장의 끝에 위치한다. 그리고 목적어와 보어는 주어와 서술어의 사이에 실현되는 것이 일반적인 어순이다.

국어에서는 대체로 문장 성분이 자유롭게 실현될 수 있지만 '기본적인 어순' 자체가 없는 것은 아니다. 곧 특정한 서술어에 대하여 필수적으로 실현되는 문장 성분들은 일정한 순서로 실현되며, 수식어와 피수식어도 실현되는 순서가 정해져 있다.

국어의 문장 성분은 기본적으로 <주어＋목적어＋서술어>, <주어＋보어＋서술어>의 어순으로 실현된다.

(1) ㄱ. 토끼가 풀을 먹는다.　　　　　　　　　[주어 + 목적어 + 서술어]

　　ㄴ. 우리는 철수가 구출되기를 바란다.

(2) ㄱ. 철수는 범인이 아니다.　　　　　　　　[주어 + 보어 + 서술어]

　　ㄴ. 영희가 대학생이 되었다.

주어는 일반적으로 문장의 맨 앞에서 실현되어서, 주로 말거리(화제)의 역할을 담당한다. 목적어는 일반적으로 주어와 서술어의 사이에 실현되어서, 서술어가 표현하는 행위의 대상이 된다. 그리고 문장 속에서 서술어가 '되다' 혹은 '아니다'일 때에는 주어와 보어가 실현되는데, 이때에 주어는 반드시 보어에 앞서서 실현된다. 주성분의 기본 어순을 정리하면 다음과 같다.

주성분	주어 + 서술어
	주어 + 목적어 + 서술어
	주어 + 보어 + 서술어

[표 2. 주성분이 실현되는 위치]

(나) 부속 성분의 위치

국어에서 수식어는 피수식어(중심어)에 앞서서 실현된다. 국어에서 나타나는 수식어와 중심어의 짜임새는 다음과 같다.

(3) ㄱ. 내가 사랑했던 여자
    ㄴ. 특별한 것
    ㄷ. 철수의 책

(4) ㄱ. 인수는 찬물을 빨리 마셨다.
    ㄴ. 환자는 호박죽을 아주 천천히 먹었다.
    ㄷ. 다행히 소방대원이 불길에서 아이를 구해 내었다.

(3)에서 명사인 '여자, 것, 책'은 피수식어이며, '내가 사랑했던, 특별한, 철수의'는 관형어로서 수식어이다. 그리고 (4)에서 '빨리, 아주, 다행히'는 부사어인데, 이들 부사어는 '마셨다, 천천히, 소방대원이 불길에서 아이를 구해 내었다'와 같은 피수식어의 앞에서만 실현된다.[1]

부속 성분이 실현되는 기본적인 위치를 다음과 같이 정리할 수 있다.

---

1) 국어에서 수식어는 피수식어의 앞에 실현되므로 피수식어의 왼쪽에 덧붙게 되는데, 이렇게 피수식어의 왼편으로 수식어를 덧붙여 나가는 통사적인 특징을 가진 언어를 '좌분지 언어(left branching language)'라고 한다.

부속 성분	관형어 + 피수식어(체언)
	부사어 + 피수식어(용언, 부사, 문장)

[표 3. 부속 성분이 실현되는 위치]

〈관형어의 실현 위치〉 관형어는 반드시 체언 앞에서 실현되고, 이 순서를 지키지 않으면 비문법적인 문장이 된다.

그런데 하나의 체언에 대하여 그것을 수식하는 관형어가 겹쳐서 실현되는 경우도 있다. 이렇게 관형어가 겹쳐서 실현될 경우에는 '지시 관형어—수 관형어—성상 관형어'의 순서로 배열된다.

(5) 체언구: 관형어(지시 관형어 – 수 관형어 – 성상 관형어) + 체언

(6) ㄱ. <u>저 온갖 새</u> **책**, <u>이 모든 헌</u> **책**
　　ㄴ. <u>이 두 큰</u> **보석**, <u>저 세 작은</u> **불상**

(7) ㄱ. *<u>온갖 저 새</u> **책**, *<u>모든 헌 이</u> **책**
　　ㄴ. *<u>큰 이 두</u> **보석**, *<u>작은 저 세</u> **불상**

(6)에서 '저, 이'는 지시 관형어이고, '온갖, 모든, 두, 세'는 수 관형어이며, '새, 헌, 큰, 작은'은 성상 관형어이다. 이렇게 관형어가 겹쳐서 실현될 때에는 지시 관형어가 맨 앞에서 나타나며, 수 관형어가 그 다음에 나타나고, 맨 마지막에 성상 관형어가 실현된다. 그런데 실제의 언어 생활에서는 (7)처럼 세 개의 관형어가 겹쳐서 실현되는 경우는 아주 드물며, 대부분은 특정한 체언에 대하여 두 개 이하의 관형어가 실현된다.

〈부사어의 위치〉 부사어는 그것이 한정하는 말 바로 앞에 오는 것이 원칙이다. 그러므로 성분 부사어는 특정한 문장 성분의 바로 앞에서 실현되며, 양태 부사어는 문장의 첫머리에서 실현된다. 그리고 접속 부사어는 그것이 이어 주는 말 사이에 위치한다.[2]

첫째, 성분 부사어는 그것이 수식하는 특정한 문장 성분의 앞에서 실현된다.

---

2) '부사어의 자리 옮김'에 대한 내용은 이 책 322쪽의 【더 배우기】 참조.

(8) ㄱ. 오늘은 하늘이 <u>아주</u> **푸르다**.

ㄴ. 치타는 사자보다 **훨씬** <u>빨리</u> 달릴 수 있다.

ㄷ. 책장 안에는 <u>아주</u> **새** 책이 들어 있었다.

ㄹ. 병사들이 <u>겨우</u> **하루**를 못 견디고 달아나 버렸다.

(9)에서 밑줄 그은 성분 부사어들은 특정한 성분을 수식하기 때문에 각각 피수식어인 '푸르다(서술어), 빨리(부사어), 새(관형어), 하루(체언)'의 앞에 실현되었다.

둘째, 양태 부사어는 문장 전체를 수식하기 때문에 문장의 맨 앞에 위치한다.

(9) ㄱ. <u>아무쪼록</u> 건강하게 지내소서.

ㄴ. <u>다행히</u> 아버님께서 폐렴에서 회복되셨다.

(9)에서 '아무쪼록'과 '다행히'는 양태 부사어이다. 이러한 양태 부사어는 문장의 전체 내용에 대하여 화자의 태도나 주관적인 판단을 표현하므로 문장의 맨 앞에 실현되는 것이 일반적이다.[3]

셋째, 접속 부사어는 그것이 이어 주는 말 사이에 위치한다.

(10) ㄱ. 숙희는 매우 착하다. <u>그리고</u> 그녀는 공부도 열심히 한다.

ㄴ. 형사는 여관의 구석구석을 뒤져 보고 싶었다. <u>하지만</u> 성급하게 굴다가는 오히려 일을 망쳐 버릴 것 같았다.

(11) ㄱ. 대한민국의 영토는 한반도 <u>및</u> 부속 도서로 정한다.

ㄴ. 현금 지급기에서 돈을 찾으려면 현금카드 <u>또는</u> 신용카드가 필요합니다.

접속 부사어 가운데서 문장을 접속하는 부사어는 앞 문장과 뒤 문장의 사이에 위치한다. (10)에서 '그리고'와 '하지만'은 앞 문장과 뒤 문장의 사이에 위치하여 두 문장을 이어 주고 있다. 반면에 단어를 접속하는 부사어는 그것이 연결하는 단어들 사이에 위치한다. (11)에서 '및, 또는' 등과 같이 단어를 접속하는 부사어는 체언과 체언 사이에 위치하여 두 단어를 이어 주고 있다.

---

3) 다만, 양태 부사어의 일반적인 위치는 문장의 맨 앞이지만, 화자의 발화 의도에 따라서는 문장 속의 특정한 문장 성분 뒤로 이동하여서 실현될 수도 있다.

(다) 독립 성분의 위치

독립어는 문장 속에서 다른 성분과 관계없이 독립적으로 쓰이는 문장 성분이다. 따라서 독립어는 대체로 특정한 문장의 맨 앞이나 맨 뒤에 쓰여서, 문장 전체의 내용과 관련하여 화자의 감정이나 태도 혹은 의지를 표현한다.

　(12) ㄱ. <u>아이고</u>, 다리가 떠내려가 버렸네.　　　　　　　[느낌]
　　　 ㄴ. <u>쉿</u>, 조용히 해.　　　　　　　　　　　　　　 [시킴]
　　　 ㄷ. <u>그래</u>, 알겠다.　　　　　　　　　　　　　　　 [대답]
　　　 ㄹ. <u>철수야</u>, 나와 함께 떠나자.　　　　　　　　　 [부름]
　　　 ㅁ. <u>충무공</u>, 그는 위대한 인물이다.　　　　　　　 [보임]

　(13) ㄱ. 철수는 죽었다, <u>그지</u>?　　　　　　　　　　　 [확인]
　　　 ㄴ. 그 다음부터는 집을 나와 버렸지, <u>뭐</u>.　　　　 [체념]

(12)에서 쓰인 '느낌말, 시킴말, 대답말, 부름말, 보임말' 등은 일반적으로 문장의 맨 앞에 실현된다. 이에 반해서 '확인말'과 '체념말'은 (13)처럼 문장의 맨 뒤에 실현된다.

4.3.1.2. 어순의 바뀜

국어의 문장 성분은 기본적으로 <주어 + 목적어 + 서술어>와 <주어 + 보어 + 서술어>, <수식어 + 피수식어>의 어순으로 실현된다. 이러한 어순은 기본적인 어순일 뿐이며, 화자의 의도에 따라서 위치를 바꾸어서 문장 성분을 실현할 수도 있다.

　〈격조사의 실현과 어순의 바뀜〉 어순이 비교적 자유롭게 바뀔 수 있다는 것은, 문장 성분의 차례가 서로 뒤바뀌더라도 문장이 문법적으로 어그러짐이 없고 기본적인 의미가 바뀌지 않는다는 것을 의미한다.

　(14) ㄱ. 영이가 사과를 철수에게 주었다.
　　　 ㄴ. <u>사과를</u> 영이가 철수에게 주었다.
　　　 ㄷ. <u>철수에게</u> 영희가 사과를 주었다.

예를 들어서 (ㄱ)은 기본 어순으로 실현된 문장이며, (ㄴ)과 (ㄷ)은 어순이 달라진 문장이다. 여기서 (ㄴ)과 (ㄷ)의 문장은 (ㄱ)에 비하여 비록 어순은 바뀌었지만 여전히 문법적인 문장이며 기본적인 의미 또한 바뀌지 않았다.

이처럼 국어에서 어순이 자유롭게 실현될 수 있는 근본적인 이유는 문장 성분을 결정해 주는 격조사가 있기 때문이다. 예를 들어서 주어는 주격 조사를 취하고 목적어는 목적격 조사를 취하고, 부사어도 각각의 의미에 대응하는 부사격 조사를 취한다. 곧 (14)에서 문장 성분이 어떠한 위치에 실현되든 간에 '-가'가 붙은 체언은 주어가 되고, '-를'이 붙은 체언은 목적어가 되며, '-에게'가 붙은 체언은 부사어가 된다. 이렇게 국어에서는 격조사를 통해서 격 관계를 분명하게 나타낼 수 있기 때문에 문장 성분의 위치가 비교적 자유롭게 바뀔 수 있다.

〈주제화에 따른 어순의 바뀜〉 문장 속에서 말거리를 나타내는 말을 '주제(화제, topic)'라고 한다. 이렇게 주제를 나타내는 말에는 보조사 '-은/-는'이 붙으면서 문장의 맨 앞에 나타나는 것이 일반적이다. 이처럼 어떠한 문장 성분에 보조사 '-은/-는'이 붙으면서 문장의 첫머리로 이동하여 주제로 표현되는 것을 '주제화(topicalization)'라고 한다.(서정수 1996:1338)

(15) ㄱ. 사자가 <u>황소를</u> 잡아먹었다.
     ㄴ. 큰불이 <u>금강산에서</u> 났어요.

(16) ㄱ. <u>황소는</u> 사자가 잡아먹었다.
     ㄴ. <u>금강산에서는</u> 큰불이 났어요.

(15)에서 (ㄱ)의 '황소를'은 목적어로 쓰였으며 (ㄴ)의 '금강산에서'는 부사어로 쓰였는데, 이들 문장 성분은 모두 정상적인 위치에서 실현되었다. 이에 반해서 (16)에서 '황소는'과 '금강산에서는'은 모두 체언에 주제를 나타내는 보조사 '-는'이 실현되면서 문장의 맨 앞으로 이동하였다. 이렇게 문장 성분이 문장의 앞으로 이동한 것은 주제(말거리, 화제)를 표현하기에 가장 적절한 위치가 문장의 첫머리이기 때문이다.

이처럼 국어에서는 특정한 문장 성분을 주제화하여 표현하기 위하여, 그 문장 성분을 문장의 맨 앞으로 옮겨서 표현하는 경우가 많다.(보조사 -은/-는 첨가) 이러한 주제화 현상은 화자가 문장 속에서 말거리(화제, 주제)를 분명하게 드러내기 위한 의도에서 일어나는 화용론적인 현상이다.

4.3.2. 문장 성분의 생략

화자는 의사소통의 과정에서 청자가 이미 알고 있어서 덜 중요하다고 생각하는 문장 성분을 문맥에서 생략하고 표현할 수 있다. 이러한 생략을 통해서, 발화하는 데에 드는 노력을 줄이거나 생략되지 않은 문장 성분들을 더욱 분명하게 전달할 수 있다.

4.3.2.1. 생략의 개념과 기능

〈생략의 개념〉 문장 성분은 그것이 앞선 발화에서 이미 제시되었거나 발화 현장에서 알 수 있으면 그 꼴을 문맥에 실현하지 않을 수도 있는데, 이러한 현상을 '생략(省略, ellipsis)'이라고 한다. 이러한 생략이 일어나기 위해서는 생략된 요소를 문맥이나 발화 상황을 통하여 알 수 있어야 한다.

⑴ 갑 : 김 변호사가 누구를 증인으로 채택했니?

⑴ 을ㄱ : 김 변호사는 철수를 증인으로 채택했다.
　　　 을ㄴ : 철수를 채택했다.

(17)에서 '갑'이 발화한 물음에 대하여 '을'은 (18ㄱ)과 같이 온전한 문장의 형태로 대답할 수도 있지만 (18ㄴ)과 같이 생략된 문장으로 대답할 수도 있다. 이때 화자와 청자는 (17)의 앞선 문맥을 통하여 생략된 주어와 부사어를 복원하여서 머릿속에서 (18ㄱ)의 문장 형태로 이해할 수 있다. 따라서 화자와 청자의 의식 속에서는 (18ㄴ)의 생략된 문장이 (18ㄱ)에서처럼 온전한 문장의 형태로 존재한다고 할 수 있다.

화자의 전달 의도에 따라서 생략 현상은 수의적으로 일어난다. 예를 들어서 화자가 (18)에서 (ㄱ)처럼 온전한 문장으로 표현할 것인지 아니면 (ㄴ)처럼 생략된 문장으로 표현할 것인지는 전적으로 화자의 의도에 달렸다. 결국 생략은 대화의 참여자에게 이미 알려져 있으면서 덜 중요하다고 판단되는 문장 성분을 화자가 수의적으로 문맥에 실현하지 않는 문법적 현상이다.

〈생략의 기능〉 생략은 발화할 때에 이미 알고 있는 요소를 표현하지 않음으로써 노력을 덜 들일 수 있을 뿐만 아니라, 생략되지 않은 중요한 요소를 뚜렷하게 전달할 수 있다.

첫째, 생략은 앞선 문맥에서 이미 언급되었거나 발화 현장에서 알 수 있는 문장 성분들을 문맥에 실현하지 않음으로써, 말을 하는 데에 드는 시간과 노력을 줄이는 효과가 있다.

(19) 갑 : 경제 파탄의 일차적인 책임자는 누구인가?

(20) 을ㄱ : 경제 파탄의 일차적인 책임자는 대통령이다.
  을ㄴ : 대통령이다.

예를 들어서 (19)의 질문에 대한 답으로서 (20)의 (ㄱ)과 (ㄴ)의 문장이 모두 쓰일 수 있다. 그런데 (ㄱ)과 (ㄴ)의 문장이 동일한 정보를 전달할 수 있으므로, 노력 경제의 측면에서 볼 때에 (ㄴ)이 (ㄱ)보다 더 효율적이다.

둘째, 이미 알려진 요소를 생략되고 나면, 생략되지 않고 문맥에 남아 있는 요소는 원래의 문장에서 실현될 때보다 더욱 뚜렷하게 전달된다.(최현배 1980:797, Lyons 1977: 42) 예를 들어서 (20ㄱ)의 문장에서는 (26)의 문장에서 표현된 모든 문장 성분이 되풀이하여 표현되었다. 따라서 이 경우에는 물음의 초점이 되는 성분인 '대통령이다'가 크게 두드러지지 않는다. 이에 반해서 (20ㄴ)의 문장에서는 (26)의 문장에서 이미 표현된 성분들을 모두 생략하고 물음의 초점이 되는 가장 중요한 문장 성분인 '대통령이다'만 문맥에 표현하였다. 결국 생략이 일어난 (20ㄴ)의 문장은 생략이 일어나지 않은 (27ㄱ)의 문장보다 물음의 초점이 되는 중요한 정보를 뚜렷하게 전달할 수 있다.

4.3.2.2. 생략의 유형

생략은 그것이 무엇을 기준으로 일어나느냐에 따라서 '문맥 생략'과 '현장 생략'으로 나눌 수 있다.

〈문맥 생략〉 앞선 문맥에서 제시된 '이미 알려진 요소'를 문맥에 실현하지 않는 생략을 '문맥 생략(文脈 省略, 되풀이 생략)'이라고 한다. 문맥 생략은 다음과 같은 경우에 일어난다.(나찬연 2004:96 이하)

첫째, 문맥 생략은 다음과 같이 화자와 청자의 대화에서 잘 나타난다.

(21) 갑: 철수가ᵢ 학교ⱼ에 갔니?

(22) 을ㄱ: 네, 철수는ᵢ 학교ⱼ에 갔습니다ₖ.

　　을ㄴ: 네, 　　Øᵢ　　Øⱼ　　갔습니다ₖ.

　　을ㄷ: 네. 　　Øᵢ　　Øⱼ　　　Øₖ

(21)의 의문문에 대한 대답은 (22)의 (ㄱ)처럼 온전한 문장으로 표현할 수도 있고 (ㄴ) 이나 (ㄷ)과 같이 생략된 문장으로 표현할 수도 있다. 곧 (22ㄴ)에서는 주어와 부사어 가 생략되었고 (22ㄷ)에서는 주어, 부사어, 서술어가 모두 생략되었는데, 이렇게 문장 성분이 생략될 수 있는 것은 생략된 성분이 무엇인지를 앞선 문맥인 (21)의 문장을 통 해서 알 수 있기 때문이다. 결과적으로 (22)의 (ㄴ)과 (ㄷ)에서는 앞선 문맥에 실현되어 있어서 이미 알고 있는 문장 성분을 문맥에 실현하지 않았는데, 이러한 생략을 문맥 생략이라고 한다.

둘째, 이어진 문장의 앞절과 뒷절에서 특정한 대상이 되풀이하여 표현되면, 뒷절에 서 문맥 생략이 일어날 수도 있다.

(23) ㄱ. 철수가 **돈**ᵢ을 빌리면, 반드시 (그) 돈ᵢ을 주인에게 돌려준다.

　　ㄴ. 철수가 **돈**ᵢ을 빌리면, 반드시 　　Øᵢ　　주인에게 돌려준다.

(ㄱ)의 이어진 문장에서는 앞절과 뒷절에 모두 '돈을'이 실현되었다. 이에 반해서 (ㄴ) 에서는 앞절과 뒷절에서 실현된 '돈을' 중에서 뒷절의 '돈을'을 생략하여서 문맥에 실 현하지 않았다. 이처럼 뒷절에서 타동사 서술어가 필수적으로 요구하는 목적어를 생 략할 수 있는 것은 앞절의 문맥 속에 목적어가 나타나 있기 때문이다. 곧 앞절에서 표현된 목적어를 바탕으로 하여, 뒷절에서 생략된 목적어를 복원할 수가 있기 때문에 생략이 일어날 수 있었다.

셋째, 대등하게 이어진 문장에서 앞절과 뒷절에 동일한 서술어가 되풀이하여 나타 날 때에는, 마지막 절의 서술어만 남기고 앞절의 서술어를 생략하는 경우도 있다.

(24) ㄱ. 나래는 피아노를 <u>연주했으며</u>, 보람이는 바이올린을 <u>연주했고</u>, 지훈이는 트라이 앵글을 **연주했다**.

　　ㄴ. 나래는 피아노를, 보람이는 바이올린을, 지훈이는 트라이앵글을 **연주했다**.

(ㄱ)에서는 이어진 문장 속에 있는 세 개의 절에 모두 동일한 서술어인 '연주하다'가 나타나 있다. 이러한 경우에는 (ㄴ)처럼 맨 마지막에 나타나는 서술어만 남기고 나머지 앞절 속의 서술어를 생략할 수도 있다. 이렇게 대등하게 이어진 문장에서 앞절의 서술어와 뒷절의 서술어가 동일할 때에, 맨 뒷절의 서술어만을 남기고 나머지 앞절의 서술어를 생략하는 현상을 '간극화(間隙化, gapping)'라고 한다.

일반적인 문맥 생략은 (22)와 (23)처럼 앞선 문맥에서 이미 나타난 문장 성분과 동일한 문장 성분이 뒤의 문맥에서 되풀이될 때에 성립한다. 이에 반해서 (24)처럼 대등하게 이어진 문장에서 나타나는 간극화 현상은 뒤의 문맥에서 실현되는 서술어를 바탕으로 해서 앞선 문맥의 서술어가 생략된 것이 특징이다.

〈현장 생략〉 화자와 청자가 발화 현장에서 직접 지각할 수 있는 대상을 문맥에 표현하지 않는 생략을 '현장 생략(現場 省略)'이라고 한다.

(25) ㄱ. 철수 : 너$_i$ 이 사과$_j$ 가질래?
　　　ㄴ. 영이 : 너$_i$ 그 사과$_j$ 나에게$_k$ 줘.

(26) ㄱ. 철수 : Ø$_i$　　Ø$_j$　　　가질래?
　　　ㄴ. 영이 : Ø$_i$　　Ø$_j$　　　Ø$_k$　줘.

가령 철수가 영이를 만나서 사과를 주면서 대화를 나눈다고 할 때, 발화 상황이 고려되지 않으면 (25)처럼 특정한 성분을 생략하지 않고 대화할 것으로 예상할 수 있다. 곧 서술어로 쓰인 동사 '가지다'가 두 자리 서술어이고 '주다'는 세 자리 서술어이므로, 이들 필수 성분들을 모두 문맥에 실현하여 발화할 것이다. 그러나 현실 세계에서 일어나는 발화 상황을 전제할 때에는 (26)과 같이 필수 성분을 문맥에 나타내지 않고 표현할 수도 있다. 곧 '철수'와 '영이', 그리고 '사과'는 발화 현장에서 화자와 청자가 지각하여 이미 알고 있는 대상이므로, 이들을 굳이 언급하지 않아도 의사소통에는 별로 지장이 없다. 다시 말해서 생략된 필수적인 성분들을 발화 현장에서 복원할 수 있기 때문에 (26)과 같은 현장 생략이 일어날 수 있다.

문장 성분의 이동 현상이나 생략 현상은 순수한 통사론적인 현상은 아니다. 이는 화자가 문장 속에 실현되는 문장 성분의 위치를 조정하거나 생략함으로써, 문장에 나타나는 언어 정보를 효과적으로 전달하는 화용론적(話用論的)인 현상으로 볼 수 있다.

4.4. 담화 정보

문장을 짜 이루는 요소인 문장 성분에는 여러 가지의 정보가 담겨 있다. 어떠한 담화 상황4) 속에서 특정한 문장 성분이 정보를 전달하는 '기능적인 관점(화용론적 관점)'에서 보면, 문장은 '구정보－신정보'의 구조와 '주제－설명'의 구조를 갖추고 있다.

4.4.1. '구정보－신정보'의 구조

〈구정보와 신정보의 개념〉 하나의 발화 속에서 실현된 문장 성분 중에는 대화 참여자가 이미 '알고 있는 정보'가 들어 있기도 하고, 대화 참여자가 그 전에 몰랐던 '새로운 정보'가 들어 있기도 한다. 대화에 참여하는 사람들은 의사소통을 효과적으로 하기 위하여, 청자가 이미 알고 있는 정보가 들어 있는 성분을 먼저 제시한 다음에 새로운 정보가 들어 있는 성분을 제시한다.

이처럼 문장의 구조를 정보 전달의 측면에서 분석하면, 새로운 정보를 나타내는 부분과 이미 알고 있는 정보를 나타내는 부분으로 나눌 수 있다.

[그림 2. 발화의 정보 구조]

곧 '구정보(old infotmation)'는 하나의 문장(발화)에 전제되어 있어서, 청자의 의식 속에 이미 들어 있는 정보이다. 반면에 '신정보(new information)'는 청자에게 알려지지 않아서 청자가 궁금하게 생각하는 사항으로서, 화자가 문장을 통해서 새롭게 제시하는 정

---

4) '담화(談話, discoures)'는 개별 문장(발화)이 유기적으로 결합되어서 형성된 하나의 언어적 통일체이다. 이러한 담화는 화자와 청자, 시·공간적인 장면에 따라서 실현되는 발화(언어 표현) 등의 담화 형성의 요인에 따라서 생성된다. 일반적으로 화용론에서는 화자, 청자, 발화 장면 등으로 구성되는 '담화 상황'을 고려하여 문장(발화)의 기능의 의미를 해석한다.

보이다. 이처럼 하나의 문장 속에는 '구정보'를 나타내는 말과 '신정보'를 나타내는 말이 번갈아 가면서 실현되어서 점진적으로 새로운 정보가 추가된다. 이렇게 신정보와 구정보가 되풀이되는 순환 과정을 통하여, 화자와 청자는 서로 의사소통을 원활하게 수행한다.[5]

〈구정보와 신정보의 실현 방식〉 신정보와 구정보를 나타내는 말에는 일정한 표지가 붙게 되는데, 국어에서는 조사인 '-이/-가'와 '-은/-는'이 정보 표지로 기능한다.[6]

첫째, 문장 속에서 신정보를 전달하는 요소에는 조사 '-이/-가'를 실현한다.

(27) 갑: <u>누가</u>초점 먼저 서울에 도착했나요?

(28) ㄱ. 을₁: <u>철수가</u>신정보 먼저 (서울에) 도착했습니다.구정보
     ㄴ. 을₂: [?]<u>철수는</u>신정보 먼저 (서울에) 도착했습니다.구정보

'갑'과 '을'의 대화에서 (34)의 '갑'이 발화한 문장에는 '어떤 사람이 먼저 서울에 도착했다는 사실'이 전제되어 있다. 그러므로 '갑'의 물음에 대하여 '을'이 발화한 (27ㄱ)의 문장에서 '먼저 도착했습니다'는 청자가 이미 알고 있는 구정보이다. 그리고 (28ㄱ)에서 '철수'는 '갑'이 알고 싶어 하는 '새로운 정보'인데, 이러한 새로운 정보에는 조사 '-가'가 실현된다. 만일 (28ㄴ)에서처럼 새로운 정보를 나타내는 성분에 '-는'을 실현하면 부자연스러운 문장이 된다.

둘째, 문장에서 구정보를 전달하는 요소에는 조사 '-은/-는'을 실현한다. 이처럼 '-은/-는'이 화용론적으로 구정보를 나타내는 표지로 쓰일 때에는, 대부분 문장의 첫머리에 위치하여서 '화제(주제)'의 기능을 담당한다.

(29) 갑: 영희가 <u>언제</u>초점 집을 샀나요?

(30) ㄱ. 을₁: 영희는구정보 <u>작년에</u>신정보 <u>집을 샀습니다</u>구정보
     ㄴ. 을₂: [?]영희가구정보 <u>작년에</u>신정보 <u>집을 샀습니다</u>구정보

---

5) 이처럼 특정한 발화는 이미 경험한 다른 담화의 지식에 의존하여서 표현되는데, 담화에서 나타나는 이러한 특성을 '상호 텍스트성(intertextuality)'이라고 한다.(Baugrand, R & Dressler, W. 1981 참조.)
6) '-이/-가'는 통사론적인 차원에서는 문장에서 주어를 나타내는 주격 조사로 기능한다. 그러나 화용론적인 차원에서는 '-이/-가'는 보조사인 '-은/-는'과 대립하면서 신정보를 전달하는 기능을 한다.

'갑'과 '을'의 대화에서 (29)의 '갑'이 발화한 의문문에는 '영희가 집을 샀다는 사실'이 전제되어 있으므로, 청자인 '을'에게는 '영희'는 구정보가 된다. 이처럼 구정보로 전달되는 '영희'에는 (30ㄱ)처럼 조사 '-는'이 실현되는 것이 자연스럽다. 만일 구정보로 전달되는 '영희'에 (30ㄴ)처럼 조사 '-가'를 실현하면 부자연스러운 문장이 된다.

그리고 다음의 전래 설화처럼 '단독적 발화'가 일어나는 담화 상황에서도 정보 전달의 양상에 따라서 '-이/-가'와 '-은/-는'이 구분되어서 쓰인다.

> (31) A. 옛날 옛적에 어느 시골에 한 나무꾼이$_{신정보}$ 살았습니다. 그런데 그 나무꾼은$_{구정보}$ 나이가 들도록 장가를 들지 못했습니다. 그 나무꾼은$_{구정보}$ 장가들 돈이 없었던 것입니다.
>
> B. 그러던 어느날 그 나무꾼이$_{신정보}$ 산에서 나무를 하고 있는데, 늙은 산신령이$_{신정보}$ 나타나서 나무꾼에게 복주머니를 하나 건네주었습니다. 나무꾼은$_{구정보}$ 복주머니를 받아서 집으로 돌아왔습니다.

(31)의 글은 이야기의 내용상 (A)와 (B)의 두 가지의 담화로 구성되어 있다. (A)에서 '나무꾼'이 처음 등장할 때에는 신정보로서 그 뒤에 조사 '-이'가 실현되었고, 두 번째 이하의 문장에서는 '나무꾼'이 구정보로서 그 뒤에 조사 '-은'이 실현되었다. 그런데 (B)의 담화에서는 새로운 담화 상황이 형성되기 때문에 첫 번째 문장에서는 '나무꾼'과 '산신령'에 신정보를 나타내는 '-이'를 실현하였고, 두 번째 문장에 나타나는 '나무꾼'에는 구정보를 나타내는 '-은'을 실현하였다.

그런데 보조사인 '-은/-는'은 문맥에 따라서는 '대조'의 뜻을 나타내는 경우가 있다. 이와 같은 경우에는 '-은/-는'이 예외적으로 신정보를 나타내는 표지로 쓰일 수 있다.

> (32) 갑: 라면을 좋아하니?
>
> 을: 아니요, 라면은$_{구정보}$ 싫어합니다. 하지만 국수는$_{신정보}$ 좋아합니다.
>
> (33) ㄱ. 호랑이는$_{신정보}$ 죽어서 가죽을 남기고, 사람은$_{신정보}$ 죽어서 이름을 남긴다.
>
> ㄴ. 사장님은$_{신정보}$ 서울로 가고, 전무님은$_{신정보}$ 대구로 가셨다.

(32)에서 '을'이 발화한 두 번째 문장에 실현된 '국수'는 대화에 처음 등장하는 신정보이지만 구정보에 실현되어야 하는 '-는'이 실현되었다. 이 경우에는 '-는'은 주제의

뜻이 아니라 대조의 뜻으로 쓰이는데, 이와 같이 '-은/-는'이 실현된 말이 대조의 뜻을 나타낼 때에는 신정보를 나타내기도 한다. 그리고 (33)에서 이어진 문장에서 앞절과 뒷절에 쓰인 주어에는 '-은/-는'이 실현되어 있지만, 이들 조사는 모두 대조의 의미로 쓰여서 신정보를 나타낸다.

4.4.2. '주제 – 설명'의 구조

담화를 구성하는 발화는 '구정보–신정보'의 구조로 분석할 수 있을 뿐만 아니라, '주제–설명'의 정보 구조로 분석할 수도 있다.

〈주제와 설명의 개념〉 대부분의 발화는 '～에 대하여 ～으로 설명하다'의 형식으로 실현된다. 곧 발화의 구조는 화자가 청자에게 '말하려는 것'과 '그것(= 말하려고 하는 것)에 대한 풀이'의 두 부분으로 짜여 있다.

(34) ㄱ. <u>기린은</u>주제 <u>목이 길다.</u>설명
　　 ㄴ. <u>박근혜 대통령은</u>화제 <u>치마를 잘 입지 않았다.</u>논평

(ㄱ)에서 '기린'은 이 발화에서 말하려는 것이며 '목이 길다'는 말하려는 것에 대한 설명이다. (ㄴ)에서 '박근혜 대통령'은 이 발화에서 말하려는 것이며 '치마를 잘 입지 않는다'는 말하려는 것에 대한 설명이다. 이때에 특정한 발화 안에서 '무엇에 대하여 말하려는 것'을 '주제(主題, topic)' 또는 '화제(話題)'라고 한다. 그리고 '말하려고 하는 것에 대한 풀이'를 '설명(說明, comment)' 또는 '논평(論評)'이라고 한다.

(35) ㄱ. 주제(主題, topic)　　 : 발화에서 말하려고 하는 그 무엇이다.
　　 ㄴ. 설명(說明, comment) : 주제에 대하여 풀이하는 부분이다.

〈'주제 – 설명' 구조의 실현 방식〉 발화의 '주제–설명'의 구조에서는, 일반적으로 주제는 문장의 왼쪽에 위치하고 설명은 오른쪽에 위치한다.

(36) ㄱ. <u>김 선생님이</u>주어 지금 삼성중학교에서 근무하고 있으십니다.
　　 ㄴ. 송 총장이 <u>헛돈을</u>목적어 많이 씁니다.

ㄷ. 내가 종이학을 <u>영희한테</u>_{부사어} 주었다.

(37) ㄱ. <u>김 선생님은</u>_{주제} 지금 삼성중학교에서 근무하고 있으십니다._{설명}

　　　ㄴ. <u>헛돈은</u>_{주제} 송 총장이 많이 씁니다._{설명}

　　　ㄷ. <u>영희한테는</u>_{주제} (내가) 종이학을 주었다._{설명}

먼저 통사론적인 측면에서 보면 (36)에서 (ㄱ)의 '김 선생님이'와 (ㄴ)의 '헛돈을', (ㄷ)의 '영희한테'는 각각 주어와 목적어와 부사어로 쓰였다. 반면에 화용론적인 측면에서 보면 (37)에서 '김 선생님은'과 '헛돈은'과 '영희한테는'은 모두 문장의 첫머리(왼편)에 실현되어서 '주제'임을 나타낸다. 그리고 주제를 나타내는 문장 성분을 제외한 나머지 부분은 문장의 오른쪽에 실현되어서 '설명'을 나타낸다.

여기서 '주어'와 '주제'는 그것이 쓰이는 언어적인 층위가 다르다는 점에 유의해야 한다. 곧 개별 문장을 연구하는 통사론의 측면에서 보면 (36ㄱ)의 '김 선생님이'는 주어로 기능하였다. 그러나 담화 속에서 실현되는 발화(utterance)를 연구하는 화용론의 측면에서 보면 (37ㄱ)의 '선생님은'은 주제로 쓰였다. 곧, 통사론적인 층위에서 쓰인 주어가 화용론적인 층위에서 주제로 쓰인 것이다. 그리고 (36)의 (ㄴ)과 (ㄷ)에서도 '헛돈을'과 '철수한테'는 통사론적인 층위에서는 목적어와 부사어로 쓰였는데, 이들 문장 성분은 화용론적인 차원에서는 (37)의 (ㄴ)과 (ㄷ)처럼 주제어로 쓰였다.

통사론의 층위에서 실현된 특정한 문장 성분이 화용론적인 층위에서 주제화하여 발화될 때에는 보조사 '-은/-는'이 붙거나 어순이 이동되는 경우가 있다. (37)의 (ㄱ)에서는 주격 조사 대신에 보조사인 '-은/-는'이 붙어서 주제화가 이루어졌다. 그리고 (ㄴ)과 (ㄷ)에서 '헛돈은'과 '영희한테는'은 각각 목적어와 부사어로 실현되었는데, 이들 문장 성분이 주제화되는 과정에서 문장의 첫머리로 이동한 것이다.

【 더 배우기 】

1. 부사어의 자리 옮김

부속 성분인 관형어와 부사어는 중심어의 바로 앞에 위치하는 것이 가장 자연스럽다. 그런데 부속 성분 가운데서 관형어는 반드시 체언 앞에서만 실현되어야 한다는 제약이 있지만, 부사어는 비교적 자유롭게 자리를 옮길 수 있다. 곧 부사어는 특별한 표현 효과를 위해서 여러 자리에 자유롭게 나타날 수 있고, 때로는 꾸밈을 받는 말 뒤에도 올 수 있다.

〈성분 부사어의 자리 옮김〉 먼저 특정한 문장 성분을 수식하는 성분 부사어의 자리 옮김 현상을 살펴본다.

(1) ㄱ. 일본 사람들은 회를 <u>대단히</u> 좋아한다.
ㄴ. 일본 사람들은 <u>대단히</u> 회를 좋아한다.
ㄷ. 일본 사람들은 회를 좋아한다. <u>대단히</u>.
ㄹ. ^{?*}<u>대단히</u> 일본 사람들은 회를 좋아한다.

(1)에서 '대단히'는 성분 부사이므로 (ㄱ)처럼 피수식어인 '좋아하다'의 바로 앞에서 실현되는 것이 정상적이다. 그런데 부사어는 (ㄴ)과 (ㄷ)처럼 정상적인 위치보다 앞이나 뒤로 이동할 수 있다. (ㄴ)처럼 부사어가 정상적인 위치보다 앞쪽으로 이동하면 부사어의 의미가 강조된다. 이에 반해서 (ㄷ)처럼 서술어의 뒤로 이동하는 것은 화자가 미처 잊고서 표현하지 못한 '나중 생각(after thought)'을 발화가 끝난 다음에 깨닫고서 뒤늦게 덧붙여서 표현한 것이다.(Kuno 1980, 김일웅 1987:61) 이처럼 성분 부사어는 자리 옮김이 비교적 자유롭다. 다만 (ㄹ)처럼 성분 부사어가 문장의 맨 앞에 실현되면 자연스럽지 못한 표현이 된다. 이는 문장 부사어가 위치해야 할 문장의 첫머리 자리에 성분 부사어가 왔으므로, 자연스럽지 못한 문장이 된 것으로 보인다.

그런데 성분 부사어 가운데 부정 부사어인 '안, 못'과, 정도 부사어 중에서 '잘, 좀, 약간 등은 자리 옮김이 자유롭지 못하여 반드시 서술어의 앞에서만 실현되는 제약이 있다.

(2) ㄱ. 김유신 장군은 술을 <u>안(못)</u> 마셨다.
ㄴ. 김삼순 양은 자전거를 <u>잘(좀, 약간)</u> 탄다.

(3) ㄱ. *김유신 장군은 <u>안</u> 술을 마셨다.

    ㄴ. *김삼순 양은 <u>잘(좀, 약간)</u> 자전거를 탄다.

(4) ㄱ. *김유신 장군은 술을 마셨다. <u>안.</u>

    ㄴ. *김삼순 양은 자전거를 탄다. <u>잘(좀, 약간)</u>

(2)처럼 부정 부사어 '안과 '못'이 서술어 앞에서 실현되면 자연스러운 문장이 된다. 이에 반해서 (3)과 (4)처럼 '안과 '못'이 서술어의 바로 앞을 제외한 다른 자리에서 실현되면 비문법적인 문장이 된다.

   성분 부사어가 용언을 수식하지 않고, 부사나 관형사 혹은 체언을 수식할 수도 있는데, 이처럼 성분 부사어가 이렇게 특수하게 쓰일 때에는 자리를 옮길 수 없다.

(5) ㄱ. KTX는 서울과 부산까지 <u>매우</u> **빨리** 달린다.

    ㄴ. 어제 찾아온 신사는 <u>아주</u> **헌** 가방을 들고 있었다.

    ㄷ. 그 병사는 전쟁터에서 <u>겨우</u> **하루**를 견디고 달아나 버렸다.

(6) ㄱ. *KTX는 <u>매우</u> 서울과 부산까지 **빨리** 달린다.

    ㄴ. *어제 찾아온 신사는 <u>아주</u> 현관에서 **헌** 가방을 들고 있었다.

    ㄷ. *그 병사는 <u>겨우</u> 전쟁터에서 **하루**를 견디고 달아나 버렸다.

(5)의 (ㄱ)에서 '매우'는 부사인 '빨리'를 수식하며, (ㄴ)에서 '아주'는 관형사인 '헌'을 수식하고, (ㄷ)에서 '겨우'는 체언인 '하루'를 수식한다. 이렇게 부사가 특수한 용법으로 쓰일 때에는 (6)처럼 자리를 옮기면 비문법적인 문장이 된다.

  〈양태 부사어의 자리 옮김〉 문장 부사어인 양태 부사어는 성분 부사어보다 자리 옮김이 좀더 자유롭다.

(7) ㄱ. <u>다행히도</u> 소방 대원들이 산불을 끌 수 있었다.

    ㄴ. 소방 대원들이 <u>다행히도</u> 산불을 끌 수 있었다.

    ㄷ. 소방 대원들이 산불을 <u>다행히도</u> 끌 수 있었다.

    ㄹ. 소방 대원들이 산불을 끌 수 있었다. <u>다행히도.</u>

(7)의 '다행히도'는 문장 부사어로서 문장 전체를 수식하므로 (ㄱ)처럼 문장의 맨 앞에서 실현되는 것이 원칙이다. 하지만 다른 문장 성분들을 강조하여 표현할 필요가 있을 때에는 '다행

히도'가 뒤쪽으로 자리를 옮길 수 있다. 이렇게 뒤로 자리를 옮길수록 문장 부사어가 나타내는 정보 전달의 가치는 떨어진다. 특히 (ㄹ)의 경우는 화자가 미처 잊고서 문장에서 표현하지 못한 '나중 생각(after thought)'을 발화가 끝난 다음에 덧붙여서 표현한 것이다.

양태 부사어는 대부분의 자리에서 실현될 수 있지만, 성분 부사어를 넘어서 옮길 수는 없다.

(8) ㄱ. <u>아마도</u> 영희는 피아노를 **매우** **잘** 칠 것이다.

ㄴ. 영희는 <u>아마도</u> 피아노를 **매우** **잘** 칠 것이다.

ㄷ. *영희는 피아노를 매우 <u>아마도</u> **잘** 칠 것이다.

ㄹ. *영희는 피아노를 매우 **잘** <u>아마도</u> 칠 것이다.

(8)에서 '아마도'는 양태 부사어인데 (ㄱ)은 일반적인 위치에서 실현된 것이다. 이에 대하여 (ㄴ)처럼 주어의 뒤로는 자리를 옮길 수 있지만, (ㄷ)과 (ㄹ)에서처럼 성분 부사어인 '매우'나 '잘'을 넘어서서 자리를 옮기면 비문법적인 문장이 된다.[7]

2. 개념 생략

일반적으로 생략의 유형을 문맥 생략과 현장 생략으로 구분하는데, 김일웅(1985ㄴ:358)에서는 생략의 한 유형으로 '개념 생략'을 설정하고 있다. '개념 생략(槪念省略)'은 앞선 문맥이나 발화 현장에서 제시되지 않았더라도, 화자와 청자가 이미 알고 있는 일을 표현하는 말을 문맥에 실현하지 않는 것이다.

(1) 갑: 일본에 언제 가?   (2) 갑: Ø$_i$ 언제 가?

을: 응, 내일 일본에 가.   을: 응, 내일 Ø$_i$ Ø$_j$.

위의 대화는 '을'이 일본에 간다는 사실을 '갑'과 '을'이 이미 알고 있는 상황에서 이루어진 것이다. 이러한 상황에서는 (1)처럼 온전한 문장으로 발화할 수도 있지만, (2)에서처럼 화자와 청자가 이미 알고 있는 일에 대한 표현을 생략하고 발화할 수도 있다. (2)와 같이 생략이 일어날 수 있는 것은 '갑'과 '을' 두 사람이 모두 '을'이 일본에 간다는 사실을 인식하고 있기 때문이다. 만일 '갑'과 '을' 사이에 이러한 인식이 전제되지 않으면, (1)에서처럼 부사어와 서술어를 생략하지 않고 온전한 문장으로 발화해야만 의사소통이 가능할 것이다.

---

7) 앞의 (1ㄹ)에서 확인할 수 있듯이 성분 부사어가 문장 부사어인 양태 부사의 자리로 이동하여 실현되면 제약을 받는다. 이와 마찬가지로 (8)처럼 양태 부사어가 성분 부사어를 넘어서서 자리를 옮기면 제약을 받는다.

[단원 정리 문제 10]

1. 아래의 문장 성분을 이용하여 국어의 기본 어순을 설명하고, 그러한 기본 어순에 대응하는 예문을 제시하시오.

> 서술어, 주어, 목적어, 보어, 관형어, 부사어

2. (1)의 문장 성분 중에서 목적어와 부사어가 (2)에서는 문장의 맨 앞으로 자리를 옮겨서 표현되었다. 이처럼 (1)의 목적어와 부사어를 문장의 맨 앞으로 옮겨서 표현한 이유를 설명하시오.

> (1) 철수가 짐을 책상에 놓았다.
>
> (2) ㄱ. 짐을 철수가 책상에 놓았다.
>   ㄴ. 책상에 철수가 짐을 놓았다.

3. 다음 자료를 보고 물음에 답하시오. [2006학년도 중등 학교 임용 시험]

> (가) ① 영수가 순희를 사랑했다. ≒ 순희를 영수가 사랑했다.
>   (영어 : Tom loved Mary. ≠ Mary loved Tom.)
>   ② 영수가 순희에게 편지를 썼다.
>   ≒ 순희에게 영수가 편지를 썼다. ≒ 편지를 영수가 순희에게 썼다.
>   (영어 : Tom wrote a letter to Mary.   ≠ Mary wrote a letter to Tom.
>   ≠ A letter Tom wrote to Mary.)

(가)에서 보듯이 국어 문장은 영어 문장에 비해 어순이 비교적 자유롭다. 이러한 현상이 가능한 이유를 국어의 첨가어[교착어]적 특성으로 설명하시오. [3점]

4. 하나의 중심어(체언)를 수식하는 관형어가 여러 개 겹쳐서 실현될 때에는, 각각의 관형어의 성격에 따라서 그것이 실현되는 순서가 다르다. 이렇게 여러 가지 관형어가 겹

쳐서 실현될 때의 어순을 예를 들어서 설명하시오.

5. 부사어는 일반적으로 자리 옮김이 자유롭지만 어떤 경우에는 자리 옮김에 제약을 받을 수도 있다. 성분 부사어와 문장 부사어에서 나타나는 자리 옮김의 제약을 예를 들어서 설명하시오.

6. 독립어는 문장의 맨 앞이나 맨 뒤에서만 실현되는데, 문장의 앞에서 나타나는 독립어와 문장의 뒤에서 실현되는 독립어의 예를 제시하시오.

7. 생략이 일어날 수 있는 기본적 조건을 예를 들어서 설명하시오.

8. 다음의 예문을 이용하여 생략의 기능을 예를 들어서 설명하시오.

　　　갑: 이번에는 누구를 함흥차사로 보내시렵니까?
　　　을: ㄱ. 이번에는 원빈 씨를 함흥차사로 보내겠소.
　　　　　ㄴ. 원빈 씨요.

9. '문맥 생략, 현장 생략, 개념 생략'의 예를 들고 생략이 일어나는 조건을 설명하시오.

10. 다음의 문장을 읽고 물음에 답하시오.

> ① 김 사장은 100만 원을 여비서에게 주어서 은행에 예금하게 하였다.
>
> ② 최영은 북방에서 홍건적을, 이성계는 남방에서 왜적을 토벌했다.

　10-1. ①과 ②의 문장에서 생략된 문장 성분을 모두 찾으시오.

　10-2. ①과 ②의 문장에서 생략이 일어나게 된 조건을 구분하여 설명하시오.

11. 다음 문장의 정보 전달의 차이를 통사론과 화용론의 층위를 감안하여서 설명하시오.

> ① 영호가 도다리를 미희에게 건네주었다.
>
> ② 미희에게는 영호가 도다리를 건네주었다.

문장의 짜임 5장

제5장 문장의 짜임

〈**문장의 짜임새의 대강**〉 문장은 기본적으로 주어와 서술어로 구성된다. 그런데 문장 속에는 주어와 서술어가 한 번만 나타날 수도 있고, 주어와 서술어가 두 번 이상 나타나는 경우도 있다.

첫째, 아래의 문장은 주어와 서술어가 한 번만 실현된 문장이다.

    (1) ㄱ. <u>우리는</u> 황령산에서 광안리 바다를 <u>바라보았다</u>.
       ㄴ. <u>저분은</u> 김철수 씨의 <u>삼촌이시다</u>.

(1)에서 '우리는'과 '저분은'은 주어이며 '바라보았다'와 '삼촌이시다'는 서술어이다. (1)처럼 한 문장 속에서 주어와 서술어가 한 번만 실현된 문장을 '홑문장'이라고 한다.

둘째, 아래의 문장은 문장 속에 주어와 서술어가 두 번 이상 실현된 문장이다.

    (2) ㄱ. <u>형은 학교에 가- 고, 동생은 놀이터에서 논다</u>.
       ㄴ. 우리는 [<u>그가 정당했음</u>]을 깨달았다.

(2ㄱ)의 문장은 '형은 학교에 간다'와 '동생은 놀이터에서 논다'가 연결 어미인 '-고'에 의해 이어져서 겹문장이 되었다. 이처럼 앞절과 뒷절이 연결 어미로써 이어져서 성립되는 문장을 '이어진 문장'이라고 한다. 반면에 (2ㄴ)의 문장은 '우리는 X를 깨달았다'와 같은 짜임으로 된 문장 속에서 '그가 정당했음'이라는 절이 목적어로 쓰였는데, 이처럼 그 속에 특정한 절(성분절)을 안고 있는 문장을 '안은 문장'이라고 한다.[1]

이어진 문장과 안은 문장처럼 주어와 서술어가 두 번 이상 나타나는 문장을 '겹문장'이라고 하고, 홑문장이 결합하여 겹문장이 되는 과정을 '문장의 확대'라고 한다.

---

1) 홑문장은 한 가지 일을 표현한 문장이며, 겹문장은 두 가지 이상의 일을 표현한 문장이다.

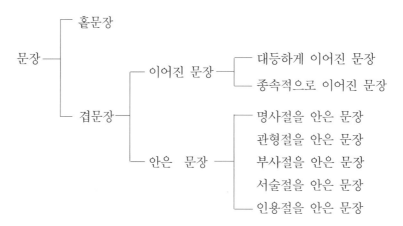

[그림 1. 짜임새로 분류한 문장의 유형]

5.1. 이어진 문장

'이어진 문장(接續文, 이음월, conjunct sentence)'은 두 개 이상의 절이 연결 어미에 의해서 나란히 이어진 겹문장이다.

(1) [구름이 낀다] + [비가 내린다]

(2) ㄱ. 구름이 끼거나 비가 내린다.　　　　　　　　　　[선택]
　　ㄴ. 구름이 끼면서 비가 내린다.　　　　　　　　　　[동시]
　　ㄷ. 구름이 끼니까 비가 내린다.　　　　　　　　　　[원인]

(1)에서 '구름이 낀다'와 '비가 내린다'가 이어져서, (2)의 이어진 문장이 되었다. 이렇게 이어진 문장이 될 때에는 앞절과 뒷절의 의미적인 관계에 따라서 특정한 연결 어미가 선택된다. 곧 (2)의 (ㄱ)에서 '-거나'는 앞절의 일이나 뒷절의 일이 선택적으로 일어남을 나타내고, (ㄴ)에서 '-면서'는 앞절의 일이 일어남과 동시에 뒷절의 일이 일어나는 것을 나타낸다. 그리고 (ㄷ)에서 '-니까'는 앞절의 일이 원인이 되고 그 결과로서 뒷절의 일이 일어남을 나타낸다.

이어진 문장은 앞절과 뒷절이 어떠한 의미 관계로 이어지는가에 따라서, '대등하게 이어진 문장'과 '종속적으로 이어진 문장'으로 구분된다.

5.1.1. 대등하게 이어진 문장

〈**대등하게 이어진 문장의 개념**〉 '대등하게 이어진 문장'은 앞절과 뒷절이 '나열, 선택, 대조' 등의 의미적인 관계로 이어져서, 앞절과 뒷절의 의미적인 관계가 독립적인 문장이다. 그리고 대등하게 이어진 문장에서 앞절과 뒷절을 잇는 연결 어미를 '대등적 연결 어미'라고 하는데, 이에는 '-고, -으며 ; -든지, -거나 ; -지만, -으나, -는데'가 있다.

  (3) ㄱ. 바람도 잠잠하고 하늘도 맑다.
  　　ㄴ. 빵은 밀가루로 만들면, 떡은 쌀가루로 만든다.

  (4) ㄱ. 결혼을 하든지 이혼을 하든지 내 마음이지.
  　　ㄴ. 내가 이 돈으로 쌀을 사거나 술을 사거나 네가 상관할 일이 아니다.

  (5) ㄱ. 부산에는 기온이 영상이지만 서울에는 기온이 영하이다.
  　　ㄴ. 그 사람은 갔으나 예술은 살아 있다.
  　　ㄷ. 저놈은 잘생겼는데 이놈은 못생겼다.

(3)의 '-고'와 '-으며'는 '나열'의 의미를 나타내며 (4)의 '-든지'와 '-거나'는 '선택'의 의미를 나타낸다. 그리고 (5)의 '-지만, -으나, -는데'는 '대조'의 의미를 나타내면서 앞절과 뒷절을 이어 준다.

〈**대등하게 이어진 문장의 특징**〉 앞의 (3~5)의 문장에서 확인할 수 있듯이 대등하게 이어진 문장의 앞절과 뒷절은 구조적으로나 의미적으로 '대칭성(對稱性)'이 있다. 그리고 대등하게 이어진 문장에는 이러한 대칭성과 함께, 앞절과 뒷절의 순서를 바꾸어도 의미에 변화가 생기지 않는 '교호성(交互性)'도 나타난다.

  (6) ㄱ. 하늘도 맑고 바람도 잠잠하다.
  　　ㄴ. 떡은 쌀가루로 만들면, 빵은 밀가루로 만든다.

  (7) ㄱ. 이혼을 하든지 결혼을 하든지 내 마음이지.
  　　ㄴ. 내가 이 돈으로 술을 사거나 쌀을 사거나 네가 상관할 일이 아니다.

(8) ㄱ. 서울은 기온이 영하이<u>지만</u> 부산은 기온이 영상이다.

　　ㄴ. 예술은 살아 있<u>으나</u> 그 사람은 갔다.

　　ㄷ. 이놈은 못생겼<u>는데</u> 저놈은 잘생겼다.

(3~5)의 대등하게 이어진 문장에서 앞절과 뒷절의 순서를 바꾸면 (6~8)처럼 된다. 이렇게 앞절과 뒷절의 순서를 바꾸어도 (3~5)의 본디 문장과 (6~8)의 문장은 기본적인 의미가 다르지 않다.

5.1.2. 종속적으로 이어진 문장

〈종속적으로 이어진 문장의 개념〉 '종속적으로 이어진 문장'은 앞절과 뒷절의 의미가 서로 독립적이지 못하고, 앞절의 의미가 뒷절의 의미에 이끌리는 관계로 이어진 문장이다. 종속적으로 이어진 문장의 앞절과 뒷절은 종속적 연결 어미에 의해서 이어진다. 종속적으로 이어진 문장은 앞절이 뒷절에 의미적으로 이끌리므로, 앞절과 뒷절 사이에 대칭성과 교호성이 없다.

(9) ㄱ. 첫눈이 내리<u>니까</u> 강아지들이 매우 좋아한다.

　　ㄴ. 봄이 오<u>면</u> 우리는 고향으로 갈 수 있다.

(10) ㄱ. [?]강아지들이 매우 좋아하<u>니까</u> 첫눈이 내린다.

　　ㄴ. [?]우리가 고향으로 갈 수 있<u>으면</u> 봄이 온다.

(9ㄱ)에서 앞절인 '첫눈이 내리다'는 뒷절인 '강아지들이 매우 좋아하다'에 원인의 관계로 이끌린다. 그리고 (9ㄴ)의 앞절인 '봄이 오다'는 뒷절인 '우리는 고향으로 갈 수 있다'에 조건의 관계로 이끌린다. 이러한 점에서 (9)의 문장에서 뒷절의 내용이 중심이 되고 앞절의 내용은 뒷절의 내용에 종속된다고 할 수 있다. 그리고 (9)의 문장에서 앞절과 뒷절의 위치를 바꾸어서 (10)과 같은 문장으로 만들면, (9)의 문장과 (10)의 문장은 의미적인 면에서 차이가 난다. 이처럼 (9)의 문장은 의미적으로나 구조적으로 대칭성이 없을 뿐만 아니라 교호성도 없으므로, 종속적으로 이어진 문장임을 확인할 수 있다.

〈종속적 연결 어미의 종류〉 '대등적 연결 어미'의 종류는 '-고, -으며 ; -든지, -거나 ; -지만, -으나, -는데' 등에 국한되는 데 반해서, 종속적 연결 어미는 그 수가 대단히 많다. 종속적 연결 어미가 쓰인 구체적인 예를 보이면 다음과 같다.

(11) ㄱ. 요즈음 학생들은 음악을 들으면서 공부한다.   [동시]

    ㄴ. 농부들은 들일을 마치고(서) 점심을 먹었다.   [계기]

    ㄷ. 실내 공기가 나쁘므로 창문을 좀 열어 둡시다.   [이유]

    ㄹ. 내일 비가 와도 축구 대회는 열립니다.   [양보]

    ㅁ. 날이 밝으면 수색 작업을 다시 시작한다.   [가정]

    ㅂ. 날씨가 추운데 어디에서 자려 하느냐?   [상황]

    ㅅ. 고기를 잡으러 바다로 갈까요?   [목적]

    ㅇ. 진달래가 온 산에 흐드러지게 피었습니다.   [결과]

    ㅈ. 군인들은 무턱대고 돌격하다가 많이 죽습니다.   [전환]

    ㅊ. 나그네가 시골길을 구름에 달 가듯이 걸어간다.   [비유]

    ㅋ. 날이 갈수록 세상은 각박해져 간다.   [점층]

    ㅌ. 하늘을 봐야 별을 따지.   [필연]

국어에는 많은 종류의 종속적 연결 어미가 쓰여서, (1)에서처럼 '계기, 이유, 양보, 가정, 상황, 목적, 결과, 전환, 비유, 점층, 필연' 등 다양한 의미로 앞절과 뒷절을 이어 준다.

의미		종속적 연결 어미
시간	동시	-으며, -으면서
	계기	-고(서), -자, -자마자, -아(서)/-어(서)
이유·원인		-아/-어(서), -으니까, -으므로, -으매, -이라(서), -다(고), -느라고, -은지라, -(으)ㄹ쎄, -기에, -기로(서니)
양보		-아/-어도, -라도, -더라도, -든지, -으나, -은들, -을지라도, -을망정
조건	가정	-으면, -거든, -더라도, -되
	상황	-으니, -는데/-은데, -건만, -은즉, -은바, -을진대, -거니와, -더라니
의도·목적		-으러, -으려(고), -고자
결과		-게, -도록
전환		-다가
비유		-듯, -듯이
점층		-을수록
필연		-아야/-어야

[표 1. 종속적 연결 어미의 종류]

〈**명사절이나 관형절이 앞절로 쓰인 종속적으로 이어진 문장**〉 제7차 교육과정에 따른『고등학교 문법』(2010:168)에서는 명사절이나 관형절로 이루어진 '종속적으로 이어진 문장'을 인정하고 있다.

첫째, 명사절이나 '명사절을 포함하는 명사구'에 부사격 조사인 '-에'가 실현된 형식이 앞절로 기능해서, 전체 문장이 종속적으로 이어진 문장이 될 수 있다.

> (12) ㄱ. <u>가방 속에 돈이 많이 들어 있기에</u> 우리는 깜짝 놀랐다.
> ㄴ. <u>내일 수업이 있기 때문에</u> 저는 일찍 자야 하겠습니다.
> ㄷ. <u>본 강의에 들어가기 전에</u> 먼저 제 소개를 하겠습니다.

(ㄱ)에서 '가방 속에 돈이 많이 들어 있기에'는 명사절에 부사격 조사 '-에'가 붙어서 이어진 문장의 앞절로 쓰였다. 그리고 (ㄴ)의 '내일 수업이 있기 때문에'와 (ㄷ)의 '본 강의에 들어가기 전에'는 명사절을 안고 있는 명사구에 부사격 조사 '-에'가 결합하여 종속적으로 이어진 문장의 앞절로 쓰였다.

둘째, '관형절을 안고 있는 명사구'에 부사격 조사인 '-에'가 실현된 형식이, 이어진 문장의 앞절로 기능해서 전체 문장이 종속적으로 이어진 문장이 될 수 있다.

> (13) ㄱ. <u>이 선생님은 공부를 많이 한 까닭에</u> 수업을 아주 잘 하십니다.
> ㄴ. <u>비가 너무 많이 내린 바람에</u> 강물이 범람하였다.
> ㄷ. <u>관광객들은 아침을 먹은 다음에</u> 금강산으로 출발하였다.

(13)에서는 관형절과 그것의 수식을 받는 체언이 명사구를 형성하고, 이 명사구에 부사격 조사 '-에'가 결합한 말이 이어진 문장의 앞절로 쓰였다. 곧 (ㄱ)의 '공부를 많이 한 까닭에'와 (ㄴ)의 '비가 너무 많이 내린 바람에', 그리고 (ㄷ)의 '아침을 먹은 다음에'는 관형절을 안은 명사구에 부사격 조사인 '-에'가 실현된 형태이다. (13)에서 밑줄 그은 말은 형식적으로만 보면 이들 명사구에 '-에'가 실현되어서 부사어로 쓰인 것인데,『고등학교 문법』(2010:168)에서는 이러한 언어 형식을 종속적으로 이어진 문장의 앞절로 기능한 것으로 인정하고 있다.[2]

---

2) 명사절이나 관형절이 종속적으로 이어진 문장의 앞절로 쓰일 수 있다고 보는 견해는 언어의 형태보다는 기능을 중시한 견해이다. 이러한 주장은 김일웅(1993:250)과 서정수(1996:1190)에서 이미 제시된 바가 있다. 김일웅(1993:250)에서는 이음 표지는 연결 어미가 대부분이지

5.2. 안은 문장

　문장 속에서 특정한 문장 성분으로 쓰이는 문장을 '안긴 문장(성분절, 마디, clause)'
이라고 한다. 안긴 문장의 종류로는 '명사절, 관형절, 부사절, 서술절, 인용절' 등이
있는데, 이러한 안긴 문장(성분절)을 포함하는 전체 문장을 '안은 문장'이라고 한다.

5.2.1. 명사절을 안은 문장

　〈명사절을 안은 문장의 개념〉 '명사절(名詞節, 이름마디)'은 문장에서 마치 명사처
럼 여러 가지 문장 성분으로 쓰이는 성분절이다. 명사절은 서술어로 쓰이는 용언에
명사형 어미인 '-음'이나 '-기'가 실현되어서 형성되는데[3], 이러한 명사절을 안고 있
는 겹문장을 '명사절을 안은 문장'이라고 한다.

　　(3) ㄱ. 그 사람이 범인임이 밝혀졌다.
　　　　ㄴ. 통일부에서는 북한에서 편지가 도착했음을 김제동 씨에게 알렸다.
　　(4) ㄱ. 어두운 곳에서 모기를 잡기가 정말 힘들다.
　　　　ㄴ. 저는 이 두 부부의 앞길에 평화가 깃들기를 기원합니다.

(3)에서 (ㄱ)의 '그 사람이 범인임'과 (ㄴ)의 '북한에서 편지가 도착했음'은 주어와 서술
어의 구조를 갖추고 있으면서 그 전체가 명사처럼 기능한다. (4)에서 (ㄱ)의 '어두운
곳에서 모기를 잡기'와 (ㄴ)의 '이 두 부부의 앞길에 평화가 깃들기'도 마찬가지로 주
어와 서술어를 갖추고 있으면서 그 전체가 명사처럼 기능한다.

　명사절은 명사와 마찬가지로 문장 속에서 격조사와 결합하여 '주어, 서술어, 목적
어, 부사어' 등 여러 가지 문장 성분으로 두루 쓰일 수 있다. 예를 들어서 (3)과 (4)에
서 (ㄱ)의 명사절은 주어로 쓰이고 있으며, (ㄴ)의 명사절은 목적어로 쓰이고 있다.

　〈명사형 어미인 '-음'과 -기'의 기능〉 명사형 어미로는 '-음'과 '-기'가 있는데, 이

　　만, 의존 명사나 의존 명사에 조사가 결합된 말도 포함된다고 하였다. 곧 '-기 때문에, -기
　　위하여, -ㄴ 다음, -ㄴ 까닭에, -ㄴ 만큼, -ㄴ 바람에, ……' 따위는 그 자체로는 연결 어미
　　가 아니지만 연결 어미와 동일하게 기능하는 언어 단위로 보았다.
　3) '관형절＋것'의 명사절로서의 자격 문제에 대하여는 이 책 346쪽의 【더 배우기】 참조.

들은 명사절을 형성한다는 점에서는 동일하게 기능한다. 그러나 '-음'과 '-기'의 기능에는 약간의 차이가 있다. 곧, '-음'은 완료된 일을 표현하는 데에 쓰이고 '-기'는 완료되지 않은 일을 표현하는 데에 쓰인다.

(5) ㄱ. 국민들은 <u>대엽 씨가 사기꾼임</u>을 그제야 깨달았다.
    ㄴ. 그들은 <u>노력하지 않고 성공하기</u>를 기대했다.

(5)에서 (ㄱ)의 '대엽 씨가 사기꾼임'에서 '-음'은 일이 일어난 결과(완료)의 뜻을 나타낸다. 이에 반해서 (ㄴ)의 '노력하지 않고 성공하기'에서 '-기'는 일이 일어나는 과정이나 미완료의 뜻을 나타낸다는 점에서 차이가 있다. 곧 (ㄱ)에서 '대엽 씨가 사기꾼이라는 것'은 이미 완결된 '결과성의 일'인 반면에, (ㄴ)에서 '노력하지 않고 성공한다는 것'은 아직 완결되지 않은 '과정성의 일'이다. 이러한 차이 때문에 '-음'은 주로 '깨닫다, 알다, 밝혀지다'처럼 지각이나 인식을 나타내는 서술어와 어울리고, '-기'는 '기대하다, 바라다, 예상하다'와 같은 바람이나 희망을 나타내는 서술어와 잘 어울린다.

명사형 어미	명사형 어미의 기능	서술어의 의미
'-음'	완료, 일의 결과성을 표현	지각·인식
'-기'	미완료, 일의 과정성이나 기대성을 표현	바람·희망

[표 2. 명사형 어미 '-음'과 '-기'의 기능]

5.2.2. 관형절을 안은 문장

〈관형절을 안은 문장의 개념〉 '관형절(冠形節, 매김 마디)'은 문장에서 관형어로 기능하는 성분절이다. 관형절은 서술어로 쓰이는 용언의 어간에 관형사형 어미인 '-은, -는, -을, -던'을 실현하여 성립한다. 그리고 이러한 관형절을 안고 있는 겹문장을 '관형절을 안은 문장'이라고 한다.

(6) ㄱ. 그 섬에는 <u>고기를 잡-</u>은 사람이 없었다.
    ㄴ. 그 섬에는 <u>고기를 잡-</u>는 사람이 없었다.

ㄷ. 그 섬에는 <u>고기를 잡-을</u> 사람이 없었다.

ㄹ. 그 섬에는 <u>고기를 잡-던</u> 사람이 없었다.

(6)에서 밑줄 그은 말은 모두 관형절이다. (6)에서 관형절의 서술어로 쓰인 용언 '잡다'
의 어간인 '잡-'에 실현된 '-은, -는, -을, -던'은 각각 '과거, 현재, 미래, 회상'을 표현
한다. 따라서 관형사형 어미는 관형절을 형성하여서 체언을 수식하는 기능과 더불어
서, 관형절의 사건이 일어난 시간을 표현하는 기능을 겸하고 있음을 알 수 있다.

〈관형절의 유형〉 관형절은 그것이 중심어(= 체언)와 맺는 통사적인 관계에 따라
서 '관계 관형절'과 '동격 관형절'로 구분하기도 하고, 관형사형 어미의 형태에 따라서
'짧은 관형절'과 '긴 관형절'로 구분하기도 한다.

ⓐ '관계 관형절'과 '동격 관형절' : 관형절은 그것이 수식하는 중심어(체언)와의 통사적
론인 관계에 따라서 '관계 관형절'과 '동격 관형절'로 구분할 수 있다.

첫째, '관계 관형절(關係 冠形節, 빠져 나간 매김 마디, relative clause)'은 관형절 속의 문
장 성분 중에서 중심어(= 체언)와 동일한 대상을 표현하는 문장 성분이 삭제되고 형성
된 관형절이다.

(7) ㄱ. <u>백두산에서 호랑이를 잡은</u> **사람**은 김 포수였다.

ㄴ. 저희들은 <u>손님들이 좋아하는</u> **음식**을 많이 준비했습니다.

ㄷ. <u>우리가 머물렀던</u> **호텔**에서 불이 났다.

(7)의 관형절은 절이 갖추어야 할 문장 성분을 온전하게 갖추고 있지 않다. 곧 (ㄱ)의
'백두산에서 호랑이를 잡은'에서는 주어가 빠졌으며, (ㄴ)의 '손님들이 좋아하는'에서는
목적어가 빠졌으며, (ㄷ)의 '우리가 머물렀던'에서는 부사어가 빠졌다. 이러한 점을 고
려해서 (7)의 관형절을 정상적인 절의 형태로 복원시키면 다음의 (8)처럼 된다.

(8) ㄱ. **사람**이 백두산에서 호랑이를 잡(다)   ― 사람(중심어)

ㄴ. 손님들이 **음식**을 좋아하(다)   ― 음식(중심어)

ㄷ. 우리가 **호텔**에서 머무르(다)   ― 호텔(중심어)

(8)의 (ㄱ)에서는 관형절 속의 주어로 쓰인 '사람'과 그 중심어가 동일하며, (ㄴ)에서는

목적어로 쓰인 '음식'과 중심어가 동일하며, (ㄷ)에서는 관형절 속의 부사어로 쓰인 '호텔'과 중심어가 동일하다. (7)의 관형절에서 특정한 문장 성분이 빠져 나간 것은, (8)에서 보는 바와 같이 관형절 속에서 특정한 문장 성분으로 쓰인 체언과 관형절의 중심어가 동일하기 때문이다. 이처럼 관계 관형절은 관형절 속의 특정한 문장 성분 중에서 중심어와 동일한 문장 성분이 생략된 관형절인데[4], 이러한 관계 관형절은 그 것이 수식하는 중심어의 종류에 아무런 제약을 받지 않는 것이 특징이다.

둘째, '동격 관형절(同格 冠形節, 온전한 매김 마디, appositive clause)'은 관형절 속의 특정한 문장 성분이 빠져나가지 않은 관형절이다.

(9) ㄱ. 사장은 <u>김 부장이 내일 미국으로 떠날</u> **계획**에 반대하였다.
　　ㄴ. <u>그 아이가 도둑질을 할</u> **이유**가 전혀 없다.

(10) ㄱ. 우리는 <u>명수가 쥐를 잡아먹었다는</u> **사실**에 깜짝 놀랐다.
　　 ㄴ. <u>찬호가 세리를 야구 방망이로 두들겼다는</u> **헛소문**이 돌았다.

특정한 문장 성분이 생략되고서 형성된 관계 관형절과는 달리, (9)와 (10)에서 밑줄 그은 관형절은 중심어와 관련해서 어떠한 문장 성분도 삭제되지 않았다. 이러한 관형절은 관형절의 내용과 중심어(=체언)의 내용이 동격(同格, appositive)의 관계에 있는 것이 특징이다. 곧 (9ㄱ)에서 '계획'의 내용이 곧 '김 부장이 내일 미국으로 떠난다는 것'이며, (9ㄴ)에서 '이유'의 구체적인 내용이 '그 아이가 도둑질을 한 것'이다. 그리고 (10ㄱ)에서 '사실'의 내용이 '명수가 쥐를 잡아먹었다는 것'이며, (10ㄴ)에서 '헛소문'의 내용이 '찬호가 세리를 야구 방망이로 두들겼다는 것'이다. 관형절과 중심어에서 나타나는 이러한 의미적인 특징 때문에 (9)와 (10)의 관형절을 '동격 관형절'이라고 한다.

그런데 관계 관형절에서는 중심어로 쓰일 수 있는 체언의 종류에 별다른 제약이 없으나, 동격 관형절에서는 중심어로 쓰일 수 있는 체언의 종류가 한정되어 있다.

(11) ㄱ. 결심, 경우, 경험, 계획, 고백, 기적, 까닭, 독촉, 명령, 목적, 보도, 불상사, 사건, 사실, 소문, 소식, 약점, 연락, 욕심, 일, 점, 정보, 죄, 증거, 질문
　　 ㄴ. 것, 바, 적, 때문, 데, 줄, 수, 법, 리

---

4) 주어가 빠져 나간 관계 관형절에 대하여는 이 책 347쪽의 【더 배우기】참조.

동격 관형절의 중심어로 쓰일 수 있는 자립 명사로는 (ㄱ)의 '결심, 경우, 경험, 계획' 등이 있으며, 의존 명사로는 (ㄴ)의 '것, 바, 적, 때문, 데, 줄, 수, 법, 리' 등이 있다.(남 기심·고영근 1993:380, 서정수 1996:1311)

ⓑ **'긴 관형절'과 '짧은 관형절'** : 관형사형 어미의 문법적인 형태에 따라서 관형절을 '긴 관형절'과 '짧은 관형절'로 구분하기도 한다.

첫째, '긴 관형절'은 용언의 종결형에 '-(고 하)는'이 붙어서 형성된 관형절이다.

(12) ㄱ. <u>한국인들이 탈레반에게 인질로 잡혔다는</u> **사실**에 국민들이 놀랐다.
　　 ㄴ. 우리는 <u>나 교수가 지폐를 위조하였다는</u> **증거**를 아직 찾지 못했다.

(13) ㄱ. 잡혔다는: 잡히- + -었- + -다 + (-고 + 하 -) + -는
　　 ㄴ. 위조하였다는: 위조하- + -였- + -다 + (-고 + 하 -) + -는

(12)에서 관형절의 서술어로 쓰인 '잡혔다는'과 '위조하였다는'의 형태를 (13)과 같이 분석할 수 있다. 곧 '잡혔다는'과 '위조하였다는'은 각각 '잡혔다고 하는'과 '위조하였 다고 하는'에서 인용을 나타내는 부사격 조사인 '-고'와 용언인 '하다'의 어간인 '하-' 가 생략된 형태이다. 곧 '잡혔다는'과 '위조하였다는'은 '잡혔다고 하는'과 '위조하였다 고 하는'에서 '-고 하-'가 줄어져서 만들어졌는데, 이와 같은 문법적인 절차를 밟아서 형성된 관형절을 '긴 관형절'이라고 한다.

둘째, '짧은 관형절'은 관형절의 서술어로 쓰인 용언에 종결 어미가 실현되지 않고 형성된 관형절이다.

(14) ㄱ. <u>철수가 타고 온</u> **자동차**가 고장이 났다.
　　 ㄴ. <u>북한이 핵무기를 개발한</u> **증거**는 쉽게 나타나지 않았다.

(15) ㄱ. 온　　: 오- + -ㄴ
　　 ㄴ. 개발한 : 개발하- + -ㄴ

(14)에서 관형절은 '오다'의 어간인 '오-'와 '개발하다'의 어간인 '개발하-'에 관형사형 어미인 '-ㄴ'이 바로 붙어서 이루어졌다. 이처럼 인용을 나타내는 말인 '-고 하-'가 개 입되지 않고 관형사형 어미가 바로 붙어서 형성된 관형절을 '짧은 관형절'이라고 한다.

5.2.3. 부사절을 안은 문장

〈부사절을 안은 문장의 개념〉 '부사절(副詞節, 어찌 마디)'은 문장에서 부사어로 기능하는 성분절이다. '부사절'은 용언의 어간에 부사 파생 접미사인 '-이'나 부사형 어미인 '-게, -도록', 그리고 종속적 연결 어미인 '-아서/-어서, -으면' 등이 붙어서 성립한다. 그리고 이러한 부사절을 안고 있는 겹문장을 '부사절을 안은 문장'이라고 한다.

> (16) ㄱ. 준석 씨는 <u>돈이 없이</u> 고스톱을 친다.
> ㄴ. 하루에 한 번씩 <u>땀이 나게</u> 운동을 하여라.
> ㄷ. 아들은 아버지에게 <u>손이 닳도록</u> 빌었다.
> ㄹ. 등산길이 <u>눈이 많이 와서</u> 매우 미끄럽다.
> ㅁ. 저 사람은 <u>내가 죽으면</u> 아주 좋아하겠지.

(16)에서 밑줄 친 말은 주어와 서술어의 구조를 갖추고 있으면서 그 뒤에 실현되는 서술어(용언구)를 수식하고 있는데 이러한 절을 부사절이라고 한다. 이렇게 부사절을 형성하는 문법 형태소로는 '-이 ; -게, -도록 ; -아서/-어서, -으면' 등이 있는데, 그 수효가 대단히 많다.5)

〈부사절을 형성하는 문법 요소〉 제7차 교육과정의 『고등학교 문법』(2010:164)에서는 부사절을 형성하는 문법적인 요소를 다양하게 제시하고 있다.

> (17) ㄱ. 가을비가 <u>소리도 없이</u> 내렸다.
> ㄴ. 그는 <u>형과 달리</u> 공부를 잘 한다.
> ㄷ. <u>전문가들이 예상한 바와 같이</u> 주가가 크게 떨어졌다.
>
> (18) ㄱ. 모두들 <u>기분이 좋게</u> 일을 시작하였다.
> ㄴ. 이순신은 <u>왜군들이 모조리 물에 빠지도록</u> 작전을 짰다.
>
> (19) ㄱ. 날씨는 <u>비가 오면</u> 더 추워질 것이다.
> ㄴ. 우리는 <u>잠이 쏟아져도</u> 숙제를 다 해 내었다.
> ㄷ. 사장님은 <u>돈이 많으니까</u> 좋으시겠습니다.

---

5) 『고등학교 문법』(2010:164)에서는 (ㄱ)의 '-이'는 부사를 파생하는 접사로 처리하며, (ㄴ~ㅁ)의 '-게, -도록, -아서/-어서, -(으)면' 등은 부사형 전성 어미 또는 종속적 연결 어미로 처리한다.

『고등학교 문법』(2010:164)에서는 (17)처럼 용언에 부사 파생 접미사인 '-이'가 붙어서 부사절이 형성되는 경우6)와, (18)처럼 부사형 어미인 '-게'와 '-도록'이 붙어서 부사절이 형성되는 경우를 인정하고 있다. 그리고 (19)처럼 종속적 연결 어미로 된 절도 부사절로 볼 수 있는 면이 있다고 설명하고 있다. 이뿐만 아니라 『고등학교 교사용 지도서 문법』(2010:201)에서는 대등적 연결 어미로 이어지는 앞절까지도 부사절로 볼 수 있다고 설명하고 있다.7)

5.2.4. 서술절을 안은 문장

〈서술절을 안은 문장의 개념〉 '서술절(敍述節, 풀이마디)'은 문장에서 서술어로 기능하는 성분절이다. 그리고 이렇게 서술절을 안고 있는 겹문장을 '서술절을 안은 문장'이라고 한다.

(20) ㄱ. 코끼리가 <u>코가 길다</u>.
ㄴ. 자갈치가 <u>회가 싱싱하다</u>.
ㄷ. 나는 <u>설거지가 싫다</u>.

(20)에서 (ㄱ)의 '코가 길다'와, (ㄴ)의 '회가 싱싱하다', (ㄷ)의 '설거지가 싫다'는 모두 주어와 서술어의 구조를 갖추고 있으면서, 주어인 '코끼리가, 자갈치가, 나는'에 대하여 서술어로 쓰이고 있다. 따라서 『고등학교 문법』(2010:164)에서는 (20)에서 밑줄 친 말을 서술절로 보고 (20)의 문장을 '서술절을 안은 문장'으로 처리한다.

〈서술절의 특징〉 서술절에는 다음과 같은 형태·통사론적인 특징이 나타난다.

---

6) 부사절을 형성하는 '-이'의 문법적 성격에 대하여는 이 책 348쪽의 【더 배우기】참조.
7) 제7차 교육과정의 『고등학교 문법』(2010:164, 168)에서 부사절을 이처럼 다양한 방식으로 처리한 것은, 언어 현상을 단일한 시각으로만 보는 획일적인 설명 방식에서 탈피해서 열린 사고를 통하여 언어를 처리하는 다양한 방식을 학생들에게 제시하고자 하는 의도에서였다.(교사용 지도서 문법 2010:201) 그러나 '학교 문법'은 학교 교육을 위한 규범 문법이다. 이러한 점을 감안하면 학교 문법에서는 언어 현상에 대한 여러 가지 학설 가운데 가장 보편적인 것으로 인정을 받는 이론(理論)을 제시하거나, 혹은 그렇지 못한 경우에는 교육적 편의를 고려하여 통일된 이론을 제시하여야 한다. '학교 문법'의 이러한 성격에 비추어 볼 때, 『고등학교 문법』에서 서로 다른 방식으로 부사절을 설명한 것이 학교 문법이 가진 본래의 취지에 합당한지는 다시 한번 검토해 보아야 할 것이다.

첫째, 서술절은 서술어가 비행동성(non-action)의 의미 특질이 있는 용언, 곧 '상태성 (state)'이나 '과정성(process)'을 나타내는 용언일 때에만 나타날 수 있다.[8]

(21) ㄱ. 저 개가 <u>꼬리가 길다</u>.   [상태성]
      ㄴ. 이 아이가 <u>재주가 있다</u>.

(22) ㄱ. 이 나무가 <u>꽃이 핀다</u>.   [과정성]
      ㄴ. 그이가 <u>얼굴이 야위었다</u>.

(23) ㄱ. *그이가 <u>책이 읽는다</u>.   [동작성]
      ㄴ. *그가 <u>학교가 간다</u>.

(21)에서 '길다, 있다'는 상태(state)를 나타낸다. 그리고 (22)에서 '피다, 야위다'는 움직임을 나타내기는 하지만, 주체의 적극적인 행동(action)을 나타내지 않고 과정(process)만을 나타낸다. 이처럼 상태나 과정의 의미적인 특성이 있는 용언을 '비행동성(non-action) 용언'이라고 하는데, 문장 속에서 비행동성 용언이 서술어로 쓰일 때에는 서술절을 안은 문장으로 표현될 수 있다. 반면에 (23)의 '읽다'와 '가다'처럼 행동성의 의미 특질을 나타내는 용언이 서술어로 쓰이는 문장에서는 서술절이 성립하지 않는다.

둘째, 서술절에는 그것을 성립시키는 문법적인 형태가 없다. 서술절을 제외한 다른 절은 그것이 절임을 나타내는 표지(형태)가 실현된다. 곧 명사절의 표지는 명사형 어미인 '-음'과 '-기'이며, 관형절의 표지는 관형사형 어미인 '-은, -는, -던, -을'이다. 그리고 부사절의 표지로는 '-이, -게, -도록, -으면, -니까' 등이 있고, 인용절의 표지로는 '-라고'와 '-고'와 같은 부사격 조사가 있다. 이처럼 다른 절에는 그것이 절임을 확인할 수 있는 문법적인 형태가 존재하는 반면에, 서술절에는 그러한 절 표지가 없는 것이 특징이다.

셋째, 서술절의 서술어에는 종결 어미가 실현되어 있어서, 서술절이 완전한 문장의 형식을 취하는 것이 특징이다. 곧 (21)과 (22)의 문장에서 서술절의 서술어인 '길다, 있다, 핀다, 야위었다'에는 평서형 종결 어미인 '-다'가 실현되어서, 서술절이 완전한 문장의 형식을 갖추고 있다.[9]

---

8) '서술절을 안은 문장'은 원래 하나의 서술어에 주어가 두 개 이상 대응하는 문장(이중 주어문)을 문법적으로 처리하기 위해서 설정한 '안은 문장'이다. 이중 주어문을 처리하는 다양한 이론에 대하여는 이 책 349쪽의 【더 배우기】 참조.

5.2.5. 인용절을 안은 문장

〈인용절을 안은 문장의 개념〉 '인용절(引用節, 따온 마디)'은 다른 사람의 말이나 생각을 직접 혹은 간접적으로 따온 성분절이다. '인용절'은 인용하는 절(문장)에 부사격 조사 '-라고'와 '-고'가 붙어서 이루어진다.[10] 이와 같이 인용절을 안고 있는 겹문장을 '인용절을 안은 문장'이라고 한다.

> (24) ㄱ. 길동 씨는 "나는 박 회장한테서 10억 원을 받았다."라고 말했습니다.
> ㄴ. 길동 씨는 (자기는) 박 회장한테서 10억 원을 받았다고 말했습니다.

(24)의 문장은 다른 사람의 말을 따온 '인용절을 안은 문장'이다. 여기서 (ㄱ)은 '길동 씨'가 한 말을 그대로 따온 직접 인용문인데, 직접 인용절인 '나는 박 회장한테서 10억을 받았다.'에 부사격 조사인 '-라고'가 실현되었다. 그리고 (ㄴ)은 말을 전달하는 사람이 '길동 씨'의 말을 자신의 입장으로 바꾸어서 따온 간접 인용문이다. 간접 인용절인 '박 회장한테서 10억 원을 받았다'에는 부사격 조사인 '-고'가 실현되었다.[11]

그런데 인용절을 안은 문장은 남의 말을 따올 때뿐만 아니라, 생각·판단·주장 등을 따올 때에도 성립한다.

> (25) ㄱ. 나는 '내일은 집에서 쉬어야지.'라고 **생각했다.**
> ㄴ. 황우석 박사는 자기는 결백하다고 **주장했다.**

---

9) 이처럼 서술절이 완전한 문장의 형식을 갖추고 있다는 점과 서술절에 절의 표지가 존재하지 않는다는 점을 근거로 하여, 서술절을 인정하지 않으려는 견해도 있다.

10) 『고등학교 문법』(2010:165)에서는 "인용절은 주어진 문장에 인용격 조사인 '-고, -라고'가 붙어서 만들어진다."라고 하여, 인용절에 결합하는 조사 '-고'와 '-라고'를 인용격 조사로 처리하고 있다. 그러나 『고등학교 문법』(2010:165)의 96쪽에서는 이미 격조사의 유형으로서 '주격 조사, 목적격 조사, 관형격 조사, 부사격 조사, 보격 조사, 호격 조사, 서술격 조사'만 인정하고 있으므로, '-고'와 '-라고'를 '인용격 조사'로 처리하는 것은 모순이다. 따라서 이 책에서는 일반적인 견해에 따라서 '-고'와 '-라고'를 인용을 나타내는 '부사격 조사'로 처리한다. 그리고 이렇게 '-고'와 '-라고'를 격조사로 하면, 인용절은 '-라고'와 '-고'를 제외한 인용 문장이 된다.

11) 명사절, 관형절, 부사절 속의 서술어에는 종결 어미가 실현되지 않는 반면에, 인용절은 서술절과 마찬가지로 인용절 속의 서술어에 종결 어미가 실현되어서 완전한 문장의 형식을 갖추고 있다. 곧 (25)에서 인용절의 서술어인 '쉬어야지'와 '결백하다'에는 종결 어미인 '-어야지'와 '-다'가 실현되어 문장을 끝맺고 있는 것이 특징이다.

(25)의 문장에서 인용절을 안은 문장의 전체 서술어는 '생각하다'와 '주장하다'이다. 이처럼 화자가 자신이나 남의 생각이나 판단, 주장 등을 인용하여 표현하는 것도 인용절을 안은 문장으로 처리한다. 왜냐하면 생각이나 판단, 주장을 인용하는 표현도 남의 말을 인용하는 것과 동일한 형식의 문장으로 표현되기 때문이다. 이렇게 되면 '말하다'뿐만 아니라 '생각하다, 믿다, 주장하다, 약속하다, 명령하다, 제의하다……' 등도 인용절의 문법적인 형식만 갖추면 인용절을 안은 문장의 서술어로 쓰일 수 있다.12)

〈인용절의 특징〉 인용절은 온전한 문장의 형식을 갖추었다는 점에서 다른 성분절과 차이를 보인다.

(26) ㄱ. 누나는 "작은어머님께서 어제 돌아가셨다."라고 말했다.
    ㄴ. 선생님께서는 너희들은 숙제를 다 마치고 집에 가라고 지시하셨다.

(ㄱ)의 직접 인용절과 (ㄴ)의 간접 인용절은 모두 주어와 서술어를 갖추고 있으며, 인용절 속에서 서술어로 쓰인 용언에 종결 어미인 '-다'와 '-라'가 실현되었다. 이처럼 인용절은 온전한 문장의 형식을 취하고 있다는 점에서 명사절, 관형절, 부사절 등과는 다른 특징을 보인다.

〈인용절의 유형〉 인용절은 남의 말을 인용하는 형식에 따라서 '직접 인용절'과 '간접 인용절'로 나뉜다. 직접 인용절은 다른 사람의 말을 그대로 따서 옮기는 인용절로서 부사격 조사인 '-라고'가 붙어서 성립한다. 반면에 '간접 인용절'은 다른 사람의 말을 전달하되, 그 말을 전달하는 이의 입장으로 내용이나 형식을 바꾸어서 표현한 인용절로서, 부사격 조사인 '-고'가 붙어서 성립한다.

다음의 발화 상황은 '이효리'가 '장동건'에게 (27)처럼 말을 하고, '장동건'은 (28)처럼 그녀의 말을 다른 사람에게 옮기는 상황이다.

(27) [화자: 이효리]   "나는 내일 너의 집에 가겠다."   [청자: 장동건]

(28) ㄱ. [화자: 장동건] 이효리가 나에게 "나는 내일 너의 집에 가겠다."라고 말했다.
    ㄴ. [화자: 장동건] 이효리가 나에게 자기는 내일 우리 집에 오겠다고 말했다.
    ㄷ. [화자: 장동건] 이효리가 나에게 내일 우리 집에 오겠다고 말했다.

---

12) 인용을 나타내는 부사격인 '-하고'에 대해서 이 책 498쪽, 각주 1)의 내용을 참조할 것.

여기서 (28)의 (ㄱ)은 장동건이 이효리의 말을 직접적으로 인용한 표현인데, 이렇게 직접적으로 인용할 경우에는 부사격 조사로서 '-라고'를 쓴다. 이에 반해서 (28)의 (ㄴ)과 (ㄷ)은 장동건이 이효리가 한 말을 자신의 입장으로 내용이나 형식을 바꾸어서 간접적으로 인용한 표현이다. 이처럼 다른 사람이 한 말을 간접적으로 인용할 경우에는 부사격 조사로서 '-고'를 쓴다. 그리고 간접 인용절을 안은 문장의 전체의 주어와 안긴 문장 속의 주어가 동일할 때에는, (ㄴ)처럼 안긴 문장의 주어를 재귀 대명사로 바꾸어서 표현하거나 (ㄷ)처럼 안긴 문장의 주어를 생략하여 표현한다.

다음의 발화 상황은 '김희선'이 발화한 (29)의 문장을 '송일국'이 듣고서 그녀의 말을 (30)과 같이 다른 사람에게 옮기는 상황이다.

(29) [화자 : 김희선]　　“나는 너를 좋아한다.”　　[청자 : 송일국]

(30) ㄱ. [화자 : 송일국] 희선이가 "나는 너를 좋아한다."라고 말했다.
　　ㄴ. [화자 : 송일국] 희선이가 자기는 나를 좋아한다고 말했다.
　　ㄷ. [화자 : 송일국] 희선이가 나를 좋아한다고 말했다.

(30)의 (ㄱ)에서는 송일국이 김희선의 말을 직접적으로 인용했고, (ㄴ)과 (ㄷ)에서는 간접적으로 인용한 것이다. 전체 문장의 주어와 인용절 속의 주어가 동일하므로, (ㄴ)에서는 인용절 속의 주어가 재귀 대명사로 바뀌었고 (ㄷ)에서는 인용절 속의 주어가 생략되었다.

【 더 배우기 】

1. '관형절 + 것'의 명사절로서의 자격 문제

관형절 뒤에 의존 명사인 '것'이 결합되어서, 전체 구성이 명사처럼 기능하는 경우가 있다.

(1) ㄱ. <u>지구가 둥글다는</u> 것은 오래 전에 증명되었다.
ㄴ. 나는 <u>그가 거짓말을 했다는</u> 것을 알고 있다.
ㄷ. 그가 <u>고향에 돌아간</u> 것이 확실하다.

(2) [[지구가 둥글다는] _{관형절} 것 _{의존 명사}] 명사구

(3) ㄱ. <u>지구가 둥긂</u>은 오래 전에 증명되었다.
ㄴ. 나는 <u>그가 거짓말을 했음</u>을 알고 있다.
ㄷ. 그가 <u>고향에 돌아갔음</u>이 확실하다.

(1)에서 (ㄱ)의 '지구가 둥글다는 것', (ㄴ)의 '그가 거짓말을 했다는 것', (ㄷ)의 '그가 고향에 돌아간 것'은 명사와 동일하게 기능하고 있다. 이러한 구성은 형식적인 측면에서 볼 때에 (2)에서처럼 관형절에 의존 명사가 결합되어서 만들어진 명사구이다.

그런데 (1)에서 관형절 다음에 실현된 '것'은 의존 명사로서 자립성도 갖추지 못했고 실질적인 의미도 없다. 이러한 특징을 감안하여서 제6차 교육과정의 『고등학교 문법』(1995)과 남기심·고영근(1993:376)에서는 '관형절 + 것'의 전체 구성이 (3)에서 밑줄 그은 명사절과 동일하게 기능한다고 보고서, (1)의 '관형절 + 것'의 구성 전체를 하나의 명사절로 처리하였다. 이렇게 되면 제6차 교육과정의 『고등학교 문법』에서는 명사절을 형성하는 문법적인 요소로서 '-음'과 '-기' 이외에도 '-는 것'까지 설정한 셈이다.

그러나 제7차 교육과정의 『고등학교 문법』(2010:162)에서는 명사형 어미로서 '-음'과 '-기'만을 인정하고 있다. 따라서 (1)과 같은 '관형절 + 것'의 구성의 문법적 형식을 그대로 인정하여, (1)에서 밑줄 그은 언어 단위를 '관형절의 수식을 받는 명사구'로 처리한 것이다.

2. 동일 주어의 삭제 현상

안은 문장이나 이어진 문장에서 동일 주어가 되풀이될 때에는 주어의 중의 하나가 삭제되는 현상이 있다. 이러한 현상을 '동일 주어 삭제(同一 主語 削除) 현상이라고 한다.[1]

첫째로 안은 문장의 주어와 안긴 문장(성분절)의 주어가 일치할 때에는 안긴 문장의 주어가 삭제된다.

(1) ㄱ. <u>영수는</u>ₐ [Øₐ 대기업에 들어가기]를 포기했다.

ㄴ. <u>할머니는</u>ᵦ [Øᵦ 어제 잃어버린] 지갑을 찾았다.

ㄷ. <u>송중기는</u>ᵪ 연기할 때에 [Øᵪ 대사를 잊어버리지 않도록] 주의했다.

ㄹ. <u>박 대통령은</u>ᵨ [Øᵨ 임기를 끝까지 마치겠다]고 선언하였다.

(1)의 안은 문장에서는 안은 문장의 주어와 안긴 문장(성분절)의 주어가 일치하는데, 이 경우에는 안긴 문장의 주어를 반드시 삭제하여 문맥에 표현하지 않는다. 곧, (ㄱ)에서는 명사절 속의 주어, (ㄴ)에서는 관형절 속의 주어, (ㄷ)에서는 부사절 속의 주어, (ㄹ)에서는 인용절 속의 주어가 안은 문장의 주어와 동일하므로 삭제되었다.

둘째, 이어진 문장에서 앞절과 뒷절의 주어가 일치할 때에는 앞절이나 뒷절의 주어 중의 하나가 삭제된다.

(2) ㄱ. <u>가게 주인</u>ₑ은 절도범을 잡아서, Øₑ 경찰관에게 인계했다.

ㄴ. <u>송강호는</u>f 연극 연습을 마치고, Øf 곧장 드라마 촬영장으로 달려갔다.

(3) ㄱ. Øₑ 절도범을 잡아서, <u>가게 주인</u>ₑ은 경찰관에게 인계했다.

ㄴ. Øf 연극 연습을 마치고, <u>송강호는</u>f 곧장 드라마 촬영장으로 달려갔다.

(2)와 (3)의 이어진 문장에서 앞절의 주어와 뒷절의 주어가 동일하다. 이 경우에는 (2)처럼 뒷절의 주어가 삭제될 수도 있고 (3)처럼 앞절의 주어가 삭제될 수도 있는데, 일반적으로 앞절의 주어를 문장에 실현하고 뒷절의 주어를 삭제한다.[2]

3. 주어가 빠져 나간 관계 관형절

절은 주어와 서술어를 갖추고 있는 언어 형식이다. 절에서 나타나는 이러한 특징 때문에 다음과 같이 주어가 실현되지 않은 관형절을 절의 단위로 인식하지 못하는 경우가 있다.

---

1) 이러한 삭제 현상은 반드시 일어나야 하는 필수적인 현상이라는 점에서 수의적으로 일어나는 '문장 성분의 생략(省略) 현상'과 다르다.
2) 이러한 현상은 '문맥 생략의 현상이 일어날 때에 앞의 문맥을 바탕으로 하여 뒤의 문맥에서 되풀이되는 동일 성분을 생략하는 현상과 같다.

(1) ㄱ. <u>도서관에서 공부하던</u> 학생들이 모두 뛰쳐 나왔다.

　　ㄴ. 김두한은 <u>푸른</u> 하늘을 바라보았다.

(2) ㄱ. <u>학생들이</u> 도서관에서 공부하(다)　　— 학생들(중심어)

　　ㄴ. <u>하늘이</u> 푸르(다)　　　　　　　 — 하늘(중심어)

(1ㄱ)의 '도서관에서 공부하던'도 주어가 실현되지 않았다는 점에서 관형구로 처리하는 수가 있다. 그리고 (1ㄴ)에서 '푸른'이 하나의 문장 성분으로 되어 있고 주어가 실현되지 않았다는 점에서, '푸른'을 관형절로 보지 않고 단순한 관형어 혹은 관형구로 처리하는 경우가 있다.

　그러나 (1)의 관형절은 (2)처럼 속구조에서는 주어와 서술어의 구조를 갖추고 있다. 곧 (1)의 문장에서는 관형절 속의 주어와 그 중심어가 동일하기 때문에, 관계 관형절 속의 주어인 '학생들이'과 '하늘이'를 생략한 결과이다. 이러한 점에서 (1)에서 (ㄱ)의 '도서관에서 공부하던'과 (ㄴ)의 '푸른'도 관형절로 처리해야 한다.

4. 부사절을 형성하는 '-이'의 문법적 성격에 대하여

『고등학교 문법』(2010:202)에서는 부사절을 형성하는 '-이'를 파생 접사로 처리하고 있다. 그런데 부사절을 형성하는 '-이'가 실현된 용언에는 다른 파생 부사와는 달리 서술어의 기능을 유지하고 있다는 점이 특징이다.

(1) ㄱ. 이 영화는 <u>눈물 없이</u> 볼 수 없다.

　　ㄴ. 소는 <u>말과는 달리</u> 걸음이 느리다.

(2) ㄱ. 우리는 저녁을 <u>많이</u> 먹었다.

　　ㄴ. 봄이 되면 종달새가 <u>높이</u> 날았다.

『고등학교 문법』에서는 (1)의 '눈물 없이'와 '말과는 달리'에서 실현된 '-이'를 (2)의 '많이'와 '높이'에 실현된 '-이'처럼 부사를 파생하는 접미사로 처리하였다.

　그런데 파생 접사는 일반적으로 (2)의 '많이'와 '높이'에서처럼 용언의 활용 어미와는 달리 특정한 단어를 완전히 다른 단어로 파생하는 기능을 한다. 이렇게 되면 (1)에서 '없이'와 '달리'는 각각 형용사인 '없다'와 '다르다'에서 새롭게 파생된 부사로 보아야 한다. 그런데 『고등학교 문법』에서 처리한 것처럼 (ㄱ)의 '없이'와 (ㄴ)의 '달리'를 부사로 본다면 '눈물 없이'와 '말과는 달리'는 서술어로 쓰여야 하는 용언을 가지지 못하므로 부사절이 될 수 없다는 문제가 생긴다.

따라서 만일 (1)의 문장에서 '없이'와 '달리'의 '-이'가 부사절을 형성하는 기능이 있는 것으로 설명하려면, 이때의 '-이'를 '-게'나 '-도록'처럼 부사형 어미로 처리해야 한다. 이처럼 (1)에서 부사절을 형성하는 '-이'를 부사형 어미로 본다면, 이때의 '-이'는 (2)의 '많이'와 '높이'처럼 부사를 파생하는 접미사로 쓰이는 '-이'와는 구분하여야 한다. 따라서 (2)에서 쓰인 '-이'는 부사를 파생하는 파생 접사로 처리하고, (1)의 '-이'는 부사절을 만드는 부사형 어미로 처리할 가능성이 생기는 것이다.

그러나 이러한 문제점에도 불구하고 현행의 『고등학교 문법』(2010)에서는 (1)과 (2)에서 쓰인 '-이'를 모두 부사를 파생하는 접미사로 처리하고 있다.

5. 이중 주어문의 처리에 대하여

문장 속의 서술어가 비행동성의 용언일 경우에는 주어의 형식을 취하는 문장 성분이 두 개 이상 나타날 수 있다. 이러한 특이한 문장을 문법적으로 처리하기 위하여 다음과 같은 여러 가지 처리 방법이 나타난다.(서정수 1996:178 이하)

〈다주어 설〉 '다주어 설'은 이들 문장을 홑문장으로 보고 하나의 홑문장 속에 주어가 여러 개 있다고 보는 방법이다. 이 설은 가장 간명하기는 하지만 홑문장에서는 하나의 서술어에 하나의 주어만 대응한다는 일반 원칙에 어긋나는 결점이 있다.

〈대주어와 소주어 설〉 '대소 주어 설'은 문장의 맨 앞에 나타나는 명사구를 대주어 또는 총주어라 하고, 그 뒤에 나타나는 것을 소주어로 처리하는 방법이다.

(1) ㄱ. <u>기린이</u> <u>목이</u> 길다.
　　　　　대주어　　소주어

　　ㄴ. <u>의자가</u> <u>다리가</u> 있다.
　　　　　대주어　　소주어

대소 주어 설은 (1)에서 '기린이'와 '목이'를 모두 주어로 처리한다는 점에서는 앞의 다주어 설과 비슷하다. 하지만 이 설은 두 가지 주어에 동등한 자격을 부여하지는 않고, 앞에 실현되는 '기린이'와 '의자가'를 대주어로, 뒤에 실현되는 '목이'와 '다리가'를 소주어로 설정한 점이 다주어 설과 다르다. 대주어는 소주어의 상위 주어로서, 소주어와 그 서술 방식을 지배하는 구실을 한다고 보았다.

〈속구조 속의 단일 주어 설〉 '속구조 속의 단일 주어 설'은 문법의 층위를 속구조(심층 구조)와 겉구조(표층 구조)로 구분하고, 속구조에서 단일 주어인 문장이 변형을 통해서 겉구조에서 이중 주어 문장이 된 것으로 보는 견해이다. 이 설에서는 속구조에서 단일 주어이던 것이 겉구조에서 이중 주어가 형성되는 방법으로 다음의 3가지 유형을 설정한다.

(2) ㄱ. <u>철수의</u> 손이 크다.

ㄴ. <u>철수가</u> 손이 크다.

(3) ㄱ. <u>발바닥에</u> 물집이 잡혔다.

ㄴ. <u>발바닥이</u> 물집이 잡혔다.

(4) ㄱ. <u>순희에게서</u> 향수 냄새가 난다.

ㄴ. <u>순희가</u> 향수 냄새가 난다.

첫째는 (2)에서처럼 속구조에서 <체언$_1$-의 체언$_2$-이 용언>의 구조를 가진 문장이 겉구조에서 <체언$_1$-이 체언$_2$-이 용언>의 구조로 바뀌는 유형이다. 곧 속구조에서 관형어로 쓰인 '철수의'가 겉구조에서 주어의 형식인 '철수가'로 바뀌어서 이중 주어 문장이 되었다. 둘째는 (3)에서처럼 속구조에서 <체언$_1$-에(게) 체언$_2$-이 용언>의 구조를 가진 문장이 겉구조에서 <체언$_1$-이 체언$_2$-이 용언>의 구조로 바뀌는 유형이다. 곧 속구조에서 부사어로 쓰인 '발바닥에'가 겉구조에서 주어의 형식인 '발바닥이'로 바뀌어서 이중 주어 문장이 되었다. 셋째는 (4)에서처럼 속구조에서 <체언$_1$-에(게)서 체언$_2$-이 용언>의 구조를 가진 문장이 겉구조에서 <체언$_1$-이 체언$_2$-이 용언>의 구조로 바뀌는 유형이다. 곧 속구조에서 부사어로 실현된 '순희에게서'가 겉구조에서 '순희가'로 바뀌어서 이중 주어 문장이 된 것이다.

이렇게 속구조에서 단일 주어이던 문장이 변형에 의해서 겉구조에서 이중 주어 문장으로 바뀌었다고 설명하는 것은 다음과 같은 문제가 있다. 곧 (2~4)의 (ㄱ)과 같은 속구조 속의 단일 주어의 문장이 (ㄴ)과 같은 겉구조의 이중 주어 문장으로 변형되는 절차를 명확하고도 합리적으로 설명하기가 어렵다. (ㄴ)의 이중 주어 문장이 정말로 (ㄱ)의 단일 주어문에서 변형되어서 생긴 것인지, 혹은 (ㄱ)과 (ㄴ)의 문장이 서로 관련이 없는 별개의 문장인지 판별하기가 쉽지 않기 때문이다.

〈서술절 설〉 '서술절 설'은 전체 문장을 홑문장으로 다루지 않고 서술절을 안은 문장으로 처리한다. 그리고 한 문장에서 첫 번째 실현되는 주어를 안은 문장의 주어로 보고 두 번째 실현되는 주어를 서술절 속의 주어로 처리하는 방법이다.(최현배 1980:830, 허웅 2000:61, 남기심·고영근 1993:378, 『고등학교 문법』 205:164)

(5) ㄱ. 철수 씨는 <u>자기가 병에 걸렸음을</u> 이미 알고 있었다.

ㄴ. 손님들은 <u>주인이 차려준</u> 음식을 맛있게 먹었다.

(6) ㄱ. 저 개가 <u>꼬리가 길다</u>.

ㄴ. 이 아이가 <u>재주가 있다</u>.

(5)에서 밑줄 그은 말은 명사절과 관형절인데 이러한 절 속에는 원칙적으로 주어와 서술어가 들어 있다. 곧 (ㄱ)에서는 명사절 속에 주어인 '자기가'와 서술어인 '걸렸음'이 들어 있고, (ㄴ)에서는 관형절 속의 주어인 '주인이'와 서술어인 '차려주(다)'가 있다. 서술절 설을 주장하는 학자들은 (6)의 문장을 (5)와 마찬가지로 안은 문장으로 보고서, '꼬리가 길다'와 '재주가 있다'를 안은 문장 속의 서술절로 처리한다. 이에 따라서 (6)에서 '저 개가'와 '이 아이가'를 안은 문장의 주어로 처리하고 '꼬리가'와 '재주가'를 서술절 속의 주어로 처리한다.

이와 같은 '서술절 설'은 (6)에서 '꼬리가 길다'와 '재주가 있다'가 절이 갖추어야 하는 일반적인 조건을 갖추지 못했다는 문제가 있다. 곧 어떠한 절이 성립하려면 반드시 절을 나타내는 문법적인 형태를 갖추어야 하는데, (6)에서 '꼬리가 길다'와 '재주가 있다'는 이러한 표지가 없기 때문이다. 만일 '꼬리가 길다'와 '재주가 있다'에 절의 표지가 없어서 절로서의 자격을 갖추지 못한다면 서술절 설을 주장하기가 어렵다.

〈주제어 설〉 '주제어 설'은 국어의 문장 성분으로 주제어를 설정하고 이중 주어를 가진 문장의 주격 명사구가 주제어의 구실을 할 수 있다고 보는 학설이다. 주제(topic)는 원래 담화 분석(discourse analysis)에서 나오는 개념으로서, 담화의 과정에서 중점을 두어서 언급하거나 평언(評言, comment)할 때에 화제(=말거리)가 되는 말이다. 곧 '주제어'란 그 문장에서 이미 화제가 되어 있는 문장 성분으로서 "……으로 말한다면"으로 해석되는 문장 성분이다.

이러한 '주제어 설'은 '속구조 속의 주제어 설'과 '주제화 설'의 두 가지 견해로 나뉜다.

첫째, '속구조 속의 주제어 설'은 속구조 속에 말거리를 나타내는 주제어가 존재한다고 보는 설이다.

(7) ㄱ. <u>코끼리는</u> 코가 길다.

ㄴ. <u>백화점은</u> 롯데가 제일이다.

'속구조 속의 주제어 설'에서는 문장의 기본 구조를 <주제어 + 주어 + 서술어>와 같은 구조로 보고 주어와는 별도로 주제어를 기본 성분으로 설정하였다. 곧 (7)의 (ㄱ)에서 '코끼리는'을 주제어로 보고 '코가'를 주어로 처리하며, 마찬가지로 (ㄴ)에서는 '백화점은'을 주제어로 보고 '롯데가'를 주어로 본다.

둘째, '주제화 설'은 속구조에서는 다른 격에 속하는 문장 성분이 겉구조에서 주제화 (topicalization)되어서 주제어로 실현된다는 설이다.

(8) ㄱ. <u>철수의</u> 손이 크다.   [속구조]

　　　ㄴ. <u>철수는</u> 손이 크다.   [겉구조]

(9) ㄱ. 돈이 <u>나에게</u> 정말로 좋다.   [속구조]

　　　ㄴ. <u>나는</u> 돈이 정말로 좋다.   [겉구조]

이 설에 따르면 주제화는 다음과 같이 일어난다. 먼저 주제(화제, 말거리)가 아닌 특정한 문장 성분에 주제를 나타내는 보조사 '-은/-는'이 붙는다. 예를 들어서 (8)의 (ㄱ)에서 '철수의'가 관형어로 쓰였는데, 이것이 주제화되어서 (ㄴ)에서처럼 주제어인 '철수는'으로 실현되었다. 그리고 (9ㄱ)의 '나에게'와 같이 문장의 가운데 위치에서 실현된 문장 성분이 주제화되면 (9ㄴ)처럼 문장의 첫머리로 이동하여서 주제어가 된다. 결국 '주제화 설'에 따르면 주제어가 아닌 문장 성분이 주제어로 된 결과로서 이중 주어를 가진 문장이 형성된다는 것이다.

　주제어 설에서는 이중 주어가 나타나는 문장을 문법적으로 처리하기 위하여 주제어라고 하는 새로운 문장 성분을 설정하였다. 이렇게 되면 국어의 문장 성분의 체계가 복잡해지는 단점이 생긴다. 그리고 주제어는 원래 화용론적인 층위에서 나타나는 기능상의 단위로서, 통사론적인 단위인 주어나 서술어, 목적어 등의 문장 성분과 동일한 차원에서 다룰 수는 없다. 곧 문장의 기본 구조를 <주제어 + 주어 + 서술어>와 같이 설정하는 것은, 화용론적인 층위의 언어 단위(주제어)와 통사론적인 층위의 언어 단위(주어, 서술어)를 구분하지 못하고 뒤섞어서 기술한 것이다.

6. 접속 조사에 의해 이어진 문장

　남기심·고영근(1993:398)에 따르면 접속 조사 '-와/-과'에 의해서 이어진 문장을 설정한다.

(1) 나는 사과<u>와</u> 배를 좋아한다.

(2) ㄱ. 나는 사과를 좋아한다. + 나는 배를 좋아한다.

　　　ㄴ. *나는 사과를 좋아하고 나는 배를 좋아한다.

　　　ㄷ. 나는 사과<u>와</u> 배를 좋아한다.

(3) 서울<u>과</u> 부산은 대도시이다.

남기심·고영근(1993)에서는 (1)의 '나는 사과와 배를 좋아한다.'라는 문장에서 접속 조사인 '-와'는 '나는 사과를 좋아한다.'와 '나는 배를 좋아한다.'라는 문장을 잇는 구실을 한다고 설명하고 있다. 곧 (2)에서 (ㄱ)과 같은 두 개의 홑문장이 연결 어미인 '-고'를 통해서 이어져서 (ㄴ)의 대등하게 이어진 문장이 형성된 후에, 최종적으로 (ㄷ)처럼 접속 조사를 통한 이어진 문장이 만들어졌다고 설명한다. 따라서 (1)은 홑문장이 아니라 접속 조사 '-와/-과'에 의한 이어진 문장으로 처리하는 것이다. 『고등학교 교사용 지도서 문법』(2010:131, 197)에서도 접속 조사 '-와'의 기능을 설명하면서 '-와'가 홑문장을 잇는 기능을 한다고 설명하고 있다. 교사용 지도서 문법(2010)에 기술된 이러한 설명을 감안하면, 학교 문법에서는 명시적으로는 밝히지 않았지만, (1)이나 (3)처럼 접속 조사에 의해서 이어진 문장이 형성되는 것을 인정하는 셈이다.

하지만 (1)과 (3)의 문장을 이어진 문장으로 보는 견해에는 다음과 같은 문제가 있다.(이익섭·임홍빈 1984:256) 첫째로 남기심·고영근(1993)에서는 (2ㄴ)의 연결 어미 '-고'가 (2ㄷ)의 접속 조사 '-와/-과'로 대치된다고 설명하는데, 이러한 대치가 실제로 어떠한 문법적인 절차에 따라서 이루어지는지 설명하지 않았다. 둘째로 (2ㄴ)의 문장과 (1)의 문장을 동일한 문장으로 해석하는 것은 관념적인 해석일 뿐이지 실제로 두 문장이 관련이 있다는 객관적인 증거가 없다. 셋째로 국어에는 '-와'뿐만 아니라 '-이나, -이며, -이랑, -에, 또는, 그리고, 및'과 같이 체언과 체언을 이어 주는 문법 요소들이 많이 있는데, 이들 요소에 의해서 형성되는 문장도 (1)이나 (3)의 문장과 같이 모두 대등하게 이어진 문장으로 처리해야 하는지도 문제가 된다.

이러한 점을 감안하면 (1)과 (3)을 접속 조사에 의한 이어진 문장으로 처리하는 것은 타당성이 떨어진다. 따라서 '사과와 배'와 '서울과 부산'을 명사구로 보고, (1)과 (3)의 문장을 각각 명사구를 목적어와 주어로 취하는 홑문장으로 처리하는 것이 합리적이다.

7. '이어진 문장'과 '부사절을 안은 문장'

〈종속적으로 이어진 문장과 부사절〉 종속적으로 이어진 문장의 앞절은 '이유, 조건, 의도, 결과, 전환 등의 다양한 의미적인 관계로 뒷절에 이끌리므로, 앞절을 부사절의 일종으로 처리할 가능성이 있다.

(1) ㄱ. 황사가 불면 눈병 환자가 급증한다.

　　ㄴ. 김 선생님이 호통을 치시니까 깡패들이 달아났다.

곧 (ㄱ)에서 앞절인 '황사가 불면'은 뒷절인 '눈병 환자가 급증한다'를 수식하며, (ㄴ)에서 '김 선생님이 호통을 치시니까'는 뒷절인 '깡패들이 달아났다'를 수식하는 것으로 볼 수 있다. 따라서 (1)의 문장을 앞절과 뒷절이 이어지는 것으로 보지 않고 앞절이 뒷절을 수식하는 것으로 처리할 수도 있다. 이렇게 되면 (1)의 앞절은 부사절이 되며 (1)의 문장은 '부사절을 안은 문장으로 처리된다.

　그리고 종속적으로 이어진 문장에서는 앞절이 뒷절 속으로 이동하기도 하는데, 이는 종속적으로 이어진 문장의 앞절을 부사절로 해석할 수 있는 근거가 될 수 있다.

　　(2) ㄱ. 눈병 환자가 <u>황사가 불면</u> **급증한다**.
　　　　 ㄴ. 깡패들이 <u>김 선생님이 호통을 치시니까</u> **달아났다**.

(1)의 앞절을 뒷절 속으로 옮기면 (2)와 같이 되는데, 이 경우에는 밑줄 그은 절은 문장 속의 서술어를 수식한다. 이러한 특징을 감안하면 '황사가 불면'과 '김 선생님이 호통을 치시니까'를 부사절로 보고, (1)과 (2)의 문장을 부사절을 안은 문장으로 처리할 수도 있다.

　〈제7차 교육 과정의 『고등학교 문법』에서의 처리〉 제7차 교육과정의 문법에서는 이어진 문장을 다양한 방식으로 처리하고 있는데, 이 문제와 관련하여 『고등학교 문법』(2010:134)에 서술된 내용을 그대로 인용한다.

　7차 문법 교과서에서는 종래에 '부사형 어미'가 설정되지 않아 모호하고 불균형하게 기술되었던 활용 어미 체계의 문제점을 개선하여 '꽃이 아름답게 피었다.'의 '-게'와 같은 것을 부사형 어미로 보도록 하였다. 더 나아가 '종속적 연결 어미'로 유도된 '종속적으로 이어진 문장(소위 종속절)'도 부사절로 볼 수 있다고 하는 대다수의 태도를 수용하여 종속적 연결 어미도 부사형 어미로 볼 수 있는 점을 명시하였다. 이는 근본적으로 국어에서 부사절과 종속절(더 나아가 대등절)을 구분하는 것이 별 의미가 없다는 것을 뜻한다.(이익섭 1986:121) 따라서 종속적·대등적·보조적 연결 어미는 '연결'의 방식에 따른 어미 분류 방식으로 보고, 명사형·관형사형·부사형 어미는 '명사, 관형사, 부사와 같은 품사 기능성, 즉 형태 통사론적 관점에서의 어미 분류 방식으로 보아 병존시키되, 국어에서 궁극적으로 연결 어미는 부사형 어미로 볼 수 있다는 특수성을 인정하였다. 이미 이익섭·채완(1999)에서는 연결 어미를 모두 부사형 어미로 보는 기술을 보이고 있다. 이는 궁극적으로 국어의 어말 어미 체계를 다음과 같이 기술하는 것이 가능함을 뜻한다.

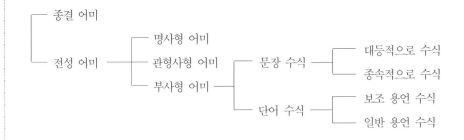

	기능	하위 기능	연결 어미의 형태	보기
부사형 어미	문장 수식	대등적으로 수식	대등적 연결 어미	비가 <u>오고</u> 바람은 안 분다.
		종속적으로 수식	종속적 연결 어미	비가 <u>와서</u> 길이 질다.
	단어 수식	보조 용언 수식	보조적 연결 어미	비가 <u>오고</u> 있다. / 비가 <u>오게</u> 된다.
		일반 용언 수식	–	비가 지루<u>하게</u> 내린다.

[표 1. 이어진 문장과 부사절을 안은 문장의 관계]

학교 문법은 국가 수준의 학교 교육을 위하여 여러 가지 문법 이론 가운데서 가장 보편적이라고 판단되는 이론을 선정하여 조직한 문법 체계이다. 곧 학교에서 언어를 교육하기 위해서는 통일된 문법 이론이 필요한데, 학교 교육에서 다루는 통일된 문법 이론이 바로 학교 문법이다. 이와 같은 학교 문법의 설정 취지를 생각하면 제7차 교육과정의 『고등학교 문법』(2010)에서 이어진 문장과 부사절을 안은 문장을 다양한 방법으로 처리한 것이 합리적인지는 의문이다. 특정한 언어 현상에 대한 다양하게 사고할 수 있음을 보이려다가 오히려 문법 교육에 큰 혼란을 빚을 수도 있기 때문이다.

[단원 정리 문제 11]

1. 다음 예문에서 밑줄 그은 말은 안긴 문장(절)이다. 이들 안긴 문장의 종류를 밝히시오.

> 지난 주에 영수는 <u>시골에 가기</u>로 아버지와 약속했습니다. 일요일 아침에, 영수는 아버지와 함께 <u>샘골로 가는</u> 버스를 탔습니다. <u>차창 밖으로 보이는</u> 시골 풍경이 아름다웠습니다. 하늘에는 솔개가 <u>힘차게</u> 날고 있었습니다. <u>부산에서는 솔개를 보기</u>가 어려웠는데, 솔개를 보니까 참으로 신기했습니다. 솔개는 <u>색깔이 검었</u>습니다. 영수는 <u>오늘은 참으로 운이 좋다</u>고 생각하였습니다. 그 날 영수는 <u>밤이 깊도록</u> 잠을 자지 않고 놀았습니다.

2. 다음은 안긴 문장의 종류와 특성을 지도하기 위한 자료와 교수·학습 과정안의 일부이다. 자료에서 안긴 문장을 모두 골라 빈칸에 <u>예</u>와 같은 형식으로 서술하시오. [3점]
   [2007학년도 중등 교사 임용 시험]

> ① 어제 산 책을 읽고 있다.
> ② 동생이 자기도 같이 가겠다고 말했다.
> ③ 농부들은 비가 오기만을 기다리고 있다.
> ④ 우리는 다른 사람의 도움 없이 그 일을 했다.
> ⑤ 여름에는 비가 내리고 겨울에는 눈이 내린다.
> ⑥ 형과 동생이 같이 학교에 간다.
> ⑦ 그가 얼굴에 미소를 띠었다.
> ⑧ 나는 이 책이 재미있다.

단계 1	안긴 문장이란?	다른 문장 속에 들어가 하나의 성분처럼 쓰이는 홑문장

⇩

단계 2	안긴 문장 고르기	<u>예</u> ① 어제 산

단계 3	안긴 문장의 표지	예 ① 관형사형 어미 '-ㄴ'

⇩

단계 4	안긴 문장의 종류	예 ① 관형절

3. 다음 두 문장에 쓰인 명사형 전성 어미인 '-음'과 '-기'의 의미적인 차이를 설명하시오.

    ① 우리 등반대가 에베레스트 산에 올랐<u>음</u>이 확인되었다.

    ② 에베레스트 산에 오르<u>기</u>가 너무나도 어렵다.

4. 다음 문장에서 쓰인 관형절에 대하여 다음 물음에 답하시오.

> ① 김 박사는 <u>미국에서 공부한</u> 사실이 없다.
>
> ② <u>김 박사를 사모했다는</u> 여인이 로또 복권에 당첨되었다.
>
> ③ 소양강 처녀는 <u>굵은</u> 빗방울을 맞으면서 노를 저었다.
>
> ④ <u>김봉주 선수가 경기를 포기했을</u> 리가 없다.

  4-1. ①~④의 관형절을 '관계 관형절'과 '동격 관형절'로 구분하고 그 근거를 밝히시오.

  4-2. ①~④의 관형절을 '긴 관형절'과 '짧은 관형절'로 구분하고 그 근거를 밝히시오.

5. '서술절을 안은 문장'과 관련하여 아래의 질문에 답하시오.

> ① 기린이 목이 길다.   ② 국화가 꽃이 피었다.

  5-1. ①과 ②의 문장에는 주어의 형식을 가진 문장 성분이 두 개가 있는데, 이처럼 하

나의 서술어가 두 개 이상의 주어를 취할 수 있는 조건을 제시하시오.

5-2. 현행의 학교 문법에서 ①과 ②의 문장을 겹문장, 곧 '서술절을 안은 문장'으로 처리하는 이유는 무엇인가?

5-3. 만일 ①과 ②의 문장을 겹문장으로 보지 않고 홑문장으로 보아야 한다면, 그렇게 주장할 수 있는 형태론적인 근거는 무엇인가?

6. 다음의 밑줄 친 보조적 연결 어미 '-게'는 학교 문법에서 부사형 전성 어미로도 인정되고 있다. '-게'를 부사형 전성 어미로 볼 수 있는 근거를 구체적으로 기술하시오. [2점]
[2005학년도 중등 교사 임용 시험]

> ① 장미꽃이 아름답<u>게</u> 피었다.
> ② 서쪽 하늘에 저녁놀이 화려하<u>게</u> 물들었다.

7. 다음 문장을 각각 직접 인용문과 간접 인용문으로 표현하시오.

> ① 철수(화자) ― "나는 한국 사람이다."   ― 영수(청자)
> ② 영자(화자) ― "나는 학교에서 너의 형을 만났다." ― 영수(청자)

7-1. 철수가 발화한 ①의 문장을 영수가 듣고서, 그 말을 순호에게 전달하려고 한다. 철수가 발화한 ①의 문장을 직접 인용문과 간접 인용문으로 표현하시오.

　　(1) 직접 인용문 : 철수가 ＿＿＿＿＿＿＿＿＿＿＿＿＿＿＿＿＿ 말했다.
　　(2) 간접 인용문 : 철수가 ＿＿＿＿＿＿＿＿＿＿＿＿＿＿＿＿＿ 말했다.

7-2. 영자가 발화한 ②의 문장을 영수가 듣고서, 그 말을 순호에게 전달하려고 한다. 영자가 발화한 ②의 문장을 직접 인용문과 간접 인용문으로 표현하시오.

　　(1) 직접 인용문 : 영자가 ＿＿＿＿＿＿＿＿＿＿＿＿＿＿＿＿＿ 말했다.
　　(2) 간접 인용문 : 영자가 ＿＿＿＿＿＿＿＿＿＿＿＿＿＿＿＿＿ 말했다.

8. 다음의 두 문장이 각각 '대등하게 이어진 문장'과 '종속적으로 이어진 문장'임을 대칭성(對稱性)과 교호성(交互性)의 원리로써 설명하시오.

① 정희는 라면을 먹었고 영자는 국수를 먹었다.
② 손혜교는 라면을 먹고 회사에 출근했다.

9. '대등하게 이어진 문장'의 앞절과 뒷절은 '선택, 나열, 대조'의 의미 관계를 갖는다. 앞절이 '선택, 나열, 대조' 의미 관계로 뒷절에 이어진 문장의 예를 만드시오.

① 선택 :

② 나열 :

③ 대조 :

10. 다음의 '종속적으로 이어진 문장'의 앞절이 부사절로 쓰일 수 있음을 설명하시오.

① 봄비가 내리면 고향 마을의 복순 씨가 생각난다.
② 물을 마시니까 속이 시원해졌다.

11. 학교 문법에서는 문제 3번과 같은 문장을 '종속적으로 이어진 문장'으로도 볼 수 있고 '부사절을 안은 문장'으로도 볼 수 있다고 설명한다. 이와 같은 학교 문법의 처리 방식이 가지는 장점과 단점을 설명하시오.

12. 다음의 문장들이 '이어진 문장'으로 해석될 수도 있는 이유를 설명하시오.

① 철수와 영희가 도서관에서 공부하고 있다.
② 박 양은 지금 몸이 아프기 때문에 오늘 회사에 나오지 않았습니다.
③ 수영장에 들어가기 전에 반드시 준비 운동을 해야 한다.

13. 다음 자료를 보고 교사와 학생이 <보기>와 같이 대화를 나누었다. ㉠과 ㉡에 들어갈 말을 각각 쓰시오. (단, ㉠에는 문장 성분의 종류를 쓸 것.) [2점] [2014학년도 중등 교사 임용 시험]

(1) 영수는 내가 아는 사실을 모른다.
(2) 영수는 내가 결석한 사실을 모른다.

교사 : 자, (1)과 (2)의 두 문장을 비교해서 말해 보세요. 특히 밑줄 친 부분에 대해서 뭐 생각나는 것 없나요?

민정 : 혹시 두 문장 모두 관형절을 가지고 있지 않나요?

교사 : 맞아요. 그렇지만 두 관형절은 달라요. (1)에서는 관형절이 수식하는 피수식어가 관형절 내에서 문장 성분이 되지만 (2)에서는 그럴 수가 없어요.

민정 : 아하! (1)의 관형절에 (㉠)이/가 없는데 그것이 피수식어와 같군요. 그렇다면 (1)과 같은 유형의 관형절에서는 (㉡)이/가 일어난다고 할 수 있겠네요.

교사 : 그래요. 잘 생각해 냈어요. 그것이 (2)와 같은 유형의 관형절과 다른 점이지요.

문법 요소 ⬤ 6장

제6장 문법 요소

문법적인 형태소인 어말 어미와 선어말 어미를 비롯하여 몇몇의 문법적인 기능을 나타내는 어휘와 파생 접사를 '문법 요소'라고 한다. 여기서는 이러한 문법 요소의 종류와 기능, 그리고 문법 요소가 실현된 표현(문장)에 대하여 알아본다.

6.1. 종결 표현

문장은 서술어로 쓰이는 용언에 다양한 종결 어미를 실현함으로써 문장을 끝맺는다. 곧 국어의 문장은 종결 어미의 종류에 따라서 '평서문, 의문문, 명령문, 청유문, 감탄문' 등으로 실현되면서, 화자가 자신의 의향을 청자에게 표현한다.

6.1.1. 종결 표현의 개념과 기능

〈종결 표현의 개념〉 '종결 표현(終結 表現)'은 문장에서 서술어로 쓰이는 용언에 '종결 어미(終結 語尾, 마침법 씨끝)'를 실현함으로써, 화자가 자신의 의향을 나타내면서 문장을 끝맺는 표현이다. 국어의 종결 표현에는 '평서문, 의문문, 명령문, 청유문, 감탄문'이 있다.

(1) ㄱ. 우리나라는 사계절이 뚜렷하다.　　　　　　　[평서문]
　　 ㄴ. 아버님께서 오셨느냐?　　　　　　　　　　[의문문]
　　 ㄷ. 음식을 골고루 먹어라.　　　　　　　　　　[명령문]
　　 ㄹ. 우리 함께 해결책을 생각해 보자.　　　　　[청유문]
　　 ㅁ. 아, 벌써 새 아침이 밝았구나.　　　　　　 [감탄문]

'평서문, 의문문, 명령문, 청유문, 감탄문' 등의 종결 표현은 문장을 끝맺는 동시에 화자는 청자에게 다음과 같은 태도를 나타낸다. 먼저 '평서문, 의문문, 명령문, 청유문'은 화자가 청자에게 어떠한 의사를 전달하는 문장이다. 첫째, (ㄱ)의 '평서문'은 '-다'와 같은 평서형 어미가 실현되어서 이루어지는데, 청자에게 의사를 전달하되 아무런 요구를 하지 않는다. 반면에 '의문문, 명령문, 청유문'은 청자에게 어떠한 요구를 하면서 의사를 전달하는 문장이다. 둘째, (ㄴ)의 '의문문'은 '-느냐'와 같은 의문형 어미가 실현되어서 이루어지는데, 청자에게 대답을 요구한다. 이에 반해서 '명령문'과 '청유문'은 청자에게 어떠한 행동을 요구한다. 셋째, (ㄷ)의 '명령문'은 '-아라'와 같은 명령형 어미가 실현되어서 이루어지는데, 청자만의 행동을 요구한다. 넷째, (ㄹ)의 '청유문'은 '-자'와 같은 청유형 어미가 실현되어서 이루어지는데, 청자에게 어떠한 행동을 함께 할 것을 요구한다. 다섯째, (ㅁ)의 '감탄문'은 '-구나'와 같은 감탄형 어미를 실현하여 이루어지는데, 화자는 감탄문을 통하여 처음으로 인식한 일의 내용에 대하여 독백하거나 자신의 감정을 표출하는 데 그친다.1)

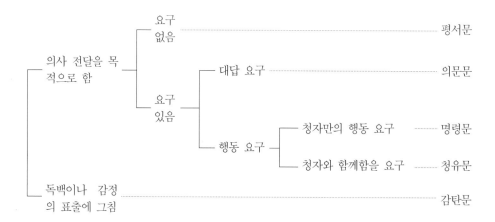

[그림 1. 종결 방식에 따른 문장의 유형]

〈종결 표현의 상대 높임 기능 〉 종결 어미에는 문장을 끝맺는 기능뿐만 아니라 말을 듣는 상대를 높이거나 낮추어서 표현하는 기능이 있다. 문장 중에서 특히 명령문에서 실현되는 상대 높임법의 양상을 살펴보면 다음과 같다.

첫째, 명령형 종결 어미인 '-아라, -게, -으오, -으십시오'는 문장을 명령형으로 끝맺는 동시에, 격식을 차려서 청자를 높이거나 낮추는 표현이다.

---

1) 문장의 종결 방식에 따라서 화자가 청자에 대하여 취하는 태도가 나타나므로 '문장의 종결법(마침법)'을 '의향법(意向法)'이라고도 한다.(허웅 1984:225)

(2) ㄱ. 장비야, 어서 달려가서 저자를 잡<u>아라</u>.   [해라체]

　　ㄴ. 자네, 이 떡 좀 먹어 보<u>게</u>.   [하게체]

　　ㄷ. 김 선생, 이 그림 좀 보<u>오</u>.   [하오체]

　　ㄹ. 할아버님, 어서 자리에 앉<u>으십시오</u>.   [하십시오체]

(ㄱ)의 '-아라/-어라'는 아주 낮춤의 '해라체'이며, (ㄴ)의 '-게'는 예사 낮춤의 '하게체'
이다. 그리고 (ㄷ)의 '-오'는 예사 높임의 '하오체'이며 (ㄹ)의 '-으십시오'는 아주 높임
의 '하십시오체'의 상대 높임 표현이다.

　　둘째, 다음과 같은 비격식체의 상대 높임 표현도 종결 어미로써 실현된다.

(3) ㄱ. 영철아, 빨리 뛰<u>어</u>.

　　ㄴ. 추석에는 가족과 함께 차례를 지내고 송편을 먹<u>어요</u>.

(ㄱ)의 종결 어미 '-어/-아'는 반말의 '해체'로서 말을 듣는 상대를 두루 낮추는 표현
이며, (ㄴ)의 '-아요/-어요'는 반말의 종결 어미인 '-아/-어'에 상대 높임의 뜻을 나타
내는 보조사인 '-요'를 결합하여 두루 높이는 표현이다.

　　이처럼 종결 어미에는 문장을 여러 가지 방식으로 끝맺는 기능과 함께, 말을 듣는
사람(청자)을 높이거나 낮추어서 표현하는 상대 높임의 기능이 있다.

6.1.2. 종결 표현의 유형

　　종결 표현은 종결 어미로 표현되는 종결의 방식에 따라서 '평서문, 의문문, 명령문,
청유문, 감탄문'으로 나뉜다.

6.1.2.1. 평서문

〈**평서문의 개념**〉 '평서문(平敍文, 베풂월, declarative sentence)'은 화자가 청자에 대하
여 특별히 요구하는 바가 없이 자기의 생각을 단순하게 전달하는 문장이다. 평서문은
서술어에 평서형의 종결 어미인 '－다, -네, -으오, -습니다, -지' 등이 붙어서 성립한다.

(4) ㄱ. 오늘 우리 집에서 모내기를 한다.

ㄴ. 이 금반지는 금의 순도가 99.9%입니다.

(ㄱ)과 (ㄴ)의 평서문은 청자에게 특별한 요구 사항이 없이 주어로 쓰인 '우리 집'과 '이 금반지'의 동작이나 상태에 대한 판단을 단순하게 서술하면서 전달하고 있다. 이러한 평서문은 화자의 감정을 직접적으로 표출하는 데에 그치는 감탄문이나, 청자에게 대답이나 행동을 요구하는 의문문, 명령문, 청유문 등과는 구분된다.

〈상대 높임에 따른 평서형 어미〉 평서문은 평서형의 종결 어미를 통해서 실현되는데, 평서형 종결 어미는 상대 높임의 등분에 따라서 다르게 실현된다.

(5) ㄱ. 나도 캥거루 고기는 아직 못 먹었다.　　　　　　　[해라체]

ㄴ. 나도 캥거루 고기는 아직 못 먹었네.　　　　　　　[하게체]

ㄷ. 나도 캥거루 고기는 아직 못 먹었소.　　　　　　　[하오체]

ㄹ. 저도 캥거루 고기는 아직 못 먹었습니다.　　　　　[하십시오체]

(5)에서 서술어로 쓰인 '먹다'에는 상대 높임의 등분에 따라서 '-다, -네, -소/-오, -습니다' 등의 평서형의 종결 어미가 실현되었다. 곧 (ㄱ)처럼 아주 낮춤 등분인 해라체는 '-다'로 실현되며, (ㄴ)처럼 예사 낮춤의 등분인 하게체는 '-네'로 실현된다. 그리고 (ㄷ)처럼 예사 높임의 등분인 하오체는 '-으소/-으오'로 실현되며, (ㄹ)처럼 아주 높임의 등분인 하십시오체는 '-읍니다/-습니다'의 형태로 실현된다.[2]

〈'-다'의 형태 변동〉 평서형의 종결 어미 중에서 '-다'는 그 앞이나 뒤에 특정한 어미가 실현되면 그 형태가 '-라'로 바뀔 수 있다.

첫째, '-다'가 선어말 어미인 '-더-, -리-, -니-' 뒤에 실현될 때에는, 그 형태가 '-라'로 바뀐다.

(6) ㄱ. *점심때에 보니까 철수가 집에 가- + -더- + -다

ㄴ. *나도 곧 집에 가- + -리- + -다

ㄷ. *사람은 모름지기 부지런해야 하- + -느- + -니- + -다

---

(7) ㄱ. 점심때에 보니까 철수가 집에 가-+-더-+-<u>라</u>

　　ㄴ. 나도 곧 집에 가-+-리-+-<u>라</u>

　　ㄷ. 사람은 모름지기 부지런해야 하-+-느-+-니-+-<u>라</u>

(6)의 '-다'는 (ㄱ)에서는 '-더-' 뒤에, (ㄴ)에서는 '-리-' 뒤에, (ㄷ)에서는 '-니-' 뒤에 실현되었다. 이 경우에는 (7)처럼 '-다'의 형태가 '-라'로 바뀌는데, 이때 '-라'는 '-다'의 형태론적 변이 형태이다.

둘째, 서술격 조사인 '-이다'의 어미 '-다'는 그 뒤에 '간접 인용'을 나타내는 부사격 조사인 '-고'가 실현되면 형태가 '-라'로 바뀐다.

(8) ㄱ. *중국 사람들은 백두산을 장백산+-이-+-**다**+-고 한다.

　　ㄴ. 중국 사람들은 백두산을 장백산+-이-+-**라**+-고 한다.

곧 (ㄱ)에서 서술격 조사 '-이다'는 부사격 조사 '-고' 앞에서 '-이라'로 실현되었는데, 이때의 '-라'도 '-다'의 형태론적 변이 형태이다.

평서형 종결 어미 '-다'의 변이 형태가 실현되는 양상을 정리하면 다음과 같다.

선어말 어미	종결 어미	선어말 어미 + 종결 어미
{-더-, -리-, -니-}	-다	{-더-, -리-, -니-} + -라

서술격 조사 '-이다'	간접 인용의 부사격 조사	종결 어미 + 부사격 조사
-이다	-고	-이라고

[표 2. 평서형 종결 어미'-다'의 변이 형태]

〈**평서문의 유형**〉 평서문에는 문장으로 표현되는 내용을 단순하게 서술하면서 전달하는 일반적인 평서문 이외에도, 특별한 뜻을 나타내면서 문장의 내용을 전달하는 평서문이 있다. 이러한 특징을 감안하여 일부 문법서에서는 평서문의 하위 유형으로 '단순 평서문', '확인 평서문', '약속 평서문'을 설정하기도 한다.

① **단순 평서문** : '-다, -네, -으오/-소, -ㅂ니다/-습니다' 등으로 실현되는 평서문은

화자가 문장으로 표현되는 내용을 단순하게 서술하면서 청자에게 전달한다.

> (9) ㄱ. 황령산에는 벚꽃이 가득 피어 있다.
> ㄴ. 나도 내년에는 고향에 내려가네.
> ㄷ. 지금 밖에는 비가 많이 내리오.
> ㄹ. 몽골에는 9월에도 눈이 내립니다.

(9)의 문장에는 상대 높임법의 등분에 따라서 평서형 종결 어미인 '-다, -네, -오, -ㅂ 니다'가 실현되어서 문장의 내용을 단순하게 서술하면서 문장을 끝맺고 있다.

  ⓑ **확인 평서문**: '-지 ; -것다, -렸다' 등으로 실현되는 평서문은 '확인'이라는 특별 한 뜻을 나타내면서 문장을 끝맺는다.

  첫째, '-지'는 문장으로 서술되는 내용에 대하여 '이미 앎'의 뜻을 나타냄으로써, 그 내용을 다지고 확인하는 기능을 한다.(장경희 1986:112)

> (10) ㄱ. 울릉도에서는 겨울에 눈이 많이 내리지.
> ㄴ. 철수는 내일 몽골로 떠나지.

(10)의 문장을 통하여 화자는 자신이 이미 알고 있는 사실을 청자에게 전달하면서 그 것을 확인하고 있다. 곧 화자는 자신이 이미 알고 있는 '울릉도에서 겨울에 눈이 많이 내린다는 사실'과 '철수가 내일 몽골로 떠난다는 사실'을 청자에게 전달하면서 그 사 실을 확인하고 있다.

  둘째, '-렸다'와 '-것다'로서 실현되는 평서문은 서술되는 내용을 '강조' 혹은 '확인' 하면서 문장을 끝맺는다.

> (11) ㄱ. 내일은 틀림없이 이곳에 범인이 나타나렸다.
> ㄴ. 오늘 저녁에는 달이 뜨렸다.

> (12) ㄱ. 배용준은 돈도 많것다. 인물도 좋것다. 부러울 게 없지.
> ㄴ. 네가 나를 배신했것다. 두고 보자.

위의 문장에서 평서형 종결 어미로 실현된 '-렸다'와 '-것다'는 화자가 문장의 내용을 강조하거나 확인하면서 청자에게 전달하고 있다.

ⓒ **약속 평서문** : '-으마, -음세, -을게' 등으로 실현되는 평서문은 화자가 청자에게 어떠한 행동을 해 주기로 '약속'하면서 문장을 끝맺는다.

(13) ㄱ. 네가 대학 시험에 합격하면 새 컴퓨터를 사 주<u>마</u>.
　　　ㄴ. 자네에게 진 빚은 조만간 다 갚<u>음세</u>.
　　　ㄷ. 내가 중국에 가서 편지를 할<u>게</u>.

(13)의 문장에는 '주다, 갚다, 하다'의 어간에 종결 어미 '-으마, -음세, -ㄹ게'가 실현되어서, 화자가 어떠한 행동을 직접적으로 수행할 것을 청자에게 약속한다.3)

6.1.2.2. 의문문

〈**의문문의 개념**〉 의문문(疑問文, 물음월, interrogative sentence)은 화자가 청자에게 질문을 함으로써 대답을 요구하는 문장이다. 의문문은 서술어로 쓰이는 용언에 의문형의 종결 어미인 '-느냐/-으냐, -니, -으오, -을까, -ㅂ니까/-습니까'를 실현하여 성립한다.

(14) ㄱ. 너는 연탄재처럼 남을 위해서 몸을 불살라 본 적이 있<u>느냐</u>?
　　　ㄴ. 선생님께서는 이제 가시면 언제쯤 돌아오<u>십니까</u>?

(ㄱ)은 문장의 서술어로 쓰인 '있다'에 의문형의 종결 어미인 '-느냐'가 실현되어서, (ㄴ)은 '돌아오시다'에 의문형의 어미인 '-ㅂ니까'가 실현되어서 이루어진 의문문이다.

의문문은 화자가 청자에게 대답을 요구하는 문장이다. 따라서 청자는 그 의문문에서 요구하는 적절한 대답을 발화하여야만, 화자와 청자가 발화하는 문장이 하나의 담화로서 엮어질 수가 있다.

---

3) 일반적인 평서문이 어떠한 일에 대하여 언어적으로 서술함에 그치는 데에 반해서, 약속 기능의 평서문은 그것이 발화됨으로써 실제로 '약속'이라는 행위가 성립한다. 이러한 특징을 감안하여 이희승(1949:116)이나 서정수(1996:342)에서는 '약속문(約束文, promise sentence)'을 설정하였다. 이와 달리 허웅(2000:577), 『고등학교 문법』(2010:172), 『고등학교 교사용 지도서 문법』(2010:211)에서는 '-으마, -음세, -을게' 등을 통해서 실현되는 문장에서 나타나는 약속 기능은 인정하되, (13)의 문장에서 나타나는 약속 기능은 평서문의 하위 기능으로 처리하였다.

(15) 철수: "지금 몇 시니?"

(16) ㄱ. 영자: "지금 오후 두 시야."

    ㄴ. 영자: [?]"아니, 나 점심 아직 안 먹었어."

(15)에서 철수가 발화한 "지금 몇 시니?"의 문장은 말을 듣는 영자에게 '몇 시'에 대한 구체적인 정보를 알려 줄 것을 요구한다. 영자는 철수가 발화한 질문에 대하여 (16ㄱ)처럼 "지금 오후 두 시야."라는 대답을 함으로써 대화가 적절하게 이루어진다. 그런데 만일 철수의 질문에 대하여 영자가 대답을 하지 않거나 (16ㄴ)처럼 물음의 초점에 맞지 않은 대답을 하였을 때에는 두 사람의 대화는 완결되지 않는다.

〈상대 높임에 따른 의문형 어미〉 의문문은 의문형 어미로써 실현되는데, 그 형태는 상대 높임법의 등분에 따라서 다르게 실현된다.

(17) ㄱ. 철수가 집에서 자<u>느냐 / 자니</u>?   [해라체]

    ㄴ. 철수가 집에서 자<u>는가</u>?   [하게체]

    ㄷ. 철수가 집에서 자<u>오</u>?   [하오체]

    ㄹ. 철수가 집에서 잡<u>니까</u>?   [하십시오체]

(ㄱ)의 '-느냐/-으냐/-니'는 청자를 아주 낮추어서 발화하는 해라체의 의문형 어미이며, (ㄴ)의 '-는가/-은가'는 예사로 낮추어서 발화하는 하게체의 의문형 어미이다. 그리고 (ㄷ)의 '-오/-소'는 청자를 예사로 높여서 발화하는 하오체의 의문형 어미이며, (ㄹ)의 '-ㅂ니까/-습니까'는 아주 높여서 발화하는 하십시오체의 의문형 어미이다.

〈의문문의 유형〉 의문문은 화자가 청자에게 요구하는 대답의 성격에 따라서 '설명 의문문, 판정 의문문, 수사 의문문'으로 나뉜다.[4]

    ⓐ **설명 의문문**: '설명 의문문(說明 疑問文, Wh-Question)'은 의문문에서 제시된 '물음의 초점'에 대하여 청자가 구체적인 설명을 하도록 요구하는 의문문이다.

(18) ㄱ. 오늘 회의는 **어디에서** <u>합니까</u>? ↘

    ㄴ. 3층 대회의실에서 합니다.

---

4) 부정 의문문에 대응하는 대답말의 형식에 대하여는 이 책 382쪽의 【더 배우기】 참조.

설명 의문문에서는 그 속에 '물음의 초점'을 나타내는 의문사(疑問詞, 물음말)5)를 반드시 취하게 된다. (18)의 의문문에서 물음의 초점은 '어디'에 있으며, 화자는 '어디'에 관한 정보를 설명해 주도록 청자에게 요구한다. 곧 (ㄱ)의 의문문에 대하여 청자는 (ㄴ)과 같이 발화함으로써, (ㄱ)에 실현된 의문 대명사인 '어디'에 관련된 정보, 곧 '회의가 열리는 구체적인 장소'를 설명해야 한다.

설명 의문문은 문말의 억양이 평서문과 마찬가지로 하강조로 실현된다. 이는 설명 의문문에서는 의문사가 실현되기 때문에, 억양을 높이지 않아도 의문사를 통하여 의문문임을 알 수 있기 때문이다.

ⓑ **판정 의문문** : '판정 의문문(判定 疑問文, pro or con question)'은 화자가 발화한 의문문의 전체적인 내용에 대하여, 청자가 긍정이나 부정의 대답을 하도록 요구하는 의문문이다. 청자는 판정 의문문에 대하여 '예' 혹은 '아니요'로써 대답하는 것이 일반적이므로, 판정 의문문을 '예-아니요' 의문문이라고도 한다.

(19) 지금 비가 <u>오니?</u> ↗

(20) ㄱ. <u>예</u>, 지금 비가 옵니다.

ㄴ. <u>아니요</u>, 지금 비가 오지 않습니다.

(19)의 의문문은 청자에게 '지금 비가 오는지 오지 않는지'에 대하여 판정을 내려서 그에 대한 대답을 요구하는 문장이다. (19)의 의문문에 대하여 청자는 실제로 '지금 비가 오는 것'으로 판정하면 (20ㄱ)처럼 긍정문으로 대답한다. 반대로 청자가 '지금 비가 오지 않는 것'으로 판정하면 (20ㄴ)처럼 부정문으로 대답한다. 이러한 특징 때문에 (19)의 의문문을 판정 의문문이라고 한다.

판정 의문문은 문장 끝의 억양이 상승조로 실현되는 것이 특징이다. 판정 의문문에는 의문사가 실현되지 않기 때문에, 그것이 의문문임을 나타내는 보조적인 수단으로써 상승의 어조를 실현하는 것이다.

ⓒ **수사 의문문** : '수사 의문문(修辭 疑問文, rhetorical question)'은 의문형 어미가 실현되어 있기는 하지만 청자에게 굳이 대답을 요구하지 않는 의문문이다. 곧, 청자에게 설명의 대답이나 판정의 대답을 요구하는 기능을 하지 않고, 다른 종결 표현으로 기능

---

5) '의문사(疑問詞, interrogative)'는 의문의 초점이 되는 사물이나 사태를 지시하는 대명사나 부사이다. 이러한 의문사로는 '누구, 언제, 어디, 무엇 ; 왜, 어떻게, 얼마' 따위가 있다.

하는 의문문이다.

(21) ㄱ. 내가 이 상자를 못 들겠느냐?
　　 ㄴ. 교사 임용 고사에 합격한다면 얼마나 좋을까?
　　 ㄷ. 빨리 그만두지 못하겠느냐?

(21)의 문장은 모두 의문문의 형식을 갖추고 있으나 일반적인 의문문과 다르게 기능한다. (ㄱ)은 '반어적인 기능'을 하는 의문문으로서 실제의 의미는 '내가 이 상자를 들 수 있다'는 의미로 쓰여서, 평서문과 동일하게 기능한다. (ㄴ)은 소망을 나타내거나 주관적인 감정을 표현하고 있으므로 평서문이나 감탄문처럼 기능한다. 끝으로 (ㄷ)은 청자에게 '그만두는 행동'을 요구하므로 명령문처럼 기능한다.
　이처럼 수사 의문문은 의문문의 기능이 없는 대신에, 반어적인 의미를 나타내거나 '평서문, 명령문, 감탄문'의 기능이나 '반문(反問)'의 효과를 나타내는 의문문이다.

6.1.2.3. 명령문

〈**명령문의 개념**〉 '명령문(命令文, 시킴월, imperative sentence)'은 화자가 청자에게 자기의 의도대로 행동해 줄 것을 요구하는 문장이다.6) 명령문은 서술어로 쓰이는 동사의 어간에 '-아라/-어라, -거라, -여라, -너라' 등의 명령형 종결 어미를 실현하여 성립한다.

(22) ㄱ. 열심히 일한 당신, 이제 떠나라.
　　 ㄴ. 영숙아, 학교에 늦겠다. 빨리 일어나거라.
　　 ㄷ. 교사 임용 시험에 합격하려면, 열심히 공부하여라.
　　 ㄹ. 철수야, 공부가 끝나면 즉시 집으로 오너라.

(ㄱ)이나 (ㄴ)의 '떠나다, 일어나다'와 같은 일반적인 동사에는 명령형 어미인 '-아라/-어라'나 '-거라'가 실현되어서 명령문이 된다. 그리고 (ㄷ)의 '하다'나 '하다' 형 동사에는 어간에 '-여라'가 실현되고, (ㄹ)의 '오다'의 어간에는 '-너라'가 실현되어서 명령

---

6) 명령문의 기능에 대한 자세한 내용은 이 책 383의 【더 배우기】 참조.

문이 성립된다.

〈**명령문의 특징**〉 명령문에는 다음과 같은 몇 가지 문법적인 특징이 나타난다.

첫째, 명령문에서는 화자가 청자에게 항상 특정한 행동을 할 것을 요구하므로, 2인칭의 대명사만이 주어로 쓰일 수 있다.

> (23) ㄱ. 얘들아, <u>너희들</u>은 먼저 떠나거라.
> ㄴ. 민호야, <u>너</u>는 손을 깨끗하게 씻어라.

> (24) ㄱ. 얘들아, 먼저 떠나거라.
> ㄴ. 민호야, 손을 깨끗하게 씻어라.

명령문의 주어는 (23)의 '너희들'과 '너'처럼 반드시 2인칭의 대명사로 실현된다. 이렇게 명령문에서는 2인칭의 대명사만이 주어로 쓰일 수 있으므로, 주어가 문맥에 실현되지 않아도 생략된 주어를 알 수 있다. 따라서 명령문에서는 (24)처럼 주어를 생략하고 표현하는 것이 일반적이다.

둘째, 명령문은 화자가 청자에게 어떠한 행동을 할 것을 요구하는 문장이므로, 서술어로서 동사만이 쓰일 수 있고 형용사나 서술격 조사는 쓰일 수 없다.

> (25) ㄱ. *얘들아, 제발 좀 키가 작<u>아라</u>.
> ㄴ. *민호야, 제발 좀 착<u>해라</u>.
> ㄷ. *이것은 책이<u>어라</u>.

(ㄱ)과 (ㄴ)에서 '작다'와 '착하다'와 같은 형용사는 동작성이 없어서 행동의 변화를 일으킬 수가 없으므로, 이들 형용사는 명령문에서 서술어로 쓰일 수 없다. 형용사뿐만 아니라 서술격 조사인 '-이다'도 동작성이 없으므로, (ㄷ)처럼 '체언 + 이다'가 명령문에서 서술어로 쓰이면 비문법적인 문장이 된다.

셋째, 명령문의 서술어로 쓰이는 용언에는 시간을 나타내는 어미가 실현되지 않는다.

> (26) 김 서방, 이 짐을 좀 들<u>게</u>.

> (27) *김 서방, 이 짐을 좀 들<u>었</u>게 / 들<u>는</u>게 / 들<u>겠</u>게 / 들<u>더</u>게.

명령문에서는 (26)처럼 서술어로 쓰인 '들다'의 어간에 시제 형태소가 실현되지 않고 명령형 어미가 바로 결합한다. 반면에 (27)처럼 명령문의 서술어에 시제 형태소인 '-었-, -는-, -겠-, -더-' 등이 실현되면 비문법적인 문장이 된다.

넷째, 평서문, 의문문, 감탄문에서는 부정을 나타내는 보조 용언으로 '아니하다'나 '못하다'가 쓰인다. 그러나 명령문에서는 부정을 나타내는 보조 용언으로서 '말다'가 쓰이는 것이 특징이다.7)

(28) ㄱ. 철수는 감기약을 먹지 <u>않았다</u> / <u>못했다</u>.
ㄴ. 철수는 감기약을 먹지 <u>않았니</u>? / <u>못했니</u>?
ㄷ. 철수는 감기약을 먹지 <u>않았구나</u> / <u>못했구나</u>.

(29) ㄱ. 철수야, 감기약을 먹지 <u>마라</u>.
ㄴ. 선생님, 감기약을 드시지 <u>마십시오</u>.

(28)처럼 평서문, 의문문, 감탄문에서는 부정 표현이 '-지 아니하다' 혹은 '-지 못하다'와 같이 표현된다. 이에 반해서 (29)의 명령문에서는 '-지 마라'나 '-지 마십시오'와 같이 보조 용언인 '-지 말다'의 활용형이 부정 표현의 형태로 쓰여서 '금지'의 뜻을 나타낸다.

〈상대 높임에 따른 명령형 어미〉 명령형의 종결 어미는 상대 높임법의 등분에 따라서 다음과 같은 다양한 형태로 실현된다.

(30) ㄱ. 배가 고프면 국수라도 먹<u>어라</u>.　　　　　　　　　[해라체]
ㄴ. 빨리 집에 가<u>거라</u>. / 가<u>렴</u> / 가<u>려무나</u>
ㄷ. 열심히 공부하<u>어라</u>.
ㄹ. 집에 놀러 오<u>너라</u>.

(31) ㄱ. 자네, 빨리 일어나<u>게(나)</u>.　　　　　　　　　　　[하게체]
ㄴ. 저 산을 한번 보<u>오</u>.　　　　　　　　　　　　　[하오체]
ㄷ. 안녕히 가<u>십시오</u>.　　　　　　　　　　　　　[하십시오체]

---

7) 『고등학교 교사용 지도서 문법』(2010:226)에서는 '말다'의 명령형의 활용 형태를 상대 높임의 등분과 관련하여서 다음과 같이 설정하였다. 곧, '말아라(본말)/마라(준말)'를 해라체로, '말라'를 '하라체'로, '마/말아'를 '해체'로, '마요/말아요'를 '해요체'로 설정하였다.

아주 낮춤 등분인 '해라체'의 명령형 어미로는 (30)처럼 '-아라/-어라, -거라, -렴/-려무나, -여라, -너라' 등이 쓰인다. 이 중에서 (ㄱ)과 (ㄴ)의 '-아라/-어라'와 '-거라'는 가장 일반적으로 쓰이는 명령형 어미이다. 그리고 '-렴/-려무나'는 주로 구어체에서 부드러운 명령이나 허락을 나타내는 정감적인 명령형 어미이다. (ㄷ)처럼 '하다'나 '체언＋-하다'로 짜인 파생 동사에는 명령형 어미로서 '-여라'가 쓰이며, (ㄹ)처럼 '오다'에는 '-너라'가 쓰인다. 그리고 (31)에서 (ㄱ)과 같은 예사 낮춤의 '하게체'에서는 명령형 어미로 '-게'와 '-게나'가 쓰이며, (ㄴ)과 같은 예사 높임의 '하오체'에서는 '-으오/-으소'가 쓰이며, (ㄷ)의 아주 높임의 '하십시오체'에서는 '-으십시오'의 형태가 쓰인다.

〈명령문의 유형〉 명령문은 그것이 발화되는 장면에 따른 전달의 방식에 따라서 '직접 명령문'과 '간접 명령문'으로 구분할 수 있다.(남기심·고영근 1993:354)

ⓐ **직접 명령문** : '직접 명령문(直接 命令文)'은 화자와 청자가 직접적으로 대면하는 발화 상황(쌍관적 장면)에서 쓰이는 일반적인 명령문이다.

(32) ㄱ. 여기 상자 안에서 마음에 드는 것을 골라라.[8]
　　ㄴ. 출발점에서 결승점까지 힘껏 달리거라.
　　ㄷ. 너는 여기서 무릎을 꿇고 너의 행동을 반성하여라.
　　ㄹ. 어서 이리 오너라.

(32)의 문장에서는 동사의 어간에 '-아라/-어라'와 '-거라, -여라, -너라' 등의 명령형 어미가 실현되었다. 이러한 명령문은 화자와 청자가 직접적으로 대면하는 발화 상황에서 쓰이는 일반적인 명령문이다.

ⓑ **간접 명령문** : '간접 명령문(間接 命令文)'은 매체를 통하여 간접적으로 표현되는 발화 상황(단독적 장면)에서 쓰이는 특수한 명령문이다.

(33) ㄱ. 아래 물음에 알맞은 답의 기호를 고르라.
　　ㄴ. 이번에는 정부가 나서서 물가 상승을 막으라.
　　ㄷ. 젊은이여, 삶의 목표를 향해 힘차게 달리라.
　　ㄹ. 정부는 북한의 핵무기 개발을 저지하라.

---

8) 직접 명령문에 쓰인 '골라라'는 '고르다'의 어간인 '고르-'에 명령형 어미인 '-아라'가 실현된 형태인데, '고르다'가 '르' 불규칙 용언이기 때문에 '골라라'의 형태로 활용하였다.

ㅁ. 젊은이들이여 하루 빨리 자유의 품으로 돌아오라.

간접 명령문은 화자와 청자가 직접적으로 대면하지 않고, 주로 신문의 표제어, 시험지, 표어, 현수막, 성명서 등의 매체를 통해서 간접적으로 표현된 명령문이다. 간접 명령문은 동사의 어간에 '-으라'가 붙어서 실현되는데, (33)에서 '고르라, 막으라, 달리라, 저지하라, 돌아오라'는 동사의 어간인 '고르-, 막-, 달리-, 저지하-, 돌아오-'에 명령형 어미인 '-으라'가 붙어서 활용한 형태이다.

6.1.2.4. 청유문

〈청유문의 개념〉 '청유문(請誘文, 꾀임월, request sentence)'은 화자가 청자에게 어떠한 행동을 같이할 것을 요청하거나 제안하는 문장이다. 청유문은 동사의 어간에 청유형 종결 어미인 '-자, -으세, -읍시다' 등이 붙어서 성립한다.

(34) ㄱ. 이제는 싸움을 그만두자.
     ㄴ. 우리도 한번 잘 살아 보세.
     ㄷ. 선생님, 우리도 지금 출발합시다.

(34)에서는 서술어로 쓰인 '그만두다, 보다, 출발하다'의 어간에 청유형 어미인 '-자, -으세, -읍시다'가 실현되어서 청유문이 성립하였다.
〈청유문의 특징〉 청유문에 나타나는 특징은 명령문에 나타나는 특징과 비슷하다.
첫째, 청유문에서는 화자가 청자에게 어떠한 행동을 함께할 것을 요구하는 문장이므로, 2인칭 대명사인 '우리'만이 문장의 주어로 쓰일 수 있다.

(35) ㄱ. 애들아, 우리가 이 일을 앞장서서 해결하자.
     ㄴ. 이 교수, 우리도 남북 화해의 역사적 사업에 참여하세.

(36) ㄱ. 애들아, 이 일을 앞장서서 해결하자.
     ㄴ. 이 교수, 남북 화해의 역사적 사업에 참여하세.

청유문에서 주어는 (35)처럼 항상 1인칭의 복수 대명사인 '우리'로 실현된다. 대화에 참여하는 사람들은 생략된 주어가 '우리'인 것을 알 수 있으므로, (36)처럼 주어인 '우리'가 문맥에 실현되지 않는 것이 일반적이다.

둘째, 청유문은 화자가 청자에게 함께 행동할 것을 직접적으로 요구하는 문장이므로, 청유문에서는 동사만이 서술어로 쓰일 수 있다.

 (37) ㄱ. *애들아, 좀 느리<u>자</u>.
   ㄴ. *민호 군, 우리 함께 <u>성실하세</u>.
   ㄷ. *철수는 학생이<u>자</u>.

(37)에서는 청유문의 서술어로 형용사인 '느리다'와 '성실하다'와 서술격 조사인 '-이다'가 쓰였는데, 이들 단어들은 동작성이 없으므로 행동의 변화를 일으킬 수 없다. 따라서 청유문에서는 동사만이 서술어로 쓰일 수 있다.

셋째, 청유문에서 서술어로 쓰이는 용언에는 시간을 나타내는 어미가 실현되지 않는다.

 (38) 애들아, 이 짐을 같이 <u>들자</u> / <u>드세</u>.

 (39) *애들아, 이 짐을 같이 들<u>었</u>자 /*들<u>겠</u>자 /*들<u>더</u>자.

청유문에서는 (38)처럼 시간을 표현하는 선어말 어미는 실현되지 않는다. (39)처럼 청유문의 서술어에 시간을 표현하는 선어말 어미가 실현되면 비문법적인 문장이 된다.

넷째, 청유문에서는 부정을 나타내는 보조 용언으로 '말다'가 쓰인다.

 (40) ㄱ. 희진아, 우리도 영화를 보지 <u>말자</u>.
   ㄴ. 할아버님, 저 사람과 싸우지 <u>맙시다</u>.

일반적으로 평서문, 의문문, 감탄문에서는 부정 표현이 '-지 아니하다'나 '-지 못하다'의 형태로 표현된다. 이에 반해서 청유문에서는 명령문에서와 마찬가지로 '-지 말자'나 '-지 맙시다'와 같이 보조 용언인 '-지 말다'가 부정 표현에 쓰인다.

    〈상대 높임에 따른 청유형 어미〉 청유문도 상대 높임법의 등분에 따라서 여러 가지 형태의 종결 어미로 실현된다.

(41) ㄱ. 이제 집으로 가<u>자</u>.   [해라체]

ㄴ. 이제 집으로 가<u>세(나)</u>.   [하게체]

ㄷ. 이제 집으로 <u>갑시다</u>.   [하오체]

(ㄱ)에서는 아주 낮춤의 '-자'가 쓰였으며, (ㄴ)에서는 예사 낮춤의 '-으세'와 '-으세나'
가 쓰였다. 그리고 (ㄷ)에서는 예사 높임의 '-읍시다'가 쓰였다.

6.1.2.5. 감탄문

〈감탄문의 개념〉 '감탄문(感歎文, 느낌월, exclamatory sentence)'은 화자가 자신의 느
낌을 표현하거나, 자신의 생각을 독백하는 문장이다. 감탄문은 문장에 서술어로 쓰이
는 용언에 감탄형 종결 어미인 '-구나, -구먼, -구려, -네'와 '-아라/-어라' 등을 실현하
여 성립한다.[9]

(42) ㄱ. 아이가 길에서 넘어졌<u>구나</u>.

ㄴ. 앗! 뜨거<u>워라</u>.

(ㄱ)에서는 서술어로 쓰이는 '넘어지다'에 감탄형 어미인 '-구나'를 실현하여서 감탄문
이 되었고, (ㄴ)에서는 '뜨겁다'에 감탄형 어미인 '-어라'를 실현하여 감탄문이 되었다.
〈감탄문의 특징〉 감탄문에서는 다음과 같은 몇 가지 문법적인 특징이 나타난다.
첫째, 감탄문은 화자가 자신이 알게 된 사실을 영탄적으로 진술하는 데에 그치는
문장이다.

(43) ㄱ. 달이 <u>밝다</u>.

ㄴ. 철수가 저기 <u>온다</u>.

(44) ㄱ. 달이 밝<u>구나</u>.

ㄴ. 철수가 저기 오<u>는구나</u>.

감탄문을 제외한 '평서문, 의문문, 명령문, 청유문'은 말하는 사람이 문장으로 표현되

---

9) 감탄문의 설정에 대한 논의는 이 책 386쪽의 【더 배우기】 참조.

는 내용이나 의도를 전달할 목적으로 발화한다. 예를 들어서 (43)의 평서문은 화자가 자신이 알고 있는 사실을 청자에게 전달하는 문장이다. 곧 화자는 '달이 밝다는 사실'과 '철수가 저기서 온다는 사실'을 이미 알고 있으면서, 그 사실을 청자에게 전달한다. 이에 반해서 (44)의 감탄문은 화자가 자신의 생각이나 감정을 표출하는 데에 그치는 문장이다. 이러한 점에서 감탄문은 언어의 기능 가운데서 정서적 기능, 곧 감정을 표출하는 기능과 밀접한 관련이 있다.

둘째, 감탄문은 화자가 어떤 일을 '처음으로 인식한 상황'에서 발화하는 문장이다.

> (45) ㄱ. <u>젠장</u>, 오늘은 참 재수가 없<u>네</u>.
> ㄴ. <u>아</u>, 차가<u>워</u>.

(ㄱ)의 감탄문은 화자가 '재수가 없는 상황'을 인식한 직후에 발화하는 것이 일반적이며, (ㄴ)은 차가운 물체를 감각적으로 느끼자마자 반사적으로 발화한 문장이다. 그리고 감탄문에서는 '젠장, 아'와 같은 감탄사가 함께 실현되는 경우가 많은데, 이는 감탄사 또한 어떠한 일을 처음 인식했을 때에 발화하는 특징이 있기 때문이다.(나찬연 2004:133) 이러한 점을 감안하면 감탄문은 화자가 발화하기 직전에 처음으로 인식한 일에 대한 반응을 직접적으로 표출하는 문장이라는 사실을 알 수 있다.

〈**감탄문의 유형**〉 감탄문은 감탄형 어미의 형태에 따라서 '구나' 형 감탄문과 '어라' 형 감탄문으로 나뉜다.[10]

ⓐ **'구나' 형 감탄문**: '구나' 형 감탄문은 감탄문의 일반적 유형인데, 용언이나 서술격 조사의 어간에 '-구나, -구먼, -구려 ; -군, -네' 등이 붙어서 실현된다.

첫째, 격식체의 감탄형 종결 어미로는 '-구나, -구먼, -구려' 등이 쓰인다.

> (46) ㄱ. 철수가 개를 잡는<u>구나</u>.　　　　　　[해라체]
> ㄴ. 철수가 개를 잡는<u>구먼</u>.　　　　　　[하게체]
> ㄷ. 철수가 개를 잡는<u>구려</u>.　　　　　　[하오체]

(ㄱ)에는 아주 낮춤의 '해라체'로서 '-구나'가, (ㄴ)에는 예사 낮춤의 '하게체'로서 '-구

---

10) 용언의 어간에 '-는걸, -는데, -거든, -을거나'의 어미를 실현하여 감탄의 뜻을 부수적으로 표현할 수 있다. 이들 어미에 나타나는 감탄 기능에 대하여는 이 책 388쪽의 【더 배우기】 참조.

먼'이, 그리고 (ㄷ)에는 예사 높임의 '하오체'로서 '-구려'가 쓰였다.[11]

둘째, 비격식체인 '해체'의 감탄형 어미인 '-군'을 실현함으로써 감탄문이 성립할 수도 있으며, '-군'에 보조사인 '-요'가 붙어서 '해요체'의 '-군요'가 쓰일 수 있다.

(47) ㄱ. 밖에 비가 많이 내리는군.   [해체]
     ㄴ. 날씨가 매우 춥군요.   [해요체]

(ㄱ)에서 '-군'은 '해라체'나 '하게체'에 대등될 수 있는 두루 낮춤의 등분인데 주로 혼잣말로 쓰인다. 그리고 (ㄴ)의 '-군요'는 '하오체'와 '하십시오체'에 대응되는 두루 높임의 등분인데, 상대방을 의식하는 경우에 쓰인다.

그리고 '해체'의 감탄형 어미인 '-네'를 실현함으로써도 감탄문이 성립하며, '-네'에 보조사인 '-요'가 붙어서 '해요체'의 '-네요'가 쓰일 수 있다.

(48) ㄱ. 우리 아이 노래도 잘 부르네!   [해체]
     ㄴ. 집이 참 깨끗하네요.   [해요체]

'-네'는 방금 깨달은 일을 영탄의 뜻을 더하면서 표출하는 데에 쓰이는 '해체'의 감탄형 종결 어미이다.[12] 그리고 '-네'의 뒤에 종결 보조사인 '-요'를 실현함으로써, '-네요'의 형태로 '해요체'의 감탄문을 형성할 수 있다.

ⓑ '어라' 형 감탄문 : '어라' 형 감탄문은 형용사의 어간에 감탄형 종결 어미인 '-아라/-어라/-여라'가 붙어서 실현된다. '어라' 형 감탄문은 다음과 같은 특징이 나타난다.

첫째, '어라' 형 감탄문은 화자가 느낀 감각이나 감정을 즉각적이고도 아주 강하게 표현할 때에 쓰인다.

(49) ㄱ. 아이고, 추워라!
     ㄴ. 앗, 뜨거워라!

---

11) 『고등학교 문법』(2010:173)에서는 감탄형의 상대 높임법으로 '해라체, 하게체, 하오체'만 설정하고 '하십시오체'는 설정하지 않았다.
12) 감탄형 어미인 '-네'는 '하게체'의 평서형 어미인 '-네'와 형태가 같지만, 화자가 처음으로 깨달은 일을 영탄적으로 표현한다는 점에서 평서형 어미인 '-네'와 차이가 난다. (보기: 철수가 벌써 왔네.)

ㄷ. 아아, 참 곱기도 하여라.

(49)의 '어라' 형 감탄문은 말하는 사람이 추위나 뜨거움의 감각을 느끼자마자, 즉각적으로 반응하면서 강하게 발화하는 감탄문이다. 곧 '어라' 형 감탄문은 '구나' 형 감탄문보다 더 빠르고 강한 느낌을 표현한다. 그리고 '어라' 형 감탄문은 화자가 느낀 감각이나 감정만을 표현할 수 있으며, 문장의 첫머리에 '아이고, 앗, 아아'와 같은 감탄사를 실현하는 것이 일반적이다.

둘째, '어라' 형 감탄문에 쓰이는 감탄형 종결 어미 '-어라'는 동사에는 실현되지 않고 형용사에만 실현된다.

(50) ㄱ. 호박죽이 너무 뜨겁<u>구나</u>.
　　 ㄴ. 앗, 한국 팀이 바레인 팀에 졌<u>구나</u>.

(51) ㄱ. 아이고, 뜨거<u>워라</u>.
　　 ㄴ. *앗, 한국 팀이 바레인 팀에 졌<u>어라</u>!

(50)의 '-구나' 형 감탄문은 서술어가 동사와 형용사일 때에 모두 쓰일 수 있다. 이와는 달리 '어라' 형 감탄문은 (51ㄱ)처럼 형용사에만 실현될 수 있고, (51ㄴ)처럼 동사에 실현되면 비문법적인 문장이 된다.

셋째, '어라' 형 감탄문에서는 다른 문장 성분은 실현되지 않고, 오직 독립어(감탄사)와 서술어만 실현된다.

(52) 아이고, <u>물이 정말로</u> 시원하구나.

(53) ㄱ. 아이고, 시원해라.
　　 ㄴ. *아이고, <u>물이 정말로</u> 시원해라.

(52)의 '구나' 형 감탄문에서는 독립어와 서술어뿐만 아니라 주어나 부사어와 같은 다른 문장 성분도 실현된다. 반면에 (53)의 '어라' 형 감탄문에는 (ㄱ)처럼 독립어와 서술어만 실현될 수 있고, (ㄴ)처럼 주어나 부사어가 실현되면 비문법적인 문장이 된다. 이처럼 '어라' 형 감탄문이 매우 짧게 실현되는 것은, 화자가 외부의 자극에 대하여 즉각적으로 반응하여 순간적으로 문장을 발화하기 때문이다.

【 더 배우기 】

1. '부정 의문문'의 대답말

'부정 의문문'에 대한 대답말인 '네(예)'와 '아니요'는 질문한 사람의 언어적인 표현을 중심으로 표현되는 것이 특징이다.

첫째, 긍정 의문문에 대하여 대답하는 사람은 질문자가 발화한 의문문의 내용이 '참(眞)'이라고 판단하면 대답말을 '네'로 표현하고, '거짓(僞)'으로 판단하면 대답말을 '아니요'로 표현한다.

    (1) 지금 부산에 눈이 오니?

    (2) ㄱ. <u>네</u>, 와요.
        ㄴ. <u>아니요</u>, 안 와요.

(1)의 긍정 의문문에 대한 대답은 (2)와 같이 표현된다. 곧 (2)에서 대답하는 사람이 (1)의 의문문이 표현하는 내용을 참이라고 판단하면 (2ㄱ)처럼 "예, 와요."라고 대답하고, '거짓'이라고 판단하면 (2ㄴ)처럼 "아니요, 안 와요."라고 대답한다.

둘째, 부정 의문문에서는 대답하는 사람이 질문자가 발화한 표현(부정 의문문)을 '참'이라고 판단하면 대답말을 '예'로 표현하고, 질문자가 발화한 표현을 '거짓'으로 판단하면 대답말을 '아니요'로 표현한다.

    (3) ㄱ. 지금 부산에 눈이 <u>안</u> 오니?
        ㄴ. 지금 부산에 눈이 오<u>지 않니</u>?

    (4) ㄱ. <u>네</u>, 비가 **안 와요**. — (3)의 의문문의 표현 자체에 대한 긍정 대답말
        ㄴ. <u>아니요</u>, 비가 **와요**. — (3)의 의문문의 표현 자체에 대한 부정 대답말

대답하는 사람은 (3)의 의문문의 표현 자체를 '참'이라고 판단하면 (4ㄱ)처럼 대답말을 '네'로 표현한다. 반면에 (3)의 의문문의 표현 자체를 '거짓'이라고 판단하면 (4ㄴ)처럼 대답말을 '아니요'로 표현한다. 반면에 결국 국어에서는 대답말인 '예'와 '아니요'는 의문문의 표현을 긍정하거나 부정하는 말이며, 대답말 뒤에 서술어의 형식으로 실현되는 '와요'와 '안 와요'는 의문문으로 표현된 '일'이나 '상황'을 자체를 긍정이나 부정하는 말이다. 이러한 현상을 한 마디로

요약하면 다음과 같다. 곧, 부정 의문문에 대한 대답 표현에서 실현되는 '네/아니요'와 같은 대답말은 그 뒤에서 서술어로 표현되는 '긍정 - 부정'의 판단과는 항상 반대가 된다.

반면에 영어에서는 부정 의문문에 대한 대답 표현이 국어와는 정반대로 실현된다.[1]

(5) Isn't it snowing in Busan?

(6) ㄱ. <u>Yes</u>, it is.(예, 와요)　　　— (5)의 '일'에 대한 긍정 대답말
　　ㄴ. <u>No</u>, it isn't.(아니요, 안 와요)　— (5)의 '일'에 대한 부정 대답말

영어에서는 대답하는 사람이 의문문으로 표현된 일(상황)을 긍정적으로 판단하면 'Yes'로 표현하고, 부정적으로 판단하면 'No'로 표현한다. 곧 (5)에서 부산에 눈이 오는 일 자체가 참이면 (6ㄱ)처럼 'Yes'로 표현하고, 눈이 오는 일 차제가 거짓이면 (6ㄴ)처럼 'No'로 표현한다.

곧, 영어의 부정 의문문에 대한 대답말은 의문문으로 표현되는 '일(상황)' 자체에 대한 '긍정/부정'의 표현이며, 국어의 부정 의문문에 대한 대답말은 질문자의 표현(부정 의문문)에 대한 '긍정/부정'의 표현이다.

참고로 표면적으로는 부정 의문문의 형식을 갖추고 있지만, 실제로는 부정의 기능이 없이 어떠한 사실을 확인하는 기능을 하는 의문문이 있다.

(7) ㄱ. 너는 이미 밥을 먹었잖니?
　　ㄴ. 너는 이미 밥을 먹었다. 그렇지?

(8) ㄱ. <u>예</u>, 먹었어요.
　　ㄴ. <u>아니요</u>, 안 먹었어요.

(7ㄱ)에서 서술어로 쓰인 '먹었잖니'는 '먹었지 않니?'가 줄어진 형태인데, 이때에는 (7ㄱ)은 실제로는 (7ㄴ)처럼 사실을 확인하는 긍정 평서문으로 해석된다. 따라서 (7ㄱ)의 문장은 부정 의문문이 아니라 확인 의문문으로 쓰였다. (7ㄱ)처럼 확인 의문문으로 쓰인 문장에 대한 대답말은 (7ㄴ)의 긍정의 문장과 동일하게 기능하므로 (8)처럼 대답하여야 한다.

2. 명령문의 기능

명령문은 기능에 따라서 '지시 기능의 명령문, 청원 기능의 명령문, 허락 기능의 명령문,

---

1) 이러한 차이 때문에 영어를 모국어로 사용하는 사람이 한국어의 부정 표현을 학습하거나 한국인이 영어의 부정 표현을 학습할 때에는 어려움을 겪는다.

경계 기능의 명령문' 등으로 구분할 수 있다.(서정수 1996:416 이하)

첫째, '지시 기능의 명령문(directives)'은 청자에게 어떤 행위를 시키는 전형적인 명령문으로서, '행동의 지시, 지령, 권유, 요망 등의 의미를 나타낸다.

> (1) ㄱ. 제군들, 모두 운동장에 모<u>여라</u>.
>   ㄴ. 내일은 좀 일찍 와서 사람들을 돕<u>거라</u>.
>   ㄷ. 시험 기간만이라도 공부를 열심히 하<u>여라</u>.
>   ㄹ. 배가 고프면 언제든지 우리 가게를 찾아오<u>너라</u>.

지시 기능의 명령문은 가장 일반적인 명령문으로서 동사에 명령형 어미인 '-아라/-어라, -거라, -여라, -너라가 실현되어서 성립한다.

둘째, '청원 기능의 명령문(optative sentence)'은 청자로 하여금 어떤 행위를 하여 주기를 바라는 명령문으로서, '기원, 탄원, 간청' 등의 의미를 나타낸다.

> (2) ㄱ. 임금님이시여, 우리를 용서하<u>소서</u>.
>   ㄴ. 이번 일은 김 팀장이 좀 참아 주<u>게</u>.

청원 기능의 명령문은 (ㄱ)처럼 서술어로 쓰이는 동사에 명령형 종결 어미인 '-(으)소서'가 붙어서 실현되기도 하고, (ㄴ)처럼 보조 용언인 '주다의 명령형으로써 실현되기도 한다.

셋째, '허락 기능의 명령문'은 청자에게 어떠한 행위를 하도록 허용하는 명령문이다.

> (3) ㄱ. 그럼 먼저 떠나<u>려무나</u>.
>   ㄴ. 어서 먹<u>으렴</u>.

허락 기능의 명령문은 서술어로 쓰이는 동사에 명령형 종결 어미인 '-(으)려무나, -(으)렴' 등이 붙어서 성립된다.

넷째, '경계 기능의 명령문'은 청자에게 조심하라고 하는 경계(警戒)의 뜻을 나타내는 명령문이다.

> (4) ㄱ. 애야, 넘어<u>질라</u>.
>   ㄴ. 학교에 늦<u>을라</u>.

『고등학교 교사용 지도서 문법』(2010:211)에서는 (4)의 '넘어질라'와 '늦을라는 '넘어지다와 '늦다에 종결 어미 '-(으)ㄹ라가 붙어서 성립된다고 설명하고 있다. 이때의 '-(으)ㄹ라는 화자가 청자에게 조심하라고 경계하는 뜻의 전달한다.

3. 청유문의 특수한 용법

청유문은 원칙적으로 화자가 청자에게 어떤 행동을 함께할 것을 요청하는 문장이다. 그런데 청유문은 화자와 청자가 어떤 일을 함께하는 것이 아니라, 화자만의 행동을 요청하거나 혹은 청자만의 행동을 요청하는 특수한 용법으로 쓰일 수도 있다.(남기심·고영근 1993:356)

첫째, 청유문을 통해서 화자가 자신이 어떠한 행동을 수행하는 것을 허락해 줄 것을 청자에게 요청하는 경우가 있다.(화자만의 행동을 요청함.)

(1) ㄱ. 나도 이번 판에 좀 끼자.   [화투판에 끼어들면서]
    ㄴ. 나도 말 좀 하자.   [대화에 끼어들면서]
    ㄷ. 저 좀 내립시다.   [버스 안에서 출입문을 막은 사람에게]

(2) ㄱ. 나도 이번 판에 좀 끼게 해 다오.
    ㄴ. 나도 말 좀 하게 해 다오.
    ㄷ. 저 좀 내리게 해 주십시오.

(1)의 문장은 화자인 '나'를 주어로 취하면서 화자가 단독으로 어떠한 일을 수행할 것을 청자에게 요청하는 표현이다. 곧 (1)의 문장은 형식적으로는 청유형 어미를 실현하여서 표현하였지만, 실질적으로는 (2)의 문장처럼 화자가 자신의 행동을 허락해 주도록 청자에게 요청하는 기능이 있다.

둘째, 청유문을 통해서 화자가 청자에게 특정한 행동을 수행해 달라고 요청하는 경우가 있다.(청자만의 행동을 요청함.)

(3) ㄱ. 차례 좀 지킵시다.
    ㄴ. 시끄러워 죽겠네. 좀 조용히 합시다.

(4) ㄱ. 차례 좀 지키십시오.

　　ㄴ. 시끄러워 죽겠네. 좀 조용히 하십시오.

(3)의 문장은 화자가 청자에게 '질서를 지키기'를 요청하거나 '조용히 하기'를 요청하기 위해서 발화한 문장이다. (3)의 문장은 비록 청유문의 형태로 발화되었지만 실제로는 (4)의 문장처럼 명령문처럼 기능한다.

이처럼 청유문은 발화되는 상황에 따라서는 화자만의 행동을 요청하거나 청자만의 행동을 요청하는 등 특수한 용법으로 쓰일 수 있다.

4. 감탄문 설정에 관련된 문제

종결 어미 '-구나'와 '-아라/-어라' 등에 의해서 실현되는 문장을 감탄문으로 처리하는 견해와 평서문으로 처리하는 견해가 있다.

〈감탄문을 설정하는 견해〉 남기심·고영근(1993:347), 『고등학교 문법』(2009:172)에서는 종결 형태에 따른 문장의 유형으로 평서문, 의문문, 명령문, 청유문과 함께 감탄문을 설정하고 있다.

(1) ㄱ. 철수가 키가 크구나!　　　[화자의 내적 감정을 표출하는 데에 그침]

　　ㄴ. 철수가 키가 크다.　　　　[청자에게 정보 전달을 목적으로 함]

이들은 평서문과 구분하여 감탄문을 별도로 설정하는 근거로서 다음과 같은 사실을 제시하고 있다. 첫째로 평서문은 청자를 의식하면서 특정한 내용을 전달하는 문장인 데 반해서, 감탄문은 듣는 사람을 의식하지 않은 상태에서 화자의 내적 감정을 표출하는 데 그친다. 둘째로 평서문은 화자가 이미 알고 있는 사실을 청자에게 전달하는 데 반해서, 감탄문은 '처음 알게 된 사실'을 영탄적으로 진술하는 발화 장면에서만 쓰인다.

평서문과 감탄문에서 나타나는 이러한 차이를 근거로 하여, 평서문과는 별도로 감탄문을 설정한 것이다.

〈평서문으로 처리하는 견해〉 최현배(1980:859)와 허웅(2000:587), 서정수(1996:338) 등에서는 감탄문을 인정하지 않고, '-구나'와 '-어라/-아라'로 종결되는 문장을 평서문(서술문, 베풂월)의 하위 유형으로 처리한다.

(2) ㄱ. 보름달이 정말로 밝구나!　　　　[청자에게 특별한 요구 없음]

　　ㄴ. 보름달이 정말로 밝다!　　　　　[청자에게 특별한 요구 없음]

첫째로 감탄문은 평서문과 마찬가지로 청자에 대한 어떠한 요구가 없는데, 이러한 특징으로 볼 때에 감탄문을 평서문(서술문)과 따로 세울 수 없다. 곧 의문문, 명령문, 청유문은 모두 화자가 청자에게 대답이나 행동을 요구하는 데에 반해서 평서문과 감탄문은 요구가 없다는 점이 공통된다. 둘째로 최현배(1980:859)와 허웅(2000:587)에 따르면 감탄문이 보이는 감탄의 효과는 다른 평서문으로도 거의 동일하게 드러낼 수 있다. 실제로 (2)에서 (ㄱ)의 감탄문과 (ㄴ)의 평서문은 의미적인 차이가 그렇게 뚜렷하지 않으며, (ㄴ)의 평서문에서도 입말에서 감탄적인 억양을 곁들이거나 글말에서 느낌표 등을 사용하여 감탄문의 효과를 낼 수 있다고 본다. 셋째로 국어에서 이른바 감탄문만을 나타내는 문법적인 형태소가 다른 문장의 유형에 비하여 극히 적다는 것도 감탄문을 설정하지 않는 이유가 된다. 그리고 상대 높임법의 하십시오체에 해당하는 감탄형 어미가 나타나지 않는데, 이처럼 상대 높임법의 각 등급에 따른 형태들을 고루 갖추지 못했다는 점도 감탄문을 인정하지 않는 근거가 된다. 넷째로 감탄문을 나타내는 종결 어미는 간접 인용절에서는 독자성을 드러내지 못하고 평서문으로 그 형태가 바뀐다.(서정수 1996:339)

(3) ㄱ. 아버지 : "오늘은 달이 정말로 밝구나!"
    ㄴ. 영희   : "아이고 더워라!"

(4) ㄱ. 아버지는 오늘은 달이 정말로 밝다고 말했다.
    ㄴ. 영희는 덥다고 말했다.

(5) ㄱ. *아버지는 오늘은 달이 정말로 밝구나고 말했다.
    ㄴ. *영희는 아이고 더워라고 말했다.

(3)에서 종결 어미 '-구나, -아라/-어라로 실현된 감탄문의 형태를 간접 인용절로 바꾸었을 때는, 감탄형 어미가 (4)에서처럼 평서형 어미로 바뀌어서 실현된다. 만일 (3)의 직접 인용문을 (5)처럼 감탄형을 그대로 유지한 채로 간접 인용절로 표현하면 비문법적인 문장이 된다.

이러한 점을 감안하면 문장의 종결 표현의 하위 유형으로서 감탄문을 따로 설정할 근거가 미약하다고 볼 수 있다. 이에 따라 최현배, 허웅, 서정수 등 일부 학자들은 감탄문을 따로 설정하지 않고, '-구나'와 '-아라/-어라로 종결되는 문장을 평서문의 범주 속에 넣어서 '감탄 평서문(느낌 베풂월)'으로 처리한다.

5. '-는걸, -는데, -거든, -을거나'의 감탄 기능

용언의 어간에 '-는걸/-은걸, -는데/-은데, -거든, -을거나 등의 어미가 붙어서 감탄의 의미를 표현할 수도 있다.(남기심·고영근 1993:349) 이들 어미는 '-구나'와 '-어라'와 같은 전형적인 감탄형 어미는 아니지만 감탄의 의미가 부수적으로 나타난다.

  (1) ㄱ. 철수는 집에 이미 갔는걸.
      ㄴ. 지금 오면 어떻게 하니? 강연회는 이미 다 끝나 버렸는데.
      ㄷ. 이 사진 좀 봐. 아무리 보아도 이상하거든.
      ㄹ. 이제 집으로 가 볼거나.

(ㄱ)에서 '-는걸/-은걸'은 주로 혼잣말에 쓰여서 현재의 사실이 이미 알고 있는 바나 기대와는 다른 것임을 나타내는데, 주로 가벼운 반박이나 감탄의 뜻을 나타낸다. (ㄴ)에서 '-는데'는 어떤 일을 감탄하는 뜻을 넣어서 서술함으로써, 그에 대한 청자의 반응을 기다리는 태도를 나타낸다. (ㄷ)에서 '-거든'은 청자가 모르고 있을 내용을 가르쳐 줌을 나타내면서 동시에 자랑이나 감탄의 느낌을 띨 때가 있다. (ㄹ)의 '-을거나'는 화자가 자신의 어떤 의사에 대하여 자문(自問)하거나 상대편의 의견을 물어볼 때에 쓰이는데, 이 어미도 감탄의 뜻을 나타낼 수가 있다.

[단원 정리 문제 12]

1. '잡다(執)'를 사용하여 상대 높임의 등분에 따른 종결형의 활용 모습을 밝히시오.

	평서형	의문형	명령형	청유형	감탄형
아주 높임	잡-	잡-	잡-	잡-	
예사 높임	잡-	잡-	잡-	잡-	잡-
예사 낮춤	잡-	잡-	잡-	잡-	잡-
아주 낮춤	잡-	잡-	잡-	잡-	잡-

2. 다음 보기에 나타난 문장에 대하여, 종결 방식에 따른 문장의 유형과 종결형 어미의 높임의 등분을 밝히시오.

> 인영이는 도서관으로 가다가 길에서 철수를 만났습니다.
> "① 철수야, 너 어디 가니?"
> "② 응, 인영이구나. ③ 도서관에 가는 길인데, 반가워."
> "④ 잘되었네. ⑤ 나도 도서관에 가는 길인데, 같이 가자."
> "⑥ 철수야, 난 잠시 사진관에 들러야 해. ⑦ 미안하지만 먼저 가거라."
> "⑧ 그래, 나중에 봐."

3. <보기>의 자료를 참고하여 '문장 종결'에 대한 다음 물음에 답하시오. [총 7점]
   [2001학년도 중등 교사 임용 시험]

> ① 영수가 그 책을 {읽었느냐? / 읽었는가? / 읽었습니까?}
> ② 날씨가 꽤 덥구나.

3-1. 종결 어미의 두 가지 기능을 기술하고 학교 문법(현행 고등학교 '문법' 교과서 체계)의 문장 종결법 유형을 들고 위의 <보기>를 활용하여 각 유형별 용례를 제시하시오. [4점]

3-2. 문장 종결법에서 종결 어미가 간접 인용절로 안길 때의 제약을 다음 <조건>에 따라 기술하시오. [3점]

가. 간접 인용절 구성에서 인용절의 종결 어미 제약을 문장 종결법의 유형별로 검증하고, 그 결과를 도출할 것.

나. 위의 보기를 활용할 것.

4. 『고등학교 문법』(2010)에서는 다음 문장들을 평서문으로 처리한다. 이들 평서문의 종결 어미에서 나타나는 특수한 의미를 설명하시오.

① 그 당시에 나는 벌써 사서 삼경(四書三經)을 다 독파했<u>지</u>.
② 내년에는 너한테 자가용을 꼭 사 줄<u>게</u>.
③ 내일 열리는 축하연에는 꼭 참석하<u>마</u>.
④ 오늘 밤에는 틀림없이 달이 뜨렷<u>다</u>.

5. '설명 의문문, 판정 의문문, 수사 의문문'에 대한 예를 한 가지씩 들고, 각각의 의문문의 기능을 설명하시오.

6. <보기>의 내용을 확인하기 위해, 어떤 판정 의문문의 서술어 '읽으셨느냐?'를 대상으로 만든 탐구 학습 자료를 <조건>에 따라 완성하시오. [4점] **[2008학년도 중등 교사 임용 시험]**

〈조 건〉

1. 화자, 청자, 주체의 상하 관계는 서로 다르다고 가정할 것.
2. 3단계의 대답 문장은 필수 성분을 갖춘 긍정문으로 쓰되, 화자, 청자, 주체는 그 상하 관계가 명확하게 드러나는 명사를 사용할 것.

〈조 건〉

우리말에서 문법 기능은 특정한 형태소의 첨가에 의해 표시되는 경우가 많다. 화자의 느낌이나 생각은 선택되는 종결 어미에 따라 다양한 방식으로 실현되고 시제나 높임 표현과 같은 문법 요소도 해당 기능을 담당하는 형태의 첨가에 의해 실현된다. 이런 형태들은 대개 용언의 어간과 결합하여 서술어를 이루는데 하나의 서술어에 둘 이상의 문법 형태들이 첨가되는 일도 흔하다. 따라서 한 문장의 서술어를 이루고 있는 형태소들을 분석하여 그 기능을 따져 보면 문장의 구조는 물론, 그 문장이 발화되는 담화 상황까지도 알 수 있다.

· 1단계 : '읽으셨느냐?'에 실현된 문법적 정보 확인하기

문법적 정보		판단 근거
화자의 의향 (심리적 태도)	질문하여 대답을 요구함	의문형 종결 어미 '-느냐'
화자, 청자, 주체의 상하 관계	화 자 와 청자	·	·
	화 자 와 주체	·	·
	청 자 와 주체	주체가 청자보다 높다	화자와 청자, 화자와 주체의 상하 관계를 종합적으로 고려
·	·	·
서술어의 자릿수	2개	'읽다'는 타동사이다

· 2단계 : 담화 상황 구성하기

(   )이/가 (   )에게 (   ) 여부를

물어보는 상황이다.

· 3단계 : 대답 문장

7. 명령문은 그것이 실현되는 발화 장면에 따라서 직접 명령문과 간접 명령문으로 구분할 수 있다. 아래의 두 문장을 이용하여 이들 명령문의 차이를 설명하시오.

> ① 영숙아, 살을 빼려면 매일 꾸준히 운동해라.
> ② 임금을 체불한 악덕 기업주는 사과하라.

8. 명령문과 청유문에서 나타나는 특징을 공통점과 차이점으로 나누어서 설명하시오.

　　① 공통점 :
　　② 차이점 :

9. 다음의 예문을 이용하여 '구나' 형 감탄문과 '어라' 형 감탄문의 차이를 설명하시오.

> ① 벌써 새벽이 되었구나!
> ② 아이고, 추워라!

10. 『고등학교 문법』(2010:171)에서는 감탄문을 설정하고 있다. 하지만 일부 학자들은 감탄문을 평서문의 한 종류로 다루고 있다. 감탄문을 설정하는 학자들의 견해와 감탄문을 설정하지 않는 학자들의 견해를 요약해서 설명하시오.

6.2. 높임 표현

국어에서는 문장에서 표현되는 일의 주체나 객체, 혹은 말을 듣는 상대(청자)를 높이거나 낮추어서 표현할 수 있다. 이처럼 다른 사람을 높이거나 낮추어서 표현함으로써, 그 사람과의 관계나 자신의 사회적인 위치를 확인할 수 있다.[1]

6.2.1. 높임 표현의 개념

〈높임법의 개념〉 '높임법(존대법, 경어법, 대우법)'은 말을 듣는 상대나 문장 속에서 표현된 어떤 대상을, 그의 지위가 높고 낮은 정도에 따라서 언어적으로 대우하여 표현하는 방식이다. 그리고 이러한 높임법이 실현된 문장을 '높임 표현'이라고 한다.

> (1) ㄱ. 철수<u>가</u> 동생<u>에게</u> 책을 <u>주었다</u>.
>   ㄴ. 할아버지<u>께서</u> 선생<u>님</u>께 책을 <u>드리셨습니다</u>.

(ㄱ)에서는 문장 속에서 주어로 표현된 주체(= 철수)와 부사어로 표현된 객체(= 동생), 그리고 말을 듣는 상대(= 청자)를 모두 낮추어서 표현하였다. 이에 반하여 (ㄴ)에서는 '-께서'와 '-시-'를 통하여 주체인 '할아버지'를 높였으며, 서술어 '드리다'와 조사 '-께'를 통해서 객체인 '선생님'을 높여서 표현하였다. 그리고 서술어에 '-습니다'를 실현하여 발화 장면 속에서 말을 듣는 상대를 높여서 표현하였다.

높임 표현은 화자가 자신의 주관적 판단에 따라서 어떠한 대상을 높이거나 낮추어서 대우하는 표현이다. 따라서 화자의 마음가짐에 따라서는 동일한 대상을 높여서 표현할 수도 있고 낮추어서 표현할 수도 있다.

> (2) ㄱ. <u>김구는</u> 그 길로 임시 정부를 <u>찾아갔다</u>.
>   ㄴ. 김구 <u>선생님께서는</u> 그 길로 임시 정부를 <u>찾아가셨다</u>.

(2)에서 화자는 동일한 인물을 (ㄱ)처럼 낮추어서 표현할 수도 있고 (ㄴ)처럼 높여서 표현할 수도 있다. 여기서 (ㄱ)의 문장은 '김구'에 대하여 객관적으로 진술한 표현이

---

1) 높임법의 사회·문화적인 기능에 대하여는 이 책 403쪽의 【더 배우기】 참조.

며, (ㄴ)의 문장은 '김구'에 대한 개인적인 존경심이 드러나 있는 표현이다.

   (3) ㄱ. 무슨 말씀이<u>세요</u>? <u>선생님</u>의 애가 저희 애를 먼저 때렸<u>잖습니까</u>?
       ㄴ. 무슨 말이<u>야</u>. <u>당신</u>의 애가 우리 애를 먼저 때렸<u>잖아</u>?

그리고 (3)은 두 집안의 아이들끼리 싸운 일에 대하여 그들의 부모들이 서로 잘잘못을 따지는 문장이다. 동일한 대상에 대하여 처음에는 (ㄱ)처럼 상대를 높여서 표현할 수도 있지만, 감정이 격해지면 (ㄴ)처럼 낮추어서 표현할 수도 있다. 따라서 어떠한 대상을 높여서 표현하는 것과 낮추어서 표현하는 것은 전적으로 말하는 사람의 마음가짐에 달려 있는 것이다.

  〈**높임 표현의 간략한 유형**〉 '높임 표현(공대 표현, 恭待)'의 유형은 높임의 대상에 따른 유형과 높임 표현을 실현하는 문법적인 형식에 따른 유형으로 나누어진다.

  첫째, '높임의 대상'에 따른 높임법의 유형은 화자가 어떤 사람을 높이느냐로 구분되는 유형인데, 이에는 '상대 높임 표현(존비 표현, 尊卑), 주체 높임 표현(존경 표현, 尊敬), 객체 높임 표현(겸손 표현, 謙遜)' 등이 있다.

  둘째, 높임법을 실현하는 '문법적인 형식'에 따른 높임법의 유형으로는 '종결 어미를 통한 높임 표현'과 '조사를 통한 높임 표현', 그리고 '어휘를 통한 높임 표현'이 있다.

활용 어미를 통한 높임	종결 어미를 통한 높임 (상대 높임)
	선어말 어미 '-으시-'를 통한 높임 (주체 높임)
조사나 파생 접사를 통한 높임	'-께, -께서 ; -님'을 통한 높임 (객체/주체 높임)
어휘를 통한 높임	드리다, 모시다, 계시다 ; 진지, 치아, 약주 (주체/객체 높임)

[표 1. 문법적 형식으로 분류한 높임 표현의 유형]

6.2.2. 높임 표현의 유형

높임 표현은 높임의 대상에 따라서 '상대 높임 표현, 주체 높임 표현, 객체 높임 표현'으로 나뉜다.

6.2.2.1. 상대 높임 표현

〈상대 높임 표현의 개념〉 '상대 높임 표현'은 화자가 서술어로 쓰이는 말에 종결어미를 실현함으로써, 말을 듣는 상대(청자)를 높이거나 낮추어서 대우하는 높임법이다.

    (4) ㄱ. 철수가 집에 갔<u>다</u>.   [격식체]
         ㄴ. 철수가 집에 갔<u>습니다</u>.

    (5) ㄱ. 철수가 집에 갔<u>어</u>.   [비격식체]
         ㄴ. 철수가 집에 갔<u>어요</u>.

(4ㄱ)에서는 종결 어미인 '-다'를 실현하여 청자를 아주 낮추어서 표현하였고, (4ㄴ)에서는 '-습니다'를 실현하여 청자를 아주 높여서 표현하였다. 그리고 (5ㄱ)에서 종결 어미인 '-어'를 실현하여 청자를 낮추어서 표현하였으며, (5ㄴ)에서는 '-어'에 종결 보조사인 '-요'를 실현하여 청자를 높여서 표현하였다.

〈상대 높임 표현의 유형〉 상대 높임 표현은 문장에 실현되는 종결 어미의 형태와 보조사 '-요'의 실현 여부에 따라서, '격식체의 상대 높임 표현'과 '비격식체의 상대 높임 표현'으로 나뉜다.[2]

   ⓐ **격식체의 상대 높임 표현**: '격식체의 상대 높임 표현'은 나이나 직업, 직위 등의 주어진 사회적 규범에 의해 어느 특정한 등급의 종결 어미를 쓰게 되어서, 화자에게 개인적인 선택의 여지가 없을 때에 사용하는 상대 높임 표현이다. 격식체의 상대 높임 표현은 직접적이며 단정적이며 객관적이고 의례적인 성격이 있는 높임 표현이다. (남기심·고영근 1993:334)

---

2) 『고등학교 교사용 지도서 문법』(2010:213)에서는 상대 높임 표현의 6단계를 설정하고 각 단계에 해당되는 종결 어미를 다음과 같이 제시하였다.

격식체의 상대 높임 표현은 높임의 등분과 문장의 종결 방식에 따라서 다양하게 실현된다.

| | 평서문 | 의문문 | 명령문 | 청유문 | 감탄문 |

(6) ㄱ. 돼지를 잡- { -습니다 /-습니까? /-으십시오 / ― / ― }
ㄴ. 돼지를 잡- { -으오3) /-으오? /-으오 / -읍시다 / -(는)구려 }
ㄷ. 돼지를 잡- { -네 /-(느)ㄴ가? /-게 / -으세 / -(는)구먼 }
ㄹ. 돼지를 잡- { -(는)다 /-(느)냐? /-아라 / -자 / -(는)구나 }

격식체 상대 높임 표현은 네 가지 등분으로 분류할 수 있다. 곧 (ㄱ)은 아주 높임의 등분인 '하십시오체', (ㄴ)은 예사 높임의 등분인 '하오체', (ㄷ)은 예사 낮춤의 등분인 '하게체', (ㄹ)은 아주 낮춤의 등분인 '해라체'이다. 그리고 평서문, 의문문, 명령문, 청유문, 감탄문 등과 같이 문장이 종결되는 방식에 따라서도 상대 높임 표현을 실현하는 종결 어미의 형태가 달라진다.

상대 높임 표현의 등분과 문장 종결의 형태에 따라서 상대 높임 표현의 체계를 분류하면 [표 2]와 같다.

높임 등분	평서형	의문형	명령형	청유형	감탄형
하십시오체	잡습니다	잡습니까?	잡으십시오4)	―5)	―
하오체	잡으오	잡으오?	잡으오, 잡구려	잡읍시다	잡는구려
하게체	잡네	잡는가?, 잡나?	잡게	잡으세	잡는구먼
해라체	잡는다	잡느냐? 잡니?	잡아라, 잡으렴, 잡으려무나	잡자	잡는구나

[표 2. 격식체 상대 높임 표현의 등분]

격식체	하십시오체	-십시오(시+ㅂ시오), -소서, -나이다, -ㅂ니다, -올시다
	하오체	-오, -소, -구려, -리다
	하게체	-게, -네, -나, -ㅁ세, -는가, -세
	해라체	-어라, -느냐, -다, -자, -마, -니, -려무나
	(하라체)	-(으)라
비격식체	해요체	-어요, -지요, -군요, -ㄹ게요, -ㄹ까요
	해체	-어, -야, -지, -나

3) '하오체'의 종결 어미인 '-오'는 선어말 어미인 '-겠-, -었-/-았-' 뒤에서는 '-소'로 실현된다.
4) '-십시오'는 주체 높임의 선어말 어미인 '-시-'와 명령형의 종결 어미인 '-ㅂ시오'가 결합된 형

ⓑ **비격식체의 상대 높임 표현**: '비격식체의 상대 높임 표현'은 청자에게 개인적 감정이나 느낌, 태도를 보이기 위하여, <u>스스로 어떠한 문체를 선택하여 사용하는 상대 높임 표현이다.</u> 이는 부드럽고 비단정적이며 주관적이며, <u>격식을 덜 차리는 정감적인 성격의 상대 높임 표현이다.</u>(남기심·고영근 1993:334)

비격식체의 상대 높임 표현은 낮춤의 '해체'와 높임의 '해요체'로 나누어진다.

(7) ㄱ. 어서 고양이를 잡<u>아</u>.   [해체 - 두루 낮춤]
    ㄴ. 이제 모두들 자리에서 일어서<u>지</u>.

(8) ㄱ. 어서 고양이를 잡<u>아요</u>.
    ㄴ. 이제 모두들 자리에서 일어서<u>지요</u>.   [해체요 - 두루 높임]

'해체'는 '반말'이라고도 하는데, (7)처럼 서술어로 쓰인 용언의 끝에 반말체의 종결 어미인 '-아/-어'나 '-지'를 붙여서 표현한다. 이때 '-아/-어'나 '-지'로 실현되는 '해체'는 아주 낮춤과 예사 낮춤에 두루 쓰이는 '두루 낮춤'의 등급이다. 이에 반해서 '해요체'는 (8)처럼 '해체'에 높임의 뜻이 있는 보조사 '-요'를 붙여서 '-아요/-어요'나 '-지요'의 형태로 실현되는 높임 표현이다. 이러한 '해요체'는 아주 높임과 예사 높임에 두루 쓰이는 '두루 높임'의 등급이다.

높임의 등분	평서형	의문형	명령형	청유형	감탄형
해요체	잡아요 잡지요	잡아요 잡지요	잡아요 잡지요	잡아요 잡지요	잡아요 잡지요
해체	잡아 잡지	잡아 잡지	잡아 잡지	잡아 잡지	잡아 잡지

[표 3. 비격식체의 상대 높임 표현의 등분]

태이다. 이는 명령문에서 주어와 청자가 일치하기 때문에 주체 높임의 선어말 어미인 '-시-'와 명령형의 종결 어미인 '-ㅂ시오'가 함께 실현된 것이다.
5) 청유형의 '하십시오체'는 해당 형태가 없다. 그런데 고영근·구본관(2008:173)에서는 해요체인 '-지요'에 선어말 어미인 '-으시-'가 실현된 '-으시지요'가 청유형의 '하십시요체'로 쓰인다고 보았다(보충법). 그러나 '-으시지요'는 '- 으시(주체 높임)- + -지(해체의 평서형 종결 어미) + -요(종결 보조사)'로 분석되기 때문에, 비격식체의 명령형 어미로서 '해요체'에 해당한다.

6.2.2.2. 주체 높임 표현

〈주체 높임 표현의 개념〉 '주체(主體) 높임 표현'은 문장에서 주어로 표현되는 대상(= 서술의 주체)을 높여서 대우하는 표현으로서, 서술의 주체가 화자보다 나이나 사회적 지위 등에서 상위자일 때에 실현된다. 주체 높임 표현은 용언에 선어말 어미인 '-으시-'를 붙여서 실현하는 것이 일반적이며, 이와 함께 주격 조사인 '-께서'를 실현하거나 체언에 파생 접사인 '-님'을 붙여서 실현하기도 한다.

(9) ㄱ. 김동운 사장이 금정산 아래에 <u>산다</u>.
　　ㄴ. 김동운 사장**님께서** 금정산 아래에 <u>사신다</u>.

(ㄱ)의 문장에는 주체를 높이는 문법적인 요소가 쓰이지 않았으므로 서술의 주체인 '김동운 사장'을 낮추어서 표현한 것이다. 이에 반해서 (ㄴ)의 문장에서는 서술어로 쓰인 '살다'에 주체 높임의 선어말 어미인 '-시-'를 실현하였고, 주체인 '김동운 사장'에 높임의 접미사인 '-님'과 주격 조사 '-께서'를 실현하여 주체를 높여서 표현하였다.

〈간접 높임 표현〉 주체 높임 표현은 일반적으로 문장 속에서 주어로 쓰이는 말, 곧 서술의 주체를 선어말 어미인 '-으시-'를 통하여 직접적으로 높이는 표현이다.

(9') <u>김 사장님</u>께서 금정산 아래에서 사<u>신다</u>.
　　　[+높임]

(9')에서 선어말 어미 '-시-'는 주어로 표현된 대상인 '김 사장'를 직접적으로 높였다.
　그런데 서술의 주체가 높임의 직접적인 대상이 아닌 때에도 '-으시-'를 실현하여서 표현할 수 있다. 곧, 실제로 높여야 할 인물과 밀접한 관계에 있는 대상인, '<u>신체의 일부분, 소유물, 병, 생각, 말, 사상</u>' 등을 나타내는 말이 문장의 주어로 쓰일 때에는, 그 대상을 높여서 표현할 수 있다. 이러한 높임 표현을 '간접 높임 표현'이라고 한다.

(10) ㄱ. **할아버님**의 **손**이 매우 크<u>십</u>니다.
　　　　　[+높임]

　　ㄴ. 요즈음 **대통령**께서는 **걱정**이 많<u>으십</u>니다.
　　　　　　　　　　　　[+높임]

(10)의 문장에서 서술어인 '크다'와 '많다'에 대한 서술의 주체는 '손'과 '걱정'인데, 이들은 원칙적으로 주체 높임의 대상이 되는 말이 아니다. 그런데 (ㄱ)에서 '손'은 높임의 대상인 '할아버님'의 신체의 일부이고 (ㄴ)에서 '걱정'은 높임의 대상인 '대통령'의 생각이다. 따라서 (8)의 '크십니다'와 '많으십니다'에 표현된 주체 높임의 선어말 어미인 '-으시-'는 문장의 주어로 쓰인 '손'과 '걱정'을 높여서 표현함으로써, 실제로 높여서 표현해야 할 '할아버님'과 '대통령'을 간접적으로 높인 것이다.

주체 높임 표현을 통하여 어떠한 대상을 간접적으로 높이는 방법으로는 다음의 두 가지가 있다.

첫째, 관형어의 수식을 받는 체언이 주어로 쓰일 때에, 그 체언을 높여서 표현함으로써 관형어로 표현되는 대상(체언)을 간접적으로 높일 수 있다.

    (11) ㄱ. 사장님의 **손톱**이 빠지셨다.
        ㄴ. [?]사장님의 **손톱**이 빠졌다.

    (12) ㄱ. 선생님의 **말씀**이 있<u>으시</u>겠습니다.
        ㄴ. [?]선생님의 **말씀**이 있겠습니다.

(11~12)에서 '손톱'과 '말씀'은 그 자체로는 높임의 대상이 되지 않는다. 하지만 '손톱'과 '말씀'은 관형어로 쓰인 '사장님'과 '선생님'과 직접적으로 관련이 있는 대상이다. 따라서 (11~12)에서는 '손톱'과 '말씀'을 높임으로써 관형어로 쓰인 '사장님'과 '선생님'을 간접적으로 높여서 표현하였다.

첫째, 서술절을 안은 문장(이중 주어 문장)에서 서술절 속의 주어로 표현되는 대상을 높임으로써, 안은 문장에서 주어로 표현되는 인물을 간접적으로 높일 수 있다.

    (13) ㄱ. 선생님께서는 **귀**가 크<u>시</u>다.
        ㄴ. [?]선생님께서는 **귀**가 크다.

    (14) ㄱ. 할머니께서는 **돈**이 많<u>으시</u>다.
        ㄴ. [?]할머니께서는 **돈**이 많다.

    (15) ㄱ. 어머님께서도 다 **생각**이 있<u>으십</u>니다.
        ㄴ. [?]어머님께서도 다 **생각**이 있습니다.

(13)에서 서술절 속의 주체인 '귀'는 그 자체로는 높임의 대상이 아니다. 하지만 그것이 높임의 대상인 '선생님'의 귀이기 때문에 선어말 어미인 '-으시-'를 실현하여 높여서 표현하였다. (14)와 (15)에서도 마찬가지로 서술절 속의 주체인 '돈'과 '생각'은 각각 높임의 대상인 '할머니'와 '어머님'의 소유물이나 생각이므로, '-으시-'를 실현하여 '돈'과 '생각'을 높여서 표현하였다.

〈어휘를 통한 주체 높임 표현〉 주체 높임 표현은 선어말 어미인 '-으시-'나 주격 조사 '-께서', 혹은 파생 접사 '-님'으로 실현되는 것이 일반적이다. 하지만 주체 높임 표현은 '계시다, 잡수시다/자시다/드시다, 주무시다, 돌아가시다 ……' 등과 같이 높임의 뜻이 있는 특수한 용언으로써도 실현될 수 있다.

(16) ㄱ. 동생은 지금 학교에 <u>있다</u>.
ㄴ. 아이들이 점심으로 김밥을 <u>먹는다</u>.
ㄷ. 시찰단 일행은 기차 안에서 <u>잤다</u>.

(17) ㄱ. 아버님께서는 지금 거실에 <u>계시다</u>.
ㄴ. 할아버님께서 점심을 <u>잡수신다</u>.
ㄷ. 선생님께서는 어제 부산 호텔에서 <u>주무셨다</u>.

(17)에서 '계시다, 잡수시다, 주무시다'는 각각 (16)의 '있다, 먹다, 자다'에 대한 높임의 어휘이다. 그러므로 (17)과 같이 '계시다, 드시다, 주무시다'가 서술어로 쓰이면 자동적으로 문장의 주체가 높여져서 표현된다.

이처럼 주체 높임 표현은 선어말 어미뿐만 아니라 어휘로도 실현될 수 있다. 이와 관련하여 문장의 서술어가 '있다'일 때에는 주체 높임 표현이 '계시다(존재, 在)'와 '있으시다(소유, 持)'의 두 가지 단어로 실현된다. 이 경우 '계시다'는 직접 높임 표현으로서 높임의 뜻이 있는 어휘로써 실현된 높임 표현이고, '있으시다'는 간접 높임 표현으로서 선어말 어미인 '-으시-'로써 실현된 높임 표현이다.

(18) ㄱ. 선생님께서는 댁에 <u>계시다</u>.   [존재]
ㄴ. *선생님께서는 댁에 <u>있으시다</u>.

(19) ㄱ. 선생님께서는 **따님**이 <u>있으시다</u>.   [소유]
ㄴ. *선생님께서는 **따님**이 <u>계시다</u>.

(18)에서는 '선생님'이 특정한 장소에 존재함을 뜻하는 말인데, 이때에는 '있다'의 높임 표현으로서 (ㄱ)처럼 '계시다'가 쓰인다. 반면에 (19)에서는 '선생님'이 특정한 대상을 소유하고 있음을 나타내는데, 이때에는 '있다'의 높임 표현으로 (ㄴ)처럼 '있으시다'로 표현해야 한다. 이처럼 '계시다'는 주체를 직접적으로 높일 때에 사용하고, '있으시다'는 높여야 할 주체(=선생님)를 다른 대상(=따님)을 통해서 간접적으로 높일 때에 사용한다.

6.2.2.3. 객체 높임 표현

〈**객체 높임 표현의 개념**〉 '객체(客體) 높임 표현'은 문장의 목적어나 부사어로 표현되는 대상, 곧 서술의 객체를 높여서 대우하는 높임 표현이다. 여기서 '객체'는 화자나 문장 속의 주체보다 상위자일 경우가 많다.

(20) ㄱ. 인호는 <u>**동생**</u>을 <u>데리고</u> 집으로 왔다.
　　 ㄴ. 한 학생이 수학 책을 <u>**철수**</u>에게 <u>주었다</u>.

(21) ㄱ. 인호는 <u>**아버님**</u>을 <u>모시고</u> 집으로 왔다.
　　 ㄴ. 한 학생이 수학 책을 <u>**선생님**</u>께 <u>드렸다</u>.

(20)에서는 목적어로 실현된 '동생'이나 부사어로 실현된 '철수'를 높이지 않은 표현이다. 이에 반하여 (21)의 (ㄱ)에서는 서술어로 쓰인 '모시다'를 통해서 목적어로 표현된 객체(= '아버님')를 높여서 표현하였다. 그리고 (ㄴ)에서는 서술어로 쓰인 '드리다'와 부사격 조사인 '-께'를 통해서, 부사어로 표현된 객체(= '선생님')를 높여서 표현하였다. 그런데 이러한 객체 높임 표현은 대체로 객체가 화자나 주체보다 상위자인 경우에 실현된다. 곧 (21)의 (ㄱ)에서 객체인 '아버님'은 주체인 '인호'보다 상위자이며, (ㄴ)에서 객체인 '선생님'은 주체인 '학생'보다 상위자이다. 반면에 (20)에서 객체인 '동생'과 '철수'는 주체인 '인호'와 '한 학생'에 에 비해서 상위자가 아니므로, 객체를 낮추어서 표현하였다.

〈**객체 높임 표현의 실현 방법**〉 상대 높임 표현과 주체 높임 표현은 주로 용언의 활용을 통해서 실현된다. 이에 반해서 객체 높임 표현은 일반적으로 높임의 뜻이 있는 특수한 동사를 사용하여서 실현되는 것이 특징이다.

(22) ㄱ. 유성룡은 선조 **임금님**을 <u>모시고</u> 의주까지 갔다.

ㄴ. 큰 아들은 **어머님께** 용돈을 매달 <u>드렸다</u>.

ㄷ. 목련존자는 **부처님**을 <u>뵙고</u> 출가의 뜻을 밝혔다.

ㄹ. (저는) **부모님께** <u>여쭈어</u> 보고 가부(可否)를 결정하겠습니다.

(22)에서 '모시다, 드리다, 뵙다(뵈다), 여쭈다(여쭙다)' 등이 객체 높임을 실현하는 동사인데, 각각 목적어나 부사어로 표현된 객체를 높였다. 그리고 (ㄴ)과 (ㄹ)처럼 상대를 나타내는 부사어로 쓰인 객체를 높일 때에는, 높임의 뜻을 나타내는 동사인 '드리다, 여쭙다'와 함께 부사격 조사인 '-께'를 실현하였다.

【 더 배우기 】

1. 높임 표현의 사회·문화적인 기능

어떠한 대상을 높이거나 낮추어서 표현하는 기준은 '나이, 혈연 관계, 사회적 지위, 개인적 친분 관계' 등이 복합적으로 작용하여서 결정된다. 따라서 화자는 어떠한 대상이나 상대를 높이거나 낮추어서 표현함으로써 다음과 같은 기능을 수행한다.

첫째, 높임 표현을 통해서 화자와 청자 사이에 나타나는 서열을 확인한다.

(1) ㄱ. 철수야, 너 언제쯤 철이 들래?　　　[화자(교사) > 청자(학생)^{*주}]

　　ㄴ. 선생님, 죄송합니다. 잘못했습니다.　　[화자(학생) < 청자(교사)]

(2) ㄱ. 김 과장, 미국 출장에 수고가 많았지?　[화자(사장) > 청자(과장)]

　　ㄴ. 사장님, 덕분에 무사히 다녀왔습니다.　[화자(과장) < 청자(사장)]

일반적으로 볼 때에 교사와 학생 사이에서는 교사는 학생을 낮추어서 표현하며, 학생은 교사를 높여서 표현한다. 마찬가지로 직장에서 상사와 부하 직원의 대화에서도 상사는 부하 직원을 낮추어서 표현하는 반면에 부하 직원은 상사를 높여서 표현한다. 이러한 높임과 낮춤의 발화를 통하여 화자와 청자는 그들 사이에 나타나는 혈연이나 사회적 신분상의 서열을 확인한다.

둘째, 높임 표현을 통해서 화자와 청자 사이의 심리적인 거리를 조정한다.

(3) ㄱ. "김희순 대리, 잠시 나 좀 보세."　　　　　[화자(부장) > 청자(대리)]

　　ㄴ. "판매 계획은 김희순 대리께서 보고하십시오."　[화자(부장) > 청자(대리)]

동일한 관계에 있는 사람들 사이의 대화일지라도 그것이 어떠한 발화 상황에서 이루어지는가에 따라서 높임 표현의 실현 양상이 달라질 수 있다. (3)에서 (ㄱ)과 (ㄴ)의 대화는 직장에서 박 부장이 부하 직원인 김 대리에게 한 발화이다. 이 가운데 (ㄱ)은 박 부장이 김 대리를 사무실에서 개인적으로 부르는 상황에서 한 발화이고, (ㄴ)은 공식적인 회의에서 박 부장이 김 대리에게 한 발화이다. 이처럼 높임 표현의 실현 양상은 발화 상황에 따라서 달라지는데, (ㄱ)에서처럼 비공식적인 발화 상황에서 박 과장이 김 대리를 낮추어서 발화하면 개인적이

---

* 'A > B'는 A가 B의 상위자인 것을 나타내며, 'A < B'는 B가 A의 상위자인 것을 나타낸다.

고 정감이 있고 격식을 덜 차리는 표현이 된다. 이에 반해서 (ㄴ)에서처럼 공식적인 발화 상황에서 박 과장이 김 대리를 높여서 발화하게 되면 공식적이고 정중하고 의례적인 표현이 된다.

이와 같이 동일한 인물들이 대화할 때에도 개인적인 발화 상황과 공식적인 발화 상황을 구별하고 그에 맞는 높임 표현을 적절하게 구사함으로써, 대화에 참여하는 사람들 사이의 정서적인 거리를 조정하게 된다. 서로의 관계가 멀기 때문에 높임 표현을 사용한다면 높임 표현은 일종의 격식성과 예의를 함의하는 기능을 가지며, 반대로 가깝기 때문에 낮춤 표현을 사용한다면 비격식성과 친근함 등을 함의하는 기능을 가진다.(『고등학교 교사용 지도서 문법』2010:283 참조.)

국어에서는 높임 표현을 통하여 화자와 청자 사이의 서열을 확인하고 정서적인 거리를 조정한다. 화자와 청자가 서로 대등한지, 종속적인지, 우월한지에 따라서 높임의 정도가 달라지고, 이러한 서열 관계와 별도로 화자와 청자 사이의 친소 관계에 따라서도 높임 표현을 구사하는 방법이 달라진다. 이러한 점에서 높임 표현은 엄밀하게 말해서 문장론의 차원에서보다는 화용론적 차원에서 접근하여야 할 문법 범주라고 할 수 있다. 곧 화자와 청자, 그리고 다양한 상황을 고려해야만 높임 표현의 기능을 정확히 파악할 수 있다.

2. 어휘를 통한 높임 표현

높임의 의미를 나타내는 어휘를 실현하여 다른 사람을 높이는 방법이 있는데, 이를 '어휘를 통한 높임 표현'이라고 한다.

⟨높임의 정도에 따른 높임 어휘의 유형⟩ '높임의 어휘'는 내용으로 볼 때에 '높임말'과 '낮춤말(겸양말)'로 나눌 수가 있다. '높임말'은 청자나 청자와 관련된 대상을 높여서 표현하는 어휘이다. 반면에 '낮춤말(겸양말)'은 화자가 자신이나 자신에 관련된 대상을 낮추어서 표현함으로써, 다른 사람을 상대적으로 높이는 어휘다.

(1) ㄱ. 아버님, 어머님, 가친(家親), 자친(慈親), 춘부장(椿府丈), 자당(慈堂), 선생님, 귀하(貴下) ; 계씨(季氏), 함씨(咸氏), 영애(令愛), 영식(令息), 영손(令孫) ; 진지, 치아(齒牙), 약주(藥酒), 댁(宅), 귀교(貴校), 옥고(玉稿), 연세(年歲), 말씀

ㄴ. 주무시다, 계시다, 자시다/잡수다, 돌아가시다 ; 드리다, 바치다, 받들다, 받잡다, 올리다, 아뢰다, 사뢰다, 여쭈다(여쭙다), 모시다, 뵈다(뵙다)

(2) 저, 저희, 소생(小生), 소인(小人), 소자(小子) ; 말씀, 졸고(拙稿), 졸저(拙著), 비견(鄙見), 상서(上書)

(1)은 화자가 다른 이(주체나 객체)를 직접 높이거나 혹은 그 사람과 관계되는 사람이나 사물을 높여서 발화하는 높임말의 예이다. 이에 반해서 (2)는 화자가 자신이나 자신과 관계되는 사물을 낮추어서 표현함으로써 상대적으로 다른 사람을 높여서 표현하는 겸양말의 예이다.

〈품사에 따른 높임 어휘의 유형〉 높임의 어휘는 품사에 따라서 '체언으로 된 높임 어휘'와 '용언으로 된 높임 어휘'로 나뉜다.

첫째, '체언으로 된 높임 어휘'에는 '직접 높임의 어휘'와 '간접 높임의 어휘'가 있다.

(3) ㄱ. 할아버님, 어머님, 선생님, 사장님, 귀하(貴下), 각하(閣下), 가친(家親), 자친(慈親), 춘부장(椿府丈), 자당(慈堂)

ㄴ. 계씨(季氏), 함씨(咸氏), 영애(令愛), 영식(令息), 영손(令孫), 진지, 치아(齒牙), 귀교(貴校), 옥고(玉稿), 연세(年歲), 말씀

(ㄱ)의 어휘들은 직접 높임의 체언들로서 화자가 높여야 할 인물을 직접적으로 높이는 말이다. 이에 반해서 (ㄴ)의 어휘들은 어떠한 대상을 직접적으로 높이는 것이 아니라, 높여야 할 대상과 관계 있는 인물이나 사물을 높임으로써 간접적으로 높이는 말이다.

(4) ㄱ. **할아버님**께서는 아직 **진지**를 자시지 않으<u>셨</u>다.

ㄴ. **선생님**께서는 **치아**가 상하셔서 며칠 동안 고생하<u>셨</u>습니다.

예를 들어서 (4)에서 '할아버님'과 '선생님'은 화자가 높임의 대상을 직접적으로 높인 말이다. 이에 비해서 '진지'와 '치아'는 화자가 직접적으로는 높일 수 있는 대상은 아니지만, '할아버님'과 '선생님'에게 직접적으로 관련된 대상이기 때문에 각각 '진지'와 '치아'로 높여서 표현한 것이다. 곧 (4)의 (ㄱ)에서는 '할아버님이 잡수시는 밥을 '진지'라고 표현함으로써 '할아버님'을 간접적으로 높였고, (ㄴ)에서는 '선생님의 이'를 '치아'라고 표현함으로써 '선생님'을 간접적으로 높인 것이다.

둘째, 용언으로 된 높임 어휘에는 '주체 높임의 어휘'와 '객체 높임의 어휘'가 있다.

(5) ㄱ. **할아버지**께서 <u>주무신다</u>.

ㄴ. **할머니**께서 진지를 <u>잡수신다/자신다</u>.

ㄷ. **작은아버님**께서는 지금 강화도에 <u>계시다</u>.

(6) ㄱ. 창호는 **백부님**을 <u>모시고</u> 다대포에 있는 몰운대에 갔다.

　　ㄴ. 철수는 어제 **할아버지**를 <u>뵈러</u> 고향에 내려갔다.

　　ㄷ. 철수가 **사범님**께 칼을 <u>드렸다</u>.

(5)의 '주무시다, 잡수시다/자시다, 계시다'는 문장 속에서 주어로 표현되는 대상(주체)인 '할아버지, 할머니, 작은아버님'을 높여서 표현하였다. 이에 반해서 (6)의 '모시다, 뵙다, 드리다'는 문장 속의 목적어나 부사어로 표현되는 대상(객체)인 '백부님, 할아버지, 사범님'을 높여서 표현하였다.

3. 공손 표현

'공손(恭遜) 표현'의 선어말 어미는 '-오-/-옵-'과 '-사오-/-사옵-'의 형태로 실현되는데, 화자가 청자에게 공손함의 뜻을 표현한다.

믿-사-오면

　　(1) ㄱ. 19일에 결승전이 열리<u>오</u>니 많이들 참석해 주십시오.

　　　　ㄴ. 부처님께서는 아난이를 칭찬하시<u>옵</u>고, 다시 설산으로 떠나셨습니다.

　　(2) ㄱ. 당신이 나를 믿<u>사오</u>면, 저도 당신을 끝까지 받들겠<u>사옵</u>니다.

　　　　ㄴ. 당신의 말을 듣<u>사옵</u>고 그대로 따르<u>옵</u>니다.

(1)에서 '열리오니'와 '칭찬하시옵고'에는 각각 선어말 어미인 '-오-'와 '-옵-'이 실현되었다. 그리고 (2)에서 (ㄱ)의 '믿사오면'과 '받들겠사옵니다'에는 '-사오-'가 실현되었고, (ㄴ)의 '듣사옵고'와 '따르옵니다'에는 각각 '-사옵-'과 '-오-'가 실현되었다. 화자는 공손 표현을 통하여 청자에게 각별히 예의를 갖추어서 정중하게 대우하여 표현한다.

공손 표현은 중세어나 근대어에서는 빈번하게 사용되었지만 현대어에서는 잘 사용되지 않는다. 또한 공손 표현을 현대어에서 사용되더라도 문어체에서만 주로 사용되고 구어체에서는 거의 쓰이지 않는다.

4. 압존 표현

주체 높임 표현에 따르면 문장의 주체가 화자보다 상위자일 때에는 서술어에 선어말 어미인 '-으시-'를 실현하고, 그렇지 않은 상황에서는 '-으시-'를 실현하지 않는다.

(1) ㄱ. 선생님께서 댁에 가셨습니다.   [화자<주체(선생님)]

    ㄴ. 철수가 집에 갑니다.   [화자>주체(철수)]

(ㄱ)에서는 주체인 '선생님'이 화자보다 상위자이므로 주체를 높였지만, (ㄴ)에서는 주체인 '철수'가 화자보다 상위자가 아니므로 주체를 높이지 않았다.

그런데 화자와 청자 그리고 문장 속의 주체 등 3자의 관계에 따라 주체 높임 표현의 실현 양상이 달라지는 수가 있다. 곧 전통적인 말법에서는 비록 주체가 화자보다 상위자이더라도, 그 주체가 말을 듣는 사람보다 하위자인 경우에는 그 주체를 높이지 않을 수가 있다. 이러한 특수한 높임법을 '압존법(壓尊法)'이라고 하고, 압존법이 실현된 문장을 압존 표현이라고 한다.

(2) 아버지, 할아버지께서 돌아오셨습니다.   [주체(할아버지)>청자(아버지)>화자]

(3) ㄱ. 할아버님, **아버지**가 지금 <u>돌아왔습니다</u>. [청자(할아버지)>주체(아버지)>화자]

    ㄴ. *할아버님, 아버님께서 지금 돌아오셨습니다.

(2)에서 '할아버지'는 문장 속의 주체이며 청자는 '아버지'이다. 이 경우에 주체인 '할아버지'는 청자인 '아버지'보다 상위자이므로 주체를 높여서 표현했다. 그런데 (3)에서는 문장의 주체가 '아버지'이고 말을 들은 청자는 주체보다 상위자인 '할아버지'이다. 이 경우에 문장의 주체인 '아버지'는 화자에 대하여는 상위자이지만, 청자인 '할아버지'를 고려하여서 (ㄱ)처럼 주체를 높이지 않고 발화하여야 한다. 만일 (ㄴ)처럼 주체인 '아버지'를 높여서 발화하면, '아버지'보다 상위자인 '할아버지'를 상대적으로 낮추어서 발화하는 셈이 된다.

이러한 압존법은 현대 사회에서는 그리 잘 지키지 않는 말법이다. 그러나 전통적 예법을 따지는 발화 상황이나 TV나 영화의 역사극에서는 아직도 쓰이고 있다.

[단원 정리 문제 13]

1. 다음 문장을 읽고 물음에 답하시오.

> 가. 과장님께서 사장님을 모시고 오셨습니다.
> 나. 철수가 영수를 데리고 왔다.

1-1. '가'의 문장에서 높임을 표현하는 요소를 모두 지적하시오.

① 높임의 어휘　　　② 파생 접사　　　③ 격조사

④ 어말 어미　　　　⑤ 선어말 어미

1-2. '가'와 '나'의 문장을 사용하여 높임법의 유형을 설명하시오.

2. 다음은 참여자 간의 높임 표현이 변화된 예이다. 이 변화를 설명하기 위해 작성한 표를 채우시오. [2점] [2007학년도 중등 교사 임용 시험]

> **<대화 1>**
>
> \# 신입 사원 연수회장에서(입사할 때)
>
> 김영희 : 처음 뵙겠습니다. 저는 김영희라고 합니다.
>
> 오주연 : 네, 반갑습니다. 저는 오주연입니다.
>
> 김영희 : 우리 입사 동기니까 앞으로 잘해 봐요.
>
> \# 회사 식당에서(입사 5년 후)
>
> 김영희 : 오 대리, 요즘 기획실 분위기 어때?
>
> 오주연 : 어, 김 대리. 분위기? 좋지.
>
> 김영희 : 다음에 시간 되면 밥이나 같이 먹자.
>
> 오주연 : 그래. 나중에 전화하자.
>
> **<대화 2>**
>
> \# 대학교에서(10년 전)
>
> 이민수 : 어, 선배님 먼저 오셨네요.
>
> 박진우 : 응, 좀 전에 왔어.

이민수 : 이번에 우리 답사 어디로 갈까요?

박진우 : 글쎄, 고민 좀 해 보자.

\# 회사에서(현재)

박진우 : 부장님께서 한 말씀 해 주십시오.

이민수 : 네, 조금 전에 박진우 과장이 말했듯이 요즘 우리 회사 영업 실적이
　　　　좋지 않습니다. 자료는 박 과장이 좀 나눠 주세요.

대화	변화의 요인	높임 표현의 변화에 대한 설명
1		
2		

3. 다음 문장들을 상대 높임법과 관련하여 격식체의 높임 표현과 비격식체의 높임 표현으로 구분하고, 상대 높임법의 등분을 결정하시오.

　　　　<보기 1> 부장님도 보신탕을 드십니까? : 의문형 – 격식체 – 하십시오체(아주 높임)
　　　　<보기 2> 부장님도 보신탕을 드셔요?　　: 의문형 – 격식체 – 해요체(두루 높임)

① 북한이 핵실험을 강행했습니다.

② 아직도 시골에서는 소를 이용해서 밭을 가는가?

③ 애들아, 이 짐 좀 받아 주렴.

④ 이제 그만 좀 해요.

⑤ 밖에 비가 많이 오는구먼.

⑥ 모두들 일어서 주십시오.

⑦ 우리는 아침마다 산에서 샘물을 길어 온다.

⑧ 지금 우리는 고향으로 내려가는 길이오.

⑨ 자네, 이제 나이도 좀 들었으니 술 좀 줄이게.

⑩ 어서 오세요.

4. 다음 문장에서 어법에 맞지 않는 부분을 바로잡고, 어법에 맞지 않는 이유를 설명하시오

> ① 선생님 지금 시간이 계세요?
>
> ② 할아버지께서는 지금 부엌에 있으십니다.
>
> ③ 선생님께서 너 빨리 교무실로 오시라고 해.

5. 국어에서는 높임말과 낮춤말로 쓰이는 특수한 어휘들이 있다.

5-1. 다음의 보통말에 대응되는 높임말과 낮춤말을 쓰시오

보통말	밥	이(齒)	술	집	말(言)	남의 어머니	남의 아버지	남의 딸	남의 아들	남의 손자
높임말	진지									

보통말	나			우리	나의 말(言)	나의 원고	나의 견해	나의 글, 책
낮춤말	저							

5-2. 동사 가운데는 문장의 주체를 높이는 동사와 객체를 높이는 동사가 있다. 다음의 동사에 대하여 주체 높임의 말과 객체 높임의 말을 쓰시오

보통말	먹다	자다	있다
높임말			

[주체 높임말]

보통말	주다	묻다(問)	데리다(伴)	말하다	만나서 보다
높임말					

[객체 높임말]

6. <보기>에 제시된 예문을 바탕으로 높임 표현에 대한 다음 물음에 답하시오. [총 7점]
   [2000학년도 중등 교사 임용 시험]

> (1) 노을이 아주 붉다.
>
> (2) ㄱ. 철수가 영이에게 <u>물어</u> 보아라.
>   철수가 영이에게 <u>말해</u> 보아라.
>   철수가 할머니께 <u>사뢰어</u> 보아라.
>   철수가 선생님께 <u>아뢰어</u> 보아라.
>   ㄴ. 아이가 <u>동생에게</u> 간다.
>   아이가 그 <u>어른께</u> 간다.

6-1. (1)을 상대 높임의 등분에 따라 6개의 문장으로 만들어 쓰시오. 그리고 이 6개의 문장과 (2)의 높임법을 학교 문법의 체계로 설명하시오. [3점]

6-2. 중등학교 학생의 언어를 바탕으로 설명할 경우, 학교 문법의 높임법 체계에서 문제가 되는 점은 무엇인지 위에서 답한 6개의 예문과 (2)의 예문을 자료로 하여 설명하시오. [3점]

7. 다음을 보고 교사와 학생이 <보기>와 같이 대화를 나누었다. 괄호 안의 ㉠, ㉡에 해당하는 말을 순서대로 쓰시오. [2점] [2016학년도 중등 교사 임용 시험]

> 아빠 : 여보, 거기 있는 책을 나에게 좀 <u>주오</u>. ······························ ①
> 엄마 : 알았어요. 여기 있어요.
> 아빠 : 철수야, 이 책을 가져다 아래층에 사는 영수에게 <u>주어라</u>.··········· ②
> 철수 : 네, 알겠어요.
> 아빠 : 아! 그리고 영수가 빌려 갔던 책을 주면 받아서 나에게 <u>다오</u>. ····· ③
> 엄마 : 아까 영수가 그 책을 가져와 나에게 주었어요.
> 철수 : 그럼 저는 이 책을 전달하기만 하면 되지요? 빨리 갔다 올게요.
> 아빠 : 고맙다. 여보, 오늘 철수에게 용돈 좀 <u>주오</u>. ····························· ④

교사 : 오늘은 용언의 불규칙 활용을 탐구해 보겠습니다. 대화를 보며 '아빠'의 말 중에서 밑줄 친 부분에 주목하여 가장 눈에 띄는 차이가 무엇인지 말해 보세요.

학생 : '아빠'의 말에서 대부분 '주다'가 서술어인데, 특이하게 ③에서는 '다오'라는 표현이 쓰였어요.

교사 : 맞아요. 내가 타인에게서 어떤 것을 얻고자 할 때에는 '주다'가 아닌 '다오'가 쓰입니다.

학생 : 아! 그래서 ②와 ④에서는 '다오'가 쓰이지 않고 '주다'가 쓰였군요.

교사 : 네. 좋은 지적이에요.

학생 : 그럼 ③에서와 달리 ①에 '주다'가 쓰인 이유는 무엇인가요?

교사 : 좋은 질문이에요. 그것은 상대 높임법과 관련이 있습니다.

학생 : 혹시 ③에 '다오'가 쓰인 것은 그것이 (㉠)체의 문장이기 때문인가요?

교사 : 그래요. 주의할 것은 ②와 ③은 모두 같은 등급의 상대 높임이지만, ③의 '다오'에는 (㉡)형 종결 어미가 ②의 '-어라'와 다르게 '-오'가 쓰인다는 것입니다.

6.3. 시간 표현

우리가 말을 할 때에는 과거의 일이나 현재의 일 혹은 미래의 일을 구분해서 표현한다. 이처럼 어떠한 일이 일어난 때를 구분하여 언어적으로 표현하는 방식을 '시제(時制)'라고 한다.

6.3.1. 시간 표현의 개념

원래 물리적인 시간은 아주 먼 과거로부터 현재까지 끊임없이 이어져 있으므로 비분절적이다. 하지만 인간은 어떠한 연속적인 대상을 언어를 통하여 분절해서 이해하려는 경향이 있기 때문에, 연속적인 물리적 시간도 언어를 사용하여 분절적으로 표현한다.

(1) ㄱ. 어제는 하늘에서 번개가 많이 <u>쳤다</u>.　　　　 [치- + -었- + -다]
　　 ㄴ. 오늘은 하늘에서 번개가 많이 <u>친다</u>.　　　　 [치- + -ㄴ- + -다]
　　 ㄷ. 내일은 하늘에서 번개가 많이 <u>치겠다</u>.　　　 [치- + -겠- + -다]

(1)에서는 '-었-, -ㄴ-, -겠-'과 같은 언어 기호를 사용하여 '과거, 현재, 미래'의 일을 표현하였다. 곧 물리적인 시간은 연속적이지만, '-었-, -ㄴ-/-는-, -겠-, -더-'와 같은 언어 기호를 통하여 시간을 분절해서 표현한 것이다. 이와 같이 어떠한 일이 일어난 시간을 문법 형태소로 표현하는 방식을 '시제(時制, 때매김, tense)'라고 한다.
　시제는 그것을 결정하는 기준이 무엇이냐에 따라서 '절대 시제'와 '상대 시제'로 구분된다.

6.3.1.1. 절대 시제

일반적으로 시제는 '발화시'와 '사건시'에 의해서 결정된다. 여기서 '발화시(發話時, utterance time)'는 화자가 특정한 문장을 발화하는 시간으로 항상 현재이다. 이에 반해서 '사건시(事件時, event time)'는 문장으로 표현되는 사건이나 상황이 일어난 시간이다. 국어의 일반적인 시제(종결형의 시제)는 발화시를 기준으로 해서 발화시와 사건시의 선후 관계를 비교함으로써 '과거 시제, 현재 시제, 미래 시제'로 결정되는데, 이렇게 발화시를 기준으로 결정되는 시제를 '절대 시제(絶對時制, absolute tense)'라고 한다.

(2) ㄱ. 아버지는 **어제** 부산으로 떠나셨다.   [사건시 〉 발화시1)]*

    ㄴ. 어머니는 **지금** 빨래를 하신다.   [사건시 = 발화시]

    ㄷ. **내일** 비가 오겠다.   [발화시 〉 사건시]

첫째, '과거 시제'는 문장으로 표현되는 사건이 발화시 이전에 일어나는 경우의 시제로서, 사건시가 발화시보다 앞서는 시제이다.

(2ㄱ)에서 '아버지가 부산으로 떠난 사건'은 이 문장을 발화를 한 때(발화시=현재)보다 그 이전에 일어난 일이다. 그러므로 이 문장의 시제는 과거 시제이며, 서술어에 과거 시제 선어말 어미인 '-었-'이 실현되었다.

둘째, '현재 시제'는 문장으로 표현되는 사건이 발화시에 일어나는 경우의 시제로서, 발화시와 사건시가 일치하는 시제이다.

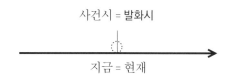

(2ㄴ)에서 '어머니가 빨래를 하는 사건'은 발화시에 일어나고 있다. 곧 발화시와 사건시가 일치하므로 이 문장의 시제는 현재 시제이며, 서술어에 현재 시제 선어말 어미인 '-ㄴ-'이 실현되었다.

셋째, '미래 시제'는 문장으로 표현되는 사건이 발화시 이후에 일어날 것으로 예상되는 경우의 시제로서, 사건시가 발화시보다 나중인 시제이다.

---

* '사건시〉발화시'는 사건시가 발화시보다 시간적으로 선행함을 나타낸다.

발화시　　　사건시

현재　　　내일

(2ㄷ)에서 '비가 오는 사건'은 발화시 이후에 일어날 일이다. 그러므로 이 문장의 시제는 '미래 시제'이며, 서술어에 미래 시제 선어말 어미인 '-겠-'이 실현되었다.

　시제는 '-었-, -는-, -겠-' 등과 같은 선어말 어미뿐만 아니라 시간 부사에 의해서도 표현될 수가 있다. 곧 (2)에 실현된 시간 부사 '어제, 지금, 내일'은 각각 과거 시제, 현재 시제, 미래 시제를 표현한다.

　이처럼 국어의 시제, 특히 종결형의 시제는 일반적으로 발화시를 기준으로 하여 사건시를 파악하여 결정된다. 이러한 시제를 '절대 시제(絕對 時制, absolute tense)'라 한다.

6.3.1.2. 상대 시제

　'안은 문장'이나 '이어진 문장'의 일부 종속절에 나타나는 시제는 발화시를 기준으로 결정되는 것이 아니라, 주절의 시제를 기준으로 결정되는 상대 시제로 표현된다.

　〈상대 시제의 개념〉 '상대 시제(相對 時制, relative tense)'는 '안은 문장'이나 '이어진 문장' 속의 종속절에서 나타나는 시제인데, 이는 주절의 사건시를 기준으로 하여 상대적으로 결정되는 시제이다.

　　(1) 어머니가 밥을 먹는 아이를 불렀다.

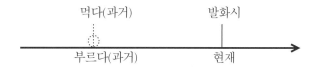

먹다(과거)　　　발화시

부르다(과거)　　　현재

(1)의 '관형절을 안은 문장'에서 관형절 속의 서술어인 '먹는'의 시제는 절대 시제로 해석할 때와 상대 시제로 해석할 때, 각각 다른 시제로 해석된다.

　먼저 관형절의 시제를 절대 시제로 해석하면 '아이가 밥을 먹는 것'은 발화시 이전에 일어난 일이므로 '과거 시제'이다. 그런데 안은 문장에서 '어머니가 아이를 부른 사건'과 안긴 문장에서 '아이가 밥을 먹는 사건'은 같은 시간에 일어난 사건이다. 따라서 안은 문장에서 사건이 일어난 시간인 '과거'의 시간선 상에서 안긴 문장의 사건이 일어난 시간인 '과거'를 해석하면, 안긴 문장의 시제를 '현재'로 해석할 수 있다. 곧 '아이가 밥을 먹는 시간'을 절대 시제로 해석하면 과거이지만, '어머니가 아이를 부른 시간(과거)'을 기준으로 상대적으로 해석하면 현재로 해석할 수 있다.

시제의 유형	기준시	종속절의 시제 (아이가 밥을 먹다)	주절의 시제 (어머니가 아이를 부르다)
절대 시제	발화시(현재)	먹는(과거)	불렀다(과거)
상대 시제	주절의 사건시(과거)	먹는(현재)	–

[표 1. 절대 시제와 상대 시제의 구분]

〈**상대 시제의 실현 양상**〉 상대 시제의 개념을 이해하기 위하여, 관형절과 이어진 문장의 앞절에서 나타나는 상대 시제의 양상을 살펴보기로 한다.

첫째, 관형절을 안은 문장에서 관형절의 시제를 상대 시제로 해석할 수 있다.

(2) ㄱ. 형이 내가 읽는 책을 빼앗는다. [절대 시제 : 현재 / 상대 시제 : 현재]
    ㄴ. 형이 내가 읽는 책을 빼앗았다. [절대 시제 : 과거 / 상대 시제 : 현재]

(2)에서 발화시(현재)를 기준으로 삼는 절대 시제의 관점에서 보면, 관형절인 '내가 읽는'의 시제는 (ㄱ)에서는 현재 시제이며 (ㄴ)에서는 과거 시제이다. 그런데 상대 시제의 관점에서 보면 (ㄱ)에서는 '내가 읽는'의 사건시도 현재이며 '빼앗는다'의 사건시 역시 현재이므로, '내가 읽는'의 상대 시제는 현재이다. (ㄴ)에서는 '내가 읽는'의 사건시도 과거이며 '빼앗았다'의 사건시도 과거이므로, '내가 읽는'의 상대 시제는 현재이다.

(3) ㄱ. 형이 내가 읽은 책을 빼앗는다. [절대 시제 : 과거   / 상대 시제 : 과거]
    ㄴ. 형이 내가 읽은 책을 빼앗았다. [절대 시제 : 대과거 / 상대 시제 : 과거]

(3)에서 발화시를 기준으로 볼 때에 (ㄱ)에서는 관형절인 '내가 읽은'의 절대 시제는

과거이다. 반면에 (ㄴ)에서는 '내가 읽은'의 절대 시제는 '빼앗았다'로 표현되는 과거보다 앞선 시간을 나타내므로 발화시를 기준으로 보면 대과거의 시제가 된다. 그런데 이를 상대 시제의 관점에서 보면 (ㄱ)에서 '내가 읽은'의 사건시는 과거이고 '빼앗는다'의 사건시는 현재이므로, '내가 읽은'의 상대 시제는 과거이다. (ㄴ)에서는 '내가 읽은'의 사건시는 대과거이며 '빼앗았다'의 사건시는 과거이므로, '내가 읽은'의 상대 시제도 마찬가지로 과거이다.

결과적으로 관형절의 상대 시제는 주절의 시제와 상관없이, '-는'으로 표현되면 현재 시제가 되며 '-은'으로 표현되면 과거 시제가 된다.

둘째, 이어진 문장의 앞절에 나타나는 시제도 상대 시제로 해석해야 할 때가 있다.

(4) ㄱ. 영희는 음악을 <u>들으면서</u> 밥을 먹**는**다. [절대 시제 : 현재 / 상대 시제 : 현재]
ㄴ. 영희는 음악을 <u>들으면서</u> 밥을 먹**었**다. [절대 시제 : 과거 / 상대 시제 : 현재]
ㄷ. 영희는 음악을 <u>들으면서</u> 밥을 먹**겠**지. [절대 시제 : 미래 / 상대 시제 : 현재]

(4)에서 앞절에서의 서술어로 실현된 '들으면서'가 나타내는 시제를 절대 시제로 해석하면, (ㄱ)에서는 현재 시제, (ㄴ)에서는 과거 시제, (ㄷ)에서는 미래 시제가 된다. 그런데 (4)의 문장에서 표현된 앞절과 뒷절의 사건시는 (ㄱ)에서는 '현재 – 현재', (ㄴ)에서는 '과거 – 과거', (ㄷ)에서는 '미래 – 미래'로 모두 동일하다. 따라서 앞절의 사건시를 뒷절의 사건시에 비교해서 상대적으로 해석하면 모두 다 현재 시제가 된다. 따라서 (4)의 이어진 문장에서 '-으면서'로 표현되는 앞절의 상대 시제는 뒷절의 시제와 관계없이 현재가 된다.

〈상대 시제를 설정하는 이유〉 관형절이나 이어진 문장의 앞절 등의 시제를 절대 시제로만 해석하면, 동일한 시제 형태소가 주절의 시제에 따라서 각기 다른 시제를 표현하는 모순이 발생할 수도 있다.

예를 들어서 (2)의 (ㄱ)과 (ㄴ)의 문장에서 관형절의 시제를 절대 시제로 해석하면 각각 현재 시제와 과거 시제가 되고, (3)의 (ㄱ)과 (ㄴ)의 문장에서도 관형절의 시제는 각각 '과거 시제'와 '대과거 시제'로 다르게 해석된다. 그리고 (4)의 (ㄱ~ㄷ)의 문장에서 앞절인 '음악을 들으면서'의 시제는 절대 시제로는 현재, 과거, 미래 시제로 각각 다르게 해석된다. 곧 절대 시제로 해석하면 종속절에서 쓰인 동일한 시제 형태소가 주절의 시제에 따라서 각기 다른 시제로 해석되는 것이다.

반면에 상대 시제로 해석하면 (2)의 '내가 읽는'의 시제는 모두 현재 시제가 되며, (3)의 '내가 읽은'은 모두 과거 시제가 된다. 마찬가지로 (4)의 '들으면서'는 모두 현재 시제로 해석된다. 따라서 상대 시제로 해석하면 안은 문장이나 이어진 문장에서 종속 절에서 실현되는 동일한 시제 형태소를, 주절의 시제와 관계없이 일관되게 해석할 수 있는 장점이 있다.

그리고 일반적으로 관형절을 안은 문장이나 이어진 문장에서 종속절의 시제만 놓고 보면 상대 시제로 해석된다는 사실도 상대 시제를 설정하는 근거가 된다.

(5) ㄱ. 내가 읽는 책 ……   (6) ㄱ. 영희는 음악을 들으면서, ……
    ㄴ. 내가 읽은 책 ……   ㄴ. 강도들은 칼을 들고, ……

(5~6)과 같이 관형절과 이어진 문장의 앞절만 문맥에 표현되어 있을 때에는 관형절의 시제나 앞절의 시제는 상대 시제로만 해석된다. 곧 (5)의 관형절에서 (ㄱ)은 현재 시제, (ㄴ)은 과거 시제로 해석되고 (6)의 이어진 문장의 앞절은 모두 현재 시제로 해석되는데, 이러한 시제는 모두 상대 시제로 해석한 것이다.

6.3.2. 시간 표현의 유형

시간 표현은 발화시와 사건시의 관계에 따라서 '과거 시제, 현재 시제, 미래 시제'로 나누어진다. 그뿐만 아니라 시간 표현에는 동사가 표현하는 움직임의 모습을 나타내는 표현도 있는데, 이를 '동작상'이라고 한다.

6.3.2.1. 과거 시제

'과거 시제(過去 時制, past tense)'는 사건시가 발화시에 앞서는 시제이다. 과거 시제는 일반적으로 용언의 어간에 선어말 어미인 '-았-, -았었-, -더-'와 관형사형 전성 어미인 '-은, -던'이 붙어서 실현된다. 그리고 경우에 따라서는 '어제, 옛날, 아까'처럼 시간을 나타내는 부사어를 통해서도 과거 시제를 표현할 수 있다.

(가) 선어말 어미인 '-았-'의 기능

과거 시제를 나타내는 가장 대표적인 방법은 과거 시제 선어말 어미인 '-았-/-었-/-였-'이나 '-았었-/-었었-'을 문장에 실현하는 것이다.

〈'-았-'의 기능〉 '-았-'은 일반적으로 과거 시제를 표현하는 것이 원칙이나, 간혹 특수하게 현재나 미래의 일을 표현하는 경우도 있다.

ⓐ '-았-'의 일반적인 기능 : 과거 시제 선어말 어미인 '-았-/-었-/-였-'은 일반적으로 발화시 이전의 일(사건)을 표현하는데, 종결형에서 가장 보편적으로 나타난다.

(7) ㄱ. 변강쇠는 앞마당에 말뚝을 힘차게 박<u>았</u>다.
　　 ㄴ. 철수는 어제 누구 집에서 <u>잤</u>느냐?
　　 ㄷ. 나는 어제 식당에서 김밥을 먹<u>었</u>다.
　　 ㄹ. 국화가 참으로 예쁘게 피<u>었</u>구나.
　　 ㅁ. 그들은 조국을 다시 찾을 생각으로 열심히 공부하<u>였</u>다.
　　 ㅂ. 노무현 대통령의 영결식에 정말 많은 사람이 참석했<u>구</u>나.

(ㄱ)과 (ㄴ)의 '-았-'은 어간 끝음절의 모음이 양성 모음일 때에 실현되며, (ㄷ)과 (ㄹ)의 '-었-'은 어간의 끝음절의 모음이 음성 모음일 때에 실현된다. 그리고 (ㅁ)과 (ㅂ)의 '-였-'은 '(~)하다'의 어간 '하-' 다음에만 실현되므로 '-았-/-었-'의 형태론적 변이 형태이다.

과거 시제 선어말 어미는 종결형에서뿐만 아니라 연결형에서도 실현될 수 있다.

(8) ㄱ. 올해는 비가 많이 <u>오니까</u> 농작물이 잘 자라겠지.
　　 ㄴ. 장동건은 풍산개를 좋아하고 원빈은 진돗개를 좋아했다.

(9) ㄱ. 올해는 비가 많이 <u>왔으니까</u> 농작물이 잘 자라겠지.
　　 ㄴ. 장동건은 풍산개를 좋아<u>했고</u> 원빈은 진돗개를 좋아했다.

이어진 문장은 앞절의 용언에 과거 시제 선어말 어미가 실현될 수도 있고 실현되지 않을 수도 있다. (8)의 이어진 문장의 앞절에서는 용언의 어간에 시제를 나타내는 선어말 어미가 실현되지 않고 바로 연결 어미가 붙었다. 그런데 (9)에서는 앞절의 서술어로 쓰이는 용언에 (ㄱ)과 (ㄴ)처럼 '-았-'이 쓰여서 과거 시제를 나타내고 있다. 곧

(9)의 (ㄱ)에서는 '-니까' 앞에서 '-았-'이 실현되었고 (ㄴ)에서는 '-고' 앞에 '-았-'이 실현되어서 과거 시제를 표현하고 있다.

그런데 모든 연결형에 과거 시제 선어말 어미가 실현될 수 있는 것은 아니다. 연결 어미의 종류에 따라서는 과거 시제 선어말 어미가 실현될 수 없는 경우도 있다.

(10) ㄱ. 종소리가 크게 <u>울리자</u> 숨어 있던 병사들이 일제히 달려 나왔다.
   ㄴ. 하인들은 물을 <u>구하러</u> 깊은 계곡까지 샅샅이 뒤졌다.

(11) ㄱ. *종소리가 크게 <u>울렸자</u> 숨어 있던 병사들이 일제히 달려 나왔다.
   ㄴ. *하인들은 물을 <u>구하였으러</u> 깊은 계곡까지 샅샅이 뒤졌다.

곧 (10)에서는 연결 어미인 '-자'와 '-러'의 앞에 '-았-'이 실현되지 않았는데, (11)에서처럼 이들 연결 어미 앞에 '-았-/-였-'을 실현하면 비문법적인 문장이 된다.

ⓑ **'-았-'의 특수한 기능** : '-았-'은 일반적으로는 발화시 이전에 일어난 일을 표현하는 선어말 어미이다. 그런데 '-았-'은 아주 간혹 현재의 일이나 미래의 일을 표현하는 데에도 쓰일 수 있는데, 이 경우의 '-았-'은 현재의 일이 '완결되어 지속됨'이나 '미래에 어떠한 일이 실현될 것임을 인식함'을 나타낸다.[1]

첫째, '-았-'이 현재의 일이 완결됨을 나타내거나, 현재에 완결된 일이 지속됨을 나타내는 경우가 있다.

(12) ㄱ. 철수는 엄마를 정말 많이 <u>닮았다</u>.
   ㄴ. 영숙이는 **지금** 의자에 <u>앉았다</u>.

(12)의 문장은 둘 다 현재의 일을 표현하면서도 서술어로 쓰인 용언에 과거 시제 선어말 어미인 '-았-'을 실현하였다. (ㄱ)에서 '닮았다'는 '닮는 움직임'이 완결되었음을 나타내고, (ㄴ)에서 '앉았다'는 '앉는 동작'이 완결되어서 그대로 지속되고 있음을 나타낸다. 따라서 (12)에 쓰인 '-았-'은 '현재의 일이 완결됨'이나 '완결된 동작이 지속됨'을 나타내는 특수한 용법으로 쓰였다.

둘째, '-았-'은 미래에 일어날 일이 반드시 실현될 것을 화자가 알고 있음(= 실현 인

---

1) 과거 시제 선어말 어미 '-았-'의 특수한 쓰임에 대하여는 왕문용·민현식(1996:257 이하), 『고등학교 교사용 지도서 문법』(2010:217) 참조.

식)을 나타낼 수 있다.

(13) ㄱ. 너 **내일** 학교에 가면 선생님한테 <u>혼났다</u>.

　　ㄴ. 나도 아내가 <u>있었</u>으면 좋겠다.

　　ㄷ. 너 **이제부터** 장가는 다 <u>갔다</u>.

(13)의 문장은 앞으로 일어날 일을 표현하고 있는데도 불구하고 과거 시제의 선어말 어미인 '-았-'이 쓰였다. 따라서 이들 문장에 쓰인 '-았-'은 과거 시제를 표현한다고 보기는 어렵다. 오히려 (ㄱ)에서 '-았-'은 내일 학교에 가면 혼이 나는 일이 분명히 실현될 것임을 인식한 표현이다. 또한 (ㄴ)과 (ㄷ)의 문장에서도 '-았-'을 통하여 화자가 그러한 일이 미래에 실현될 것임을 확실하게 인식하고 있음을 나타낸다.

요컨대 '-았-'은 일반적으로는 과거 시제를 표현하는 데에 사용되지만, (12)나 (13)처럼 현재의 일이 완결됨이나 미래의 일이 반드시 실현됨을 인식함을 나타내는 표현으로도 쓰일 수 있다.

〈**'-았었-'의 기능**〉 '-았었-/-었었-'은 문장으로 표현되는 사건이 발화시보다 훨씬 이전에 일어나서, 과거의 사건 내용이 현재와 대조를 이루거나 사건의 내용이 현재와는 확연하게 달라져 있음을 나타낸다.

(14) ㄱ. 이 나무에 꽃이 많이 <u>피었다</u>.

　　ㄴ. 나벼리는 매우 <u>날씬하였다</u>.

(15) ㄱ. 작년에는 이 나무에 꽃이 많이 <u>피었었다</u>.

　　ㄴ. 나벼리는 초등학교 시절에는 매우 <u>날씬하였었다</u>.

(14)의 문장은 서술어로 쓰인 '피다'와 '날씬하다'의 어간에 '-았-'이 실현되었는데, 이 때의 문장은 발화시 이전에 일어난 일을 단순하게 서술하는 데 그친다. 곧 (ㄱ)에서 '꽃이 많이 핀 일'과 (ㄴ)에서 '나벼리가 날씬한 상태'는 그것이 지속될 가능성이 있다. 이에 반해서 (15ㄱ)에서 '꽃이 많이 피었었다'는 '작년에는 이 나무에 꽃이 많이 피었지만 지금은 상황이 변하여 그렇지 않다'는 의미를 나타낸다. 그리고 (15ㄴ)에서 '날씬하였었다'는 '나벼리는 예전에 매우 날씬했지만 상황이 달라져서 지금은 그렇지 않다'는 의미를 나타낸다. 결국 '-았었-'은 과거에 일어난 일을 표현하되, 그 일을 발화시

보다 훨씬 이전에 일어난 일로 파악하여 '지금과는 사정이 달라져 있음'을 부차적으로 나타내는 표현이다. 이러한 사실은 이들 표현이 과거 시제 선어말 어미인 '-었-'이 겹쳐서 이루어졌다는 점과, '-았었-'이 실현되면 대체로 '작년에는'이나 '초등학교 시절에는'과 같이 과거를 나타내는 시간 부사어가 함께 쓰인다는 점에서 확인할 수 있다.(이익섭·임홍빈 1983:186, 남기심·고영근 1993:308, 서정수 1996:283)

(나) 선어말 어미인 '-더-'의 기능

〈'-더-'의 기능〉 '-더-'는 과거의 어느 때를 기준으로 그때에 알게 된 일이나 경험을 돌이켜서 표현하는 선어말 어미로서, 흔히 회상의 선어말 어미(回想 先語末 語尾)라고 부른다. 곧 '-더-'는 기준시를 발화시보다 앞선 과거의 어느 때(경험시, experiential time)로 옮겨서, 화자가 그때에 직접 경험하고 확인한 사건을 표현한다.2)

(16) ㄱ. 철수는 어제 집에서 공부하더라.　　　　　　[공부하- + -더- + -라]
　　ㄴ. 오전에 보니까 어떤 손님이 찾아오셨더군.　　[오- + -시- + -었- + -더- + -군]
　　ㄷ. 점심때에 보니까 내일 눈이 내리겠더라.　　　[내리- + -겠- + -더- + -라]

위의 문장들은 모두 화자가 시점을 자기가 경험한 과거의 어느 때(= 어제)로 옮겨서, 그때를 기준으로 하여 사건을 표현한 것이다.

(16'ㄱ) 철수는 어제 집에서 공부하더라.　(기준시 = 경험시, 사건시 = 경험시)3)

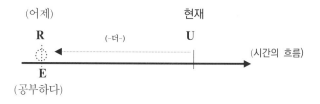

(ㄱ)은 내가 어제 보니까 바로 그때에 '철수가 집에서 공부하는 일'이 일어나고 있었음

---

2) '-더-'의 기능에 대한 자세한 논의는 이 책 436쪽의 【더 배우기】 참조.
3) U는 발화시(Utterance Time)이며, R은 기준시(Reference Time), E는 경험시(Experiential Time)이다. 그리고 A>B는 A가 B보다 시간적으로 선행함을 나타낸다.

을 표현한 문장이다. 이 경우에 기준시(R)는 발화시가 아니라 과거의 어느 때(=어제)이며, 기준시(R)와 경험시(E)가 일치한다. 따라서 (ㄱ)은 화자가 자신이 경험한 과거의 어느 시점으로 돌이켜서 생각하되, 경험시에 진행 중인 일을 표현한 문장이다.4)

(16'ㄴ) 오전에 보니까 어떤 손님이 찾아오<u>셨더</u>군요. (기준시 = 경험시, 사건시 〉경험시)

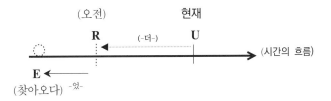

(ㄴ)에서 화자는 시점을 과거의 어느 때(= 오전)로 옮겨서 표현했는데, 그때에 보니까 '어떤 손님이 찾아오는 일'이 이미 일어났음을 표현한 것이다. (ㄴ)에서 기준시는 경험시인 '오전'이며, 사건시는 경험시보다 앞선 시간이다. 따라서 (ㄴ)은 화자가 자신이 경험한 과거 어느 때로 돌이켜서 생각하되, 경험시 이전에 이미 일어난 일을 표현한 문장이다.

(16'ㄷ) 점심때에 보니까 내일 눈이 내리<u>겠더</u>라 (기준시 = 경험시, 경험시 〉사건시)

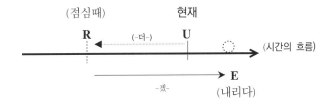

(ㄷ)에서도 화자는 시점을 과거의 어느 때(= 점심때)로 옮겨서 표현했는데, 그때 생각해 보니까 '앞으로 눈이 내리겠다'라는 생각이 들었다는 표현이다. (ㄷ)에서 기준시는 경험시인 '점심때'이며, 사건시는 경험시 이후의 시간이다. 따라서 (ㄷ)은 화자가 과거의 어느 때(= 오전)로 돌이켜서 생각하되, 앞으로 일어날 일을 표현한 문장이다.

결국 회상의 선어말 어미인 '-더-'의 기능은 기준시를 과거의 어느 때로 옮겨서, 그

---

4) 이때에는 '기준시(Reference Time)'는 화자가 발화시 이전에 직접 경험한 때가 되는데, 이를 '경험시(Experimental Time)'라고도 한다.

때를 기준으로 화자가 직접 경험한 일을 표현하는 것이다.

〈'-더-'의 특징〉 선어말 어미 '-더-'를 통하여 이루어지는 회상 표현은 다음과 같은 제약이 있다.

첫째, 회상 표현은 화자가 직접 경험하고 확인한 일을 표현할 때에만 성립한다.

(17) ㄱ. *이순신 장군이 정말로 활을 잘 쏘더라.
    ㄴ. 양궁 대표 선수들은 정말로 활을 잘 쏘더라.

'-더-'의 기본적인 기능은 화자가 주체의 행위에 대하여 직접 경험한 것을 회상하여 청자에게 이르는 것이다. 그런데 (17)에서 (ㄱ)의 문장은 역사적인 현실에 비추어 볼 때에 그것이 표현하고 있는 일을 말하는 사람이 직접적으로 경험할 수 없기 때문에 비문법적이다. 이에 반해서 (ㄴ)의 문장에서 표현하는 일은 말하는 사람이 직접적으로 경험할 수 있는 일이기 때문에 (ㄴ)의 문장은 문법적이다.

둘째, 주어의 인칭과 문장의 종결 방식에 따라서 '-더-'의 실현이 제약될 수 있다.

먼저, 평서문에서 1인칭의 대명사(= 화자)가 주어로 쓰이면 서술어에 '-더-'를 실현하지 못한다.

(18) ㄱ. *나는 어제 독서실에서 공부하더라.   [1인칭 주어의 평서문]
    ㄴ. 너는 어제 독서실에서 공부하더라.   [2인칭 주어의 평서문]
    ㄷ. 철수는 어제 독서실에서 공부하더라.   [3인칭 주어의 평서문]

(18)과 같은 평서문에서 (ㄴ)과 (ㄷ)처럼 2인칭이나 3인칭의 주어로 표현되는 평서문에서는 '-더-'를 실현할 수 있다. 반면에 (ㄱ)처럼 화자가 주어로 쓰일 때에는 이 문장의 서술어에는 '-더-'를 실현하지 못한다. '-더-'가 실현될 적에는 화자가 직접 경험한 그 당시에 '새롭게 알게 된 사실'을 서술하는 때에만 '-더-'가 쓰이고, 이미 알고 있는 사실을 서술할 때에는 '-더-'가 쓰이지 못하기 때문이다.(김차균 1997:73) 곧 (18ㄱ)에서 화자는 자신이 독서실에서 공부한 사실을 이미 알고 있는 상황이기 때문에, '새롭게 알게 된 사실'을 서술하는 데 쓰이는 '-더-'를 표현할 수 없다.

다음으로 의문문에서 2인칭의 대명사(= 청자)가 주어로 쓰이면 서술어에 '-더'를 실현하지 못한다.

(19) ㄱ. 내가 정말 쓰레기를 아무데나 버리더냐?　　　　[1인칭 주어의 의문문]

　　ㄴ.*네가 정말 쓰레기를 아무데나 버리더냐?　　　　[2인칭 주어의 의문문]

　　ㄷ. 철수가 정말 쓰레기를 아무데나 버리더냐?　　　[3인칭 주어의 의문문]

(ㄱ)의 의문문은 화자가 '자기(= 화자 자신)가 쓰레기를 아무데나 버린 일'을 새롭게 알게 되었는지를 청자에게 질문하여 확인하는 문장이다. 따라서 이 문장에서는 1인칭 주어가 오더라도 서술어에 '-더-'를 쓸 수 있다. 반면에 (ㄴ)의 의문문은 화자가 청자 자신이 수행하여서 이미 알고 있는 일을 청자가 새롭게 알게 되었는지를 질문하는 문장이기 때문에, '1인칭 주어가 실현된 평서문'에서와 마찬가지로 서술어에 '-더-'가 실현될 수 없다.5)

(다) 관형사형 어미인 '-은'과 '-던'의 기능

관형절에서 나타나는 과거 시제는 관형사형 어미인 '-은'과 '-던'으로 표현된다. 관형절의 시제는 안은 문장(주절)의 사건시와 관형절(종속절)의 사건시를 비교하여 결정되는 '상대 시제'이다. 관형사형에서 나타나는 과거 시제는, 동사가 서술어로 쓰일 때와 형용사나 '-이다'가 서술어로 쓰일 때에 각각 다르게 실현된다.

〈동사의 관형사형에 실현되는 과거 시제〉 관형절 속의 서술어가 동사인 경우에는 '-은'과 '-던'으로 과거 시제가 표현된다.

(20) ㄱ. 이 환자는 먹은 음식을 다 토했다.

　　ㄴ. 이 환자는 먹던 음식을 다 토했다.

(ㄱ)과 (ㄴ)에서 '먹은'과 '먹던'은 발화시 이전에 있었던 일을 표현하므로 둘 다 과거 시제를 표현하지만, (ㄱ)의 '-은'과 (ㄴ)의 '-던'의 의미에는 미묘한 차이가 있다. 곧 (ㄱ)에서 '먹은'은 '먹다'로 표현되는 동작이 완료되었음을 표현하는 데 반해서, (ㄴ)의 '먹던'은 동작이 완료되지 않고 진행됨을 나타낸다. 이익섭·임홍빈(1983:192 이하)에서는 '-던'에서 나타나는 이러한 의미를 '과거 미완(過去 未完)'이라고 하였고, 남기심·고영근(1993:309)에서는 '동작의 지속'으로 파악했다.

---

5) 주어의 인칭과 관련하여 선어말 어미 '-더-'가 제약을 받는 현상에는 예외가 많다. 이와 관련된 자세한 논의는 440쪽의 【더 배우기】참조.

〈**형용사와 서술격 조사의 관형사형에 실현되는 과거 시제**〉 관형절의 서술어가 형용사나 서술격 조사일 때에는 과거 시제의 관형사형 어미로 '-던'만이 쓰인다. 그리고 '-던' 앞에 과거 시제의 선어말 어미인 '-았-/-었-'이 실현되어서 '-았던/-었던'의 형태가 실현될 수도 있다.

(21) ㄱ. 예쁘던 그 얼굴이 다 망가졌네.

ㄴ. 젊은 시절에 운동 선수이던 영호 씨는 지금도 건강하다.

(22) ㄱ. 예뻤던 그 얼굴이 다 망가졌네.

ㄴ. 젊은 시절에 운동 선수이었던 영호 씨는 지금도 건강하다.

(21)의 (ㄱ)과 (ㄴ)에서처럼 형용사인 '예쁘다'와 서술격 조사인 '-이다'의 어간에 '-던'이 실현되면 과거 시제를 나타낸다. 그리고 (22)처럼 '-던' 앞에 과거 시제의 선어말 어미인 '-았-/-었-/-였-'이 실현되어서 '-았던/-었던/-였던'의 형태가 실현될 수도 있는데, 이때에는 과거의 사건 내용이 현재와 대조를 이루거나 사건의 내용이 현재와 확연하게 달라져 있음을 나타낸다. 곧 (ㄱ)의 '예뻤던 그 얼굴'과 (ㄴ)의 '운동 선수이었던'은 과거에서는 그러했으나, 지금은 그렇지 않다는 뜻이 함께 나타난다.

지금까지 살펴본 과거 시제의 실현 방식을 다음의 [표 2]와 같이 정리할 수 있다.

표현 형식			예 문
종결형	동 사 형 용 사 서술격 조사	-았-/-었-/-였-	예전에는 명절에 선물로 설탕을 받았다.
		-았었-/-었었-	작년만 해도 이 저수지에는 물고기가 많았었다.
		-더-	어제 아침에 일어나 보니까 담이 무너졌더라.
			어제 저녁에 한 여인이 집으로 오더라.
			대진표를 보니까 표도르 선수가 지겠더라.
관형사형	동사	-은/-ㄴ	어제 내 팔을 잡은 사람이 바로 저 사람이다.
		-던	경보음이 울리면 달리던 차들도 서야 한다.
	형 용 사 서술격 조사	-던	아침에는 맑던 하늘이 오후가 되니 흐려졌다.
			학생이던 사람이 10년 후에 교사가 되었네.

[표 2. 과거 시제의 실현 방식]

6.3.2.2. 현재 시제

'현재 시제(現在 時制)'는 사건시가 발화시와 일치되는 시제이다. 현재 시제는 종결형에서는 선어말 어미인 '-는-/-ㄴ-'나 무형의 선어말 어미를 통해서 실현되며, 관형사형에서는 '-는/-은' 등에 의해서 표현된다. 그리고 경우에 따라서는 '지금, 이제, 요즘, 현재' 등과 같은 시간 부사어를 통해서 현재 시제가 표현되기도 한다.

(가) 종결형의 현재 시제

종결형의 현재 시제는 서술어로 쓰이는 품사에 따라서 실현되는 방식이 다르다.

〈**동사의 현재 시제**〉 동사의 종결형에서는 평서형과 감탄형에서는 특정한 선어말 어미를 실현하여서 현재 시제를 표현한다. 반면에 의문형에서는 선어말 어미를 실현하지 않음으로써 현재 시제를 표현한다.

첫째, 서술어로 쓰인 동사가 평서형이나 감탄형일 때에는, '-는-'이나 '-ㄴ-' 등의 선어말 어미를 실현하여서 현재 시제를 표현한다.

(25) ㄱ. 학생이 칠판에 글을 적는다.　　[적- + -는- + -다]　　cf. 적었다, 적겠다
　　 ㄴ. 강아지는 마당에서 낮잠을 잔다. [자- + -ㄴ- + -다]

(26) ㄱ. 코끼리는 정말로 많이 먹는구나. [먹- + -는- + -구나] cf. 먹었구나, 먹겠구나
　　 ㄴ. 저기서 불빛이 번쩍이는구나.　　[번쩍이- + -는- + -구나]

(25)처럼 동사가 평서형으로 쓰일 때에는, (ㄱ)의 '적다'처럼 용언의 어간이 자음으로 끝날 때에는 현재 시제의 선어말 어미가 '-는-'의 형태로 실현된다. 그리고 (ㄴ)의 '자다'처럼 용언의 어간이 모음으로 끝날 때에는 '-ㄴ-'의 형태로 실현된다. 반면에 (26)처럼 감탄형으로 쓰일 때에는, 어간이 자음으로 끝나든 모음으로 끝나든 그 형태에 관계없이 현재 시제의 선어말 어미가 '-는-'의 형태로 실현된다.[6]

둘째, 서술어로 쓰인 동사가 의문형일 때에는, 특정한 시제 선어말 어미를 실현하지 않음으로써 현재 시제를 표현한다.

---

6) 선어말 어미 '-는-'과 '-ㄴ-'이 현재 시제 이외의 시간을 표현하는 기능에 대하여는 이 책 438쪽의 【더 배우기】 참조.

(27) ㄱ. 철수는 지금 누구를 찾<u>느냐</u>?　　[찾- + -느냐]　　cf. 찾<u>았</u>느냐, 찾<u>겠</u>느냐

　　　ㄴ. 아직 밖에는 비가 많이 오<u>는가</u>?　[오- + -는가]　　cf. <u>왔</u>는가, 오<u>겠</u>는가

(27)에서는 서술어로 쓰인 동사가 의문형으로 쓰였는데, 이때에는 의문형 어미인 '-느냐'와 '-는가'에 특정한 시제 형태소가 실현되지 않음으로써 현재 시제를 표현한다.

〈**형용사와 서술격 조사의 현재 시제**〉　형용사와 서술격 조사에는 특정한 선어말 어미가 붙지 않고 종결 어미가 바로 붙어서 현재 시제가 표현된다.7)

(28) ㄱ. 저 아가씨는 매우 <u>바쁘다</u>.　　　　　　　[바쁘- + -다]

　　　ㄴ. 사과해야 할 사람은 저 손님<u>이다</u>.　　　　[손님 + -이- + -다]

(29) ㄱ. 부처님의 은덕이 정말로 <u>대단하구나</u>.　　　[대단하- + -구나]

　　　ㄴ. 김철수 군은 정말로 착한 학생<u>이구나</u>.　　　[학생 + -이- + -구나]

(30) ㄱ. 이 반에서 누가 키가 제일 <u>크냐</u>?　　　　　[크- + -냐]

　　　ㄴ. 영수 씨가 그렇게 돈이 <u>많은가</u>?　　　　　[많- + -은가]

(28)에는 어간에 평서형 종결 어미인 '-다'가, (29)에는 어간에 감탄형의 종결 어미인 '-구나'가, (30)에는 어간에 의문형의 종결 어미인 '-으냐'와 '-은가'가 실현되어서 현재 시제가 표현되었다.

(나) 관형사형의 현재 시제

관형사형의 현재 시제는 동사에서는 '-는'으로 실현되고, 형용사나 서술격 조사에서는 '-은'으로 실현된다.

(31) ㄱ. 와인을 많이 먹<u>는</u> 프랑스 사람들은 혈색이 좋다.

　　　ㄴ. 박 선생은 운동장에서 자전거를 타<u>는</u> 학생들을 모두 쫓아낸다.

---

7) (27)에서 동사의 의문형과 (28~30)에서 형용사나 서술격 조사의 평서형과 의문형에서는 특정한 시제 선어말 어미를 실현하지 않음으로써 현재 시제를 나타낸다. 이러한 현상에 대하여 현재 시제를 나타내는 무형의 형태소인 '-∅-'를 설정하고, 이 '-∅-'가 현재 시제를 나타내는 것으로 설명할 수도 있다.(서정수 1996:232)

(32) ㄱ. 마음씨 좋은 마을 사람들은 술도 잘 마셨다.

　　ㄴ. 독서의 계절인 가을에 오히려 책이 덜 팔린다.

(31)에서 동사인 '먹다'와 '타다'의 현재 시제 관형사형은 '-는'으로 실현되었다. 반면에 (32)에서 형용사인 '좋다'와 서술격 조사인 '-이다'의 현재 시제 관형사형은 각각 '-은'으로 실현되었다.

표현 형식				예 문
종 결 형	동사	평서형	-는-/-ㄴ-	예전에 고막이 손상되어서 소리를 못 듣는다. 날씨가 추워지면 노숙자들은 역 대합실에서 잠을 잔다.
		감탄형	-는-	너는 책을 대단히 빨리 읽는구나. 손님들이 모두 다 가게 밖으로 나가는구나
		의문형	-Ø-	지금 무엇을 먹Ø느냐?
	형 용 사 서술격 조사		-Ø-	저쪽 매장의 아가씨는 매우 바쁘Ø구나. 이 반에서 누가 키가 제일 크Ø냐? 사과해야 할 사람은 바로 저 손님이Ø다
관형사형	동　　사		-는	와인을 많이 마시는 사람들은 혈색이 좋다.
	형 용 사 서술격 조사		-은/-ㄴ	마음씨 좋은 사람들은 술도 잘 마신다. 독서의 계절인 가을에는 책이 많이 팔린다.

[표 3. 현재 시제의 실현 방식]

6.3.2.3. 미래 시제

'미래 시제(未來 時制)'는 사건시가 발화시보다 나중인 시제이다. 미래 시제는 일반적으로 선어말 어미인 '-겠-, -으리-'나 관형사형 어미인 '-을'로써 표현된다. 그리고 때로는 '내일, 모레, 글피, 곧'처럼 미래를 나타내는 부사어로써 실현되기도 한다.

(가) 종결형의 미래 시제

종결형에서 표현되는 미래 시제는 선어말 어미 '-겠-'과 '-으리-'로써 실현되는데, 일반적으로는 '-겠-'이 많이 쓰인다.

(33) ㄱ. 내일도 바람이 많이 불겠다.

ㄴ. 내가 예방주사를 먼저 맞겠다.

ㄷ. 나도 그 짐을 들겠다.

'-겠-'은 미래 시제의 선어말 어미로서 발화시(현재) 이후에 일어날 것으로 추정되는 일에 대하여 표현하고 있다. 곧 (ㄱ)에서는 '내일도 바람이 많이 불다'라는 일을 추측하고 있으며, (ㄴ)에서는 '내가 예방주사를 먼저 맞다'라는 일에 대한 의지를 나타내고 있다. 그리고 (ㄷ)에서는 '내가 그 짐을 든다'라는 내용에 대한 가능성을 표현하였다.

종결형의 미래 시제는 '-겠-'뿐만 아니라 선어말 어미 '-으리-'로도 실현된다.

(34) ㄱ. 지금 곧장 다녀오리다.

ㄴ. 내일은 틀림없이 비가 내리리라.

ㄷ. 언제 출발하리까?

ㄹ. 내 반드시 돌아오리니 꼭 기다려 다오.

(ㄱ)에서 '-으리-'는 '지금 곧장 다녀오는 일'에 대한 의도를 나타내었으며, (ㄴ)에서 '-리-'는 '내일 비가 내리는 일'에 대한 추측을 나타내었다. 선어말 어미 '-으리-'는 (34)처럼 '-다, -라, -까, -니' 등과 같이 몇 종류의 어말 어미와만 결합할 수 있는 제약이 있다.[8] 그런데 '-겠-'과 '-으리-'는 미래를 나타내는 시간 표현으로도 볼 수 있지만, 문장으로 표현되는 내용에 대하여 화자의 '추측, 의도, 가능성' 등을 표현하는 '서법 표현'으로 다룰 수도 있다.[9]

(나) 관형사형의 미래 시제

관형사형의 미래 시제는 일반적으로 어말 어미인 '-을'로써 실현된다.[10]

---

8) 15~16세기의 중세 국어에서는 '-으리-'만 쓰였고 '-겠-'은 쓰이지 않았는데, '-겠-'은 18세기 말에 나타나서 그 이후로 점차 많이 쓰이게 되었다. 현대어에서는 오히려 '-으리-'가 글말에서 의고적인 문체로 쓰일 뿐이며, 일상의 입말에서는 거의 '-겠-'이 쓰이고 있다.

9) '-겠-'과 '-으리-'에서 나타나는 서법 기능에 대하여는 이 책 441쪽의 【더 배우기】 참조.

10) 미래 시제를 제외한 다른 관형사형은 '-은, -는, -던'에서와 같이 끝 소리가 /ㄴ/의 형태로 실현되는 데에 반해서, 미래 시제의 관형사형 어미는 끝 소리가 /ㄹ/의 형태로 실현되는 것이 특징이다.

(35) ㄱ. 김영애 씨도 내일 부산으로 떠날 예정이다.

ㄴ. 이번 휴게소에서 점심을 먹을 사람은 손을 드시오.

(ㄱ)에서 '떠날'과 (ㄴ)의 '먹을'은 각각 '떠나다'와 '먹다'의 어간에 관형사형 어미 '-(으)ㄹ'을 실현한 표현인데, 둘 다 발화시 이후에 일어날 일에 대한 미래 시제의 표현이다.

미래 시제 표현은 '-을 것이다'로도 실현되는데, 이는 미래를 나타내는 관형사형 어미인 '-을'에 의존 명사인 '것'과 서술격 조사인 '-이다'가 결합된 형태이다.

(36) ㄱ. 우리는 반드시 수출 목표 100억 달러를 달성해야 <u>할 것입니다</u>.

ㄴ. 내일은 비가 <u>올 것입니다</u>.

ㄷ. 나도 그 바위쯤은 <u>들 것이다</u>.

(37) ㄱ. 우리는 반드시 수출 목표 100억 달러를 달성해야 하<u>겠</u>습니다.

ㄴ. 내일은 비가 오<u>겠</u>습니다.

ㄷ. 나도 그 바위쯤은 들<u>겠</u>습니다.

(36)의 '-을 것이'도 '-겠-'과 마찬가지로 여러 가지의 서법적인 의미를 나타내는데, (ㄱ)에서는 '의지', (ㄴ)에서는 '추측', (ㄷ)에서는 '가능성'의 의미를 나타낸다. 따라서 (36)에 쓰인 '-을 것이'를 (37)처럼 선어말 어미인 '-겠-'으로 바꾸어서 표현할 수 있다.

표현 형식		예 문
종 결 형	-겠-	내일은 비가 많이 오겠다. 다음부터는 절대로 이 집에 오지 않겠다. 그 정도의 돈은 나도 충분히 내겠다.
	-으리-	우리도 언젠가는 반드시 세계 시장을 석권하리라.
관형사형	-을 -을 것이다	점심을 먹을 사람은 아래층의 식당으로 모이세요. 내일 아침까지는 작업을 끝마칠 것입니다.

[표 4. 미래 시제의 실현 방식]

6.3.2.4. 동작상

〈동작상의 개념〉 '동작상(動作相, aspect)'은 동사가 표현하는 움직임이 시간 속에서 어떠한 모습으로 이루어지는가를 나타내는 언어적인 표현이다.(나진석 1971:115) 곧 동작상은 동작이 일어나는 모습을 '진행'과 '완료'로 표현하는 문법 범주이다.

동작상의 종류를 설정하는 방법은 학자마다 매우 다르지만, 『고등학교 문법』(2010:182)에서는 동작상의 종류로 '진행상'과 '완료상'만을 설정하고 있다.

첫째, '진행상(進行相, progressive)'은 시간의 흐름 속에서 어떤 동작이 일정한 시간 동안 계속되고 있음을 언어적으로 표현하는 것이다.

(38) ㄱ. 철수가 밥을 먹고 있다.   [현재 진행상]

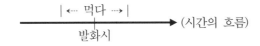

ㄴ. 영희가 거실에서 자고 있었다.   [과거 진행상]

| ←⋯ 자다 ⋯→ |
————————————————→ (시간의 흐름)
　　　　　　발화시

(ㄱ)에서 '먹고 있다'는 '현재 진행'의 동작상으로서, 발화시(= 현재)를 기준으로 하여 그 전후에 일정한 시간적인 폭을 가지면서 '먹는 동작' 일어남을 나타낸다. (ㄴ)에서는 '과거 진행'으로서 발화시 이전의 어느 시점(= 과거의 시간)을 기준으로 하여 그 전후에 '자는 동작'이 진행되고 있음을 표현한 것이다.

둘째, '완료상(完了相, perfective)'은 과거로부터 계속되어 오던 어떠한 동작이 발화시(현재)에 완결되었음을 언어적으로 표현하는 것이다.

(39) ㄱ. 이 아이가 밥을 먹어 버린다.   [현재, 완료상]

⋯→ ⋯→ 먹다 ⋯→ ⋯→ |
————————————————→ (시간의 흐름)
　　　　발화시(=현재)

ㄴ. 한국 팀은 이란 팀의 공격을 끝까지 잘 <u>막아 내었다</u>.　　[과거, 완료상]

$$\cdots \rightarrow \cdots \rightarrow 막다 \cdots \rightarrow \cdots \rightarrow |$$
　　　　　　　　　　　발화시(=현재)　　　　(시간의 흐름)

(ㄱ)에서 '먹어 버린다'는 과거 어느 때부터 시작된 '먹는 동작'이 발화시(현재)에 끝났음(완료됨)을 나타낸다. 마찬가지로 (ㄴ)에서 '막아 내었다'도 과거의 어느 때로부터 '막는 동작'을 시작하여 과거의 어떤 때에 그 동작이 끝났음을 나타낸다.

〈동작상의 실현 방법〉 국어의 동작상은 보조 용언이나 연결 어미를 통해서 표현된다.(『고등학교 문법』 2010:182)

ⓐ **진행상의 실현 방법** : 진행상이 보조 용언이나 연결 어미를 통해서 표현될 수 있다. 첫째, 본용언과 보조 용언 구성에서 보조 용언을 통하여 진행상이 표현될 수 있다.

(40) ㄱ. 여름이 되니 많은 사람들이 해운대에서 <u>놀고 있다</u>.
　　 ㄴ. 환자가 약이 없어서 다 <u>죽어 간다</u>.
　　 ㄷ. 날이 <u>밝아 온다</u>.

(40)에서는 본용언인 '놀다, 죽다, 밝다'의 어간에 보조 용언인 '-고 있다, -아 가다, -아 오다'를 실현해서 동작이 계속되고 있음을 표현하고 있다. 이들 가운데에서 (ㄱ)에서 '-고 있다'는 어떠한 동작이 단순하게 진행되고 있음을 나타낸다. 이에 반해서 (ㄴ)의 '-아 가다'는 본용언이 뜻하는 행동이나 상태가 화자에게 멀어지거나 약해지면서 계속 진행됨을 나타내며, (ㄷ)의 '-아 오다'는 본용언이 뜻하는 행동이나 상태가 화자에게 가까워지거나 강해지면서 계속 진행됨을 나타낸다.

둘째, 이어진 문장에서는 연결 어미로써 진행상이 표현될 수 있다.

(41) ㄱ. 영수는 노래를 <u>부르면서</u> 자전거를 탔다.
　　 ㄴ. 어머니께서는 손님을 <u>맞이하느라고</u> 정신이 없으셨다.

(41)의 이어진 문장에서는 연결 어미인 '-(으)면서'와 '-느라고' 등을 통해서, 앞절의 서술어가 표현하는 '부르다'와 '맞이하다'의 동작이 진행되면서 뒷절의 동작이 이루어짐을 표현한다.

ⓑ **완료상의 실현 방법** : 완료상은 본용언의 뒤에 실현된 보조 용언이나, 이어진 문장에 실현되는 연결 어미로써 표현될 수 있다.

첫째, 본용언과 보조 용언 구성에서 보조 용언을 통하여 완료상이 표현될 수 있다.

(42) ㄱ. 그 남자는 도박에 빠져서 평생 모은 돈을 다 <u>써 버렸다</u>.
ㄴ. 박지성 선수는 부상을 견디<u>어 내었다</u>.
ㄷ. 권율 장군은 적장을 베<u>고 나서</u>, 말을 달려 본진으로 돌아왔다.

(43) ㄱ. 어떤 여인이 버스 옆에 <u>서 있다</u>.
ㄴ. 아버님은 돈을 장롱 속에 숨<u>겨 두었다</u>.
ㄷ. 나는 예금 통장의 비밀번호를 수첩에 적<u>어 놓았다</u>.

(42)에서는 보조 용언인 '-어 버리다, -어 내다, -고 나다'를 통해서 본용언인 '쓰다, 견디다, 베다'가 표현하는 동작이 완전히 끝남을 표현하고 있다. 이외에도 (43)의 '-아 있다, -어 두다, -어 놓다' 등의 보조 용언도 완료상을 나타내는데, 이들은 어떠한 동작이 끝나고 난 다음에 그 동작의 결과가 지속되는 의미를 나타낸다.

둘째, 이어진 문장에서는 연결 어미로써 완료상이 표현될 수 있다.

(44) ㄱ. 관광객들은 입장료를 내<u>고</u> 민속촌으로 들어갔다.
ㄴ. 경찰관이 사무실로 들어오는 것을 보<u>고서</u> 도둑은 뒷문으로 달아났다.
ㄷ. 아이는 공부를 하<u>다가</u> 잠이 들었다.
ㄹ. 현대인은 너무 많이 먹<u>어서</u> 건강에 탈이 생긴다.
ㅁ. 아무리 값비싼 고기도 먹어 보<u>아야</u> 맛을 알지.
ㅂ. 손님들이 도착하<u>자</u> 곧 비가 왔다.
ㅅ. 속이 안 좋아서 음식을 먹<u>자마자</u> 토해 버렸다

(44)의 이어진 문장에서는 연결 어미인 '-고, -고서, -다가, -아서/-어서, -아야/-어야, -자, -자마자'를 통해서, 앞절의 서술어로 실현된 동사의 동작이 완전히 끝나고 나서 뒷절의 동작이 일어남을 나타낸다.

국어에서 동작상을 실현하는 문법적인 방법을 정리하면 다음의 [표 4]와 같다.

표현 형식		예 문
진 행 상	보조 용언	젊은 부인이 아기를 안고 있었다. 어제 빌린 소설책을 다 읽어 간다. 최인호 씨는 이 직장에서 30년간 일해 왔다.
	연결 어미	반장은 작업실에서 종일 놀면서 남에게만 일을 시켰다. 철수는 어제 책을 읽느라고 밤을 꼬박 새웠다.
완 료 상	보조 용언	동생이 과자를 다 먹어 버렸다. 이순신 장군은 왜적의 침공을 끝까지 막아 내었다. 일을 마치고 나니 기분이 상쾌해졌다. 가을이 되자 뜰에는 국화가 많이 피어 있었다. 기계는 세워 두면 녹이 슬어요. 방 안이 아주 더우니까 문을 열어 놓아라
	연결 어미	관광객들은 입장료를 내고 민속촌으로 들어갔다. 경찰관이 들어오는 것을 보고서 도둑은 뒷문으로 달아났다. 아이는 공부를 하다가 잠이 들었다. 현대인은 너무 많이 먹어서 건강에 탈이 생긴다. 아무리 값비싼 고기도 먹어 보아야 맛을 알지. 손님들이 도착하자 곧 비가 왔다. 속이 안 좋아서 음식을 먹자마자 토해 버렸다

[표 4. 동작상의 실현 방식]

【더 배우기】

1. '-더-'의 회상 기능과 보고 기능

'-더-'의 기능에 대한 견해는 여러 가지가 있으나 주요한 이론으로는 '회상 기능 설'과 '보고 기능 설'이 있다.(서정수 1996:330)

첫째, '회상 기능 설'은 '-더-'의 기본적인 의미를 '도로 생각(回想)'으로 본 견해이다. 최현배(1980:445)에서는 '-더-'는 도로 생각 때매김(회상 시제)의 형태로서 지난 적에 겪은(경험한, 본) 일을 도로 생각하여(회상하여) 말할 때에 쓰이는 때매김(시제)이라고 하였다. 곧 최현배(1980:445)에서는 화자가 말하는 그 때점(시점)을 대종을 삼지 아니하고, 지난적에 그 일을 겪던 그 때점(시점)을 대종을 삼아서, 그 말에 들어오는 움직임의 때를 매기는 것을 '-더-'의 기능으로 본 것이다. 최현배(1980) 외에도 허웅(2000:1088)을 비롯하여 남기심·고영근(1993:309), 김차균(1997:73), 『고등학교 문법』(2010:178) 등에서도 모두 '-더-'의 기본적인 기능을 회상으로 보았다.

둘째, '보고 기능 설'은 '-더-'의 기본적인 의미를 '보고(報告, 알림)'로 본 견해이다.

(1) ㄱ. 그때에 철수가 자기 아내를 차더라.
ㄴ. 나는 그때에 철수가 자기 아내를 차는 것을 보았다고 너에게 <u>알린다</u>.

서정수(1996:324)에서는 '-더-'의 기능을 화자 자신이 몸소 지각한 바를 청자에게 직접 <u>알려주는 것</u>으로 보았다. 이에 따르면 (1)의 (ㄱ)의 문장은 (ㄴ)과 같이 해석될 수 있는데, (ㄱ)에서 표현된 '-더-'의 기능은 (ㄴ)처럼 '너에게 알리다'에 해당한다. 이러한 '보고 기능 설'을 따르는 논저로는 박승빈(1931), 신현숙(1980), 서정수(1996) 등이 있다.

2. 주어의 인칭에 따른 '-더-'의 제약에 대한 문제

중세 국어에서는 현대 국어와는 달리, 1인칭의 주어가 실현된 평서문이나 2인칭의 주어가 실현된 의문문에도 '-더-'가 실현될 수 있었다. 곧 아래의 (1)에서는 1인칭의 주어인 '나'와 '우리'가 쓰인 평서문에 '-더-'의 변이 형태인 '-다-'가 실현되었고, (2)에서는 2인칭의 주어인 '너'가 쓰인 의문문에 '-더-'가 실현되었다.

(1) ㄱ. **내** 지븨 이싈 저긔 受苦ㅣ 만<u>타</u>라　　　　　[월인석보 10:23]
ㄴ. **우리**는 眞實ㅅ 佛子ㅣㄴ 둘 모ᄅ<u>다</u>이다　　　[월인석보 13:35]

(2) ㄱ. **네** 겨집 그려 가**던**다   [월인석보 7:10]

    ㄴ. **네** 이만 큰 시절에 能히 이 이를 ㅎ**던**다   [내훈 3:32]

   그러나 현대 국어에서는 '-더-'의 쓰임에 제약이 많아서 1인칭의 주어가 실현된 평서문과 2인칭 주어가 실현된 의문문에서는 회상의 선어말 어미 '-더-'가 실현되지 않는 것이 원칙이다. 그러나 이러한 원칙에도 불구하고, 화자나 청자가 어떠한 일을 직접 경험한 당시에 자신이 '새롭게 인식한 사실(=방금 깨달은 일)'을 서술하는 상황이 분명할 때에는, 예외적으로 1인칭의 주어가 쓰인 평서문과 2인칭 주어가 쓰인 의문문에 '-더-'가 실현될 수 있다.

    (3) ㄱ. **나**는 그때 철수한테 정말 미안하**더**라.

        ㄴ. 술을 많이 마시니, (**나**는) 조금 어지럽**더**라.

        ㄷ. 합격자를 발표한 명단을 확인해 보니, 내가 일등이**더**라.

        ㄹ. 나도 맥주 정도는 마시겠**더**라.

    (4) ㄱ. **너**도 철수한테 부끄럽**더**냐?

        ㄴ. **네**가 그렇게 분하**더**냐?

        ㄷ. **너**도 맥주 정도는 마시겠**더**냐?

예를 들어서 (3)의 문장은 1인칭의 주어가 실현된 평서문에서 '-더-'가 실현된 예이며, (4)의 문장은 2인칭의 주어가 실현된 의문문에서 '-더-'가 실현된 예이다. 여기서 (3)의 평서문과 (4)의 의문문은 각각 화자와 청자가 어떠한 일을 경험한 당시에 '새롭게 알게 된 사실'을 서술하는 상황이 분명하다. 이러한 경우에는 이들 문장의 서술어에 예외적으로 '-더-'가 실현될 수 있다.

    (5) ㄱ. [?]**내**가 길에 쓰러져 있더라.

        ㄴ. [?]**내**가 큰 실수를 했더라.

    (6) ㄱ. 정신을 잃었다가 깨어나 보니, **내**가 길에 쓰러져 있더라.

        ㄴ. 술을 깨고 보니, **내**가 큰 실수를 했더라.

(5)의 평서문은 보통의 상황에서는 비문법적이거나 자연스럽지 못한 문장이다. 그러나 (6)처럼 문맥을 통하여 '화자가 경험한 바로 그 당시에 깨달은 일'이라는 상황을 분명하게 제시하면, 1인칭 주어가 쓰인 평서문에도 '-더-'가 쓰일 수 있음을 확인할 수 있다.

정리하면 중세 국어에서는 1인칭 주어가 쓰인 평서문이나 2인칭의 주어가 쓰인 의문문에 '-더-'가 자연스럽게 쓰였는데, 현대 국어에서는 이러한 문장은 쓰임에 제약을 많이 받아서 대부분 잘 쓰이지 않는다. 다만 (3)과 (4), 그리고 (6)에서처럼 화자와 청자가 경험한 바로 당시에 방금 깨달은 일을 표현한 문장일 때에는, 1인칭의 평서문과 2인칭의 의문문에서도 '-더-'가 예외적으로 쓰일 수 있다.

3. 종결형의 '-더-'와 관형사형의 '-던-'의 차이

관형절에서 나타나는 '-던'은 회상 표현의 선어말 어미인 '-더-'와 과거 시제의 관형사형 어미인 '-ㄴ'이 결합된 어미로도 볼 가능성이 있다. 그러나 관형절에서 쓰이는 '-던'은 종결형에서 쓰이는 '-더-'와는 다른 특징을 보여 주기 때문에, '-던'을 '-더-'와 '-ㄴ'이 결합된 형태라고 단정짓는 것은 문제가 있다.

(1) ㄱ. *내가 책을 쓰<u>더</u>라.
    ㄴ. 내가 쓰<u>던</u> 책을 동생이 물려받았다.

(2) ㄱ. ?세종대왕이 한글을 만들<u>더</u>라.
    ㄴ. 한글을 만들<u>던</u> 세종대왕은 결국 눈병에 걸려서 고생하였다.

첫째로 관형사형의 '-던'은 종결형의 '-더-'에서 나타나는 과거 회상의 기능이 미약한 대신에 '과거 행위의 지속이나 미완'이라는 의미가 강하다. 둘째로 종결형에서 쓰이는 '-더-'는 (1ㄱ)처럼 1인칭의 주어가 나타나는 평서문에는 쓰일 수 없는데, 관형사형의 '-던'은 (1ㄴ)처럼 1인칭의 주어가 나타나는 평서문에도 쓰일 수 있다. 셋째로 종결형에서 실현되는 '-더-'는 (2ㄱ)처럼 화자가 직접 체험하지 않은 일을 표현하는 문장에는 쓰이지 못하는 반면에, 관형사형의 '-던'은 (2ㄴ)처럼 화자가 직접 체험하지 않은 일을 표현하는 문장에 쓰일 수 있다.

위와 같은 차이점 때문에 종결형에서 실현되는 '-더-'와 관형사형에서 실현되는 '-더-'가 형태가 동일하고 기능이 비슷함에도 불구하고, 이들을 동일한 문법적 요소로 처리하는 데는 어려움이 있다.

4. '-는-'과 '-ㄴ-'의 현재 시제 선어말 어미로서의 자격 문제

〈'-는-'과 '-ㄴ-'을 현재 시제 선어말 어미로 인정하는 견해〉 현행의 『고등학교 문법』(2010:179)에서는 '-는-, -ㄴ-'를 현재 시제 선어말 어미의 형태로 인정하고 있다.[11] 이렇게 되면 동사에서는 유표적(有標的)인 선어말 어미인 '-는-, -ㄴ-' 등이 현재 시제를 나타내고, 형용사와 서술격 조사에서는 종결 어미나 무표적(無標的)인 선어말 어미가 현재 시제를 나타낸다고 설명해야 한다.

(1) ㄱ. 학생들이 지금 축구를 <u>한</u>다.
ㄴ. 미녀들은 과일을 많이 먹<u>는</u>다.
ㄷ. 우리 아기 잘도 자<u>는</u>구나.

(2) ㄱ. 영희는 참 아름답다.
ㄴ. 이자가 바로 범인이구나.

이러한 설명에 따르면 (1)에서 동사인 '한다'는 '하-＋-ㄴ-＋-다'로, '먹는다'는 '먹-＋-는-＋-다'로, '자는구나'는 '자-＋-는-＋-구나'로 분석되는데, 여기서 선어말 어미인 '-ㄴ-, -는-'이 현재 시제를 나타낸다. 반면에 (2)에서 형용사인 '아름답다'와 서술격 조사인 '-이다'는 현재 시제 선어말 어미가 실현되지 않았기 때문에, '아름답다'는 '아름답-＋-다'로 '-이구나'는 '-이-＋-구나'로 분석된다. 이 경우에는 종결 어미인 '-다, -구나'가 현재 시제를 나타낸다고 설명하거나, 혹은 무형의 형태소 '-∅-'를 설정해서 이것이 형용사나 서술격 조사의 현재 시제를 나타낸다고 설명해야 한다.

동사			형용사 / 서술격 조사	
한다	하-＋-ㄴ-＋-다		아름답다	아름답-＋-다
자는구나	자-＋-는-＋-구나		-이구나	-이-＋-구나

이러한 견해는 동사와 형용사에 실현되는 종결 어미를 단일한 형태로 설정할 수 있다는 점에서는 장점이 있다. 곧 동사와 형용사에 관계없이 종결 어미의 형태를 '-다, -구나' 등으로 일관되게 설정할 수 있는 것이다. 반면에 이러한 주장에 따르면 현재 시제의 선어말 어미로서 동사에는 유표적인 형태소인 '-ㄴ-, -는-' 등을 설정해야 하고, 형용사에는 무형의 형태소인 '-∅-'를 따로 설정해야 하는 것이 단점이다.

〈'-는-'과 '-ㄴ-'을 현재 시제 선어말 어미로 인정하지 않는 견해〉 허웅(1968:62), 이익섭·임홍빈(1986:102), 서정수(1996:233), 김수태(2005) 등에서는 '-ㄴ-, -는-'을 현재 시제의 선어말 어미로 인정하지 않고 종결 어미인 '-는다/ㄴ다, -는구나'의 일부로 본다.

이들에 따르면 동사와 형용사에 관계없이 현재 시제 선어말 어미의 형태를 무표형으로 잡

---

11) 김윤경(1948:132 이하), 이숭녕(1956:61 이하), 정열모(1949:127 이하), 나진석(1971:9 이하), 그리고 최근에는 남기심·고영근(1993:304) 등에서도 '-ㄴ-, -는-, -느-'를 현재 시제 선어말 어미의 형태로 인정하고 있다.

는다. 곧 (1)에서 동사인 '한다'는 '하- + -ㄴ다'로, '먹는다'는 '먹- + -는다'로, '자는구나'는 '자- + -는구나'로 분석해야 한다. 그리고 (2)에서 형용사와 서술격 조사의 현재형인 '아름답다'는 '아름답- + -다'로, '-이구나'는 '-이- + -구나'로 분석해야 한다.

동사		형용사 / 서술격 조사	
한다	하- + -ㄴ다	아름답다	아름답- + -다
자는구나	자- + -는구나	-이구나	-이- + -구나

결과적으로 동사의 현재 시제 종결 어미는 '-ㄴ다/-는다, -는구나'의 형태로 실현되고, 형용사의 현재 시제 종결 어미는 '-다, -구나'의 형태로 실현되는데, 이들은 모두 형태론적 변이 형태다. 이 설에 따르면 현재 시제가 무형의 형태소로 표현된다고 일관되게 설명할 수는 있지만, 종결 어미의 형태가 동사와 형용사에서 달리 실현된다고 설명해야 하는 단점이 있다.

5. 현재 시제의 선어말 어미가 현재 이외의 시간을 표현하는 경우

용언에 현재 시제 선어말 어미가 실현되었는데도, 시제와 관계없이 계속되는 습관이나 가까운 미래 시간, 혹은 시간을 초월한 보편적인 사실을 나타내는 경우가 있다.(나진석 1971:11)

    (1) ㄱ. 나는 술을 잘 마신다.

        ㄴ. 방화자는 처벌하느냐?

        ㄷ. 그는 내일 온다.

    (2) ㄱ. 생물은 반드시 죽는다.

        ㄴ. 물은 낮은 데로 흐른다.

(1)의 (ㄱ)은 특정한 개인의 일상적인 습관을 표현하며, (ㄴ)은 제도, (ㄷ)은 가까운 미래를 표현한다. 따라서 이들 문장의 서술어에는 비록 현재 시제 선어말 어미가 표현되기는 했지만 반드시 현재 시제로 해석되는 것은 아니다. 그리고 (2)의 문장도 현재 시제의 표현이라기보다는 '과거, 현재, 미래' 등 특정한 시간을 초월하여, 진리라고 생각하는 현상이나 사실을 표현하는 문장이다. 비록 (1)과 (2)의 문장이 분명하게 현재 시제로 해석되는 것은 아니지만, 현재 시제 선어말 어미가 실현되어 있으므로 폭넓은 의미에서 현재 시제를 표현한 문장으로 처리한다.

6. '-겠-'과 '-으리-'의 서법 기능

선어말 어미인 '-겠-'과 '-으리-'는 『고등학교 문법』(2010:180)에서 미래 시제의 선어말 어미로 처리하고 있다. 하지만 이들 어미는 시제를 표현하는 것이 아니라, '추측'이나 '의지, 가능성' 등과 같은, 문장의 객관적인 내용에 대하여 화자의 심리적인 태도를 나타내는 표현으로도 볼 수 있다.(나진석 1971:111)

> (1) ㄱ. 설악산에는 벌써 단풍이 들었겠다.　　　　[과거의 일에 대한 추측]
>
> 　　ㄴ. 지금은 진주에도 눈이 내리겠다.　　　　　[현재의 일에 대한 추측]
>
> 　　ㄷ. 내일은 틀림없이 맑겠다.　　　　　　　　[미래의 일에 대한 추측]

예를 들어서 (ㄱ), (ㄴ), (ㄷ)에서 모두 선어말 어미 '-겠-'이 쓰였다. 그런데 만일 '-겠-'이 발화 시 이후의 일에 대한 표현(미래 시제)만을 나타낸다면, (ㄱ)과 (ㄴ)에서 쓰인 시간 부사어 '지금, 벌써'와 의미적으로 충돌할 수 있다. 이러한 점에서 '-겠-'은 시간을 나타내는 표현이라기보다는 (ㄱ)에서는 과거의 일에 대한 추측, (ㄴ)에서는 현재의 일에 대한 추측, (ㄷ)에서는 미래의 일에 대한 추측을 표현하는 것으로 볼 수 있다.

> (2) ㄱ. 내일도 바람이 많이 불겠다.
>
> 　　ㄴ. 제가 먼저 먹겠습니다.
>
> 　　ㄷ. 나도 그 정도는 마시겠다.
>
> (3) ㄱ. 내일은 일찍 일어나리라.
>
> 　　ㄴ. 김 교수님도 부산에 도착했으리라.

(2)에서 쓰인 '-겠-'은 (ㄱ)에서는 문장의 전체 내용에 대한 말하는 사람의 '추측'을 나타내며, (ㄴ)에서는 '의지'를 나타내고, (ㄷ)에서는 '가능성'을 나타낸다. 그리고 (3)에서 쓰인 '-으리-'는 (ㄱ)에서는 말하는 사람의 '의지'를 나타내며, (ㄴ)에서는 '추측'을 나타낸다.

이처럼 선어말 어미인 '-겠-'과 '-으리'는 '추측, 의지, 가능성' 등 문장의 객관적인 내용(명제)에 대하여 화자의 심리적인 태도를 나타내기도 하는데, '-겠-'과 '-으리-'에 나타나는 이러한 기능을 '서법(敍法, 樣態性, modality/mood)'이라고 한다.

7. '예정상'의 설정 문제

완료상과 진행상 이외에도 어떠한 동작이 앞으로 일어날 것으로 예정되어 있음을 나타내는 '예정상(豫定相)'을 설정하는 경우도 있다.(남기심·고영근 1993:314)

(1) ㄱ. 자원 봉사단원들은 모두 아프가니스탄에서 떠나<u>게 되었다</u>.
　　ㄴ. 선생님은 영수에게 집에서 쉬<u>게 하였다</u>.

(2) ㄱ. 방학이 되면 많은 학생들이 학비를 벌<u>려고</u> 아르바이트를 한다.
　　ㄴ. 나도 자네의 소식을 들<u>고자</u> 달려왔네.
　　ㄷ. 여행자들은 비행기를 타<u>러</u> 공항으로 갔다.

곧 보조 용언인 '-게 되다, -게 하다'나 연결 어미인 '-려고, -고자, -러' 등은 어떠한 일이 앞으로 일어날 것으로 예정되어 있음을 나타내는 예정상(전망상)을 표현한다고 한다. 이렇게 되면 남기심·고영근(1993)에서는 국어의 동작상의 체계를 '진행상·완료상·예정상'으로 설정하는 셈이다. 하지만 현행의 『고등학교 문법』에서는 국어의 동작상으로 진행상과 완료상만 인정하고 예정상은 인정하지 않는다.(『고등학교 교사용 지도서 문법』 2010:221)

[단원 정리 문제 14]

1. 다음 문장의 시제를 발화시와 사건시의 상관 관계로써 설명하시오.

    ① 직원들이 아직 회의실에 도착하지 <u>않았다</u>.

    ② 그분은 딸이 5명이 <u>있으시다</u>.

    ③ 언제쯤 저희 집에 방문해 <u>주시겠습니까</u>?

2. 다음 예문을 보고 물음에 답하시오.

> ① <u>도서관에서 공부하는</u> 학생들은 모두 여학생들이다.
> ② 포수는 <u>들판을 달려가는</u> 사슴을 엽총으로 쏘았다.

    2-1. 밑줄 그은 관형절의 절대 시제와 상대 시제를 설명하시오.

    2-2. 관형절의 시제를 해석할 때에 상대 시제로 해석해야 하는 이유를 설명하시오.

3. 다음의 문장에서 쓰인 '-았-/-었-'과 '-았었-/-었었-'의 의미적인 차이를 설명하시오.

    (1) ㄱ. 김현주는 고등학교 때에 대단히 공부를 <u>잘했다</u>.
        ㄴ. 김현주는 고등학교 때에 대단히 공부를 <u>잘했었다</u>.

    (2) ㄱ. 작년에 이 지역에는 홍수가 <u>들었다</u>.
        ㄴ. 작년에 이 지역에는 홍수가 <u>들었었다</u>.

4. 다음 두 문장에서 밑줄 그은 말의 의미적인 차이를 설명하시오.

    (1) ㄱ. 나도 내년에 장가를 <u>가면</u> 좋겠다.
        ㄴ. 나도 내년에 장가를 <u>갔으면</u> 좋겠다.

    (2) ㄱ. 너는 내일 학교에 가면 <u>죽을 것이다</u>.
        ㄴ. 너는 내일 학교에 가면 <u>죽었다</u>.

5. 다음 두 문장에 나타나는 시제의 차이를 밝히고 이를 통하여 '-더-'의 기능을 설명하시오

    ① 군인들이 어제 학교 운동장에서 <u>잤다</u>.
    ② 군인들이 어제 학교 운동장에서 <u>자더라</u>.

6. 다음 두 문장에서 관형사형 어미인 '-(으)ㄴ'과 '-던'의 의미적인 차이를 설명하시오

    ① 김 사장은 집에 <u>간</u> 직원을 휴대전화로 불렀다.
    ② 김 사장은 집으로 <u>가던</u> 직원을 휴대전화로 불렀다.

7. 다음 문장에서 현재 시제를 실현하는 문법적인 형식을 설명하시오

    ① 우리 학교에서는 4월 중순에 중간고사를 <u>친다</u>.
    ② 한국의 가을 하늘은 정말로 <u>푸르다</u>.
    ③ 고양이를 <u>좋아하는</u> 사람들은 개를 싫어한다.
    ④ <u>더운</u> 여름에는 아이스크림이 잘 팔린다.

8. 다음 문장에서 시간 부사어를 참조하여 '-겠-'이 미래 시제를 나타내는지를 검증하시오

    ① 어제 부산에 비가 많이 <u>왔겠</u>다.
    ② 정경숙 씨는 지금 도서관에서 <u>공부하겠</u>다.
    ③ 저는 내일 다시 <u>오겠</u>습니다.

9. 선어말 어미인 '-겠-'과 '-(으)리-'는 『고등학교 문법』(2010)에서는 시제를 표현하는 선어말 어미로 인정하고 있지만, 이들 선어말 어미는 시제 이외에 서법(敍法, modality)의 기능을 나타내기도 한다. '-겠-'과 '-(으)리-'의 서법 기능과 관련하여 다음 물음에 답하시오

    ① 조금 있다가 다시 전화<u>하리</u>라.
    ② 이 문제는 어린애라도 충분히 <u>풀겠</u>다.
    ③ 이 박사님은 중국에 벌써 <u>도착했겠</u>다.
    ④ 아버님, 걱정 마십시오 이번 일은 제가 반드시 <u>해결하겠</u>습니다.

9-1. 위의 예문에서 '-겠-'과 '-(으)리-'가 나타내는 서법의 기능을 구체적으로 설명하시오

9-2. 학교 문법에서는 국어의 시제의 체계를 '현재·과거·미래'로 구분한다. 만일 위의 예문에서 '-겠-'과 '-(으)리-'가 서법의 기능만을 담당한다면, 국어의 시제 체계를 어떻게 변경해야 하는가?

10. 다음 예문을 읽고 물음에 답하시오

> ① 아내는 지금 부엌에서 요리를 <u>하고 있다</u>.
> ② 희선 씨는 음악을 <u>들으면서</u> 신문을 읽었다.
> ③ 원숭이는 사육사가 준 바나나를 재빨리 <u>먹어 버렸다</u>.
> ④ 아이들은 점심을 <u>먹고서</u> 시냇가로 뛰어나갔다.

10-1. 밑줄 친 서술어에 실현된 동작상(動作相, aspect)의 의미를 설명하시오

10-2. 시제와 동작상의 차이점을 ①과 ②의 예문으로써 설명하시오

6.4. 피동 표현

문장에서는 주어로 쓰인 주체가 어떠한 행위를 능동적으로 수행하는 방식으로 표현할 수도 있고, 주체가 다른 사람에게 어떠한 행위를 당하는 방식으로 표현할 수도 있다. 이와 같은 차이에 따라서 문장을 '능동문'과 '피동문'으로 구분할 수 있다.

6.4.1. 피동 표현의 개념

〈피동문의 개념〉 주어로 표현되는 대상(주체)이 스스로의 힘으로 행하는 행위나 동작을 '능동(能動, active)'이라고 한다. 반면에 주어로 표현되는 대상이 다른 주체에 의해서 당하는 동작을 '피동(被動, passive)'이라고 한다. 이러한 능동과 피동의 행위는 화자의 '시점(時點, point of view)'에 따라서 결정된다.

[그림 1. 능동 - 피동에서 시점의 원리]

예를 들어서 화자가 행위의 주체인 '개'에 관심이 있을 때에는 '개'를 주어로 취하여서 능동문으로 표현한다. 이에 반해서 화자가 행위의 객체인 '닭'에 관심이 있는 경우에는 '닭'을 주어로 취하여서 피동문으로 표현한다. 결국 (ㄱ)과 (ㄴ)은 화자가 관심을 두는 대상에 따라서 각기 다르게 표현된 것이므로, 시점이 언어에 영향을 끼친 예이다.

이렇게 시점에 의해서 결정된 능동과 피동은 다음과 같이 문장으로 표현된다.

⑴ ㄱ. 화가 난 개가 닭을 쫓았다.
　　ㄴ. 철수는 문법책을 쉽게 읽었다.

(2) ㄱ. 닭이 화가 난 개에게 <u>쫓겼다</u>.

　　ㄴ. 문법책이 철수에게 쉽게 <u>읽어졌다.</u>

(1)에서 '쫓았다'와 '읽었다'로 표현되는 동작은 주체인 '개'와 '철수'가 스스로 행하는 동작인데, 이처럼 주체가 스스로 행하는 동작을 '능동'이라고 한다. 반면에 (2)에서 (ㄱ)의 '쫓겼다'로 표현되는 동작은 주어로 표현되는 '닭'이 '개'에게 당하는 동작이며, (ㄴ)의 '읽어졌다'도 문장의 주어인 '문법책'이 '철수'에게 당하는 동작이다. (2)의 '쫓겼다'와 '읽어졌다'처럼 주체가 다른 이에게 동작을 당하는 것을 '피동'이라고 한다. 그리고 (1)처럼 능동으로 표현된 문장을 '능동문(能動文, active sentence)'이라고 하고, (2)처럼 피동으로 표현된 문장을 '피동문(被動文, 입음월, passive sentence)'이라고 한다. 끝으로 (1)의 능동문을 (2)의 피동문으로 바꾸는 문법적인 방법을 '피동법(被動法, 입음법, passivization)'이라고 한다.[1]

〈피동문의 형성 절차〉 능동문과 피동문 사이에 성립하는 통사적인 대응 관계를 예문으로 보이면 다음과 같다.

(3) 능동문 : <u>늘대가</u>　　<u>토끼를</u>　　잡았다(능동사, 타동사)

(4) 피동문 : 토끼가　　늘대에게　　잡히었다(피동사, 자동사)

(3)의 능동문에서는 '잡다'와 같은 타동사가 서술어로 쓰였고 (4)의 피동문에서는 '잡히다'와 같은 자동사가 서술어로 쓰였다.[2] 이처럼 서술어가 타동사에서 자동사로 교체됨에 능동문에서 주어로 표현된 '호랑이'는 피동문에서 '호랑이에게'(부사어)로 실현되었고, 능동문에서 목적어로 표현된 '토끼'는 피동문에서 '토끼가'(주어)로 실현되었다. 그 결과로 피동문에서 부사어로 실현된 '호랑이'에는 '-에게/-한테/-에/-에 의해서' 등이 붙을 수 있다.[3]

---

1) 어떤 피동문은 그에 대응되는 능동문을 설정할 수 없는 경우도 있는데, 이 문제에 대하여는 이 책 457쪽의 【더 배우기】 참조.

2) 자동사인 피동사가 예외적으로 목적어를 취하는 경우도 있는데, 이에 대하여는 이 책 457쪽의 【더 배우기】 참조.

3) 능동문에 쓰인 주체는 피동문에서는 부사어로 실현된다. 하지만 의미적으로 볼 때에는 능동문에서 주어로 표현되는 대상과 피동문에서 부사어로 표현되는 대상이 둘 다 행위를 일으키는 주체, 곧 '행위자(agent)'로 기능하는 것은 마찬가지이다.

능동문과 피동문에서 나타나는 대응 관계를 일반화하여 보이면 다음과 같다.

(5) 능동문 : <u>주어</u> + <u>목적어</u> + <u>능동사</u>(타동사)

(6) 피동문 : <u>주어</u> + <u>부사어</u> + <u>피동사</u>(자동사)

능동문에서 주어로 표현된 대상은 피동문에서는 부사어로 바뀌어서 실현된다. 이때 피동문의 부사어는 체언에 '-에게, -한테, -에, -에 의해서' 등의 다양한 문법 요소가 붙어서 실현될 수 있다.

(7) ㄱ. 금강산에서 불곰이 사냥꾼<u>에게</u> 잡혔다.
  ㄴ. 어리광을 부리는 아이는 아버지<u>한테</u> 매달렸다.

(8) ㄱ. 토끼의 발이 올무<u>에</u> 감겼다.
  ㄴ. 전깃줄이 바람<u>에</u> 끊겼다.

(9) ㄱ. 온 나라가 왜군<u>에 의해서</u> 짓밟혔다.
  ㄴ. 태풍<u>에 의해서</u> 다리가 끊어졌다.

먼저 '-에게'와 '-한테'는 (5)에서처럼 체언이 '사냥꾼'이나 '아버지'와 같이 유정(有情)의 체언인 경우에 실현된다. 이 중에서 (ㄱ)에 쓰인 '-에게'는 대체로 글말(文語)에 쓰이는 반면에 (ㄴ)에 쓰인 '-한테'는 입말(口語)에 쓰인다. (7)의 '-에게'와 '-한테'가 유정 체언에 쓰이는 반면에, (8)의 '-에'는 '올무'나 '바람'과 같은 무정(無情)의 체언에 쓰인다. (9)의 '-에 의해서'는 (ㄱ)의 '왜군'과 같은 유정 체언과 (ㄴ)의 '태풍'과 같은 무정 체언에 두루 쓰일 수 있다. 그리고 '-에 의해서'는 대체로 글말에 쓰이며, (ㄴ)처럼 피동문의 서술어가 '-어지다'로 형성된 통사적 피동문에서 자연스럽게 쓰인다.

〈능동문과 피동문의 의미적인 차이〉 화자가 능동문을 선택하느냐 피동문을 선택하느냐는 말하는 사람의 시점에 따라서 임의적으로 결정된다.4) 그러므로 능동문과 피동문은 화용론적인 기능에서만 차이가 날 뿐이고, 지시적인 의미에서는 차이가 나지 않는 것이 일반적이다.

---

4) 능동문과 피동문의 선택의 기준에 관해서는 이 책 456쪽의 【더 배우기】 참조.

그런데 능동문과 피동문에 수량사가 표현된 경우에는 두 문장의 지시적인 의미까지 차이가 나는 수가 있다.

(10) 능동문 : 세 명의 여자가 남자 한 명을 찼다.

(11) ㄱ. 세 명의 여자가 <u>모두</u> 특정한 남자 한 명을 찼다.
　　 ㄴ. 세 명의 여자가 <u>각각</u> 남자 한 명씩을 찼다.

(12) 피동문 : 남자 한 명이 세 명의 여자에게 차였다.

(10)의 문장은 능동문인데 이 문장은 두 가지의 의미로 해석할 수 있다. 곧 (11ㄱ)과 같이 '세 명의 여자가 모두 특정한 남자 한 명을 찼다.'는 의미로 해석될 수도 있고, (11ㄴ)처럼 '세 명의 여자가 각각 다른 남자 한 명씩을 찼다.'는 의미로 해석될 수도 있다. 그런데 (10)의 문장을 피동문으로 바꾼 (12)의 문장은 단일한 의미, 곧 (11ㄱ)의 의미로만 해석된다. 따라서 (10)처럼 수량사가 표현된 능동문의 의미는 그것을 피동문으로 바꾼 (12)의 문장과는 지시적인 의미가 달라질 수 있다는 것을 확인할 수 있다.5)

　능동문에서 서술어로 쓰이는 능동사와 피동문에서 서술어로 쓰이는 피동사 사이에도 의미적으로 차이가 난다. 예를 들어서 앞의 예문 (3)에서 능동사인 '쫓다'는 행동성의 의미가 뚜렷하지만, (4)에서 피동사인 '쫓기다'는 행동성이 드러나지 않는다. 곧 '쫓다'는 상태의 변화를 나타내는 과정성과 함께 행동성의 의미를 포함하고 있지만, '쫓기다'에는 행동성은 사라지고 과정성만 남게 된다. 이러한 특징을 '의미 자질(semantic feature)'로 표현하면, 능동사인 '쫓다'의 의미 자질은 [+과정성, +행동성]으로 표현할 수 있으며, 피동사인 '쫓기다'는 [+과정성, -행동성]의 의미 자질로 표현할 수 있다.

6.4.2. 피동문의 유형

　피동문은 서술어가 형성되는 문법적인 방법에 따라서 '파생적 피동문'과 '통사적 피동문'으로 나뉜다.

---

5) 능동문은 일반적으로 지시적인 의미를 바꾸지 않고 피동문으로 전환할 수 있다. 하지만 화자의 시점과 관련해서 화용론적인 의미까지 고려한다면 능동문과 피동문의 의미가 완전하게 같지는 않다. 그리고 (10)과 (12)처럼 능동문과 피동문에 수량사가 실현되면, 능동문과 피동문의 지시적인 의미가 다를 수가 있다.

유형	피동문 서술어의 짜임	용례
파생적 피동문	타동사 어근 + -{이, 히, 리, 기}- + -다	보이다, 먹히다, 들리다, 안기다
	체언 + {-되-} + -다	구속되다, 관련되다, 이해되다
통사적 피동문	용언 어간 + -어지다	먹어지다, 들어지다, 안아지다
	용언 어간 + -게 되다	먹게 되다, 죽게 되다, 가게 되다

[표 1. 피동문의 서술어가 형성되는 방법]

6.4.2.1. 파생적 피동문

〈**파생적 피동문의 개념**〉 '파생적 피동문'은 능동사(타동사)의 어근에 파생 접사가 붙어서 형성된 피동사를 서술어로 실현해서 형성되는 피동문이다.

(13) ㄱ. 철수는 산을 <u>보았다</u>. (14) ㄱ. 산이 철수에게 <u>보였다</u>.
     ㄴ. 인부들이 교량을 <u>건설하였다</u>.   ㄴ. 교량이 인부들에 의해서 <u>건설되었다</u>.

파생적 피동문에서 서술어로 쓰이는 피동사는 (14)처럼 능동사(= 타동사)의 어근에 파생 접사가 붙거나 (14ㄴ)처럼 '체언'에 파생 접사인 '-되-'가 붙어서 형성된다. 이들 피동사는 어근에 파생 접사가 붙어서 형성되므로, 피동사를 통해서 성립되는 피동문을 '파생적 피동문'이라고 한다.

〈**파생적 피동문에서 피동사를 형성하는 방법**〉 피동사는 능동사의 어근에 파생 접사가 붙어서 형성되는데, 피동사는 다음의 두 가지 방법으로 형성된다.

첫째, 능동사의 어근에 파생 접사 '-이-, -히-, -리-, -기-' 등이 붙어서 피동사가 될 수 있다.

(15) ㄱ. 우리는 금강산을 <u>보았다</u>. (16) ㄱ. 우리에게 금강산이 <u>보였다</u>.
    ㄴ. 변강쇠가 곰을 <u>잡았다</u>.   ㄴ. 곰이 변강쇠한테 <u>잡혔다</u>.
    ㄷ. 나는 곰의 비명을 <u>들었다</u>.   ㄷ. 곰의 비명이 나에게 <u>들렸다</u>.
    ㄹ. 어머니가 아기를 <u>안는다</u>.   ㄹ. 아기가 어머니에게 <u>안긴다</u>.

(14)에서 능동문의 서술어는 능동사인 '보다, 잡다, 듣다, 안다'이다. 반면에 (15)에서 피동문의 서술어로 쓰인 '보이다, 잡히다, 들리다, 안기다'는 능동사 어근인 '보-, 잡-, 듣-, 안-'에 파생 접사인 '-이-, -히-, -리-, -기-'가 붙어서 파생된 피동사이다.

둘째, '명사+-하다'의 짜임으로 된 능동사의 어근(= 명사)에 파생 접미사인 '-되(다)'가 붙어서 피동사가 될 수 있다.

> (17) ㄱ. 수많은 학자들이 줄기세포를 <u>연구한다</u>.
>   ㄴ. 상인들이 신상품을 많이 <u>반품하였다</u>.
>
> (18) ㄱ. 줄기세포가 수많은 학자들에 의해서 <u>연구된다</u>.
>   ㄴ. 신상품이 상인들에 의해서 많이 <u>반품되었다</u>.

(17)의 피동문에서 서술어로 쓰인 '연구되다'와 '반품되다'는, (18)의 능동문에서 쓰인 능동사 '연구하다'와 '반품하다'의 명사 어근인 '연구, 반품'에 피동 접사인 '-되-'가 붙어서 파생된 피동사이다.

타동사인 능동사에 파생 접사가 붙어서 피동사가 되는 현상을 정리하면 다음과 같다.

능동사	피동 접미사	주동사 → 피동사
타동사	-이-	놓다→놓이다, 따다→따이다, 보다→보이다, 섞다→섞이다, 쓰다→쓰이다, 차다→차이다, 파다→파이다
	-히-	닫다→닫히다, 막다→막히다, 묻다→묻히다, 박다→박히다, 밟다→밟히다, 얹다→얹히다, 잡다→잡히다
	-리-	들다→들리다, 달다→달리다, 듣다→들리다, 매달다→매달리다, 물다→물리다, 풀다→풀리다
	-기-	감다→감기다, 끊다→끊기다, 담다→담기다, 안다→안기다, 찢다→찢기다
체언	-되-	연구하다→연구되다, 반품하다→반품되다, 안심하다→안심되다

[표 2. 피동사의 형성 방법]

〈 **피동사 파생의 제약** 〉 능동사로 쓰이는 타동사가 모두 피동사로 파생될 수 있는 것은 아니며, 오히려 타동사 중에는 피동사로 파생되지 않는 것이 더 많다.

(19) ㄱ. 느끼다, 돕다, 바라다, 받다, 배우다, 알다, 얻다, 잃다, 주다, 참다

　　ㄴ. 고집하다, 공양하다, 사냥하다, 사랑하다, 수색하다, 일하다, 자랑하다, 희망하다

　　ㄷ. 깨우다, 날리다, 높이다, 솟구다, 숨기다, 익히다, 좁히다, 죽이다

(ㄱ)의 타동사는 파생적 피동사를 파생하지 못한다. 그리고 '-하다'가 붙어서 된 타동사 중에서 (ㄴ)의 '고집하다/*고집되다, 공양하다/*공양되다, 사냥하다/*사냥되다, 사랑하다/*사랑되다, 수색하다/*수색되다, 일하다/*일되다, 자랑하다/*자랑되다, 희망하다/*희망되다' 등도 접미사 '-되-'에 의한 피동사를 파생하지 못한다. 그리고 (ㄷ)에서 어근에 사동 접미사가 붙어서 이미 사동사로 파생된 '깨우다, 날리다, 높이다, 솟구다' 등도 피동사로 파생될 수가 없다. 이러한 형태론적 제약 때문에 주동사를 사동사로 만드는 '-이-, -히-, -리-, -기-' 등은 굴절 접사가 아니라 파생 접사로 처리된다.

6.4.2.2. 통사적 피동문

〈통사적 피동문의 개념〉 '통사적 피동문'은 용언의 어간에 보조 용언인 '-어지다'와 '-게 되다'를 실현해서 만든 피동문이다.

(20) ㄱ. 아이가 이 책을 잘 <u>읽었다</u>.

　　ㄴ. 이 책이 아이한테 잘 <u>읽어졌다</u>.

(21) ㄱ. 농부는 물을 <u>마셨다</u>.

　　ㄴ. 농부는 물을 <u>마시게 되었다</u>.

통사적 피동문의 서술어는 (20ㄴ)처럼 능동사의 어간에 보조 용언인 '-어지다'가 붙어서 형성되거나, (21ㄴ)처럼 능동사의 어간에 보조 용언인 '-게 되다'가 붙어서 형성된다. 이렇게 본용언에 보조 용언인 '-어지다'나 '-게 되다'가 붙은 것은 형태론적인 문법 현상이 아니고 통사론적인 문법 현상이다. 이러한 이유에서 '-어지다'와 '-게 되다'가 붙어서 실현되는 피동문을 '통사적 피동문'이라고 한다.

〈통사적 피동문에서 서술어를 형성하는 방법〉 통사적 피동문에서 서술어로 쓰이는 용언을 형성하는 방법은 '-어지다'에 의한 방법과 '-게 되다'에 의한 방법이 있다.

첫째, 통사적 피동문은 능동문에서 서술어로 쓰인 용언에 보조 용언인 '-어지다'를

실현해서 형성될 수 있다.

> (22) ㄱ. 정원사들이 나뭇가지를 모조리 <u>잘랐다</u>.
> ㄴ. 어린 학생들이 교실의 문을 <u>고쳤다</u>.

> (23) ㄱ. 나뭇가지가 정원사들에 의해서 모조리 <u>잘라졌다</u>.
> ㄴ. 교실의 문이 어린 학생들에 의해서 <u>고쳐졌다</u>.

(22)의 문장은 능동문이고 (23)의 문장은 (22)에 대응되는 피동문이다. (22)의 능동문에서는 능동사인 '자르다'와 '고치다'가 서술어로 쓰였는데, (23)의 피동문에서는 능동사의 어간에 보조 용언 '-어지다'가 실현되어 '잘라지다'와 '고쳐지다'가 실현되었다.

둘째, 통사적 피동문은 능동문에서 서술어로 쓰인 용언의 어간에 보조 용언인 '-게 되다'를 붙여서 실현될 수도 있다.(『고등학교 문법』 2010:184)[6]

> (24) ㄱ. 나는 배가 아파서 저녁을 <u>굶었다</u>.
> ㄴ. 그의 범행 사실이 곧 <u>드러났다</u>.

> (25) ㄱ. 나는 배가 아파서 저녁을 <u>굶게 되었다</u>.
> ㄴ. 그의 범행 사실이 곧 <u>드러나게 되었다</u>.

(24)의 능동문에서는 '굶다'와 '드러나다'가 능동사로 쓰였는데, (25)의 통사적 피동문에서는 능동사의 어간에 보조 용언인 '-게 되다'를 실현하여 '굶게 되다'와 '드러나게 되다'가 피동문의 서술어로 쓰였다. 그런데 (24)에서 능동사인 '굶다'와 '드러나다'가 과정성과 더불어 행동성의 의미를 나타내는 데에 반해서, (25)에서 '굶게 되다'와 '드러나게 되다'는 과정성만 남고 행동성의 의미는 사라져 버린다. 이와 같은 이유로 '-게 되다'를 통한 (25)의 문장을 피동문으로 처리할 수 있는 것이다.

〈**통사적 피동문의 특징**〉 통사적 피동문의 서술어는 보조적 연결 어미와 보조 동사로서 성립한다. 따라서 통사적 피동문은 능동사의 어근에 파생 접미사가 붙어서 형성되는 파생적 피동문과는 몇 가지 점에서 차이가 있다.

첫째, 통사적 피동문을 형성할 때에 '-어지다'와 '-게 되다'가 붙을 수 있는 어간의 종류에는 제약이 적다.

---

6) '-게 되다'에 의한 피동문의 자격 문제에 대한 내용은 이 책 458쪽의 【더 배우기】 참조.

(26) ㄱ. { 먹-, 타-, 막-, 벗-, 읽-, 쓰-, 크-, 밝-, 켜-, 붉-, 흐리-, ······ } + -아/-어지다

　　 ㄴ. { 먹-, 타-, 막-, 벗-, 읽-, 쓰-, 크-, 밝-, 켜-, 붉-, 흐리-, ······ } + -게 되다

(26)에서 '-어지다'와 '-게 되다'에서 '-어'와 '-게'는 용언의 활용 어미(굴절 접사)이기 때문에 이들 활용 어미가 붙을 수 있는 어간의 종류에 제약을 받지 않는다. 이에 반해서 앞의 예문 (19)를 통해서 소개한 바와 같이, 능동사로 쓰이는 모든 타동사가 피동사로 파생될 수 있는 것은 아니다. 오히려 타동사 중에는 피동사로 파생되지 않는 것이 더 많다.

　둘째, 능동사에 피동 접미사가 붙어서 형성된 피동사에 또다시 피동을 나타내는 보조 용언인 '-어지다'가 붙을 수가 있다. 이러한 피동 표현은 결과적으로 피동의 동작이 중복하여 표현된 것이다.

(27) 오늘은 문법책을 잘 읽었다.

(28) ㄱ. 오늘은 문법책이 잘 읽힌다.

　　 ㄴ. 오늘은 문법책이 잘 읽어진다.

(29) [?]오늘은 문법책이 잘 읽혀진다.

(28)의 문장은 (27)의 능동문을 피동문으로 바꾼 것이다. 여기서 (28ㄱ)은 파생적 피동문인데, 서술어로 쓰이는 피동사는 능동사인 '읽다'의 어근에 피동 접미사인 '-히-'가 붙어서 형성되었다. 그리고 (28ㄴ)은 통사적 피동문으로서 '읽다'의 어간에 보조 용언인 '-어지다'가 붙어서 서술어가 형성되었다. 이에 반해서 (29)에서 '읽혀지다'는 '읽다'의 어근에 피동 접미사가 붙어서 '읽히다'로 파생된 다음에, 여기에 또다시 '-어지다'가 붙어서 된 서술어이다. 따라서 (29)의 문장은 피동 표현이 겹쳐진 표현으로서 일종의 '잉여 표현(剩餘 表現, 군더더기 표현)'으로 볼 수 있다.[7]

6.4.2.3. 파생적 피동문과 통사적 피동문의 의미적인 차이

　용언의 어간에 파생 접미사인 '-이-, -히-, -리-, -기-'가 붙어서 되는 파생적 피동

---

7) '잉여 표현'에 대하여는 나찬연(2004)의 내용을 참조할 것.

문은 서술어로 표현되는 행위가 비의도적으로 이루어짐을 뜻한다. 반면에 용언의 어간에 '-어지다'가 붙어서 실현되는 통사적 피동문은 서술어로 표현되는 행위가 의도적으로 이루어짐을 뜻한다.

(30) ㄱ. 탈주병의 옷이 철조망에 <u>걸렸다</u>.   [비의도성]
    ㄴ. 수건이 빨랫줄에 겨우 <u>걸어졌다</u>.   [의도성]

(30)에서 (ㄱ)의 파생적 피동문에서는 '걸리다'로 표현되는 피동의 동작이 행위자의 의도 없이 이루어진 것으로 해석된다. 이에 반해서 (ㄴ)의 '-어지다'에 의한 통사적 피동문에서 '걸어지다'로 표현되는 피동의 동작은 어떠한 행위자가 의도적으로 작용한 결과로 이루어진 것으로 해석된다.

통사적 피동문에 나타나는 의도성 때문에, 통사적 피동문의 쓰임이 자연스럽지 못한 때도 있다.

(31) ㄱ. 책상 위에 먼지가 많이 <u>쌓였다</u>.
    ㄴ. [?]책상 위에 먼지가 많이 <u>쌓아졌다</u>.

(32) ㄱ. 가시가 손에 <u>박혔다</u>.
    ㄴ. [?]가시가 손에 <u>박아졌다</u>.

(31)에서 (ㄱ)의 파생적 피동문은 화자의 의도와 관계없이 먼지가 자연적으로 쌓이는 경우를 표현한 것이다. 이러한 일은 일상생활에서 흔히 일어나는 일이기 때문에 (ㄱ)의 문장은 자연스럽다. 반면에 (ㄴ)의 통사적 피동문은 어떤 사람이 먼지를 의도적으로 쌓으려고 노력하여 이루어진 것으로 해석된다. 이러한 일은 일상생활에서 일어나기가 극히 드물기 때문에, (ㄴ)의 문장이 자연스럽지 못한 것이다. 그리고 (32)에서 (ㄱ)의 파생적 피동문은 자연스럽지만, (ㄴ)의 통사적 피동문이 부자연스럽다. 이 또한 현실 세계에서 의도적으로 손에 가시를 박는 상황이 흔하게 발생하지 않기 때문이다.

【 더 배우기 】

1. 능동문과 피동문의 선택 원리

특정한 '일'을 언어로 기술할 때, 여러 명제항(체언) 중에서 특정한 명제항을 주어로 선택하는 화자의 인식 작용을 '시점(視點, empathy)'이라고 한다.(김일웅, 1988:501) 화자는 이러한 시점의 기능에 따라서 문장에 표현되는 요소 가운데에서 자신이 관심을 많이 두고 있는 것을 문장의 주어로 표현하려는 경향이 있다.

    (1) ㄱ. 삼성 팀이 롯데 팀을 <u>이겼다</u>.
        ㄴ. 롯데 팀이 삼성 팀에게 <u>졌다</u>.

예를 들어서 (1)에서 (ㄱ)과 (ㄴ)의 문장은 동일한 일(사건)을 표현한 것이다. 이때 만일 화자가 '삼성 팀'의 관계자나 팬이라면 (ㄱ)처럼 '삼성'을 주어로 표현하고, '롯데 팀'의 관계자나 팬이라면 (ㄴ)처럼 '롯데'를 주어로 표현할 가능성이 높다. 이러한 현상은 화자 자신이 관심을 두는 언어 요소를 주어로 표현하려고 하는 시점의 기능 때문에 일어난다.

어떤 일을 능동문이나 피동문으로 표현하는 것은 이러한 시점의 원리에 따라서 결정된다. 곧 능동문이나 피동문은 동일한 일에 대하여 시점만 다르게 해서 표현한 문장이다.

행위의 주체	행위의 객체	동작
호랑이	토끼	잡다

예를 들어서 '호랑이가 토끼를 잡는 일'이 일어났다고 가정하면, '호랑이'는 행위의 주체가 되며 '토끼'는 행위의 객체가 된다. 그런데 이 일을 문장으로 표현할 때에 행위의 주체인 '호랑이'를 주어로 삼고 싶으면 능동문으로 표현하고, 객체인 '토끼'를 주어로 삼고 싶으면 피동문으로 표현한다.

    (2) ㄱ. 호랑이가_(주어) 토끼를_(목적어) 잡았다.   [능동문]
        ㄴ. 토끼가_(주어) 호랑이에게_(부사어) 잡혔다.   [피동문]

화자가 행위의 주체인 '호랑이'에 관심을 두어서 그것을 주어로 선택하여 표현하면 (ㄱ)과 같은 능동문이 성립된다. 반면에 행위의 대상인 '토끼'에 관심을 두어서 그것을 주어로 선택하게 되면 (ㄴ)과 같은 피동문이 되는 것이다.

2. 대응되는 능동문이 없는 피동문

피동문은 그에 대응되는 능동문이 있는 것이 원칙인데, 피동문 중에는 그에 대응되는 능동문을 설정할 수 없는 것도 있다.(최현배 1980:426, 남기심·고영근 1993:298, 서정수 1996:1069)

(1) ㄱ. 내 말이 잘 안 <u>먹힌다</u>.
　　ㄴ. [?](사람들이) 내 말을 잘 안 먹는다.
　　ㄷ. 내 말이 잘 안 <u>통한다</u>.

(2) ㄱ. 날씨가 많이 <u>풀렸다</u>.
　　ㄴ. [?](누군가가) 날씨를 많이 풀었다.
　　ㄷ. 날씨가 많이 <u>따뜻해졌다</u>.

(3) ㄱ. 일이 잔뜩 <u>밀렸다</u>.
　　ㄴ. [?](누군가가) 일을 많이 밀었다.
　　ㄷ. 일이 잔뜩 <u>남아 있다</u>.

(1)~(3)에서 (ㄱ)의 문장에는 피동사가 쓰이고 있지만 실제로는 피동의 의미가 없다. 곧 이들 문장에는 (ㄴ)과 같은 능동문이 성립하지 않을 뿐만 아니라, 피동문에서 나타나는 의미인 과정성도 나타나지 않는다. 결국 (1~3)에서 (ㄱ)의 문장들은 피동문이라기보다는 하나의 관용적인 표현으로서, (ㄷ)과 같은 의미로 쓰이는 문장으로 볼 수 있다.

서정수(1996:1069)에서는 (1~3)의 (ㄱ)과 같이 피동사가 쓰이기는 했으나 피동문으로 기능하지 못하는 문장을 상태성을 나타내는 '가피동문(假被動文, pseudo-passive)'으로 처리했으며, 이익섭·임홍빈(1984:202)에서는 이러한 피동문을 '탈행동적(脫行動的) 피동문'으로 처리했다.

3. 피동사가 목적어를 취하는 특수한 예

피동문에서 서술어로 쓰이는 피동사는 자동사이므로 피동문에서는 목적어가 나타나지 않는 것이 원칙이다. 하지만 피동문에 대응되는 능동문에 이중 목적어가 있었을 때에는, 피동문에 예외적으로 목적어가 나타날 수 있다.

(1) ㄱ. 철수가 **영희를** 손목을 잡았다.

　　 ㄴ. **영희가** 철수에게 손목을 잡혔다.

예를 들어서 (ㄱ)은 '영희를'과 '손목을'을 목적어로 취하는 능동문이고, (ㄴ)은 (ㄱ)의 능동문에서 첫 번째 목적어로 쓰인 '영희'를 주어로 표현한 피동문이다. 이처럼 이중 목적어가 나타나는 능동문을 피동문으로 바꾸면 (ㄴ)처럼 예외적으로 목적어가 있는 피동문이 된다.

4. '-게 되다'에 의한 피동문의 자격 문제

국어 문법의 이론에서는 '-게 되다에 의해서 성립된 문장을 피동문으로 다루려는 견해와 피동문으로 보지 않는 견해가 있다.

먼저 최현배(1980:407)와 『고등학교 문법』(2010:184)에서는 '-게 되다로 형성되는 문장을 피동문으로 인정한다.

(1) ㄱ. 철수가 집에 <u>갔다</u>.

　　 ㄴ. 철수가 집에 <u>가게 되었다</u>.

최현배(1980)에서는 (ㄴ)의 문장을 (ㄱ)의 문장에 대응하는 피동문으로 보면서 '되다'를 피동 조동사로 다루고 있다. 이는 앞에서 지적한 바와 같이 '-게 되다에 의한 서술어에서는 탈행동성이 나타나기 때문이다.

이와는 달리 서정수(1996:1086)와 남기심·고영근(1993:299)에서는 (1ㄴ)의 문장이 피동문이 갖추어야 할 통사적인 절차를 밟지 않았다는 점을 들어서 피동문으로 인정하지 않았다.

(2) ㄱ. **호랑이가** 토끼를 먹었다.　　　　[능동문]

　　 ㄴ. **토끼가** 호랑이에게 먹혔다.　　　[피동문]

일반적으로 피동문이 성립하려면 능동문이 타동사이어야 하고, (2)에서처럼 능동문의 주어와 목적어가 피동문에서 각각 부사어와 주어로 전환될 수 있어야 한다. 이에 반해서 (1)의 '-게 되다에 의한 피동법은 이러한 통사적인 절차를 거치지 않고 단순히 능동사의 어간에 '-게 되다를 실현하는 데에 그친다. 이러한 점에서 파생적 피동법이나 '-어지다에 의한 피동법과 차이가 난다

[단원 정리 문제 15]

1. 다음의 예문을 사용하여 아래의 물음에 답하시오.

> 형사들이 지하철에서 소매치기를 붙잡았다.

  1-1. 위의 능동문을 파생적 피동문과 통사적 피동문으로 바꾸시오.

    ① 파생적 피동문 :

    ② 통사적 피동문 :

  1-2. 능동문이 피동문으로 바뀔 때에 문장의 구성 요소가 변하는 양상을 설명하시오.

2. 능동문과 피동문의 기능적인 차이를 다음의 예를 사용해서 설명하시오.

    ① 철수가 영희를 운동장에서 찼다.
    ② 영희가 철수에게 운동장에서 차였다.

3. 다음의 피동 접미사와 활용 어미를 사용하여 피동문을 만드시오.

피동 요소	피동문
-이-	
-히-	
-리-	
-기-	
-되-	
-어지다	
-게 되다	

4. 다음의 예문을 이용하여 파생적 피동문과 통사적 피동문의 의미적인 차이를 설명하시오.

> ① 연이 전깃줄에 <u>걸렸다</u>.
> ② 연이 전깃줄에 <u>걸어졌다</u>.

5. 다음 <자료>를 읽고 물음에 답하시오 [30점] [2008학년도 중등 교사 임용 시험 2차]

〈 자 료 〉

(가) ① 영희가 꽃을 꺾었다.

　　　꽃이 영희에게 꺾였다.

　　② 농부 두 명이 뱀 한 마리를 밟았다.

　　　뱀 한 마리가 농부 두 명에게 밟혔다.

　　③ 오늘은 날씨가 풀렸다.

　　　*오늘은 (누군가가) 날씨를 풀었다. (*는 비문 표시임)

(나) ① 2000년부터 8년째 1위 자리를 지켜 온 김 선수가 신예 박 선수에게 정
상의 자리를 빼앗기고 말았다. (△△일보)

　　② ○○의 식량난은 지난해의 대규모 홍수, 국제 곡물 가격의 상승, 국제
원조의 감소 등 여러 요인이 복합적으로 작용한 결과로 해석됩니다.
(△△방송)

　　③ 엄　마: 이게 무슨 소리니?

　　　철　수: (뜨끔해 하며) 엄마, 창문이 깨졌어요.

　　④ 손　님: (식당에서) 식탁이 안 닦였네요.

　　　종업원: 죄송합니다. 잠깐만 기다리세요

(다) ① 파도가 뱃전에 (부딪다/부딪히다).

　　② 다음 역에 도착하여 1분간 (정차되겠습니다/정차하겠습니다.)

[문제] (가)의 ①~③을 모두 활용하여 피동 표현의 의미 특성을 설명하고, (나)의 ①~
④ 각각은 화자의 어떤 태도를 나타내기 위해 피동 표현이 사용되었는지를 서술한
후, (다)의 ①, ②에서 괄호 안의 표현 중 옳은 것을 고르고 각각 그 이유를 설명하
시오 단, (다)의 ①, ②의 괄호 안의 표현은 둘 다 옳을 수 있음. (25±3줄) [16점]

6.5. 사동 표현

　문장은 주체가 어떠한 행위를 직접 수행하느냐, 아니면 다른 사람(사동주)이 주체(행동주)를 시켜서 어떠한 행위를 수행하게 하느냐에 따라서, '주동문'과 '사동문'으로 구분할 수 있다.

6.5.1. 사동 표현의 개념

　〈사동 표현의 개념〉 문장 속에서 주어로 표현되는 대상(주체)이 자기 스스로 하는 동작을 '주동(主動)'이라고 한다. 그리고 주체가 남으로 하여금 어떤 일을 하도록 시키는 동작을 '사동(使動, causative)'이라고 한다.

　　(1) ㄱ. 아기가 웬일인지 자꾸 <u>울었다</u>.
　　　　ㄴ. 인부들이 짐을 <u>쌌다</u>.

　　(2) ㄱ. 어머니가 아기를 <u>울렸다</u>.
　　　　ㄴ. 감독이 인부들에게 짐을 <u>싸게 하였다</u>.

(1)에서 주어로 표현된 '아기'와 '인부들'이 스스로 동작을 하는데, 이처럼 '주동'으로 표현된 문장을 '주동문(主動文)'이라고 한다. 반면에 (2)에서는 주어로 표현되는 '어머니'와 '감독'이 각각 '아기'와 '인부들'에게 어떠한 동작을 시키는데, 이와 같이 '사동'으로 표현된 문장을 '사동문(使動文, 하임월, causative sentence)'이라고 한다. 그리고 주동문이 사동문으로 바뀌는 문법적인 절차를 '사동법(使動法, 하임법, causativization)'이라고 한다.
　〈사동문의 형성 절차〉 사동문과 주동문은 통사적으로 다음과 같이 대응한다.

　　(3) 주동문 :　　　　**동작주**[주어] + ……　　　　　　　　　+ 주동사
　　　　　　　　　　　　　　　　↓　　　　　　　　　　　　　　　　⇩

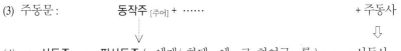

　　(4) ㄱ. **사동주**[주어] + **피사동주** { -에게/-한테, -에, -로 하여금, -를 } + … + 사동사
　　　　ㄴ. **사동주**[주어] + **피사동주** { -에게/-한테, -에, -로 하여금, -를 } + … + V-게 하다

(5) 주동문:　　　　　　아기가 [주어]　　　　　우유를 먹었다.[주동사]

(6) ㄱ. 어머니가 [주어: 사동주] 아기에게 [부사어: 피사동주] 우유를 먹였다.[사동사]

　　ㄴ. 어머니가 [주어: 사동주] 아기에게 [부사어: 피사동주] 우유를 먹게 했다.

주동문은 기본적으로 (3)과 같이 '주어'와 그 주어가 직접 수행하는 동작을 풀이하는 '주동사'로 짜여 있다. (3)의 구조로 되어 있는 주동문을 (4)의 사동문으로 바꾸려면 다음과 같은 문법적인 절차를 거친다. 첫째, 주동문의 주동사는 사동문에서는 파생 접사가 붙어서 사동사로 바뀌거나 '용언의 어간(V) + -게 하다'의 형태로 바뀌어야 한다. 둘째, 사동문에서 남에게 어떠한 행동을 시키는 주체로서 '사동주(使動主, causer)'를 주어로 새롭게 도입하여 표현한다. 셋째, 주동문에서 주어로 표현되었던 체언이 사동문에서는 피사동주로 바뀌어서 부사어나 목적어로 표현된다. 이러한 문법적인 절차에 따라서 (5)의 주동문은 (6)과 같은 사동문으로 전환된다.[1]

〈피사동주의 실현 양상〉 주동문에서 서술어로 쓰이는 용언의 종류에 따라서, 사동문에서 피사동주로 실현되는 문장 성분이 달라질 수 있다.

첫째, 주동문의 서술어가 형용사나 자동사일 때에는, 주동문에서 주어로 표현되었던 체언이 사동문에서는 목적어로 표현된다.

(7) ㄱ. 길이[주어] 넓다.

　　ㄴ. 팽이가[주어] 돈다.

(8) ㄱ. 인부들이[사동주] 길을[목적어] 넓혔다.

　　ㄴ. 아이들이[사동주] 팽이를[목적어] 돌린다.

(7)에서 주동문에서 주동사로 쓰인 '넓다'는 형용사이고 '돌다'는 자동사이다. 이때 (7)의 주동문에서 주어로 쓰였던 '길'과 '팽이'는 (8)의 사동문에서는 목적어로 실현된다.

둘째, 주동문의 서술어가 타동사일 때에는, 주동문에서 주어로 표현되었던 체언이 사동문에서는 부사어로 표현된다.

---

1) 통사적 사동문에서 피사동주가 실현되는 방법에 대하여는 이 책 470쪽의 【더 배우기】 참조.

(9) ㄱ. **아이가**[주어] 옷을 입는다.

ㄴ. **철수가**[주어] 짐을 들었다.

(10) ㄱ. 할머니가[사동주] **아이에게**[부사어] 옷을 입힌다.

ㄴ. 선생님이[사동주] **철수한테**[부사어] 짐을 들게 하였다.

(9)의 주동문에서 서술어로 쓰인 '입다'와 '들다'는 타동사인데, 이러한 경우에는 주동문에서 주어로 실현되었던 말은 '-에게, -한테, -에, -로 하여금' 등이 붙어서 부사어로 실현된다. 곧 '아이'와 '철수'는 (10)의 사동문에서는 '아이한테'나 '철수에게'처럼 부사어로 실현되었는데, 이때 주동문의 목적어는 사동문에서도 그대로 목적어로 유지된다.

주동사의 성격	주동문	→	사동문
형용사·자동사	<주어>	→	<목적어: -을/-를>
타동사	<주어>	→	<부사어: -에게, -한테>

[표 1. 주동사의 성격에 따른 피사동주의 실현 형태]

6.5.2. 사동문의 유형

사동문의 유형으로는 어근에 파생 접미사가 붙어서 성립되는 '파생적 사동문'과 용언의 어간에 '-게 하다'를 실현하여서 성립되는 '통사적 사동문'이 있다. 파생적 사동문과 통사적 사동문에서 서술어가 형성되는 방법을 정리하면 다음과 같다.

유형	사동문 서술어의 짜임	용 례
파생적 사동문	용언 어근 + -{이, 히, 리, 기, 우, 구, 추, 애}- + -다	속이다, 묻히다, 들리다, 맡기다 ; 지우다, 솟구다, 낮추다 ; 없애다
	체언 + -시키- + -다	정지시키다, 감동시키다, 출발시키다
통사적 사동문	용언 어간 + -게 하다	속게 하다, 맡게 하다, 지게 하다 ; 밝게 하다, 뜨겁게 하다

[표 2. 사동문에서 서술어가 형성되는 방법]

6.5.2.1. 파생적 사동문

〈**파생적 사동문의 개념**〉 '파생적 사동문'은 용언에 파생 접미사인 '-이-, -히-, -리-, -기-, -우-, -구-, -추-, -애-'를 실현하거나, 또는 체언에 파생 접사인 '-시키-'를 실현하여서 형성된 사동사를 통해서 실현되는 사동문이다.

(11) ㄱ. 멧돼지가 <u>죽었다</u>.
　　 ㄴ. 인부들이 작업을 <u>중지했다</u>.

(12) ㄱ. 군인들이 멧돼지를 <u>죽였다</u>.
　　 ㄴ. 감독이 인부들에게 작업을 중지<u>시켰다</u>.

(12)의 문장은 (11)의 주동문에 대한 사동문이다. (12)의 사동문 가운데에서 (ㄱ)의 '죽이다'는 주동사인 '죽다'의 어근에 사동 접사인 '-이-'를 붙여서 파생된 사동사이다. 그리고 (ㄴ)의 '중지시키다'는 주동사인 '중지하다'에서 명사 어근으로 쓰이는 '중지'에 사동 접사인 '-시키-'를 붙여서 파생된 사동사이다.

〈**사동사의 형성 방법**〉 파생적 사동문에서 서술어로 쓰이는 사동사는 다음과 같은 방법으로 형성된다.

첫째, 형용사인 주동사에 사동 접사가 붙어서 사동사가 될 수 있다.[2]

(13) ㄱ. 교도소의 담이 <u>높다</u>.
　　 ㄴ. 법무부에서 교도소의 담을 <u>높였다</u>.

'높다, 넓다, 낮다, 없다' 등은 형용사인데, 이들 형용사의 어근에 사동 접사인 '-이-, -히-, -추-, -애-'가 붙어서 사동사인 '높이다, 넓히다, 낮추다, 없애다'가 파생된다.

둘째, 자동사인 주동사에 사동 접사가 붙어서 사동사가 될 수 있다.

(14) ㄱ. 설탕이 물에 <u>녹았다</u>.
　　 ㄴ. 요리사가 설탕을 물에 <u>녹였다</u>.

---

2) 동일한 단어가 피동사와 사동사로 두루 쓰이는 예에 대하여는 이 책 471쪽의 【더 배우기】 참조

(15) ㄱ. 배우가 무대에 <u>섰다</u>.

　　ㄴ. 연출가가 배우를 무대에 <u>세웠다</u>.

'녹다, 맞다, 날다, 남다, 깨다(잠에서~), 솟다' 등은 자동사이다. 이들 자동사의 어근에 사동 접미사인 '-이-, -히-, -리-, -기- ; -우-, -구-'가 붙어서 사동사인 '녹이다, 맞히다, 날리다, 남기다 ; 깨우다, 솟구다'가 파생된다. 그리고 사동사인 '세우다(止, 建), 재우다(宿), 태우다(乘, 燒), 채우다(滿)'는 각각 주동사인 '서다, 자다, 타다, 차다'의 어근에 사동 접사인 '-이우-'가 붙어서 사동사가 되었는데, 사동 접사 '-이우-'는 사동 접사인 '-이-'와 '-우-'가 중복하여 표현된 것으로 볼 수 있다.

　　셋째, 타동사인 주동사에 사동 접사가 붙어서 사동사가 될 수 있다.

(16) ㄱ. 아이가 한과를 <u>먹었다</u>.

　　ㄴ. 할머니가 아이에게 한과를 <u>먹였다</u>.

(17) ㄱ. 동생이 색동저고리를 <u>입었다</u>.

　　ㄴ. 언니가 동생에게 색동저고리를 <u>입혔다</u>.

'먹다, 입다, 물다, 안다, 지다, 차다(着)' 등은 타동사인데, 이러한 타동사의 어근에 사동 접사인 '-이-, -히-, -리-, -기-, -우-, -이우-'가 붙어서 사동사인 '먹이다, 입히다, 물리다, 안기다, 지우다, 채우다(着)'가 파생된다.

　　넷째, '명사(어근) + -하다'의 짜임으로 된 동사에서 어근인 '명사'에 사동 접사인 '-시키-'를 붙여서 '명사 + -시키다'의 형식으로 사동사가 될 수 있다.

(18) ㄱ. 승합차가 <u>정지했다</u>.

　　ㄴ. 교통 경찰관이 승합차를 <u>정지시켰다</u>.

(19) ㄱ. 예전에는 학생들이 한국사를 <u>공부했다</u>.

　　ㄴ. 예전에는 학교에서 학생들에게 한국사를 <u>공부시켰다</u>.

'-하(다)'가 붙어서 동사로 파생될 수 있는 '정지, 공부, 고생' 등의 명사에 접미사인 '-시키(다)'가 붙어서 타동사인 '정지시키다, 공부시키다, 고생시키다' 등이 파생된다.

주동사	접미사	능동사 → 사동사
형용사	-이-	높다 → 높이다
	-히-	좁다 → 좁히다, 넓다 → 넓히다, 밝다 → 밝히다
	-추-	낮다 → 낮추다, 늦다 → 늦추다
	-애-	없다 → 없애다
자동사	-이-	끓다 → 끓이다, 녹다 → 녹이다, 속다 → 속이다, 죽다 → 죽이다, 줄다 → 줄이다
	-히-	눕다 → 눕히다, 맞다 → 맞히다, 앉다 → 앉히다, 익다 → 익히다, 맞다 → 맞히다
	-리-	날다 → 날리다, 돌다 → 돌리다, 살다 → 살리다, 얼다 → 얼리다, 울다 → 울리다
	-기-	남다 → 남기다, 숨다 → 숨기다, 웃다 → 웃기다, 옮다 → 옮기다
	-우-	깨다 → 깨우다, 비다 → 비우다, 지다 → 지우다(除), 찌다(肥) → 찌우다, 피다(發) → 피우다(開)
	-구-	솟다 → 솟구다, 달다 → 달구다, 돋다 → 돋구다, 일다(成) → 일구다
	-이우-	서다 → 세우다, 자다 → 재우다, 타다 → 태우다(乘, 燒), 차다 → 채우다(滿)
타동사	-이-	누다 → 누이다, 먹다 → 먹이다, 보다 → 보이다
	-히-	잡다 → 잡히다, 입다 → 입히다, 읽다 → 읽히다, 업다 → 업히다, 식다 → 식히다
	-리-	물다 → 물리다, 듣다 → 들리다, 들다 → 들리다, 얼다 → 얼리다, 알다 → 알리다
	-기-	안다 → 안기다, 뜯다 → 뜯기다, 벗다 → 벗기다, 맡다 → 맡기다, 감다 → 감기다
	-우-	지다 → 지우다(負)
	-이우-	차다 → 채우다(着)
명사+하다	-시키-	공부하다 → 공부시키다, 정지하다 → 정지시키다, 출발하다 → 출발시키다

[표 3. 사동사의 형성 방법]

피동사와 마찬가지로 주동사에 대응되는 사동사도 아주 제한된다. 따라서 용언의 어근에 붙어서 주동사를 사동사로 만드는 '-이-, -히-, -리-, -기-, -우-, -구-, -추-, -애-, -이우-' 등은 굴절 접사가 아니라 파생 접사로 처리된다.

6.5.2.2. 통사적 사동문

〈**통사적 사동문의 성립**〉 '통사적 사동문'은 주동사의 어간에 보조 용언인 '-게 하다'가 실현되어서 형성된 사동문이다.

(20) ㄱ. <u>심형래가</u> 영화를 찍었다.
    ㄴ. <u>아이들이</u> 내 방에서 놀았다.
    ㄷ. <u>119 구급대가</u> 아이들을 구했다.
    ㄹ. <u>학생들이</u> 집에서 공부했다.

(21) ㄱ. 영화 제작사는 <u>심형래가</u> 영화를 찍게 했다.
    ㄴ. 나는 <u>아이들을</u> 내 방에서 놀게 하였다.
    ㄷ. 경찰은 <u>119 구급대에게</u> 아이들을 구하게 하였다.
    ㄹ. 교장은 <u>학생들로 하여금</u> 집에서 공부하게 했다.

(20)의 문장은 주동사에 '-게 하다'가 실현되어서 형성된 통사적 사동문이다. 이때 주동문에서 주어로 표현된 체언이 통사적 사동문에서는 주어, 목적어, 부사어 등의 문장 성분으로 다양하게 표현될 수 있다. 곧, (20)의 주동문에서 주어로 쓰인 체언들은 (21)의 (ㄱ)에서는 주어인 '심형래가'로 표현되었고, (ㄴ)에서는 목적어인 '아이들을'로, (ㄷ)과 (ㄹ)에서는 부사어인 '119 구급대에게'와 '학생들로 하여금'으로 표현되었다.

〈**사동사의 사동화**〉 주동사에 사동 접미사가 붙어서 형성된 사동사의 어간에 또다시 '-게 하다'를 붙여서 사동화할 수 있다.

(22) 형이 철수에게 토끼한테 풀을 <u>먹이게 하였다</u>.

(22)에서 '먹이게 하다'는 주동사인 '먹다'의 어근에 사동 접미사 '-이-'를 붙여서 사동사인 '먹이다'를 파생하고, 이렇게 파생된 '먹이다'의 어간에 보조 용언인 '-게 하다'를 붙여서 된 '먹이게 하다'가 사동문의 서술어가 되었다. 이처럼 (22)의 사동문은 사동법이 두 번 적용된 이중 사동문이다. (22)의 이중 사동문에서 발생하는 사동의 의미와 그 의미를 표현하는 문장 성분들의 대응 관계를 그림으로 보이면 다음과 같다.

(23) 형이 철수에게 토끼한테 풀을 먹- -이- -게 하였다

(23)에서 능동사인 '먹다'의 행위 주체는 '토끼'이며, 사동사인 '먹이다'의 행위 주체는 '철수'이다. 그리고 파생적 사동법과 통사적 사동법이 겹쳐서 표현된 '먹이게 하다'의 행위 주체는 '형'이다.

6.5.2.3. 파생적 사동문과 통사적 사동문의 차이

파생적 사동문과 통사적 사동문은 사동주가 수행하는 행위의 성격에 따라서 의미적으로 차이를 보일 수가 있다. 곧, 사동문에서 서술어로 표현되는 행위는 어떤 경우에는 사동주가 직접적인 행동을 통하여 피사동주에게 어떠한 행동을 시키는 것으로 해석될 수 있다. 그리고 또 다른 경우에는 사동주가 직접적인 행동 이외에 다른 방법으로 피사동주에게 간접적인 방법으로 시키는 것으로도 해석될 수도 있다.

이처럼 직접 사동과 간접 사동의 의미와 관련하여, 파생적 사동문과 통사적 사동문 사이에는 직접 사동과 간접 사동의 차이가 생길 수 있다.

(24) ㄱ. 철수가 아이를 침대에 눕혔다.
ㄴ. 철수가 아이를 침대에 눕게 하였다.

(25) ㄱ. 왕비가 왕을 혀를 깨물어서 죽였다.
ㄴ. 왕비가 왕을 혀를 깨물어서 죽게 하였다.

(26) ㄱ. 선생님께서 철수에게 책을 읽혔다.
ㄴ. 선생님께서 철수에게 책을 읽게 하셨다.

(24)에서 (ㄱ)의 파생적 사동문에서는 사동주인 '철수'가 '아이'를 직접 눕힌 것으로 해석되는 반면에, (ㄴ)의 통사적 사동문에서는 '철수'가 아이에게 말로써 교사(敎唆)함으로써 간접적으로 눕힌 것으로 해석된다. 그리고 (25)에서 (ㄱ)의 파생적 사동문은 직접 사동으로 해석되는 반면에, (ㄴ)의 통사적 사동문은 간접 사동으로 해석된다. 이와는 달리 (26)의 파생적 사동문과 통사적 사동문에서는 둘 다 사동주인 '선생님'이 '철수'

에게 책을 읽는 행위를 언어를 통하여 간접적으로 시킨 것으로 해석된다. 따라서 (26)의 파생적 사동문과 통사적 사동문은 모두 간접적인 사동 행위를 표현한 문장으로 해석된다.

이처럼 파생적 사동문은 '직접 사동'으로 해석될 수도 있고 '간접 사동'으로 해석될 수도 있다. 그러나 파생적 사동문과는 달리 통사적 사동문은 '간접 사동'으로만 해석된다. 결국 파생적 사동문과 통사적 사동문의 의미적인 차이는 서술어를 비롯한 다른 문장 성분들의 문법적인 특성에 따라서 다르게 해석되는 것으로 보아야 한다.

【 더 배우기 】

1. 통사적 사동문에서 피사동주가 실현되는 방법

『고등학교 문법』(2010:185)에서는 주동사가 타동사일 때에는 사동문에서 피사동주가 부사어로 실현되는 것으로 처리하고 있다. 그러나 통사적 사동문에서는 주동문에서 주어로 표현되는 '체언'이 사동문에서는 주어나 목적어로도 표현될 수도 있다.(이익섭·임홍빈 1984:208, 남기심·고영근 1993:291)

   (1) 철수가 짐을 들었다.

   (2) ㄱ. 선생님이[사동주] **철수에게**[피사동주] 짐을 들게 하였다.
       ㄴ. 선생님이[사동주] **철수가**[피사동주] 짐을 들게 하였다.
       ㄷ. 선생님이[사동주] **철수를**[피사동주] 짐을 들게 하였다.

(1)의 주동문에서 타동사가 서술어로 쓰였는데, 이 주동문에 대응되는 통사적 사동문은 (2)에서처럼 세 가지의 형식으로 표현될 수 있다. 곧 (ㄱ)처럼 피사동주가 부사어로 실현되는 것이 가장 일반적인 형식이지만, 어떤 경우에는 (ㄴ)과 (ㄷ)처럼 주어와 목적어로도 표현될 수 있다. 이러한 현상은 파생적 사동문보다는 주로 '-게 하다에 의한 통사적 사동문에서 빈번하게 나타난다.

   이러한 현상에 대하여 이익섭·임홍빈(1984:209)에서는 다음과 같이 설명하고 있다. "첫째로 (2ㄱ)처럼 사동문에서 피사동주가 부사어로 표현되는 것은, 피사동주가 사동주의 행위가 미치는 방향이거나 그 행위의 수혜의 대상임을 표현할 가능성이 많다. 둘째로 (2ㄴ)에서처럼 주어로 표현되는 것은 피사동주가 피사동 사건에 참여하는 자발성, 능동성, 혹은 의도성을 나타낼 가능성이 높다. 셋째로 (2ㄷ)에서처럼 목적어로 표현되는 것은 피사동 사건의 목적 대상이거나 피동자(patient)일 가능성이 높다."[3] 결국 (2)처럼 피사동주가 부사어, 주어, 목적어로 다양하게 표현되는 것은 사동주와 피사동주와의 관계 혹은 피사동주가 피사동 사건에 참여하는 관계를 반영해 주는 것으로 이해된다.

---

3) (2ㄷ)에서 피사동주가 '철수를'처럼 목적어로 실현되었는데, 이때의 '-를'은 목적격 조사의 보조사적인 용법으로 볼 수도 있다. 곧, (2ㄱ)의 '철수에게'처럼 부사어로 실현되는 피사동주에 보조사적 용법으로 기능하는 목적격 조사 '-를'이 붙어서 '철수를 강조한 것으로 볼 가능성도 있다.

2. 피동사와 사동사의 형태가 동일한 경우

피동사와 사동사의 형태가 동일한 경우가 있다. 하지만 피동사는 자동사이기 때문에 문장에서 목적어를 취할 수 없지만, 사동사는 타동사이기 때문에 목적어를 취한다. 곧, 동일한 피동사와 사동사가 문장에 쓰이더라도 피동문과 사동문은 문장의 구조가 서로 다르다.

(1) 보이다, 업히다, 잡히다, 끌리다, 뜯기다, ……

(2) ㄱ. 보이다: 찬란한 해가 구름 너머로 <u>보였다</u>.
ㄴ. 업히다: 아이가 누나에게 <u>업혔다</u>.
ㄷ. 잡히다: 범인들이 경찰의 포위망에 <u>잡혔다</u>.
ㄹ. 끌리다: 무용수의 치마가 바닥에 <u>끌렸다</u>.
ㅁ. 뜯기다: 구들장이 인부들에게 <u>뜯겼다</u>.

(3) ㄱ. 보이다: 나리 씨는 여름에 찍은 사진을 애인에게 <u>보였다</u>.
ㄴ. 업히다: 할머니는 누나에게 아이를 <u>업혔다</u>.
ㄷ. 잡히다: 김 선생은 아이에게 겨우 연필을 <u>잡혔다</u>.
ㄹ. 끌리다: 아버지가 소에게 달구지를 <u>끌렸다</u>.
ㅁ. 뜯기다: 목동들은 소에게 풀을 <u>뜯기면서</u> 버들피리를 불었다.

(1)의 '보이다, 업히다, 읽히다, 잡히다, 뜯기다' 등은 피동사로도 쓰일 수 있고 사동사로도 쓰일 수 있는 단어들이다. 곧 이들 동사들은 비록 형태는 같지만 (2)에서는 자동사인 피동사로 쓰였으며 (3)에서는 타동사인 사동사로 쓰였다. 이와 같은 차이 때문에 이들 동사들이 문장에 쓰였을 때에 형성되는 문장의 구조도 달라진다. 곧 (2)의 피동문에는 목적어가 나타나지 않는 반면에, (3)의 사동문에는 '사진을, 아이를, 연필을, 달구지를, 풀을'과 같은 목적어가 실현된다.

3. 파생적 사동문과 통사적 사동문의 문법적 차이

파생적 사동문에서 서술어는 하나의 단어로 굳은 '사동사로 표현되지만, 통사적 사동문에서 서술어는 본용언과 보조 용언으로 이루어진다. 곧 파생적 사동문에서 쓰이는 서술어의 내부적인 구조는 형태론적인 짜임새인 데에 반해서, 통사적 사동문의 서술어의 내부 구조는 통사론적인 짜임새이다.

파생적 사동문과 통사적 사동문에 나타나는 이러한 구조적인 특징 때문에, 이들 문장은 다음과 같은 차이가 나타난다.[4]

① 통사적인 사동문은 생산력이 강한 반면에, 파생적인 사동문은 생산력이 약하다.

파생적 사동문의 사동사는 일부 용언에 국한되어서 파생되므로 대단히 불규칙적으로 형성된다. 이에 반해서 통사적 사동문에서 실현되는 서술어는 용언의 종류에 거의 구애를 받지 않고 규칙적으로 형성된다.

 (1) 오다, 가다, 사다, 쏘다, 쉬다

 (2) ㄱ. *오이다, *가이다, *사이다, *쏘이다, *쉬이다
   ㄴ. 오게 하다, 가게 하다, 사게 하다, 쏘게 하다, 쉬게 하다.

(1)에서 능동사인 '오다, 가다, 사다, 쏘다, 쉬다'에 대하여 (2ㄱ)처럼 사동사는 자유롭게 파생되지 않는다. 반면에 (2ㄴ)처럼 통사적 사동문의 서술어는 거의 제약을 받지 않고 형성된다. 따라서 통사적 사동문이 파생적 사동문보다 훨씬 자유롭게 형성되는 특징이 있다.

 ② 파생적 사동문에서는 피사동주가 주어로 표현될 수 없지만, 통사적 사동문에서는 피사동주가 주어로 표현될 수 있다.

 (3) ㄱ. 어머니가 양동이에 물을 채웠다.
   ㄴ. *어머니가 양동이에 물이 채웠다.

 (4) ㄱ. 어머니는 양동이에 물을 차게 했다.
   ㄴ. 어머니는 양동이에 물이 차게 했다.

(3)의 파생적 사동문에서는 (ㄱ)처럼 피사동주가 목적어로 실현될 수는 있으나 (ㄴ)처럼 주어로 실현될 수는 없다. 이에 반해서 (4)의 통사적 사동문에서는 (ㄱ)처럼 피사동주가 목적어로도 실현될 수 있고 (ㄴ)처럼 주어로도 실현될 수 있다. 따라서 통사적 사동문이 파생적 사동문보다 피사동주를 형성하는 데 제약이 적음을 알 수 있다.

 ③ 파생적 사동문에서는 사동의 동작과 피사동의 동작이 동시에 일어나지만, 통사적 사동문에서는 사동과 피사동의 동작이 따로 일어날 수 있다.

이때 통사적 사동문에서 사동의 동작은 보조 용언인 '-게 하다'로 실현되며, 피사동의 동작은 본용언에 의해서 실현된다. 이러한 차이는 파생적 사동문의 사동사가 한 단어로 짜인 형태론적인 구성이고, 통사적 사동문의 서술어는 두 단어로 구성된 통사론적인 구성이기 때문에 일어나는 현상이다.

---

4) 이익섭·임홍빈(1984:214 이하), 남기심·고영근(1993:294 이하), 서정수(1996:1110 이하)

그런데 이러한 구조상의 차이 때문에 파생적 사동문과 통사적 사동문은 다음과 같은 특징을 보인다.

첫째, 서술어를 수식하는 부사어의 수식 범위가 다르다. 곧 파생적 사동문에서 서술어를 수식하는 부사어는 사동사 전체의 의미를 한정하지만, 통사적 사동문에서 서술어를 수식하는 부사어는 피사동의 동작을 나타내는 본용언의 의미만 한정한다.

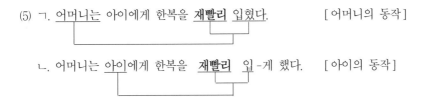

(5) ㄱ. 어머니는 아이에게 한복을 **재빨리** 입혔다.　　　 [어머니의 동작]

　　 ㄴ. 어머니는 아이에게 한복을 **재빨리** 입-게 했다.　 [아이의 동작]

(ㄱ)의 파생적 사동문에서는 부사어인 '재빨리'가 사동사인 '입혔다'를 수식하므로, 사동주인 '어머니' 자신의 동작이 재빠르다. 이에 반하여 (ㄴ)의 통사적 사동문에서는 '재빨리'가 피사동 사건을 나타내는 본용언 '입다'만 수식하고 사동 사건을 나타내는 보조 용언 '-게 했다'를 수식하지는 않는다. 따라서 재빠르게 행동하는 사람은 피사동주인 '아이'이다.

둘째, 시간 부사어를 실현하는 방법에서 차이가 난다. 파생적 사동문의 서술어는 두 개의 시간 부사어의 수식을 동시에 받을 수 없지만, 통사적 사동문의 서술어는 두 개의 시간 부사어의 수식을 동시에 받을 수 있다.

(6) ㄱ. *일요일 오전에 의사는 오후에 환자에게 약을 먹였다.
　　 ㄴ. 일요일 오전에 의사는 오후에 환자에게 약을 먹- + -게 하였다.

(ㄱ)의 파생적 사동문의 서술어는 '먹이다'의 한 단어로 실현되기 때문에 서로 다른 시간을 나타내는 부사어가 동일한 서술어(= 먹이다)를 수식할 수 없다. 이에 반하여 (ㄴ)의 통사적 사동문에서는 서로 다른 시간을 나타내는 부사어가 서술어를 수식할 수 있다. 곧 시간 부사어인 '오후에'는 본용언인 '먹다'를 수식하고, '일요일 오전에'는 보조 용언인 '-게 하다'를 수식한다.

셋째, 주체 높임 선어말 어미를 실현하는 방법에서 차이가 난다. 곧 파생적 사동문은 주체 높임의 선어말 어미인 '-시-'가 사동사에 한 번만 쓰일 수 있으나, 통사적 사동문은 본용언과 보조 용언에 다 쓰일 수가 있다.

(7) **선생님**께서 철수에게 책을 읽히<u>시</u>었다.

(8) ㄱ. **선생님**께서 철수에게 책을 읽게 하<u>시</u>었다.

　　ㄴ. 학생들이 **선생님**께 책을 읽<u>으시</u>게 하였다.

　　ㄷ. <u>박 선생님</u>께서 <u>교장 선생님</u>께 책을 읽<u>으시</u>게 하<u>시</u>었다.

(7)의 파생적 사동문에서는 주체 높임의 선어말 어미가 사동사에만 쓰일 수 있다. 이에 반해서 (8)의 통사적 사동문에서는 (ㄱ)처럼 보조 용언에만 '-시-'를 실현하거나, (ㄴ)처럼 본용언에만 실현할 수도 있다. 그리고 (ㄷ)처럼 본용언과 보조 용언 둘 다에 '-시-'를 실현할 수도 있는데, 이때에는 본용언과 보조 용언에 실현된 '-시-'가 높이는 대상이 각각 다르다.

　넷째, 부정 부사 '못'의 의미와 그것이 부정하는 범위가 다르다. 파생적 사동문에서 '못'은 사동사 전체의 의미를 부정하면서 원래의 의미인 '능력 부정'의 뜻을 나타낸다. 이에 반해서 통사적 사동문에서 '못'은 본용언의 의미만을 부정하면서 '금지'의 뜻으로 쓰인다.

(9) ㄱ. 나는 철수에게 그 책을 <u>못 읽혔다</u>.　　　　　　[나의 능력이 부정됨]

　　ㄴ. 나는 철수에게 그 책을 <u>못 읽</u>- + -게 했다.　　　[철수의 행위를 금지함]

(ㄱ)의 파생적 사동문에서 '못'은 사동사인 '읽혔다'를 수식하면서 원래의 의미인 '능력 부정'의 의미, 곧 '여러 가지 사정으로 철수에게 책을 읽히는 행위를 수행하지 못했다.'라는 의미를 나타낸다. 반면에 (ㄴ)의 통사적 사동문에서 '못'은 본용언인 '읽다'만을 수식하면서 철수에게 읽는 행위를 금지하는 의미를 나타낸다.

[단원 정리 문제 16]

1. 다음의 보기를 사용하여 아래의 물음에 답하시오.

> ① 마을의 진입로가 넓다.
>
> ② 영희가 거실에서 잤다.
>
> ③ 아이가 점심을 먹는다.

1-1. ①과 ②의 주동문에 대응되는 파생적 사동문과 통사적 사동문으로 바꾸시오.

  가. 파생적 사동문 : (어근 + 파생 접미사)

    ① 구청에서 _____

    ② 할머니가 _____

    ③ 어머니가 _____

  나. 통사적 사동문 : (동사의 어간 + -게 하다)

    ① 구청에서 _____

    ② 할머니가 _____

    ③ 어머니가 _____

1-2. 주동문이 사동문으로 바뀔 때에 문장의 구성 요소가 변하는 양상을 파생적 사동문과 통사적 사동문의 경우로 나누어서 설명하시오.

2. 다음의 사동 접미사와 활용 어미를 사용하여 사동문을 만드시오.

사동 요소	사동문
-이-	
-히-	
-리-	
-기-	
-우-	
-구-	
-추	
-시키-	
-게 하다	

3. 다음의 동사는 피동사와 사동사로 다 쓰일 수 있다. 이들 피동사와 사동사를 이용하여 피동문과 사동문을 만드시오.

  (1) ㄱ. 물리다_피동사 :

      ㄴ. 물리다_사동사 :

  (2) ㄱ. 업히다_피동사 :

      ㄴ. 업히다_사동사 :

4. 다음의 문장을 이용하여 파생적 사동문과 통사적 사동문의 의미적인 차이를 설명하시오.

> ① 할머니께서 아이에게 밥을 먹었다.
> ② 할머니께서 아이에게 밥을 먹게 했다.

5. 다음은 학생이 제기한 의문이다. (가)와 (나)의 예문들을 통해 어떠한 문제를 제기하고 있는지 쓰고, 그럼에도 이들을 사동문에 포함시키는 이유를 쓰시오. [4점] [2008학년도 중등 교사 임용 시험]

> ─────── 〈 보 기 〉 ───────
>
> • 학생의 의문: '사동'이란 한 행위의 주체(사동주)가 또 다른 행위의 주체(피사동주)로 하여금 어떤 일(피사동 사건)을 하게 하는 의미를 표현하는 문장 구조로서 행동 주체 스스로가 행동함을 표현하는 '주동'과 대비되는 것이라는 사동의 정의로 볼 때, 아래의 (가)와 (나)의 문장은 사동문으로 보기 어렵지 않을까요?
>
> (가) ㄱ. 마을 사람들이 마을 진입로를 넓혔다. (넓다)
>   ㄴ. 아버지께서 어제 우리 집 담을 높이셨다. (높다)
>   ㄷ. 우리는 출발 시간을 한 시간 늦추었다. (늦다)
>
> (나) ㄱ. 그 우스갯소리가 나를 웃겼다. (웃다)
>   ㄴ. 화단의 나무가 나를 살렸다. (살다)
>   ㄷ. 비웃는 듯한 그의 표정이 나의 성을 돋우었다. (돋다)

예문에서 제기되는 문제	(가)	
	(나)	
사동문에 포함시키는 이유	형태의 측면	
	문장 구성의 측면	
	문장 의미의 측면	전형적인 사동문과 마찬가지로, 이 문장이 '주동문 서술어의 내용을 하게 하다.'의 의미로 해석된다.

10. 다음 <자료>에 제시된 문장의 특징을 파악하여 <작성 방법>에 따라 서술하시오. [4점]
    [2016학년도 중등 교사 임용 시험]

〈 자 료 〉

(1) a. 아이가 우유를 먹었다.
   b. 엄마가 아이에게 우유를 먹였다.
(2) 나는 내 결혼식에서 친구를 들러리로 세웠다.
(3) 친구가 아버지의 산소에 떼를 입혔다.

〈 작성 방법 〉

○ 주동문 (1a)의 서술어에 접미사가 결합함으로써 나타난 사동문 (1b)의 문장 구조의 변화를 문장 성분에 주목하여 서술할 것.
○ (2)와 (3)에서 주동문을 설정할 수 있는지 각각 밝히고, 설정이 가능한 경우 그 주동문이 사동문이 될 때 나타난 문장 구조의 변화를 문장 성분에 주목하여 서술할 것

6.6. 부정 표현

대부분의 문장은 어떤 대상의 움직임이나 상태 혹은 환언 관계 등을 긍정적으로 표현한다. 하지만 경우에 따라서는 부정의 요소를 문장에 실현하여 긍정 표현의 서술 내용을 부정하기도 한다.

6.6.1. 부정 표현의 개념

'부정문(否定文, negative sentence)'은 부정 요소가 쓰여서 특정한 문장이 서술하는 내용의 전체 또는 일부를 부정(否定)하는 문장이다.

> (1) ㄱ. 손오공 씨는 고스톱을 친다.
>   ㄴ. 사오정 씨는 영화를 보았다.
> (2) ㄱ. 손오공 씨는 고스톱을 <u>안/못</u> 친다.
>   ㄴ. 사오정 씨는 영화를 <u>보지 않았다/못했다</u>.

(1)처럼 부정의 요소가 실현되지 않은 문장을 '긍정문(肯定文, affirmative sentence)'이라고 한다. 이러한 긍정문에 부정의 의미를 나타내는 요소를 문장에 실현한 문장을 부정문이라고 한다. 예를 들어서 (2)의 부정문은 (1)의 긍정문에 (ㄱ)처럼 부정 부사인 '아니(안)'나 '못'을 실현하거나, (ㄴ)처럼 부정의 뜻을 가진 보조 용언인 '-지 않다'나 '-지 못하다'를 실현해서 형성되었다.[1]

6.6.2. 부정문의 유형

〈부정문의 유형에 대한 간략한 소개〉 부정문의 유형은 문법적인 형식에 따라서 '짧은 부정문'과 '긴 부정문'으로 나눌 수 있고, 의미나 기능에 따라서는 '안 부정문'과 '못 부정문'으로 나눌 수 있다. 문법적인 형식과 의미에서 따라서 정리한 부정문의 유형을 보이면 다음과 같다.

---

1) '아니다'가 실현된 문장을 부정 표현의 범주에 넣는 문제는 이 책 491쪽의 **【더 배우기】** 참조.

종결의 유형	의미	짧은 부정문	긴 부정문
평서문 의문문 감탄문	단순 부정 의지 부정	아니(안) 먹다	먹지 아니하다(않다)
	능력 부정	못 먹다	먹지 못하다
명령문	금지	—	먹지 마라, 먹지 마
청유문	중단	—	먹지 말자

[표 1. 부정문의 유형]

6.6.2.1. 문법적 형식에 따른 부정문의 유형

(가) 짧은 부정문과 긴 부정문

부정문은 부정 부사를 통해서 실현되는 '짧은 부정문'과 보조 용언을 통해서 실현되는 '긴 부정문'으로 나누어진다.

〈짧은 부정문〉 '짧은 부정문(어휘적 부정문)'은 부정 부사인 '아니(안)'나 '못'이 서술어 앞에 놓여서 문장의 내용을 부정하는 문장이다.

⑶ 철수는 아침밥을 먹었다.

⑷ ㄱ. 철수는 아침밥을 안 먹었다.
　　ㄴ. 철수는 아침밥을 못 먹었다.

⑷는 부정 부사인 '안'과 '못'을 서술어인 '먹었다'의 앞에 실현하여 ⑶의 긍정문의 내용을 부정한 문장이다. ⑷의 부정문에 부정의 요소로 실현된 '안'과 '못'이 '-지 아니하다'나 '-지 못하다'에 비해서 길이가 짧다는 점에서, ⑷의 부정문을 '짧은 부정문'이라고 부른다.

〈긴 부정문〉 '긴 부정문(통사적 부정문)'은 부정을 나타내는 보조 용언인 '아니하다'나 '못하다'가 보조적 연결 어미인 '-지' 다음에 놓여서 문장의 내용을 부정하는 문장이다.

(5) ㄱ. 철수는 아침밥을 먹지 아니하였다.

　　 ㄴ. 철수는 아침밥을 먹지 못하였다.

(5)는 긴 부정문으로서 서술어인 '먹다'의 뒤에 보조 용언인 '-지 아니하다'와 '-지 못하다'를 실현하여 문장의 내용을 부정하였다. (5)의 부정문에 부정의 요소로 실현된 '-지 아니하다'와 '-지 못하다'가 짧은 부정문에서 부정의 요소로 쓰이는 '안'이나 '못'에 비해서 길이가 길다는 점에서, (5)의 부정문을 '긴 부정문'이라고 부른다.

(나) 짧은 부정문의 서술어 제약

짧은 부정문과 긴 부정문은 문법적인 형식만 다른 것이 아니라 각각의 문장에서 서술어로 쓰일 수 있는 용언의 종류에도 차이가 있다. 곧, 짧은 부정문에서 서술어로 쓰일 수 있는 용언의 종류는, 긴 부정문에서 서술어로 쓰일 수 있는 용언의 종류보다 제약을 많이 받는다.

첫째, 복합어(합성어, 파생어)로 실현된 서술어는 짧은 부정문에서 잘 쓰이지 않는 경향이 있다.(남기심·고영근 1993:363) 다음 예들은 긴 부정문에서는 쓰이지만 짧은 부정문에서 잘 쓰이지 못하는 복합어 용언의 예이다.

(6) ㄱ. 앞서다, 오가다, 기어오다, 값싸다, 이름나다

　　 ㄴ. 휘감다, 설익다, 빗나가다, 억세다, 새빨갛다 ; 기웃거리다, 인간답다, 깜박이다, 정답다, 슬기롭다, 정성스럽다, 공부하다, 통일하다, 노하다, 악하다, 과분하다

(6)에서 (ㄱ)의 예들은 합성어로 된 용언이며 (ㄴ)의 예들은 파생어로 된 용언인데, 이들은 모두 긴 부정문에서만 쓰이고 짧은 부정문에서는 쓰이지 못한다.

(7) ㄱ. 중국의 기술력은 아직 한국을 앞서지 않는다.

　　 ㄴ. 그 학교 출신 중에는 이름나지 않은 사람이 없었다.

　　 ㄷ. 학생들은 하루 내내 공부하지 않았다.

　　 ㄹ. 김 씨는 그 후로는 술집을 기웃거리지 않았다.

(8) ㄱ. *중국의 기술력은 아직 한국을 안 앞선다.

　　 ㄴ. *그 학교 출신 중에는 안 이름난 사람이 없었다.

ㄷ. *학생들은 하루 내내 <u>안</u> 공부했다.

ㄹ. *김 씨는 그 후로는 술집을 <u>안</u> 기웃거렸다.

(7)의 긴 부정문은 문법적인 문장이지만 (8)의 짧은 부정문은 모두 비문법적인 문장이다. 이와 같이 (8)의 짧은 부정문이 비문법적으로 된 것은 이들 문장에서 서술어로 쓰인 '앞서다, 이름나다, 공부하다, 기웃거리다' 등이 복합어이기 때문이다.

그런데 복합어로 된 용언 가운데서도 예외적으로 짧은 부정문에서 쓰일 수 있는 것이 있다.(남기심·고영근 1993:363) 다음에 제시된 용언들은 비록 복합어로 된 용언이기는 하지만, 긴 부정문과 짧은 부정문에서 다 쓰일 수 있다.

(9) ㄱ. 돌아-가다, 들어-가다, 내려-오다, 잡아-먹다, 스며-들다

ㄴ. 전<u>하</u>다, 상<u>하</u>다, 독<u>하</u>다, 연<u>하</u>다

ㄷ. 들<u>리</u>다, 막<u>히</u>다 ; 웃<u>기</u>다, 맞<u>추</u>다, 높<u>이</u>다

(10) ㄱ. 아까 가게에 찾아온 거지가 아직 <u>안</u> 돌아갔어요.

ㄴ. 라이언 일병의 사망 통지서는 아직 가족들에게 <u>안</u> 전했습니다.

ㄷ. 음악 소리가 약해서 청중들에게 잘 <u>안</u> 들렸다.

(9)와 (10)에서 (ㄱ)처럼 보조적 연결 어미로 형성된 합성 동사와, (ㄴ)처럼 파생 접미사 '-하다'가 붙어서 형성된 일부의 파생 용언, 그리고 (ㄷ)과 같은 피동사와 사동사는 짧은 부정문에서 서술어로 쓰일 수가 있다. 이처럼 짧은 부정문의 제약 현상은 개별 단어의 특성에 영향을 많이 받기 때문에, 짧는 부정문의 제약에 대한 일반적인 규칙을 설정하기가 어렵다.

둘째, '모르다'와 '없다'와 같은 '특수 부정어'는 짧은 부정문에서는 실현되지 않고 긴 부정문에서만 실현된다.

(11) ㄱ. 지회는 애인이 변심했다는 사실을 모르<u>지 않았다.</u>

ㄴ. 혜경이는 지금 집에 없<u>지 않다.</u>

(12) ㄱ. *지회는 애인이 변심했다는 사실을 <u>안</u> 몰랐다.

ㄴ. *혜경이는 지금 집에 <u>안</u> 없다.

'모르다'와 '없다'는 그 자체가 부정의 의미를 나타내는 특수 부정어이다. 이들 특수 부정어는 (11)처럼 긴 부정문에는 쓰일 수 있지만, (12)처럼 짧은 부정문에는 잘 쓰이지 않는다.

셋째, 명령문과 청유문에서는 '안/못'으로 실현되는 짧은 부정문은 성립하지 않는다.

(13) ㄱ. 철수야, 오래된 김밥은 먹지 마라.
ㄴ. 철수야, 오래된 김밥은 먹지 말자.

(14) ㄱ. *철수야, 오래된 김밥은 안 먹어라.
ㄴ. *철수야, 오래된 김밥은 못 먹자.

명령문과 청유문에서는 (13)의 '-지 마라'나 '-지 말자'처럼 긴 부정문만 성립하고, (14)처럼 '안'이나 '못'으로 실현되는 짧은 부정문은 성립하지 않는다. 이러한 점에서 '말다'도 '모르다'와 '없다'처럼 특수 부정어로 처리될 수 있다(고등학교 지도서 문법, 2010: 227).

6.6.2.2. 의미에 따른 부정문의 유형

(가) '안' 부정문과 '못' 부정문

〈'안' 부정문〉 '안' 부정문은 부정 부사인 '아니'나 보조 용언인 '-지 아니하다'를 통하여 긍정문의 내용을 부정하는 문장이다. '안' 부정문은 일반적으로는 '단순 부정(單純 否定)'의 의미를 나타내지만, 화자의 의도에 따라서는 '의지 부정(意志 否定)'을 나타내는 경우도 있다.(신원재 1987:32, 남기심·고영근 1993:366, 이상복 1979:37, 서정수 1996:961)

첫째, 문장의 서술어가 주체의 의지에 영향을 받지 않는 '비행동성의 용언(형용사, 피동사)'일 때에는, '안' 부정문은 이미 전제된 문장의 내용을 사실적인 측면에서 단순하게 부정하는 것으로 해석된다.

(15) ㄱ. 인호는 안색이 안 좋았다.
ㄴ. 인호는 안색이 좋지 않았다.

(16) ㄱ. 남산이 <u>안</u> 보인다.

ㄴ. 남산이 보이<u>지 않는다</u>.

(15)와 (16)에 쓰인 서술어는 각각 형용사인 '좋다'와 피동사인 '보이다'로서 이들은 모두 동작성이 없는 비행동성 용언이다. 이와 같이 비행동성의 용언이 서술어로 표현된 문장을 '안'이나 '-지 아니하다'로 부정하면, 문장에서 표현되는 사실을 단순하게 부정한 것으로 해석된다.

둘째, 행동성의 용언이 서술어로 쓰인 '안' 부정문은, 화자의 의도에 따라서는 '단순 부정'뿐만 아니라 '의지 부정'으로도 해석될 수 있다.

(17) ㄱ. 철수가 시골에 <u>안</u> 갔다.

ㄴ. 철수가 시골에 가<u>지 아니하였다</u>.

(17)의 '안' 부정문에는 행동성의 용언인 '가다'가 서술어로 쓰였다. 이 문장은 일반적으로는 주체의 의도와는 관련이 없이 "철수가 시골에 갔다."라는 사실을 단순하게 부정하는 것으로 해석된다. 다만, 말하는 사람의 의도에 따라서는 "철수가 시골에 가기 싫어서 의도적으로 안 갔다."라고 하는 의미로 해석되어 '의지 부정'으로 쓰일 수가 있다. 결과적으로 (17)에서 의지 부정의 의미가 나타날 때에는 다분히 화용론적으로 해석된 것이다.

그리고 문장 속에서 '안' 부정문이 '못' 부정문과 대조됨으로써, 의지 부정의 뜻이 두드러지는 수도 있다.

(18) ㄱ. 옥소리 씨는 낙지를 <u>안</u> 먹는다.

ㄴ. 옥소리 씨는 낙지를 <u>안</u> 먹는 것이 아니고, 못 먹는 것이다.

(ㄱ)의 부정문은 단순 부정이나 의지 부정의 의미로 쓰인다. 반면에 (ㄴ)의 이어진 문장에서 앞절의 '안' 부정의 의미는 의지 부정으로 해석되는데, 이것은 뒷절에서 실현된 '못' 부정(= 능력 부정)의 의미와 대조됨으로써 생겨나는 특수한 의미이다.

〈'못' 부정문〉 '못' 부정문은 부정 부사인 '못'이나 보조 용언인 '-지 못하다'를 통하여 실현되는 부정문이다.

ⓐ **'못' 부정문의 기본적 의미** : '못' 부정문은 '할 수 없음' 또는 '불가능성'의 뜻을 나타내는 부정문으로서, 이러한 부정을 '능력 부정(能力 否定)'이라고도 한다.

(19) ㄱ. 나는 배탈이 나서 아침을 <u>못</u> 먹었다.
ㄴ. 나는 배탈이 나서 아침을 먹<u>지 못했다</u>.

(20) ㄱ. 안개가 심하게 끼어서 비행기가 <u>못</u> 떠났다.
ㄴ. 안개가 심하게 끼어서 비행기가 떠나<u>지 못했다</u>.

(19)와 (20)의 문장은 '못'과 '-지 못하다'를 통해서 실현되는 부정문인데, 이는 특정한 요인에 의해서 주체가 어떠한 행위를 실행하지 못한 것으로 해석된다. (19)와 (20)의 문장은 '못'과 '-지 못하다'를 통해서 실현되는 부정문인데, 각각 '배탈'과 '안개'와 같은 요인에 의해서 '주어의 능력이 부정됨'을 나타낸다.[2]

ⓑ **'못' 부정문의 화용론적·관용적 의미** : '못'과 '-지 못하다'는 기본적으로는 능력 부정의 뜻을 나타내지만, 화용론적인 쓰임에 따라서는 '금지'나 '거부'의 뜻을 나타내기도 한다.

(21) ㄱ. 미성년자들은 술집에 <u>못</u> 들어간다.   [능력 부정, 금지]
ㄴ. 미성년자들은 술집에 들어가<u>지 못한다</u>.

(22) ㄱ. 나는 결혼식에 <u>못</u> 가겠다.   [능력 부정, 거부]
ㄴ. 나는 결혼식에 가<u>지 못하겠다</u>.

(21)의 '못' 부정문은 '미성년자들이 술집에 들어갈 능력이 없음'을 나타낼 수도 있지만, 화자의 의도에 따라서는 '미성년자들이 술집에 들어가는 행위를 금지함'을 나타낼 수도 있다. 그리고 (22)의 '못' 부정문도 '내가 거기에 갈 능력이 없음'을 나타낼 수도 있고 결혼식에 가 달라는 상대방의 요청을 거부하는 뜻으로 쓰일 수도 있다.

(나) '못' 부정문의 제약

'못' 부정문은 주체의 능력이 부정된다는 의미적 특징 때문에, '안' 부정문에 비하

---

2) 부정의 기능이 없이 쓰이는 '못'에 대하여는 이 책 492쪽의 【더 배우기】 참조.

여 쓰임에 제약을 많이 받는다.

첫째, '못' 부정문에는 원칙적으로 형용사가 서술어로 쓰이지 않는다.

> (23) ㄱ. 일숙이는 발이 <u>안</u> 크다.
>   ㄴ. 일숙이는 발이 <u>크지 않다</u>.
>
> (24) ㄱ. *일숙이는 발이 <u>못</u> 크다.
>   ㄴ. *일숙이는 발이 <u>크지 못하다</u>.

일반적으로 동사는 움직임이나 변화를 수반하는 말이기 때문에 주체의 능력에 따라서 '할 수 있는 일'과 '할 수 없는 일'이 구분될 수 있다. 하지만 형용사는 속성상 움직임이나 변화를 기대할 수 없기 때문에 '할 수 있는 일'과 '할 수 없는 일'이 잘 구분되지 않는다. 따라서 형용사인 '크다'는 (23)처럼 '안' 부정문에서는 쓰일 수 있지만, (24)처럼 '못' 부정문에서는 쓰일 수 없다.

다만, 화자가 자신의 기대에 못 미치는 일을 표현할 때에는, 형용사도 '못' 부정문에서 서술어로 쓰일 수 있다.(기대 부정)

> (25) ㄱ. 오늘은 날씨가 별로 <u>좋지 못하다</u>.
>   ㄴ. <u>지혜롭지 못한</u> 사람들이 꼭 말썽을 피운다.

(ㄱ)의 '좋지 못하다'와 (ㄴ)의 '지혜롭지 못하다'는 화자의 기대에 못 미치는 상황을 표현하고 있다. 이러한 경우에는 '못'이 형용사 서술어를 부정하는 요소로 쓰일 수 있다. 이처럼 '못' 부정문에서 서술어로 쓰일 수 있는 형용사는 '좋다, 아름답다, 지혜롭다, 똑똑하다, 풍부하다, 넉넉하다, 풍족하다'처럼 평가의 의미를 나타내는 형용사라는 것이 특징이다.(남기심·고영근 1993:369)

둘째, 동사도 그것이 표현하는 행위가 인간의 임의적인 노력이나 능력으로 좌우할 수 있는 것이 아닌 경우에는, '못' 부정문의 서술어로 쓰이지 못한다.

> (26) ㄱ. 걱정하다, 고민하다, 노심초사하다, 참회하다, 후회하다, 염려하다
>   ㄴ. 망하다, 당하다, 실패하다, 잃다, 지다, 패하다

(27) ㄱ. 철수는 취직 문제를 걱정하<u>지 않았다</u>.

　　ㄴ. 놀부네는 완전히 망하<u>지 않았다</u>.

(28) ㄱ. *철수는 취직 문제를 걱정하<u>지 못했다</u>.

　　ㄴ. *놀부네는 완전히 망하<u>지 못했다</u>.

예를 들어서 '먹다'의 행위는 특정한 개인의 임의적인 능력과 노력으로 성취할 수 있기 때문에 '못' 부정문에서 쓰일 수 있다. 반면에 (26)의 '걱정하다'와 '망하다' 등은 특정한 개인의 임의적인 능력과 노력으로 마음대로 좌우할 수 있는 것이 아니므로, 능력 부정의 문법 요소인 '못'이나 '-지 못하다'와 함께 쓰일 수 없다. 예를 들어서 '걱정하다'와 '망하다'와 같은 동사는 (27)처럼 단순 부정을 나타내는 '-지 않다'에는 어간으로 쓰일 수 있지만, (28)처럼 능력 부정을 나타내는 '-지 못하다'에는 어간으로 쓰일 수 없다.

6.6.2.3. 명령문과 청유문의 부정

(가) 명령문과 청유문에 실현되는 부정문의 형식과 의미

평서문, 의문문, 감탄문으로 실현되는 부정문은 '안/못 + 용언'의 형식이나 '어간 + -지 않다/-지 못하다'의 형식으로 표현된다. 이에 반하여 명령문과 청유문에서는 부정문이 '어간 + -지 말다'의 형식으로 나타난다.

(29) ㄱ. 여름철에는 피조개를 <u>먹지 마라</u>.[3]　　　　　　　　　[금지]

　　ㄴ. *여름철에는 피조개를 <u>안/못</u> 먹어라.

　　ㄷ. *여름철에는 피조개를 { <u>먹지 않아라</u> / <u>먹지 못해라</u> }.

---

3) 국립국어원에서는 2015년에 '마, 마라, 마요'와 함께 '말아, 말아라, 말아요' 등도 표준어로 인정했다. 그 결과 '말다'에 명령형 어미인 '-아', -아요, -아라'가 결합하면 '마, 마요, 마라'의 형태로 불규칙하게 실현되기도 한다. 이에 따라서 <한글 맞춤법> 18항에서는 '말다'를 '붙임' 규정으로 하여 다음과 같은 표기 형태를 규정하였다. "[붙임] 다음과 같은 말에서도 'ㄹ'이 준대로 적는다. (보기) (하)지 마(아), (하)지 마라, 마지못하다, 마지않다, (하)다마다, (하)자마자 (나찬연 2013ㄹ:245 참조.)

(30) ㄱ. 집에서는 뱀을 키우<u>지 말자</u>.   [중단]

　　ㄴ. *집에서는 뱀을 <u>안/못</u> 키우자.

　　ㄷ. *집에서는 뱀을 { 키우<u>지 않자</u> / 키우<u>지 못하자</u> }.

명령문과 청유문에서는 (29~30)의 (ㄱ)에서처럼 보조 용언인 '-지 말다'의 형식을 통해서만 부정문이 실현된다. 반면에 (29~30)의 (ㄴ)과 (ㄷ)에서처럼 부정의 요소로서 '못/안'이나 '-지 않다/-지 못하다'가 쓰이면 비문법적인 문장이 된다. 그리고 명령문과 청유문에서 쓰이는 부정문은 '부정'의 뜻과 함께 '명령'이나 '청유'의 뜻을 나타낸다. 따라서 '-지 말다'는 명령문에서는 청자에게 어떠한 행위를 금지하고, 청유문에서는 화자와 청자가 함께 어떠한 행위를 함께 중단하자는 뜻을 나타내게 된다.

(나) '-지 말다'의 특수한 용법

'-지 말다'는 명령문과 청유문에서 동사의 어간에만 붙어서 실현되는 것이 일반적이다. 그런데 경우에 따라서는 '-지 말다'가 평서문에서 쓰이기도 하고 형용사의 어간에 붙어서 실현되기도 하는데, 이는 '-지 말다'로 표현되는 부정문의 특수한 용법이다.(기대 부정)

첫째, '바람'이나 '희망'을 나타내는 동사가 서술어로 쓰이면, 평서문에도 '-지 말다'가 부정의 요소로서 쓰일 수 있다.

(31) ㄱ. 노 대통령은 탄핵안이 국회에서 통과되지 { 않기를 / <u>말기를</u> } **바랐다**.

　　ㄴ. 나는 경찰이 내 가방을 뒤지지 { 않았으면 / <u>말았으면</u> } **좋겠다**.

(32)에서 주절의 서술어로서 '바라다'와 '좋다'가 쓰였다. 여기서 '바라다'와 '좋다'는 '탄핵안이 국회에서 통과되는 일'과 '경찰이 자기의 가방을 뒤지는 일'이 이루어지기 않기를 희망하거나 기원하는 의미를 나타낸다. 따라서 이들 문장은 '상황의 변화'를 바란다는 점에서 명령문과 비슷하게 기능한다. 이러한 의미적인 특징 때문에 서술어가 '희망'이나 '기원'을 나타내는 겹문장 속의 종속절에서는 부정의 요소로서 '-지 말다'가 쓰일 수 있다. 곧 (31)의 문장은 주절의 종결 형식이 명령문이나 청유문이 아니라는 점에서는 부정의 요소로 '-지 않다'를 실현할 수도 있다. 반면에 의미적으로 볼 때에 어떠한 일이 이루어지지 않기를 바라거나 소원한다는 점에서는 부정의 요소로

‘-지 말다’를 실현할 수 있는 것이다.

둘째, 일반적으로 형용사는 명령문과 청유문의 서술어로 쓰이지 않는다. 그런데 화자가 ‘기원’이나 ‘바람’의 의도를 문장으로 표현할 때에는, 형용사의 어간에 ‘-지 말다’를 실현하여서 명령문의 형식을 취하는 예외적인 경우가 있다.

(32) ㄱ. 제발 신랑의 키가 작<u>지만 마라</u>.
     ㄴ. 제발 성적이 나쁘<u>지만 마라</u>.
(33) ㄱ. 제발 신랑의 키가 작<u>지만 않으면</u> 좋겠다.
     ㄴ. 제발 성적이 나쁘<u>지만 않으면</u> 좋겠다.

(32)의 문장에서 서술어로 쓰이는 ‘작다’와 ‘나쁘다’는 형용사이지만 ‘-지 말다’의 형식을 취하여 부정의 명령문에 쓰였다. (32)의 문장은 형식상으로는 ‘-지 마라’를 취하여 명령문으로 실현되었지만, 그 기능을 보면 (33)처럼 ‘바람’이나 ‘기원’을 나타내는 평서문과 같다. 따라서 형용사를 서술어로 하여 부정의 명령문의 형식인 ‘작지만 마라’와 ‘나쁘지만 마라’가 쓰인 것이다.

6.6.3. 부정의 범위

〈부정의 범위〉 문장 속에서 실현된 부정 요소의 의미가 그 문장 속의 특정한 문장 성분에 미치는 현상을 ‘부정의 범위(否定 範圍, scope of negation)’라고 한다.

(34) ㄱ. 선생님이ⓐ 교실에서ⓑ 학생을ⓒ 안 때렸다ⓓ.
     ㄴ. 선생님이ⓐ 교실에서ⓑ 학생을ⓒ 때리ⓓ지 않았다.
(35) ㄱ. 교실에서 학생을 때린 사람은 <u>선생님</u>이 아니다.   (다른 사람이 때렸다.)
     ㄴ. 선생님이 학생을 때린 곳은 <u>교실</u>이 아니다.   (다른 곳에서 때렸다.)
     ㄷ. 선생님이 교실에서 때린 사람은 <u>학생</u>이 아니다.   (다른 사람을 때렸다.)
     ㄹ. 선생님이 교실에서 학생을 <u>때린 것</u>이 아니다.   (다른 행위를 했다.)

(34)의 문장은 화자의 발화 의도에 따라서 (35)처럼 다양한 의미로 해석될 수 있다.4) (34)의 문장에서 주어인 ‘선생님이ⓐ’가 부정의 범위에 들어가면 (35ㄱ)과 같이 해석되

며, 부사어로 쓰이는 '교실에서ⓑ'가 부정의 범위 들어가면 (35ㄴ)처럼 해석된다. 그리고 목적어로 쓰이는 '학생을ⓒ'이 부정의 범위에 들면 (35ㄷ)처럼 해석되며, 서술어로 쓰이는 '때리다ⓓ'가 부정의 범위에 들면 (35ㄹ)처럼 해석된다.

이처럼 부정문을 발화할 때에 화자의 발화 의도를 모르거나 특정한 문장 성분에 강세가 부여되지 않으면, 그 부정문은 '중의성(重義性, ambiguity)'을 띠게 된다.

〈부정의 범위에 따른 문장의 중의성〉 수량을 나타내는 부사어가 부정문에 쓰이면, '부정의 범위(scope of negation)'와 관련해서, 수량의 의미 전부가 부정되기도 하고 수량의 의미 일부가 부정되기도 해서 문장이 중의적으로 된다.

(36) 마을 사람들이 다 모이<u>지 않았다</u>.　　　　　[전체 부정/부분 부정]

(37) ㄱ. 마을 사람들이 **다** [**모이**<u>지 않았다</u>].　　　[전체 부정]
　　　ㄴ. 마을 사람들이 모두 다 안 모였다.

(38) ㄱ. 마을 사람들이 [**다 모이**-]<u>지 않았다</u>.　　　[부분 부정]
　　　ㄴ. 마을 사람들이 모두 다 모인 것은 아니다.

(36)에서 수량을 나타내는 부사 '다'는 의미 전체가 부정되기도 하고 의미의 일부만 부정되기도 한다. 곧, (37)처럼 '-지 않았다'가 '모이다'만을 부정하면 '다'가 부정의 범위 밖에 있어서 '전체 부정'으로 해석된다. 반면에 (38)처럼 '-지 않았다'가 '다 모이다'를 부정하면 '다'가 부정의 범위 안에 있어서 '부분 부정'으로 해석된다.

그런데 부정하려는 문장 성분에 '대조'나 '차이'의 의미를 나타내는 보조사 '-는'을 실현하면, 부정문에 나타나는 중의성이 해소되는 수가 있다.

(39) ㄱ. 선생님이 교실에서<u>는</u> 학생을 때리지 않았다.
　　　ㄴ. 선생님이 교실에서 학생<u>은</u> 때리지 않았다.
　　　ㄷ. 선생님이 교실에서 학생을 때리지<u>는</u> 않았다.

(40) ㄱ. 마을 사람들이 다 모이지<u>는</u> 않았다.　　　[부분 부정]
　　　ㄴ. 마을 사람들이 다<u>는</u> 모이지 않았다.　　　[부분 부정]

---

4) (34)에서 부정의 요소인 '안'과 '-지 않다'는 화자의 발화 의도에 따라서 문장 속의 특정한 성분만을 부정할 수 있다. 이때 부정 요소가 직접 부정하는 문장 성분에는 일반적으로는 강세가 부여되므로, 강세가 실현되는 양상을 통해서 어떠한 문장 성분을 부정하는지 알 수 있다.

(39)의 (ㄱ)에는 부사어인 '교실에서'가, (ㄴ)에는 목적어인 '학생을'이, (ㄷ)에는 서술어인 '때리다'가 부정되어서 중의성이 해소된다. 그리고 (40ㄱ)과 같이 본용언의 서술어에 보조사인 '-는'을 실현하거나 (40ㄴ)처럼 부사어인 '다'에 보조사 '-는'을 실현하면, 문장의 중의성이 해소되어서 '부분 부정'으로만 해석된다.

【 더 배우기 】

1. '아니다'가 실현된 부정 표현

부정 표현은 일반적으로 '안'과 '못'이나 '-지 아니하다'와 '-지 못하다' 등의 부정 요소가 쓰여서 현성된다. 그런데 어떠한 문장에 서술어로 '아니다'가 실현된 경우에는 이 문장을 '-이다'가 실현된 문장에 대한 부정 표현으로 볼 수 있는가가 문제가 된다.[1]

    (1) ㄱ. 저 사람은 형사가 <u>아니다</u>.   (← 저 사람은 형사이다.)
        ㄴ. 나는 그의 보호자가 <u>아니다</u>.   (← 나는 그의 보호자이다.)

먼저 '아니다'는 의미(기능)와 국어사적인 사실을 감안할 때에, (1)의 문장도 부정 표현의 범주로 인정해야 한다는 견해가 있다. 반면에 '아니다'는 부사인 '안'이나 보조 용언인 '-지 않다'와는 달리 단일한 어휘이기 때문에, (1)의 문장을 부정 표현으로 인정하지 않으려는 견해도 있다.

첫째, (1)처럼 '아니다'가 실현된 문장을 부정 표현으로 인정하는 학자들은 '아니다'가 15세기 국어에서 명사인 '아니(= 아닌 것)'에 서술격 조사인 '-이다'가 결합하여 형성된 용언이라는 사실을 지적하고 있다.(안병희 · 이광호 1990:210, 고영근 2010:241)[2] 곧, 국어사적인 사실을 감안할 때에 형용사 '아니다'에 이미 '아니'와 같은 부정의 요소가 들어 있다는 점에서 '아니다'가 실현된 문장을 부정 표현으로 보는 것이다.

둘째, '아니다'가 실현된 문장을 부정 표현으로 인정하지 않는 학자들은 현대 국어의 공시태의 현상에 그 근거를 두고 있다. 곧 현대 국어의 공시태에서 '아니다'는 개별 어휘이기 때문에 부정의 요소가 실현되지 않다고고 보고, '아니다'가 서술어로 쓰인 문장을 부정 표현에서 제외한다. 곧 '-이다'에 대한 부정 어휘로서 '아니다'를 인정하게 되면 '있다'나 '알다'에 대한 부정 어휘로서 각각 '없다'와 '모르다'를 인정해야 하므로, 부정 표현의 범위가 걷잡을 수 없이 확대된다는 점을 지적하고 있다.[3]

---

1) 『고등학교 문법』(2010)에서 기술된 '문정 표현'의 단원에서는 (1)과 같이 서술어가 '아니다'로 실현되는 문장에 대한 언급은 없다.
2) 이에 따르면 형용사 '아니다'는 [아니(아닌 것 : 명사) + -Ø(서술격 조사의 무형의 변이 형태)- + -다]로 짜여진 파생어로 처리된다. 결과적으로 '아니다'는 어휘 자체에 부정의 요소인 '아니'를 포함하고 있는 것이다.
3) 부정 표현을 '있다'에 대한 '없다', '알다'에 대한 '모르다' 등과 같이 개별 어휘의 의미적인 대

이 두 견해를 절충한다면 '없다, 모르다' 등과 같이 순수하게 어휘적으로만 실현되는 표현은 부정 표현에서 제외한다. 반면에 '아니다'는 내적 구성을 '아니 + -이다'로 분석하여 어휘의 내부에 '아니'라는 부정 요소를 포함하고 있는 것으로 본다. 따라서 '없다, 모르다' 등을 제외하고 '아니다'로 실현되는 문장만을 부정 표현으로 인정하는 것이 바람직하다.(고영근·구본관 2008:333)[4]

2. 부정의 기능이 없는 관용적 용법의 '못'

'못'이 관용적인 용법으로 굳어서 쓰이는 경우가 있다. 이렇게 관용적인 용법으로 쓰이는 '못' 부정문은 그 뒤의 서술어와 함께 하나의 합성어로 굳어서 쓰이므로, 원래의 의미인 '부정'의 뜻을 나타내지 않는다.(『고등학교 교사용 지도서 문법』 2010:227, 서정수 1996:956)

(1) ㄱ. 밥을 먹을 때에 다리를 떨면 못써요.
　　ㄴ. 슈렉은 얼굴이 정말로 못생겼다.
　　ㄷ. 정향숙은 나에게 "너 정말 못됐다."라고 말했다.

(2) ㄱ. *밥을 먹을 때에 다리를 떨면 쓰지 못해요.
　　ㄴ. *슈렉은 얼굴이 정말로 생기지 못했다.
　　ㄷ. *정향숙은 나에게 "너 정말 되지 못했다."라고 말했다.

(1)에서 '못쓰다, 못생기다, 못되다'는 어근인 '못'과 '쓰다, 생기다, 되다'가 결합하여 형성된 합성어이다. (ㄱ)에서 '못쓰다'는 '올바르지 않다'의 뜻으로 쓰였고, (ㄴ)에서 '못생기다'는 '생김새가 보통보다 떨어지다'의 뜻으로, 그리고 (ㄷ)에서 '못되다'는 '성질이나 품행 따위가 좋지 않거나 고약하다'의 뜻으로 쓰였다. 따라서 (1)의 문장에 쓰인 '못'은 합성어의 어근으로 기능할 뿐이며 긍정문을 부정문으로 바꾸는 기능은 없다. (1)이 부정문이 아니라는 사실은 (1)의 문장을 (2)처럼 긴 부정문의 형식으로 바꾸면 비문법적인 문장으로 되어 버린다는 사실에서도 확인할 수 있다.

립에 따르는 문장까지 확대하여 인정하게 되면, '자다'에 대한 '깨다', '살다'에 대한 '죽다', '가다'에 대한 '서다' 등도 부정 표현을 형성하는 어휘 속에 넣어야 하는 문제가 생긴다.
4) 서정수(1996:949 이하)에서는 부정 부사나 부정의 보조 용언으로 실현되는 부정법을 '일반 부정법'이라고 하고, 이들 방법과는 다른 방법으로 실현되는 부정법을 '특수 부정법'이라고 하였다. 이에 따르면 '아니다'로 실현되는 부정문은 '-이다'에 대한 특수 부정문으로 처리된다.

[단원 정리 문제 17]

1. 다음의 긍정문을 읽고 아래의 물음에 답하시오.

> ① 오대수는 집에서는 술을 마신다.
> ② 대수야, 집에서는 술을 마셔라.

①과 ②의 긍정문을 아래의 표의 형식에 맞추어서 부정문으로 바꾸시오.

문장의 유형	의미	긴 부정문	짧은 부정문
평서문	단순(의지) 부정		
	능력 부정		
명령문 청유문	금지		—

2. 다음의 세 가지 부정문에서 나타나는 의미적인 차이를 설명하시오.

> ① 김영희 씨는 얼굴이 크지 않다.
> ② 이승엽은 박세리가 던진 직구를 때리지 않았다.
> ③ 한국 팀의 골키퍼는 공을 잡지 못했다.

3. 다음의 부정문 중에서 (1)의 부정문은 자연스러운 데 반해서 (2)의 부정문은 자연스럽지 않은 이유를 설명하시오.

> (1) ㄱ. 철수는 손이 크지 않다.
> ㄴ. 김 사장은 집안 문제를 염려하지 않았다.
>
> (2) ㄱ. ?철수는 손이 크지 못하다.
> ㄴ. ?김 사장은 집안 문제를 염려하지 못했다.

4. 다음의 문장은 '부정의 범위(scope of negation)'와 관련하여 한 가지 이상의 의미로 해석 될 수 있다. 이 문장이 어떻게 해석될 수 있는지 설명하시오.

① 차범근 씨가 사무실에서 차두리 씨와 싸우지 않았다.
② 손님들이 자동차에 다 타지 않았다.

5. 다음은 부정 표현의 기능과 의미를 이해하기 위한 학습 자료이다. ①~⑦을 통사론적 기준에 따라 부정문과 긍정문으로 분류하고, 분류의 근거를 구체적으로 기술하시오. [2점] [2007학년도 중등 교사 임용 시험]

① 나는 친구를 못 만났다.
② 그 일은 하지 마라.
③ 철수가 설마 거기에 갔겠어?
④ 그는 신문에 보도된 사실을 부정했다.
⑤ 동생이 밥을 안 먹지는 않았다.
⑥ 비생산적인 논쟁은 그만두자.
⑦ 나는 철수를 만나지 못했다.

분류	문장 번호	분류의 근거
부정문		
긍정문		

6. 다음을 참고하여 부정문의 부정 영역에 대해 <보기>와 같이 정리하였다. <보기>의 ㉠, ㉡에 들어갈 말을 순서대로 쓰시오. [2점] [2015학년도 중등 교사 임용 시험]

(1) ㄱ. 다행히 동생은 집에 가지 않았다.

ㄴ. 동생은 일찍 집에 가지 않았다.

(2) ㄱ. 어머니가 아이에게 그 책을 못 읽게 했다.

ㄴ. 어머니가 아이에게 그 책을 못 읽혔다.

[보기]

○ 부정문의 의미는 부정의 영역이 어디에까지 미치는가에 따라 다양하게 해석된다.

○ (1)은 장형 부정 형식의 '안' 부정문으로, 의미상 (1ㄱ)에서 '다행히'는 (1ㄴ)의 '일찍'과 달리, 부정의 영역 안에 포함 되지 않는다. 이는 '다행히'가 '일찍'과 달리 (㉠)(이)기 때문이다.

○ (2)는 단형 부정 형식의 '못' 부정문으로, (2ㄱ)에서 '못'은 (2ㄴ)에서와 달리, (㉡)을/를 부정하고 있다.

6.7. 인용 표현

다른 사람의 말이나 글, 혹은 생각이나 주장을 직접 또는 간접적으로 옮겨 와서 표현하는 경우가 있는데, 이러한 표현을 '인용 표현'이라고 한다.

6.7.1. 인용 표현의 개념

'인용 표현(引用 表現)'은 다른 사람의 말이나 생각 등을 직접 또는 간접적으로 옮겨 오는 표현이다. 인용 표현은 인용하는 말(문장)에 부사격 조사인 '-라고'와 '-고'가 붙어서 이루어진다.

⑴ ㄱ. 인호 씨는 "<u>나는 10억 원을 받았다.</u>"라고 말했습니다.
　　ㄴ. 인호 씨는 <u>(자기는) 10억 원을 받았다</u>고 말했습니다.

⑵ ㄱ. 나는 '<u>내일은 집에서 쉬어야지.</u>'라고 생각했다.
　　ㄴ. 김우석 <u>박사는 자기는 결백하다</u>고 주장했다.

⑴의 문장은 다른 사람의 말을 따온 '인용절을 안은 문장'이다. (ㄱ)은 '길동 씨'가 한 말을 그대로 따온 직접 인용문인데 인용절에 부사격 조사인 '-라고'가 실현되었다. 그리고 (ㄴ)은 말을 전달하는 사람이 '길동 씨'의 말을 자신의 입장으로 바꾸어서 따온 간접 인용문인데 인용절에 부사격 조사인 '-고'가 실현되었다.

인용절을 안은 문장은 다른 사람의 말뿐만 아니라, 생각·판단·주장 등을 따올 때에도 성립한다. 곧, ⑵처럼 문장의 서술어가 '생각하다, 믿다, 주장하다, 약속하다, 명령하다, 제의하다……' 등일 때에도, 인용절로서의 문법적인 형식만 갖추면 인용절을 안은 문장이 성립한다.

6.7.2. 인용 표현의 유형

인용절은 남의 말을 인용하는 형식에 따라서 '직접 인용절'과 '간접 인용절'로 나뉜다. 직접 인용절은 다른 사람의 말을 그대로 따서 옮기는 인용절로서 부사격 조사인

'-라고'가 붙어서 성립한다. 반면에 '간접 인용절'은 다른 사람의 말을 전달하되, 그 말을 전달하는 이의 입장으로 내용이나 형식을 바꾸어서 표현한 인용절로서, 부사격 조사인 '-고'가 붙어서 성립한다.

다음의 발화 상황은 '김희숙'이 발화한 문장을 '송일만'이 듣고서, 그녀의 말을 다른 사람에게 옮기는 상황이다.

(3) [화자: 김희숙]: "나는 너를 좋아한다."   [청자: 송일만]

(4) ㄱ. [화자: 송일만]: 희숙이가 "<u>나는 너를 좋아한다.</u>"라고 말했다.
     ㄴ. [화자: 송일만]: 희숙이가 <u>자기는 나를 좋아한다</u>고 말했다.
     ㄷ. [화자: 송일만]: 희숙이가 <u>   Ø   나를 좋아한다</u>고 말했다.

(4)의 (ㄱ)에서는 송일만이 김희숙의 말을 직접적으로 인용했고, (ㄴ)과 (ㄷ)에서는 간접적으로 인용한 것이다. 전체 문장의 주어와 인용절 속의 주어가 동일하므로, (ㄴ)에서는 인용절 속의 주어가 재귀 대명사로 바뀌었고 (ㄷ)에서는 인용절 속의 주어가 생략되었다.

다음의 발화 상황은 '이인숙'이 '장성국'에게 (5)처럼 말을 하고, '장성국'은 (6)처럼 그녀의 말을 다른 사람에게 옮기는 상황이다.

(5) [화자: 이인숙]: "나는 내일 너의 집에 가겠다."   [청자: 장성국]

(6) ㄱ. [화자: 장성국]: 이인숙이 나에게 "<u>나는 내일 너의 집에 가겠다.</u>"라고 말했다.
     ㄴ. [화자: 장성국]: 이인숙이 나에게 <u>자기는 내일 우리 집에 오겠다</u>고 말했다.
     ㄷ. [화자: 장성국]: 이인숙이 나에게 <u>   Ø   내일 우리 집에 오겠다</u>고 말했다.

여기서 (6)의 (ㄱ)은 장성국이 이인숙의 말을 직접적으로 인용한 표현인데, 이렇게 직접적으로 인용할 경우에는 부사격 조사로서 '-라고'를 쓴다. 이에 반해서 (6)의 (ㄴ)과 (ㄷ)은 장성국이 이인숙이 한 말을 자신의 입장으로 내용이나 형식을 바꾸어서 간접적으로 인용한 표현이다. 이처럼 다른 사람이 한 말을 간접적으로 인용할 경우에는 부사격 조사로서 '-고'를 쓴다. 그리고 간접 인용절을 안은 문장의 전체의 주어와 안긴 문장 속의 주어가 동일할 때에는, (ㄴ)처럼 안긴 문장의 주어를 재귀 대명사인 '자기'로 바꾸어서 표현하거나 (ㄷ)처럼 안긴 문장의 주어를 생략하여 표현한다.

그런데 직접 인용하는 말이나 상황을 아주 생생하게 표현할 때에는 부사격 조사인 '-하고'를 실현할 수 있다.(남기심·고영근 1993:385)

(7) ㄱ. 김 사장은 사원들에게 "이제 다시 시작합시다."하고 말했다.
   ㄴ. 할아버지께서는 "이리 좀 들어오너라."하고 말씀하셨다.
   ㄷ. 우리는 철수의 동생에게 "철수가 언제쯤 오는가?하고 물었다.

(8) ㄱ. 소대장은 "돌격!"하고 소리쳤다.
   ㄴ. 병장의 옆에서 포탄이 "꽝"하고 터졌다.

곧, '-하고'는 남의 말이나 생각 혹은 사물의 소리를 아주 생생하게 인용할 때에 쓰인다. (7)의 '-하고'는 다른 사람의 말(인용절)을 그대로 인용함을 나타내는 부사격 조사로서, 주로 '말하다', '묻다', '생각하다' 따위의 인용 동사와 함께 쓰인다. 그리고 (8)의 '-하고'는 명사인 "돌격"이나 의성 부사인 "꽝"에 붙어서 인용하는 말을 아주 생생하게 표현한다.[1]

6.7.3. 간접 인용절의 제약 현상

직접 인용절은 다른 사람이 한 말을 그대로 따오기 때문에 인용절 속에 나타나는 말에 변화가 일어나지 않는다. 반면에 간접 인용절에서는 서술어로 쓰인 용언의 종결 어미가 다른 형태로 바뀌거나, 특정한 종결 어미가 아예 실현되지 않는 제약을 받는다.

첫째, 특정한 종결 어미의 형태가 간접 인용절에서 다른 형태로 바뀌어서 실현될 수 있다.

(9) ㄱ. 철수 씨는 "저 사람이 반준호 감독이다."라고 했다.　　　　[직접]
   ㄴ. 철수 씨는 저 사람이 반준호 감독이라고 했다.　　　　　　[간접]

(10) ㄱ. 선생님께서는 "지금 서울에는 비가 오는가/옵니까?"라고 물으셨다.　[직접]
   ㄴ. 선생님께서는 지금 서울에는 비가 오느냐고 물으셨다.　　　　[간접]

---

1) 반면에 국립국어원에서 간행한 『표준 국어 대사전』에서는 이때의 '하고'를 인용 동사로 처리한다.(철수는 "그래서 네가 예뻐진 거였군." 하고 생각했다. 영희는 나를 보자, "쉿!" 하고 입술에 손가락을 대었다.)

(11) ㄱ. 의사 선생님께서 "아침에는 죽을 먹<u>어라</u>."<u>라고</u> 말씀하셨다.　　　　[직접]

　　　ㄴ. 의사 선생님께서 아침에는 죽을 먹<u>으라고</u> 말씀하셨다.　　　　　[간접]

(5)에서 (ㄱ)의 직접 인용에서는 조사인 '-이다'의 평서형은 '-다'로 실현되는데, (ㄴ)의 간접 인용에서는 부사격 조사 '-고' 앞에서 '이다'가 '-이라'로 바뀌게 된다. (10)에서 의문형 어미인 '-는가'나 '-ㅂ니까/-습니까'는 직접 인용절에서는 (ㄱ)처럼 높임의 등분에 따라서 다양하게 그대로 실현되지만, 간접 인용절에서는 (ㄴ)처럼 아주 낮춤 등분의 '-느냐'로 바뀌어서 실현된다. (11)에서 명령형 어미인 '-어라'는 직접 인용절에서는 그대로 실현되지만, 간접 인용절에서는 (ㄴ)처럼 '-으라'로 바뀌어서 실현된다.

　　둘째, 감탄형 어미인 '-구나'와 '-아라'는 간접 인용문에서 평서형 어미로 바뀐다. 이에 따라서 직접 인용문의 감탄문은 간접 인용문에서는 평서문으로 전환된다.

(12) ㄱ. 김영자는 '현빈 씨는 정말로 멋있<u>구나</u>.'<u>라고</u> 생각했다.　　　[직접]

　　　ㄴ. *김영자는 현빈 씨는 정말로 멋있<u>구나고</u> 생각했다.　　　　　[간접]

　　　ㄷ. 김영자는 현빈 씨는 정말로 멋있<u>다고</u> 생각했다.　　　　　　[간접]

(13) ㄱ. 아이는 밖에 나오자마자, "아이, 추워<u>라</u>!"<u>라고</u> 소리를 질렀다.　[직접]

　　　ㄴ. *아이는 밖에 나오자마자, 아이, 추워<u>라고</u> 소리를 질렀다.　　[간접]

　　　ㄷ. 아이는 밖에 나오자마자, 정말 춥<u>다고</u> 소리를 질렀다.　　　[간접]

에서 감탄형 어미 '-구나'와 '-어라'는 (ㄱ)처럼 직접 인용절에서는 형태가 그대로 유지되지만, (ㄷ)처럼 간접 인용절에서는 평서형 종결 어미인 '-다'로 바뀌게 된다.

어미의 종류	직접 인용절	간접 인용절
서술격 조사의 평서형 어미	-이다 + -라고	-이라 + -고
의문형 어미	-는가/-ㅂ니까 + -라고	-느냐 + -고
명령형 어미	-어라 + -라고	-으라 + -고
감탄형 어미	-구나 + -라고 -아라 + -라고	-다 + -고

[표 3. 간접 인용절에 나타나는 제약 현상]

[단원 정리 문제 18]

1. <보기>의 자료를 참고하여 '문장 종결'에 대한 다음 물음에 답하시오.

> <보기>
> ① 영수가 그 책을 { 읽었느냐? / 읽었는가? / 읽었습니까? }
> ② 날씨가 꽤 덥구나.

◎ 문장 종결법에서 종결 어미가 간접 인용절로 안길 때의 제약을 다음 <조건>에 따라 기술하시오.

> ─ < 조건 > ─
> 1) 간접 인용절 구성에서 인용절의 종결 어미 제약을 문장 종결법의 유형 별로 검증하고 결과를 도출할 것.
> 2) 위의 <보기>를 활용할 것.

참고 문헌

고영근・구본관(2008), 『우리말 문법론』, 집문당.

고영근(2010), 『제3판 표준 중세 국어 문법론』, 집문당.

고창수(1992), 「국어의 통사적 어형성」, 국어학 22집, 국어학회.

교육과학기술부(2009), 『고등학교 교육과정 해설』, 국어".

교육인적자원부(2010), 『고등학교 문법』, (주)두산동아.

교육인적자원부(2010), 『고등학교 교사용 지도서 문법』, (주)두산동아.

김계곤(1996), 『현대 국어의 조어법 연구』, 도서출판 박이정.

김두봉(1922), 『깁더 조선말본』, 역대문법 대계(1986), 김민수, 하동호, 고영근 공편, 탑출판사.

김민수(1985), 『국어문법론』, 일조각.

김봉모(1992), 『국어 매김말의 문법』, 태학사.

김수태(1999), 『인용월 연구』, 부산대출판부.

김수태(2005), 「'-느-'와 마침법 씨끝의 융합」, 우리말연구 16집, 우리말학회.

김수태(2005), 『마침법 씨끝의 융합과 그 한계』, 도서출판 박이정.

김언주(1998), 『우리말 배합구성의 문법』, 세종출판사.

김윤경(1948), 『나라말본』, 동명사, 역대문법 대계(1986), 김민수, 하동호, 고영근 공편, 탑출판사.

김인택(1997), 『한국어 이름 마디의 문법』, 세종출판사.

김일웅(1984), 「국어 시제 표현의 구조」, 어문교육논집 제8집, 부산대 국어교육과.

김일웅(1984), 「풀이말의 결합가와 격」, 한글 186호, 한글학회.

김일웅(1985ㄱ), 「생략과 그 유형」, 부산한글 제4집, 한글학회 부산지회.

김일웅(1985ㄴ), 「생략의 유형」, 약천 김민수 교수 화갑 기념 국어학 신연구Ⅰ, 탑출판사.

김일웅(1987), 「월의 분류와 특징」, 한글 제198호, 한글학회.

김일웅(1993), 「우리말의 엮음과 이음」, 국어국문학 제30집, 부산대학교 국어국문학과.

김차균(1999), 『우리말의 시제 구조와 상 인식』, 태학사.

김하얀(1995), 「우리말 홀로말의 성격과 분류」, 석사학위 논문, 부산대학교. 대학원.

나진석(1963), 『방언―어법』, 경상남도지 중권, 경상남도지 편찬위원회.

나진석(1971), 『우리말 때매김 연구』, 과학사.

나찬연(1993), 「우리말의 이음에서의 생략과 삭제현상 연구」, 석사학위 논문, 부산대학교.

나찬연(1997), 「우리말 의미중복표현의 통어・의미 연구」, 박사학위 논문, 부산대학교.

나찬연(2004), 『우리말 잉여 표현 연구』, 도서출판 월인.

나찬연(2012), 『옛글 읽기』, 도서출판 월인.

나찬연(2013ㄱ), 『근대 국어 문법의 이해-강독편』, 도서출판 월인.

나찬연(2013ㄴ), 『제2판 언어·국어·문화』, 도서출판 월인.

나찬연(2013ㄷ), 『제2판 훈민정음의 이해』, 도서출판 월인.

나찬연(2013ㄹ), 『국어 어문 규범의 이해』, 도서출판 월인.

나찬연(2020), 『중세 국어의 이해』, 도서출판 경진.

나찬연(2020), 『중세 국어 강독』, 도서출판 경진.

나찬연(2020), 『근대 국어 강독』, 도서출판 경진.

남기심·고영근(1993), 『표준 국어 문법론』, 탑출판사.

노대규(1983), 『국어의 감탄문 문법』, 보성문화사.

노대규(1998), 「'어다' 형태에 대해서」, 한국어 의미학, 한국어 의미학회.

문교부(1991), 『고등학교 문법 교사용 지도서』, 대한교과서주식회사.

민현식(1982), 「현대국어의 격에 대한 연구」, 국어연구 49, 국어연구회.

박선자(1996), 「한국어의 의미적 특징」, 『한국어의 이해", 우리말연구회, 만수출판사.

박선자(1996), 『한국어 어찌말의 통어 의미론』, 세종출판사.

박승빈(1931), 『조선어학 강의 요지』, 조선어학회, 역대문법대계(1986), 김민수/하동호/고영근(공편), 탑출판사.

서울대학교 국어교육 연구소(1999), 『국어 교육학 사전』, 대교출판.

서정수(1996), 『국어 문법』, 수정 증보판, 한양대학교 출판원.

서태길(1990), 「한정조사 '서'에 대한 연구-그 결합형을 중심으로」, 석사학위 논문 고려대학교 대학원.

시정곤(1992), 「'-이다'의 '-이-'가 접사인 몇 가지 이유」, 주시경학보 11. 탑출판사.

신원재(1987), 「현대국어 부정 표현에 관한 연구」, 국어국문학 논문집 27, 서울사대 국어과.

신진연(1988), 「간투사의 위상 연구」, 국어연구 38호, 국어연구회.

신현숙(1980), 「'더라'의 쓰임과 의미」, 논문집 12, 건국대학교.

안명철(1985), 「보조조사 '-서'의 의미」, 국어학 14집, 국어학회.

안병희(1966), 「부정격(Casus Infinitus)의 정립을 위하여」, 동아문화 6.

왕문용·민현식(1993), 『국어문법론의 이해』, 개문사.

유동석(1984), 「양태조사의 통보기능에 대한 연구」, 국어연구 60, 국어연구회.

유동석(1995), 『국어 매개변인의 문법』, 신구문화사.

윤여탁 외(2014), 『고등학교 독서와 문법』, (주)미래엔.

이관규(1992), 「격의 종류와 특성」, 『국어학연구백년사』, 일조각.

이관규(2002), 『개정판 학교 문법론』, 도서출판 월인.

이남순(1988), 『국어의 부정격과 격표지』, 탑출판사.

이삼형 외(2014), 『고등학교 독서와 문법』, (주)지학사.

이상복(1979:37), 「동사 '말다'에 대하여」, 연세어문학 9·10집, 연세대학교 국어국문학과.

이숭녕(1956), 『고등국어문법』, 을유문화사, 역대문법 대계(1986), 김민수, 하동호, 고영근 공편, 탑출판사.

이완응(1929), 『중등교과 조선어문전』, 역대문법대계(1986), 김민수, 하동호, 고영근 공편, 탑출판사.

이익섭(1986), 『국어학개설』, 학연사.

이익섭·임홍빈(1984), 『국어문법론』, 학연사.

이주행(2000), 『한국어 문법의 이해』, 도서출판 월인.

이희승(1949), 『초급국어문법』, 박문출판사.

이희승(1956), 「존재사 '있다'에 대하여」, 논문집 17, 서울대학교.

임환재(1984), 『언어학사』, 경문사.

장경희(1986), 『현대국어의 양태범주 연구』, 탑출판사.

정열모(1946), 『신편고등문법』, 한글문화사, 역대문법대계(1986), 김민수, 하동호, 고영근 공편, 탑출판사.

정인승(1949), 『표준중등말본』, 아문각, 역대문법대계(1986), 김민수, 하동호, 고영근 공편, 탑출판사.

정인승(1956), 『표준고등말본』, 신구문화사, 역대문법대계(1986), 김민수, 하동호, 고영근 공편, 탑출판사.

주시경(1914), 『말의 소리』, 신문관, 역대문법 대계(1986), 김민수, 하동호, 고영근 공편, 탑출판사.

최규수(1996), 「한국어의 형태·통사적 특징」, 『한국어의 이해』, 우리말연구회. 만수출판사.

최규수(2005), 『주시경 문법론과 그 뒤의 연구들』, 도서출판 박이정.

최규수(2006), 「형태론의 체계와 용어 사용 문제」, 우리말연구 18집, 우리말학회.

최규슈(2017), 『한국어 형태론의 이해』, 도서출판 역락.

최현배(1980=1937), 『우리말본』, 정음사.

하치근(2002), 『현대 우리말본』, 도서출판 박이정.

한글학회(1985), 『訓民正音』, 영인본.

허 웅(1981), 『언어학』, 샘문화사.

허 웅(1986), 『국어 음운학』, 샘문화사.

허   웅(1999), 『20세기 우리말의 통어론』, 샘문화사.

허   웅(2000), 『20세기 우리말의 형태론(고침판)』, 샘문화사.

河野六郎(1945), 朝鮮方言學試攷-「鋏」語考, 京城帝國大學校文學會論聚 第十一輯, 京城 : 東都書籍株式會社 京城支店.

Bloomfield. L.(1962), "Language", Ruskin House, George Allen & Unwin LTD.

Baugrand, R. & Dressler, W(1981), "Introduction to Text Linguistics. Longman, London."

Guno, S.(1980), "Discourse Deletion", Harvard Studies in Syntax and Semantics. vol. Ⅲ.

Greenberg. H.(ed),(1963), "Universals of Language", MIT Press.

Sampson, Goeffrey(1985), "Writing System", Stanford Univ. Press.

Sturtevant, Edgar H.(1947), "An Introduction to Linguistic Science", New Haven: Yale University Press.

찾아보기

(A)

(B)

(C)

(D)

지은이 나찬연은 1960년 부산에서 태어났다. 부산대학교 국어국문학과를 나오고(1986), 같은 학교 대학원에서 문학 석사(1993)와 문학 박사(1997) 학위를 받았다. 지금은 경성대학교 국어국문학과의 교수로 재직하고 있으면서 국어학 분야의 강의를 맡고 있다.

주요 논저

우리말 이음에서의 삭제와 생략 연구(1993), 우리말 의미중복 표현의 통어·의미 연구(1997), 우리말 잉여 표현 연구(2004), 옛글 읽기(2011), 벼리 한국어 회화 초급 1, 2(2011), 벼리 한국어 읽기 초급 1, 2(2011), 제2판 언어·국어·문화(2013), 제2판 훈민정음의 이해(2013), 근대 국어 문법의 이해-강독편(2013), 표준 발음법의 이해(2013), 제5판 현대 국어 문법의 이해(2017), 쉽게 읽는 월인석보 서, 1, 2, 4, 7, 8, 9, 10, 11, 12(2017~2022), 쉽게 읽는 석보상절 3, 6, 9, 11, 13, 19(2017~2019), 제2판 학교 문법의 이해 1, 2(2018), 한국 시사 읽기(2019), 한국 문화 읽기(2019), 국어 어문 규정의 이해(2019), 현대 국어 의미론의 이해(2019), 국어 교사를 위한 『고등학교 문법』(2020), 중세 국어의 이해(2020), 중세 국어 강독(2020), 근대 국어 강독(2020), 길라잡이 현대 국어 문법(2021), 길라잡이 국어 어문 규정(2021), 중세 국어 서답형 문제집(2022)

*전자메일: ncy@ks.ac.kr

* '학교 문법 교실(http://scammar.com)'에서는 이 책의 내용과 관련한 학습 자료를 제공합니다. '강의실'에서는 이 책의 주요 내용에 대하여 동영상 강의를 제공하며, '문답방'을 통하여 독자들의 질문에 대하여 지은이가 직접 피드백을 합니다. 아울러서 이 책에서 다룬 '중세 국어'와 '근대 국어'의 예문에 대한 주해서를 자료실에서 내려받을 수 있습니다.